Wilhelm Dörpfeld, Emil Reisch

Das griechische Theater

Beiträge zur Geschichte des Dionysostheaters in Athen und anderer griechischer Theater

Wilhelm Dörpfeld, Emil Reisch

Das griechische Theater

Beiträge zur Geschichte des Dionysostheaters in Athen und anderer griechischer Theater

ISBN/EAN: 9783743650107

Hergestellt in Europa, USA, Kanada, Australien, Japan

Cover: Foto ©Thomas Meinert / pixelio.de

Weitere Bücher finden Sie auf **www.hansebooks.com**

DAS GRIECHISCHE THEATER

BEITRÄGE ZUR GESCHICHTE
DES DIONYSOS-THEATERS IN ATHEN
UND ANDERER GRIECHISCHER THEATER

VON

WILHELM DÖRPFELD

UND

EMIL REISCH

MIT XII TAFELN UND 99 ABBILDUNGEN IM TEXT

ATHEN
VERLAG: BARTH & VON HIRST
1896.

VORWORT.

Lange Zeit beruhte unser Wissen von dem altgriechischen Theater fast ausschliesslich auf Nachrichten römischer Zeit und auf den Überresten römischer Theater. Erst die Ausgrabungen der beiden letzten Jahrzehnte haben uns auch griechische Theatergebäude geliefert und so die Augen geöffnet über die Verschiedenheiten des griechischen und römischen Schauspielwesens. Wie diese Unterschiede zuerst dem Architekten bei der genauen Erforschung der Theater von Athen und Epidauros bemerkbar wurden, ist im ersten Abschnitt ausführlich erzählt. Anfangs schien ein unüberbrückbarer Widerspruch zu bestehen zwischen den Aussagen der Baureste und den Nachrichten der Literatur. In das scheinbar wohlgefügte System, das die Altertumswissenschaft im Laufe der Jahrhunderte von den «Bühnenaltertümern» aufgebaut hatte, wollten die neugewonnenen Thatsachen und Erkenntnisse sich nicht einfügen. Aber eine nähere Prüfung zeigte, dass die Stützen dieses Systems trügerisch und innerlich morsch waren. Und schon war, unabhängig von diesen baulichen Funden, lediglich auf Grund der literarischen Nachrichten der Versuch gemacht worden, Bresche in jenes System zu legen und den Gedanken zu verfechten, dass Schauspieler und Chor im griechischen Theater auf demselben Boden gespielt haben müssten. Da die Resultate der Ausgrabungen denselben Gedanken nahelegten, musste die literarische Überlieferung von Neuem untersucht werden. Eine genaue Durchforschung der Dramen ergab auf Schritt und Tritt, dass in der That eine «erhöhte Bühne» als besonderer Sprechplatz der Schauspieler für das V. Jahrhundert undenkbar ist. Allmählich löste sich der dichte Schleier von Missverständnissen, der sich um die wenigen anderen literarischen Zeugnisse gelegt hatte. Und immer klarer trat ein neues Bild vom altgriechischen Theater hervor, — es war Zeit, die Welt der Antike von jenem wunderlichen Zerrbilde zu befreien, das uns als «griechisches Theater» geläufig geworden war.

In den Mittelpunkt unserer Darlegungen ist, wie billig, das Dionysos-Theater von Athen gestellt worden. Wie es im Altertum die Wiege des Dramas war, so ist es auch für uns der Ausgangspunkt einer richtigeren Beurteilung des antiken Schauspielwesens geworden. Überdies liessen sich an ihm alle Stufen seiner Entwickelung noch nachweisen, und wichtige Wendepunkte zeitlich festlegen. Von hier ausgehend, haben wir versucht, nach allen Richtungen hin die literarische und monumentale Überlieferung zu durchforschen.

Der grössere Teil der Untersuchungen, die wir hier vorlegen, ist schon in den Jahren 1884-1888 seinem wesentlichen Inhalt nach abgeschlossen worden. Aber einerseits der Wunsch, durch Verwertung der im Gange befindlichen Ausgrabungen das Bild des Theaters voller und richtiger zu gestalten, und andererseits äussere Umstände, die mit der Sache nicht in innerem Zusammenhange stehen, haben die Herausgabe des Buches bis heute verzögert. Dies hat das Gute gehabt, dass wir jetzt nicht mehr vor unvorbereitete Leser treten. Die Ansichten, die hier vorgetragen werden, haben durch mündliche und schriftliche Lehre schon in weiteren Kreisen immer mehr an Boden gewonnen. In mancherlei Untersuchungen ist schon von verschiedenen Seiten der Versuch gemacht worden, einzelne Punkte weiter auszuführen, noch bevor der Gesamtzusammenhang genügend dargelegt worden war. Wenn einige unserer Ausführungen dadurch den Reiz der Neuheit verloren haben, so durften wir sie doch hier nicht bei Seite lassen, um das Bild unserer Untersuchungen nicht zu verstümmeln. Andrerseits glaubten wir eine ins Einzelne gehende Polemik vermeiden zu sollen gegen Behauptungen, denen wir die Grundlagen durch die von uns dargelegten neuen Thatsachen entzogen haben.

Obwohl jeder von uns durch seine Unterschrift für einzelne Abschnitte eine besondere Verantwortung übernommen hat, ist der Inhalt des ganzen Buches doch in vielfacher gemeinsamer Arbeit erörtert und festgestellt worden. Die von verschiedenen Gesichtspunkten ausgehenden Einzeluntersuchungen sind daher doch einheitlich und in ihren Ergebnissen übereinstimmend. Auf einige Meinungsverschiedenheiten, die in Einzelfragen blieben, glaubten wir einige Male selbst hinweisen zu sollen. Manches mag noch künftig sich berichtigen lassen; aber nach jahrelangem Prüfen und Überprüfen dürfen wir die begründete Hoffnung aussprechen, dass die Fundamente der Untersuchungen sich als tragfähig erweisen werden.

Die dem Buche beigegebenen Zeichnungen sind fast alle von dem Architekten Wilhelm Wilberg nach unseren Aufnahmen oder Angaben angefertigt. Auch bei der Vervollständigung der Aufnahmen hat er wertvolle Hülfe geleistet. Wo fremde, schon veröffentlichte Zeichnungen benutzt sind, wie z. B. bei mehreren Grundrissen von Theatern ausserhalb Athens, ist dies im Text ausdrücklich hervorgehoben.

Dem Kaiserlich Deutschen Archäologischen Institute sind wir zu besonderem Danke verpflichtet, weil es die Herausgabe des Werkes vielfach gefördert hat. Auch mehreren Freunden und Fachgenossen, welche uns mit Ratschlägen zur Seite gestanden, oder bei der Drucklegung freundlich unterstützt haben, Paul Wolters, Wilhelm Wilberg, Ernst Bodensteiner, Theodor Wiegand und Paul Elsner, möchten wir auch hier unseren Dank aussprechen.

Wir schliessen unsere Arbeit mit dem Wunsche ab, dass sich recht viele Fachgenossen an der weiteren Ausbildung unserer Untersuchungen beteiligen möchten, damit das Bild des griechischen Theaters bald ein möglichst richtiges und vollständiges werde. Die Erkenntnis seiner wahren Gestalt und der Art und Weise, wie wirklich in ihm gespielt worden ist, wird dann unzweifelhaft auch dazu beitragen, das Verständnis und die Wertschätzung der antiken Dramen zu fördern.

Athen und Innsbruck, Juli 1896.

WILHELM DÖRPFELD
EMIL REISCH

INHALTS-ÜBERSICHT.

I. ABSCHNITT.

Das Dionysos-Theater in Athen. Von W. Dörpfeld.

Seite.

A. Ausgrabung und Erforschung des Theaters . . . . 1— 6
Entdeckung und Ausgrabung 1. Erforschung der Ruinen 2. Ergänzung der griechischen Skene 3. Höpkens Dissertation 5. Neue Theatertheorie 6.

B. Der Bezirk des Dionysos Eleuthereus . . . . 6—24
1. Die verschiedenen Bezirke und Feste des Dionysos: Der Bezirk des Dionysos Eleuthereus und der Bezirk des Dionysos in den Sümpfen 7. Die verschiedenen Feste 9. 2. Die Bauwerke im Bezirk des Eleuthereus: Umfassungsmauer des Bezirks 10. Säulenhalle 11. Der alte Tempel 13. Der jüngere Tempel 19. Altar 23.

C. Beschreibung und Geschichte des Dionysos-Theaters . . . . . . 24—96
1. Das Theater des VI. und V. Jahrhunderts: Die alte kreisrunde Orchestra 27. Zuschauerraum 28. Skenengebäude 32. Altar 33. 2. Das Theater des IV. Jahrhunderts: Alter des erhaltenen Baues 37. Zuschauerraum 40. Sitzstufen 43. Marmorthrone 45. Orchestra 50. Canal 52. Fussboden der Orchestra 56. Hohlräume unter der Orchestra 57. Skenengebäude 59. Paraskenien 62. Bühne oder Proskenion 68. Parodoi 70. Scaena ductilis 72. 3. Das hellenistische Theater: Proskenion 74. Paraskenien 75. Thüren des Proskenion 77. Ergänzter Grundriss 80. Erbauungszeit 81. 4. Das frührömische Theater (Kaiser Nero): Weihinschrift 82. Grundriss 87. Logeionreliefs 88. Logeion 90. Orchestra 91. Zuschauerraum 93. 5 Das spätrömische Theater (Phaidros): Weihinschrift 94. Logeion 95. Geometrische Figuren in der Orchestra 95. Übersicht über die Entwickelungsstufen 96.

II. ABSCHNITT.

Griechische Theater ausserhalb Athens. Von W. Dörpfeld.

I. Das Theater im Piräus . . . . 97—100
Grundriss 98. Orchestra 99. Skene 99. Bauzeit 100.

2. **Das Theater in Oropo** .... 100—109
   Grundriss 101. Orchestra 101. Skenengebäude 102. Proskenion 103. Skeneninschrift 105. Oberbau der Skene 107. Ergänzter Aufriss 108.
3. **Das Theater in Thorikos** .... 109—111
   Grundriss 110. Tempel 111.
4. **Das Theater in Eretria** .... 112—117
   Grundriss 112. Drei Bauperioden 113. Ältester Bau 114. Tieferlegung der Orchestra 114. Steinerne Skene 115. Unterirdischer Gang 116.
5. **Das Theater in Sikyon** .... 117—120
   Grundriss 117. Hölzernes und steinernes Proskenion 119. Unterirdischer Gang 120.
6. **Das Theater in Epidauros** .... 121—133
   Zuschauerraum 121. Grundriss 122. Kreisrunde Orchestra 128. Skene und Proskenion 124. Periakten 126. Rampen zum Proskenion 128. Parodoi 129. Bauzeit 130. Älteres Proskenion 132.
7. **Das Theater in Megalopolis** .... 133—143
   Griechische Bühne? 133. Grundriss 134. Thersilion 135. Zuschauerraum 136. Hölzernes und steinernes Proskenion 137. Scaena ductilis und Skenothek 138. Vorhalle des Thersilion 139. Drei Bauperioden 140. Keine griechische Bühne 142.
8. **Das Theater in Delos** .... 144—148
   Grundriss 144. Skenengebäude 145. Proskenion und Ringhalle 146. Logeion 148.
9. **Das Theater in Assos** .... 148—150
   Grundriss 149. Skene und Proskenion 149.
10. **Das Theater in Pergamon** .... 150—153
    Älterer Grundriss der Skene 151. Jüngerer Grundriss 152. Mehrere Umbauten 153.
11. **Das Theater in Magnesia am Mäander** .... 153—157
    Griechischer Grundriss 154. Römischer Grundriss 155. Skene und unterirdischer Gang 156. Hohe Bühne 157.

III. ABSCHNITT.
Das Griechische Theater nach Vitruv. Von W. Dörpfeld.

Der Text des Vitruv .... 158—160
Erläuterung des Textes .... 160—166
   Construction des Grundrisses 161. Römischer Grundriss 162. Griechischer Grundriss 163. Bühne und Proskenion 164. Länge der Skene 165.

	Seite.
Vergleichung des griechischen und römischen Theaters. Namen der Theaterteile 166. Irrtum Vitruvs 167. Unterschiede der beiden Theater 168.	166—169
Constructive Einzelheiten. Umfassungslinie der Orchestra 169. Verschiedene Constructionen derselben 170. Sehlinien der Zuschauer 173.	169—175

IV. ABSCHNITT.

Das altgriechische Theater nach den erhaltenen Dramen. Von E. Reisch.

1. **Standort der Schauspieler und des Chores**. Die Vorstufen des chorischen Dramas 177. Der erste Schauspieler 178. Angebliche Trennung von Chor und Schauspieler 178. Beziehungen des Chors zur Skene 181. Verkehr der Schauspieler mit dem Chor 184 Gemeinsames Auf- und Abtreten 186. Benutzung der Parodoi durch die Schauspieler 188. Die Schauspieler in der Orchestra 191.	176—193
2. **Die Ausstattung des Tanzplatzes und des Spielhauses**. Tanzplatz 193. Altar in der Orchestra 194. Grosser Altar oder Grabbau neben der Orchestra 195. Aischylos «Schutzflehende» 195. «Perser» 196. «Sieben vor Theben» 197. «Prometheus» 198. Die Orestie 199. Die älteste Skene 199. Das Spielhaus in der Tragödie: Palast 204. Tempel 206. Lagerzelt 207. Das Spielhaus in der Komödie: Das Bürgerhaus 207. Landschaftlicher Spielhintergrund 209. Veränderung des Hintergrundes 211. Sophokles «Aias» 212. Göttererscheinungen in der Höhe 215. Götterplatz 226. Schwebemaschine 227. θεὸς ἀπὸ μηχανῆς 230. Krahn 232. Obergeschoss der tragischen Skene 233. Ekkyklema 234. Auftritte, die vermeintlich im Innern des Hauses spielen 240. Erscheinen der Schauspieler aus der Tiefe 248. Setzstücke vor dem Proskenion 249. Vorhang 253. Paraskenien 255. Typische Bedeutung der Parodoi 256. Die Skene in der Zeit des Euripides 256.	193—257
3. **Der Spielplatz in den Dramen des IV.-I. Jahrhunderts**. Der Chor in der jüngeren Tragödie 258. Chor im Satyrspiel 262. Chor in der Komödie 263. Ausstattung des Spielplatzes in der hellenistischen Zeit 265. Proskenion 266. Der Spielplatz bei Plautus 268. Periakten 270. Schwebemaschine 271. Andere Maschinen 272. Das lykurgische Spielhaus 272. Spielhaus mit steinernem Proskenion 273.	257—275

V. ABSCHNITT.

Die griechischen Bezeichnungen für die Teile des Theaters. Von
E. Reisch . . . . 276—305
   1. Ὀρχήστρα 277.   2. Θυμέλη 278.   3. Πάροδος 280.   4. Θέατρον 281.   5. Σκηνή 283.   6. Προσκήνιον 290.   7. Παρασκήνια 298.   8. Ὑποσκήνιον, ἐπισκήνιον 299.   9. Λογεῖον 301.   10. Ὀκρίβας, βῆμα, πόδωμα 303.   11. Κονίστρα, σίγμα 304.

VI. ABSCHNITT.

Theaterdarstellungen auf antiken Bildwerken. Von E. Reisch.

Vasenbilder. . . . . 306—327
   Die attischen Vasen 306.   Die unteritalischen Tragödienvasen 307. Die Phlyakenvasen: Zeit und Herkunft 311.   Phlyakenbilder ohne Bühne 313.   Bilder mit Bühne 315.   Bühne mit Treppe an der Vorderseite 321.   Die Bühne in den unteritalischen Theatern 326.
Reliefs mit Theaterdarstellungen . . . . 327—335
   Marmorrelief in Neapel 327.   Terrakottareliefs 329.   Marmorsculptur im Thermen-Museum zu Rom 333.   Thonrelief aus Orange 335.
Pompejanische Wandgemälde . . . . 335—340
   Einzelbilder mit Theaterdarstellungen 336.   Verhältnis der phantastischen Architekturmalereien zum Theater 336.   Nachbildungen von Skenen auf Wandbildern 339.

VII. ABSCHNITT.

Die Bühnenfrage. Von W. Dörpfeld.

A. Widerlegung der Gründe für eine Bühne. . . . . 341—349
   Vitruvs hohe Bühne und die Aufführungen des V. Jahrhunderts 341.   Die niedrige Bühne: Direkte Nachrichten fehlen 343.   Die Dramen 344.   Die anderen literarischen Zeugnisse: Über den Ursprung 345.   Ausdrücke ἀπὸ σκηνῆς und ἐπὶ σκηνῆς 346.   Zeugnisse über Verbindungstreppen 347.   Horaz 348. Andere Gründe für eine Bühne: Auf der Bühne soll der Schauspieler besser gesehen werden 348.   Der Chor soll die Schauspieler verdecken 348.   Unterer Abschluss soll ästhetisch notwendig sein 349.
B. Gründe gegen die Bühne . . . . 350—365
   Die literarischen Nachrichten: Die Dramen 350.   Die übrige Überlieferung 350.   Die Baudenkmäler: Das lykurgi-

sche Theater ohne Bühne 352. Das hellenistische Theater hat Proskenion 353. Proskenion Vitruvs ist keine Bühne: Geometrisch-optischer Beweis 353. Der architektonische Aufbau des Proskenion 359. Seine Schmalheit 360. Sein Abstand von den Zuschauern 362. Bedeutung des Wortes Proskenion 362. Entwickelung des Theaters 362. Erklärung von Vitruvs Irrtum 364.

VIII. ABSCHNITT.

Die Entwickelungsgeschichte des griechischen Theaters.
Von W. Dörpfeld.

1. **Die älteste Periode (VI. Jahrhundert)** .... 366—369
   Tanzplatz 366. Zuschauerraum 367. Altar 367. Die heutigen Volkstänze 368.
2. **Das Theater des V. Jahrhunderts** .... 369—375
   Zuschauerraum 369. Orchestra 369. Der erste und zweite Schauspieler 369. Die Erfindung der Skene 370. Ankleidezelt 371. Proskenion 371. Gestalt und Ausstattung der Skene 372. Paraskenien 372. Standplatz der Schauspieler 374. Gesamtbild 374.
3. **Das Theater des IV. Jahrhunderts** .... 375—379
   Zuschauerraum 375. Orchestra 376. Skenengebäude aus Stein 376. Proskenion 377. Thüren 377. Oberstock 378. Keine Bühne 379.
4. **Das hellenistische Theater** .... 379—385
   Steinernes Proskenion 379. Pinakes 380. Paraskenien 380. Proskenion als Säulenhalle 380. Höhe des Proskenion 381. Dach des Proskenion keine Bühne 383. Gesamtbild 383. Dreiteilung des Proskenion 384.
5. **Das römische Theater** .... 385—396
   Verhältnis zum griechischen Theater 385. Grundriss 386. Entstehung der Bühne 387. Verschiedene Arten des Umbaues griechischer Theater in römische 388. Bühne in Italien 389. Namen für die geteilte Orchestra 390. Weitere Veränderungen in Folge der Teilung der Orchestra 390. Säulenstellung ist aus dem griechischen Proskenion entwickelt 391. Überdachung und deren Folgen 392. Entwickelung des römischen aus dem griechischen Theater 393.

VERZEICHNIS DER ABBILDUNGEN IM TEXT.

I. Das Dionysos-Theater in Athen:

Seite.

Figur 1. Alter Dionysos-Tempel. Erhaltener Zustand 14
2. Anten-Kapitell des alten Dionysos-Tempels. Seitenansicht. ... 17
3. Triglyph des alten Dionysos-Tempels. 18
4. Jüngerer Dionysos-Tempel. Erhaltener Zustand. 20
5. Jüngerer Dionysos-Tempel. Ergänzter Grundriss. 21
6. Mauerrest der alten Orchestra. 27
7. Durchschnitt durch den Zuschauerraum. 30
8. Altar der Aphrodite. 34
9. Grundriss des Aphrodite-Altars 35
10. Steinmetzzeichen 37
11. Steinmetzzeichen und Inschrift 37
12. Durchschnitt der Treppenstufen und Ansicht der Sitzstufen 42
13. Durchschnitt durch die unteren Sitzreihen, den Umgang und den Wassercanal. 44
14. Thron des Dionysos-Priesters und andere Sessel. 45
15. Relief am Throne des Dionysos-Priesters 46
16. Der Umgang zwischen Orchestra und Zuschauerraum 51
17. Buchstaben an der obersten Schicht des Canals 53
18. Hohlräume im Felsen unter der Orchestra. 57
19. Grundriss des westlichen Paraskenion. 63
20. Gebälk des Paraskenion. Aufriss 63
21. Architrav des Paraskenion. Unteransicht. 64
22. Westliches Paraskenion. Ergänzter Grundriss 68
23. Block von der Basis einer Statue des Astydamas. 71
24. Standspur einer Proskenion-Säule. 75
25. Durchschnitt durch Skene und Proskenion mit Ansicht des Vorsprungs des Paraskenion 76
26. Ergänzter Grundriss des athenischen Theaters in hellenistischer Zeit. 80
27. Stücke des Proskenion-Gebälkes mit der Weihinschrift an den Kaiser Nero 82
28. Säulen und Gebälk des römischen Proskenion. Ergänzung 83
29. Säule des römischen Proskenion. 85
30. Pfeiler und Halbsäule des römischen Proskenion 85
31. Geison des römischen Proskenion. Grundriss und Aufriss. 86

		Seite
32.	Grundriss des Theaters in römischer Zeit. Ergänzungsversuch.	87
33.	Theatergrundriss (eingeritzt in den Fussboden der Konistra).	96

II. Griechische Theater ausserhalb Athens:

34.	Piräus. Grundriss des Theaters.	98
35.	Oropos. Grundriss des Theaters.	101
36.	Oropos. Gebälk der Skene mit Weihinschrift.	102
37.	Oropos. Durchschnitt des Proskenion und Grundriss der Proskenion-Säulen	104
38. 39.	Oropos. Architrav der Skene.	105
40.	Oropos. Architravstück der Skene.	106
41.	Oropos. Eckstück des Architravs der Skene	106
42.	Oropos. Ergänzter Aufriss der Skene.	108
43.	Thorikos. Grundriss des Theaters.	110
44.	Eretria. Grundriss des Theaters	112
45.	Eretria. Durchschnitt durch die Orchestra und die Skene.	114
46.	Sikyon. Grundriss des Theaters	117
47.	Sikyon. Durchschnitt durch den Unterteil des Proskenion.	118
48.	Sikyon. Schwelle des hölzernen Proskenion.	119
49.	Sikyon. Paraskenion. Ergänzter Grundriss	119
50.	Epidauros. Grundriss des Theaters. Ergänzt.	122
51.	Epidauros. Grundriss des Paraskenion mit zweiseitiger Periakte.	126
52.	Epidauros. Grundriss des Paraskenion mit dreiseitiger Periakte.	126
53.	Epidauros. Gesimse und Holzdecke des Proskenion	127
54.	Megalopolis. Grundriss des Theaters	134
55.	Megalopolis. Durchschnitt durch das Theater.	135
56.	Megalopolis. Grundriss der Schwellen des älteren und des jüngeren Proskenion.	137
57.	Megalopolis. Weihinschrift der Throne und des Canals.	141
58.	Delos. Grundriss des Theaters.	144
59.	Delos. Grundriss des Skenengebäudes. Ergänzung.	145
60.	Assos. Grundriss des Theaters. Unterer Teil.	149
61.	Pergamon. Skene und Orchestra des Theaters in griechischer Zeit.	151
62.	Pergamon. Skene und Orchestra des Theaters in römischer Zeit.	152
63.	Magnesia am Mäander. Grundriss des Theaters in griechischer Zeit. Unterer Teil	154
64.	Magnesia am Mäander. Grundriss des Theaters in römischer Zeit. Unterer Teil	155

III. Das griechische Theater nach Vitruv:

65.	Römisches Theater nach Vitruv.	162
66.	Griechisches Theater nach Vitruv.	163
67.	Theater mit kreisrunder Orchestra.	170
68.	Orchestra nach Form der Athenischen.	170

		Seite
69.	Elliptische Orchestra nach Vitruv	171
70.	Elliptische Orchestra von Epidauros	171
71.	Griechisches Theater nach Vitruv mit eingezeichnetem Tanzplatz.	174

VI. **Theaterdarstellungen auf antiken Bildwerken:**

72.	Hallenbau auf einer Amphora aus Ruvo.	308
73.	Hallenbau auf der Medea-Vase in München	308
74.	Krater in Ruvo, Sammlung Jatta	315
75.	Krater des Assteas, Berlin 3044.	317
76.	Krater im Britischen Museum, IV, F 189	318
77.	Krater im Britischen Museum, IV, F 151.	322
78.	Krater im Britischen Museum, IV, F 269.	322
79.	Krater im Museum von Neapel.	323
80.	Krater aus Lentini	324
81.	Marmorrelief im Museum von Neapel.	327
82.	Reliefplatte der Sammlung Campana.	329
83.	Bruchstück einer Terrakottaplatte im Museo Kircheriano zu Rom.	330
84.	Marmorsculptur in dem Thermen-Museum zu Rom	333
85.	Thonrelief aus Orange.	335

VII. **Die Bühnenfrage:**

86.	Flötenspieler und Sänger auf einem Bema	346
87.	Horizontaler Zuschauerraum ohne Bühne.	354
88.	Horizontaler Zuschauerraum mit niedriger Bühne.	354
89.	Horizontaler Zuschauerraum mit hoher Bühne.	355
90.	Ansteigender Zuschauerraum ohne Bühne	355
91.	Ansteigender Zuschauerraum mit niedriger Bühne	356
92.	Ansteigender Zuschauerraum mit hoher Bühne	356

VIII. **Die Entwickelungsgeschichte des Theaters:**

93.	Dreiteilige Skene mit Vorhalle	373
94.	Skene mit festem Proskenion	384
95.	Grundriss des Theaters von Aspendos.	387
96.	Querschnitt eines Theaters mit tiefer gelegter Konistra.	388
97.	Querschnitt eines Theaters mit erhöhter Bühne und Fortfall der unteren Sitze.	388
98.	Querschnitt eines Theaters mit erhöhter Bühne und Schranke für die Konistra.	389
99.	Entwickelung des römischen Theaters aus dem griechischen. Grundriss	394

VERZEICHNIS DER TAFELN.

I. Theater und Bezirk des Dionysos in Athen. Jetziger Zustand.
II. Theater und Bezirk des Dionysos in Athen im IV. Jahrhundert vor Chr. Ergänzung.
III. Skene und Orchestra des Dionysos-Theaters in Athen. Jetziger Zustand.
IV. Skene und Orchestra des Dionysos-Theaters in Athen. Ergänzung.
V. Dionysos-Theater in Athen. Aufriss der Skene, Ergänzungs-Versuch. Durchschnitt durch Skenengebäude und Orchestra.
VI. 1. Proskenion des Theaters in Oropos.
    2. Proskenion des Theaters in Epidauros.
VII. Theater in Epidauros. Grundriss der Skene und Orchestra.
VIII. Entwickelung des römischen Theaters aus dem griechischen:
    1. Griechisches Theater, Athen-Delos-Epidauros.
    2. Römisches Theater, kleinasiatischer Typus, Aspendos-Aezani-Pergamon.
    3. Römisches Theater, italischer Typus, Athen-Pompeji-Orange.
IX. Das griechische Theater in Epidauros, Blick auf die Orchestra von der obersten Stufe.
X. Das Dionysos-Theater in Athen, Orchestra und unterer Teil des Zuschauerraumes.
XI. Das Dionysos-Theater in Athen, Blick auf die Orchestra aus halber Höhe des Sitzraumes.
XII. Das Theater in Eretria, Blick auf die Skene und die mit Menschen gefüllte Orchestra.

S. 208 Z. 10 lies: Frieden. — S. 215 Z. 10: (vgl. 155 f.). — S. 261 Z. 13 von unten: im I. Jahrhundert. — S. 266 Z. 15: Boltenstern. — S. 290 Z. 13 von unten sind die Worte hinzu zu fügen: Ibi actum esse finitum debemus agnoscere. — S. 291 Z. 11 lies: Wieseler bei Ersch und Gruber, Encyclop. Band 83. — S. 296 Z. 2: das Proskenion ist dadurch. — S. 305 Z. 19: Name aber in anderer Bedeutung.

I. ABSCHNITT

DAS DIONYSOS-THEATER IN ATHEN.

A. Die Ausgrabung und Erforschung des Theaters.

Bis zum vorigen Jahrhundert war die wirkliche Lage des athenischen Dionysos-Theaters unbekannt. Eine mächtige Schutthalde, aus der nur wenige Mauern hervorragten, bedeckte damals noch den ganzen Südabhang der Akropolis. In den Ruinen des Herodes-Theaters, dessen obere Mauern und Gewölbe sichtbar waren, glaubte man das dionysische Theater erkennen zu dürfen (vergl. Stuart und Revett, Die Altertümer von Athen II, 1).

Der Erste, welcher die richtige Lage des Theaters und des zugehörigen Bezirks des Dionysos erkannte, war R. Chandler, der Athen im Jahre 1765 besuchte. Er brachte die Rundung des Burgfelsens beim choregischen Denkmale des Thrasyllos mit dem Zuschauerraum des Theaters in Verbindung und suchte darnach mit Recht diesen Bau an dem südöstlichen Abhange der Burg und das Heiligtum des Dionysos etwas tiefer im Ilissos-Thale (R. Chandler, Voyages en Grèce II, 420). Den genaueren Beweis, dass diese Ansetzung richtig sei, erbrachte M. Leake in seiner «Topographie Athens» (S. 208). Seitdem ist die Lage des Theaters niemals ernstlich bezweifelt worden.

Die ersten Ausgrabungen zur Aufdeckung des Theaters wurden im Jahre 1841 bald nach der Gründung der griechischen Archäologischen Gesellschaft von dieser selbst unternommen; sie waren aber so erfolglos, dass der Sekretär der Gesellschaft A. R. Rangabé in dem Jahresberichte (Πρακτικά 1841, σ. 120) wörtlich sagen konnte: τὸ ἀρχαῖον θέατρον δὲν ὑπάρχει πλέον, das alte Theater existirt nicht mehr! Trotzdem wurde die Arbeit in den Jahren 1858 und 1859 auf Anraten von A. Russopulos von derselben Gesellschaft wieder aufgenommen, aber bald wieder eingestellt, weil Differenzen mit dem Ministerium, welches oben auf der Burg Ausgrabungen veranstaltet hatte, über die Fortschaffung der Erdmassen entstanden. Man deckte damals neben der Grotte des Thrasyllos-Denkmals einige aus dem Felsen gehauene Stufen auf, welche die Unterlagen der eigentlichen Sitzstufen gebildet hatten, fand weiter unten aber alles zerstört.

Die vollständige Ausgrabung des Theaters und seiner Umgebung begann erst, als im Jahre 1862 der deutsche Architekt J. H. Strack bei einer Versuchsgrabung mehrere Sitzstufen und die prächtigen Marmorsessel fand. Nachdem Strack leider vor dem Abschluss der Arbeit Athen verlassen hatte, setzte die griechische Archäologische Gesellschaft das angefangene Werk fort, indem sie zunächst den

Zuschauerraum, die Orchestra und das Skenengebäude und schliesslich den ganzen heiligen Bezirk freilegte (vergl. J. H. Strack, Archäolog. Anzeiger XX, 327; W. Vischer, Neues Schweizer Museum 1863, S. 1 und 35; A. Russopulos, Ἐφημερίς ἀρχαιολογική 1862, S. 64, 94, 102, 128 usw).

Die Resultate dieser Arbeiten, welche bis zum Jahre 1863 erzielt waren, veranschaulicht am besten ein von E. Ziller angefertigter Plan, welcher von A. Russopulos in der zuletzt genannten Zeitschrift (1862, S. 285) veröffentlicht ist. Besonders wichtig sind diese Zeichnungen deshalb, weil sie einige Mauern und Statuenbasen enthalten, welche leider später abgebrochen wurden und daher jetzt nicht mehr untersucht werden können.

Eine abschliessende Veröffentlichung der Ergebnisse der langjährigen Arbeit ist von Seiten der griechischen Archäologischen Gesellschaft nicht erfolgt. Auch Strack hat seine Absicht, ein ausführliches Werk über das Theater zu verfassen, nicht zur Ausführung gebracht. Er hatte manche Vorbereitungen dazu getroffen und eine Reihe von Plänen und Zeichnungen angefangen. Da ich den Wunsch hegte, diese Zeichnungen, soweit sie eine Veröffentlichung zuliessen, zur Erinnerung an den verdienten Architekten zu publiciren, waren sie mir auf meine Bitte von der Familie des Verstorbenen zugeschickt worden. Später wurden sie zurückverlangt und sind daher für die beiliegenden Pläne nicht benutzt worden. Zeichnungen, deren Veröffentlichung besonders wünschenswert gewesen wäre, befanden sich unter den Papieren Strack's allerdings nicht.

Der beste Plan des Theaters ist im Jahre 1870 von Ernst Ziller aufgenommen und 1877 vervollständigt worden. Veröffentlicht wurde er mit einem erläuternden Texte von Leopold Julius in Lützow's Zeitschrift für bildende Kunst XIII S. 193. Diese gewissenhafte Aufnahme bildet die Grundlage aller später veröffentlichten Pläne, bei denen höchstens einige kleinere Veränderungen vorgenommen und einige Masse neu gemessen worden sind.

Während der Plan Ziller's und die Beschreibung von Julius, soweit der Zuschauerraum und die Orchestra in Betracht kommt, wenig zu wünschen übrig lassen, sind sie für das Skenengebäude mangelhaft. Mehrere Mauern sind in ihrer Bedeutung nicht erkannt worden und ihr Zusammenhang ist dunkel geblieben; eine Reconstruction des Grundrisses für die verschiedenen Perioden der Entwicklung des Theaters ist nicht einmal versucht. Die späteren Beschreibungen und Behandlungen des Skenengebäudes sind in der Erkenntnis der verschiedenen Umbauten kaum um einen Schritt weiter gekommen; auch die fleissige Arbeit von J. R. Wheeler in den Papers of the American School at Athens (I, S. 123) enthält keine neuen Resultate.

Um diese Lücke in unserer Kenntnis des athenischen Theaters möglichst auszufüllen, habe ich mich seit dem Jahre 1882 im Auftrage des Deutschen Archäologischen Instituts eingehend mit den aufgedeckten Ruinen beschäftigt. Es zeigte sich bald, dass diese Arbeit nur dann zu einem befriedigenden Ergebnisse führen konnte, wenn neue Ausgrabungen zur Untersuchung und weiteren Aufdeckung einzelner Mauerzüge vorgenommen würden. Mit den Mitteln des Instituts fanden diese Grabungen in den Jahren 1886, 1889 und 1895 statt. Sie erstreckten sich auf das Skenengebäude, die Orchestra, den oberen Teil des Zuschauerraumes und die Umgebung des alten Dionysos-Tempels. Mehrere bis dahin kaum sichtbare Mauern wurden bis zu ihren Fundamenten untersucht und einige andere bei weiteren Tiefgrabungen erst aufgefunden.

Meine wichtigste Aufgabe bestand aber darin, die vielen und sehr verschiedenartigen Mauern des Skenengebäudes nach ihrem Alter zu sondern und so die Gestalt der Skene für die verschiedenen Zeiten zu bestimmen. Nach eingehender Erforschung zeigte sich, dass die Ruinen sehr verschiedenen Perioden ihre Entstehung verdanken; ja es stellte sich heraus, dass alle Entwicklungsstufen, welche das griechische Theater vom V. Jahrhundert bis zur römischen Zeit durchgemacht hat, in Athen bauliche Reste zurückgelassen haben.

Trotz mehrfacher römischer Umbauten zeigten sich die aus dem IV. Jahrhundert und aus der unmittelbar folgenden Epoche stammenden Mauern so gut erhalten, dass es ohne Schwierigkeit möglich war, den Grundriss der Skene der griechischen Zeit wiederherzustellen. Das Bild, welches ich dabei von der Skene gewann, passte durchaus nicht zu demjenigen, welches ich mir auf Grund der litterarischen Überlieferung von dem griechischen Theater gemacht hatte. Wie wenig es der damals herrschenden Anschauung über die Gestalt des griechischen Theaters entsprach, ergiebt sich namentlich daraus, dass Ziller, Julius und Andere früher kein Bedenken getragen hatten, in einer der wichtigsten Mauern des griechischen Skenengebäudes, der Schwelle des säulengeschmückten Proskenion, eine mittelalterliche Zuthat zu vermuten, weil sie den ausserhalb des Orchestrakreises, aber in der Höhe seines Fussbodens gelegenen Stylobat im griechischen Theater nicht unterbringen konnten (a. a. O., S. 238). Ich selbst vermochte auch anfangs einige Mauern nicht zu erklären. Der von mir angefertigte Plan würde daher, wenn ich ihn damals veröffentlicht hätte, ebensowenig wie der zillersche ein klares und richtiges Bild des griechischen oder römischen Skenengebäudes geboten haben.

Andere Theater mussten herangezogen werden, um die noch vorhandenen Rätsel zu lösen. Im Jahre 1881 hatte P. Kavvadias das Theater in Epidauros ausgegraben und mehrere von dem Hauptmann N. Solomos angefertigte Pläne in den Πρακτικά von 1881 veröffentlicht. Die Einrichtung der Skene und Orchestra war dort nicht wie in Athen in römischer Zeit umgeändert worden, sondern zeigte noch ihre alte griechische Form. Da man sie aber nicht recht verstanden hatte, waren die Zeichnungen in Bezug auf die Skene nicht ganz richtig und daher irreführend. Im Jahre 1884 wurde ich von der griechischen Archäologischen Gesellschaft gebeten, das Theater nochmals zu untersuchen und aufzunehmen. Ich fand dort ein Skenengebäude, welches der jüngeren griechischen Entwicklungsstufe des athenischen Theaters genau entsprach. Neben einer kreisrunden Orchestra lagen die Reste einer mit Halbsäulen ausgestatteten Wand, und in der Mitte der letzteren zeigten sich noch die deutlichen Spuren einer Thür, deren Schwelle in der Höhe des Orchestra-Fussbodens lag. Eine ebensolche Säulenstellung hatte sich offenbar in Athen auf jener Mauer befunden, welche man für mittelalterlich gehalten hatte. Was bedeutete diese Säulenwand? Nach der früheren Ansicht konnte sie nur die Vorderwand der erhöhten Bühne für die Schauspieler sein, also diejenige Wand, die man gewöhnlich Hyposkenion zu nennen pflegte. Aber nach den Angaben Vitruvs hatte man sich diese Wand als Sehne des Orchestrakreises und nicht, wie es hier der Fall war, ausserhalb des Kreises gedacht. Ausserdem musste es auffallen, dass dem Podium für die Schauspieler die Gestalt und die Höhe einer Säulenhalle gegeben war, sodass der Schauspieler, wenn er oben auf dem Podium auftrat, auf dem Dache eines Hauses oder seiner Vorhalle zu stehen schien. Wo war ferner die Verbindungstreppe zwischen der hohen Bühne und der tief liegenden Orchestra, deren Vorhandensein als unbedingtes Erfordernis für die Aufführung eines antiken, mit Chor ausgestatteten Dramas galt? Im Gegenteil zeigten die Baureste in Athen und Epidauros in gleich deutlicher Weise, dass niemals eine solche Verbindungstreppe weder aus Stein noch aus Holz vorhanden gewesen sein konnte. Was bedeuteten endlich die Thüren zwischen den Säulen, und wozu waren sie gerade in der Mitte angebracht, also an der Stelle, wo nach Analogie des römischen Theaters die Treppe zur Bühne angenommen wurde?

Diese Fragen drängten sich mir naturgemäss bei der Untersuchung des Theaters auf, ohne dass es mir gelang, sie sofort in befriedigender Weise zu beantworten. Es musste hier offenbar irgend ein Irrtum vorliegen. Entweder waren die beiden Theater von mir falsch ergänzt, oder die bisherige Ansicht über die Art des Auftretens von Schauspielern und Chor war unrichtig. Die erstere Möglichkeit schien ausgeschlossen, weil inzwischen noch andere Theatergebäude zu Tage gekommen waren (z. B. in Assos und im Piräus), bei denen sich an Stelle der vermeintlichen Bühne ebenfalls eine ausserhalb des Orchestrakreises gelegene, mit Säulen ausgestattete Wand befand, welche eine oder mehrere Thüren enthielt und keine unmittelbare Verbindung zwischen ihrem oberen Rande und der Orchestra aufwies. In einigen dieser Theater war die Säulenwand so gut erhalten, dass über ihre Gestalt und Abmessungen auch nicht der geringste Zweifel mehr bestehen konnte. Dazu kam die sehr beachtenswerte Thatsache, dass die Beschreibung, welche Vitruv (V, 7, 1) vom griechischen Theater giebt, in jeder Beziehung auf das Theater in Epidauros und auf die entsprechende Bauperiode des athenischen Theaters passte, wenn man den Grundkreis der vitruvischen Construction nicht in dem Orchestra-Kreis, sondern in der untersten Sitzreihe erkannte.

Andrerseits schien es aber auch unzulässig, die frühere Ansicht über den Standort der Schauspieler und des Chors für unrichtig zu halten. So verlockend es auch war, die Orchestra als den Spielplatz der Schauspieler zu betrachten und demnach in jener Säulenwand ein Wohnhaus zu erkennen, das den Hintergrund des Spieles gebildet habe, und in den erwähnten Thüren die Eingangsthüren der Skene zu sehen, durch welche die Schauspieler den Spielplatz betreten hätten, so widersprach einer solchen Auffassung nicht nur die ausdrückliche Angabe Vitruvs, dass die Schauspieler oben auf jenem Podium gespielt hätten, sondern es war auch in allen Lehrbüchern des antiken Theaterwesens zu lesen, dass die gesamte litterarische Tradition des Altertums den Standort des Schauspielers von demjenigen des Chores trenne. Die zweite Möglichkeit, jene Schwierigkeiten zu lösen, schien also zunächst auch ausgeschlossen.

Erst bei einer genaueren Prüfung der litterarischen Überlieferung drängten sich mir Zweifel an der Richtigkeit der herrschenden Auffassung auf. Diese Zweifel wurden bestärkt durch die im Jahre 1884 erschienene wertvolle Dissertation von J. Höpken «De theatro attico saeculi a. Chr. quinti». Der Verfasser hatte sich beim Studium der alten Dramen davon überzeugt, dass Schauspieler und Chor im V. Jahrhundert unmöglich so sehr getrennt von einander gespielt haben könnten, wie dies Vitruv angebe, und stellte deshalb die Hypothese auf, dass in der Orchestra ein Gerüst aufgeschlagen worden sei, welches mit dem Proskenion, das er als Bühne nahm, gleiche Höhe gehabt habe. Chor und Schauspieler sollten gemeinsam auf diesem Gerüst, also in derselben Höhe aufgetreten sein. Die Angaben Vitruvs, welche dieser Hypothese widersprachen, schaffte er ohne Bedenken durch Annahme einer späteren Interpolation aus dem Wege. So strich er z. B. die bestimmte Angabe, dass das Proskenion 10—12 Fuss hoch sei. War dieses Auskunftsmittel schon aus allgemeinen Gründen bedenklich, so musste es im besonderen deshalb als ganz unhaltbar bezeichnet werden, weil Vitruvs Angaben über Höhe und Abmessungen des Proskenion durch die ausgegrabenen Theater als richtig erwiesen waren. Überhaupt waren alle positiven Vorschläge Höpkens, soweit sie sich auf das Schauspielhaus bezogen, wenig glücklich; trotzdem wird ihm das Verdienst bleiben, zuerst den richtigen Gedanken öffentlich ausgesprochen und verteidigt zu haben, dass Schauspieler und Chor im griechischen Theater gewöhnlich in derselben Höhe gespielt haben.

Durch diesen Gedanken glaubte auch ich den schweren und verhängnisvollen Irrtum in der früheren Behandlung der antiken Theaterkunde gefunden zu haben. Mir ergab sich aus dem Studium der Theaterruinen eine kreisrunde Orchestra als Mittelpunkt und Hauptteil des griechischen Theaters. Um diesen Platz herum sassen auf drei Seiten die Zuschauer, an der vierten befand sich die Skene, nicht als Bühne mit einer Hinterwand, sondern als ein ursprünglich sehr einfaches Haus oder Zelt, welches erst in späterer Zeit als festes Gebäude mit einer als Dekoration dienenden Säulenstellung ausgestattet war. Von irgend einem Bühnengerüst, welches vor der Skene errichtet worden wäre und einen Teil der Orchestra eingenommen hätte, fand sich in den Bauwerken nicht die geringste Spur. Alles wies darauf hin, dass nur auf dem centralen Platze, also vor der Skene und dem Proskenion gespielt worden sei.

Auch die litterarische Überlieferung sprach hierfür und zeigte sogar, wenn man von Vitruv absah, eine bemerkenswerte Einstimmigkeit. Vitruv war der einzige, der das Dach des Proskenion als den gewöhnlichen Standplatz der Schauspieler bezeichnete, während dies nach den Bauwerken für unmöglich erklärt werden musste. Alle anderen Schriftsteller, und namentlich unsere besten Zeugen für die Art des Spiels in der älteren Zeit, die grossen Dichter des V. Jahrhunderts, kennen im griechischen Theater keine von der Orchestra getrennte Bühne als gesonderten Standplatz der Schauspieler, sondern lehren, wie im IV. Abschnitte im Einzelnen gezeigt werden wird, aufs Deutlichste, dass Chor und Schauspieler stets neben einander auf demselben Platze gespielt haben.

So befestigte sich in mir die Überzeugung, dass die Angabe Vitruvs auf einem Irrtume beruhen müsse. Wodurch dieser Irrtum entstanden und wie der Widerspruch zu heben sei, darüber konnte man verschiedener Ansicht sein; dass er aber bestand, durfte als festgestellt gelten. Ich trug daher kein Bedenken, schon am Winckelmannsfeste des Jahres 1884 im athenischen Institute einen Vortrag über das griechische Theater zu halten und die Behauptung aufzustellen, dass die kreisrunde Orchestra ursprünglich den gemeinsamen Spielplatz des Chors und der Schauspieler gebildet habe, und dass erst durch eine Zerlegung dieses Kreises in eine vertiefte Konistra und eine erhöhte Bühne die römische Einrichtung des griechischen Theaters entstanden sei.

Wenn diese Ansicht anfangs wenig Beifall fand, so war das begreiflich. Einerseits war sie sehr revolutionär und widersprach vollständig der landläufigen Lehre, und andrerseits waren in der Theorie noch einige unaufgeklärte Punkte geblieben, für die sich erst später die richtige Lösung fand.

Mehrere Jahre sind seit jenem Vortrage vergangen, ohne dass ich dazu gekommen wäre, die Theaterstudien ganz zum Abschluss zu bringen und im Zusammenhange zu veröffentlichen. Inzwischen wurde die einmal aufgeworfene Frage von vielen Seiten lebhaft besprochen und umstritten. Auch beeilte man sich, durch Ausgrabung neuer griechischer Theater weiteres Material für die Lösung der Frage beizubringen. Es entstand ein wahrer Wettkampf in der Aufdeckung und Erforschung neuer Theater. Ich erinnere nur an die Ausgrabung der Theater von Oropos, Thorikos, Eretria, Thespiai, Sikyon, Megalopolis, Gytheion, Delos, Tralles und Magnesia. Durch die Vermehrung des Materials konnte die neue Lehre in einigen Punkten berichtigt und erweitert werden. Auch die Baugeschichte des athenischen Theaters liess sich durch einen Vergleich mit den andern Theatern genauer feststellen; sie erhielt ausserdem noch eine sehr erwünschte Aufklärung durch die erst im Jahre 1895 erfolgte Auffindung der Bauglieder der lykurgischen Paraskenien und durch die Entdeckung der unter der Orchestra befindlichen Gänge und Hohlräume.

B. Der Bezirk des Dionysos Eleuthereus.

Das im heiligen Bezirk des Dionysos Eleuthereus gelegene Theater (τὸ ἐν Διονύσου θέατρον) darf nicht getrennt von dem ganzen Heiligtum behandelt werden. Es bildete kein Gebäude für sich, wie unsere modernen Theater, sondern gehörte zu der Gruppe der dem Cultus des Dionysos dienenden Gebäude, welche der Bezirk umschloss. Ausserdem ist auch die Baugeschichte des Theaters nur im Zusammenhang mit derjenigen der übrigen Anlagen des Heiligtums zu verstehen. Der Beschreibung des Bezirks schicken wir eine kurze Untersuchung über die verschiedenen Heiligtümer und Feste des Dionysos in Athen voraus, um dadurch festzustellen, welche Nachrichten der litterarischen Überlieferung auf unseren Bezirk bezogen werden dürfen.

1. Die verschiedenen Bezirke und Feste des Dionysos.

Es gab in Athen zwei grosse Heiligtümer des Dionysos und dem entsprechend auch zwei Hauptfeste des Gottes. Der eine Bezirk lag am südöstlichen Fusse der Akropolis und war dem Dionysos Eleuthereus geweiht, der andere lag ἐν Λίμναις, in den Sümpfen, und gehörte dem älteren Dionysos, den wir als den Limnaios oder Lenaios bezeichnen dürfen. Bis vor kurzem glaubte man allgemein, dass beide Heiligtümer identisch seien. Die Limnai suchte man südöstlich von der Burg und nahm an, dass in dem Hieron beim Theater nicht nur der Eleuthereus, sondern auch der Lenaios verehrt worden sei. Dass diese Ansicht nicht haltbar ist, hat zuerst U. v. Wilamowitz in seinem Aufsatze über die Bühne des Aischylos (Hermes XXI, S. 597) mit Erfolg dargelegt. Zwar hatten schon früher einige Gelehrte verschiedene Theater für die verschiedenen Feste angenommen (vergl. A. Müller, Lehrbuch S. 85 und 319), ohne jedoch ihrer Ansicht Geltung verschaffen zu können.

Jetzt ist die Frage durch den Spaten entschieden. Wie ich in dem II. Berichte über die Ausgrabungen am Westabhange der Akropolis (Athen. Mitth. 1895, S. 161) bewiesen habe, ist der Bezirk des älteren Dionysos, welchem das Fest der Anthesterien galt, in der Thalmulde am Westabhange der Akropolis und südlich vom Areopag thatsächlich aufgefunden und freigelegt. Ich darf daher hier darauf verzichten, die Frage nochmals eingehend zu behandeln. Mit Rücksicht auf ihre Wichtigkeit scheint es mir aber geboten, hier wenigstens auf die litterarischen Gründe für die Trennung der beiden Heiligtümer kurz einzugehen.

a. Thukydides führt in seiner Schilderung des ältesten Athen (II, 15) unter den bei der alten Polis gelegenen Heiligtümern als letztes das des Dionysos in den Limnai an, ᾧ τὰ ἀρχαιότερα Διονύσια τῇ δωδεκάτῃ ποιεῖται ἐν μηνὶ Ἀνθεστηριῶνι. Der Comparativ lehrt, dass es damals in Athen noch ein zweites und zwar jüngeres Fest des Dionysos gegeben haben muss, welches an einer anderen Stelle und in einem anderen Monat gefeiert wurde. Dieses jüngere Fest waren zweifellos die grossen oder städtischen Dionysien, welche am Südost-Fusse der Burg im Monat Elaphebolion begangen wurden. Ganz in Übereinstimmung mit Thukydides nennt auch Demosthenes (oder Apollodor) gegen Neaira 76 das Dionysion in den Limnai das älteste und heiligste Hieron des Gottes und unterscheidet es damit deutlich von dem jüngeren, beim Theater gelegenen Bezirk.

b. Die amtlichen Namen der athenischen Dionysos-Feste mit skenischen

Agonen waren nach dem Gesetze des Euegoros (Demosthenes gegen Meidias 10) und nach anderen Quellen (z. B. CIA II, 741):
1. τὰ ἐν ἄστει oder ἀστικὰ Διονύσια,
2. τὰ ἐπὶ Ληναίῳ Διονύσια oder ὁ ἐπὶ Ληναίῳ ἀγών oder τὰ Λήναια.

Die unterscheidenden Angaben sind unzweifelhaft lokaler Natur, wie schon U. v. Wilamowitz (a. a. O., S. 616) betont hat. Die Dionysien ἐν ἄστει können unmöglich ἐπὶ Ληναίῳ gefeiert worden sein. Das Lenaion ist also nicht mit dem Hieron des Eleuthereus, wo der Agon an den städtischen Dionysien stattfand, identisch. Freilich möchte man auch umgekehrt schliessen, dass das Lenaion nicht in dem Asty gelegen haben könne, und U. v. Wilamowitz hat auch wirklich so geschlossen. Ich halte diesen Schluss aber nicht für richtig. Den Gegensatz zu den städtischen Dionysien bildet das ländliche Dionysosfest; aber die Agone, welche an dem ländlichen Feste stattfanden, wurden nicht auf dem Lande, sondern in der Stadt abgehalten und zwar ursprünglich bei dem Lenaion und vom Ende des IV. Jahrhunderts an in dem Theater des Eleuthereus, das im Demos Kollytos[1]) lag. In ältester Zeit, als die Stadt sich auf die Akropolis und ihren Abhang beschränkte, lag das Lenaion auf dem Lande (ἐν ἀγροῖς) und war erst später, als die Stadt sich über die pelargische Mauer ausgedehnt hatte, städtisch geworden. Das ganze Fest aber war trotzdem ein ländliches geblieben, während die vielleicht erst im VI. Jahrhundert gegründeten grossen Dionysien von vorne herein ein ausschliesslich städtisches Fest waren.

c. Nach einem bekannten Zeugnis der Lexikographen (z. B. Timaeus: 'Ορχήστρα· τὸ τοῦ θεάτρου μέσον χωρίον, καὶ τόπος ἐπιφανὴς εἰς πανήγυριν, ἔνθα 'Αρμοδίου καὶ 'Αριστογείτονος εἰκόνες), hatte Athen zwei Orchestren, die eine im grossen Theater beim Bezirk des Eleuthereus, die andere am Markte, nämlich den Platz, wo die Standbilder der Tyrannenmörder aufgestellt waren. Auf der ersteren, deren Reste gefunden sind, fanden die Agone an den städtischen Dionysien statt. Dass aber auch auf der zweiten Orchestra in alter Zeit gespielt worden ist, wird durch die mehrfache Überlieferung bestätigt, dass vor der Erbauung des Theaters, nämlich desjenigen des Eleuthereus, skenische Agone am Markte begangen worden seien. Diese zweite Orchestra ist zwar noch nicht gefunden, muss aber nach dem einstimmigen Zeugnisse der alten Quellen am Areopag gelegen haben. Sie befand sich also in der Nähe des alten Bezirks des Dionysos, der jetzt südlich vom Areopag ausgegraben ist.

d. Der Bezirk des älteren Dionysos in den Limnai wurde nur an einem einzigen Tage des Jahres geöffnet, nämlich am 12. Tage des Monats Anthesterion (vergl. Demosthenes oder Apollodor gegen Neaira 76). Die frühere Ansicht, dass nur der Tempel an diesem Tage geöffnet gewesen sei, ist unhaltbar, weil

---

[1]) In einem Vortrage im Athenischen Institute habe ich nachgewiesen, dass Kollytos, Alopeke und Kynosarges im Süden der Akropolis gelegen haben. Der Vortrag soll in den Athenischen Mittheilungen veröffentlicht werden.

nach den Worten des Demosthenes die steinerne Stele mit dem Gesetz über die
Basilinna beim Altar, der gewöhnlich neben dem Tempel frei im B e z i r k stand,
aufgestellt war. Wäre nun das Heiligtum des Dionysos in den Limnai mit demjenigen des Eleuthereus beim Theater identisch, wie man früher meinte, so
hätte weder das Bild des Eleuthereus an den städtischen Dionysien aus dem
Tempel zur Akademie und später in die Orchestra gebracht, noch überhaupt
an diesem Feste der Tempel und Bezirk des Gottes betreten werden können.
Die Nachricht des Demosthenes zwingt uns also, zwei getrennte Bezirke des
Dionysos anzunehmen.

Mit der Frage nach der Zahl und Lage der Dionysos-Heiligtümer eng verbunden ist die andere nach der Zahl und dem Namen der F e s t e des Gottes.

Seitdem A. Böckh in seiner epochemachenden Abhandlung «Vom Unterschiede der Lenaien, Anthesterien und ländlichen Dionysien» (Kleine Schriften
V, 65) das Vorhandensein von vier verschiedenen Festen des Dionysos für Athen
bewiesen hatte, betrachtete man gewöhnlich als feststehend, dass es folgende
Dionysos-Feste in Athen gegeben habe:
1. die ländlichen Dionysien,
2. die Lenaien,
3. die Anthesterien und
4. die grossen oder städtischen Dionysien.

Ich habe mich aber von der Richtigkeit dieser Ansetzung nicht überzeugen
können, sondern bin der Ansicht, dass die drei ersten Feste, wenigstens für die
ältere Zeit, identisch sind. Das älteste Dionysos-Fest waren die Anthesterien,
welche dem Dionysos in den Limnai gefeiert wurden. Der skenische Agon an
diesem Feste fand auf der Orchestra am Areopag statt und wurde ὁ ἐπὶ Ληναίῳ
ἀγών oder τὰ Λήναια genannt. Als er im IV. Jahrhundert ins Theater des Eleuthereus verlegt wurde, durfte der erstere Name nicht beibehalten werden, sondern
wurde ganz durch den zweiten ersetzt. Die Anthesterien waren das ländliche
Fest der Stadt Athen; sie stammten aus der Zeit, als die alte Polis sich auf
den Umfang der pelargischen Mauer beschränkte. Viele Demen haben daneben
noch ihre besonderen ländlichen Dionysien gehabt, wie wir von einigen (Piräus,
Salamis, Ikaria usw.) sicher wissen. Neben dem uralten Feste der Anthesterien
waren die grossen Dionysien als rein städtisches Fest gegründet worden.

Ich trete damit in der Hauptsache einer Ansicht bei, welche O. Gilbert in
der Schrift «Über die Festzeit der attischen Dionysien» zuerst eingehend entwickelt hat. Obwohl ich ihm in manchen Punkten nicht beistimmen kann, halte
ich das Resultat seiner Untersuchung im Wesentlichen für richtig. Die Beweisführung konnte schon deshalb nicht ganz richtig sein, weil Gilbert noch von der
irrtümlichen Voraussetzung ausgeht, dass die Limnai im Südosten der Burg lägen.
Es würde mich zu weit führen, hier auch nur die wichtigsten Gründe für meine
Auffassung anzuführen. Ich muss mich damit begnügen, meine Ansicht angedeutet zu haben.

Diese kurze Besprechung der verschiedenen Bezirke und Feste des Dionysos musste der Beschreibung des Hieron des Eleuthereus vorangeschickt werden, um entscheiden zu können, welche Nachrichten der alten Schriftsteller auf den beim Theater gelegenen jüngeren Bezirk und welche auf das ältere beim Areopag gelegene Dionysion bezogen werden müssen. Früher brachte man alle Zeugnisse, die von einem Bezirk des Dionysos berichten, mit dem Hieron beim Theater in Verbindung, und diesem Umstande ist es zum Teil zuzuschreiben, wenn die verschiedenen Ruinen des Bezirks nicht richtig erklärt worden sind. Wir dürfen nur diejenigen Nachrichten heranziehen, welche ausdrücklich von dem Bezirk des Eleuthereus sprechen oder mit Sicherheit auf ihn bezogen werden können. Alle Angaben, welche sich auf das Lenaion oder den Bezirk in den Limnai oder auf ein Theater am Markte beziehen, sind auszuschliessen[1]).

2. Die Bauwerke im Bezirk des Eleuthereus.

Die Ruinen, welche bei den Ausgrabungen südlich vom Theater gefunden wurden, sind in ihrem gegenwärtigen Zustande auf Tafel I, ergänzt dagegen auf Tafel II wiedergegeben. Indem wir das Theater selbst vorläufig ausschliessen, besprechen wir zunächst die Grenzen des Heiligtums und die darin gefundenen Bauwerke.

Obwohl die Umfassungsmauern des Bezirks nicht überall erhalten sind, lässt sich ihre Lage mit einiger Sicherheit so bestimmen, wie es in dem ergänzten Grundrisse geschehen ist. An der Südseite ist die Peribolosmauer auf eine längere Strecke aufgedeckt. Einst eine hohe Futtermauer, welche den hochgelegenen Bezirk nicht nur begrenzte, sondern auch stützte, ist sie jetzt nur wenige Quaderschichten hoch erhalten. Ihr Material ist der poröse Kalkstein vom Piräus, gewöhnlich kurz Poros genannt. Die ehemalige Höhe der Mauer lässt sich nicht genau angeben, weil südlich ausserhalb des Bezirks, wo noch fast keine Grabungen gemacht sind, die antike Bodenhöhe nicht bekannt ist. Der Unterschied zwischen dem Fussboden im Inneren und Äusseren des Bezirks war aber hier auf jeden Fall so gross, dass kaum daran zu denken ist, dass der Zugang zu dem Hieron jemals an der Südseite gelegen hat. Nach den Bodenverhältnissen müssen wir ihn vielmehr an der östlichen oder westlichen Seite des Bezirks suchen, an den Stellen, wo der äussere und innere Boden ungefähr in einer Höhe lagen.

Im Westen ist auch von der alten Grenzmauer nichts gefunden. Da man bis unter den antiken Boden gegraben hat, ist auch von weiteren Ausgrabungen keine neue Auskunft zu erwarten. Der Verlauf der Mauer lässt sich aber nach den beiden Tempeln, nach einigen römischen Mauern und nach einer alten Wasserleitung, welche wahrscheinlich in dem neben der Mauer anzunehmenden Wege lag, ungefähr so herstellen, wie es auf Tafel II geschehen ist.

---

[1]) Ich bemerke hier ausdrücklich, dass Keisch mehrfache Bedenken sowohl gegen die Ansetzung des älteren Dionysion beim Areopag, als auch gegen die Gleichsetzung der Lenaien und Anthesterien hat. Die ersteren halte ich für nicht berechtigt, die letzteren scheinen mir den von Gilbert und mir dargelegten Argumenten gegenüber nicht ausschlaggebend zu sein.

Die östliche Grenzmauer ist besser erhalten, aber leider noch nicht ganz ausgegraben. Die wichtige S. O. Ecke liegt zu Tage und im Nordosten ist auch der Anschluss an das Theatergebäude erhalten. Wenn das letztere Stück im Gegensatz zu den übrigen aus anderem Materiale (Kieselconglomerat oder Breccia) besteht, so erklärt sich dies vermutlich daraus, dass nur die Fundamentschichten, nicht aber die sichtbaren Teile vorhanden sind.

Aus topographischen Gründen dürfen wir im Zuge der Ostmauer ein Eingangsthor des Bezirkes annehmen. Pausanias (I, 20, 2) betritt nämlich das Heiligtum von Osten, von der Tripodenstrasse her, und verlässt es wieder an derselben Stelle, um das nordöstlich vom Bezirk gelegene Odeion des Perikles zu besuchen und sich erst darauf zum Theater selbst zu wenden. Ein Nebenthor darf vermutungsweise an der Westseite angenommen werden, weil ein directer Zugang von der Seite des Marktes und der Pnyx kaum gefehlt haben kann. Für das Hauptthor passen am besten die Angaben, welche bei Andokides (I, 38) der Sklave Diokleides über die Hermenfrevler macht. Er will vom Propylon des Dionysion aus gesehen haben, wie jene von dem Odeion kommend in die Orchestra hinabgingen und dort tanzten. Da zur Zeit dieses Vorfalles noch kein festes Skenengebäude den Blick auf die Orchestra verdeckte, war die letztere und der Weg vom Odeion zur Orchestra von einem in der Ostmauer gelegenen Thorgebäude aus gut zu übersehen.

Sichere Reste eines Thores haben sich aber bisher nicht gefunden. Seine genaue Lage wird sich erst bestimmen lassen, wenn die elenden Häuser abgebrochen sind, welche jetzt noch über den östlichen Teile des Bezirkes stehen. Nach den Bodenverhältnissen muss dies Thor nicht weit von der N. O. Ecke des Hieron gelegen haben; möglicherweise können einige der dort sichtbaren, aber noch nicht ganz freigelegten Steine dazu gehören. Von dem westlichen Thore etwas zu finden, ist keine Hoffnung mehr vorhanden.

Im Inneren des Bezirks sind vier Gebäude in ziemlich spärlichen Resten erhalten: 1. Ein langgestreckter, an die Südseite des Skenengebäudes sich anschliessender Bau, welcher nach seinem Grundrisse zu urteilen nur eine **Säulenhalle** gewesen sein kann; 2. der Rest eines Baues, der an die S. W. Ecke dieser Stoa anstösst und meines Erachtens der **ältere Tempel** des Dionysos war; 3. weiter südlich die Fundamente eines grossen, aus zwei Räumen bestehenden Bauwerkes, in dem man den **jüngeren Tempel** des Gottes erkennen darf; 4. östlich von dem letzteren eine breite Mauer, in welcher vielleicht das Fundament des grossen **Altars** erhalten ist.

Die **Säulenhalle**. Dass der Bezirk eine Säulenhalle enthielt, durfte man aus Vitruv V 9, 1 schliessen, weil dort unter den in der Nähe des athenischen Theaters befindlichen Hallen neben der Stoa des Eumenes und dem Odeion des Perikles auch der Bezirk des Dionysos genannt wird. Wie unser Plan zeigt, sind von der Stoa ausser den Fundamenten noch einzelne Stufensteine der südlichen Säulenwand und einige hochkantige Platten der übrigen geschlossenen Wände erhalten. Darnach ist es sicher, dass sie nur an der zum Bezirk gerichteten Seite Säulen hatte. Innensäulen waren wegen der geringen Tiefe des Baues nicht vorhanden.

In Ermangelung des bisher nicht nachgewiesenen Oberbaues haben wir einen sicheren Anhalt zur Datirung der Säulenhalle zunächst in dem Baumaterial der erhaltenen Teile. Auf dieses müssen wir etwas näher eingehen, weil wir beim Skenengebäude des Theaters dieselben Bausteine wiederfinden werden. Zu den Fundamenten sind regelmässige viereckige Quadern aus Breccia verwendet; die Stufen der Vorderfront und die hochkantigen Platten der übrigen Wände bestehen aus bläulichem Marmor, der vermutlich vom Hymettos stammt und den wir daher, im Gegensatz zu dem wahrscheinlich bei dem Oberbau angewendeten weissen Marmor vom Pentelikon, kurz hymettischen Marmor nennen werden. Er liegt bei der Stoa nicht unmittelbar auf der Breccia des Fundaments auf, sondern ist überall durch eine Zwischenschicht aus Piräuskalk (Poros) von ihr geschieden. Aus dem letzteren Baustein bestehen ferner diejenigen Platten der Rückwand, welche verdeckt lagen. Auch der Oberteil dieser Wand war wahrscheinlich ganz aus Porosquadern hergestellt. Die gleichzeitige Benutzung dieser drei Steinsorten ist für die athenischen Bauwerke einer bestimmten Zeit charakteristisch. Man findet sie z. B. nebeneinander beim choregischen Denkmal des Lysikrates, bei den Stoen des Attalos und des Eumenes, bei der Stoa im Asklepieion und beim Dipylon, also bei Bauten, welche der Zeit vom IV. bis zum II. Jahrhundert vor Chr. angehören. Während Poros allein bekanntlich schon bei viel älteren und auch noch bei jüngeren Bauwerken Verwendung gefunden hat, kommen die Breccia und der Hymettos-Marmor auch einzeln fast ausschliesslich in jenem Zeitabschnitt vor. Ein Gebäude mit Fundamenten aus Breccia, welches sicher aus noch älterer Zeit stammte, ist mir in Athen nicht bekannt. Und was den Hymettos-Marmor betrifft, so ist schon früher bemerkt worden, dass er zu Inschriften, von wenigen Ausnahmen abgesehen, erst vom IV. Jahrhundert ab und namentlich erst seit der Zeit des Lykurg benutzt worden ist. Von seiner Verwendung bei Gebäuden gilt dasselbe.

Wir dürfen hiernach, solange nichts dagegen spricht, die Säulenhalle unseres Bezirks der Periode vom IV. bis II. Jahrhundert zuweisen. Eine etwas genauere Bestimmung ermöglichen die zur Verbindung der Quadern verwendeten Eisenklammern. Während nämlich im IV. Jahrhundert noch fast allgemein die älteren ⊢⊣ förmigen Klammern zur Anwendung gelangen, benutzt man in den folgenden Jahrhunderten fast nur die jüngeren, ⊓ förmigen Eisen. Da nun bei der Stoa die ältere Form vorkommt, dürfen wir den Bau in die Zeit vom Ende des V. bis zum III. Jahrhundert setzen. Dass sie in der That im IV. Jahrhundert erbaut ist, wird sich bei der Besprechung des Skenengebäudes zeigen, mit dem sie, wie der Augenschein lehrt, gleichzeitig ist.

Über den Aufbau der Halle lässt sich nur wenig sagen. Auf drei Stufen aus Hymettos-Marmor erhoben sich an der Südseite, also nach dem Inneren des

Bezirkes hin, die Säulen vermutlich in dorischem Stil. Obwohl kein Stein von den Säulen und ihrem Gebälk gefunden ist, lässt sich die Grösse der Säulen-Axweite mit ziemlicher Sicherheit aus der Länge der Steine des Unterbaues ermitteln, weil diese in der Periode, aus der unsere Halle stammt, bei fast allen Bauwerken der Hälfte oder dem dritten Teile der Axweite entsprechen. Die Steine der aus Poros bestehenden Euthynteria haben mit Ausnahme der Ecksteine sämtlich eine Länge von 0,93 m und die Marmorblöcke der Stufen hatten, wie man noch erkennen kann, dieselben Masse. Zwei solcher Steine ergeben zusammen 1,86 m, ein Mass, das zwar kleiner ist als die Axweite der Attalos-Stoa, aber für die beschränkteren Abmessungen unserer Halle sehr gut als Säulenabstand passt. Es ist auch noch grösser als die Axweite der später zu besprechenden Paraskenien-Säulen des lykurgischen Theaters, welche nur 1,27 m misst. Wenn wir dagegen drei Steine auf die Axweite rechnen würden, so erhielten wir ein Mass von 2,79 m, das für die Verhältnisse unserer Stoa ohne Bedenken als zu gross bezeichnet werden darf.

Unter Zugrundelegung einer Axweite von 1,86 m ergeben sich für die ganze Säulenhalle 34 Stützen, nämlich 32 Säulen und 2 Eckpfeiler. Bei der Reconstruction des Aufrisses der Halle in dem Durchschnitt auf Tafel V hat dies Mass der Axweite als Ausgangspunkt für die Bestimmung der mutmasslichen Abmessungen der Säulen und des Gebälkes gedient.

Ob ein oberes Stockwerk vorhanden war, wie z. B. bei den Stoen des Attalos und des Eumenes, wissen wir nicht. Irgend welche bestimmte Anzeichen, die hierfür angeführt werden könnten, wie etwa die Spuren einer nach oben führenden Treppe, sind nicht vorhanden. Für die im westlichen Teile der Halle in ihren Fundamenten erhaltene Quermauer weiss ich nur die Erklärung, dass hier ein Stück von der Stoa abgeschnitten war und einen geschlossenen Raum bildete. Diese Anordnung war scheinbar durch den neben der Halle liegenden alten Dionysos-Tempel veranlasst, der so dicht an die Halle heranstiess, dass nicht nur kein Zwischenraum zwischen beiden vorhanden war, sondern die Stufen der Halle sogar schräg abgeschnitten werden mussten. Die Vorderwand der Halle hatte in ihrem westlichen Teile wahrscheinlich anstatt einer offenen Säulenstellung eine geschlossene Wand mit Halbsäulen.

Der Zweck der Stoa bestand, wie wir vermuten dürfen, nicht nur darin, den Besuchern des Heiligtums und des Theaters im Sommer einen schattigen und im Winter einen geschützten Aufenthaltsort zu bieten, sondern sie sollte auch einen architektonischen Schmuck der kahlen Hinterwand der Skene bilden.

Der alte Tempel. Die am westlichen Ende der Stoa erhaltene altertümliche Mauer aus Kalkstein dürfen wir für den letzten Rest des alten Tempels halten, den Pausanias in dem Bezirk sah. Nach dem Periegeten war dieser Bau der älteste Tempel des Dionysos in Athen und enthielt das aus Eleutherai stammende Xoanon des Gottes. Wie die umstehende Abbildung Fig. 1 zeigt, bestehen die erhaltenen Reste aus einer längeren Mauer, welche an ihrer südlichen Seite die Ansätze zweier Quermauern aufweist. Die westliche Quermauer war die Abschlussmauer des Baues, wie das Herumgehen der Stufe beweist, die andere muss als innere Querwand gedient haben, weil die Längsmauer noch über sie nach Osten hinausreicht. Der Bau bestand also aus zwei Räumen, deren Grösse wir zwar nicht unmittelbar messen, aber doch annähernd bestimmen können. Sie lagen so zu einander, wie wir bei einem Tempel erwarten müssen. Im Westen befand sich ein geschlossenes Gemach, dessen Tiefe etwa 6,50m betrug, und davor, nach Osten gerichtet, ein zweiter als Vorhalle dienender Raum, dessen Tiefe zunächst unbekannt ist, weil das Ostende der Nordmauer nicht

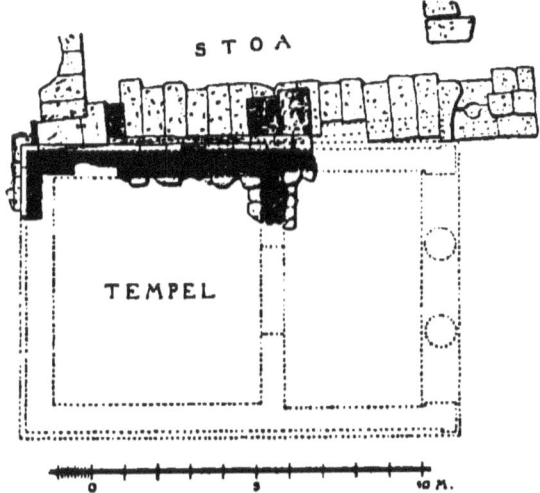

Figur 1. Alter Dionysos-Tempel. Erhaltener Zustand.

mehr erhalten ist. Auch dieses Mass lässt sich aber annähernd bestimmen, wenn wir uns erinnern, dass der westliche Teil der Säulenhalle durch eine Querwand abgetrennt ist, deren Lage durch die Länge des Tempels bedingt schien. Dazu passt, dass die Stufen und das Fundament der Halle bis ungefähr an diese Querwand schräg abgeschnitten sind. Hiernach habe ich die Tiefe der Vorhalle zu etwa 4 m angenommen. Das Breitenmass des ganzen Baues ergiebt sich ferner aus den später zu besprechenden Baugliedern, welche vor der Vorhalle gefunden sind. Da die Triglyphen 0,52m breit und 0,80m hoch sind, dürfen wir in Ermangelung von Metopen die Axweite der Triglyphen zu rund 1,25m und die Axweite der Säulen zu 2,50m annehmen. Die äussere Breite des Tempels beträgt darnach bei 4 Säulen rund 8 m, die innere 6,50m. Dass die Cella also gerade quadratisch war, darf als Bestätigung für die Richtigkeit dieser Berechnung angeführt werden, denn die Cellen des alten Athena-Tempels auf der Burg und des alten Dionysos-Tempels am Westabhange der Burg waren ebenfalls quadratisch.

Was berechtigt uns, in dem Bau einen Tempel zu erkennen? Ausser der Grundrissform, die allerdings bei der grossen Zerstörung des Baues kein sicheres Argument liefert, dürfen wir auf seine Lage im Verhältnis zu dem jüngeren Tempel hinweisen, ein Verhältnis, auf das wir bei Besprechung des letzteren noch zurückkommen werden. Auch muss er wegen seiner eigentümlichen Lage zur Stoa ein sehr wichtiges Gebäude gewesen sein. Denn handelte es sich um einen gewöhnlichen Bau, so würde man ihn bei Errichtung der Halle weder so sorgfältig geschont, noch seinethalben den Hallengrundriss so beschränkt haben. Wir dürfen daher den Bau ohne Zögern als Tempel bezeichnen.

Sein hohes Alter ist gesichert durch das Baumaterial, die Bearbeitungsart der Steine und die Form der zur Verbindung der oberen Quadern dienenden Eisenklammern. Das Material der Fundamente ist harter bläulicher Kalkstein des Akropolisfelsens, das der oberen Stufe, welche den Sockel der Wand bildete, ein hellerer, sehr harter Kalkstein, der bei dem heute Karà genannten Orte am Fusse des Hymettos gebrochen wurde (s. Lepsius, Griech. Marmorstudien, S. 116). Zu dem Oberbau war, wie die gefundenen Bauglieder beweisen, gewöhnlicher Poros aus dem Piräus verwendet. Diese drei verschiedenen Bausteine finden sich bei allen bisher bekannten vorpersischen Bauwerken in Athen, sodass auch unser Bau spätestens aus dem VI. Jahrhundert stammen wird. Dazu passt ferner die Form der Steine und ihre Bearbeitung. Zu den Fundamenten sind die Steine in den unteren Schichten gar nicht, in den mittleren nur wenig bearbeitet; die oberste Schicht zeigt dagegen an ihrer Aussenseite eine vorzügliche rechtwinklige Fugenbildung und in ihrem Inneren polygonale Fügung. Auch das ist die Bauweise der vorpersischen Anlagen. Schliesslich finden wir zur Verbindung der Eckquader der Stufenschicht mit den Nachbarsteinen eine ⌐ förmige und eine im Grundriss ⌴ förmige Eisenklammer benutzt, Klammerformen, die als sehr alte bezeichnet werden dürfen.

Ist hierdurch zwar bewiesen, dass der Tempel aus der vorpersischen Periode stammt, so muss es leider ungewiss bleiben, ob er etwa von den Peisistratiden erbaut ist oder einer noch älteren Zeit seine Entstehung verdankt. Die Bauart der erhaltenen Ruine gleicht derjenigen der ältesten Teile des alten Athena-Tempels auf der Burg, und ist nicht so gut wie die Bauweise der mit Sicherheit auf Peisistratos zurückzuführenden Ringhalle dieses Tempels und der ebenso alten Fundamente des athenischen Olympicion. Aber daraus dürfen wir noch nicht den Schluss ziehen, dass der Tempel wirklich älter ist als die Zeit der Peisistratiden, denn einmal handelt es sich hierbei um eine lange Periode, in der die Bauweise wohl kleine Schwankungen durchgemacht haben kann, und ausserdem sind vermutlich jene grossartigen Bauwerke solider hergestellt worden als der kleine Dionysos-Tempel.

Die Frage nach der Erbauungszeit des Tempels steht im engsten Zusammenhang mit der anderen nach der Gründungszeit des ganzen Heiligtums. Dass der Bezirk des Eleuthereus jünger war als das Dionysion in den Limnai, lässt sich aus Thukydides (II 15) sicher folgern. Dieses reichte bis in die Zeit vor Theseus, also bis in die Königszeit zurück. Jenes dagegen war vielleicht erst eine Gründung der Tyrannenzeit, kann aber auch sehr wohl älter gewesen sein. Im Jahre 534 führte bekanntlich Thespis die erste Tragödie an den städtischen Dionysien auf, also wohl in unserem Bezirke und auf der jetzt aufgefundenen Terrasse. Damals muss der Bezirk jedenfalls, der Tempel höchst wahrscheinlich bestanden haben. Die Angabe des Pausanias, dass unser Tempel das älteste Heiligtum des Dionysos sei, widerspricht unserer Ansicht nur scheinbar, denn der Perieget kennt das uralte Heiligtum in den Limnai, das jetzt westlich von der Burg aufgedeckt ist, überhaupt nicht, weil es damals nicht mehr bestand. Unser Tempel war in römischer Zeit thatsächlich das älteste Hieron des Gottes in Athen.

Zur Zeit der Tyrannen wurden südöstlich von der Burg mehrere neue Heiligtümer gegründet. Dort begann Peisistratos den Bau des grossen Tempels des olympischen Zeus, dessen ältestes Heiligtum, in dem die Diasien gefeiert wurden, vermutlich am nordwestlichen Abhange der Burg lag (vergl. Athen. Mittheil. 1895, S. 199). In derselben Gegend wurde damals für die Feier der Thargelien der grosse Bezirk des Apollon Pythios angelegt, dessen ältestes Heiligtum sich neben dem Burgthor in einer Felsgrotte der Akropolis befand. Es ist daher sehr wahrscheinlich, dass damals auch das neue Dionysos-Heiligtum am Südostfuss der Burg im Anschlusse an die Stiftung des neuen grossen Dionysos-Festes gegründet wurde. Gesichert ist diese Annahme aber nicht. Vielmehr muss nach den Ruinen die Möglichkeit zugegeben werden, dass Bezirk und Tempel schon älter sind.

Dürfen wir hiernach in unserem Bau ohne das geringste Bedenken einen sehr alten und wertvollen Tempel erkennen, so müssen wir uns sehr wundern, dass seine Reste bei der Ausgrabung und auch später gar nicht beachtet und sogar für eine spätgriechische Mauer erklärt worden sind (Ziller-Julius, Zeitschrift f. bild. Kunst, XIII S. 237). Soweit ich sehe, hat damals niemand daran gedacht, in den unscheinbaren Resten den alten Dionysos-Tempel zu erkennen. Da die irrtümliche Ansicht sich ausgesprochenermassen auf das zeitliche Verhältnis der Tempelreste zu der daneben liegenden Stoa stützt, so müssen wir auf dieses Verhältnis noch besonders eingehen. L. Julius behauptet nämlich, die Stoa habe zuerst bestanden, und später sei die Mauer, die wir als Tempelrest erkannten, errichtet worden. Das Verhältnis ist aber unzweifelhaft umgekehrt. Der Tempel stand schon lange, als die Säulenhalle erbaut wurde. Beweis dafür ist einmal der Umstand, dass die Steine der Halle über diejenigen des Tempels hinübergreifen, und die letzteren sogar zur Aufnahme der jüngeren Mauer abgearbeitet sind; sodann auch die Überlegung, dass man die Stufen der Halle niemals schräg abgeschnitten haben würde, wenn der Tempel später als die Halle erbaut worden wäre. Eine geringe Verschiebung des Baues nach Süden, der nichts im Wege stand, würde die unschöne Anordnung überflüssig gemacht haben. Bestand dagegen der Tempel schon und sollte er bei Errichtung der Stoa unverändert bestehen bleiben, so konnte man meines Erachtens kaum an-

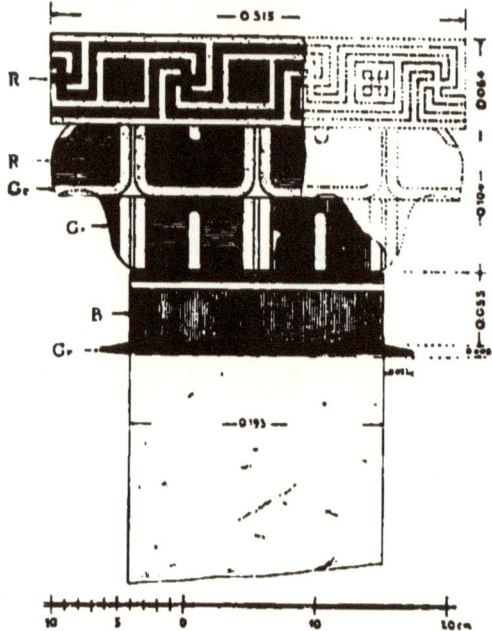

Figur 2. Anten-Kapitell des alten Dionysos-Tempels. Seitenansicht.

ders verfahren, als geschehen ist, wenn man der Stoa nicht ein ganz unzulässiges Tiefenmass geben wollte. Die frühere Ansicht darf daher als irrtümlich bezeichnet werden.

Trotz der grossen Zerstörung lässt sich der Grundriss des Tempels, wie wir oben schon sahen, mit einiger Sicherheit in seinen allgemeinen Linien wiederherstellen; im Einzelnen bleibt dagegen vieles unbekannt. So ist es zwar sicher, dass der Pronaos im Osten lag und der Tempel also die gewöhnliche Richtung hatte; wie aber diese Vorhalle gestaltet war, ist nicht mit Sicherheit zu bestimmen. Sie kann an ihrer Vorderseite vier Säulen, aber auch zwei Anten und zwei Säulen gehabt haben. Bei der Ergänzung (vergl. Figur 1 und Tafel II) habe ich mich für die letztere Möglichkeit entschieden, weil die Vorhallen der altdorischen Bauten — und diesen Stil hatte der Tempel — fast immer die Form des «templum in antis» aufweisen. Freilich scheint der jüngere Tempel, wie wir später sehen werden, ein Prostylos gewesen zu sein.

Bei Ausgrabungen, die ich unmittelbar vor dem Tempel vorgenommen habe, fanden sich in einem mittelalterlichen Fundament mehrere dorische Bauglieder aus Poros, welche in ihren Massen und Formen zu dem Tempel passen und ihm daher mit einiger Sicherheit zugeteilt werden dürfen. Es sind Fragmente canellirter Säulentrommeln, Stücke von Triglyphen, ein halbes Antenkapitell und ein Stück eines Giebeldreiecks. Besonders beachtenswert ist das in Figur 2 abgebildete Antenkapitell, weil es noch seine reiche Bemalung und eine auffallende Profilirung zeigt. Der unter dem dorischen Kyma befindliche dreieckige Steg springt so weit vor und hat eine so ungewöhnliche Gestalt, dass er für den Steinbau nicht erfunden sein kann, sondern als eine Nachahmung eines Profiles aus Holz oder Metall gelten muss. Bei der Bemalung sind als Farben rot, blau, gelb, grün und schwarz verwendet worden, welche in der Abbildung durch verschiedene Schraffirung und durch Buchstaben bezeichnet sind. Figur 3 stellt ferner einen Triglyph dar, an den, wie die Falze beweisen, dünne Metopenplatten anstiessen, die vielleicht ebenso wie beim alten Athena-Tempel aus Marmor bestanden.

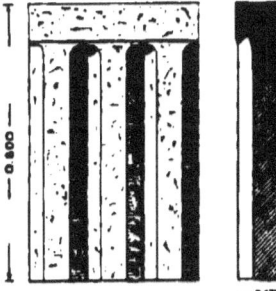

Figur 3. Triglyph des alten Dionysos-Tempels.

Besondere Erwähnung verdient noch ein mit Spuren blauer Farbe versehenes Stück eines Giebelfeldes, welches bei den übrigen Bausteinen gefunden ist und auch dem Tempel zugewiesen werden müsste, wenn es nicht eine etwas grössere Giebelneigung aufwiese als ein mit Reliefs ausgestattetes Giebelstück, welches F. Studniczka im XI. Bande der Athen. Mittheilungen (Tafel II, 2 und S. 78) besprochen und veröffentlicht hat. Dieses Relief ist wegen seiner Darstellung (zwei Satyrn und eine Mainade), wegen seines Fundortes (in der Nähe des Dionysos-Bezirks) und wegen seines Materials (Poros) dem alten Dionysos-Tempel zugeschrieben worden. Die obere schräge Linie des Reliefs, welche einem Giebelfelde von den Verhältnissen 1:10 entspricht, passt aber nicht zu der Neigung jenes Fragmentes, welche auf einen Giebel von den Verhältnissen 1:8 führt.

Es gehören daher entweder beide Stücke nicht zu demselben Bau, oder der eine Stein ist vorpersisch, der andere eine nachpersische Erneuerung, oder aber die obere Fläche des Reliefsteines ist später, als er bereits aus dem Giebel entfernt war, aus irgend einem Grunde abgearbeitet worden. Ich weiss nicht, welcher von diesen Möglichkeiten ich den Vorzug geben soll und lasse daher die Frage der Zugehörigkeit der beiden Steine unentschieden. Die naheliegende Annahme, dass der eine Giebelstein zum jüngeren, der andere zum älteren Tempel gehört habe, ist dadurch ausgeschlossen, dass der Oberbau des jüngeren Baues jedenfalls aus Marmor bestand.

Die gefundenen Fragmente von dorischen Porossäulen zeigen 20 Kanelluren von geringer Tiefe und an ihren Lagerfugen grosse quadratische Löcher für Holzdübel. Ihr Durchmesser von etwa 0,75 m zeigt, dass die Stücke zum oberen Teile der Säule gehören. Der untere Durchmesser wird bei einer Axweite von 2,50 m etwa 1 m gross gewesen sein.

Wann der Tempel gänzlich zerstört worden ist, lässt sich nicht sagen. Vermutlich geschah es erst, als im Mittelalter die Festungsmauer gebaut wurde, welche mitten durch das Skenengebäude ging und den Südabhang der Burg umgab. Eine starke Beschädigung des Tempels wird von Clem. Alex. Protrept. IV, 53 (p. 47 Pott.) berichtet; ein Blitz κατέρριψε τοῦ Διονύσου τοῦ Ἐλευθερίως τὸν ναόν. Allerdings kann sich diese Nachricht auch auf den jüngeren Tempel beziehen.

Der jüngere Tempel. Wenige Meter südlich von den Resten des älteren Tempels liegen mehrere aus Brecciaquadern erbaute Fundamentmauern, die im Grundriss ein grosses, in der Mitte geteiltes Rechteck bilden. Schon bei der Ausgrabung hat man in ihnen die Fundamente eines Tempels erkannt. Ob es der ältere oder der jüngere Tempel sei, haben Ziller-Julius (a. a. O. S. 242) nicht zu entscheiden gewagt. Dass es der jüngere Tempel ist, für welchen Alkamenes das aus Gold und Elfenbein bestehende Cultbild angefertigt hatte, kann wegen des Baumaterials, wegen der Grösse des ganzen Baus und wegen des Vorhandenseins des Fundamentes für ein grosses Cultbild nicht zweifelhaft sein.

Der Grundriss besteht, wie die auf der umstehenden Abbildung Figur 4 verzeichneten Fundamentmauern deutlich zeigen, aus zwei in westöstlicher Richtung nebeneinander liegenden Räumen, von denen der westliche der grössere ist. Der östliche war demnach der Pronaos, der westliche die geschlossene Cella. Von einer Ringhalle ist nichts erhalten, sie ist auch sicherlich nicht vorhanden gewesen. Das in dem Innern der Cella erhaltene Fundament besteht aus den gleichen Brecciaquadern wie die Mauerfundamente, wird also zugleich mit dem Tempel selbst hergestellt sein. Es liegt scheinbar nicht in der Mitte der Cella, sondern von der Axe nach Norden verschoben. Man kann aber an Ort und Stelle leicht erkennen, dass es an seiner Südseite nicht mehr vollständig ist; bei der gänzlichen Zerstörung des Oberbaues des Tempels sind auch einige der Fundamentquadern der Basis herausgebrochen worden. Man darf daher das Fundament in der Zeichnung soweit nach Süden vergrössern, bis die Basis genau in der Mitte des Baues liegt. Die Masse, die sich so für das Fundament ergeben, sind 4,90™ für die Breite und 5,10™ für die Tiefe. Bei der Ungenauigkeit des Mauerwerks nehmen wir hierfür ohne Zögern ein Quadrat von 5™ an. Die obere Basis selbst, von der nichts erhalten ist, bildete vermutlich ein Quadrat von 10 griechischen Ellen (4,91™).

Vom Oberbau der Cella und des Pronaos ist auch nicht ein Stein gefunden, wenigstens lässt sich von den in der Nähe herumliegenden Baugliedern kein Stein als sicher zugehörig erweisen. Daher vermögen wir auch über die Gestalt des Pronaos und über den Baustil des Tempels nichts Sicheres anzugeben. Die Ergänzung, welche in der nachstehenden Abbildung Figur 5 gezeichnet ist, kann also keinen Anspruch auf absolute Richtigkeit machen. Sie

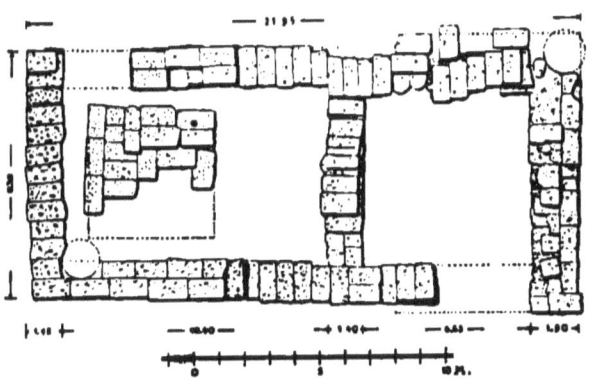

Figur 4. Jüngerer Dionysos-Tempel. Erhaltener Zustand.

stützt sich auf einige Anhaltspunkte, die uns die Fundamente liefern. Erstens ist der Pronaos auffallend tief und daher schwerlich als «templum in antis» gestaltet gewesen. Zweitens bemerkt man in Abbildung 4 eine Verbreiterung der Fundamente in dem ganzen östlichen Teile des Pronaos, die am leichtesten dadurch erklärt wird, dass hier für die vortretenden Stufen des Baues ein besonderes, weniger tiefes Fundament hergestellt war. Soweit diese Stufen reichten, wird der Pronaos geöffnet, d.h. mit Säulen ausgestattet gewesen sein; wo keine Stufen waren, war die Wand geschlossen. Geht man bei der Ergänzung hiervon aus, so ergeben sich je zwei Intercolumnien für die beiden Langseiten. Die Ergänzung darf jedoch nicht als sicher bezeichnet werden, weil die Länge der Stufen nicht ganz feststeht. An der Giebelseite haben sicherlich vier Säulen gestanden, weil bei sechs Säulen die Axweite nicht nur kleiner werden würde als beim alten Tempel, sondern auch kleiner als es für einen Tempel überhaupt zulässig ist. Bei vier Säulen berechnet sich, vorausgesetzt, dass der Tempel in dorischem Stile erbaut war, die Grösse der mittleren Axweite auf etwa 2,70^m, die der beiden anderen auf rund 2,50^m. War der Stil aber jonisch, was sehr unwahrscheinlich ist, so würden alle drei Axweiten etwa 2,60^m messen.

Es ist die Vermutung geäussert worden, dass die grosse Tiefe der Vorhalle mit Rücksicht auf die Gemälde gewählt sei, welche nach der Beschreibung des Pausanias (I, 20, 3) hier angebracht gewesen seien. Träfe diese Vermutung das Richtige, so würde unsere Reconstruction unrichtig sein, die beiden Seitenmauern müssten dann als geschlossene Wände ergänzt werden. Allein abgesehen davon, dass auch bei unserer Ergänzung im Pronaos noch

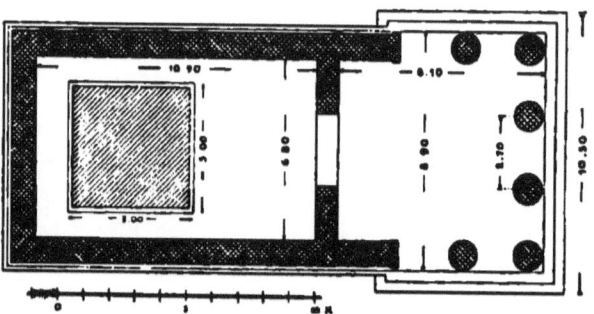

Figur 5. Jüngerer Dionysos-Tempel. Ergänzter Grundriss.

Platz für Gemälde vorhanden ist, wissen wir nicht genau, in welchem Gebäude und in welchem Raume sich die Gemälde befanden. Nach dem Wortlaute der Stelle bei Pausanias ist es nicht ausgeschlossen, an die Cella des jüngeren Tempels oder auch an die Stoa zu denken.

Für die Bestimmung der Bauzeit des Tempels sind wir einerseits auf das Baumaterial und die Bauweise der Fundamente, andererseits auf die Nachricht des Pausanias angewiesen, dass Alkamenes das Cultbild gemacht habe. Da die Verwendung der Breccia zur Fundamentirung von Gebäuden erst in der Zeit nach Perikles üblich geworden ist, so kann der Tempel frühestens am Ende des V. Jahrhunderts erbaut sein. Man möchte sogar lieber in das IV. Jahrhundert hinabgehen, weil das am Ende des V. errichtete Erechtheion noch die ältere Fundamentirung mit Poros zeigt. Dies scheint aber der zweite Anhaltspunkt nicht zu gestatten, nämlich die Nachricht über den Verfertiger des Cultbildes. Den Dionysos des Alkamenes und die Zeit seiner Entstehung hat E. Reisch in dem «Eranos Vindobonensis» 1893 ausführlich behandelt und den Zeitabschnitt von 421—415 für die Anfertigung des Bildes und die Erbauung des Tempels ermittelt. Indem ich im Allgemeinen seinen Ausführungen beitrete, möchte ich es doch wenigstens als denkbar bezeichnen, dass Tempel und Bild erst im Anfange des IV. Jahrhunderts entstanden sind. Wenn Alkamenes noch im Jahre 403 für Thrasybulos arbeitet, so kann er meines Erachtens auch noch etwa 10 Jahre später das Bild des Dionysos geschaffen haben. Unmittelbar nach dem peloponnesischen Kriege werden die Athener allerdings schwerlich einen neuen Dionysos-Tempel gebaut und ein grosses Goldelfenbeinbild gemacht haben. Aber am Ende der neunziger Jahre des IV. Jahrhunderts waren die schlimmen Zeiten so weit vorüber, dass die Erbauung des Tempels möglich erscheint.

Obwohl sichere Beweise fehlen, ist andrerseits der Gedanke nicht ganz abzuweisen, dass Nikias, der Sohn des Nikeratos, der bekannte athenische Feldherr des peloponnesischen Krieges, den Tempel erbaut habe. Da nämlich von Plutarch (Nikias 3) unter den Weihgeschenken des Nikias auch ὁ τοῖς χορηγικοῖς τρίποσιν ὑποκείμενος ἐν Διονύσου νεώς genannt wird, hatte zuerst E. Reisch die Vermutung ausgesprochen (Griech. Weihgeschenke, S. 100), dass hiermit unser Tempel gemeint sei. Obwohl die obige Ansetzung (421—415) sehr gut hierzu passt, hat er sie neuerdings (Eranos Vindobon. 1893, S. 2) zurückgezogen, weil ihr der Wortlaut des Plutarch entgegenstehe, «da man in der Zeit des Plutarch einer solchen Umschreibung nicht bedurft haben wird, um den grössten Culttempel des Gottes zu bezeichnen». Indessen scheint mir dieser Gegengrund nicht durchschlagend. Aus den erhaltenen Ruinen und den beim Theater gefundenen Baugliedern geht hervor, dass Dreifüsse nicht nur auf dem Burgfelsen in der Nähe des Theaters, sondern auch auf den Dächern der beim Theater liegenden Gebäude, z. B. auf der Stoa im Asklepieion, aufgestellt waren. Ist es da nicht fast selbstverständlich, dass in erster Linie auf dem Dache des grössten Dionysos-Tempels solche Weihgeschenke standen? Wenn aber der Tempel mit Dreifüssen überladen war, so scheint es mir sehr wohl denkbar, dass Plutarch jene Bezeichnung wählte, anstatt den Bau «den jüngeren Tempel» zu nennen. Fraglich könnte sein, ob Nikias die Mittel besessen habe, um auf eigene Kosten einen solchen Tempel zu bauen, aber nach den Worten Plutarchs über die Pracht seiner öffentlichen Leistungen zweifle ich nicht, dass sein Vermögen dazu ausreichte. War Nikias wirklich der Erbauer und Stifter, so muss die Errichtung des Baues natürlich vor die sicilische Expedition fallen, bei der Nikias seinen Tod fand. Der oben nachgewiesene Zeitraum von 421—415 würde also sehr gut passen.

Besondere Beachtung verdient noch die Lage des neueren Tempels im Verhältniss zu dem älteren. Beide liegen in dem westlichen Teile des Bezirks, wie es wegen ihrer nach Osten gerichteten Vorhallen zu erwarten war. Sie haben unzweifelhaft gleichzeitig bestanden; der ältere ist nicht etwa durch den jüngeren ersetzt worden. Dazu stimmt, dass sie nicht unmittelbar nebeneinander liegen, wie z. B. der alte Athena-Tempel auf der Burg und das Erechtheion oder wie die beiden Tempel in Rhamnus, sondern dass ihr Verhältnis zu einander in Bezug auf ihre Lage demjenigen zwischen dem Parthenon und dem alten Athena-Tempel entspricht. In beiden Fällen liegt ferner der jüngere Tempel südlich von dem älteren in einem Abstande, welcher schon allein deutlich zeigt, dass nicht der eine Bau durch den anderen ersetzt werden sollte. Ob es auf einem Zufall beruht, dass beide Male der jüngere Tempel um das Stück, um welches er grösser ist, gegen den älteren Bau nach Osten vorgeschoben ist, wage ich nicht zu entscheiden.

Der Altar. Das letzte der aufgefundenen Fundamente, welches in dem südlichen Teile des Bezirks liegt, glaube ich für die Reste eines grossen Altars halten zu dürfen. Es besteht ebenso wie der jüngere Tempel aus Brecciaquadern und wird daher zugleich mit diesem Bau oder in der nächstfolgenden Zeit errichtet worden sein. Im Grundriss bildet es ein Rechteck von 11,50^m Länge und 3,30^m Breite, das im Innern einen schmalen Hohlraum hat, wie er bei grossen Basen und Altären öfter vorkommt. Grösser ist der Bau nie gewesen, denn an keiner Seite weist der Zustand des Mauerwerks auf den Abbruch eines anderen Bauteiles hin. Da nur das Fundament erhalten und von dem Oberbau kein Stein nachzuweisen ist, lässt sich über die Bedeutung des Baues nicht mit Sicherheit urteilen. Nach Lage und Gestalt muss man in erster Linie an einen Altar denken, weil Altäre von dieser länglichen Gestalt bekannt sind. So hat ein in Megalopolis ebenfalls in der Nähe des Theaters gefundener Altar ganz ähnliche Abmessungen, nämlich eine Länge von 12^m und eine Breite von 2^m (Excavations at Megalopolis, 1890—1891, S.51). Nur ein wesentliches Bedenken habe ich gegen die Erklärung des Baues als Altar, nämlich die grosse Tiefe des Fundaments. Zwar ist die Höhe des alten Fussbodens neben dem Fundament nicht genau bekannt, aber nach dem auf Tafel V gegebenen Durchschnitt berechnet sich die ehemalige Tiefe zu etwa 2^m. Selbst in angeschüttetem Boden würde man für einen Altar nur dann ein so tiefes Fundament anfertigen, wenn er einen besonders hohen Aufbau trüge. Da hierüber nichts bekannt ist, muss die Möglichkeit offen gelassen werden, dass auf dem Fundament irgend ein grosses Weihgeschenk gestanden haben kann. Die von E. Reisch (Eranos Vindob. 1893, S. 2) aufgeworfene Frage, ob das Fundament nicht den Tempel des Nikias getragen haben könne, glaube ich auf Grund der jetzt genauer festgestellten Beschaffenheit der Fundamente verneinen zu müssen.

Bevor wir uns zur Betrachtung des Theaters wenden, mögen kurz noch einige kleinere Anlagen erwähnt werden, welche ausser den vier grösseren Gebäuden im Innern des Bezirks gefunden und auf Plan I verzeichnet sind.

Zunächst ist hier die einzige, vielleicht noch an ihrer alten Stelle befindliche Basis zu nennen, die südlich vom jüngeren Tempel und westlich von dem Altarfundament liegt. Sie ist besonders deshalb wichtig, weil sie einen

Anhalt zur Bestimmung der Fussbodenhöhe in dem südlichen Teile des Bezirks liefert. Auf einem Fundament aus Breccia liegt eine Quader aus Piräuskalk von etwa 1,10 zu 1,0^m und darüber der nicht ganz erhaltene Oberstein aus dunkelblauem eleusinischem Kalkstein. Dass die Basis einst ein Standbild trug, zeigen die erhaltenen Fussspuren. Genaueres über den Stifter oder den Künstler wissen wir aber nicht, weil keine Inschrift erhalten ist. Man könnte übrigens zweifeln, ob die Basis noch an ihrer alten Stelle steht: mir scheint dieser Zweifel aber wenigstens für die unteren Steine nicht berechtigt.

Sodann muss die Wasserleitung erwähnt werden, welche von dem Altarfundament nach Nordosten lief und jetzt leider ganz zerstört ist. Höhenlage und Richtung der Leitung wie auch die Form der Thonrohre machen es sehr wahrscheinlich, dass wir hier ein Stück der grossen Wasserleitung vor uns haben, die Peisistratos bei der Anlage der Enneakrunos herstellte, um Wasser vom oberen Ilissos-Thale zu der alten Kallirroe nach der Pnyx zu leiten. Das hohe Alter dieses Stückes wird dadurch bestätigt, dass es offenbar älter sein muss als die Erbauung des Altarfundamentes, also wahrscheinlich älter als das IV. Jahrhundert.

Nach Erbauung des Altars und des jüngeren Tempels ist die Wasserleitung weiter nach Norden verlegt und zwischen beiden Tempeln hindurchgeführt worden. Denn der dort im Jahre 1895 aufgedeckte und im Altertum mehrfach reparirte Canal ist unzweifelhaft ein Stück der grossen Enneakrunos-Wasserleitung. Im östlichen Teile des Bezirks ist die Leitung nochmals weiter nach Norden verlegt worden. Die merkwürdigen Biegungen, welche sie hier im Grundriss zeigt, erklären sich durch das ehemalige Vorhandensein von Bäumen, Altären oder Standbildern, um welche die nicht sehr tief liegende Canal herumgeführt werden musste. In römischer Zeit war die Leitung mit einem teilweise noch jetzt erhaltenen Ziegelgewölbe überdeckt.

Die Wasserrinne, welche an der westlichen Grenze des Bezirks entlang läuft, ist nicht für Trinkwasser bestimmt, sondern sollte das von dem Asklepicion und dem benachbarten Teile des Burgfelsens kommende Regenwasser abführen. Sie besteht aus hartem Kalkstein und ist mit Brecciaquadern in der Weise ummauert und überdeckt, dass ein begehbarer Canal gebildet wird.

Die byzantinischen und neueren Mauern und Wasserbehälter, welche an mehreren Stellen des Bezirks zu Tage gekommen waren, sind in unserem Plane nicht gezeichnet und brauchen auch hier, da sie für unsere Untersuchung wertlos sind, nicht erwähnt zu werden.

C. Beschreibung und Geschichte des Dionysos-Theaters.

Wer das Dionysos-Theater betritt und die erhaltenen Ruinen untersucht, um nach ihnen ein Bild zu gewinnen von dem ehemaligen Zustande des Baues und von der Einrichtung des griechischen Theaters überhaupt, der kommt sehr bald zu der Erkenntnis, dass dies keine leichte Aufgabe ist. Er sieht nicht etwa einen einheitlichen Bau vor sich, dessen Reste er nur im Geiste oder in der Zeichnung zu ergänzen braucht, um ein volles Bild der ganzen Anlage zu erhalten, sondern ein Gewirr von Fundamenten und Mauern, die aus sehr verschiedenen Zeiten und Epochen stammen und unmöglich alle zu ein und demselben Theatergebäude gehört haben können.

Durch die Ausgrabungen sind die Reste ganz verschiedener Entwickelungsstufen des Theaters zu Tage gefördert worden. Sie sind erhalten, weil bei Umbauten die älteren Reste und namentlich die Fundamente nicht vollständig abgebrochen wurden, sondern unter der Erde verdeckt liegen blieben und so im Altertum nicht sichtbar waren. Auf Tafel I und III sind alle erhaltenen Mauern je nach ihrem Materiale in verschiedener Weise dargestellt.

Da sind einzelne Mauern, welche nach Material und Technik aus jener alten Zeit stammen, in welcher das griechische Drama entstanden ist, oder wenigstens der Zeit angehören, in welcher die grossen Dramatiker lebten und ihre Werke aufführten. Da finden sich viele Mauern und Bautrümmer, welche wegen ihres Materials und ihrer Bauweise aus einer jüngeren griechischen Zeit stammen müssen. Da sind ausserdem Steine und Fundamentmauern, welche nach ihren Kunstformen der ersten Kaiserzeit zugeschrieben werden müssen. Da giebt es endlich auch Bauteile, die wegen ihrer schlechten Ausführung den spätrömischen Ursprung nicht verläugnen können.

Unter Beachtung der verschiedenen Baumaterialien, der verschiedenen Technik der einzelnen Mauern, der noch erhaltenen Kunstformen und einiger aufgefundener Inschriften ist es uns gelungen, fünf verschiedene Perioden in der Baugeschichte des Theaters zu unterscheiden:

1. das Theater des VI. und V. Jahrhunderts,
2. das Theater des IV. Jahrhunderts (Lykurg),
3. das hellenistische Theater,
4. das frührömische Theater (Kaiser Nero),
5. das spätrömische Theater (Phaidros).

Zur Erläuterung der nachfolgenden Beschreibung dieser verschiedenen Anlagen dienen die Tafeln I und III, welche die Grundrisse des ganzen Theaters und des Skenengebäudes mit der Orchestra im erhaltenen Zustande wiedergeben und ferner die auf den Tafeln II und IV abgebildeten Ergänzungen derselben Grundrisse.

1. Das Theater des VI. und V. Jahrhunderts.

Seitdem das Theater ausgegraben war, pflegte man fast allgemein den Zuschauerraum und einen grossen Teil des Skenengebäudes für ein Werk aus dem Anfang des V. Jahrhunderts zu halten. Man glaubte, dass die erhaltenen Ruinen die Reste desjenigen Theaters seien, in welchem die grossen klassischen Dramatiker ihre Werke zur Aufführung gebracht haben. Dass diese Ansicht unrichtig ist, wird der Verlauf unserer Untersuchung zeigen. Es sind in Wirklichkeit nur sehr geringe Reste von jenem berühmten Theater übrig geblieben. Erst im IV. Jahrhundert und in noch jüngeren Zeiten sind die erhaltenen grossen Baureste entstanden.

Unter den verschiedenartigen Mauern, welche im Gebiete des Theaters freigelegt sind, fallen drei durch ihre altertümliche Bauweise und durch ihr nur bei sehr alten Gebäuden vorkommendes Material auf. Sie bestehen aus dem harten Kalkstein der Burg, welcher in Athen fast nur in der ältesten Periode Verwendung gefunden hat, und ihre Bauweise ist die polygonale, welche nach dem V. Jahrhundert nur noch ausnahmsweise angewendet worden ist. Die eine Mauer (R auf den Plänen) liegt in der östlichen Hälfte des Skenengebäudes, die zweite (D) ist westlich von der Skene gefunden und die dritte ist im oberen Teile des Zuschauerraumes aufgedeckt. Sie dienten alle drei als Stütz- oder Futtermauern von Terrassen und haben demnach nur je eine gut ausgearbeitete Aussenseite. Die dritte Mauer kann bei unserer Besprechung unberücksichtigt bleiben, weil sie nicht zum Theater selbst gehört, sondern die Grenzmauer eines terrassenförmigen Heiligtumes war, das ehemals ausserhalb des Theaters lag und erst im IV. Jahrhundert bei einer Vergrösserung des Zuschauerraums in das Theater hineingezogen wurde.

Obwohl die beiden anderen Mauern aus demselben Materiale bestehen und die polygonale Bauweise zeigen, gehören sie doch nicht derselben Periode an, weil ihre Bauart etwas verschieden ist. Bei der Mauer R sind die Steine weder so regelmässig bearbeitet noch so gut gefügt wie bei der anderen; letztere macht daher einen entschieden jüngeren Eindruck. Wenn man ein bestimmtes Datum angeben soll, würde man Mauer R wohl dem VI., Mauer D dagegen dem V. Jahrhundert zuschreiben.

Der wichtigste dieser Reste ist unzweifelhaft die unscheinbare Mauer A, sie darf sogar unbedenklich als eine der wertvollsten Mauern des alten Athen bezeichnet werden. Wie der Plan III und die nebenstehenden Zeichnungen (Figur 6) lehren, ist die Mauer im Grundriss gebogen. Die Krümmung beträgt 0,17^m bei einer Sehnenlänge von 4^m; der Durchmesser des Kreises berechnet sich darnach auf etwa 24^m. Jetzt nur 1^m hoch, ist die Mauer im Altertum beträchtlich höher gewesen. Die ursprüngliche Höhe lässt sich annähernd ermitteln; die Mauer muss nämlich bis zur Höhe des jetzigen Orchestrabodens hinaufgereicht haben, weil der Fels hinter der Mauer noch heute bis unmittelbar an den Bodenbelag der Orchestra erhalten ist.

Der Fuss der Mauer liegt jetzt 1,80^m unter dem Boden der späteren Orchestra. Da nun die Höhe der Mauer in der Axe des Theaters etwas grösser gewesen ist als an dem aufgefundenen Stück, so muss sie dort mindestens 2^m betragen haben. Die Stärke der Mauer ist jetzt nur sehr gering (etwa 0,50^m), war aber unzweifelhaft ursprünglich grösser. Denn erhaltene Reste machen es

sicher, dass eine Hintermauerung von kleinen Steinen vorhanden war, wie sie
bei ähnlichen Stützmauern nicht fehlen darf. Die kleinen Steine sind leider bei
der Ausgrabung, weil man die Bedeutung der Mauer nicht ahnte, entfernt worden. Dass nicht zugleich auch die ganze Mauer zerstört worden ist, muss als ein
besonderes Glück bezeichnet werden. Die altertümliche Mauer ist offenbar der
Rest der Futtermauer eines runden Platzes von etwa 24 ^{m} Durchmesser, welcher
vor Erbauung des jüngeren Theaters am Fusse der Akropolis schräg vor dem
alten Dionysos-Tempel lag. Dieser Platz kann nichts anderes als die alte kreisrunde Orchestra gewesen sein, welche wir im Dionysos-Bezirk in älterer
Zeit voraussetzen müssen. Sie bildete keinen Halbkreis, sondern einen vollen Kreis,
denn die erhaltene Mauer ist ein Stück des von der Burg abgewendeten Halbkreises, zu dem der andere Kreisbogen unbedingt ergänzt werden muss.

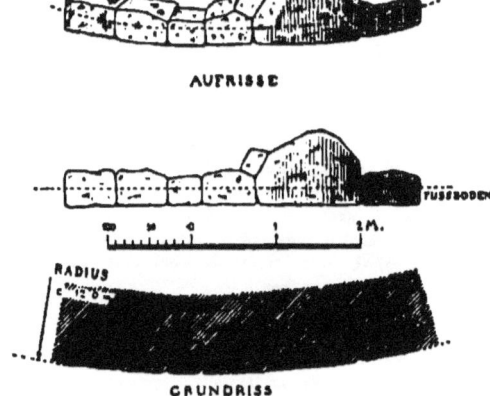

Figur 6. Mauerrest der alten Orchestra.

Sind noch andere Reste dieser alten Orchestra erhalten? Wenn man die
Kreislinie im Theater selbst oder auf dem Plane zieht, wie es auf den Tafeln I
und III vermittelst einer punktirten Linie geschehen ist, so erkennt man bald,
dass in der östlichen Parodos (bei V) der Fels nach der Kreislinie bearbeitet und
ausserdem in der westlichen Hälfte des Skenengebäudes bei Q eine Mauer erhalten ist, welche zu dem Kreise passt. Letztere besteht aus zwei grösseren Steinen
eines sehr weichen Piräuskalkes und kleinen harten Kalksteinen. Die Piräussteine
sind so sehr beschädigt, dass man nicht mehr bestimmen kann, ob sie an ihrer
Aussenseite einst rund waren. Das hohe Alter dieses Mauerstückes ist aber ge-

sichert durch die Thatsache, dass es unter einem Pfeiler-Fundament des Skenensaales liegt und wegen seiner Richtung älter sein muss als der lykurgische Bau.

Die Verschiedenheit des Materials zwischen den beiden Stücken der alten Orchestra-Einfassung erklärt sich wohl am besten daraus, dass die eine Mauer sichtbar war und dem entsprechend aus hartem Materiale bestand, während die andere unter der Erde lag und daher aus einem weniger guten Baustein hergestellt werden konnte. Sie befand sich nämlich an derjenigen Stelle der Orchestra, wo scheinbar ein Weg, die Parodos, aus dem Bezirk zur Orchestra führte. Es liegt aber auch die Möglichkeit vor, dass die aus welchem Stein hergestellte Mauer im Äusseren noch eine Verkleidung aus hartem Kalkstein gehabt hat. Sollte trotzdem die Verschiedenheit des Materials jemanden abhalten, beide Mauern derselben alten Orchestra zuzuschreiben, so wird ihm das eine gut erhaltene runde Mauerstück zur vollen Ergänzung des alten Orchestrakreises genügen.

Zu der westlichen Parodos dieses Tanzplatzes gehörte als Stützmauer vermutlich die oben erwähnte Mauer D, welche aus sauber bearbeiteten Polygonen besteht und auf einem Fundament aus kleinen Kalksteinen ruht. Ich sage vermutlich, weil sie möglicher Weise auch die Stützmauer für einen Zuschauerraum gebildet haben kann. Jedoch spricht ihre geringe Stärke mehr für die erstere Annahme.

Wie man auf dem Plane deutlich erkennt, lag die ältere Orchestra weiter nach Süden als die jüngere und reichte fast bis an die Axe des alten Dionysos-Tempels heran. Später wurde sie um 15° nach Norden verschoben und zwar zu einem doppelten Zweck: einmal sollte zwischen Orchestra und Tempel Raum für ein Skenengebäude gewonnen werden, und zum andern wurde so der Burgabhang steiler gemacht und eignete sich besser zur Aufnahme der Sitzreihen.

Um die Orchestra herum haben wir uns schon in der alten Zeit einen Zuschauerraum zu denken, dessen Gestalt und Ausdehnung aber leider aus dem Zustande der Ruine nicht bestimmt werden kann. Nur negativ lässt sich mit voller Sicherheit feststellen, dass der jetzige Sitzraum mit den steinernen Bänken und schönen Thronen der Proedria nicht dem Theater des VI. oder V. Jahrhunderts angehört. Die Beweise werden wir bei Besprechung des lykurgischen Theaters kennen lernen.

Was die litterarische Überlieferung über den Zuschauerraum des älteren Theaters lehrt, hat U. v. Wilamowitz (Aus Kydathen, S. 164) in die Worte zusammengefasst: «Die Komödie redet durchaus von ξύλα der Volksversammlung. Ganz entsprechend giebt es auch im Theater keine Steinsitze für die Zuschauer. Auch hier redet die Komödie nur von Holzgerüsten, und die Reste des Theaters stimmen zu. Die Grammatiker kennen nur das lykurgische Theater». In der That können im Theater des VI. und V. Jahrhunderts die Sitzreihen, wenn solche überhaupt vorhanden waren, nur von Holz gewesen sein. Denn unter den erhaltenen steinernen Sitzbänken ist auch nicht eine, die nachweisbar älter wäre als das IV. Jahrhundert, und auch sonst hat sich nicht der kleinste Rest einer älteren, nochmals verwendeten steinernen Sitzbank gefunden. Ein Stein mit der Aufschrift βολῆς ὑπηρετῶν, welcher uns später noch beschäftigen wird, muss zwar dem Theater des V. Jahrhunderts angehören, kann aber keine Sitzbank gewesen sein, weil er nicht gerundet ist und auch keine Profilirung hat.

Hölzerne Sitzreihen konnten nur an dem Burgabhange selbst, also nur an einer Seite der Orchestra ohne besondere Unterbauten hergestellt werden. An den beiden anderen Seiten musste dagegen entweder durch Erdanschüttung ein ansteigender Raum zur Aufstellung der Bänke hergerichtet oder ein hohes Balkengerüst zur Unterstützung der hölzernen Sitze aufgeschlagen werden. Einfacher war das letztere. Und so sind denn auch nach dem Bericht der Lexikographen ἴκρια für die Zuschauer vorhanden gewesen (vergl. Hesych. s. v. ἴκρια: καὶ τὰ ξύλινα, οὕτως ἐλέγοντο Ἀθήνησιν, ἀφ' ὧν ἐθεῶντο πρὸ τοῦ τὸ ἐν Διονύσου θέατρον γενέσθαι, oder Schol. Aristoph. 395: ὡς ἔτι ἰκρίων ὄντων ἐν τῷ θεάτρῳ καὶ ἐν ταῖς ἐκκλησίαις ἐπὶ ξύλων καθημένων, πρὶν γὰρ γενέσθαι τὸ θέατρον, ξύλα ἐδέσμευον καὶ οὕτως ἐθεώρουν. Ähnlich Suidas und Photius s. v. ἴκρια).

Aber, wird man einwenden, befanden sich diese ἴκρια nach Photius s. v. ἴκρια und Eustath. 1472,7 nicht an der Agora? Allerdings sind an der Orchestra des Marktes auch Ikria gewesen, aber das schliesst nicht aus, dass auch an der zweiten Orchestra, derjenigen im Dionysos-Bezirk, hölzerne Gerüste und hölzerne Bänke errichtet zu werden pflegten.

Auf derjenigen Seite der Orchestra, welche von der Burg abgewandt war, werden sich wohl niemals Zuschauer befunden haben. Denn da die Umfassung der Orchestra hier eine etwa 2ᵐ hohe Stützmauer bildete, und die Orchestra also eine hochgelegene Terrasse war, hätten hohe kostspielige Gerüste gebaut werden müssen, um auch an dieser Seite Sitzreihen in der Höhe der Orchestra und höher hinauf anzuordnen. Der Sitzraum beschränkte sich daher auf drei Seiten der Orchestra, umfasste also einen Raum, der grösser war als ein Halbkreis.

Je grösser die Zahl der Zuschauer wurde, um so höhere und gefährlichere Gerüste mussten aufgeführt werden, damit alle Zuschauer auf die Orchestra hinab sehen konnten. Was nun zu allen Zeiten und überall mit solchen hölzernen Zuschauersitzen oder Tribünen, wie wir sie heute nennen, zuweilen zu geschehen pflegt, das ist auch nach der Überlieferung in Athen einmal vorgekommen. In der ersten Hälfte des V. Jahrhunderts stürzten bei einer Aufführung die Gerüste des Theaters ein. Überliefert ist diese Nachricht bei Suidas wahrscheinlich für die 70. Olympiade, also für 500 vor Chr. (s. v. Πρατίνας· ἀντηγωνίζετο δὲ Αἰσχύλῳ τε καὶ Χοιρίλῳ ἐπὶ τῆς ἑβδομηκοστῆς Ὀλυμπιάδος ... ἐπιδεικνυμένου δὲ τούτου συνέβη τὰ ἴκρια, ἐφ' ὧν ἑστήκεσαν οἱ θεαταί, πεσεῖν, καὶ ἐκ τούτου θέατρον ᾠκοδομήθη Ἀθηναίοις). Da andererseits derselbe Suidas (s. v. Αἰσχύλος) den Einsturz der Gerüste mit der Flucht des Aischylos nach Sizilien (458?) in Verbindung bringt, so werden wir uns am richtigsten mit der ungenauen Angabe «erste Hälfte des V. Jahrhunderts» begnügen.

Es wird nicht ausdrücklich überliefert, ob es die Tribünen am Markt waren, die damals einstürzten, oder diejenigen im Bezirk des Eleuthereus. Wir können aber diese Frage unbeantwortet lassen, weil es uns hier nur auf den Zusatz ankommt, dass damals ein festes Theatron gebaut worden sei. Letztere Angabe steht scheinbar im Widerspruch mit der später zu beweisenden Thatsache, dass die steinernen Sitzreihen unseres Theaters erst aus dem IV. Jahrhundert stammen. Man könnte diese Schwierigkeit durch die Annahme zu heben suchen, dass die beiden Nachrichten über den Einsturz der Gerüste und über die Erbauung eines steinernen Theaters irrtümlicher Weise mit einander verbunden seien, und zwei Ereignisse beträfen, die durch ein Jahrhundert von einander getrennt sind. Allein wir brauchen zu diesem Auskunftsmittel nicht zu greifen, weil der Bau selbst uns eine andere Möglichkeit zeigt, jene Schwierigkeit zu heben. Bei den Ausgrabungen im Zuschauerraume des Theaters, welche ich im Jahre 1889 vorgenommen habe, hat sich nämlich gezeigt, dass in der That schon im V. Jahrhundert Erdanschüttungen behufs Herstellung eines Zuschauerraumes stattgefunden haben.

Über jene Ausgrabung hat A. Schneider im XIV. Bande (1889) der Athenischen Mittheilungen berichtet, indem er ein dort gefundenes Gefäss veröffentlichte und besprach. Man konnte in dem westlich von der Axe ausgehobenen Graben (vergl. den Durchschnitt in Figur 7) unterhalb der Linie der steinernen Stufen verschiedene Erdanschüttungen erkennen, deren Schichten deutlich gesondert waren. In der untersten angeschütteten Schicht, welche der ersten Herstellung eines Zuschauerraumes entspricht, kamen fast ausschliesslich solche Vasenscherben vor, welche älter sind als das Jahr 500. Nur vereinzelte Scherben wurden gefunden, welche noch in das V. Jahrhundert hinabreichen. In den oberen Schichten, soweit sie noch unter der Höhenlinie der Steinstufen lagen, kamen dagegen jüngere Vasenscherben in grosser Anzahl vor. Die erste Anschüttung kann daher kaum jünger als die Mitte des V. Jahrhunderts sein, die zweite und grössere muss dagegen in eine jüngere Epoche gesetzt werden.

Spricht so der sichere Thatbestand für die Richtigkeit der Überlieferung, so schwindet die erwähnte Schwierigkeit vollständig, wenn wir beachten, dass die Nachricht des Suidas nicht von steinernen Stufen redet, sondern nur von einem festen Theater, welches nicht mehr einstürzen konnte. Ein solches Theater konnte durch Erdanschüttungen und Stützmauern hergestellt und doch mit hölzernen Sitzreihen ausgestattet werden. Zu dieser Auffassung der Worte des Lexikographen passt auch der Umstand, dass bei dem älteren eingestürzten Theater nicht die hölzernen Sitzreihen, sondern die Holzgerüste (ἴκρια) genannt werden. Θέατρα aus Erde ohne steinerne Sitzstufen hat es in Griechenland vielfach gegeben, von denen hier nur die beiden Theatra des athenischen und olympischen Stadion (C. I. A. II 176, Z. 15 und Olympia, Textband II, S. 79) und die Pnyx in Athen erwähnt sein mögen. Im V. Jahrhundert scheint es sogar überhaupt in ganz Griechenland noch kein Theatron mit steinernen Sitzreihen gegeben zu haben; alle grossen Theaterräume bestanden damals aus Erdwällen und enthielten entweder gar keine oder nur hölzerne Sitzbänke.

Das Theater, in welchem die Dramen der grossen Tragiker des V. Jahrhunderts aufgeführt wurden, war also kein prächtiges Bauwerk mit steinernen Sitzreihen und marmornen Thronen, sondern ein einfacher Zuschauerraum mit hölzernen Bänken. Das verdient denen gegenüber nochmals betont zu werden, welche sich auch jetzt noch nicht von der irrtümlichen Vorstellung befreien können, dass das Athen des Perikles eine Marmorstadt gewesen sei.

Sind von dem im V. Jahrhundert errichteten Zuschauerraum noch Reste erhalten? Schon oben (S. 28) erwähnte ich das Stück einer polygonalen Mauer, welche möglicher Weise die Stützmauer eines Zuschauerraumes sein könne, aber ihre geringe Dicke liess uns eher an eine Mauer der Parodos denken. Zeitlich würde sie zu dem Umbau des V. Jahrhunderts passen.

Mit nicht grösserem Rechte dürfen die Mauern B (im Westen) und J (im Osten) als Reste des altgriechischen Zuschauerraumes betrachtet werden, weil sie mit den späteren Umbauten nicht in Verbindung gebracht werden können und aus einem Material (weichem Piräusstein) bestehen, das bei jüngeren athenischen Bauwerken nicht vorkommt. Welchen Zweck sie in dem alten Theater gehabt haben, ist bei der geringen Ausdehnung der Reste nicht festzustellen. Möglicher Weise gehörten sie zu Stützmauern des Zuschauerraumes.

Zu dem Theater des V. Jahrhunderts gehörte vielleicht auch der schon erwähnte Stein mit der Aufschrift βωλῆς ὑπηρετῶν (C. I. A. I 499), indem er eine Abteilung des Zuschauerraumes bezeichnete, die für die Diener der Bule bestimmt war.

Irgend eine Stelle, wo der Stein angebracht gewesen sein könnte, lässt sich auch nicht einmal vermutungsweise angeben. Denn da die Stützmauer nicht in Betracht kommt, weil der Stein dort keinen Teil des Sitzraumes bezeichnen könnte, begreift man nicht recht, wo ein gerader Block — er hat nämlich keine Rundung — in einem runden Theaterraum gelegen haben kann. Auch die Inschrift C. I. A. IV, 1555 b: ο κιρύκων (vergl. v. Wilamowitz, Hermes XXI, S. 597, Anm. 1) kann möglicher Weise zu dem Theater des V. Jahrhunderts gehört haben.

Neben der Orchestra und dem Zuschauerraum hat es im VI. und V. Jahrhundert noch kein festes Skenengebäude gegeben. Auf mehrere Beweise gestützt, dürfen wir das mit Bestimmtheit aussprechen. Erstens sind bei den Ausgrabungen keinerlei Reste eines steinernen Gebäudes neben der Orchestra zu Tage gekommen. Zwar folgt daraus noch nicht mit Sicherheit, dass es auch keine Skene gegeben hat; aber wenn wir bedenken, dass von dem späteren Skenengebäude und allen seinen Umbauten nicht unbedeutende Ruinen erhalten sind, so darf eine Hypothese, welche annehmen muss, dass allein von der Skene des V. Jahrhunderts auch die letzten Reste zerstört worden seien, als sehr bedenklich bezeichnet werden. Zweitens ist beachtenswert, dass die Stützmauer der Orchestra nach Aussen eine sichtbare Aussenfläche hatte und daher unmöglich bestimmt gewesen ist, von einem daneben errichteten Skenengebäude verdeckt zu werden. Drittens lässt auch die Lage der Orchestra im Verhältnis zum alten Dionysos-Tempel kein dauernd vorhandenes Skenengebäude zu. Dass vor dem Eingang zum Tempel neben dem alten Tanzplatz an den Festen des V. Jahrhunderts ein Spielhaus aufgeschlagen wurde, lässt sich allerdings nicht leugnen, aber dort ein festes Haus anzunehmen, ist schon deshalb nicht möglich, weil bei der Errichtung eines Spielhauses im IV. Jahrhundert durch Verlegung der Orchestra der Raum für ein solches Haus erst geschaffen worden ist. Viertens dürfen wir auf die im VI. Abschnitt näher erörterte Thatsache hinweisen, dass das Spielhaus mit einem Ausdruck (σκηνή) benannt wurde, welcher seinen provisorischen Charakter über jeden Zweifel erhebt. Wäre man nach Erfindung der Skene bald dazu übergegangen, diese als festes Haus aus Steinen zu errichten, so würde sich der Name «Zelt» schwerlich dafür eingebürgert haben. Schliesslich wissen wir aus Andokides (I, 38), dass man am Ende des V. Jahrhunderts von dem Thor des Dionysos-Bezirks die Orchestra übersehen konnte Das war aber im IV. Jahrhundert, als ein steinernes Skenengebäude bestand, nicht mehr möglich. Im V. Jahrhundert kann mithin noch keine feste Skene vorhanden gewesen sein.

Dass aber schon in der ersten Hälfte des V. Jahrhunderts bei den Aufführungen gewöhnlich ein provisorisches Spielhaus, eine Skene, neben der Orchestra errichtet wurde, wissen wir aus der Litteratur. «Primum Agatharchus Athenis Aeschylo docente tragoediam scaenam fecit et de ea commentarium reliquit» sagt Vitruv VII praef. 11, und seine Angabe wird durch andere Nachrichten bestätigt (z. B. Horaz epist. ad Pis. 279: «Aeschylus... modicis instravit pulpita lignis», wo «pulpitum» gleich σκηνή ist). Irgend welche baulichen Reste, welche uns über die Grösse und Gestalt dieses aus Holz und Zeug errichteten Baues unmittelbar Aufschluss geben könnten, giebt es nicht. Auch Fundamente aus Stein sind für diesen Holzbau nicht vorhanden gewesen. Indirekt können uns aber die Ruinen des IV. Jahrhunderts Auskunft erteilen. Da wir diese aber erst weiter unten kennen lernen werden, empfiehlt es sich, die Besprechung der Form und Ausdehnung der alten Skene bis dahin zu verschieben. Nur ein Doppeltes mag hier schon betont werden: Einmal, dass die Skene naturgemäss zuerst eine sehr einfache Anlage gewesen sein muss, die erst allmählich vergrössert und zu der Form ausgebaut wurde, welche sie im IV. Jahrhundert hatte. Und zum Andern, dass wir auch nicht den geringsten baulichen Anhaltspunkt zu der Annahme haben, dass die Skene in ältester Zeit etwas anderes als ein Zelt oder Haus war, oder dass vor der Skene damals irgend ein Podium oder Bema errichtet worden sei.

Konnten wir aus den Ruinen die Grösse der Orchestra des VI. und V. Jahrhunderts feststellen, so geben sie uns leider keinen Aufschluss über ihre Herrichtung für die Aufführungen. Kein Stück des alten Orchestrabodens ist in seiner ursprünglichen Gestalt erhalten, und weder ein Fundament, noch eine Felsbearbeitung giebt die geringste Kunde von einem Altarbau, der in der Mitte des Kreises oder an seinem Rande gestanden haben könnte.

Und doch dürfen wir in der Orchestramitte einen Altar sowohl für die älteste Zeit als auch für das V. Jahrhundert annehmen. Darüber lassen die litterarischen Nachrichten der späteren Zeit keinen Zweifel. Leider befinden wir uns aber hier nicht in der glücklichen Lage wie bei der Skene, dass wir den Mangel an alten Bauwerken durch die erhaltenen Ruinen einer jüngeren Zeit einigermassen ersetzen können, denn auch in dem Theater des IV. Jahrhunderts können keinerlei Reste des Altars nachgewiesen werden. Wir haben daher keine Veranlassung die Untersuchung über die Gestalt des Altars bis zur Besprechung des jüngeren Theaters hinauszuschieben, wollen vielmehr hier festzustellen suchen, was wir über seine Form, Grösse und Verwendung wissen.

Was die antiken Schriftsteller über den Altar der Orchestra berichten, ist im V. Abschnitte unter dem Worte θυμέλη zusammengestellt (vergl. auch A. Müller, Lehrbuch der Bühnenaltertümer, S. 129). Hier mögen nur zwei wichtige Nachrichten erwähnt werden. Erstens spricht Pollux (IV, 123) von der Orchestra, ἐν ᾗ καὶ ἡ θυμέλη, εἴτε βῆμά τι οὖσα, εἴτε βωμός, und über den ἐλεός: ἐλεὸς δὲ ἦν τράπεζα ἀρχαία, ἐφ' ἣν πρὸ Θεσπιδος εἷς τις ἀναβὰς τοῖς χορευταῖς ἀπεκρίνατο; und zweitens steht im Etym. Magn. s. v. θυμέλη: ἡ τοῦ θεάτρου μέχρι νῦν ἀπὸ τῆς τραπέζης ὠνόμασται παρὰ τὸ ἐπ' αὐτῆς τὰ θύη μερίζεσθαι, τουτέστι τὰ θυόμενα ἱερεῖα. τράπεζα δ' ἦν, ἐφ' ἧς ἑστῶτες ἐν τοῖς ἀγροῖς ᾖδον, μήπω πάξιν λαβούσης τραγῳδίας.

Meines Erachtens ist man zunächst zu der Annahme verpflichtet, dass der in der Orchestra befindliche Altar ursprünglich die gewöhnliche Gestalt eines Opferaltars gehabt hat, weil es anfangs der Hauptaltar des Dionysos gewesen sein wird, um den man tanzte. Nun waren allerdings die Altäre im Altertum von verschiedener Grösse und Gestalt, aber im Allgemeinen enthielten wenigstens die grösseren von ihnen zwei Teile, den eigentlichen Altar oder Tisch, auf dem das Opfer verbrannt oder nur niedergelegt wurde, und davor einen nur um eine oder mehrere Stufen über den Boden erhobenen Platz, der als Standplatz für den Priester und als Stelle für das Schlachten der Opfertiere diente.

Wir besitzen in Athen in einem noch aus dem VI. Jahrhundert stammenden Theatron einen das Centrum der Anlage einnehmenden Felsaltar, der uns eine Vorstellung von dem Altar unseres Theaters geben kann, nämlich das aus dem Felsen gehauene Bema der Pnyx (vergl. Curtius, Atlas von Athen, Tafel 5). Dieser für die Volksversammlungen bestimmte Raum war ein Theatron

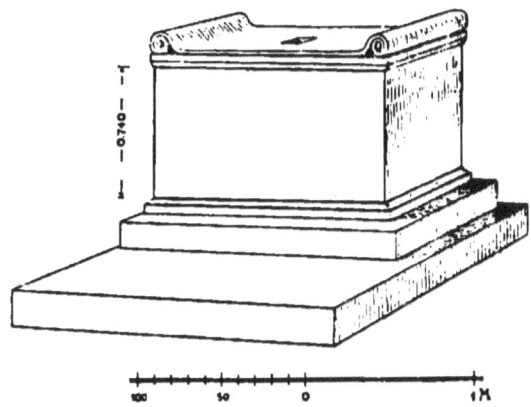

Figur 8. Altar der Aphrodite.

der alten Form und wird mit seinen hölzernen Sitzreihen und ihrem geringen Steigungsverhältnis dem Dionysos-Theater des VI. und V. Jahrhunderts sehr ähnlich gewesen sein. Der Altar, in der Mitte des ungefähr einen Halbkreis bildenden Raumes gelegen, besteht aus einem Podium oder Bema, das sich um drei Stufen über den Fussboden erhebt, und aus einem höheren Würfel, dem eigentlichen Altare, zu dem zwei schmale seitliche Treppen hinaufführen. Sehen wir von dem letzteren Umstande ab, der vermutlich durch die örtlichen Verhältnisse, namentlich durch die in derselben Höhe angebrachten Sitze der Prytanen veranlasst ist, so hat der Bau eine ähnliche Form, wie wir sie vielfach bei Altären finden und wie sie auch der in den Figuren 8 und 9 abgebildete, in Athen gefundene Altar der Aphrodite zeigt. Dieser ist im Ganzen 1,64^m zu

1,54™ gross und hat einen nur um eine Stufe erhöhten Standplatz von 0,41™ zu 1,64™. Wie nun in der Pnyx die Redner auf das Bema des Altars traten und von dort zu dem im Halbkreise herumsitzenden Volke sprachen, so werden auch in der Orchestra des dionysischen Theaters die ersten Schauspieler auf dem Tritt des Altars gestanden haben, wenn sie sich mit längeren Reden an den Chor wandten. Auch die Flötenbläser, die den Tanz und Gesang mit ihrem Spiel begleiteten, haben wir uns auf den Stufen oder dem Tritt des Altars zu denken.

Während der Altar in der älteren Zeit möglicher Weise ein fester Bau war, scheint er zur Zeit der skenischen Aufführungen verschiedene Abmessungen und Formen gehabt zu haben, wie sie grade das Drama verlangte. Für das eine Stück genügte ein kleiner Rundaltar, für das andere war ein grosser für mehrere Götter bestimmter Altar, eine Koinobomia, notwendig. Als mittlere Abmessungen eines Altars, wie wir ihn uns im VI. und V. Jahrhundert im Theater zu denken haben, können vielleicht die hierneben angegebenen Masse des Aphrodite-Altars dienen.

Für die Bestimmung der Art und Weise des Spieles wäre es wertvoll gewesen, wenn sich hätte ermitteln lassen, ob unter der älteren Orchestra ein unterirdischer Gang vorhanden war, wie er in Eretria, Sikyon und Magnesia am Mäander aufgefunden ist.

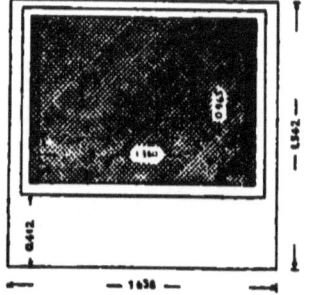

Figur 9. Grundriss des Aphrodite-Altars.

Die unter der jüngeren Orchestra aufgedeckten Gänge und Hohlräume sollen beim lykurgischen Theater besprochen werden. Thatsächlich ist unter der Hälfte der alten Orchestra der Fels bis zu einer solchen Tiefe abgearbeitet, dass nicht nur ein unterirdischer Gang, sondern sogar grössere unterirdische Räume unterhalb ihres Fussbodens bestanden haben können. Aber leider ist nicht gewiss, ob diese Felsarbeiten schon im V. Jahrhundert oder erst zur Zeit Lykurgs ausgeführt worden sind; es kann daher auch nicht mit Sicherheit festgestellt werden, ob unter der Orchestra des V. Jahrhunderts wirklich ein Gang war oder nicht. In dem Theater des Lykurg gab es dagegen, wie wir später nachweisen werden, keinen bei Aufführungen benutzbaren unterirdischen Gang.

Auf Grund der geringen Reste des älteren Theaters und unter Zuhülfenahme der Nachrichten der alten Schriftsteller dürfen wir uns von der Orchestra und dem Zuschauerraume des VI. und V. Jahrhunderts folgendes Bild machen: Innerhalb des heiligen Bezirks war am unteren Abhang der Akropolis eine kreisrunde Terrasse von etwa 24™ Durchmesser angelegt und von einer polygonalen Kalksteinmauer gestützt. Sie lag vor der Vorhalle des Dionysos-Tempels, aber aus der Tempelaxe etwas nach Norden verschoben. Zwei Rampen führten von Osten und Westen aus dem Bezirk zu der Orchestra hinauf. In der Mitte dieses Platzes dürfen wir, obwohl nichts davon erhalten ist, einen Altar annehmen, um den die Chöre ihre kyklischen Tänze ausführten, und auf dessen Thymele die Musiker und anfangs auch die Schauspieler Platz fanden. Nach der Bergseite hin war die Orchestra von einem Zuschauerraum umgeben, der ursprünglich wohl keine regelmässige Gestalt hatte, aber im V. Jahrhundert mit Stützmauern umgeben war und ungefähr die Form des späteren Theaters zeigte. Für das Fest des Gottes wurde er mit hölzernen Sitzbänken versehen. Ein Skenengebäude aus Stein gab es noch nicht. Während im VI. und im Anfange das V. Jahrhunderts überhaupt keine Skene vorhanden war, wurde etwa von der Mitte des V. Jahrhunderts ab für die Aufführungen regelmässig ein Spielhaus aus Holz errichtet.

Wie auf diesem Festplatze gespielt wurde, wo bei den Aufführungen der Chor und wo die Schauspieler standen, werden wir später im Einzelnen festzustellen suchen. Hier mag zur Vervollständigung des Bildes nur hinzugefügt werden, dass Tanz, Gesang und Spiel in der Orchestra stattfanden. Die auf- und abtretenden Künstler betraten den Platz auf den beiden seitlichen Zugängen, die Parodoi genannt wurden. Durch Errichtung der Skene wurde die Orchestra, die bis dahin ein Platz im heiligen Bezirke war, zum Platz vor dem Königspalast oder Tempel oder was sonst die Skene darstellte. Aus dem Spielhause kamen nunmehr diejenigen Schauspieler heraus, welche zu ihm gehörten, welche in dem Hause ihren dauernden oder vorübergehenden Aufenthalt hatten. Die übrigen Schauspieler betraten die Orchestra nach wie vor durch die Parodoi.

2. Das Theater des IV. Jahrhunderts.

Die meisten Mauern und Fundamente des Theaters, sowohl des Zuschauerraumes wie des Skenengebäudes, gehören wegen ihres gleichen Materials und ihrer gleichmässigen Bauart augenscheinlich einer einzigen Bauepoche an, nämlich einer Zeit, welche Breccia, Piräusstein und hymettischen und pentelischen Marmor nebeneinander als Baumaterialien verwendete. Die aus diesen Steinarten bestehenden Mauern bilden auch, wie man sich leicht überzeugt, einen zusammenhängenden und einheitlichen Plan, der mit den älteren Mauern in keiner Beziehung steht und nicht als ein Umbau eines älteren Theaters, sondern als ein vollständiger Neubau ausgeführt ist. Es gehören zu diesem einheitlich geplanten Bau: die Stützmauern des ganzen Zuschauerraumes, die Sitzreihen aus Kalkstein und Marmor, die Orchestra mit ihrer Steinschwelle und dem grossen Wassercanal und ein Skenengebäude mit vorspringenden Paraskenien. Auf Tafel I sind alle Mauern, welche dieser Epoche angehören, mit grauer Farbe colorirt. Auch giebt Tafel III einen grösseren Grundriss der Skene und der Orchestra dieser Epoche, in welchem die verschiedenen Baumaterialien verschieden gezeichnet sind. Reconstructionen des Theaters geben die Tafeln II und IV.

Bevor wir die einzelnen Bautheile beschreiben, ist es ratsam, uns zunächst die Frage vorzulegen, ob die Ruinen selbst gestatten, die Zeit dieses Neubaues zu bestimmen. In der That liefern sie mehrere feste und untrügliche Anhaltspunkte zur Ermittelung ihrer Entstehungszeit:

1. Schon einige der Baumaterialien an und für sich, nämlich die Breccia und der Hymettos-Marmor weisen auf das IV. bis II. vorchristliche Jahrhundert hin (vergl. oben S. 12). In dieselbe Periode führt uns die Art und Weise, wie diese Materialien auf die einzelnen Teile der Mauern verteilt und mit Piräusstein verbunden sind. Die Breccia ist für die Fundamente, der Hymettos-Marmor für die Schwellen und Orthostaten, und der Piräusstein als Zwischenlage zwischen den beiden anderen und ausserdem als Material der sichtbaren Mauern des Zuschauerraumes verwendet. Wir lernten diese Bauweise schon bei Besprechung der im Dionysos-Bezirk befindlichen Säulenhalle kennen. Dass der Hymettos-Marmor nicht etwa, wie man annehmen könnte, ein späterer Zusatz ist, geht mit Sicherheit daraus hervor, dass der grosse Wassercanal, welcher das Regenwasser aus der Orchestra unter dem Skenengebäude hindurch ableitet, mit Platten hymettischen Marmors abgedeckt ist. Da diese Platten unbedingt vor Erbauung des Skenengebäudes verlegt sind, so muss auch der Beginn des Baues in eine Zeit fallen, in welcher dieses Material schon Verwendung fand, also frühestens ins IV. Jahrhundert.

2. Die Stützmauern des Zuschauerraumes sind aus Brecciaquadern erbaut und besitzen eine äussere Verkleidung von Piräuskalk. An den Quadern des

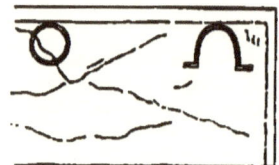
Figur 10. Steinmetzzeichen.

Figur 11. Steinmetzzeichen und Inschrift.

letzteren Materials kommen mehrfach Buchstaben als Steinmetzzeichen vor. Ich habe folgende Buchstaben gefunden: A I O Π X Ω. Ihre Form und namentlich das Vorkommen des Ω sind sichere Beweise dafür, dass der Bau nicht vor der Einführung des jonischen Alphabets, also nicht vor dem Ende des V. Jahrhunderts entstanden ist. Von der Quader mit O und Ω, welche in der westlichen Stützmauer sitzt, giebt Figur 10 ein Bild. Man könnte einwenden, dass die Buchstaben, weil sie sich an der Aussenseite der Mauer befinden, möglicher Weise erst später hinzugefügt seien. Allein dieser Einwand wird durch die Thatsache vollständig entkräftet, dass in einem Falle diese Buchstaben (O und X) an der Seitenfläche einer Quader stehen, wo sie nach Vollendung des Baues nicht mehr sichtbar waren (vergl. Figur 11). Erst jetzt in Folge der Zerstörung eines grossen Teiles der Mauer sind mit jener Seitenfläche die beiden Buchstaben wieder zum Vorschein gekommen.

3. Ein an der Ecke A der Stützmauer des Zuschauerraumes eingemauerter Stein, derselbe, welcher die Buchstaben O und X trägt, hat an seiner Stossfläche eine Inschrift, welche umgekehrt, d. h. auf dem Kopf stehend, eingemauert ist. Die Inschrift lautet, wie Figur 11 zeigt: ΒΟΛΗΣ ΓΗΗΡΕΤΟΝ. Irrtümlich sind die Buchstaben O und X als zu der Inschrift gehörig und demnach als Zahlzeichen betrachtet worden, während sie unzweifelhaft Steinmetzzeichen oder Versatzmarken sind und nichts mit der Inschrift zu thun haben. Sie sind in anderer Weise und anderer Grösse eingearbeitet und rühren von der zweiten Verwendung der Quader her. Offenbar ist die Inschrift hergestellt, bevor der Stein an seine jetzige Stelle kam, denn er gehörte zu einem älteren Gebäude und wurde hier zum zweiten Male als Baustein benutzt.

Die Entstehungszeit der Inschrift wird verschieden angegeben. Kirchhoff setzt sie (C. I. A. I, 499) an's Ende des V. Jahrhunderts, während andere sie für etwas älter halten. Man stimmt aber darin überein, dass sie in die zweite Hälfte des V. Jahrhunderts zu setzen ist. Der Neubau des Theaters, bei welchem sie als gewöhnlicher Baustein verwendet wurde, muss natürlich jünger sein als die Inschrift und kann daher keinenfalls vor den Anfang des IV. Jahrhunderts fallen.

4. Wir werden später die Basis eines Standbildes des Dichters Astydamas kennen lernen, welche an der südwestlichen Ecke des Sitzraumes in der Flucht der Proedria gestanden hat und jetzt zum Teil wieder aufgestellt ist (vergl. Figur 23). Die Basis war scheinbar nicht nur zum Schmucke aufgestellt, sondern bildete ein gutes Widerlager für die auf der westlichen Stützmauer angebrachte Brüstung. Die Gestalt des Steines lässt darauf schliessen, dass die Basis erst aufgestellt wurde, nachdem die Stützmauer und ihre Brüstung erbaut waren. Da nun dem Dichter Astydamas im Jahre 340 nach der Aufführung seines Dramas Parthenopaios eine Statue zuerkannt wurde (vergl. U. Köhler, Athen. Mittheil. III S. 115), und demnach die Aufstellung der Basis bald nachher erfolgt sein wird, so muss die Stützmauer und der untere Teil des Zuschauerraumes damals fertig gewesen sein, wenn man nicht annehmen will, dass die Statue anfangs an einer anderen Stelle stand und erst später an ihrem jetzigen Platze errichtet wurde. Am wahrscheinlichsten dürfte es sein, dass die Stützmauer des Theaters gerade vollendet war, als man im Jahre 340 die Aufstellung einer Statue des Astydamas beschloss. Die Basis wurde dann als unterer architektonischer Abschluss der Bekrönung der Mauer aufgestellt.

5. Als das choregische Weihgeschenk des Thrasyllos oberhalb des Theaters vor der Grotte der Panagia Spiliotissa gebaut wurde, war der Fels schon in der Weise abgearbeitet, wie es für den jetzigen Zuschauerraum notwendig war. Da nun die Zeit der Errichtung des Thrasyllos-Monuments bekannt ist (319 vor Chr.),

so muss der Neubau des Theaters vor diesem Jahre erfolgt sein. Man darf sogar vermuten, dass beide Neubauten zeitlich ziemlich zusammenfallen, denn die Grotte oberhalb des Theaters, welche bei Errichtung des letzteren entweder zum Vorschein gekommen oder wenigstens verändert worden war, wird wahrscheinlich sehr bald nach der Vollendung des Theaters ihre Fassade, nämlich das Monument des Thrasyllos, erhalten haben. Für Gleichzeitigkeit spricht ferner der Umstand, dass sowohl an mehreren Steinen des Skenengebäudes als auch an einigen des choregischen Monuments ein schmaler Streifen des Werkzolls neben der Fuge stehen geblieben ist, eine technische Eigentümlichkeit, die sich an anderen Bauten nur sehr selten vorfindet.

Haben wir so gefunden, dass der Neubau des Theaters einerseits nach dem V. Jahrhundert und andererseits nicht viel vor dem Jahre 319 ausgeführt worden ist, und dass ferner ein Teil des Zuschauerraumes schon im Jahre 340 wahrscheinlich gerade vollendet war, so sind wir berechtigt, die Erbauung des Theaters rund in die Zeit von 350—325 zu setzen.

Dazu stimmt nun vorzüglich, dass auch sichere litterarische Zeugnisse von einem Theaterbau aus dieser Zeit berichten. Als älteste Nachricht dieser Art wird vielfach ein Volksbeschluss aus dem Jahre 343/42 (C. I. A. II, 114 B) angeführt, in welchem der Rat von Athen belobt wird, weil er καλῶς καὶ δικαίως ἐπε[μελήθη τῆ]ς εὐκοσμίας τοῦ θεάτρου. Von anderer Seite (vergl. A. Müller, Bühnenaltertümer, S. 87 Anm. 4) ist aber darauf hingewiesen worden, dass sich diese εὐκοσμία auf eine Aufführung im Theater beziehe, bei welcher die Bule für den Schmuck und die Ordnung der Aufführung gut gesorgt habe. Wenn wir jedoch erwägen, dass nach unserem 4. Beweise gerade im Jahre 340 ein Teil des Theaters fertig gestellt war, so möchte man glauben, dass es sich doch um den Neubau des Theaters handelt. Die anderen litterarischen Zeugnisse, welche hier in Betracht kommen, sind folgende (vergl. A. Müller, S. 86 Anm. 2):

1. Hyperides bei Apsin. Walz, Rhet. Gr. IX p. 545: (Λυκοῦργος) ταχθεὶς δ' ἐπὶ τῇ διοικήσει τῶν χρημάτων εὗρε πόρους, ᾠκοδόμησε δὲ τὸ θέατρον, τὸ ᾠδεῖον, νεώρια.

2. Plut. Vit. X orat. VII 4 p. 841 C: καὶ τὸ ἐν Διονύσου θέατρον ἐπιστατῶν (Λυκοῦργος) ἐτελεύτησε.

3. Ebenda, 3. Psephisma § 5 wird von Lykurg berichtet: πρὸς δὲ τούτοις ἡμίεργα παραλαβὼν τούς τε νεωσοίκους καὶ τὴν σκευοθήκην καὶ τὸ θέατρον τὸ Διονυσιακὸν ἐξειργάσατο καὶ ἐπετέλεσε.

4. Dasselbe wird bestätigt durch C. I. A. II, 240 b: τὴν δὲ σ[κευοθήκην καὶ τὸ θέατρον τὸ] Διονυσιακὸν ἐξηργάσατο.

5. Paus. I 29, 16 sagt ebenso von Lykurg: οἰκοδομήματα δὲ ἐπετέλεσε μὲν τὸ θέατρον ἑτέρων ὑπαρξαμένων.

Diese Nachrichten stimmen alle darin überein, dass Lykurg an dem Dionysos-Theater gebaut habe: nur in Bezug auf das Mass seiner Bauthätigkeit schwanken sie. Während nämlich Hyperides angiebt, dass Lykurg neben anderen Gebäuden auch das Theater erbaut habe, wird in den übrigen Nachrichten übereinstimmend und auch offenbar genauer gesagt, dass er den vorher von Anderen begonnenen Bau nur vollendet habe.

Nachdem wir aus den erhaltenen Ruinen gelernt haben, dass gerade im IV. Jahrhundert ein vollständiger Neubau des Theaters erfolgt ist, kann es nicht zweifelhaft sein, dass dieser Bau mit dem unter der Verwaltung Lykurgs zu Ende geführten Theater identisch ist. Man hat zwar früher vielfach behauptet, dass sich die Bauthätigkeit des Lykurg auf eine Reparatur oder auf einen Umbau eines im V. Jahrhundert errichteten Theaters beschränkt habe, aber weder mit dem klaren Ausdruck der angeführten Nachrichten, noch mit dem Thatbestande der Ruinen ist diese Annahme in Einklang zu bringen. Jene berichten nicht, dass Lykurg ein längst fertiges Theater umgebaut oder verändert habe, sondern bezeugen, dass der Theaterbau halbfertig war, als ihn Lykurg übernahm und vollendete. Einige Bestätigungen dieses Resultates werden sich im Laufe unserer Untersuchung noch ergeben.

Die Namen der Männer, welche den grossartigen Umbau geplant und auch schon begonnen haben, sind uns nicht überliefert; wir wissen nur, dass Lykurg es war, der den von ihnen begonnenen Theaterbau während seiner Finanzverwaltung (338—326) durchführte und zum Abschluss brachte. Da sein Name mehrfach überliefert ist, darf man annehmen, dass seine Thätigkeit sich nicht nur auf die Fertigstellung eines fast vollendeten Baues beschränkte, sondern dass die Ausführung des Baues zum grossen Teil ihm verdankt wird (vergl. W. Schmid im Philologus 1888, S. 573). Man darf vielleicht annehmen, dass ausser dem Skenengebäude auch der obere Teil des Zuschauerraumes von ihm gebaut ist.

Bei der Wichtigkeit, welche das lykurgische Theater für die Geschichte des griechischen Theaters hat, und bei seiner verhältnismässig guten Erhaltung ist es unsere Pflicht, die Gestalt seines Zuschauerraumes, seiner Orchestra und seiner Skene im Einzelnen möglichst genau festzustellen.

a. Der Zuschauerraum, das θέατρον.

Die Umfassungslinie des Zuschauerraumes hat eine ungewöhnliche Form. Sie bildet in ihrem nördlichen und westlichen Teile fast einen Kreis, dessen Mittelpunkt nicht in der Orchestra, sondern etwa in der Mitte des Sitzraumes liegt. Durch diese Anordnung war es möglich, den Zuschauerraum hoch am Burgfelsen hinaufzuführen, ohne besonders hohe Stützmauern zu errichten. Die oberen Stufen bildeten keinen vollen Halbkreis um die Orchestra, sondern nur einen kleinen Kreisabschnitt auf der zum Berge gerichteten Seite der Orchestra. Wie sie an den beiden Enden verliefen, ist im Einzelnen nicht mehr festzustellen. In der Ergänzung auf Tafel II ist angenommen, dass sie von der Umfassungslinie unter schrägem Winkel geschnitten wurden. Eine ähnliche unregelmässige Endigung der Sitzstufen an der Umfassungsmauer kommt auch z. B. in den Theatern von Thorikos und Pergamon vor.

Der Zuschauerraum war durch zwei horizontale Umgänge (Diazomata) in drei Teile oder Ränge geteilt. Nur das obere Diazoma ist noch gut erkennbar. Obwohl das untere ganz zerstört ist, kann sein ehemaliges Vorhandensein nicht bezweifelt werden, weil der ganze Grundriss nur bei Annahme eines zweiten Diazoma zu verstehen ist. Von dem oberen Umgang sind noch erhalten: ein Teil der Fundamentmauern in der westlichen Hälfte des Theaters, die für den Umgang dienende Einarbeitung in den Fels in der östlichen Hälfte und die Untermauern der beiden grossen Rampen, auf welchen man im Osten und Westen zu dem Theater emporstieg. Die aussergewöhnlich grossen Abmessungen dieses Umgangs erklären sich dadurch, dass hier ein öffentlicher Weg durch das Theater führte. Dieser hatte bei Erbauung des Theaters nicht zerstört werden dürfen, weil er eine alte öffentliche Strasse war und für die im Osten der Stadt Wohnenden als Hauptweg zur Akropolis diente. So wurde er bei Herstellung des grossen Zuschauerraumes als oberer Umgang durch das Theater hindurchgeführt. Dieser ältere Weg, welcher früher nur hypothetisch angenommen wurde, ist durch die Ausgrabungen von 1889 sicher nachgewiesen worden. In der Axe des Theaters wurden seine deutlichen Reste 14, 78 ᵐ über der Orchestra Lykurgs aufgedeckt. Da nun das erhaltene Fundament des Umgangs 22, 84 ᵐ über der Orchestra liegt, so ist der alte Weg bei Erbauung des Theaters um mindestens 8 ᵐ gehoben worden, ein Höhenunterschied, der durch die beiden grossen Rampen an den Enden des Umganges ausgeglichen werden musste.

Von dem Zuschauerraum schneidet der obere Umgang nur einen sehr kleinen Teil als obersten Rang ab; der übrigbleibende Raum interior ist so gross, dass unbedingt noch ein zweiter Umgang angenommen werden muss. Derselbe kann nach Analogie der anderen Theater nur etwa in der Mitte zwischen der Orchestra und dem oberen Umgang gelegen haben, und das wird durch den Umstand bestätigt, dass er dann gerade mit den Enden der südlichen Stützmauern des Zuschauerraumes zusammenfällt. Der untere Teil des letzteren, den wir kurz den ersten Rang nennen wollen, erhält in diesem Falle die gewöhnliche Form des griechischen Theatergrundrisses, d. h. er ist etwas grösser als ein halber Ring; der zweite Rang dagegen ist kleiner als ein solcher, weil seine Sitzreihen nicht mehr bis an die südlichen Stütz- und Abschlussmauern heranreichen. Der dritte Rang endlich bildet, wie wir schon sahen, nur einen kleinen Kreisabschnitt.

Die Höhe, in welcher der untere Umgang gelegen hat, ist nicht mit voller Sicherheit zu bestimmen. Im Durchschnitt auf Tafel V sind für den unteren Rang einschliesslich der Throne 31 Sitzreihen, für den zweiten 33 Reihen angenommen worden. In dem ergänzten Grundrisse habe ich dagegen jedem Range gleichmässig 32 Sitzreihen gegeben, was sich vielleicht mehr empfiehlt. Der oberste Rang hat wahrscheinlich 14 Sitzstufen gehabt.

An der S. O. Ecke des Zuschauerraumes scheint ein Aufgang zu dem unteren Umgang gewesen zu sein; denn erstens ist die südöstliche Stützmauer etwas länger als die südwestliche und zweitens haben die südöstliche Ecke und das anstossende Stück der östlichen Stützmauer einen so unregelmässigen Grundriss, dass die Abweichung von der gewöhnlichen Form meines Erachtens nur durch das Vorhandensein einer Treppe als Zugang zu dem unteren Diazoma erklärt werden kann. Welche Gestalt dieser Aufgang im Einzelnen gehabt hat, ist freilich vollständig unbekannt. Von einer Fortsetzung der Ausgrabung an dieser Stelle darf man weiteren Aufschluss hierüber erwarten.

Am obersten Ende ist der Zuschauerraum in den Felsen der Akropolis tief eingeschnitten und so eine im Grundriss gerundete senkrechte Wand entstanden, welche im Altertume κατατομή genannt wurde. Hier stehen noch jetzt zwei grosse Säulen, welche Dreifüsse getragen haben, und sind zahlreiche Einarbeitungen für Weihgeschenke erhalten. Auch Reste der zu letzteren gehörigen Inschriften sind an mehreren Stellen des Felsens zu erkennen (vergl. Harpokration s. v. κατατομή das Fragment des Philochoros: . . ἀνέθηκε τὸν ὑπὲρ θεάτρου τρίπεδα . . . καὶ ἐπέγραψεν ἐπὶ τὴν κατατομὴν τῆς πέτρας). Die bei Hyperides (In Demosth. S. IX, Z. 20) angeführte κατατομή kann jedoch nur die abgeschnittene senkrechte Felswand auf der Pnyx sein.

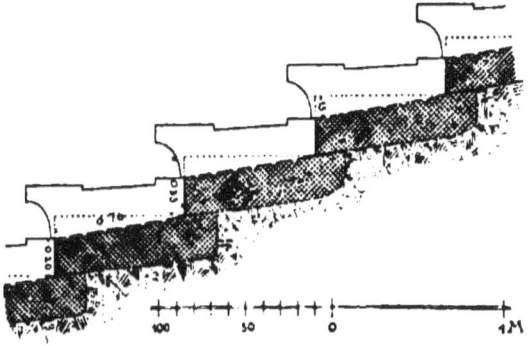

Figur. 12. Durchschnitt der Treppenstufen und Ansicht der Sitzstufen.

Der untere Teil des Zuschauerraumes ist im Grundriss grösser als ein Halbkreis, was bekanntlich bei allen griechischen Theatern im Gegensatz zu den römischen der Fall ist. Die verschiedenen Arten dieser Erweiterung des Sitzraumes über den Halbkreis hinaus sollen im III. Abschnitt besprochen werden. Im lykurgischen Theater ist die Erweiterung durch geradlinige parallele Stücke erfolgt, welche die Richtung von Tangenten des Halbkreises haben. Alle Zuschauer waren so nach derjenigen Stelle gerichtet, wo das Centrum der Aufführung lag, nämlich nach der vor der Skene gelegenen Hälfte der Orchestra.

Durch radial gerichtete Treppen ist der Sitzraum ferner in 13 Keile (Kerkides) geteilt. Einschliesslich der beiden Treppen an den südlichen Stützmauern waren also 14 Treppen vorhanden. Diese Zahl wird in den beiden oberen Rängen grösser gewesen sein, damit die Zwischenräume der Treppen dort nicht zu gross wurden. In dem ergänzten Grundriss auf Tafel II ist jeder Keil in den oberen Rängen nochmals durch eine Treppe geteilt.

Man hat die Vermutung ausgesprochen (A. Russopulos, Ἐφημ. ἀρχαιολ. 1862, S. 287), dass die Zahl 13 mit Rücksicht auf die 13 Phylen gewählt sei, welche zur Zeit Hadrians bestanden, und musste demnach annehmen, dass der Zuschauerraum während der Regierung Hadrians entweder erbaut oder wenigstens umgebaut worden sei. Dass diese Vermutung aber nicht stichhaltig ist, ergiebt sich aus unseren früheren Darlegungen; der Zuschauerraum ist ein Werk des IV. Jahrhunderts und von einem gänzlichen Umbau in römischer Zeit lässt sich nichts entdecken. Weshalb man gerade die Zahl 13 gewählt hat, entzieht sich unserer Kenntniss.

Während in manchen Theatern einer Sitzstufe je zwei Treppenstufen entsprechen, ist hier die Zahl der Treppenstufen und Sitzreihen genau gleich, indem auf jede Sitzreihe je eine Stufe der Treppe kommt. Da aber eine Stufenhöhe von 0,32″, wie sie die Sitze haben, für eine Treppe zu gross wäre, hat man nach nebenstehendem Profil (Figur 12) die Treppenstufen an ihrer Oberfläche nicht horizontal gearbeitet, sondern mit einer Neigung von etwa 0,10″ versehen. Die wirkliche vertikale Höhe der Stufe an ihrer Vorderkante beträgt demnach nur etwa 0,22″. Die grosse Neigung des Stufen-Auftrittes war für den Theaterbesucher unbequem, weil er namentlich beim Hinuntersteigen leicht ausgleiten konnte. Um diesem Übelstande nach Möglichkeit abzuhelfen, sind die Oberflächen der Stufen mit parallelen vertieften Rillen versehen, welche ein Ausgleiten verhindern.

Die Sitzstufen, mit alleiniger Ausnahme der untersten Reihe, und alle Treppenstufen waren aus Piräuskalk hergestellt und haben, soweit sie erhalten sind, eine Profilirung, wie sie bei den meisten antiken Theatern in ähnlicher Weise wiederkehrt. Nachstehende Abbildung (Figur 13) zeigt ihre Form im Durchschnitt; die Vorderfläche ist hohlkehlenartig unterhöhlt, damit der Sitzende seine Füsse zurückziehen kann; auf der Oberfläche befindet sich ferner eine Vertiefung, welche zur Aufnahme der Füsse der auf der nächsthöheren Stufe Sitzenden bestimmt ist. Die Einarbeitungen sind aber nicht nur zur Bequemlichkeit der Zuschauer gemacht, sondern bewirken, was meines Wissens bisher nie hervorgehoben ist, dass bei derselben Grösse des Theaterraumes eine grössere Anzahl von Zuschauern untergebracht werden konnte. Die Höhe eines bequemen Sitzes für erwachsene Personen beträgt nämlich etwa 0,45″; im Dionysos-Theater misst die Höhe der Sitzstufen 0,33″, ist also etwas zu niedrig. Rechnet man noch ein Kissen von etwa 0,08″ hinzu, so erhält man erst 0,41″. Durch Vertiefung der unteren Stufe auf ihrer Oberseite ist nun noch ein Mehr von 0,04″ gewonnen worden, so dass die gesamte Sitzhöhe 0,45″ beträgt. Wäre die Vertiefung nicht gemacht, so hätten die einzelnen Stufen eine Höhe von

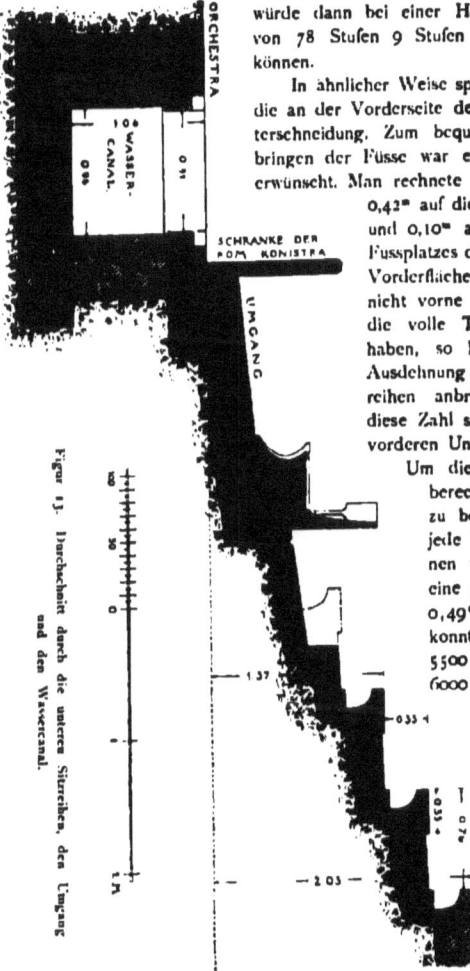

Figur 13. Durchschnitt durch die unteren Sitzreihen, den Umgang und den Wassercanal.

mindestens 0,33 + 0,04 = 0,37ᵐ erhalten müssen. Man würde dann bei einer Höhe des Zuschauerraumes von 78 Stufen 9 Stufen weniger haben anordnen können.

In ähnlicher Weise sparte man an Raum durch die an der Vorderseite der Stufen angebrachte Unterschneidung. Zum bequemen Sitzen und Unterbringen der Füsse war ein Platz von 0,85ᵐ Tiefe erwünscht. Man rechnete dabei 0,33ᵐ auf den Sitz, 0,42ᵐ auf die Vertiefung für die Füsse und 0,10ᵐ auf die Verbreiterung des Fussplatzes durch Unterschneidung der Vorderfläche. Würde man die Stufen nicht vorne unterhöhlt, sondern ihnen die volle Tiefe von 0,85ᵐ gegeben haben, so hätte man bei derselben Ausdehnung des Theaters nur 69 Sitzreihen anbringen können, während diese Zahl sich durch Anordnung der vorderen Unterhöhlung auf 78 erhöhte.

Um die Zahl der Zuschauer zu berechnen, haben wir zunächst zu bestimmen, wie viel Platz jede Person beansprucht. Rechnen wir auf jeden Zuschauer eine griechische Elle, nämlich 0,49ᵐ oder rund 0,50ᵐ, so konnten im ersten Range rund 5500 Personen, im zweiten etwa 6000 und im obersten etwa 2500 Personen sitzen. Im Ganzen fanden also rund 14000 Personen Platz (vergl. O. Benndorf, Beiträge zur Kenntniss des attischen Theaters, S. 7). Diese Zahl erhöht sich auf rund 17000 Personen, wenn die weiter unten zu besprechenden, an mehreren Stufen befindlichen vertikalen Striche von etwa 0,41 m Abstand als Marken für die einzelnen Sitze genommen werden.

In den älteren Besprechungen des Theaters wird gewöhnlich gesagt, dass die zweitunterste Stufe keine Sitzreihe, sondern entweder ein blosser Umgang oder der Platz für eine zweite Sesselreihe sei. Beides ist nicht ganz richtig. Ursprünglich war sie eine gewöhnliche Sitzstufe, deren vordere Hälfte später, als man noch weitere Sessel aufstellen wollte, abgearbeitet wurde. Die rohe Art der Abarbeitung, die obere Profilirung der Stufe und die Unregelmässigkeit des Fundaments lassen darüber keinen Zweifel. Die Sessel, welche in dieser zweiten Reihe gestanden haben, müssen hölzerne gewesen sein, denn die weni-

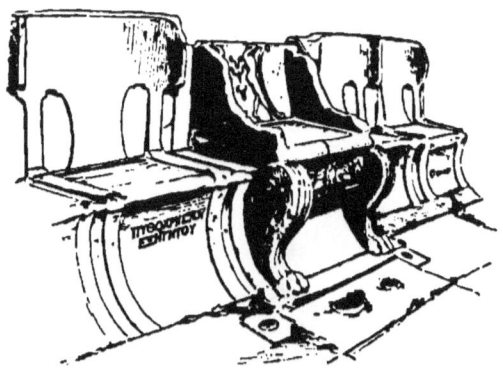

Figur 14. Thron des Dionysos-Priesters und andere Sessel.

gen Steinsessel, welche jetzt noch dort stehen, entstammen sämtlich der untersten Reihe und können von dort erst in sehr später Zeit fortgenommen worden sein. Die Abarbeitung der untersten Porosstufe und die Aufstellung der zweiten Sesselreihe ist vermutlich erst in römischer Zeit erfolgt.

Einen besonderen Schmuck des Theaters bildeten und bilden noch heute die schönen Marmorthrone der untersten Reihe, die Sitzplätze für diejenigen Personen, welchen das Recht der Proedrie verliehen war. Die Throne sind schon so oft beschrieben und abgebildet worden, dass wir uns hier auf eine kurze Besprechung beschränken dürfen. Gut zu erkennen sind sie auf der in Lichtdruck wiedergegebenen Photographie des Theaters, welche diesem Buche vorgeheftet und als Tafel X bezeichnet ist.

Im Ganzen waren 67 Throne vorhanden, nämlich in den beiden äusseren Keilen je 6, in allen übrigen je 5. Sie sind aus pentelischem Marmor in der

Weise hergestellt, dass meist zwei oder drei Sessel aus einem einzigen grossen Block bestehen. Ihre technische und künstlerische Ausführung ist eine vorzügliche. Stattlicher und reicher als die übrigen ist der in der Mitte der Reihe und damit auch in der Mitte des ganzen Theaters bei Z aufgestellte Thronsessel des Priesters des Dionysos Eleuthereus. Seine Gestalt veranschaulichen die nebenstehenden Abbildungen (Figur 14 und 15). Er war noch dadurch vor den anderen bevorzugt, dass er mit einem Baldachin überdeckt war; Löcher im Fussboden, zur Aufnahme seiner Tragestangen bestimmt, sind noch neben dem Throne erhalten. Auch mit einer Fussbank war er ausgestattet, doch hatte er diese Vorrichtung mit anderen Sesseln der untersten Reihe gemein. Vor der Mitte vieler Throne erkennt man nämlich im Fussboden je zwei Löcher, welche augenscheinlich zur Befestigung einer Fussbank aus Stein oder Metall gedient haben. Wenn man jetzt auf einem der Throne Platz nimmt, vermisst man die Fussbank nicht und findet die Höhe des Sitzes sehr bequem. Man darf aber nicht vergessen, dass auf den Steinsitzen noch gepolsterte Kissen lagen, durch welche der Sitz so sehr erhöht wurde, dass eine Fussbank erwünscht war.

Figur 15. Relief am Throne des Dionysos-Priesters.

Es ist lange darüber gestritten worden, in welcher Epoche die Sessel aufgestellt seien. Während Vischer (Entdeckungen im Dionysos-Theater, S. 44) sie dem Lykurg zuschreibt und die Möglichkeit zugiebt, dass sie noch älter seien, werden sie von Ziller-Julius (Zeitschrift für bild. Kunst XIII, S. 203) in die erste römische Kaiserzeit gesetzt.

Ich bin überzeugt, dass sie im IV. Jahrhundert angefertigt sind. Denn erstens sind sie von den übrigen, aus Poros bestehenden Sitzreihen, die sicher dieser Epoche angehören, nicht zu trennen. Die unterste Porosschicht, welche jetzt den Umgang hinter den Thronen bildet, hat eine andere Profilirung als die übrigen Porosstufen und kann demnach ursprünglich keinesfalls eine gewöhnliche Sitzstufe gewesen sein. Sie ist also schon für eine Reihe bevorzugter Sessel berechnet. Zweitens ist aber auch die Arbeit der Throne in technischer und künstlerischer Beziehung eine so vollkommene, dass wir nur an griechischen Ursprung denken dürfen. So sind einerseits ihre verticalen Stossfugen sehr sorgfältig gearbeitet, und andrerseits zeigen auch die Reliefs an dem Throne des Dionysos-Priesters die gute griechische Arbeit des IV. Jahrhunderts.

Allerdings stammen die Inschriften, welche sich auf den erhaltenen Thronsesseln befinden, erst aus hellenistischer und römischer Zeit, aber bei vielen von ihnen ist deutlich zu erkennen, dass sie die Stelle älterer Inschriften einnehmen; letztere sind weggemeisselt und durch jüngere ersetzt worden. Dass in Folge neuer Verleihungen des Rechtes der Proedrie solche Veränderungen notwendig werden konnten, liegt auf der Hand. Wann zuerst Inschriften eingearbeitet sind, wissen wir nicht. Aber selbst, wenn wir es wüssten, würde das Alter der Sessel dadurch noch nicht feststehen, weil die Anbringung der Inschriften nicht mit der Aufstellung der Throne zusammen zu fallen braucht. Vielleicht trugen sie ursprünglich, wie Vischer (S. 44) vermutet, nur Buchstaben oder Marken; vielleicht hatten sie mit Farbe aufgemalte Namen; möglicher Weise waren auch anfangs überhaupt keine Bezeichnungen vorhanden. Welche dieser Annahmen die grössere Wahrscheinlichkeit für sich hat, wage ich nicht zu entscheiden. Auf dem mittelsten Sessel, demjenigen des Dionysos - Priesters, befand sich jedenfalls ursprünglich keine Inschrift, weil der Thron unzweifelhaft älter ist als seine Aufschrift. Erst als die übrigen Sessel mit Aufschriften versehen waren, hat man auch den mittleren nicht unbeschrieben gelassen, obwohl jedermann wusste, dass er für den Vorsitzenden der Festfeier, für den Priester des Dionysos - Eleuthereus bestimmt war.

Auf die einzelnen Priester und Beamten, welchen die bevorzugten Plätze verliehen waren, näher einzugehen, ist hier nicht der Ort. Indem ich auf die vorhandenen Publicationen (Vischer, S. 18—43, Wheeler, S. 152—177, CIA III, 240—298) verweise, mag es genügen, die Namen kurz aufzuzählen. Ich beginne am westlichen Flügel mit N° 1 und bezeichne auch die Keile (Kerkides) in derselben Reihenfolge mit den Zahlen I—XIII. Der den Vorsitz führende Priester des Dionysos - Eleuthereus erscheint so in der Mitte der Liste unter N° 34 im Keile VII.

I.
1. Ἱερέως Δήμητρος καὶ Φερρεφάττης.
2. Ἱερέως Διὸς Τελείου Βουζύγου.
3. Ἱερέως Θησέως.
4. Ἱερέως Λιθοφόρου.
5. Ἱερέως Αὐλονέως Διονύσου.
6. Ἱερέως Ἀπόλλωνος Δαφνηφόρου.

II.
7. Ἱερέως Ἡφαίστου.
8. Ἱερέως Οὐρανίας Νεμέσεως.
9. Ἱερέως Ἀνάκων καὶ ἥρωος Ἐπιτεγίου.
10. Φαιδυντοῦ Διὸς Ὀλυμπίου ἐν ἄστει.
11. Ἱερέως Ἀπόλλωνος Λυκείου.

III.
12. Φαιδυντοῦ Διὸς ἐκ Πελέγης.
13. Ἱερέως Δώδεκα Θεῶν.
14. Ἱερέως Διὸς Φιλίου.
15. Ἱερέως Μουσῶν.

	16. Ἱερέως Ἀσκληπιοῦ.
IV.	17. Ἱερέως Εὐκλείας καὶ Εὐνομίας.
	18. Ἱερέως Διονύσου Μελπομένου ἐκ τεχνειτῶν.
	19. Ἱερέως Ἀπόλλωνος Πατρῴου.
	20. Ἱερέως Ἀντινόου χορείου ἐκ τεχνειτῶν.
	21. Ἱερέως Διὸς Σωτῆρος καὶ Ἀθηνᾶς Σωτείρας.
V.	22. Ἱερέως Διὸς Βουλαίου καὶ Ἀθηνᾶς Βουλαίας.
	23. Βουζύγου ἱερέως Διὸς ἐν Παλλαδίῳ.
	24. Ἱερέως Μελπομένου Διονύσου ἐξ Εὐνειδῶν.
	25. Ἱερέως Ἀρτέμιδες Κολαινίδος.
	26. Ἱερέως Ποσειδῶνος Γαιηόχου καὶ Ἐριχθέως.
VI.	27. Ἐξηγητοῦ ἐξ Εὐπατριδῶν χειροτονητοῦ ὑπὸ τοῦ δήμου διὰ βίου.
	28. Ἱερέως Χαρίτων καὶ Ἀρτέμιδος Ἐπιπυργιδίας πυρφόρου.
	29 Ἱερέως Ποσειδῶνος Φυταλμίου.
	30. Ἱερέως Ἀπόλλωνος Δηλίου.
	31. Ἱεροφάντου.
VII.	32. Ἱερέως Διὸς Ὀλυμπίου.
	33. Πυθοχρήστου Ἐξηγητοῦ.
	34. Ἱερέως Διονύσου Ἐλευθερέως.
	35. Ἱερέως Διὸς Πολιέως.
	36. Θυηχόου.
VIII.	37. [Δᾳδούχου].
	38. [Ἱερέως Ἀπόλλωνος Πυθίου].
	39. [Ἱερομνήμονος].
	40. [Ἱερέως καὶ ἀρχιερέως Σεβαστοῦ Καίσαρος].
	41. [Ἱερέως Ἀδριανοῦ Ἐλευθερείως].
IX.	42. [Βασιλέως].
	43. [Ἄρχοντος].
	44. [Πολεμάρχου].
	45. [Στρατηγοῦ?].
	46. [Κήρυκος?].
X.	47. Θεσμοθέτου.
	48. Θεσμοθέτου.
	49. Θεσμοθέτου.
	50. Θεσμοθέτου.
	51. Ἱεροκήρυκος.
XI.	52. .... [καὶ Ἀπόλλωνος].
	53.
	54.
	55.
	56.
XII.	57. [Διογένους Εὐεργέτου(?)]

58. ['Ιερέως 'Αττάλου 'Επωνύμου(?)].
59.
60. 'Ιερέως 'Ιαχχαγωγοῦ.
61. 'Ιερέως 'Ασκληπιοῦ Παίωνος.

XIII. 62. 'Ιερέως πυρφόρου ἐξ 'Ακροπόλεως.
63. 'Ιερέως Δήμου καὶ Χαρίτων καὶ 'Ρώμης.
64. Κήρυκος παναγοῦς καὶ ἱερέως.
65.
66.
67. ['Ιερέως 'Απόλλωνος Ζωστηρίου].

Die in Klammern eingeschlossenen Namen bezeichnen die Inhaber derjenigen Sessel, welche bei der Ausgrabung nicht mehr an ihrer alten Stelle gefunden wurden, sondern entweder erst jetzt wieder aufgestellt sind oder nur in unserer Liste ihren alten Platz erhalten haben. Von diesen Sesseln sind mehrere schon im Altertum in die oberen Reihen versetzt worden, weil sie aus der unteren wegen Anlage einer kaiserlichen Loge oder aus anderen Gründen entfernt werden mussten. Obgleich die ursprünglichen Plätze dieser versetzten Sessel nicht mit voller Sicherheit zu bestimmen sind, dürfte die Verteilung, welche ich vorgenommen habe, die grösste Wahrscheinlichkeit für sich haben. Als Ausgangspunkt für diese Verteilung hat mir vor allem der Umstand gedient, dass sich an der seitlichen Bearbeitung der Sessel erkennen lässt, ob sie an der linken oder rechten Ecke eines Keiles oder in seiner Mitte gestanden haben. Wo die Zuteilung zu einem bestimmten Platze aus irgend einem Grunde unsicher war, habe ich ein Fragezeichen hinzugefügt. Die Inschriften, welche in römischer Zeit an den oberen Sitzreihen aus Poros angebracht sind, finden sich im C. I. A. III, 303-384 zusammengestellt (vergl. Ath. Mitth. 1889, S. 321). Sie können hier übergangen werden. Auf die Veränderungen, welche der Zuschauerraum in römischer Zeit durch Aufstellung von Ehrensesseln und Statuen erfahren hat, werden wir bei Beschreibung der römischen Umbauten einzugehen haben.

Während die Sessel der unteren Reihe eine Porosschicht als Fundament haben, besitzen die sämtlichen übrigen Sitzreihen keinerlei Untermauerung; die Stufen aus Piräuskalk liegen unmittelbar auf dem Boden und zwar teils auf dem gewachsenen Fels, teils auf angeschütteter Erde. Trotz der schlechten Unterlage haben sie Jahrhunderte lang gehalten ohne einzusinken, weil jede Quader mit ihrer vorderen Kante auf der unter ihr liegenden auflag, so dass alle Stufen sich gegenseitig stützten. Die in dem oberen Range jetzt sichtbaren Felsstufen sind übrigens nicht, wie man vielfach annimmt, selbst Sitze gewesen, sondern haben nur als Bettungen zur Aufnahme von Sitzreihen aus Piräuskalk gedient.

Die Sitzstufen aus Poros haben noch eine bemerkenswerte Eigentümlichkeit. An dem senkrechten Teile ihrer Vorderfläche sind nämlich in regelmässigen Abständen von 0,33^m senkrechte Striche eingearbeitet, welche man zunächst für

Marken zur Abgrenzung der einzelnen Sitze halten möchte. Nun können zwar sehr schmale Menschen so dicht neben einander sitzen, dass jeder nur einen Raum von 0,33ᵐ einnimmt, aber im Allgemeinen ist dies Mass für die Breite eines Sitzes entschieden zu klein. Da 0,33ᵐ gerade die Grösse eines griechischen Fusses ist (vergl. Athen. Mittheil. 1890, S. 171), so waren die sämtlichen Sitzreihen nach Fussen abgeteilt, und man konnte jederzeit sehen, wie viele Fuss jede Bank lang war. Welcher Zweck hierbei erreicht werden sollte, ist allerdings nicht klar. In einigen Keilen sind daneben noch andere Striche erhalten, die weniger tief eingeschnitten sind und Abstände von 0,40ᵐ—0,43ᵐ zeigen. Sie scheinen wirklich nutzbare Sitzplätze abzuteilen, die vermutlich 0,41ᵐ oder 1 ¼ griechische Fuss breit waren.

Die Umfassungsmauern des Zuschauerraumes mussten bei der Grösse des Theaters und der Höhe der angeschütteten Erde von beträchtlicher Stärke sein, damit sie dem Schube der grossen Erd- und Steinmassen widerstehen konnten. Um sie nicht übermässig dick machen zu müssen, hat man zu dem auch heute noch üblichen Auskunftsmittel gegriffen, sie aus zwei parallelen Mauern mit zwischengelegten Quermauern herzustellen. An der Westseite sind diese verschiedenen Quaderwände besonders gut zu sehen; die innere Mauer besteht aus Brecciaquadern und hat eine Stärke von rund 1,60ᵐ, die Quermauern, ebenfalls aus Breccia hergestellt, sind in gleichmässigen Abständen von etwa 7ᵐ angeordnet und haben eine Dicke von 1,35ᵐ; die äussere Mauer, von etwa 1,35ᵐ Stärke, hat eine Verkleidung von Piräuskalk und einen inneren Kern aus Brecciaquadern. Die Hohlräume zwischen den Quermauern waren mit Erde ausgefüllt. Das so gebildete Netz von Mauern und Quermauern konnte dem Schube der angeschütteten Erdmassen fast ebenso gut Widerstand leisten, wie eine ganz durchgeschichtete Mauer von der gewaltigen Breite von etwa 3ᵐ.

Noch durch eine andere Vorkehrung ist die Mauer widerstandsfähiger gemacht worden: die Quadern aus Piräusstein liegen an ihrer Aussenfläche nicht bündig zu einander, sondern jede Quaderlage tritt gegen die Unterschicht um 0,02ᵐ zurück, so dass die ganze Aussenfläche der Mauer rückwärts geneigt ist. Auch dies ist ein noch jetzt übliches Mittel zur Verstärkung einer Stützmauer. In metrologischer Beziehung ist noch bemerkenswert, dass die Quadern der äusseren Verkleidungsschicht aus Piräuskalk sämtlich gleiche Abmessungen haben, nämlich eine Länge von 1,30ᵐ, eine Breite von 0,65ᵐ und eine Höhe von 0,44ᵐ, Masse, die genau 4 und 2 und 1 ³/₅ altgriechischen Fussen entsprechen.

b. Die Orchestra.

Von den Sitzen der Zuschauer umgeben, liegt in der Mitte des Theaters die Orchestra, der Tanzplatz des Chores und zugleich der Spielplatz der Schauspieler. Alle Sitze sind hierhin gerichtet, hier fanden auch alle Aufführungen statt. Die Orchestra war in der That nicht nur das mathematische, sondern auch das ideale Centrum des ganzen Theaters.

Die unterste Reihe der Sitzbänke ist von der Orchestra durch einen Weg und eine tiefe Wasserrinne getrennt; jener diente dem Publikum beim Betreten und Verlassen des Theaters als Zugang, dieser war zur Aufnahme des bei Regengüssen sich im Zuschauerraum sammelnden Regenwassers bestimmt. Die Höhenlage des Weges, der Rinne und der Orchestra im Verhältnis zu den untersten Sitzreihen ist aus dem Durchschnitt Figur 13 zu ersehen.

Dem aufmerksamen Besucher des Theaters wird bald auffallen, dass die Breite jenes Weges an den verschiedenen Seiten der Orchestra nicht die gleiche ist; neben dem Sessel des Dionysos-Priesters, also in der Axe des Theaters, beträgt sie nur 1,25m, während sie an den beiden Enden des Zuschauerraums bis auf 2,50m steigt. Welchen Zweck diese Unregelmässigkeit hatte, ist leicht zu erkennen. Wenn die Zuschauer beim Verlassen des Theaters die kleinen Treppen zwischen den Keilen herunter gestiegen waren, benutzten sie alle jenen

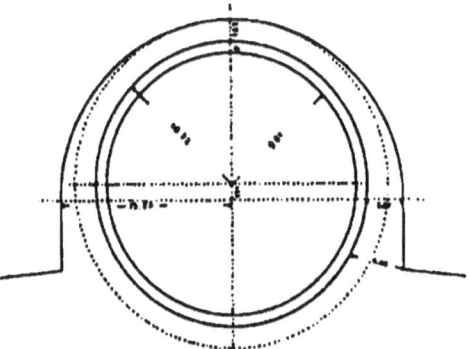

Figur 16. Der Umgang zwischen Orchestra und Zuschauerraum.

Weg, um zu den Parodoi zu gelangen. Je mehr sie sich den Enden des Zuschauerraumes näherten, um so mehr füllte sich der Weg, denn bei jeder neuen Treppe kamen wieder weitere Zuschauer hinzu. Hätte der Umgang nun überall dieselbe Breite gehabt, so würde er bei dem mittleren Keil für die wenigen Personen zu breit, an den beiden äusseren Keilen dagegen für die viel zahlreicheren Personen zu schmal gewesen sein. Um dies auszugleichen, liess man die Breite des Weges von der Mitte nach den Enden zunehmen, so dass er bei jeder Treppe etwas breiter wurde.

Diese zweckmässige und sehr durchdachte Anordnung ist dadurch hergestellt, dass für die Orchestra ein anderer Mittelpunkt gewählt ist als für die Sitzreihen des Zuschauerraumes. Das Centrum der Orchestra hat man um dasjenige Stück von dem Hauptmittelpunkt nach Norden verschoben, um welches jener Weg an den Enden breiter werden sollte als in der Mitte. Aus der vorstehenden Abbildung (Figur 16) ist die gewählte Anordnung zu ersehen.

Der Weg ist ferner mit einem starken Gefälle nach der Orchestra zu angelegt, damit das Regenwasser leicht nach dem Canal abfliessen konnte. Ausserdem wurde dadurch noch der Vorteil erreicht, dass die Sessel der unteren Reihe um mehr als eine einfache Stufe höher standen als der Boden der Orchestra. Schon die innere Kante des Umgangs lag nämlich um eine Stufe von 0,25^m Höhe über dem Fussboden der Orchestra und dieser Unterschied steigerte sich durch die Neigung des Umganges bis auf 0,37^m. Auf diese Weise befanden sich die Augen der auf den Sesseln Sitzenden ungefähr in derselben Höhe wie die Augen derjenigen, welche sich in der Orchestra stehend aufhielten. Alle Zuschauer, welche die höheren Sitze einnahmen, sahen also von oben auf die in der Orchestra befindlichen Schauspieler herab, so dass keiner der letzteren den anderen verdecken konnte. Auf den Wert dieser Thatsache für die Frage nach dem Standort des Chores und der Schauspieler werden wir später zurückkommen.

Der tiefe Canal, welcher die Orchestra umgiebt, ist aus grossen Quadern von Piräuskalk in sehr sorgfältiger Weise erbaut. Unten 0,96^m breit, ist er oben mit einer etwas vorspringenden Quaderlage abgeschlossen, so dass seine Breite oben nur 0,91^m beträgt. Die Tiefe ist an der S. W. Ecke, wo der Canal beginnt, am geringsten, nämlich 0,87^m, und nimmt allmählich um die Orchestra herum zu, bis sie an der S. O. Ecke das Mass von 1,10^m erreicht. Hier fällt die Sohle nochmals plötzlich um 1,09^m, damit der Canal unterirdisch unter dem Skenengebäude hindurchgeführt werden konnte. In südöstlicher Richtung verlaufend, kommt er in dem Dionysos-Bezirk südlich vom Theater wieder zum Vorschein Auf seinem unterirdischen Laufe ist er mit Platten aus bläulichem Hymettosmarmor überdeckt.

Rings um die Orchestra ist der Canal jetzt fast ganz offen und war es auch in griechischer Zeit. Ursprünglich führten nur einzelne Brückensteine in der Verlängerung der Treppen des Zuschauerraumes über den Canal. Diese Brücken sind alle noch vorhanden, einige bis vor Kurzem nicht beachtet worden. Sie bestehen aus denselben Porossteinen, mit denen die Seitenmauern des Canals oben abschliessen und sind auch in derselben sorgfältigen Weise wie der ganze Canal bearbeitet. Da sie genau nach dem Mittelpunkt des Zuschauerraumes gerichtet sind, können sie nicht radial zu dem Orchestrakreise liegen, der einen anderen Mittelpunkt hat, sondern schneiden die Umfassungslinie der Orchestra unter einem schrägen Winkel. Sowohl an Ort und Stelle als auf dem Plane fällt diese nicht zu vermeidende Unregelmässigkeit auf. Sie würde noch auffallender gewesen sein, wenn die Steine zum Orchestramittelpunkt gerichtet worden wären, weil sie dann nicht genau in der Richtung der Treppen gelegen hätten.

Dass der Canal mehrfach umgeändert worden ist, werden wir später darzulegen haben. Hier muss noch erwähnt werden, dass die offenen Zwischenräume zwischen den Brücken in alter Zeit durch einzelne Buchstaben bezeichnet waren, welche sich an der Deckschicht des Canals an der Orchestraseite befinden. So fand ich in der südöstlichen Öffnung den Buchstaben A, in der folgenden zweimal B und in der dritten zweimal Γ. In dem vierten Zwischenraume bemerkte ich die drei Buchstaben K, Λ und M, im fünften N, Ξ und O, im siebenten ein Ψ oder P und ein sicheres Φ, im zehnten ein Π oder I I und endlich im elften einen unsicheren Buchstaben. In der nebenstehenden Figur 17 sind sie alle abgebildet. Fragt man sich nach ihrer Bedeutung, so denkt man zuerst an eine Nummerirung der einzelnen Keile. Da die Buchstaben nämlich recht gross sind (bis zu 0,12ᵐ), hätte der Zuschauer beim Betreten des Theaters den Keil, in welchem sich sein Sitz befand, durch einen Blick auf den Buchstaben erkennen können, ohne die Keile jedesmal abzählen zu müssen.

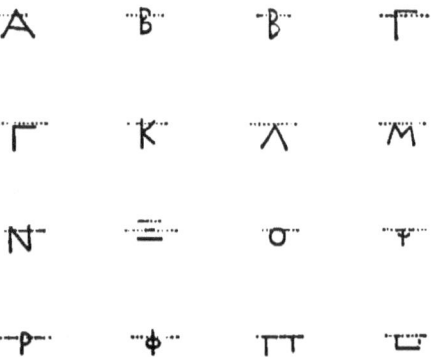

Figur 17. Buchstaben an der obersten Schicht des Canals.

Aber die Buchstaben sind nicht ganz regelmässig auf die Keile verteilt und werden daher eine andere Bestimmung gehabt haben. An gewöhnliche Baumarken oder Werkzeichen dürfen wir kaum denken, weil die Buchstaben für diesen Zweck zu gross und an zu hervorragender Stelle eingearbeitet sind. Die Frage nach ihrer Bedeutung muss somit unentschieden bleiben. Bei dem ersten römischen Umbau sind sie beschädigt und zum Teil oben abgeschnitten worden, wie in der Abbildung durch eine punktirte Linie angedeutet ist. Soweit ihr Erhaltungszustand ein Urteil gestattet, scheinen sie noch aus dem IV. Jahrhundert, also aus der Erbauungszeit des Theaters zu stammen.

Obwohl die Orchestra von dem Zuschauerraum durch den offenen Canal getrennt war, konnten die Zuschauer beim Betreten und Verlassen des Theaters vermittelst der Brücken den Canal überschreiten und die Orchestra betreten;

ebenso war es auch den in der Orchestra auftretenden Personen möglich, zu den Zuschauern zu gelangen (vergl. z. B. Arist. Ran. v. 297, wo Dionysos zu dem Sitz des Dionysos-Priesters läuft).

Der offene Canal war trotzdem ein bemerkenswerter Übelstand. Denn einmal mussten die in der Orchestra sich aufhaltenden Personen stets Acht haben, dass sie nicht dem Canale zu nahe kamen und hineinfielen. Und sodann nahm der Canal eine Menge Raum in Anspruch; ohne ihn hätte die Orchestra vergrössert oder noch eine weitere Sitzreihe hinzugefügt werden können.

In anderen Theatern, z. B. in Epidauros und Eretria, finden wir eine vollkommenere Einrichtung. Der tiefe Canal ist verschwunden, und dafür der Umgang durch Tieferlegung um eine Stufe so eingerichtet, dass er zugleich als Wassercanal dienen konnte. Diese Verbindung von Weg und Abflusscanal liess sich durchführen, weil bei starkem Regen niemand im Theater blieb und der Umgang also nicht benutzt wurde. Man fragt sich deshalb mit Recht, warum Lykurg und seine Vorgänger die in Epidauros und Eretria vorhandene Einrichtung in Athen nicht angewandt haben, und möchte weiter den Schluss ziehen, dass jene beiden Theater jünger sein müssen als der lykurgische Bau. In der That ist es kaum verständlich, dass man die unvollkommene Einrichtung in Athen gemacht haben soll, nachdem schon in Epidauros eine viel bessere gefunden war. Ich bin daher geneigt, das athenische Theater für älter zu halten als die beiden anderen, gebe aber zu, dass sich wohl Gründe denken lassen, welche den Architekten unseres Theaters veranlasst haben können, bei seinem Neubau eine veraltete Einrichtung beizubehalten.

Die Orchestra selbst bildet im Grundriss einen Halbkreis mit anstossendem Rechteck. Letzteres ist so gross, dass reichlich Platz vorhanden ist, einen vollen Kreis um den Mittelpunkt des Halbkreises zu schlagen. Obgleich also der zweite vor dem Skenengebäude liegende Halbkreis nicht wie im Theater zu Epidauros durch eine besondere Steinschwelle hervorgehoben ist, dürfen wir doch sagen, dass die Orchestra auch in Athen einen vollen Kreis bilde. Um den im Mittelpunkt der Orchestra zu ergänzenden Altar konnte der Chor also ungehindert seine Rundtänze aufführen.

Hiergegen könnte jemand einwenden, dass es doch zweifelhaft sei, ob das ganze Rechteck zur Orchestra gehört habe, weil ein Teil desselben nach der bisherigen Ansicht von einer erhöhten Bühne eingenommen gewesen sei. Darauf ist zu erwidern, dass zunächst weder ein einziger Stein noch eine andere Spur auf das ehemalige Vorhandensein einer griechischen Bühne in der einen Hälfte der Orchestra hinweist. Allerdings denkt man sich die Bühne aus Holz, und die könnte ganz verschwunden sein. Aber ich sehe keinen Grund, weshalb, wenn das ganze Skenengebäude aus Steinen bestand, allein die Vorderwand der Bühne aus Holz hergestellt sein sollte. Haben doch die Römer in ihren Theatern das Logeion stets mit einer steinernen Vorderwand versehen. Und selbst wenn man allein diesen Teil des Skenengebäudes unbegreiflicher Weise aus Holz gemacht hätte, so müssten wir wenigstens ein Fundament für die Vorderwand erwarten. Da aber auch ein solches nicht existirt, berechtigt uns nichts, zur Zeit Lykurgs eine Bühne ohne Weiteres anzunehmen. Dass es auch aus vielen anderen Gründen im griechischen Theater keine erhöhte Bühne gegeben haben kann, werden wir später beweisen.

Wir nehmen allerdings auch einen aus Holz errichteten Bau vor dem steinernen Skenengebäude an, indem wir eine aus vergänglichem Material hergestellte Schmuckwand, ein Proskenion, vor der Skene ergänzen; aber diese musste notwendiger Weise, solange die Scenerie der Dramen eine wechselnde war, sowohl im Aufriss als im Grundriss in den einzelnen Stücken verschieden sein und konnte daher unmöglich aus Stein bestehen oder auch nur ein festes Fundament haben.

Dazu kommt, dass auch diese bewegliche Schmuckwand, welche man gewöhnlich für die Vorderwand der Bühne hält, sowohl in dem griechischen Theater Vitruvs, als auch in allen bisher ausgegrabenen griechischen Theatern noch ausserhalb des vollen Orchestrakreises liegt und daher keinenfalls ein Stück desselben abschneidet. Wenn sie trotzdem in der Construction Vitruvs als Sehne erscheint, so beruht das auf der Thatsache, dass Vitruv den Kreis der untersten Sitzreihe und nicht den Orchestrakreis seinen Angaben zu Grunde gelegt hat.

Ganz entsprechend liegt auch im Dionysos-Theater nicht nur die vordere Wand der Skene, die «scaenae frons», sondern auch das zu ergänzende Proskenion in solcher Entfernung von dem Centrum des Orchestrakreises, dass der vorhandene Halbkreis bequem zu einem ganzen Kreise ergänzt werden kann. In den Grundrissen auf Tafel III und IV ist danach der volle Kreis mit einer punktirten Linie eingezeichnet.

In der Zeit vor Lykurg, als noch die ältere Orchestra bestand, war der südliche Halbkreis durch eine Mauer begrenzt, wie sich uns aus dem erhaltenen Rest der alten Stützmauer der Orchestra ergab. Er war also damals sichtbar. Als später eine Skene tangential neben dem Orchestrakreise erbaut wurde, musste der Zwischenraum zwischen dem Kreise und der geraden Skene ausgefüllt werden. Der südliche Halbkreis wurde dadurch zu einem Rechteck erweitert und seine Peripherie kam in Fortfall. Wenn in Epidauros trotzdem der ganze Kreisumfang angegeben ist, so darf das als eine architektonische Anordnung bezeichnet werden, die ohne jeden praktischen Zweck war. Irgend ein sachlicher Unterschied besteht desshalb zwischen den Theatern von Athen und Epidauros nicht. Für die Aufführungen in der Orchestra war es gleichgültig, ob die Kreislinie vor der Skene zu sehen war oder nicht. Zudem ist in Epidauros, wie aus dem Höhenunterschiede zwischen der Schwelle des Kreises und dem Stylobat des Proskenion geschlossen werden darf, die Steinschwelle der Orchestra vor der Skene sehr bald durch Erde verdeckt worden und nicht mehr sichtbar gewesen.

Der Boden der Orchestra war zu Lykurgs Zeit nicht gepflastert, sondern zeigte den natürlichen Felsboden, der vermutlich mit lehmiger Erde überzogen war. Die jetzt noch vorhandene Pflasterung mit verschiedenfarbigen Marmorplatten muss aus mehreren Gründen erst in der römischen Epoche entstanden sein. Erstens weist die Construction des Fussbodens (dünne Marmorsteine in Kalkmörtel) entschieden auf eine spätere Entstehungszeit hin. Sodann nimmt der Marmorbelag auf das römische Logeion Rücksicht und reicht nicht bis an das feste Proskenion der hellenistischen Zeit heran. Endlich passt auch die Einfassung der Orchestra mit einfachen Porosquadern gar nicht zu dem prächtigen Marmorbelag im Innern. Derselbe Architekt kann nicht den Marmorboden und zugleich die Umrahmung aus Poros angefertigt haben.

Die Schwelle aus Piräusstein bildete ursprünglich die Einfassung eines Tanzplatzes aus Erde. Zum Beweise hierfür dürfen wir uns auf die Orchestren anderer griechischer Theater berufen, wie Epidauros, Megalopolis, Eretria. Überall hat der Kreis selbst einen Erdfussboden und ist mit einer Schwelle aus Kalkstein eingefasst, deren Bearbeitung in mehreren Fällen deutlich zeigt, dass im Kreise selbst niemals ein Steinplatten-Belag vorhanden war.

Sind wir hiernach berechtigt, uns die Orchestra des Lykurg ohne Steinpflaster zu denken, so fragt es sich weiter, ob ein hölzerner Belag vorhanden gewesen sein kann. Denn bekanntlich wird ein solcher von manchen Gelehrten als die gewöhnliche Form des Orchestrabodens angenommen. Aber abgesehen davon, dass sich kein einleuchtender Grund für die Überdeckung der Orchestra mit Holz anführen lässt, sind auch keinerlei bauliche Anzeichen für das Vorhandensein eines Holzbodens vorhanden. Jene Annahme stützt sich lediglich auf die missverstandene Nachricht bei Suidas und im Etym. Magnum s. v. σκηνή, wo das römische Logeion als Orchestra mit hölzernem Boden bezeichnet wird.

Auf einem glatten Erdplatze, der vor der Aufführung sauber gefegt war, liess sich nicht nur gut tanzen, sondern es konnten dort auch, wenn es notwendig war, Linien zur gleichmässigen Aufstellung des Chores angebracht werden (vergl. A. Müller, Bühnenalterümer, S. 135, Anm. 3); sogar etwaige Fusstapfen waren wohl zu erkennen (vergl. Aeschyl. Choeph. 205). Dass die Orchestra für die Aufführungen zuweilen mit einem Überzug aus Lehm oder Kalk versehen wurde, lehrt eine Inschrift aus Delos (Bull. de corresp. hell. 1894, S. 162).

Ob in der Mitte der Orchestra Lykurgs ein Altar gestanden hat, lässt sich aus den Ruinen nicht unmittelbar erkennen. Wenn man aber sieht, dass in römischer Zeit, nachdem durch Errichtung eines Logeion ein Teil der Orchestra abgeschnitten war, in der Mitte des übrigbleibenden Teiles ein altarähnlicher runder Bau gestanden hat, und wenn man weiter erwägt, dass in ältester Zeit jedenfalls ein Altar in der Mitte der Orchestra stand, so kann es nicht zweifelhaft sein, dass sich auch im IV. Jahrhundert ein Altar in der Orchestra erhob. Über seine Form und den genauen Ort seiner Aufstellung haben wir oben bei Besprechung des Theaters des V. Jahrhunderts ausführlich gehandelt. Da der Altar aber im IV. Jahrhundert, als die grosse Skene bestand, nicht mehr die Bedeutung hatte, die ihm früher zukam, ist er vielleicht in seinen Abmessungen etwas kleiner gewesen.

Nachdem in den Theatern von Eretria, Sikyon und Magnesia (s. unten Abschnitt II) unterirdische Gänge entdeckt waren, vermittelst deren man aus dem Skenengebäude ungesehen in die Mitte der Orchestra gelangen konnte, war es unsere Pflicht, auch im athenischen Theater nach einem solchen Gange

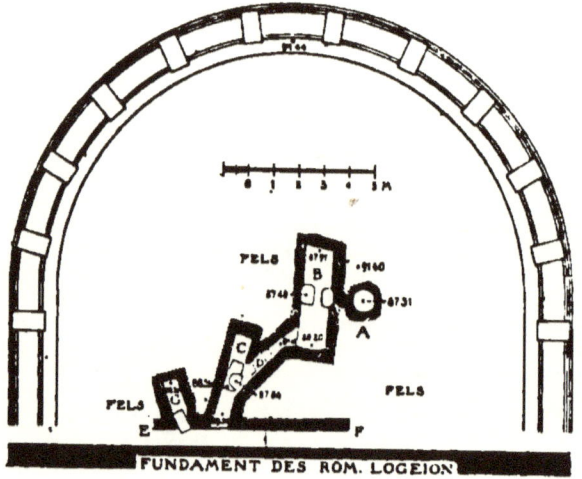

Figur 18. Hohlräume im Felsen unter der Orchestra.

zu suchen. Sehr erschwert wurde diese Arbeit durch den Umstand, dass der Fussboden der Orchestra noch jetzt mit einem Marmormosaik bedeckt ist. Die Tiefgrabung konnte daher nur an den Stellen vorgenommen werden, wo der Fussboden zerstört oder beschädigt war.

Zu unserer Überraschung kamen bei dieser Grabung, die im Winter 1894-95 vorgenommen wurde, in der That mehrere Gänge und ein Brunnen zum Vorschein, die in der vorstehenden Abbildung (Figur 18) verzeichnet sind. Sie gehören nicht alle derselben Zeit an und haben auch eine verschiedene Bestimmung gehabt. A ist ein runder Brunnen von 0,90m Durchmesser, der bis zu einer

Tiefe von 4m ausgeräumt wurde. Es fanden sich im Inneren zahlreiche Scherben mykenischen Stiles, mehrere Vasen mit geometrischen Ornamenten, einzelne grosse einfache Wassergefässe und mehrere Stücke von Hirschgeweihen. Der Brunnen muss in ältester Zeit als Schöpfbrunnen gedient haben und schon lange vor Erbauung des Theaters verschüttet worden sein. In einer anderen Zeit und zu einem anderen Zwecke sind die Gänge B und C gemacht worden. B ist 1,10m breit, 4m lang und liegt 3,0—3,5m unter dem Belag der Orchestra. In seinem Boden sind nebeneinander zwei runde Vertiefungen erhalten, die durch eine schmale Felswand geschieden sind. Durch einen Canal D ist er mit dem Gange C in Verbindung gesetzt, aber dieser Zwischencanal ist so schmal und niedrig, auch liegt sein Fussboden so hoch, dass jede praktische Verwendung bei Theateraufführungen ausgeschlossen zu sein scheint. Etwas Ähnliches gilt von den Canälen C und G. Sie standen zwar vielleicht mit dem Skenengebäude in Verbindung, aber ihre Abmessungen sind so gering und ihre Wände sind so unregelmässig aus dem Felsen gehauen, dass sie kaum von Schauspielern benutzt sein können. Dazu kommt, dass alle Canäle nicht mit spätem Schutt angefüllt waren, sondern mit denselben Steinsplittern, wie sie bei Herstellung der Canäle entstanden. Deshalb liegt die Vermutung nahe, dass es nur Versuchsgräben sind, die alsbald nach ihrer Herstellung wieder verschüttet wurden. Die Zeit der Verschüttung lässt sich nach den zwischen den Steinsplittern gefundenen Vasenscherben bestimmen. Da nur Gefässfragmente des V. und IV. Jahrhunderts gefunden wurden, werden die Canäle frühestens im IV. Jahrhundert hergestellt und wieder verschüttet worden sein. Welchem Zwecke sie gedient haben oder dienen sollten, vermag ich nicht zu sagen. Sind es Canäle, die zur Sammlung von Trinkwasser oder zur Trockenlegung der Orchestra angelegt waren? Oder hat man die Herstellung eines unterirdischen Ganges wie in Eretria beabsichtigt, aber aus irgend welchen Gründen von der Vollendung Abstand genommen?

In der Linie E—F ist der Fels vertical abgeschnitten und der ganze Raum bis zum Skenengebäude mit Schutt der verschiedensten Jahrhunderte angefüllt. Der südliche Teil der Orchestra (südlich von E—F) kann demnach ganz unterhöhlt gewesen sein. Die Linie fällt ungefähr mit der Vorderwand des Logeions des Phaidros zusammen, doch ist sie nicht erst für die Fundamentirung dieser Wand hergestellt. Denn zwischen der Felswand und dem Fundament der Logeionwand ist noch jetzt soviel Platz, dass man bequem durchkriechen kann. Ausserdem geht die Abarbeitung tiefer hinunter als das Logeionfundament.

Ob dieser unter dem südlichen Teile der Orchestra unmittelbar vor der Skene gelegene Hohlraum irgend einen praktischen Zweck gehabt hat, wird unentschieden bleiben müssen. Ein sicheres Ergebniss aber haben die Nachforschungen gehabt: in dem lykurgischen Theater ist sicher kein unterirdischer Gang, der als charonische Stiege gedient haben könnte, vorhanden gewesen. Dass es in dem älteren Theater dagegen einen solchen Gang gegeben haben k a n n, lässt sich nicht leugnen, weil der grosse Hohlraum südlich von E—F sogar mehrere unterirdische Gänge aufnehmen konnte; jedoch fehlen alle positiven Anzeichen für einen solchen.

Die Grösse der Orchestra ist in den früheren Veröffentlichungen nicht richtig angegeben, weil der Durchmesser innerhalb der aufrechtstehenden Schranke aus Marmorplatten gemessen zu werden pflegte. Diese Schranke oder Balustrade ist erst in der römischen Periode errichtet worden, als der früher offene Canal mit Marmorplatten überdeckt wurde. Die Orchestra Lykurgs muss zwischen dem offenen Wassercanal gemessen werden und hat einen Durchmesser von 19,61m. Der Radius des runden Tanzplatzes misst also 9,805m. Man durfte erwarten, dass dieses Mass einem runden Betrage altgriechischer Fusse entspreche, weil der Radius der Orchestra als das Grundmass des Theaters bezeichnet werden darf und als solches von keinem andern Masse abhängig ist. In der That entspricht der Betrag von 9,805m genau 20 Ellen oder 30 griechischen Fussen von 0,327m (vergl. oben S. 50). Gerade das Mass von 20 Ellen oder 30 Fussen ist im Altertum ein sehr beliebtes rundes Mass gewesen, das häufig bei Tempeln und anderen Bauwerken wiederkehrt. So sind z. B. die Cella des Erechtheion und das Mittelschiff des Parthenon ebenfalls 20 Ellen breit, die Megara von Troja und Tiryns scheinen dasselbe Mass gehabt zu haben und als Breite des Tempels von Jerusalem wird uns auch 20 Ellen überliefert. Es mag bei dieser Gelegenheit erwähnt werden, dass sehr viele Abmessungen des Theaters nach demselben Fusse von 0,327m runde Beträge ergeben, und dass mithin das Theater wahrscheinlich nach diesem äginäisch-attischen Fusse erbaut ist.

c. Das Skenengebäude.

Die erhaltenen Ruinen des Skenengebäudes bestehen fast ausschliesslich aus Fundamentmauern, nur an wenigen Stellen sind noch Mauerstücke vorhanden, die einst über der Erde sichtbar waren. Es scheint daher zunächst, wenn man die vielen, aus den verschiedenartigsten Materialien erbauten Fundamentmauern sieht, kaum möglich, ihr Alter zu bestimmen und den ursprünglichen Plan des Baues und seine mehrfachen Umbauten festzustellen. Und thatsächlich sind auch die Ansichten über das Alter der vielen Mauern und Fundamente bisher sehr weit auseinander gegangen. Wenn man aber die Mauern nach ihren verschiedenen Materialien und ihrer Bauart sondert, erkennt man bald, dass es keine besonderen Schwierigkeiten macht, den ursprünglichen Bau und auch mehrere Umbauten herauszufinden.

In erster Linie muss man aus den erhaltenen Ruinen diejenigen Mauern heraussuchen, welche aus demselben Material und in derselben Weise errichtet sind, wie die im IV. Jahrhuntert erbauten Mauern des Zuschauerraumes. Ihre Fundamente bestehen aus Breccia, darüber liegt zur Abdeckung eine Schicht von Piräuskalk und der sichtbare Oberbau ist, soweit er erhalten ist, aus bläulichem Hymettosmarmor und weissen pentelischen Marmor hergestellt. Zeichnet man nur diese Mauern auf, so erhält man einen einheitlichen und vollständigen Grundriss, an dem nur sehr geringe Mauerstücke fehlen und ergänzt werden müssen. Der Bau liegt symmetrisch zur Orchestra und nimmt die ganze Südseite des Theaters ein. Unzweifelhaft haben wir in ihm den Grundriss des lykurgischen Skenengebäudes wiedergefunden. Zu dem stattlichen Zuschauerraum des IV. Jahrhunderts wird es sicher eine zugehörige Skene gegeben haben. Da nun ein Bau dort liegt, der in derselben Technik und mit denselben Materialien erbaut ist, und daher auch derselben Epoche zugeschrieben werden muss wie der Zuschauerraum, so ist kein Zweifel an der Zusammengehörigkeit der beiden Anlagen gestattet.

Der lykurgische Grundriss ist zwar in späteren Zeiten in mehreren Teilen verändert worden, hat aber im Grossen und Ganzen seine Gestalt beibehalten. Die nicht zu seinem Plane gehörigen Mauern, welche sämtlich andere Bauweisen zeigen, rühren von späteren Umbauten her, welche weiter unten beschrieben werden sollen und in der Errichtung eines festen Proskenion, in der Erbauung eines Logeion mit einem neuen Proskenion und in der Veränderung der Paraskenien bestanden.

Die Skene Lykurgs, deren reconstruirter Plan auf Tafel III gezeichnet ist, hat als Hauptraum einen grossen länglichen Saal, dessen Decke vielleicht durch Innenstützen getragen wurde; er hat eine Tiefe von etwa 6,40^m und eine Länge von etwa 33^m, wenn die beiden nur punktirten Quermauern wirklich vorhanden waren; sonst beträgt die Länge 46,50^m. An seinen beiden Enden springen nach Norden, also zum Zuschauerraume hin, zwei quadratische Räume vor, welche in den Fundamenten eine Breite von 7^m und eine Tiefe von 5^m haben. Zwischen sich lassen sie einen nach Norden nicht begrenzten Platz von 20,50^m Länge und 5^m Tiefe (an den Fundamenten gemessen). Nach Aussen schliessen sich beiderseits noch zwei schmale corridorähnliche Räume an. An den grossen Saal stösst nach Süden die lange, im Dionysos-Bezirk gelegene Säulenhalle, welche oben schon beschrieben ist; sie gehörte zu diesem Bezirk und hatte mit dem Skenengebäude nichts zu thun. Andere Mauern oder Fundamente, bei denen Breccia, Piräuskalk und hymettischer Marmor in der oben beschriebenen Reihenfolge verwendet sind, kommen im Skenengebäude nicht vor. Die wenigen im Plane punktirten Mauern sind durch keinerlei Reste gesichert, durften aber trotzdem wenigstens hypothetisch gezeichnet werden, weil sie zur Vervollständigung des Grundrisses wesentlich beitragen.

Was bedeuten die einzelnen Räume dieses im IV. Jahrhundert errichteten Gebäudes und wie war ihr Aufbau gestaltet?

Zunächst wird niemand bezweifeln, dass der grosse Saal die Skene war, also das neben der Orchestra gebaute Spielhaus, vor dem sich die Handlung der Dramen abspielte, in dem die Schauspieler scheinbar wohnten und in dem auch die für die Aufführungen notwendigen Gerätschaften und Kleider aufbewahrt wurden. Für seine Grundrissbildung sind ausser den Fundamenten der Aussenmauern drei im westlichen Teile des Saales erhaltene Einzelfundamente wichtig, welche jedenfalls Innensäulen getragen haben. Ähnliche Fundamente dürfen in dem östlichen Teile mit Sicherheit ergänzt werden, weil nach dem Plane Zillers ('Εφημ. ἀρχαιολ. 1862 Tafel 40) bei der Ausgrabung noch ein solches Fundament vorhanden war, das jetzt verschwunden ist. Da die Axweite der Fundamente durchschnittlich etwa 3,30™ beträgt, dürfen im Ganzen, wie es in dem Grundrisse auch geschehen ist, zehn Innensäulen ergänzt werden, wobei die beiden mittleren Säulen auf das grosse Fundament vor der Rückwand gesetzt sind. Die Construction der Pfeiler ist nicht so sorgfältig wie bei den sicher dem lykurgischen Bau zugehörigen Mauern, und man kann daher auf die Vermutung kommen, dass sie einer jüngeren Epoche angehören. An den römischen Bau ist dabei aber kaum zu denken, weil sie nicht in der Mitte des römischen Saales liegen; somit bleibt nur der hellenistische Umbau übrig. Bei diesem können die Säulen in der That errichtet sein. Da aber der hellenistische Grundriss von dem lykurgischen nur sehr wenig abweicht, und da ausserdem in dem Skenensaale von Epidauros schon ähnliche Fundamente für Innenstützen vorkommen, sind die Säulen vermutungsweise in den lykurgischen Grundriss aufgenommen.

Ein grösseres aus Brecciaquadern bestehendes Fundament ist ebenfalls im Inneren des Saales neben der Mitte der Rückwand erhalten. Dass es zum lykurgischen Bau gehört, unterliegt keinem Zweifel; dagegen vermögen wir nicht anzugeben, wozu es gedient hat. Man kann an ein Fundament für einen in dem oberen Stockwerk befindlichen Aufbau oder für eine nach oben führende Treppe oder für eine hier aufgestellte Theatermaschine denken; doch ist es nicht möglich zu einer bestimmten Entscheidung zu kommen, weil ausser dem Fundamente nichts erhalten ist.

Für eine andere im Saal befindliche Einrichtung, deren Bedeutung mir lange unklar war, glaube ich jetzt eine passende Erklärung gefunden zu haben. In der aus Brecciaquadern bestehenden Mauer, welche zur Verstärkung der Rückwand dient und keine Obermauer getragen hat, erkennt man grosse nischenartige Löcher, von durchschnittlich 0,35 bis 0,40™ Breite, welche in gleichmässigen Abständen von etwa 2,60™ eingearbeitet sind und unzweifelhaft starke Holzpfosten aufgenommen haben. Aber welchen Zweck haben diese mächtigen Balken gehabt? Eine Zeit lang dachte ich an die Pfosten grosser Regale, welche an der Rückwand des Saales angebracht sein konnten und zur Aufbewahrung von Dekorationen und Costümen dienen mochten. Allein dabei erklärten sich nicht die grossen Dimensionen der Pfosten. Ich vermute jetzt, dass die Hölzer für den Aufbau des Episkenion, des oberen Stockes der Skene gedient haben. Das steinerne Skenengebäude war wahrscheinlich nur ein Stockwerk hoch, und darüber befand sich ein Oberstock aus Holz, der je nach den Bedürfnissen des Dramas gestaltet war. In einigen Stücken konnte er ganz fehlen, in anderen bildete er ein zweites Stockwerk eines Wohnhauses und erhob sich dann wahrscheinlich unmittelbar über der Vorderwand, in anderen stellte er die Wohnung der Götter im Olymp vor und lag dann gewiss weiter zurück, in noch anderen war er vielleicht selbst zwei Stockwerke hoch, sodass die Skene

In diesem Falle drei Stockwerke enthielt. Dieses Episkenion hätte man freilich auch aus kurzen Hölzern oben auf dem Dache der Skene zusammenfügen können, aber es gewann bedeutend an Festigkeit, wenn die Hauptpfosten, an die sich der übrige Bau anlehnte, bis in das Erdgeschoss hineinreichten und dort im Boden befestigt waren. Für die Verwendung starker Holzpfosten zum Aufbau der Skene und für ihre Befestigung im Boden bietet das Theater von Pergamon das beste Beispiel (vergl. Abschnitt II). Zur Bestätigung für unsere Erklärung der Löcher darf darauf hingewiesen werden, dass sie nicht an der ganzen Rückwand des Skenengebäudes, sondern nur in dem von uns ergänzten mittleren Saale vorhanden sind und sich also seitlich nur bis etwa zur Mitte der Paraskenien ausdehnen.

Über die Vorderwand der Skene vermochte ich früher nichts zu sagen, weil ausser dem Fundament aus Breccia nur an beiden Enden (hinter den Paraskenien) Stücke der Euthynteria aus Poros und der Schwelle aus hymettischem Marmor erhalten sind. Aber die im vorigen Jahre erfolgte Auffindung des Gebälkes und der Säulen der Paraskenien hat eine Handhabe gegeben, auch die Skenenwand mit einiger Wahrscheinlichkeit zu ergänzen. Wir müssen deshalb zuerst die Paraskenien betrachten und kehren dann später zur Vorderwand der Skene zurück.

Die beiden Paraskenien, wie sie jetzt noch mit ihren Schwellen und einigen aufrecht stehenden Säulentrommeln erhalten sind, stammen nicht aus der Zeit des Lykurg, sondern gehören einer jüngeren Bauzeit an. Man braucht nur die einzelnen Steine der Schwellen flüchtig zu betrachten, um sofort zu erkennen, dass sie älteren Bauwerken entnommen und hier in nachlässiger Weise zusammengefügt sind. Auch ihre Fundamente sind aus verschiedenem Material erbaut, was beim lykurgischen Bau nicht vorkommt. In der Abbildung 19 ist der jetzige Zustand des westlichen Paraskenion genauer angegeben, als in dem grossen Plane. Die Klammern und Dübel, welche auf den Schwellsteinen sichtbar sind, passen nicht zu der jetzigen Verteilung der Säulen, wie sie sich aus den erhaltenen Vorzeichnungen ergiebt, sondern sind angelegt, als die Schwellen in anderer Weise zusammengefügt waren. Die Art der früheren Zusammensetzung ergiebt sich bei genauerer Betrachtung der einzelnen Steine von selbst. Man bemerkt bald einen Eckstein von $1,41^m$ Länge, an dessen einem Ende ehemals eine ganze Säule stand und dessen anderes Ende die Standspur einer halben Säule trägt. Von den übrigen sind drei Steine nicht nur gleich lang ($1,27^m$), sondern haben sicher an ihren beiden Enden je eine halbe Säule getragen. Die Säulen standen also mit ihren Axen genau auf den Stossfugen der Schwellen. Fügt man nun an die drei gleichen Schwellen beiderseits je einen Eckstein an und ergänzt auf den Fugen und an beiden Ecken je eine Säule, so erhält man das folgende Bild einer sechssäuligen Fassade, bei dem die Sternchen die Säulenaxen bedeuten:

(0,29 * 1,12 * 1,27 * 1,27 * 1,27 * 1,12 * 0,29)

Da die ganze Länge genau der Breite der Paraskenien entspricht, haben wir mit Sicherheit die Einteilung der alten Vorderwand wiedergefunden. Wo

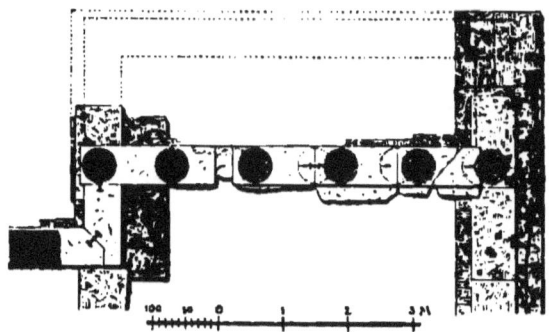

Figur 19. Grundriss des westlichen Paraskenion.

diese gestanden hat, lehren die Fundamente, welche etwa 1,90™ vor der späteren Säulenwand noch teils erhalten, teils durch Einarbeitungen des Felsens gesichert sind.

Bestätigt wird diese Ergänzung durch die Gebälkstücke (Architrave und Triglyphenblöcke), welche in der Nähe noch jetzt herumliegen und ebenfalls Säulenabstände von 1,27™ verlangen. Zwei derselben sind in den Figuren 20 und

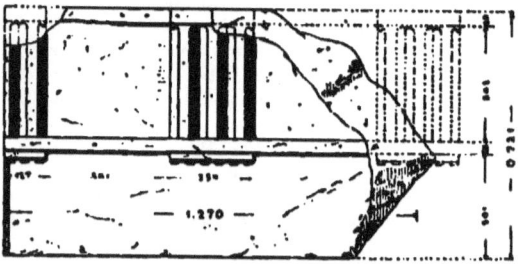

Figur 20. Gebälk des Paraskenion. Aufriss.

21 abgebildet. Eine technische Eigentümlichkeit dieser Steine ist von besonderer Wichtigkeit, weil sie nicht nur an dem choregischen Monument des Thrasyllos, sondern auch an dem einzigen noch aufrecht stehenden Stücke des lykurgi-

schen Skenengebäudes (in der westlichen Parodos) wiederkehrt. An den Stossfugen ist nämlich ein Schutzsteg stehen geblieben, dessen Gestalt aus der Abbildung 20 zu erkennen ist. Die Steine waren schon vor dem Versetzen ganz bearbeitet und würden daher bei dem Zusammenfügen leicht ihre scharfen Kanten verloren haben, wenn nicht jene schmalen Streifen des Werkzolls neben den Fugen stehen geblieben wären. Selbstverständlich sollten sie später abgearbeitet werden, wozu man aber im Altertum nicht mehr gekommen ist. Jetzt sind sie für uns wertvolle Zeugen für die Zugehörigkeit des Gebälks zum lykurgischen Bau.

Leider sind keine zugehörigen Geisa gefunden, welche durch den Zustand ihrer Oberfläche für die Reconstruction des Oberbaues hätten lehrreich werden können. Dafür kennen wir aber die Säulenschäfte der lykurgischen Fassade; es sind nämlich dieselben Säulen, welche noch jetzt fast 2^m hoch aufrecht

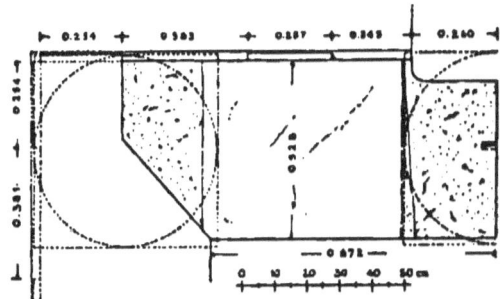

Figur 21. Architrav des Paraskenion. Unteransicht.

stehen. Dass diese nicht für die späteren Paraskenien hergerichtet sind, geht aus dem Umstande hervor, dass sie an ihrer Unterfläche Dübellöcher besitzen, welche nur bei den älteren, nicht aber bei den jüngeren Standspuren des Stylobates wiederkehren. Sie gehören also zu dem älteren Bau.

Der untere Durchmesser beträgt ungefähr $0{,}51^m$, den oberen kennen wir leider nicht, weil kein Schaft in ganzer Höhe erhalten ist; auch die Höhe der Säule ist unbekannt. Nur annähernd vermögen wir sie nach den Verhältnissen anderer Bauwerke aus dem unteren Durchmesser zu berechnen. Beim Parthenon ist die Höhe gleich 5,5 Durchmessern, bei den Propyläen in Athen 5,6, bei dem jüngeren Tempel in Nemea 6,5 und bei der Attalos-Stoa in Athen 7,2. Für einen aus dem IV. Jahrhundert stammenden Bau müssen wir hiernach die Höhe zu mindestens 6 unteren Durchmessern annehmen (Die Höhe der etwas älteren Säulen an der Vorhalle des Thersilion in Megalopolis setzt R. W. Schultz zu 6 bis 6,5 Durchmessern an; vergl. Excav. at Megalopolis,

S. 30). Die Säulenhöhe betrug daher wahrscheinlich 6×0,51 = 3,06ᵐ. Um die ganze Höhe der Säulenwand zu erhalten, haben wir noch die Höhe der Schwelle mit 0,19ᵐ des Architravs und Triglyphon mit 0,72ᵐ und des fehlenden Geison, welches zu mindestens 0,12ᵐ angenommen werden darf, zu der Säulenhöhe hinzuzurechnen und erhalten so 4,09ᵐ. Es mag schon hier erwähnt werden, dass dieses Mass bei dem späteren Umbau dadurch etwas geringer wurde, dass die neue Schwelle, wie die Bearbeitung zeigt, nicht mehr wie die ältere ganz sichtbar blieb. Um deutlich auszudrücken, dass das Höhenmass nicht ganz genau bekannt ist, runden wir den Betrag von 4,09 auf 4ᵐ ab.

Bei der grossen Wichtigkeit, welche dieses Mass für die Geschichte des Theaters hat, ist es angebracht darauf hinzuweisen, dass wir die Höhe der Säulen auch aus der uns bekannten Höhe des Gebälkes (ohne Geison) berechnen können. Beim Parthenon und bei den Propyläen verhält sich die Gebälkhöhe zur Säulenhöhe wie 1 : 3,9, bei der Attalos-Stoa wie 1 : 5,3. Nach den soeben berechneten Massen ist bei unserer Skenenwand das entsprechende Verhältnis 1 : 4,3, wir haben daher die Säulenhöhe durchaus nicht zu hoch angenommen.

Ist es hiernach sicher, dass die beiden Paraskenien eine sechssäulige dorische Stützenstellung von 4ᵐ Höhe hatten, so würde man noch im Zweifel sein können, ob die Eckstützen Parastaden oder runde Säulen gewesen sind, wenn nicht der in Figur 21 abgebildete Eckarchitrav der Nebenseite das letztere dadurch sicher stellte, dass seine Unterseite glatt bearbeitet ist und offenbar von unten sichtbar war. An den Nebenseiten der Paraskenien sind demnach auch Säulenöffnungen gewesen. Wenn das aber feststeht, so dürfen wir weiter vermuten, dass die Säulenstellung nicht nur an den Innenseiten der Paraskenien, sondern auch an der ganzen Vorderwand der Skene entlang lief. Zu diesem wichtigen Ergebnis hätten wir auch durch eine andere Überlegung gelangen können. Das athenische Theater wurde nicht nur zu den skenischen Aufführungen, sondern auch zu Volksversammlungen benutzt. Wie es schon im V. Jahrhundert, als es noch hölzerne Sitze hatte, jährlich einmal zu einer nach den grossen Dionysien abgehaltenen Versammlung verwendet worden war, so diente es, nachdem der grosse steinerne Sitzraum hergestellt war, als gewöhnlicher Ort für fast alle Volksversammlungen. Hierbei durfte das undekorirte Skenengebäude nicht ganz des architektonischen Schmuckes entbehren. Wenn nun die Seitenbauten mit Säulen ausgestattet waren, so war vermutlich auch der mittlere Teil des Gebäudes in ähnlicher Weise geschmückt.

Wir besitzen ein gutes Mittel, die Richtigkeit dieser Vermutung durch eine mathematische Probe zu controliren. Wir kennen den Abstand der Paraskenien von einander und auch den Vorsprung der Paraskenien vor der Skenen-Vorderwand. Wenn beide Abmessungen durch die Axweite der Säulen oder der Triglyphen teilbar sind, so ist dadurch eine wertvolle Bestätigung für die Richtigkeit unserer Ergänzung gewonnen. Dies ist nun in der That der Fall. Die Länge der Skene zwischen den Paraskenien entspricht gerade 17 Axweiten der

Säulen oder 34 der Triglyphen und der Vorsprung der Paraskenien 4 Säulen- oder 8 Triglyphen-Axweiten.

Ich musste hierbei auch die Triglyphen-Axweiten heranziehen, weil bei den Säulen-Axweiten eine Unregelmässigkeit dadurch entstehen kann, dass ein Intercolumnium, das als Durchgang dient, grösser ist und statt zwei entweder drei oder sogar vier Triglyphen enthält (vergl. z. B. die Propyläen der Akropolis). Bei den Triglyphen-Axweiten dürfen dagegen keine Abweichungen vorkommen. In unserem Falle müssen wir bei den Stützen der Skenenwand sogar unbedingt eine solche Unregelmässigkeit annehmen, weil der Abstand der Säulen so gering ist, dass er für die als Durchgang dienenden Öffnungen viel zu klein ist. Die Axweite beträgt 1,27^m, der untere Säulendurchmesser 0,51^m, folglich bleiben für das Intercolumnium nur 0,76^m übrig. Dass ein solches Mass zu klein ist, liegt auf der Hand, und zwar nicht nur für die Hauptthür in der Mitte der Skene, sondern auch für die Nebenthüren, welche in einem Theater des IV. Jahrhunderts neben der mittleren Thür kaum fehlen werden. Die grösseren Axweiten der Durchgänge müssen entweder 3 Triglyphen entsprechen, also 1,90^m betragen, oder 4 Triglyphen entsprechen und dann 2,54^m messen. Wir werden, da die Mittelthür gewöhnlich grösser als die beiden anderen ist, für die mittlere Thür das letztere, für die beiden Nebenthüren das erstere Mass annehmen. Wenn wir nun sehen, dass dieser Ansatz durch mehrere Thatsachen bestätigt wird, so werden wir ihm einen hohen Grad von Wahrscheinlichkeit nicht absprechen können.

Diese Thatsachen sind folgende: Erstens ist diese Einteilung die einzige, welche mathematisch in Betracht kommt, wenn man 34 Triglyphenabstände auf die Axweiten so verteilen will, dass 3 Intercolumnien grösser als die gewöhnlichen, je zwei Triglyphen umfassenden Abstände sind, und dass eine Öffnung in [die Mitte fällt. Zweitens ist der mittelste Säulenabstand des später gebauten hellenistischen Proskenion mit 2,48^m fast genau so gross wie der entsprechende Abstand der älteren Säulenwand. Drittens erhalten wir für die ganze Skenenwand genau dieselbe Anzahl von Säulen, welche auch das jüngere Proskenion aufweist, nämlich 16 Säulen einschliesslich der Ecksäulen. Viertens erklärt sich dann die kleine Vergrösserung der gewöhnlichen Axweiten, welche das jüngere Proskenion zeigt, in einfacher Weise dadurch, dass man die mittelste und grösste Axweite fast unverändert beibehalten und das durch den Fortfall der beiden Seitenthüren entstehende Plus auf alle übrigen Axweiten verteilt hat. Diese wurden so etwas grösser, sie wuchsen von 1,27 auf 1,37^m.

War die Vorderwand der Skene eine offene Säulenwand wie die Vorderwand der Paraskenien, oder waren die Intercolumnien mit Mauern geschlossen? Der Zustand der Ruine und die Berechnung, die wir vorher angestellt, geben zusammen eine bestimmte Antwort auf diese Frage. Auf dem 1,35^m breiten Fundamente der Skenenwand liegt nämlich noch jetzt an beiden Seiten hinter den Paraskenien eine nur 0,70^m breite Schicht aus Poros und darüber an einer Stelle noch ein Stück der marmornen Schwelle von nur 0,60ᵐ Breite. Es war mir früher ganz unerklärlich, warum die Wand, deren Reste in jenen Steinen erhalten sind, nur auf der hinteren Hälfte des Fundamentes lag und die vordere Hälfte frei liess. Zwar konnte man vermuten, dass Säulen oder Halbsäulen auf dem vordern Teile gestanden hätten, doch vermochte ich früher keinen positiven Beweis für das ehemalige Vorhandensein von Säulen anzugeben. Nachdem jetzt die Säulen und das Gebälk der Paraskenien gefunden sind, und dieselbe Architektur auch für die Skene nachgewiesen ist, kann es kaum einem Zweifel unterliegen, dass auf der hinteren Hälfte eine geschlossene Wand, auf der vorderen dagegen Säulen gestanden haben. Fraglich kann nur sein, ob die Stützen Halbsäulen oder volle Säulen waren. Wenn in dem ergänzten Grundriss ganze Säulen gezeichnet sind, so ist das nicht willkürlich geschehen, sondern der Abstand der Säulenmitten von der Wand ergab sich aus der Verteilung der Säulen und der Triglyphen an den äusseren und inneren Seiten der Paraskenien. Die Lösung wird dadurch bestätigt, dass die Säulen des späteren hellenistischen Proskenion höchstwahrscheinlich dieselben Säulen sind, welche einst dicht vor der Skenenwand gestanden haben.

Wie hiernach die Paraskenien ausgesehen haben, ist aus den Grundrissen auf Tafel IV und in Figur 22 zu ersehen. Letztere stellt das westliche Paraskenion dar und giebt in punktirten Linien auch seine jüngere, weniger vorspringende Gestalt wieder. Ebenfalls durch punktirte Linien ist die Einteilung der Holzbalkendecke angedeutet, wie sie auf Grund der an der Rückseite des Gebälks vorhandenen Löcher für die jüngere und mit Wahrscheinlichkeit auch für die ältere Zeit ergänzt werden darf.

Wir nahmen oben als fast selbstverständlich an, dass die Vorderwand der Skene drei Thüren gehabt habe, sind aber verpflichtet unsere Gründe dafür anzugeben, weil in den späteren festen Proskenien meist nur eine Thür vorhanden ist. Wir stützen uns dabei einmal auf die litterarische Überlieferung, namentlich auf die antiken Dramen, welche vielfach eine dreithürige Skene verlangen; sodann auf einige alte Skenengebäude (in Eretria, Magnesia und Assos), bei denen die mittlere Skene aus drei nebeneinander liegenden Zimmern bestand, die selbstverständlich je eine Thür hatten; endlich auf die kleinasiatischen und italischen Theater, die alle mindestens drei Thüren in der Skenenwand zeigen. Wenn die hellenistischen Theater mit festen Proskenien und beweglichen Pinakes gewöhnlich nur eine Thür hatten, so widerspricht das desshalb nicht, weil an diesen Proskenien jederzeit durch Fortnahme von Pinakes noch beliebig viele Thüren hergestellt werden konnten (vergl. die Einrichtung in Delos).

Während die Säulenabstände der Skene durch die dahinter liegende Wand geschlossen waren, scheinen die Intercolumnien der Paraskenien gewöhnlich offen gewesen zu sein. Mussten sie bei den dramatischen Vorstellungen geschlossen werden, so war das jederzeit durch Vorhänge oder bemalte Holztafeln leicht zu machen. An dem Bau selbst ist über die Art des Verschlusses nichts zu sehen, auch habe ich nichts entdecken können, was auf die Anbringung von Periakten hinwiese, jener Drehmaschinen, die an den Parodoi angebracht waren.

Zwischen den beiden Paraskenien und vor der Vorderwand der Skene liegt ein grosser freier Platz, von 20,80m Länge und 4,93m Tiefe, der auf drei Seiten von Säulen umgeben war, nach der vierten Seite, nach der Orchestra hin, aber keine Begrenzung hatte. Wozu hat dieser Platz gedient?

Dass er nicht mehr zur Orchestra gehörte, zeigt ein Blick auf den Grundriss, denn der volle Orchestrakreis geht gerade an ihm vorbei. Nach der gewöhnlichen Annahme ist hier eine 10 bis 12 Fuss hohe, Proskenion genannte

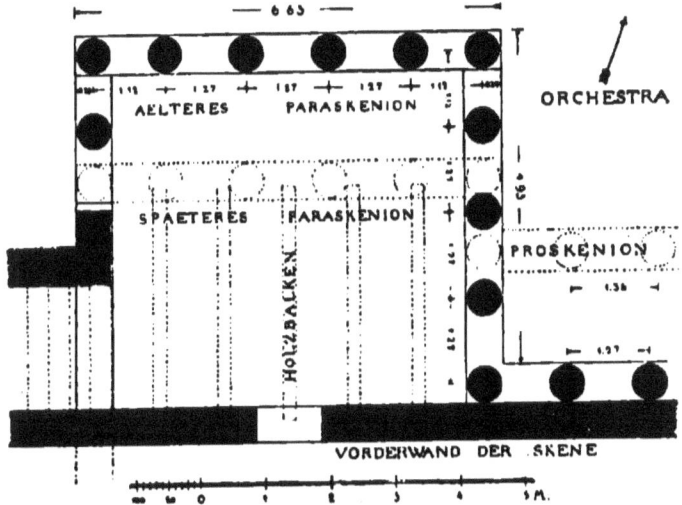

Figur 22. Westliches Paraskenion. Ergänzter Grundriss.

Bühne erbaut gewesen, und thatsächlich hat hier auch in hellenistischer Zeit, wie wir später sehen werden, ein mit Säulen geschmücktes 4m hohes Proskenion gestanden. Dass aber dieses Podium nicht der gewöhnliche Spielplatz der Schauspieler, also keine Bühne war, sondern den Hintergrund des in der Orchestra stattfindenden Spieles bildete, werden wir an anderer Stelle (vergl. Abschnitt VII) nachzuweisen haben. Hier haben wir nur zu constatiren, dass zur Zeit des Lykurg keinerlei ständiger Bau den grossen Platz eingenommen hat, denn es fehlt jede Spur einer Mauer oder eines Fundamentes aus dem IV. Jahrhundert. Wenn trotzdem irgend ein Bau dort war, so kann es nur ein provisorischer aus Holz und Zeug bestehender gewesen sein, der bei jedem Drama eine andere Gestalt haben musste und daher nicht einmal steinerne Fundamente haben konnte.

Man hat nun neuerdings behauptet, dass der Platz von einer niedrigen, nur etwa 5 Fuss hohen Bühne eingenommen gewesen sei. Dass eine solche Hypothese ganz willkürlich ist, den Angaben der Schriftsteller (namentlich des Vitruv) widerspricht und in die Entwickelung des Theaters überhaupt nicht hineinpasst, ist hier nicht der Ort darzulegen. Aber auch mit dem thatsächlichen Zustande der Ruinen, den wir hier zu besprechen haben, lässt sie sich nicht in Einklang bringen. Zunächst ist nicht abzusehen, warum die Vorderwand einer solchen Bühne nicht aus Stein hätte errichtet werden können, zumal der von ihr eingenommene Platz keinen Teil des Orchestrakreises bildete und daher auch bei den kyklischen Chortänzen nicht gebraucht wurde; auch sind ja die römischen Bühnen dieser Form stets mit einer steinernen Vorderwand versehen; aber von einer solchen Steinwand findet sich im lykurgischen Theater nichts. Sodann hätte eine solche Bühne nicht nur, wie es im römischen Theater der Fall war, von der Orchestra aus auf einer Treppe erstiegen werden müssen, sondern auf der anderen Seite hätten die Schauspieler wieder ebenso tief in die Skene hinuntersteigen müssen; denn an dem lykurgischen Bau ist die wichtige Thatsache zu constatiren, dass der Fussboden im Inneren der Skene nur um eine einzige Stufe höher liegt als der Orchestraboden. Ist es nun wohl denkbar, dass die Griechen nicht auf den einfachen Gedanken gekommen wären, den Boden im Inneren der Skene, wie es die Römer stets gethan haben, in die Höhe des vermeintlichen Logeion zu legen? Ferner würde eine Bühne der angenommenen Art die in der Skenenwand befindlichen Thüren und Säulen in der Mitte durchschnitten haben; für die Säulen liesse sich das dadurch noch einigermassen erklären, dass sie durch eine Dekoration verdeckt und daher nicht sichtbar gewesen seien, aber für die Thüren ist dieser Ausweg verschlossen, weil sie selbst durch eine Dekoration nicht in Wirklichkeit höher gemacht werden konnten. Sodann muss man sich fragen: Was konnte die Athener in der hellenistischen Zeit veranlassen, an Stelle dieser vermeintlichen niedrigen und geräumigen Bühne aus Holz eine 4ᵐ hohe schmale und im höchsten Masse unpraktische Bühne aus Stein zu errichten? Ist es nicht auffallend, dass erst die Römer dieses unbequeme Podium wieder abgeschafft und durch die alte Bühne ersetzt haben sollen? Unbedingt ist die Annahme natürlicher und richtiger, dass dieselbe Einrichtung, die wir in hellenistischer Zeit in Stein zwischen den Paraskenien finden, vorher in Holz dort gewesen ist; sie ist es um so mehr, als die Herstellung aus Holz bei einer den Hintergrund des Spieles bildenden Dekoration nicht nur verständlich, sondern, solange die Dramen verschiedenartige Scenerien verlangten, sogar notwendig war.

Diese Gründe stellen es für uns ausser Zweifel, dass zwischen den Paraskenien zur Zeit des Lykurg eine Dekoration, ein bewegliches Proskenion, aufgeschlagen wurde, vor welchem die Dramen sich abspielten. Welche Gestalt das Proskenion in den einzelnen Stücken hatte, lässt sich nur aus dem Inhalt der letzteren einigermassen ermitteln. Der Bau selbst giebt darüber keine Auskunft. Dass aber der grosse Platz von fast 21ᵐ Länge und etwa 5ᵐ Tiefe zur Aufstellung einer Tempelvorhalle oder mehrerer Wohnhäuser oder einer Burgmauer mit ihrem Thore oder des Vorbaues eines Königspalastes sehr gut ausreichte, werden namentlich diejenigen nicht leugnen wollen, welche sogar alle diese Dinge auf einer schmalen Bühne dicht vor der Wand aufschlagen und trotzdem noch dort spielen lassen wollen.

Noch Eines lehrt der Bau, was nicht übersehen werden darf. Die Höhe der Skene ist mit 4ᵐ so gewählt, dass in den meisten Fällen ihr Dach mit dem Dach des Proskenion übereinstimmte. Es war dadurch die Herstellung eines Oberstockes, eines Turmes oder irgend eines anderen Episkenion sehr erleichtert.

Was auch das veränderliche Proskenion darstellen mochte, in den festen Seitenbauten der Paraskenien fand es seinen Abschluss. Für manche Schmuckwände hätte der seitliche Abschluss allerdings fehlen können, für andere war er aber sehr erwünscht. Gewöhnlich werden die Säulen der Paraskenien sichtbar und zwischen ihnen bemalte Pinakes angebracht gewesen sein; im Notfalle konnten aber auch sie mit Dekorationen verdeckt werden.

Zwischen den Paraskenien und dem Zuschauerraum liegen zu beiden Seiten der Orchestra die Haupteingänge zum Theater, die beiden P a r o d o i. An ihrer schmalsten Stelle sind sie etwa 2,60ᵐ breit, sodass vier Personen bequem nebeneinander hindurchgehen konnten. In mehreren Theatern waren die seitlichen Zugänge durch besondere Thorbauten abgeschlossen (z. B. in Epidauros und Delos); ob auch in Athen zur Zeit Lykurgs solche Thore vorhanden waren, ist nicht bekannt. In der westlichen Parodos sind der äussersten Ecke des Skenengebäudes gegenüber Anschlusspuren einer Schwelle an der Stützmauer des Zuschauerraumes zu sehen, welche auf einen Thorabschluss hinweisen. Doch wissen wir weder, wie er gestaltet war, noch welcher Zeit er angehört. In der ergänzten Zeichnung des lykurgischen Planes ist desshalb der Thorabschluss nur durch punktirte Linien angedeutet.

Die Parodoi dienten nicht nur den Zuschauern, sondern auch dem Chore als Zugänge zum Theater. Dass nach unserer Ansicht auch die Schauspieler, welche nicht aus der Skene kamen, die Orchestra auf diesem Wege betraten, werden wir weiter unten darlegen.

Beide Seiteneingänge waren mit Weihgeschenken und anderen Bildwerken ausgestattet, deren Basen und Fundamente bei der Ausgrabung des Theaters noch in grösserer Zahl vorhanden waren (vergl. den Grundriss E. Zillers in der Ἐφημ. ἀρχ. von 1862 und die Beschreibung von A. Russopulos in derselben Zeitschrift S. 139); jetzt sind nur noch wenige von ihnen erhalten. Die fortgebrochenen Fundamente sollen aus verschiedenartigen antiken Steinen in roher Weise zusammengesetzt und daher byzantinischen Ursprungs gewesen sein. Nach dem Grundrisse Zillers kann man das kaum für richtig halten. Die einzige, jetzt noch an ihrer alten Stelle befindliche Basis, deren Entstehungszeit genau bekannt ist, ist das in der östlichen Parodos in seinen unteren Teilen erhaltene choregische Monument, welches der Agonothet Xenokles nach seinem Siege im Jahre 307/6 geweiht hat (vergl. E. Reisch, Griech. Weihgeschenke, S. 118). Die übrigen noch jetzt erhaltenen Basen, nämlich zwei in der westlichen und eine in der östlichen Parodos, gehören der römischen Periode an. Die Basis, welche nach der erhaltenen Inschrift ein Standbild Menanders getragen hat, ist nicht an ihrem alten Platze gefunden worden; wo sie ehemals stand, ist daher unbekannt.

Dagegen können wir die Stelle bestimmen, wo das auf S. 38 erwähnte Standbild des Dichters Astydamas aufgestellt war. Unter den im Skenengebäude gefundenen Steinen befindet sich nämlich ein Block aus blauem hymettischen Marmor, welcher wegen seiner eigentümlichen Gestalt (vergl. Figur 23) sicher am unteren Ende der westlichen Stützmauer als Teil einer Basis gestanden haben muss und jetzt seine alte Stelle wieder einnimmt. Ähnliche Basen sind in mehreren anderen Theatern am Ende der Stützmauern gefunden. Die Einarbeitung für das Deckgesimse der Stützmauer ist auf der Zeichnung zu erkennen. Auf der zur Orchestra hin gerichteten Seite trägt die Basis die Buchstaben ΑΣΤΥ. Der jetzt fehlende Nebenblock hat offenbar die andere Hälfte des hier zu ergänzenden Namens getragen, als welcher nach dem Vorschlage U. Köhlers (Athen. Mittheil. III, S. 116) mit Sicherheit Astydamas angenommen werden darf. Denn dieser war nicht nur im IV. Jahrhundert einer der beliebtesten Dichter, sondern wir wissen auch, dass ihm nach der Aufführung seines Stückes Parthenopaios die Aufstellung einer Statue zuerkannt wurde (vergl. a. a. O. Anm. 1.). Von der Aufführung des Parthenopaios ist uns zufällig inschriftlich das Jahr bekannt; nach C. I. A. II, 973 erfolgte sie im Jahre 340. Die Aufstellung des Standbildes wird bald darauf stattgefunden haben. Auf die Bedeutung dieser Basis für die Bestimmung der Erbauungszeit des Theaters wurde schon hingewiesen. Früher hatte ich mit W. Christ (Das Theater des Polyklet, in den Sitzungsber. der bayer. Akad. 1894, S. 3) angenommen, dass die Standbilder des Miltiades und Themistokles an den beiden Ecken des Sitzraumes aufgestellt gewesen seien, indem ich mich auf die Scholien zu dem Rhetor Aristides (III, 535 und XLVI, 13) stützte. Allein

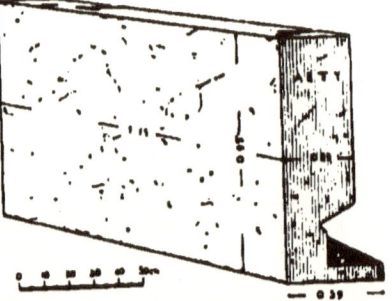

Figur 23. Block von der Basis einer Statue des Astydamas.

nachdem die Basis mit der Aufschrift des Astydamas ihren richtigen Platz erhalten hat, können jene Feldherrn nicht mehr in Frage kommen. Die Nachricht der Scholien muss daher durch ein Missverständniss des Aristides entstanden sein, wie schon U. v. Wilamowitz, Aristoteles und Athen I, S. 263 ausgesprochen hat. Welches Standbild dem Astydamas gegenüber an der anderen Ecke des Sitzraumes aufgestellt war, ist nicht bekannt. Das Epigramm, welches für die Statue des Astydamas gedichtet war, ist uns erhalten (vergl. Preger, Inscr. metr. 158) und stand wahrscheinlich auf dem jetzt fehlenden Oberstein der Basis.

Schliesslich haben wir noch die Seitenräume zu erwähnen, welche sich beiderseits an die Skene und ihre Paraskenien anschliessen. Ihre Grundrissform ist nicht mehr mit Sicherheit zu erkennen, weil selbst die Fundamente bei den späteren Umbauten des Skenengebäudes vielfach beschädigt worden sind. Zunächst lag wahrscheinlich neben dem Skenensaal je ein grosses quadratisches Zimmer und davor neben den beiden Parodoi je ein schmaler corridorähnlicher Raum. Die beiden Zimmer können vielleicht dem Chor als Aufenthaltsort gedient haben, doch ist es auch möglich, dass sie von dem Skenensaal nicht getrennt waren und mit diesem einen einzigen langen Saal bildeten. Die beiden corridorähnlichen Räume wird man nach Analogie der entsprechenden Teile des Skenengebäudes von Epidauros am liebsten für Rampen oder Treppen halten, die zum Oberstock der Paraskenien hinaufführten; doch ist auch hier die Trennungswand, wie ein Blick auf den Grundriss der erhaltenen Mauern (Tafel III) zeigt, nicht vorhanden und daher die ehemalige Existenz der schmalen Räume nicht vollkommen sicher. Gut erhalten ist nur die Nordwand des westlichen Raumes mit ihren noch an Ort und Stelle befindlichen Orthostaten und die an ihrem westlichen Ende liegende Thür, welche das Skenengebäude mit der Parodos verband. Spuren einer Treppe oder Rampe sind an der Innenseite der Wand nicht zu erkennen.

Die schmalen Räume können aber auch in anderer Weise erklärt werden. In dem Theater von Megalopolis werden wir die sicheren Reste der Einrichtung einer «scaena ductilis», einer seitlich verschiebbaren Schmuckwand kennen lernen. Im athenischen Theater kann eine ähnliche «scaena ductilis» vorhanden gewesen sein; dieselbe muss aber aus zwei Stücken bestanden haben, die nach rechts und links auseinander gezogen werden konnten, weil der Zwischenraum zwischen den Paraskenien doppelt so gross ist als jeder der Seitenbauten. In der rechten Hälfte des ergänzten Grundrisses auf Tafel IV ist angedeutet, wie man sich eine solche verschiebbare Hintergrundswand denken könnte; in der linken Hälfte ist dagegen eine Treppe durch punktirte Linien gezeichnet. Leider fehlt, soviel ich sehe, jede Möglichkeit, dieser Hypothese für Athen durch irgend welche erhaltenen Reste einen gewissen Grad der Wahrscheinlichkeit zu verschaffen.

Trotz der grossen Zerstörung, welche das Skenengebäude des Lykurg in Folge der späteren Umbauten erfahren hat, liess sich sein Grundriss in allen

wesentlichen Punkten wiederherstellen. Wir fanden einen grossen Saal, dessen
Vorderwand mit Säulen geschmückt war und soweit von der Orchestra abstand,
dass zwischen beiden ein provisorisches Proskenion als Hintergrund für die dargestellte Handlung aufgebaut werden konnte; ferner zwei weit vorspringende
Vorbauten, die Paraskenien, ebenfalls mit Säulen ausgestattet und dazu bestimmt, das Proskenion beiderseits abzuschliessen oder auch eine verschiebbare
Skenenwand aufzunehmen; und endlich Nebenräume, die auf beiden Seiten an
die Skene angebaut waren. Von einem Logeion fanden wir dagegen keine Spur;
wir konnten uns auch davon überzeugen, dass es nicht etwa nur deshalb fehlt,
weil es aus Holz bestand, sondern dass es überhaupt niemals vorhanden gewesen sein kann. Auch die wichtige Thatsache konnten wir feststellen, dass
die Skene mit Einschluss der Paraskenien und des Proskenion soweit von dem
Zuschauerraum entfernt liegt, dass die Orchestra, als voller Kreis gezeichnet,
erst die vorderste Linie der Paraskenien berührt.

Der Bau des Lykurg hatte eine wichtige Veränderung in dem Verhältnis
des Theaters zum Dionysosbezirk hervorgerufen. Früher lag das Theater, d. h.
die Orchestra und der Zuschauerraum, innerhalb des heiligen Bezirks; man sass
ἐν Διονύσου, wenn man dem Festspiel zusah, oder wenn man nach den grossen
Dionysien eine Volksversammlung im Theater abhielt. Durch den Bau des
festen Skenengebäudes hatte sich dies geändert: ein langes Gebäude trennte den
Zuschauerraum dauernd von dem Heiligtum; man sah den Tempel des Dionysos nicht mehr, wenn man auf den Stufen des Theaters sass. Zwar gehörte
das Theater noch immer zu dem Heiligtum, aber es bildete einen besonderen
Bau neben demselben. So erwähnt denn auch Pausanias zuerst den Bezirk πρὸς
τῷ θεάτρῳ, beschreibt darauf das Odeion des Perikles und geht dann erst zum
Theater selbst über (I, 20, 2).

Das lykurgische Theater mit seinen zahlreichen und bequemen Sitzplätzen
und mit der die Schallwellen der Stimme zusammenhaltenden Skene war für
die Volksversammlungen so sehr geeignet, dass die Athener sehr bald dazu
übergegangen sind, das Theater an Stelle der Pnyx als gewöhnlichen Platz für
die Volksversammlungen zu benutzen. In dem alten Halbrund der Pnyx wurden
vom Ende des vierten Jahrhunderts ab nur noch einzelne besondere Versammlungen abgehalten (vergl. Lolling, Topographie von Athen, S. 332 Anm. 1),
die gewöhnlichen Sitzungen fanden ἐν τῷ θεάτρῳ statt.

Auch die Aufführungen an den Chytren (ὁ ἐπὶ Ληναίῳ ἀγών), welche früher
auf der Orchestra am Markt stattgefunden hatten, wurden wegen des vorzüglichen Sitzraumes schon von Lykurg in das neue Theater verlegt (vergl. das
Gesetz des Lykurg in den Vit. X orat. VII, I, 10).

3. Das hellenistische Theater.

Das stattliche Theater, welches Lykurg und seine Vorgänger im IV. Jahrhundert geschaffen hatten, ist Jahrhunderte lang fast unverändert geblieben.

Der Zuschauerraum hat die Gestalt, welche er damals erhalten hat, für alle Zeiten beibehalten, und die Orchestra ist erst zur Zeit Neros verändert worden; nur das Spielhaus (Skene) erfuhr schon in der späthellenistischen Zeit einen Umbau, der aber kein wesentlicher genannt werden kann : an Stelle der veränderlichen Schmuckwand wurde ein festes Proskenion aus steinernen Säulen mit zwischengestellten Holztafeln errichtet.

Die Gestalt, welche das Theater nach dem letzteren Umbau zeigt, ist für unsere Untersuchung von hervorragender Wichtigkeit, weil sie derjenigen Form des griechischen Theaters entspricht, welche Vitruv beschreibt. Die Angabe, welche der römische Architekt über den Standplatz der Skeniker und Thymeliker im griechischen Theater macht, bezieht sich also auf diese Entwickelungsstufe des griechischen Theaters.

Zu den zahlreichen Theatern, in welchen ein festes steinernes Proskenion in den von Vitruv angegebenen Abmessungen und in der von ihm bezeichneten Lage gefunden ist, wie z. B. in Epidauros, Piräus, Oropos, Eretria, Thespiä, Megalopolis, Sikyon und Assos, gesellt sich auch der hellenistische Umbau des athenischen Theaters. Zwar sind in Athen, wie wir sehen werden, einige Einzelheiten der Einrichtung nicht so gut erhalten wie in anderen Theatern, aber die vorhandenen Baureste genügen vollständig, um ein ziemlich genaues Bild von der Gestalt des Theaters nach dem hellenistischen Umbau entwerfen zu können.

Zwischen der kreisrunden Orchestra und dem Skenengebäude des Lykurg ist eine Mauer aus Hymettos-Marmor erhalten, welche der Vorderwand der Skene parallel läuft und seitlich nicht ganz bis an die beiden vorspringenden Paraskenien heranreicht (vergl. den Grundriss der erhaltenen Mauern auf Tafel III). Sie besteht aus einem Fundament, das aus Kieselsteinen, Steinbrocken und einigen grösseren Quadern mit Lehmmörtel zusammengefügt ist, und einer darüber liegenden Schwelle von bläulichem Marmor. Wie das Fundament keine sorgfältige Bauweise zeigt, so ist auch an den Marmorplatten Bearbeitung und Fügung lange nicht so gut wie an den Mauern des Lykurg. Die Oberfläche der Platten ist nicht geglättet, die Vorderfläche, welche ganz roh geblieben ist, zeigt nur an ihrer oberen Kante einen glatten Rand, die Stossfugen schliessen nicht genau. Die Längen der einzelnen Platten sind nicht gleich, wie beim lykurgischen Bau, sondern schwanken zwischen 1,10 und 1,80m. An der hinteren Seite sind die Steine von verschiedener Breite, nur eine in gerader Linie durchlaufende Kante ist angearbeitet. Form und Bearbeitung der Plattenschicht beweisen sicher, dass nur ihre Oberfläche und der obere Rand der Vorderfläche sichtbar waren ; sie bildete also keine sichtbare Stufe, sondern nur eine kaum über den Erdboden herausragende Schwelle. Ihre Höhe, und damit auch die Höhe des Fussbodens unmittelbar vor ihr, stimmt nun — und das ist von besonderer Wichtigkeit — einerseits gerade mit der Oberfläche der Orchestra und andrerseits mit dem Fussboden im Inneren der Skene überein. Wir be-

sitzen in der Marmorschicht also eine Schwelle, bis zu der sich die Orchestra
einst in ebener Fläche ausdehnte.

Auf der Oberfläche der Marmorplatten sind die Standspuren einer grösseren Anzahl von Säulen sichtbar. Schon an der Farbe des Steines und seiner Verwitterung sind diese Spuren zu erkennen. Ausserdem bemerkt man bei genauerer Betrachtung Aufschnürungen und Marken von der in Figur 24 abgebildeten Form. Die Stützen, welche einst auf der Schwelle standen, waren darnach rund und hatten einen Durchmesser von etwa 0,51ᵐ (vergl. oben S. 64). Die Abstände der erhaltenen elf Säulenspuren betragen durchschnittlich 1,36—1,37ᵐ, nur die beiden mittelsten Säulen hatten einen fast doppelt so grossen Abstand von 2,48ᵐ.

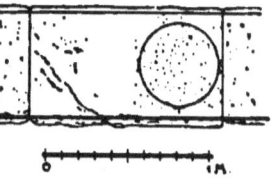

Figur 24. Standspur einer Proskenion-Säule.

Von den Säulen selbst ist nichts mehr vorhanden; sie sind bei dem neronischen Umbau, als vor der Skene eine erhöhte Bühne erbaut wurde, abgebrochen und entfernt worden. Welche Form sie gehabt haben, würde daher unbekannt sein, wenn nicht in der Verlängerung der Schwelle die uns schon bekannten Paraskenien lägen, mit deren Architektur unsere Säulenstellung notwendiger Weise übereinstimmen muss. Es empfiehlt sich desshalb, zunächst die Paraskenien zu besprechen und erst dann zu der Beschreibung des Proskenion zurückzukehren.

Wie die **Paraskenien** jetzt aussehen, zeigt Tafel III und für den westlichen Bau Abbildung 19 in grösserem Masstabe. Auf einem Fundament aus verschiedenartigen Steinen liegen marmorne Platten, welche mit denen des Proskenion übereinstimmen und sich nur dadurch von ihnen unterscheiden, dass sie nicht für ihren jetzigen Platz gearbeitet, sondern einem älteren Gebäude entnommen und hier zum zweiten Male verwendet sind. Wo die Platten früher gelegen haben, ist bei dem lykurgischen Bau (S. 62) gezeigt worden. Die Paraskenien sprangen früher weiter vor und liessen eine nur 2,60ᵐ breite Parodos frei. Bei dem hellenistischen Umbau wurden sie weiter zurückgezogen, wodurch ihr Vorsprung vor das Proskenion verringert, die Parodos aber erbreitert wurde. Die Grösse dieser Veränderung erhellt am besten aus den Abbildungen 22 und 26 und aus Tafel IV, wo neben der älteren Front in punktirten Linien die jüngere angedeutet ist. Auf den Marmorschwellen der Paraskenien sind nun nicht nur dieselben Säulenspuren zu sehen wie auf der Schwelle des Proskenion, sondern einige Säulenschäfte stehen noch aufrecht und mehrere Gebälkstücke sind in der Nähe gefunden. Es sind die Baustücke der lykurgischen Paraskenien, die auf der veränderten Schwelle wieder aufgebaut worden und dort bis zur gänzlichen Zerstörung des Theaters stehen geblieben sind.

Die Höhe und Form der hellenistischen Paraskenien stimmt also mit den älteren Paraskenien vollkommen überein. Je sechs dorische Säulen trugen ein

Triglyphengebälk und hatten mit diesem zusammen eine Höhe von fast 4ᵐ. Auf Tafel V ist ein Aufriss des lykurgischen Proskenion gezeichnet, der mit Ausnahme der für die Thüren bestimmten weiteren Intercolumnien und der höheren Schwelle auch für die jüngeren Paraskenien passt. Ergänzt ist in dem Aufrisse nur das fehlende Geison und das Kapitell. Einen Aufriss der Innenseite des östlichen Paraskenion und zugleich einen Durchschnitt durch das Proskenion und die Skene zeigt Figur 25; auch die Tiefe der Fundamentmauern ist hier zu sehen.

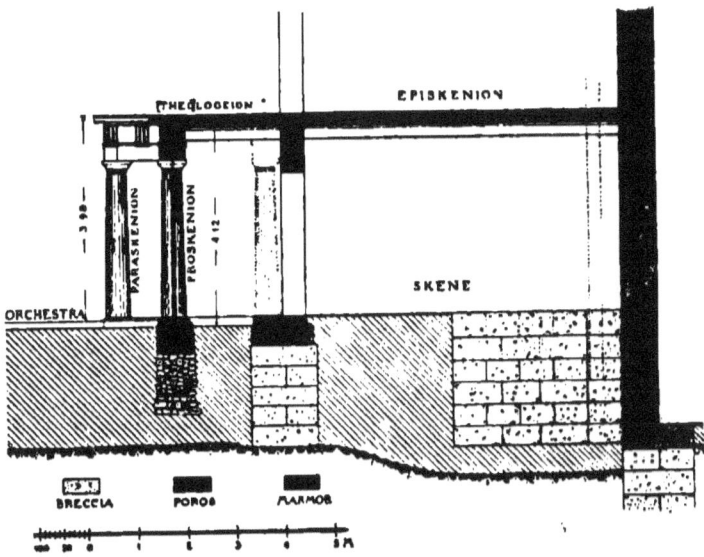

Figur 25. Durchschnitt durch Skene und Proskenion mit Ansicht des Vorsprungs des Paraskenion.

Die Säulenstellung der lykurgischen Skene, welche wahrscheinlich entfernt war, ist durch punktirte Linien angedeutet.

Die volle Übereinstimmung zwischen den Schwellen der jüngeren Paraskenien und des steinernen Proskenion, und vor allem das Vorhandensein der gleichen Säulenspuren auf beiden Schwellen, sind sichere Beweise dafür, dass das Proskenion dieselbe Architektur hatte wie die Paraskenien. Eine Säulenstellung von fast 4ᵐ Höhe lief also in ununterbrochener Linie von dem einen Paraskenion bis zum andern hin. Erinnern wir uns jetzt, dass im IV. Jahrhundert dicht vor der Skenenwand eine ganz ähnliche Säulenreihe stand, so liegt der

Schluss nahe, dass jene Säulen fortgenommen und bei dem Proskenion wieder verwendet sind. Für die Säulen selbst steht einer solchen Annahme nichts im Wege, sie wird sogar durch die gleiche Zahl der Säulen, die wir bei beiden Wänden finden, noch bestätigt. Aber für das Gebälk kann der Schluss kaum richtig sein, weil eine, wenn auch nur geringe, Veränderung in der Grösse der Axweite stattgefunden hat. Die alten Gebälkstücke von 1,27^m konnten für die neuen Axweiten von 1,37^m nicht ohne umständliche Veränderungen verwendet werden. Bei den Stylobatplatten hat sogar sicherlich keine Neubenutzung der älteren Platten stattgefunden, weil die jetzigen Proskenionschwellen, im Gegensatze zu denen der Paraskenien, keine Spuren früherer Verwendung aufweisen. Ein Fortnehmen der alten Platten wird auch kaum möglich gewesen sein, weil sie jedenfalls in die Skenenwand hineingriffen und demnach von dem stehenbleibenden Teile der Wand belastet waren. Ob bei dem Gebälk ein ähnlicher Grund gegen die Wiederbenutzung vorlag, oder ob die einzelnen Gebälkstücke doch verändert sind, wage ich nicht zu entscheiden.

Die mittelste Säulenöffnung des Proskenion ist nicht nur grösser als die anderen, sondern unterscheidet sich auch dadurch von ihnen, dass sie mit einer grossen doppelflügeligen Thür verschlossen werden konnte, während jene einen anderen Abschluss hatten. Die Löcher für die Drehzapfen der Thürflügel und für die Riegel sind sogar in doppelter Zahl vorhanden und zeigen daher, dass die Thür einmal verändert worden ist. Ursprünglich hatte sie eine lichte Weite von 1,70^m, die später auf 1,30^m verringert wurde, oder es verhält sich umgekehrt, indem die Thür später erbreitert wurde. Die Höhe der Thür wird ungefähr der Säulenhöhe entsprochen haben, kann also auf 2,50 — 3,0^m angesetzt werden.

In dem an die Mittelthür sich nach Westen anschliessenden Säulenabstande sind die Spuren einer zweiten Thür zu sehen, welche der geringeren Axweite entsprechend nur etwa 0,80^m breit war; ihre Höhe ist nicht bekannt. Man ist geneigt, auf der anderen Seite der Mittelthür eine dritte, der zweiten symmetrische Thür anzunehmen. Gerade dort fehlt aber ein Stylobatstein. Da jedoch neben der östlichen Säule dieses Intercolumnium an der Stelle, wo schon ein Zapfenloch erwartet werden müsste, der Marmor keine Spur eines solchen aufweist, sind wir zu der Annahme gezwungen, dass neben der grossen Thür in der Mitte nur eine einzige schmale Nebenthür vorhanden war.

Alle übrigen Zwischenräume der Säulen müssen in einer anderen Weise verschlossen gewesen sein; denn wären sie offen geblieben, so wäre es zwecklos gewesen, einige von ihnen mit Thüren zu versehen. Ein massiver Mauer-Verschluss war aber nicht vorhanden, weil jede Spur eines solchen auf dem Stylobat fehlt, und weil ausserdem die Säulen in diesem Falle wahrscheinlich als Halbsäulen, nicht als Vollsäulen gebildet wären. Die Art des Verschlusses lässt sich in Athen selbst nicht bestimmen, wir müssen vielmehr andere Theater, bei denen die Säulen mit ihrem Gebälke besser erhalten sind und sich die Art des

Verschlusses bestimmen lässt, z. B. diejenigen von Oropos und Assos, zur Ergänzung heranziehen. Da in diesen Theatern sichere bauliche Spuren oder auch Inschriften das Vorhandensein hölzerner bemalter Tafeln (P i n a k e s) zwischen den Säulen sicherstellen, dürfen wir solche auch für unseren Bau annehmen. Sie hatten hier eine Höhe von etwa 3ᵐ und waren unten 0,85ᵐ, oben, wo die Säulen dünner waren, etwa 1,00ᵐ breit.

Über den oberen Abschluss der Säulenstellung, d. h. über die Gestalt des Daches oder der Decke, sind wir nicht vollkommen unterrichtet, weil leider kein Geison gefunden ist. Aus den hinter dem Triglyphon vorhandenen Löchern dürfen wir nur auf eine starke Holzdecke schliessen. Im Übrigen sind wir aber auch in dieser Hinsicht auf die anderen besser erhaltenen Theater angewiesen. Namentlich in Epidauros und Oropos lässt sich die Form der oberen Decke, welche von dem Proskenion bis zur Vorderwand des Skenengebäudes reichte, noch genau erkennen (vergl. die Beschreibung dieser Theater im folgenden Abschnitt). Sie war horizontal und bestand aus hölzernen Querbalken, welche in Abständen von rund 0,90ᵐ angeordnet waren, und darüber liegenden Bohlen, welche einen geschlossenen Fussboden bildeten. Ob darüber noch ein Estrich lag, wissen wir nicht; in Athen war genügende Höhe dazu vorhanden.

Der Abstand der Säulenwand von der Vorderwand des Skenengebäudes ist nur gering; an den erhaltenen Grundmauern beträgt er etwa 1,25ᵐ; die Tiefe des oberen Podiums berechnet sich aber, wenn wir auch die Ausladung des Geison hinzunehmen, auf rund 2,80ᵐ.

War die Säulenstellung nur ein Stockwerk hoch, oder haben wir über der unteren Säulenreihe noch eine zweite zu ergänzen? Diese Frage muss hier aufgeworfen werden, obwohl die erhaltenen Reste keine bestimmte Antwort geben. Wir müssen uns desshalb wieder nach den anderen griechischen Theatern umsehen. Bei keinem von ihnen ist eine obere Säulenreihe bisher nachgewiesen. Nur in römischen Theatern finden sich meist zwei oder gar drei Säulenreihen übereinander, zuweilen kommt aber auch bei diesen (z. B. beim Herodes-Theater in Athen und beim Theater in Perge) nur eine einzige Säulenreihe vor. Höchst wahrscheinlich hatte daher auch unser Theater keine obere Säulenreihe.

Dagegen hatte der hinter dem Proskenion liegende Bau, die Skene, jedenfalls ein oberes Stockwerk, aus welchem man auf das Dach der Säulenwand hinaustreten konnte. Zwar mussten wir dem Bau des IV. Jahrhunderts ein oberes Stockwerk aus Stein absprechen, da aber in anderen hellenistischen Theatern, z. B. in Eretria und Oropos, ein steinerner Oberstock nachgewiesen ist, dürfen wir ihn auch in Athen für diese Epoche ergänzen.

Wir betonten schon oben, dass die Schwelle des Proskenion eine gleiche Höhe mit der Orchestra aufweist. Ihre Oberkante liegt nur um so viel (0,15ᵐ) über der die Orchestra umgebenden halbkreisförmigen Porosschicht, dass der Boden von dem Proskenion bis zum Wassercanal ein Gefälle hatte, wie es zum Ablaufen des Regenwassers nötig war. Es kann daher nicht zweifelhaft sein, dass die Orchestra sich auch in dieser Periode bis zu dem Proskenion ausdehnte und dass die jetzt mit Marmorplatten belegte, etwas grösser als halbkreisförmige Orchestra, oder richtiger Konistra, nur einen Teil der hellenistischen, einen vollen Kreis umfassenden Orchestra bildete.

Ist es aber sicher, dass in dem Teile zwischen dem Marmorboden und dem Proskenion, also an der Stelle, wo später das römische Logeion oder Bema lag, sich nicht schon in hellenistischer Zeit irgend ein Aufbau befand, sei es als Logeion für die Schauspieler, sei es, denn auch das ist angenommen worden, als ein Thymele genanntes Podium für den Chor? Beides darf im Hinblick auf den Thatbestand für unmöglich erklärt werden. Schon die Übereinstimmung der Höhenlage zwischen der Orchestra und der Proskenion-Schwelle schliesst, wie wir schon beim Theater des IV. Jahrhunderts betonten, von vornherein jede derartige Anlage aus. Bei der verhältnismässig geringen Höhe der Proskenionsäulen und ihrer Thür würden auch die ersteren durch einen Vorbau entstellt, und die letztere sogar ganz unbenutzbar gemacht werden. Auch das Fehlen eines jeden Mauerrestes und Fundamentes, die einem solchen Podium zugeschrieben werden könnten, darf als Beweis gegen seine Existenz angeführt werden, weil es unverständlich wäre, wenn man eine Wand und ein Podium die immer in gleichen Abmessungen und an derselben Stelle errichtet worden, wären, nicht aus Steinen erbaut oder wenigstens mit Steinen fundamentirt hätte.

Wie die Höhenverhältnisse im Inneren der Skene, in dem Proskenion und in der Orchestra thatsächlich liegen, veranschaulicht der auf Tafel V gezeichnete Querschnitt durch die Orchestra, das Skenengebäude und die Halle im Dionysos-Bezirk. In diesem Profile sind die erhaltenen Mauern durch eine dunklere Schraffirung von den ergänzten unterschieden. Ferner sind die Säulen des hellenistischen Proskenion mit punktirten Linien, die des römischen dagegen mit vollen Linien ergänzt.

Die Gestalt, welche das Theater durch die Erbauung des steinernen Proskenion angenommen hatte, ist in der nebenstehenden Abbildung (Figur 26) gezeichnet und in dem Grundriss des lykurgischen Theaters (Tafel IV) durch punktirte Linien angedeutet. Entsprechend ist in Figur 26 der lykurgische Plan durch punktirte Linien angegeben. Der Unterschied zwischen dem älteren und neueren Grundriss ist daher aus diesen Zeichnungen gut zu erkennen: An der Stelle, wo im lykurgischen Theater die veränderliche Schmuckwand aus Holz errichtet wurde, ist ein steinernes Proskenion erbaut, das aus Säulen mit zwischengeschobenen Pinakes bestand. Die Säulen waren vermutlich dieselben, welche früher dicht vor der Skene gestanden hatten; als überflüssig hatten sie entfernt werden dürfen. Ferner sind die Paraskenien um etwa 1,70m zurückgezogen und springen nur noch um 1,10m vor das Proskenion vor. Die Breite der Parodoi ist dadurch von 2,60m auf 4,30m gestiegen. Eine letzte Veränderung, die Errichtung eines steinernen Oberstocks über der Skene, ist in dem Grundriss nicht zu erkennen; mit ihr stand vielleicht die Aufstellung der Innensäulen im Skenensaale im Zusammenhang.

80   I. Abschnitt.   Das Dionysos-Theater in Athen.

Was berechtigt uns, die vor der Skene errichtete Säulenstellung, wie wir es bis jetzt ohne Weiteres gethan haben, Proskenion zu nennen? Die eingehende Antwort hierauf werden wir in den späteren Abschnitten geben, hier soll nur angedeutet werden, dass sowohl der Name Proskenion als auch seine Erklärung als ursprünglich hölzerne und später steinerne Schmuckwand (Dekoration) sich mit Notwendigkeit ergiebt: erstens aus den Nachrichten der alten Schriftsteller

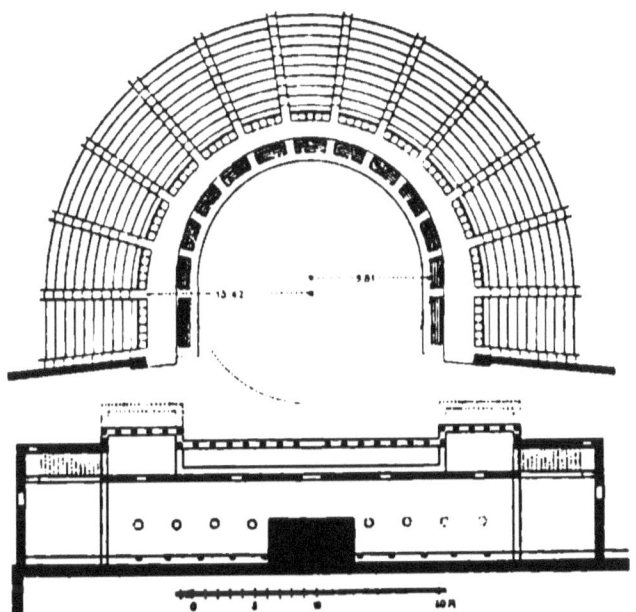

Figur 26. Ergänzter Grundriss des athenischen Theaters in hellenistischer Zeit.

über die Bedeutung des Wortes Proskenion (vergl. Abschnitt V), zweitens aus den bestimmten Angaben, welche Vitruv über die Lage, die Gestalt und den Namen des vor der Skene befindlichen Vorbaues macht (vergl. Abschnitt III), und drittens aus der Aufschrift, welche der Architrav der entsprechenden Säulenreihe im Theater von Oropos noch jetzt trägt (vergl. die Beschreibung des Theaters von Oropos im II. Abschnitte).

Der Säulenbau des Proskenion mit seinen Pinakes kann nach seiner Entstehung, seiner Form und seinem Namen nur den Hintergrund des Spieles, nicht aber eine Bühne gebildet haben. Er stellte ein mit Säulen geschmücktes Haus dar, dessen Äusseres durch einen Wechsel der Pinakes dem Inhalte des aufzuführenden Stückes einigermassen angepasst werden konnte. Die in der Mitte befindliche grosse Thür war die Eingangsthür des Hauses, die rechts neben ihr liegende kleine Nebenthür mochte zur Gastwohnung oder zu den Wirtschaftsräumen führen. War in einem Drama noch eine dritte Thür notwendig, so konnte sie leicht durch Fortlassung eines der Pinakes hergestellt werden. Wurde ausnahmsweise ein Drama aufgeführt, bei dem die Skene etwas anderes als ein Haus darstellen sollte, so konnte durch Vorstellung einer provisorischen Dekoration ein neuer Hintergrund geschaffen werden. Die noch immer 1,10^m vorspringenden Paraskenien schlossen dann diese Dekoration auf beiden Seiten ab. Ob damals in den Paraskenien die sog. Periakten aufgestellt waren, und ob unser Theater überhaupt diese drehbaren Dekorationen in dieser Epoche besass, wissen wir nicht.

Von der Orchestra aus war das Dach des Proskenion, welches ein 4^m hohes und etwa 2,80^m tiefes Podium bildete, in unserem Theater nicht unmittelbar zu ersteigen. Eine directe Verbindungstreppe zwischen ihnen gab es nicht; das dürfen wir auf Grund des Thatbestandes ohne jedes Bedenken aussprechen. Vielleicht haben in den beiden corridorähnlichen Räumen, welche wir beiderseits neben den Paraskenien fanden, Treppen oder Rampen gelegen, auf welchen man auf einem Umwege zu dem Dache der Säulenhalle gelangen konnte. Jedenfalls gab es aber im Innern der Skene eine oder mehrere Treppen, welche den unteren Skenensaal mit dem Oberstock verbanden. Dass das grosse Fundament an der Rückwand der Skene möglicher Weise zu einer solchen Treppe gehört hat, wurde oben vermutungsweise ausgesprochen.

Zum Schlusse müssen wir noch versuchen, die Erbauungszeit des steinernen Proskenion möglichst genau zu bestimmen. Wir haben bisher das Proskenion einen hellenistischen Bau genannt und waren dazu berechtigt, weil seine Entstehung in die Zeit zwischen Lykurg und Kaiser Nero fällt. Denn einerseits bezeichnet die Errichtung einer festen Schmuckwand einen Umbau der lykurgischen Skene und muss daher jünger sein als diese, und andrerseits ist die steinerne Säulenstellung, wie wir später sehen werden, bei dem unter Kaiser Nero erfolgten Umbau gänzlich in Fortfall gekommen. Zwischen den Jahren 330 vor Chr. und 60 nach Chr. muss also die Erbauungszeit des Proskenion liegen. Zu demselben Resultate führen uns die Anhaltspunkte, welche der Bau selbst zu seiner Datirung bietet. Zunächst ist die Bearbeitung der Stylobatplatten und die Bauweise der Fundamente eine so schlechte, dass an eine dem IV. Jahrhundert naheliegende Bauzeit nicht gedacht werden darf. Andrerseits kommt in den Fundamenten, obwohl sie aus kleinen Steinen bestehen, noch kein Kalkmörtel vor, wie wir ihn in den späteren, aus römischer Zeit stammenden Umbauten des Theaters finden. Da vielmehr einfacher Lehmmörtel verwendet ist, dürfen wir auf eine vorrömische Erbauungszeit schliessen.

Einen genaueren Zeitpunkt mit Sicherheit zu bestimmen, ist leider nicht möglich, weil keinerlei Inschrift oder litterarische Nachricht von einem Umbau des Theaters in dieser Epoche Kunde giebt. Wir vermögen nur eine naheliegende Vermutung auszusprechen. Im Jahre 86 vor Chr., als Sulla gegen Athen zog, wurde das neben dem Theater gelegene Odeion des Perikles teilweise zerstört, nach Appian (Mithridat. 38) von dem Tyrannen Aristion, nach Pausanias (I, 20, 4) von Sulla selbst. Es ist sehr wohl möglich, dass damals auch das Theatergebäude und zwar besonders sein noch aus Holz bestehendes Proskenion Schaden gelitten hat oder sogar zerstört wurde. Wie nun das Odeion bald darauf von dem kappadokischen Fürsten Ariobarzanes wiederaufgebaut wurde (Vitruv V, 9, 1 und C. I. A. III, 541), so könnte auch das Proskenion sehr wohl gerade damals in Stein wiederhergestellt worden sein. Ziehen wir schliesslich noch in Erwägung, dass im II. und I. Jahrhundert vor Chr. auch manche andere Theater ein festes Proskenion erhalten zu haben scheinen, so werden wir, bis ein genaueres Datum bestimmt werden kann, die Errichtung des steinernen Proskenion ins erste Jahrhundert vor Chr. setzen dürfen.

4. Das frührömische Theater (Kaiser Nero).

Von einem gründlichen Umbau des Theaters und zwar der Orchestra sowohl als des Spielhauses geben uns Mauern, Marmorpflasterungen, Bauglieder und Bildwerke Kunde, welche sich leicht als zusammengehörige Teile eines mit

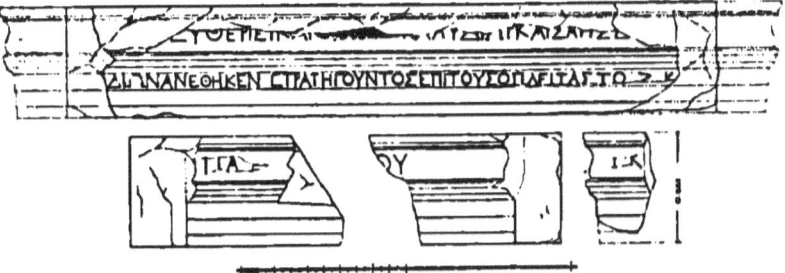

Figur 27. Stücke des Proskenion-Gebälkes mit der Weihinschrift an den Kaiser Nero.

grossem Aufwande errichteten Baues der römischen Kaiserzeit aus dem Gewirr der Mauern und Bauglieder ausscheiden lassen. Unsere Kenntnis der Thatsache, dass dieser Neubau der Zeit des Kaisers Nero angehört und vielleicht mit seinem persönlichen Auftreten als Schauspieler in Verbindung gebracht werden darf, verdanken wir einer Weihinschrift, die auf einem in Figur 27 in seinem jetzigen

Zustande abgebildeten Architravblock erhalten ist und unzweifelhaft zu diesem Umbau gehört. Die Inschrift lautet (vergl. C. I. A. III, 158) mit den sicheren Ergänzungen: [Διονύσῳ 'Ελ]ευθεριεῖ καὶ [Νέρωνι] Κλαυδίῳ Καίσαρι Σε[βαστῷ] und da-

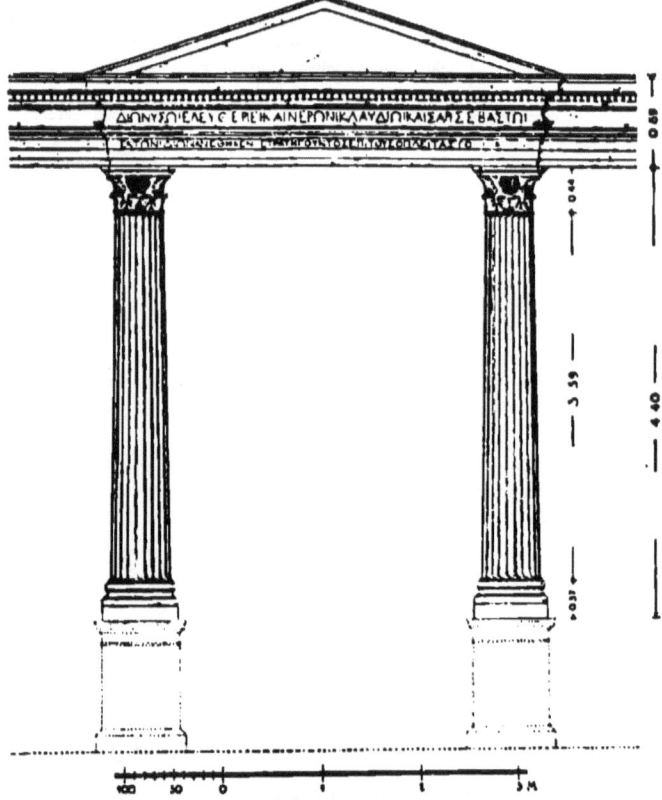

Figur 28. Säulen und Gebälk des römischen Proskenion. Ergänzung.

runter: [ἐκ τῶν] ἰδίων ἀνέθηκεν, στρατηγοῦντος ἐπὶ τοὺς ὁπλείτας τὸ ζ' κ[αὶ..]. Trotz der starken Zerstörung der ersten Zeile sind die dort in Resten erhaltenen Buchstaben gut zu erkennen. Das in der Mitte stehende Wort Νέρωνι ist fortgemeisselt, darf aber mit Sicherheit wiederhergestellt werden. Der Inschriftblock ist ergänzt in Figur 28 zu sehen. Er besteht aus einem dreifach gegliederten Architrave und einem geschwungenen Friese. Mehrere andere Stücke desselben Gebälkes liegen im Theater herum, von denen drei, welche ebenfalls in Figur 27 abgebildet sind, noch die Buchstaben II A und O Υ und I K tragen. Wie diese Stücke zusammengefügt und ergänzt werden müssen, ist leider bisher noch nicht bekannt.

Die bedeutenden Abmessungen des grossen Inschriftblockes schliessen die Annahme aus, dass er zu dem der hellenistischen Periode zugeschriebenen Proskenion gehört habe; er muss durch Säulen von grösseren Abmessungen getragen worden sein, als sie bei diesem Proskenion vorkommen. Auf welchem der vorhandenen Fundamente des Skenengebäudes kann eine solche Säulenwand gestanden haben? Von den Mauern, welche wir bisher kennen gelernt haben, giebt es nur eine, welche als Unterbau so starker Architrave in Betracht kommen könnte, nämlich die 1,35ᵐ breite Vordermauer der Skene Lykurgs. Ausserdem ist aber noch eine andere Längsmauer vorhanden, welche unmittelbar hinter jener liegt und bei den älteren Umbauten des Theaters nicht untergebracht werden konnte. Sie ist rund 1,60ᵐ stark und reicht gerade vom westlichen bis zum östlichen Paraskenion. Ihr Material sind Quadern aus Piräuskalk von ganz verschiedenen Abmessungen, die augenscheinlich älteren Bauten entnommen und hier zum zweiten Male verwendet sind. Sie würde daher sowohl wegen ihrer Stärke als wegen ihrer Bauweise für den neronischen Umbau sehr gut passen.

Um zu ermitteln, auf welcher von beiden Mauern die grossen Architrave mit ihren Säulen einst gelegen haben, müssen wir uns das Bild eines gewöhnlichen römischen Theaters ins Gedächtnis rufen. Fast in jedem solchen Theater befindet sich vor der hohen aus Quadern errichteten Skenenwand das aus Säulen mit ihrem Gebälk und zwischengestellten Statuen gebildete Proskenion, welches von der Wand nur sehr wenig absteht. Für beide Wände sind entweder zwei dicht nebeneinander liegende oder ein besonders breites Fundament vorhanden. Unsere beiden Fundamentmauern liegen gerade da, wo sich in griechischer Zeit die Vorderwand der Skene befand und wo wir daher auch im römischen Neubau diese Wand erwarten müssen. Sie werden daher die neronische Skenenwand und auch ihr Proskenion aufgenommen haben. Wenn dabei die Vorderwand der Skene um etwas mehr als 1ᵐ und die Proskenion-Säulen um etwa 2ᵐ gegen die entsprechenden Wände des griechischen Baues verschoben wurden, so geschah das augenscheinlich, damit die vor ihnen errichtete Bühne möglichst breit wurde. Eine wesentliche Veränderung war das nicht.

Das neue Proskenion schloss rechts und links mit Paraskenien ab, deren Fundamente innerhalb der älteren Paraskenien auf beiden Flügeln noch erhalten sind. Auch diese Grundmauern sind aus verschiedenartigen Quadern zusammengefügt. Wie das Proskenion und diese Paraskenien in ihrem Oberbau gestaltet waren, konnte nicht mit voller Sicherheit festgestellt werden, weil alle Mauern bis zu grösserer Tiefe zerstört sind, als dass eine Säulenspur oder eine Thürschwelle oder ein anderer für den Aufbau wichtiger Bauteil an seiner alten Stelle hätte erhalten sein können. Trotzdem haben sich sowohl die allgemeine Ausstattung als auch einige Einzelheiten durch ein sorgfältiges Studium der Gebälkstücke und durch einen Vergleich mit den Proskenien anderer, besser erhaltener römischer Theater bestimmen lassen.

Zunächst dürfen wir nach dem Vorbilde der letzteren an der Skenenwand drei Thüren annehmen; für zwei weitere Thüren ist kein Platz. Auch in den seitlichen Vorsprüngen können keine Nebenthüren angesetzt werden, weil der Raum nicht ausreicht. Alle drei Thüren waren sicher von Säulen und Gebälken eingefasst, welche zusammen das Proskenion bildeten. Ob mehrere Säulenreihen übereinander angeordnet waren, hat sich aus den erhaltenen Architekturgliedern nicht sicher bestimmen lassen, ist aber wegen des Vorhandenseins eines Giebels über der mittleren Thür sehr unwahrscheinlich. Da auch das jüngere Herodes-Theater, ebenso wie das Dionysos-Theater in griechischer Zeit, nur ein einstöckiges Proskenion hatte, spricht alles für das Vorhandensein nur einer Säulenreihe.

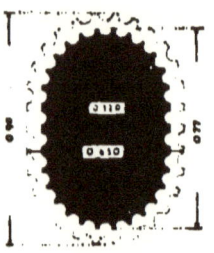

Figur 29. Säule des römischen Proskenion.

Die für die Reconstruction des Proskenion wichtigsten Gebälkstücke sind der oben erwähnte grosse Architrav mit der Weihung an Dionysos und den Kaiser und die drei Fragmente mit Buchstaben derselben Weihinschrift. Sie müssen wegen der Gestalt ihrer Stossfugen ein Gebälk mit mehreren Vorsprüngen gebildet haben, und wir werden annehmen dürfen, dass sich gerade über jeder der drei Thüren ein solcher von Säulen gestützter Vorsprung befand. Das grösste Gebälkstück mit dem Namen des Gottes und des Kaisers giebt uns, da es in ganzer Länge erhalten ist, das genaue Längenmass wenigstens von einem der Vorsprünge und zwar wegen des Inhalts der Inschrift vermutlich des mittelsten.

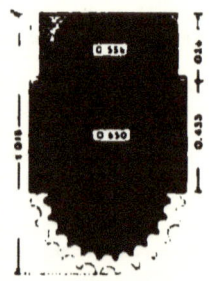

Figur 30. Pfeiler und Halbsäule des römischen Proskenion.

Von den Säulen, welche das Gebälk trugen, sind ausser einem ganzen Schafte, der die genaue Höhe der Säule liefert, mehrere Säulenfragmente, Basen und Kapitelle gefunden worden. Unter ihnen kommen zwei Arten vor, die einen mit elliptischem Querschnitt, die anderen aus einer halbrunden Säule und einem rechteckigen Pfeiler bestehend. In den Figuren 29 und 30 sind die beiden verschiedenen Querschnitte abgebildet. Die elliptische Säule wird frei vor der Wand gestanden haben, während die andere parastadenartig mit der Wand verbunden war. Von den übrigen Architekturgliedern des Proskenion ist noch das in Figur 31 abgebildete Geison bemerkenswert, weil es als Eckstück einem jener Vorsprünge angehört und ausserdem den Anfang eines Giebels zeigt. Auf Grund dieser Säulenstücke und Gebälksteine ist der in Figur 28 abgebildete Aufriss gezeichnet. Bei der im Verhältnis zur Axweite geringen Höhe durfte mit Sicherheit ein postamentartiger Untersatz unter der Säule ergänzt werden, wie er bei allen römischen Proskenien üblich ist.

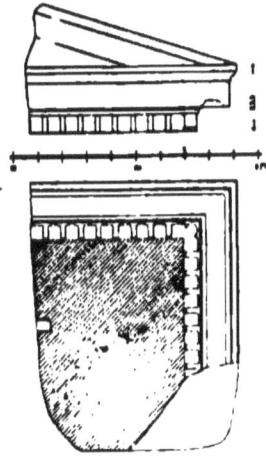

Figur 31. Geison des römischen Proskenion. Grundriss und Aufriss.

Neben den Säulen scheinen als Träger des Gebälkes auch einige der Satyrn verwendet gewesen zu sein, welche in den Ruinen gefunden sind (vergl. v. Sybel, Katalog der Skulpturen zu Athen, N° 4992). Man hat sie zwar zuweilen in eine frühere als die neronische Zeit gesetzt, allein die ziemlich rohe Art, wie die anstossenden Pfeiler bearbeitet und ihre Lagerflächen hergestellt sind, widerspricht einer solchen Annahme. Ihren Abmessungen nach gehören sie ferner zu einer Architektur von grossem Masstabe und reicher Ausstattung und können daher dem von uns dem ersten vorchristlichen Jahrhundert zugeschriebenen Proskenion, das in einfachster Weise errichtet war, auf keinen Fall zugeteilt werden. Zu dem stattlichen Umbau des Nero passen sie dagegen in jeder Beziehung. Ihre Standplätze lassen sich aber leider nicht bestimmen, zumal Figuren von verschiedener Grösse und verschiedener Form vorhanden sind. Ihre genaue Beschreibung muss einer besonderen Abhandlung vorbehalten bleiben.

Diese verschiedenartigen Bauglieder gestatten uns in Verbindung mit den erhaltenen Fundamenten, den Grundriss des römischen Proskenion in der Weise zu ergänzen, wie es in der nebenstehenden Figur 32 geschehen ist.

Eine wichtige Frage in Betreff des Proskenion haben wir bisher unerörtert gelassen, nämlich die Frage nach der Höhe, in der die Thüren und ihre Säulen angeordnet waren. In dem griechischen Theater fanden wir die Säulen des Proskenion in der Höhe der Orchestra, während die entsprechenden Säulen des römischen Theaters gewöhnlich höher stehen, nämlich erst in der Höhe der vor dem Proskenion befindlichen Bühne.

Ein solches Logeion von etwa 1,50ᵐ Höhe müssen wir auch in unserem

Theater annehmen. Sein ehemaliges Vorhandensein ist zunächst dadurch gesichert, dass die erhaltenen Steinschichten der Paraskenien, welche unmöglich sichtbar waren, teilweise schon über dem Fussboden der Orchestra liegen. Vor Allem wird es aber bewiesen durch die noch wohl erhaltenen Reste der Vorderwand eines römischen Logeion. Allerdings gehört diese mit Reliefs geschmückte Wand nicht der neronischen Zeit an, sondern ist nach der auf seiner Treppe erhaltenen

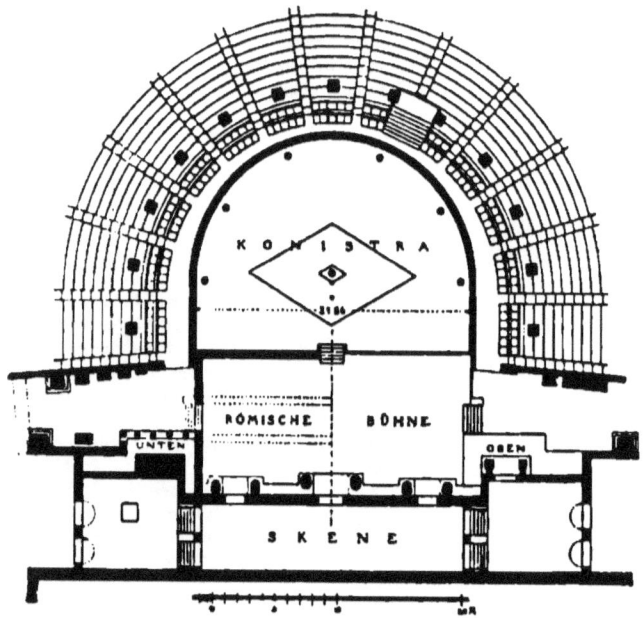

Figur 32. Grundriss des Theaters in römischer Zeit. Ergänzungsversuch.

Inschrift von dem Archon Phaidros mindestens zwei Jahrhunderte später erbaut. Aber das vorhandene Logeion ist nur ein Umbau, es enthält Teile einer älteren ähnlichen Anlage, und diese dürfen für die Bühne des Nero in Anspruch genommen werden.

Von dem jüngeren Logeion, welches auf Tafel III im Grundriss und auf Tafel V im Durchschnitt gezeichnet ist, steht noch die Hälfte der 1,31 m hohen Vorderwand, welche parallel zum Skenengebäude zwischen den beiden Stützmauern des Zuschauerraumes erbaut war. In ihrer Mitte liegt noch jetzt eine Steintreppe, welche zu dem über der Wand befindlichen Boden hinaufführt. Von diesem Fussboden, der wahrscheinlich zum grössten Teile aus Holz bestand, sind nur einige Steinplatten erhalten, welche ihn vorne abschlossen. Die Steintreppe gehört ganz der späteren Epoche an und wird deshalb auch erst im nächsten Abschnitt besprochen werden. Die Wand dagegen, welche das Logeion gegen den Zuschauerraum hin begrenzt, enthält teils Steine des jüngeren Umbaues, teils aber Material, das einer älteren ähnlichen Wand angehört haben muss. Aus verschiedenen Steinen mit Kalkmörtel erbaut, ist sie mit einer äusseren Marmorverkleidung versehen, welche aus einem Basisglied, einer mit Reliefs geschmückten hochkantigen Plattenschicht und einem abschliessenden Deckgesimse zusammengesetzt ist.

Bekannt und vielfach besprochen sind die Reliefplatten, auf denen die Geburt und Verehrung des Dionysos dargestellt ist. Sie sind abgebildet z. B. in den Monum. dell' Inst. IX, Tafel 16 und Papers of the Amer. School of Class. Stud. at Athens I S. 137. Erhalten sind vier einzelne Platten, welche durch zwei leere nischenartige Zwischenräume und eine Nische mit einem hockenden Silen von einander getrennt sind. Es sind auch noch Fragmente der fehlenden Platten erhalten, welche von A. Brückner als zugehörig erkannt sind. Sie sollen demnächst mit allen übrigen zum Theater gehörigen Skulpturen in einer besonderen Abhandlung veröffentlicht werden. Dass die jetzige Aufstellung der Reliefs nicht die ursprüngliche sein kann, und dass die Platten wahrscheinlich früher aneinander stiessen und einen fortlaufenden Fries bildeten, ist schon früher bemerkt worden. In der That weisen die seitlichen Anschlussflächen der Platten bestimmt darauf hin, dass ursprünglich keine Nischen zwischen den einzelnen Reliefstücken bestanden haben. Zu demselben Schlusse führt uns eine genauere Betrachtung der profilirten Basis, welche unter den Platten entlang läuft. Denn trotz der Beschädigungen, welche ihre Gliederungen erlitten haben, erkennt man noch deutlich, dass das Profil sehr sorgfältig gearbeitet war und ursprünglich in der ganzen Länge der Wand ohne Unterbrechung durchlief. In den Nischen ist in einer so rohen und unverständigen Weise, wie ich es niemals anderswo gesehen habe, der Oberteil des Basisprofils abgearbeitet und verkröpft worden.

Die Friesplatten waren in der älteren Zeit höher; denn von allen ist bei der zweiten Aufstellung ein oberer Streifen, welcher etwa der Kopfhöhe der Relieffiguren entspricht, in der Weise abgearbeitet worden, dass die Köpfe der stehenden Figuren sämtlich ohne anhaftenden Hintergrund frei in der Luft schwebten; sie konnten daher leicht abgeschlagen werden. Auch an anderen Teilen des Frieses, z. B. an den auf der westlichsten Platte dargestellten Säulen des Parthenon und an dem auf einer anderen Platte abgebildeten Weinstock, ist diese Abarbeitung zu erkennen.

Über den Reliefs liegt jetzt ein Geison, das teils aus einer, teils aus zwei übereinander liegenden Plattenschichten in so wenig sorgfältiger Art hergestellt ist, dass es erst bei dem späteren Umbau angefertigt sein kann. Nur einige seiner Steine mögen von dem älteren neronischen Bau herrühren und dann später umgearbeitet worden sein.

Bestimmt gehören zu dem älteren Logeion das Fussglied und die Reliefplatten; sie dürfen daher ohne Bedenken zu einer Reconstruction des neronischen Baues verwendet werden. Da die Reliefplatten oben um etwa 0,15^m verkürzt sind, wird das neronische Logeion um dasselbe Stück höher gewesen sein. Wir erhalten demnach als wahrscheinliche Höhe des älteren Podiums 1,46^m, ein Mass, welches genau mit der von Vitruv für das römische Logeion angegebenen Höhe übereinstimmt.

Zwischen der Vorderwand der Skene und der mit Reliefs geschmückten Vorderwand der Bühne wurden bei der Ausgrabung noch zwei parallele Zwischenmauern gefunden, welche leider jetzt nicht mehr existiren, weil sie als werthlose späte Mauern abgebrochen worden sind. Die eine lag nach dem Ziller-schen Plane von 1862 unmittelbar vor der Schwelle des hellenistischen Proskenion, die andere zwischen ihr und der Reliefwand. Sie haben jedenfalls zur Unterstützung des Logeionfussbodens gedient, weil der grosse Abstand der Reliefwand von den Säulen des Proskenion im Betrage von rund 8,50^m für nicht unterstützte Balken zu gross war (vergl. oben Figur 32, linke Hälfte).

Wir haben vorher nicht die Frage aufgeworfen, ob die Vorderwand des neronischen Logeion auch sicher an derselben Stelle stand, welche die Reliefwand jetzt einnimmt. Wenn diese Frage auch mit grosser Wahrscheinlichkeit bejaht werden muss, so ist doch die Möglichkeit, dass die Vorderwand ursprünglich weiter rückwärts lag und mit der einen der eben erwähnten inneren Parallelmauern zusammenfiel, nicht ganz ausgeschlossen. Die Entscheidung hängt ab von der Beantwortung der anderen Frage, warum das ältere Logeion von dem Archon Phaidros umgebaut worden ist.

Soweit ich sehe, können drei verschiedene Gründe hierfür massgebend gewesen sein. Erstens war vielleicht das ältere Logeion auf irgend eine Weise zerstört oder stark beschädigt worden; das neuere wurde dann vermutlich an derselben Stelle mit Benutzung der älteren Materialien, soweit sie noch brauchbar waren, errichtet. Zweitens kann die Vorderwand des älteren Logeion weiter von dem Mittelpunkte der Orchestra entfernt gewesen sein, so dass das ältere Podium schmäler war. In diesem Falle würde die Absicht, ein geräumigeres und den Zuschauern näher liegendes Logeion herzustellen, die Erbauung der neuen Vorderwand veranlasst haben. Ein dritter Grund für den Umbau kann in der Herrichtung der Konistra, wie wir die verkleinerte Orchestra nennen wollen, zur Vornahme von Naumachien gelegen haben. Bei Besprechung der jüngeren Periode werden wir diese Veränderung näher darzulegen haben. Vermutlich war die alte Logeionwand nicht wasserdicht und musste deshalb durch eine stärkere Mauer ersetzt werden. In diesem Falle würde die ältere Mauer wahrscheinlich an der Stelle der jüngeren gestanden haben. Leider besitzen wir kein Mittel, mit Sicherheit zwischen diesen drei Möglichkeiten zu entscheiden. Nur soviel lässt sich sagen, dass ein Vergleich mit anderen Theatern und eine genaue Untersuchung des Thatbestandes eine Verbindung der ersten und dritten Möglichkeit als die wahrscheinlichste Lösung erscheinen lässt. Die alte Logeionwand war beschädigt und wurde bei dem Neubau zwar an derselben Stelle aber in grösserer Stärke aufgeführt, weil die Konistra zugleich so eingerichtet werden sollte, dass sie ganz mit Wasser gefüllt werden konnte.

Der seitliche Abschluss des Logeion ist durch mehrere Fundamentreste und durch den Umstand gesichert, dass die Verbindung zwischen den Parodoi und dem Zuschauerraum nicht aufgehoben werden durfte. In den Theatern, wo dies bei Errichtung eines Logeion geschehen ist, musste durch Abschneiden einer Ecke des Sitzraumes ein neuer Zugang für die Zuschauer hergestellt werden. Da dies in Athen nicht geschehen ist, kann sich das Logeion seitlich nicht bis zur ersten Sitzreihe ausgedehnt haben. Zur Bestätigung hierfür lässt sich noch die Thatsache anführen, dass die alten Paraskenion-Säulen des hellenistischen Baues unverändert stehen geblieben sind, und also der Fussboden der Parodos unmittelbar vor ihnen in derselben Höhe liegen bleiben musste. Die Länge der Bühne war in Folge dessen geringer als bei anderen römischen Theatern, denn sie entspricht nur einem einzigen Orchestra-Durchmesser, während Vitruv das doppelte Mass vorschreibt.

Zur Verbindung der erhöhten Bühne mit dem Fussboden der Konistra und der Parodoi dürfen wir Treppen annehmen, von denen die zur Konistra führende nach dem Vorbilde anderer Theater und der späteren Bühne des Phaidros in die Mittelaxe gelegt ist. Für die Ansetzung der beiden anderen war ein Fundamentrest massgebend, der auf dem Plane Zillers vor dem östlichen Paraskenion noch erscheint, jetzt aber nicht mehr vorhanden ist. Die letzteren Treppen entsprachen den auf den Bühnen anderer Theater liegenden Nebenthüren und dürfen als Parodoi bezeichnet werden. Dass ihre Lage und selbst ihr Vorhandensein aber keineswegs gesichert ist, mag ausdrücklich hervorgehoben werden.

Während hiernach die Ergänzung des römischen Logeion und seines Proskenion keine Schwierigkeiten bietet, ist es nicht leicht, sich ein klares Bild von den Paraskenien zu machen. In dem unteren Stockwerke stand auf dem Boden der alten Parodos die sechssäulige Vorderwand der alten Paraskenien; nur ihre mit der Logeionwand zusammenfallende Ecksäule war vielleicht entfernt und durch einen Pfeiler ersetzt. Ihr Geison lag etwa 2,50ᵐ oberhalb der Logeionhöhe. Darüber, aber etwas zurückspringend, erhob sich die neue Schmuckwand, der wir die Satyrn als Gebälkträger zuschreiben möchten. Diese Lösung ist zwar architektonisch nicht fehlerfrei, doch vermag ich keine bessere vorzuschlagen.

Besonders gut sind wir dagegen über die Gestalt der seitlichen Abschlusswände des Skenengebäudes unterrichtet. Auf der westlichen Aussenwand, welche im Gegensatze zu der griechischen Aussenwand etwas nach innen gerückt ist, liegt nämlich noch jetzt eine Schwelle aus bläulichem Marmor und auf ihr steht noch an seiner alten Stelle ein viereckiger Mittelpfeiler, aus dessen Form in Verbindung mit den herumliegenden Bogensteinen mit Sicherheit hervorgeht, dass sich hier zwei bogenförmige Eingangsthüren befanden, welche vollkommen den bekannten Bogen der römischen Halle neben dem Windethurm gleichen (s. Antiqu. of Athens III, Taf. XLI). Zwei entsprechende Bogen dürfen wir an der Ostseite des Spielhauses ergänzen, obwohl dort von der Wand auch nicht ein Stein mehr an seiner alten Stelle ist; aber es haben sich grosse Stücke der gleichen Bogen dort gefunden. Durch die Bogenöffnungen, welche wahrscheinlich irgend einen Verschluss besassen, konnte man von beiden Seiten in den grossen Saal der Skene treten.

Die Höhenlage der Marmorschwelle der westlichen Bogen passt nicht zu der Fussbodenhöhe des Logeion, sondern liegt ungefähr in der Höhe der alten Orchestra-Ebene. Der Unterschied musste durch einige Treppenstufen ausgeglichen sein, welche am besten bei den Mauerpfeilern 26 und 27 des Zillerschen Planes, welche jetzt nicht mehr vorhanden sind, angesetzt werden. Der Innenraum der Skene war demnach in römischer Zeit in einen hochgelegenen mittleren Saal und zwei etwas tiefer gelegene Vorhallen geteilt.

Mit dem Umbau der Skene ging eine durchgreifende Veränderung der Orchestra Hand in Hand. Der runde Tanzplatz war durch das Logeion zerstört, und nur eine Konistra von der Gestalt eines Kreisabschnittes war übrig geblieben, die sich zur Ausführung von kyklischen Tänzen nicht mehr eignete. An Stelle des einfachen Erdbodens, der früher vorhanden war, wurde ein kunstvoller Belag aus Marmorplatten hergestellt. Einen rhombenförmigen Platz, der aus kleinen Plättchen zusammengesetzt ist, umgeben grössere Platten. Der Rhombus, dessen Zeichnung in dem Programme des Altonaer Christianeums vom Jahre 1885 nach einer farbigen Zeichnung des Architekten A. Winkler von Chr. Kirchhoff veröffentlicht ist, besteht aus weissen, bläulichen und rötlichen Steinen, die ein mäanderartiges Muster bilden. In seiner Mitte liegt ein grösserer Stein mit einer runden Vertiefung von etwa 0,50^m Durchmesser, die wahrscheinlich zur Aufnahme eines Altars bestimmt war. Dass die Steinplatten des Rhombus nichts mit den Tanzschritten des alten Chores zu thun haben, wie Chr. Kirchhoff vermutet, braucht wohl nicht ausdrücklich bewiesen zu werden.

Die grösseren Marmorplatten, welche den übrigen Teil der Konistra bedecken, reichen nicht bis dicht an die Logeionwand heran, sondern lassen einen unregelmässigen Zwischenraum übrig, welcher in roher Weise gepflastert ist; ein deutlicher Beweis dafür, dass die Marmorpflasterung aus älterer Zeit stammt als die Bühne des Phaidros.

Der neronischen Zeit gehört ferner die Einfassung der Konistra mit einer Schranke aus hochkantig gestellten Marmorplatten an, welche noch fast rings herum in ihrem ursprünglichen Zustande erhalten sind. Sie stehen ausserhalb des die Orchestra umgebenden Canals, sind 0,10^m stark und haben eine Höhe von 1,08^m über der Konistra und von 0,84^m über dem Umgang vor den Marmorsesseln. Die einzelnen Platten sind durch Kalkmörtel mit dem Boden und oben durch eiserne Klammern mit einander verbunden. Ihr Zweck ist klar: In der Konistra sollten Gladiatorenkämpfe und andere Schauspiele ähnlicher Art aufgeführt werden; damit die Zuschauer dabei nicht von den Kämpfenden belästigt wurden, war eine die Arena abgrenzende Schranke notwendig.

Um den Platz innerhalb der Schranken ganz ausnutzen zu können, wurde der bis dahin fast ganz offene Canal mit grossen Marmorplatten überdeckt, für deren Aufnahme die beiden oberen Porossteine mit einem Falz versehen wurden (s. S. 52). Die alten Brückensteine blieben unverändert liegen und waren also in regelmässigen Abständen zwischen den Marmorplatten zu sehen. Damit der Canal noch weiterhin das Regenwasser abführen konnte, wurden einige der neuen Marmorplatten mit rosettenartigen Öffnungen versehen, und ausserdem die Plattenschranke an mehreren Stellen durchbohrt. Durch die letzteren Löcher lief das Wasser in die Konistra und dann durch die Rosetten in den Canal, der es unter dem Skenengebäude hindurch ableitete.

Die Art und Weise, wie das griechische Theater hier zu einem römischen umgebaut wurde, ist besonders deshalb beachtenswert, weil sie von dem bei mehreren anderen Theatern eingeschlagenen Verfahren abweicht. Einige Beispiele einer abweichenden Art dieses Umbaues werden wir im II. Abschnitte kennen lernen; auch sollen im VIII. Abschnitte die verschiedenen Typen zusammengestellt werden. Hier mag zum besseren Verständnis der in unserem Theater vorgenommenen Veränderungen und des dadurch erzielten Resultates kurz angedeutet werden, welches die beiden wichtigsten Arten des Umbaues waren. In einigen Theatern wurde der zur Konistra umzubauende Teil der Orchestra tiefer gelegt, und der andere Teil dadurch in einen scheinbar erhöhten Spielplatz verwandelt, während er in Wirklichkeit in der Höhe der alten Orchestra und der untersten Sitzreihe liegen blieb. In anderen Theatern wurden die untersten Sitzreihen fortgeschnitten, sodass die neue unterste Bank über einer Brüstungsmauer lag, und sodann wurde derjenige Teil der Orchestra, welcher stets als Spielplatz der Schauspieler gedient hatte, bis zur Oberkante der Brüstung gehoben und so in eine erhöhte Bühne umgewandelt. Beide Verfahren hatten dasselbe Resultat: bei beiden entstand erstens eine tiefliegende, von einer Schranke umgebene Konistra, in welcher Gladiatorenspiele veranstaltet oder auch, wie Vitruv angiebt, Ehrensitze für bevorzugte Zuschauer aufgestellt werden konnten, und zweitens ein erhöhtes Logeion, ein für die skenischen Aufführungen bestimmter Platz, der zwar ein Teil der alten Orchestra war, aber jetzt etwa 1,50^m über dem Boden der Konistra lag. Die Einrichtung unseres Theaters gleicht am meisten dem zweiten Verfahren, sie unterscheidet sich von ihm nur dadurch, dass die Brüstung, welche den Zuschauerraum von der Konistra trennt, nicht durch Fortschneiden der untersten Sitzreihen, sondern durch Aufstellung einer besonderen Schranke vor ihnen entstand. Die wünschenswerte Vergrösserung der neuen Konistra wurde in unserem Theater durch die schon erwähnte Überdeckung des früher offenen Canals erreicht. Die Grundfläche der Konistra wurde dadurch um etwa 54qm vergrössert. Ob diese Umänderung des Spielplatzes lediglich durch den Wunsch, eine von einer Schranke umgebene Arena zu haben, veranlasst war, oder ob auch die Absicht, ein erhöhtes Logeion nach italischem Muster zu schaffen, massgebend war, vermögen wir nicht zu entscheiden.

Der Zuschauerraum scheint bei dem neronischen Umbau keine wesentlichen Veränderungen erfahren zu haben. Vielleicht sind damals die Sessel durchgehends mit Aufschriften versehen und einige Standbilder aufgestellt worden. Die Einrichtung einer kaiserlichen Loge—so dürfen wir den mit einer besonderen Freitreppe versehenen Sitzplatz östlich von dem Sessel des Dionysos-Priesters wohl nennen—scheint nicht der neronischen Zeit anzugehören, sondern wird wegen seiner schlechten Bauart in eine jüngere Periode gesetzt werden müssen. Man könnte dabei an die Anwesenheit Hadrians bei den Dionysien des Jahres 126 denken; doch pflegt man auf Grund einer Vermutung von O. Benndorf (Beiträge z. Kenntn. d. att. Theaters, S. 21) eine weiter westlich stehende grosse viereckige Marmorbasis als Unterbau für den Sitz Hadrians anzunehmen. Eine der alten Treppen des Zuschauerraumes wurde bei der Anlage jener Loge überbaut und abgeschnitten. Je zwei Marmorsessel, welche in der untersten Reihe neben jener Treppe gestanden hatten, mussten dabei fortgenommen und in eine der oberen Sitzreihen gestellt werden.

Auch andere Veränderungen sind noch vor dem Umbau des Phaidros vorgenommen worden. So wurde in der Mitte eines jeden Keiles ein Standbild des Kaisers Hadrian aufgestellt, deren Postamente zum Teil noch vorhanden sind. Das Bild im mittelsten Keile, unmittelbar hinter dem Sitze des Dionysos-Priesters, war von dem Volk und Rat von Athen gewidmet, während die 12 anderen den einzelnen Phylen ihre Entstehung verdankten (vergl. C. I. A. III, 464 und 466).

Da die unterste Reihe der Marmorsessel nicht mehr ausreichte für die grosse Zahl der Priester und der bevorzugten Personen, wurde in verschiedener Weise Ersatz geschaffen. Einmal wurde die unterste Sitzbank aus Poros ganz abgearbeitet und durch eine ganze Reihe hölzerner Sessel ersetzt (vergl. oben S. 45). Sodann stellte man auch in den oberen Reihen einzelne Marmorthrone auf: einen Sessel ohne Rücklehne für den Priester der Olympischen Nike (vergl. C. I. A. III, 245 und A. Müller, Lehrbuch, S. 95), einen anderen für die Priesterin der Athena, Athenion, dessen Lehne jetzt abgebrochen ist (vergl. C. I. A. III, 282 und A. Müller, Lehrbuch, S. 96), und einen grösseren wohlerhaltenen Thron, den die Stadt ihrem Wohlthäter Marcus Ulpius Eubiotus und seinen Söhnen errichtet hatte (vergl. C. I. A. III, 688 und A. Müller, Lehrbuch, S. 97).

Auch die vielen Inschriften, welche sich auf den oberen Porossitzen eingegraben finden, stammen, wie sich aus der Form ihrer Buchstaben ergiebt, aus dieser Zeit. Die Zahl derjenigen Personen, welchen das Recht eines festen Sitzes im Theater verliehen wurde, war so gestiegen, dass selbst in den oberen Reihen bestimmte Sitze vergeben und mit den Namen der Berechtigten versehen werden mussten (vergl. oben S. 49).

Hier mag ferner noch eine Einrichtung besprochen werden, durch welche vermutlich die in den unteren Reihen sitzenden Zuschauer gegen die Strahlen der Sonne geschützt werden sollten. In dem unteren Umgang bemerkt man vor den Marmorsitzen im Fussboden eine Reihe viereckiger Löcher in gleichmässigen Abständen von fast 2ᵐ. Eine zweite parallele Reihe von gleichen Löchern befindet sich hinter den Thronen und eine dritte in der zweiten Sitzreihe aus Poros. Höchst wahrscheinlich wurden in diese Löcher Holzpfosten gesteckt, zwischen denen Sonnentücher ausgespannt wurden, damit die bevorzugten Zuschauer der unteren Reihen im Schatten sitzen konnten. Um den weiter oben Sitzenden den Blick auf die Konistra und das Logeion möglichst wenig zu entziehen, werden die Tücher nicht horizontal, sondern nach dem Zuschauerraum hin ansteigend gespannt worden sein.

Die seitlichen Zugänge zum Theater, die beiden Parodoi, wurden beim neronischen Umbau nur wenig verändert. Ihre Höhenlage blieb jedenfalls ungefähr dieselbe, wie sie früher gewesen war. Nur durch die Aufstellung von weiteren Weihgeschenken und Standbildern scheinen sie ihr äusseres Aussehen etwas verändert zu haben. Vielleicht ist auch erst in dieser Zeit der Abschluss der seitlichen Zugänge durch Thorbauten bewirkt worden, deren spärliche Reste schon beim lykurgischen Theater (S. 70) besprochen wurden.

5. Das spätrömische Theater (Phaidros).

Von einem weiteren Umbau des Theaters in spätrömischer Zeit giebt eine Inschrift Kunde, welche auf der obersten Stufe der jetzigen Logeiontreppe eingemeisselt ist:

Σοὶ τόδε καλὸν ἔτευξε φιλόργιε βῆμα θεήτρου
Φαῖδρος Ζωίλου βιοδώτορος Ἀτθίδος ἀρχός.

Obwohl die Zeit des Archon Phaidros nicht genau bekannt ist, besteht kein Zweifel darüber, dass die Inschrift aus spätrömischer Zeit, etwa aus dem III. oder sogar aus dem IV. Jahrhundert nach Chr. stammt (vergl. die verschiedenen Ansetzungen bei A. Müller, Lehrbuch, S. 88). Der Umbau war kein durchgreifender, sondern beschränkte sich auf das Logeion und die Konistra. Das Skenengebäude und das Proskenion blieben wahrscheinlich unverändert, wie sie zur Zeit Neros erbaut worden waren. Die Gründe für die Errichtung des neuen Logeion haben wir schon früher zu ermitteln gesucht (S. 89). Den Umbau scheint man unternommen zu haben, um die beschädigte Vorderwand des Logeion wiederherzustellen und um aus der Orchestra einen grossen Wasserbehälter für Naumachien zu machen. Für den ersten Grund spricht die schlechte Arbeit der Gesimse, welche jetzt über den Friesplatten liegen; die älteren Gesimse scheinen so stark beschädigt gewesen zu sein, dass sie meist ersetzt werden mussten. Den zweiten Grund entnehmen wir der Thatsache, dass damals sowohl die Vorderwand des Logeion als auch die Marmorschranke um die Arena durch starke Hintermauerung wasserdicht gemacht worden ist.

Die einzelnen Reliefplatten des Logeion wurden bei diesem Umbau auseinander gezogen und zwischen ihnen Nischen angeordnet, je drei auf beiden Seiten der mittleren Treppe. Von den drei im westlichen Teile erhaltenen sind die beiden äusseren „geschlossen", während in der mittleren ein hockender Silen aufgestellt ist. Dass letzterer nicht für seinen jetzigen Platz gearbeitet, sondern einem anderen Bau oder Weihgeschenk entnommen ist, kann bei seiner guten Arbeit nicht zweifelhaft sein. Die Höhe der Reliefs und damit wahrscheinlich auch die Höhe des ganzen Logeion wurde etwas verringert. Zu welchem Zwecke dies geschah, hat sich nicht feststellen lassen. Die Hintermauerung der Marmorschranke der Konistra ist in dem Umgang vor den Marmorsesseln noch teilweise erhalten. Mit Kalkmörtel als «opus incertum» erbaut, ist sie ausserdem mit Kalkputz überzogen. Obwohl sie jetzt nur sehr niedrig ist, wird sie ursprünglich mindestens die Höhe der Marmorschranke gehabt haben.

Von dem Thonrohre, durch welches Wasser in die Konistra geleitet wurde, um diese in einen See zu verwandeln, hat sich im östlichen Zuschauerraum unterhalb des jetzigen Wächterhauses ein Stück erhalten. Auch die Ableitungsvorrichtung für das Wasser der Arena ist noch zu erkennen und besteht aus einem an der S. O. Ecke der Konistra noch erkennbaren vertikalen Thonrohr, welches das abzuführende Wasser in den alten unter dem Spielhaus liegenden Abzugscanal leitete, und aus einem zweiten horizontalen Thonrohre, welches nach dem Zillerschen Plane in der westlichen Parodos gelegen hat. Der grosse Canal, welcher die Orchestra noch jetzt umgiebt, wurde damals, soweit er unter der Konistra lag, ausser Thätigkeit gesetzt, indem die rosettenförmigen Öffnungen seiner Deckplatten sorgfältig geschlossen und der Canal selbst mit Schutt und Erde angefüllt wurde. An einigen Stellen, wo die marmornen Deckplatten des Canals zerstört waren, wurde ein Ziegelpflaster hergestellt.

Für eine späte Datirung dieses Umbaues spricht die Nachlässigkeit, mit welcher die Vorderwand des Logeion und auch die Treppe zwischen Konistra und Logeion ausgeführt sind. In der letzteren sind korinthische Geisa verwendet, und selbst der Stein, welcher die Weihinschrift des Phaidros trägt, ist ein solcher Geisonblock.

Zum Schluss sind noch einige geometrische Figuren zu erwähnen, welche in den Fussboden der Konistra eingeritzt sind. Auf Tafel III sind die Stellen, wo sie sich befinden, und ihre Formen zu erkennen. Zunächst ist in dem südöstlichen Teile ein voller Kreis gezeichnet, dessen Peripherie in acht Teile zerlegt ist. Die Teilpunkte sind durch kleine Kreise hervorgehoben. Westlich davon, nahe bei der Logeiontreppe, ist die in Abbildung 33 gezeichnete Figur zu sehen. Man erkennt einen doppelten Kreis, von dem ein kleines Stück abgeschnitten ist; der übriggebliebene Teil ist in sechs Teile geteilt und die Teilpunkte sind durch Sehnen verbunden. In der ersteren Figur glaubt man das kreisrunde Odeion, in der zweiten unser Theater erkennen zu dürfen (vergl. A. Russopulos, Ἐφ. ἀρχ. 1862, S. 289). Dass mit dem grösseren Kreise ein Theatergrundriss dargestellt ist, liegt auf der Hand. Ich möchte aber bezweifeln, dass das Dionysos-Theater selbst gemeint ist, weil die Einteilung des Kreises nicht mit derjenigen unseres Zuschauerraumes übereinstimmt. Als dritte Figur ist noch eine bogenförmig geschlossene Öffnung im Aufriss gezeichnet. Ich vermute, dass die Figuren sämtlich zu mathematischen oder architektonischen Vorträgen gedient haben, die in unserem Theater abgehalten wurden.

Zum Abschlusse der eingehenden Betrachtung unseres Theaters mögen hier die verschiedenen Entwickelungsstufen, welche es durchgemacht hat, übersichtlich zusammengestellt werden:

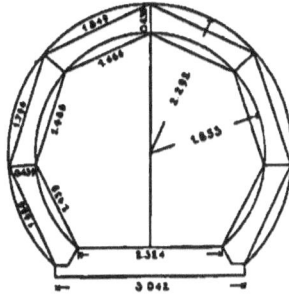

Figur 33. Theatergrundriss.

1. Im VI. und V. Jahrhundert bildet den wichtigsten Teil des Theaters ein kreisrunder Tanzplatz, die Orchestra. In ihrer Mitte befindet sich ein Altar und um sie herum werden auf drei Seiten hölzerne Sitzreihen für die Zuschauer aufgeschlagen. An ihrer vierten Seite wird etwa seit der Mitte des V. Jahrhunderts ein Spielhaus, die Skene, aus Holz errichtet und dient als Hintergrund für die in der Orchestra sich abspielende dramatische Handlung. Zwischen dem Zuschauerraum und dem Spielhause liegen die beiden Seiteneingänge zur Orchestra, die Parodoi.

2. Im IV. Jahrhundert wird das ganze Theater neu in Stein ausgeführt. Naturgemäss nahm man dabei diejenige Form des Theaters zum Vorbild, welche sich bis dahin allmählich herausgebildet hatte. Ein stattlicher Zuschauerraum mit steinernen Sitzreihen umgiebt einen kreisrunden Tanzplatz, in dessen Mitte ein Altar liegt und neben dem sich ein steinernes Skenengebäude erhebt, dessen Vorderwand mit Säulen geschmückt ist. Vor dieser Skene wird bei jeder Aufführung als Hintergrund für das Spiel ein Proskenion, eine Schmuckwand, aus Holz und Zeug errichtet.

3. In hellenistischer Zeit, vielleicht erst im I. Jahrhundert vor Chr., wird das bewegliche Proskenion durch einen festen Säulenbau ersetzt, dessen Intercolumnien mit hölzernen Tafelgemälden (Pinakes) geschlossen werden. Das Theater erhält dadurch diejenige Gestalt, welche Vitruv als griechisches Theater seiner Zeit beschreibt.

4. Unter Kaiser Nero wird die Orchestra und das Skenengebäude nach römischer Weise umgebaut. Die kreisförmige Orchestra, der alte Tanz- und Spielplatz, wird in zwei Teile zerlegt, in ein hochliegendes Logeion für skenische Aufführungen und in eine tiefer gelegene Konistra für Gladiatorenspiele und ähnliche Vorstellungen.

5. In spätrömischer Zeit baut der Archon Phaidros das Logeion um und richtet die Konistra zur Vornahme von Naumachien her. (W. D.)

II. ABSCHNITT.
GRIECHISCHE THEATER AUSSERHALB ATHENS.

Bei der Beschreibung des athenischen Theaters mussten oft die Ruinen anderer Theater zum Vergleich herangezogen werden. Einige seiner Entwickelungsstufen waren nur durch geringe Reste vertreten und würden kaum ganz verständlich gewesen sein, wenn sie nicht durch andere Theater ergänzt und erläutert worden wären. Die Kenntnis der letzteren ist daher notwendig, um die Entwickelungsgeschichte des griechischen Theaters zu verstehen.

Es sollen deshalb in diesem Abschnitte die Pläne mehrerer Theater ausserhalb Athens mitgeteilt und kurz besprochen werden. Wir beschränken uns dabei auf die Theater von Griechenland und Kleinasien und wählen nur solche Bauten, welche in den beiden letzten Dezennien ausgegraben und von uns selbst untersucht worden sind. Die Theater von Italien und Sizilien werden wir dagegen nur gelegentlich zum Vergleich heranziehen. Teils sind sie noch nicht ausgegraben, teils liegen noch keine ausreichenden Aufnahmen vor [1]).

Es sollen die griechischen Theater folgender Städte in annähernd geographischer Reihenfolge besprochen werden: 1. Piräus, 2. Oropos, 3. Thorikos, 4. Eretria, 5. Sikyon, 6. Epidauros, 7. Megalopolis, 8. Delos, 9. Assos, 10. Pergamon und 11. Magnesia am Mäander. An der Ausgrabung dieser Bauwerke sind neben der griechischen Archäologischen Gesellschaft alle Nationen beteiligt, welche in Athen archäologische Institute besitzen. Durch gemeinsame, auf das gleiche Ziel gerichtete Arbeit ist binnen kurzer Zeit reichliches Material herbeigeschafft und dadurch die Lösung der wichtigen Fragen, welche sich an das griechische Theater knüpfen, wesentlich gefördert worden.

1. Das Theater im Piräus.

Im Piräus gab es im Altertum zwei Theater, das ältere und grössere am Fusse des Munichiahügels, das jüngere und kleinere südlich vom Zea-Hafen. Jenes, schon von Thukydides VIII, 93 erwähnt, ist nur seiner Lage nach bekannt; seine Reste liegen noch unter der Erde begraben. Einige seiner Mauern, die 1880 ausgegraben wurden, sind seitdem wieder verschüttet und überbaut. Das jüngere Theater, vielleicht zuerst in einer Inschrift des II. Jahrhunderts vor Chr. genannt (C. I. A.

---

[1]) Wie ich aus einem Vortrage von O. Puchstein in der Juli-Sitzung der Berliner Archäologischen Gesellschaft ersehe, hat dieser im Verein mit R. Koldewey eine grössere Anzahl italischer und sizilischer Theater untersucht und aufgenommen. Durch die Veröffentlichung dieser Pläne wird eine fühlbare Lücke in sehr erwünschter Weise ausgefüllt werden.

II, 984), ist im Jahre 1880 beim Strassenbau zu Tage gekommen und von der griechischen archäologischen Gesellschaft unter Leitung von D. Philios ausgegraben worden (vergl. Karten von Attika, Text, I S. 45 und 67; ferner Πρακτικά 1880, S. 47 und 1884, S. 14).

Der Grundriss, den wir in Figur 34 geben, ist nach den schon veröffentlichten Plänen gezeichnet und mit einigen Zusätzen versehen. Er zeigt ein griechisches Theater mit festem Proskenion, also die dritte Entwickelungsstufe des athenischen Theaters, dieselbe, welche Vitruv als die griechische Theatereinrichtung

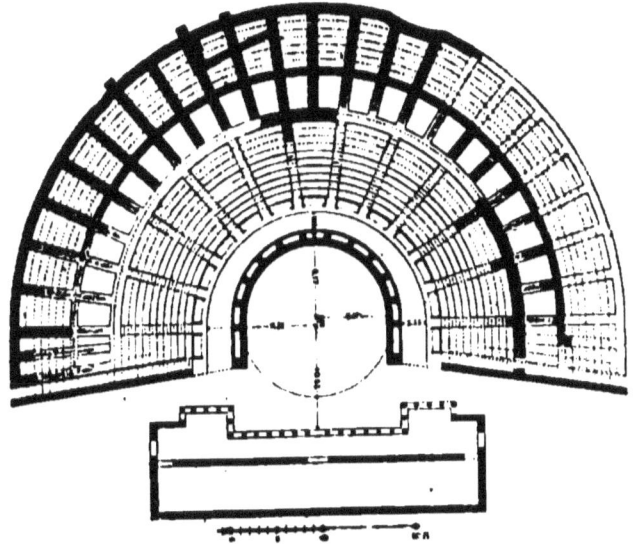

Figur 34. Grundriss des Theaters im Piräus.

seiner Zeit beschreibt. Ein römisches Logeion ist hier niemals errichtet worden, sondern die volle kreisrunde Orchestra und das griechische Proskenion sind bis in die späteste Zeit beibehalten. Trotz der gründlichen Zerstörung—es sind fast nur noch Fundamentmauern erhalten—lässt sich der Grundriss des Zuschauerraumes, der Orchestra und der Skene in allen wesentlichen Punkten erkennen.

Der Zuschauerraum bildet im Grundriss einen Halbkreis mit geradliniger Verlängerung der beiden Flügel. Durch 14 Treppen war der verhältnismässig kleine Raum in 13 Keile geteilt. Zwischen den Sitzen der Zuschauer und der Orchestra befindet sich ein Umgang und ein offener Wassercanal, jener in der Mitte schmaler als an den Flügeln (1,88™ gegenüber 2,56™), dieser mit 12 Brückensteinen in der Verlängerung der Treppen überdeckt. In der Gesamtform und den Einzelheiten haben wir also eine getreue Nachahmung des athenischen Theaters vor uns.

Die Orchestra bildet einen vollen, vor der Skene zu einem Viereck erweiterten Kreis und hat einen Fussboden aus gewachsenem Fels. Da letzterer nicht glatt gearbeitet ist, muss er mit Erde überdeckt gewesen sein. Spuren eines Altares sind in der Mitte nicht zu sehen. Der Durchmesser des Kreises beträgt, zwischen dem Canal gemessen, 16,34™, entspricht also 50 griechischen Fuss.

Neben der Orchestra liegen die Fundamente der Skene, drei parallele Mauerzüge mit einigen Quermauern. Die erste Mauer ist eine Marmorschwelle, deren Oberseite die deutlichen Aufschnürungslinien und Standspuren einer Säulenreihe trägt. Wir haben also den Stylobat eines festen Proskenion vor uns, das in der Fussbodenhöhe der Orchestra stand. Die Zahl der Säulen betrug 14, ihr Abstand 1,39™ und ihr Durchmesser 0,49™. Obwohl im mittleren Intercolumnium keine Spuren einer Thür erhalten sind, dürfen wir eine Thür ergänzen, weil es beträchtlich grösser ist als die übrigen (nämlich 2,12™). Die anderen Zwischenräume der Säulen waren vermutlich mit hölzernen Pinakes geschlossen. Die auffallende Thatsache, dass der Fels vor dem Proskenion noch jetzt stellenweise höher ansteht als die Oberfläche des Stylobates, wird dadurch erklärt werden müssen, dass die Oberfläche der Orchestra ein Gefälle nach dem Wassercanal haben musste, während der Stylobat selbst horizontal war.

Beiderseits wird das Proskenion von zwei Paraskenien eingefasst, welche an ihrer Vorderseite 5, an den kurzen Seiten nach Innen je 3, nach Aussen je 2 Stützen hatten. Spuren für Thüren oder für Periakten sind an den Paraskenien nicht zu sehen. Zwischen dem Zuschauerraume und den Paraskenien liegen die beiden Seiteneingänge zur Orchestra, deren Sohle nach Aussen etwas ansteigt. Sie sind in den Felsen eingeschnitten. Von Abschlussthüren sind keine Reste erhalten.

2,17™ hinter dem Proskenion liegt die eigentliche Skene, ein langgestreckter Saal von fast 5™ Tiefe und etwa 34™ Länge. An seinen beiden Enden stand er mit dem Raume neben den Paraskenien in Verbindung. In seiner Vorderwand werden mehrere Thüren zur Verbindung mit den Innenräumen des Proskenion und der Paraskenien gewesen sein, doch sind mit Ausnahme der Mitte keine Spuren von Öffnungen erhalten.

Die Höhe des Proskenion ist nicht genau bekannt. Jedoch dürfen wir nach dem Durchmesser der Säulen (0,49™) und nach den Verhältnissen der mittleren Thür auf eine Höhe der Säulen und ihres Gebälkes von fast 4™ schliessen; das ist fast dieselbe Höhe, welche wir beim Proskenion des Dionysostheaters fanden. Also auch hierin zeigt das ganze Theater eine sehr grosse Verwandtschaft mit dem athenischen Bau. Die Übereinstimmungen zwischen beiden gehen aber noch weiter. So kann man auf die grosse Ähnlichkeit ihrer Paraskenien und Proskenien hinweisen. Ferner sind die Axweiten der Säulen bei beiden fast dieselben, nur ihre Zahl ist im Piräus etwas geringer, nämlich um je eine Säule bei den Paraskenien und um zwei beim Proskenion. Auch die Architektur war bei beiden dieselbe, denn dass die Säulen im Piräus ebenfalls dorisch waren und einen Triglyphenfries trugen, zeigt einerseits die Grösse des Säulendurchmessers und andererseits der Umstand, dass die mittlere Axweite gerade anderthalbmal so gross ist als die übrigen. Übereinstimmend ist ferner der weite Vorsprung und die grosse Breite der Paraskenien; ersterer hält etwa die Mitte zwischen den Vorsprüngen der Paraskenien der 2. und 3. Periode des athenischen Theaters. Schliesslich besteht auch noch eine beachtenswerte Gleichheit in der grossen Entfernung des Proskenion von dem Mittelpunkt der Orchestra, indem nicht nur die Vorderkante des Proskenion, sondern selbst die Verbindungslinie der Paraskenien noch ausserhalb des in unserem Grundrisse punktirten Orchestrakreises liegt, was im athenischen Theater auch der Fall war.

Die Zeit der Erbauung des Theaters ist einigermassen gesichert durch eine Anzahl von Buchstaben, welche auf den Steinen der untersten Stufe als Versatzmarken stehen. Von rechts beginnend kommt das ganze Alphabet auf den Steinen vor (vergl. Ἐφημ. ἀρχαιολ. 1894, S. 196). Da sich unter den Buchstaben die späten Formen C und Є befinden, ist man genötigt, den Bau mindestens in hellenistische Zeit zu setzen. Bei den Bauten des II. Jahrhunderts vor Chr. kommen diese Buchstaben in Pergamon bereits als Marken vor. Zu dieser Ansetzung passt die oben erwähnte, in der Nähe des Theaters gefundene Inschrift des II. vorchristlichen Jahrhunderts (C. I. A. II, 984) sehr gut; indessen ist es nicht ganz unmöglich, dass sie sich auf das grosse Theater bezieht (vergl. C. Wachsmuth, Stadt Athen, II S. 136 Anm. 3).

Die Bedeutung des Piräus-Theaters für die Bühnenfrage liegt in der gesicherten Grundrissform des Proskenion, in seiner beträchtlichen Höhe (fast 4ᵐ) und in seinem grossen Abstande von der Orchestra.

2. Das Theater in Oropos.

Bei den von der griechischen Archäologischen Gesellschaft im heiligen Bezirk des Amphiaraos bei Oropos vorgenommenen Ausgrabungen wurde im Jahre 1886 von dem Ephoros V. Leonardos ein kleines Theater entdeckt, von dem bis dahin nichts bekannt war. Mit der Aufnahme und Untersuchung des Baues beauftragt, habe ich die Zeichnungen angefertigt, welche in den Πρακτικά von 1886 auf Tafel 3 veröffentlicht sind. Nach dieser Aufnahme sind auch der Grundriss der nebenstehenden Abbildung 35 und die übrigen Zeichnungen angefertigt.

Die Gestalt des Zuschauerraumes ist nicht genau bekannt, weil nur eine einzige halbkreisförmige Mauer und Stücke der Stützmauern aufgedeckt sind. Steinerne Sitzreihen kann das Theater niemals gehabt haben, weil bei dem guten Erhaltungszustand der in der Orchestra stehenden Throne und des ganzen Skenengebäudes an ein Fortschleppen aller Sitzstufen nicht zu denken ist. Die Zuschauer müssen daher hölzerne Sitze gehabt haben, deren Spuren auf den Fundamentmauern auch scheinbar zu sehen sind. Wir haben demnach hier ein gutes Beispiel für einen Theaterraum mit Holzsitzen, wie wir ihn für Athen im V. Jahrhundert annehmen mussten.

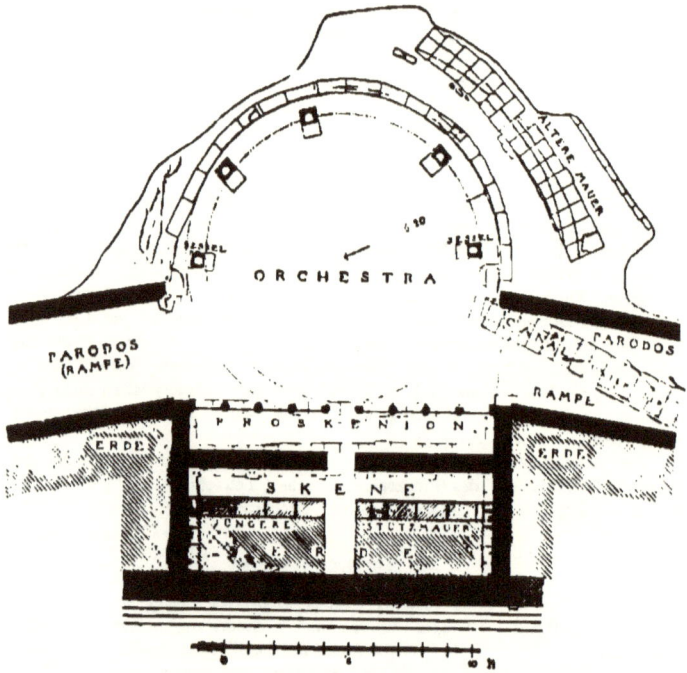

Figur 35. Grundriss des Theaters in Oropos.

Auch die Orchestra zeigt eine einfachere Anlage als fast alle anderen Theater; sie ist weder durch einen Wassercanal noch einen Umgang von dem Zuschauerraum geschieden. Auf dem ungepflasterten Platze stehen im Kreise herum fünf Marmorthrone, auf welchen die Inschrift zu lesen ist: ΝΙΚΩΝ ΝΙΚΩΝΟΣ ΙΕΡΕΥΣ ΓΕΝΟΜΕΝΟΣ ΑΜΦΙΑΡΑΩΙ. Zeichnen wir innerhalb der durch die Throne bezeichneten Rundung einen Kreis, wie es in unserem Grundrisse geschehen ist, so zeigt sich, dass die Orchestra auch hier einen vollen Kreis umfasst.

Das Skenengebäude wurde in einem sehr guten Zustande gefunden; es war besser erhalten und lässt sich mit grösserer Sicherheit ergänzen als irgend eine der bisher ausgegrabenen Skenen. Es besteht aus einem grossen Saale und einer nach dem Zuschauerraum gerichteten Vorhalle von fast 2ᵐ Tiefe, dem Proskenion. Die Wände des Saales, der eigentlichen Skene, sind aus Porosquadern erbaut und stehen noch bis zu 2ᵐ hoch aufrecht. Säulen und Gebälk des Proskenion bestehen dagegen aus weissem Marmor; acht dorische Halbsäulen und zwei Eckpfeiler standen bei der Ausgrabung noch aufrecht, sind aber vor einiger Zeit leider mutwilliger Weise umgeworfen worden und dabei teilweise zerbrochen. Ihre Gebälkstücke, welche die auf Tafel VI abgebildete Inschrift tragen, lagen auf dem Boden herum und sind jetzt im Innern der Skene zusammengelegt. Andere etwas grössere Gebälkstücke aus Marmor, deren Architrave zum Teil ebenfalls eine Inschrift tragen, gehören nach ihren Massen und nach dem Wortlaut der Inschrift zu dem Skenengebäude. Die erstere Inschrift, auf Tafel VI abgebildet, lautet: . . . ἀ]γωνοθετήσας τὸ προσκήνιον καὶ τοὺς πίν[ακας . . . Die zweite, von der drei Fragmente gefunden sind, hat folgenden Wortlaut: . . . ἱερεὺ]ς γενόμενος—τὴν σκηνὴν καὶ τὰ θυρώμ[ατα τῷ Ἀμ]φιαράῳ. Abgebildet ist sie nebenstehend in Figur 36.

Die Weihung des Proskenion und der Skene erfolgte offenbar von verschiedenen Personen, wahrscheinlich auch zu verschiedenen Zeiten, obwohl der Charakter der Buchstaben in beiden Inschriften sehr ähnlich ist. Der ältere Teil dürfte nach der Analogie anderer Theater die Skene sein, zu welcher ursprünglich ein hölzernes Proskenion gehörte; letzteres wurde aber bald von einem Agonotheten, dessen Name nicht erhalten ist, in ein festes Proskenion umgebaut. Der monumentale Thatbestand scheint diese Annahme zu bestätigen. Beide Inschriften werden in das I. oder II. vorchristliche Jahrhundert gesetzt; sie genauer zu datiren, ist bisher nicht möglich gewesen.

Vor der Errichtung des festen Proskenion bestand die Skene aus dem grossen Saal und den zwei links und rechts vorspringenden Zungenmauern, welche die fehlenden Paraskenien zu ersetzen und einen seitlichen Abschluss des provisorischen Proskenion zu bilden hatten. In der Vorderwand der Skene befindet sich eine Thür von 1,12ᵐ Breite, deren Schwelle in der Höhe der Orchestra liegt. Ist man durch sie in die Skene eingetreten, so bemerkt man an der Rückseite der Vorderwand in der Höhe des Fussbodens vier grössere Steine mit quadratischen Löchern, die offenbar zur Aufnahme starker Holzbalken gedient haben. Ob darin die Reste einer älteren, aus Holz bestehenden Vorderwand der Skene erkannt werden dürfen, muss unentschieden bleiben.

Im Innern des Saales sind noch mehrere Schichten einer Längsmauer aus Brecciaquadern erhalten, welche in ihrer Mitte eine der Thür der Skenenwand entsprechende Öffnung hat. Dass sie aus einer späteren Zeit stammt als die übrigen Wände des Saales, wird durch die Art ihres Anschlusses an die Seitenwände, durch ihre Höhenlage und ihr Material bewiesen. Für die Ermittelung ihres Zweckes ist es ausschlaggebend, dass sie als Stützmauer gebaut ist. Die zur Orchestra gerichtete Seite ist nämlich glatt bearbeitet und zeigt die bei Stützmauern gewöhnlich vorkommenden regelmässigen Absätze der einzelnen Schichten. Die andere Seite ist roh und kann niemals sichtbar gewesen sein. Der hintere Teil des Skenensaales war daher sicher mit Erde gefüllt und nur ein schmaler corridorähnlicher Raum übrig geblieben. Die Erdschüttung reichte jedenfalls bis zum ersten Stockwerke und hing vermutlich mit der Errichtung der grossen treppenförmigen Stützmauer hinter der Skene zusammen.

Unsere besondere Beachtung verdient die vor der Skene befindliche Säulenhalle, deren gute Erhaltung wir schon erwähnten. Auf einem durchgehenden Stylobat standen bei der Ausgrabung die Schäfte von 8 dorischen Säulen und 2 Eckpfeilern von je 1,88^m Höhe noch aufrecht. Von ihren Kapitellen hat sich nur ein kleines Bruchstück gefunden, welches zwar die Form des Kapitells, nicht aber sein genaues Höhenmass zu bestimmen gestattet. In Folge dessen kann die Säulenhöhe und weiter auch die Höhe der ganzen Wand nicht vollkommen genau angegeben werden. Wenn wir erstere zu rund 2,0^m und letztere zu 2,51^m annehmen, kann der Fehler höchstens 0,05^m sein, weil die Kapitellhöhe ungefähr dem halben Durchmesser entsprechen muss. Von dieser kleinen Ungenauigkeit abgesehen, sind der Grundriss und der Aufriss der Säulen und ihres Gebälks in allen Einzelheiten gesichert. Von den 9 Zwischenräumen der Stützen waren 8 geschlossen, nur der mittelste enthielt eine bewegliche Thür, die sowohl an ihrer Schwelle als auch an dem zugehörigen Architrave zu erkennen ist. In welcher Weise jene geschlossen waren, lernen wir einerseits aus der Form der Säulen und andererseits aus der auf dem Architrave befindlichen Inschrift. Die Säulen bestehen nämlich im Grundrisse aus drei Teilen, aus einem Halbkreise, einem breiteren und einem schmaleren Viereck (vergl. Abbildung Fig. 37). Offenbar waren nur die beiden ersteren Teile sichtbar, und in den durch das schmalere Viereck gebildeten Falz war die Verschlussvorrichtung eingeschoben. Als solche haben unzweifelhaft die in der Inschrift des Gebälks erwähnten Pinakes gedient, nämlich Holztafeln, welche mit Darstellungen verschiedener Art bemalt waren. Sie wurden mit Riegeln befestigt, welche in die an den Stützen noch jetzt sichtbaren Löcher eingriffen.

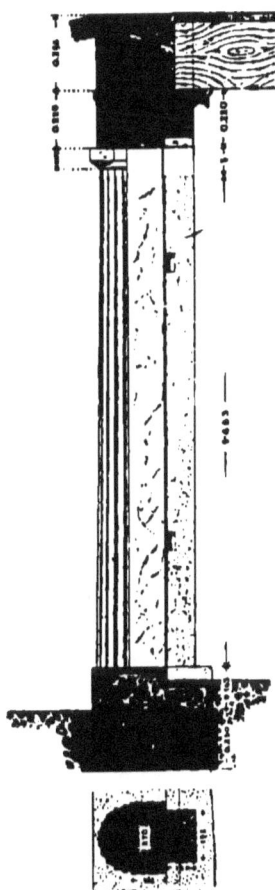

Figur 37. Durchschnitt des Proskenion und Grundriss der Proskenionsäulen.

Von dem Gebälk sind 4 Architravblöcke gefunden, welche aneinander stiessen und die Proskenion - Inschrift tragen. Ihre genaue Stelle an dem Bau ist dadurch gesichert, dass der zweite Stein an seiner Unterfläche die Zapfenlöcher für die mittlere Thür enthält. Links fehlen demnach noch drei, rechts noch zwei Architrave. Dies ist für die Ergänzung der Inschrift wichtig, weil dieselbe sicherlich gerade in der Mitte der ganzen Front angebracht war. Da hinter dem Worte τίνακας vermutlich noch 'Αμφιαράῳ oder τῷ 'Αμφιαράῳ ergänzt werden muss, fehlen am Anfange noch etwa 21 oder 24 Buchstaben, je nach dem man τῷ zusetzt oder nicht. Von den Triglyphen und dem Geison, die wegen ihrer Kleinheit zusammen aus einem Stück gearbeitet sind, haben sich fast alle Stücke gefunden. Sie sind oben glatt und enthalten an ihrer Rückseite die Löcher und Einarbeitungen für eine horizontale Holzdecke.

Dieser sichere Thatbestand ist für unsere Untersuchung von hervorragendem Wert. Wir wissen hierdurch nicht nur, dass die vor der Skene befindliche Säulenwand Proskenion hiess, sondern kennen ihre Gestalt und Dimensionen in allen Einzelheiten. Wie die Wand im Altertum aussah, veranschaulicht der auf Tafel VI abgebildete Aufriss und der in der nebenstehenden Figur 37 gezeichnete Durchschnitt.

Die Höhe des Proskenion von 2,51^m ist geringer als das entsprechende Mass anderer Theater, bei denen die Höhe zwischen 3^m und 4^m schwankt. Den Grund hierfür dürfen wir in der Kleinheit des ganzen Theaters suchen. Wie der Durchmesser seiner Orchestra nur etwa halb so gross ist als derjenige der athenischen, so ist auch die Länge und Höhe des Proskenion auf ein Minimum eingeschränkt. Kleiner durfte die Proskenionhöhe nicht gemacht werden, weil sonst die Thür in der Mitte zu klein geworden wäre, um noch benutzt werden zu können. Das Fehlen jeder Umrahmung der Thür darf als Beweis dafür angeführt werden, dass der Architekt trotz der geringen Säulenhöhe der Thür noch das Minimalmass geben wollte.

Lehrreich ist auch ein Vergleich mit den von Vitruv für das Proskenion angebenen Höhenmassen. Als Minimum nennt er 10—12 Fuss. Nehmen wir diese Fuss als römische von 0,296^m, so entsprechen seine Angaben 2,96^m — 3,55^m. Das Höhenmass von Oropos geht also noch beträchtlich unter das Minimum hinunter und zwar um ebensoviel, als die Höhe des athenischen Proskenion das Maximum übersteigt. Die wirklichen Grenzen, zwischen denen die Höhe der Proskenien schwankt, sind mithin 2,50^m und 4,0^m.

Figur 38. Architrav der Skene.

Die Decke des Proskenion bestand nach den hinter den Geisonblöcken erhaltenen Löchern aus Holz und war horizontal. Sie bildete ein Podium, welches auch hier mit der Orchestra nicht verbunden war; denn keinerlei Reste oder Spuren einer direkten Verbindungstreppe lassen sich finden. Nur auf dem Umwege durch die Skene oder durch die Parodoi war das Podium zu betreten. Diese Parodoi steigen nach beiden Seiten so beträchtlich an, dass sie in einiger Entfernung von der Orchestra die volle Höhe des Proskenion erreichen. Vom Anfange der Parodos konnte man daher zu ebener Erde auf das Dach des Proskenion gelangen.

Damit haben wir eine andere beachtenswerte Eigentümlichkeit unseres Thea-

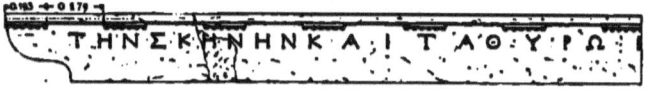

Figur 39. Architrav der Skene.

ters kennen gelernt. Es ist nämlich in ähnlicher Weise wie das Theater von Eretria so tief in den Boden eingesenkt, dass der Fussboden der Parodoi an ihrem äusseren Anfang mit dem Oberstock der Skene übereinstimmt. Von dem Thatbestande in Eretria unterscheidet sich diese Einrichtung aber dadurch, dass dort der hoch gelegene Boden wirklich der alte Fussboden war, während er in Oropos erst durch Stützmauern und Anschüttungen hergestellt ist.

Für das athenische Theater der hellenistischen Zeit haben wir das Vorhandensein eines oberen Stockwerkes der Skene vermutungsweise angenommen; in Oropos können wir nicht nur seine ehemalige Existenz sicher beweisen, sondern auch die Gestalt des Oberbaues annähernd bestimmen. Den Schlüssel dazu gewährt uns die oben erwähnte zweite Weihinschrift, deren drei erhaltene Stücke in den Figuren 38—40 abgebildet sind. Der dorische Architrav, auf welchem sie steht, hat nach ihrem Wortlaut die Vorderwand der Skene geschmückt, welche sich als viereckiges Gebäude über dem Dach des Proskenion erhob. Er ist um mindestens 3 Seiten dieses Gebäudes herumgelaufen, weil ausser den beiden consolenförmigen Endstücken (Figur 38 und 39), ein gewöhnliches Eckstück (Figur 40) vorkommt, welches den Namen des Gottes und damit das Ende der Weihinschrift enthält. Die beiden andern eigentümlichen Endstücke haben die Gestalt von Consolen, deren Form Figur 41 veranschaulicht; sie müssen über eine Wand oder Stütze hinaus frei in die Luft geragt haben. In Anbetracht der Grundrissform der Skene könnte man geneigt sein, diese geschwungenen Eckstücke auf die beiden oben als Paraskenien bezeichneten Zungenmauern zu legen. Allein die Inschrift würde dann links mit τὴν σκηνὴν beginnen, rechts mit γενόμενος schliessen und für das dritte Eckstück wäre nur an einer der hinteren

Figur 40. Architravstück der Skene.

Ecken des Skenensaales ein Platz; an eine solche Anordnung ist aber nicht zu denken. Vielmehr muss die Inschrift nach Analogie anderer Weihinschriften (z. B. derjenigen auf den Thronen) mit dem im Nominativ stehenden Namen des Weihenden anfangen, in der Mitte den Gegenstand der Weihung im Accusativ nennen und zum Schluss den Gott im Dativ anführen. Darnach müssen die consolenartigen Enden mit einer kleineren oder grösseren Lücke in der Weise zusammenstossen, dass die Inschrift über die Lücke hinwegläuft. Das Eckstück mit dem Dativ 'Αμφιαράῳ kommt dann richtig an die rechte Ecke, und an der linken muss ein entsprechendes Eckstück mit dem Namen des Donators ergänzt werden. Bei dieser Anordnung passen alle Stücke vorzüglich zu der Vorderwand der Skene, die demnach in der Mitte eine Öffnung gehabt haben muss. Die genaue Lage der einzelnen Bruchstücke ergibt sich mit Notwendigkeit aus einem Vergleich der gesamten Länge der Skene mit den Triglyphenaxweiten der gefundenen Architrave und dem Abstande der einzelnen Buchstaben. Die Länge der Skenenfront beträgt ungefähr 13,40^m und entspricht 29 Triglyphen von 0,193^m und 28 Metopen von 0,279^m. Einige Gebälkstücke mit etwas grösseren

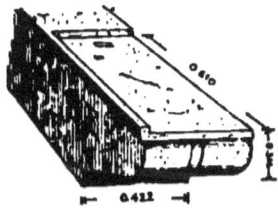

Figur 41. Eckstück des Architravs der Skene.

Metopenbreiten gehören nachweisbar zu den Seitenmauern der Skene. Jene 29 Triglyphen und 28 Metopen sind auf vier Architravblöcke und eine mittlere Öffnung zu verteilen. Die beiden mittleren Architrave, welche erhalten sind, haben je 7 Triglyphen und 6 Metopen entsprochen. Die Länge der Eckblöcke lässt sich dagegen leider nicht mit voller Sicherheit bestimmen, weil wir nicht wissen, ob der Dativ 'Αμφιαράῳ mit dem Artikel versehen war oder nicht. Im ersteren Falle muss jeder Eckblock 6 Triglyphen und 6 Metopen enthalten, was zu der Länge der mittleren Architrave vorzüglich passt, im anderen Falle ergiebt sich je 1 Triglyph und 1 Metope weniger, weil die drei Buchstaben τῷ gerade einem Triglyph und einer Metope entsprechen. Wenn die Buchstaben der Inschrift in der Nähe der consolenförmigen Enden bedeutend enger stehen, so ist das augenscheinlich dadurch veranlasst, dass sie ursprünglich bis ganz an die Enden der mittleren Steine reichen sollten und darnach auf den ganzen Architrav verteilt waren; bei der Einmeisselung wurden aber die consolenförmigen Stücke freigelassen und die letzten Buchstaben links und rechts von der Mittelöffnung enger aneinander gesetzt.

Von den beiden genannten Möglichkeiten empfiehlt sich architektonisch die erstere am meisten; trotzdem werden wir der zweiten den Vorzug geben müssen, weil der Artikel in den Weihinschriften ähnlicher Art im Allgemeinen ungewöhnlich ist, und weil in der Weihinschrift auf den Thronen 'Αμφιαράῳ auch ohne Artikel steht. Nehmen wir demnach die beiden Eckarchitrave zu je 5 Triglyphen und 5 Metopen an, so bleiben für die mittlere Öffnung 5 Triglyphen und 6 Metopen übrig, was 2,64ᵐ entspricht, während sie im ersteren Falle nur 3 Triglyphen und 4 Metopen (=1,70ᵐ) umfasst haben würde. Da die Öffnung sich wegen der geschwungenen Friese nach unten um etwa 0,60ᵐ verbreiterte, ergiebt sich als untere Breite das bedeutende Mass von etwa 3,20ᵐ.

Die Art der Überdeckung dieser grossen Öffnung ergiebt sich aus zwei Einarbeitungen, welche oben auf den beiden geschwungenen Architravenden vorhanden und in der Abbildung 41 zu sehen sind. Sie scheinen mir zur Aufnahme eines hölzernen Balkens bestimmt gewesen zu sein, der die Höhe der Triglyphen hatte und an den mindestens die Ecktriglyphen, vielleicht auch die mittleren Triglyphen angearbeitet waren. Der vordere erhöhte Rand am Architrav diente dazu, dem hölzernen Balken ein festes Auflager zu geben. Ob darüber das Geison durchgeführt war, ist zwar nicht gesichert, darf aber wohl angenommen werden.

Die Höhe der Öffnung und damit auch die Höhe des Skenengebäudes über dem Proskenion sind leider nicht zu bestimmen. Man könnte daran denken, das letztere Mass aus der Gebälkhöhe zu ermitteln, indem man das Verhältnis zwischen der Proskenionhöhe und der Höhe seines Gebälks als Ausgangspunkt nimmt. Allein eine solche Berechnung kann nicht ganz richtig sein, weil das Gebälk der Skene zugleich das Hauptgebälk des ganzen Baues war und daher ein verhältnismässig grösseres Höhenmass hatte, als das Gebälk des Untergeschosses. In dem Ergänzungsversuch, der in Figur 42 abgebildet ist, habe ich die Höhe des Oberstockes zu etwa 3,50ᵐ und die Höhe der Öffnung zu etwa 3,00ᵐ angenommen. Vielleicht waren beide Masse aber noch kleiner.

Welchen Zweck hatte die grosse, in der Vorderwand der Skene über dem Proskenion befindliche Thüröffnung? Es unterliegt keinem Zweifel, dass man durch sie aus dem Oberstock der Skene auf das Dach des Proskenion hinaustreten konnte. Aber dadurch erklärt sich noch nicht die grosse Breite und seltsame Form der Öffnung, welche durch die consolenförmigen Architrave sich nach oben stark verengte. Ich zweifle nicht, dass wir sie mit der krahnenartigen Maschine in Verbindung zu bringen haben, welche an der Skene angebracht war und dazu diente, schwebende Personen, also namentlich Götter, in der Höhe erscheinen zu lassen (vergl. Abschnitt IV). Durch die Öffnung des Gebälkes konnte vermutlich ein Balken, an dem sich ein Krahnen befand, vorgeschoben werden. Eine Person, die an dem Krahnen hing, konnte so schwebend und scheinbar fliegend als «deus ex machina» (θεὸς ἀπὸ μηχανῆς) erscheinen. Wurde der Krahnen etwas nachgelassen, so sank die Person auf das Dach des Proskenion herab und konnte auf dem Podium stehend zu den unten befindlichen Schauspielern und zu den Zuschauern reden. Dass die Öffnung für eine fliegende Person besonders gross sein musste, ist wohl verständlich; ebenso begreift man, dass es technisch notwendig oder wenigstens nützlich war, dem Balken über der Öffnung, der den Krahnen trug, durch die geschwungenen Architrave eine geringere Spannweite zu geben.

Figur 42. Ergänzter Aufriss der Skene von Oropos.

Ist hiernach die Reconstruction der oberen Skene in einigen Einzelheiten auch noch unklar, so ist sie doch im Grossen und Ganzen vollkommen gesichert. Fraglich ist z. B., ob der Triglyphenfries über der Öffnung unterbrochen war oder durchging. Letzteres müsste zwar als architektonischer Fehler bezeichnet werden, weil die Triglyphen nicht in der Luft schweben können, kann aber trotzdem der Fall gewesen sein. Als Verschluss der grossen Öffnung können wir uns entweder einen Vorhang oder eine hölzerne Thür denken, die sich beide vermutlich in der Mitte teilten, wenn ein Schauspieler vermittelst der Flugmaschine erschien.

Das Dach über dem Spielhause war höchst wahrscheinlich horizontal. Nicht nur deshalb, weil das Proskenion auch ein horizontales Dach hatte, sondern namentlich, weil die gefundenen Geisa oben horizontal abgearbeitet sind.

Neben der Skene werden in der Weihinschrift noch θυρώματα genannt, welche gleichzeitig hergestellt worden sind. Man könnte hierunter unsere grosse Thüröffnung verstehen und müsste dann wegen des Plurals noch zwei weitere Thüren neben der grossen Mittelöffnung ergänzen. Meines Erachtens ist aber die grosse

Thür in dem Worte σκηνή mit einbegriffen und es sind unter den θυρώματα die grossen Thüren der beiden Parodoi zu verstehen, deren Standspuren vielleicht in der Verlängerung der Paraskenienmauern erkannt werden dürfen. Sie sind in unserem Grundrisse mit punktirten Linien gezeichnet. Stücke korinthischer Säulen und ein grosser korinthischer Architrav mit Fries, welche hier gefunden sind, haben vermutlich zu diesen Seitenthoren der Orchestra gehört.

Wie aber die θυρώματα auch erklärt werden mögen, auf jeden Fall sind die Skenen-Architrave mit ihrer Inschrift und die durch sie ermöglichte Wiederherstellung des Episkenions und seiner Thür sehr wertvolle Grundlagen für die Reconstruction der griechischen Skene. Hier in Oropos ist es zum ersten Male möglich, ohne grosse Phantasie ein Bild des ganzen Skenengebäudes eines griechischen Theaters zu entwerfen, ein Bild, dessen Teile fast sämtlich durch erhaltene Reste im Ganzen und im Einzelnen gesichert sind. Für die Entwickelungsgeschichte des griechischen Theaters ist deshalb der kleine und ziemlich unscheinbare Bau doch von hervorragender Bedeutung.

Es verdient zum Schluss noch betont zu werden, dass in dem Theater von Oropos ebensowenig wie in demjenigen vom Piräus jemals ein römisches Logeion erbaut worden ist. Die griechische Einrichtung der kreisrunden Orchestra mit einem steinernen Proskenion ist bis zur Zerstörung des Baues unverändert geblieben.

3. Das Theater in Thorikos.

Während die Theaterruinen vom Piräus und von Oropos wertvolles Material liefern für die Feststellung der Gestalt und Einrichtung des jüngeren griechischen Theaters, zeigt uns der Bau von Thorikos den Zustand eines einfacheren und älteren Theaters; man kann sagen, dass wir in ihm das Bild eines griechischen Theaters des V. Jahrhunderts vor uns haben. Bei Beschreibung des älteren athenischen Theaters dürften wir daher diesen wichtigen Bau heranziehen, um die geringen Reste, welche in Athen aus jener Zeit übrig geblieben sind, zu erklären.

Die Ausgrabung und Untersuchung dieses an der Ostküste Attikas in der Nähe von Laurion gelegenen Theaters wird der Amerikanischen Schule für klassische Studien in Athen verdankt. Im Jahre 1886 wurde es von den Herren W. Miller und W. L. Cushing freigelegt, welche beide über die Resultate ihrer Arbeiten in den Papers der Schule vom Jahre 1888 berichtet haben. Auf Grund des von dem Architekten Trowbridge aufgenommenen Planes ist der umstehende Grundriss (Figur 43) gezeichnet.

Der Bau ist eines jener kleinen Theater, deren es in den attischen Demen gewiss mehrere gab und die an den besonderen Dionysos-Festen der Demen zu Tänzen und Aufführungen benutzt wurden. Etwa im V. oder IV. Jahrhundert erbaut, scheint es im IV. oder III. Jahrhundert erweitert worden zu sein. Eine bestimmte Datirung ist leider nicht möglich.

Die ganze Anlage besteht aus 4 Teilen: dem Zuschauerraum, der Orchestra, dem Tempel des Dionysos und einigen neben der südöstlichen Parodos gelegenen Zimmern.

Der Zuschauerraum hat eine unregelmässige, fast elliptische Form und wurde durch 2 Treppen in 3 Keile geteilt. Seine eigentümliche Gestalt ist durch Sparsamkeitsrücksichten veranlasst. Der Bau ist der natürlichen Gestalt des Terrains angepasst; grosse Aufschüttungen und hohe Stützmauern, wie sie bei einem kreis-

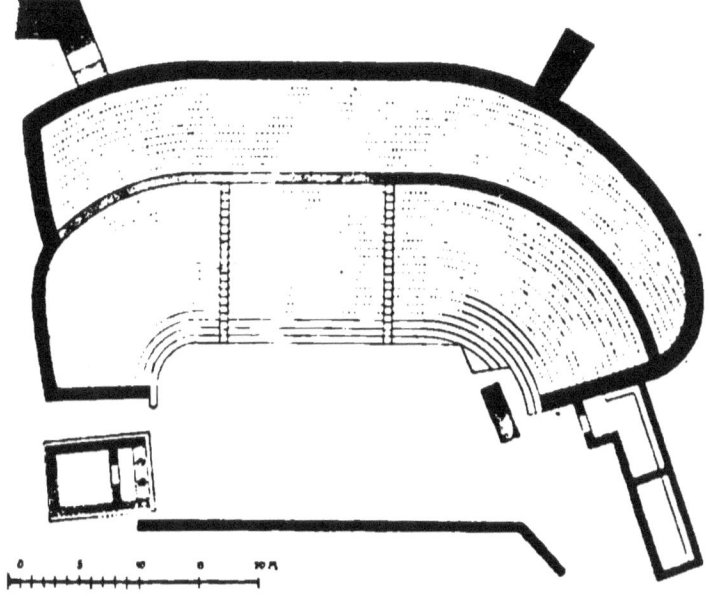

Figur 43. Grundriss des Theaters von Thorikos.

runden Theater gewöhnlich notwendig sind, wurden möglichst vermieden. Nur niedrige Stützmauern mussten rings um den Zuschauerraum erbaut werden und sind jetzt noch sehr gut erhalten. Die zum Teil noch vorhandenen steinernen Sitze sind auffallend roh gearbeitet.

Auch die Orchestra hat eine ungewöhnliche Form; sie bildet ein Viereck von etwa 30m Länge und 15m Breite, dessen beide zum Zuschauerraum gewandte Ecken abgerundet sind. Die entgegengesetzte Seite wird von einer geraden

Stützmauer gebildet, welche uns an die runde Stützmauer der alten athenischen Orchestra erinnert. Denn in beiden Theatern lag die Orchestra als Terrasse am Abhange des Berges, auf der einen Seite in den Berg eingeschnitten, auf der anderen von einer Futtermauer gestützt.

Von einem Skenengebäude ist in Thorikos nichts erhalten und scheint auch niemals etwas vorhanden gewesen zu sein, wie es ja auch in Athen im V. Jahrhundert keinen festen Skenenbau gegeben hat. Wenigstens ist bei den Grabungen, die südlich von der Orchestra vorgenommen wurden, keine Spur eines Skenengebäudes gefunden worden. Dagegen liegt an der Westseite der Orchestra ein kleines Gebäude, in dem man trotz der gründlichen Zerstörung einen nach Osten gerichteten Tempel nicht verkennen kann. Er besteht aus einer kleinen Cella und einem zur Orchestra gerichteten Pronaos. Nach einer im Theater gefundenen Weihinschrift an Dionysos darf man diesen Gott als Inhaber des Tempels annehmen. Vor dem Pronaos sind in der Orchestra einige Steine gefunden worden, welche so unregelmässig zu sein scheinen, dass man nicht wagen darf, sie für die Reste eines Altares zu halten. Eine volle Aufdeckung der Orchestra steht noch aus.

Zwischen dem Tempel und dem Zuschauerraum liegt der westliche Seitenzugang zur Orchestra, etwa 3^m breit. Der östlich gegenüber liegende Weg hat eine grössere Breite und scheint der Hauptzugang für die Zuschauer gewesen zu sein. Die Bedeutung der neben ihm liegenden Zimmer ist zwar nicht sicher, doch liegt es nahe, in ihnen eine zur Aufbewahrung von Theatergegenständen dienende Skenotheke zu sehen, wie wir sie beim Theater von Megalopolis kennen lernen werden. Eine am Ende des Zuschauerraumes erhaltene Basis kann der Unterbau für eine Statue oder ein grosses Weihgeschenk sein; auch an einen Altar könnte man denken. Sie muss aus verhältnismässig später Zeit stammen, da zu ihrer Aufstellung mehrere Sitze fortgeschnitten sind.

Die einfachste Form des griechischen Theaters, die wir in Athen aus sehr geringen Bauresten mit Hülfe von Nachrichten der alten Schriftsteller festzustellen suchten, haben wir hier deutlich vor uns: Vor dem Tempel des Dionysos liegt ein terrassenförmiger Platz, der genügend Raum bietet für die kyklischen Chöre und skenischen Aufführungen. Auf der einen Seite ist er von Sitzreihen umgeben, auf der anderen von einer Futtermauer gestützt, an deren Aussenseite der Boden tief abfällt. Zwei Zugänge (Parodoi) führten von den Seiten zu dieser Orchestra; sie waren die einzigen Wege, auf denen Publikum, Chor und Schauspieler das Theater betraten.

Sollte in diesem Theater ein Stück aufgeführt werden, bei dem eine Skene notwendig war, so musste sie neben der Orchestra auf dem tiefliegenden Boden so erbaut werden, dass ihr innerer Fussboden mit demjenigen der Orchestra in einer Höhe lag. Sie scheint zu allen Zeiten aus Holz bestanden zu haben, denn von einem steinernen Spielhause ist eben so wenig etwas gefunden worden wie von einem erhöhten römischen Logeion.

112 II. Abschnitt. Griechische Theater ausserhalb Athens.

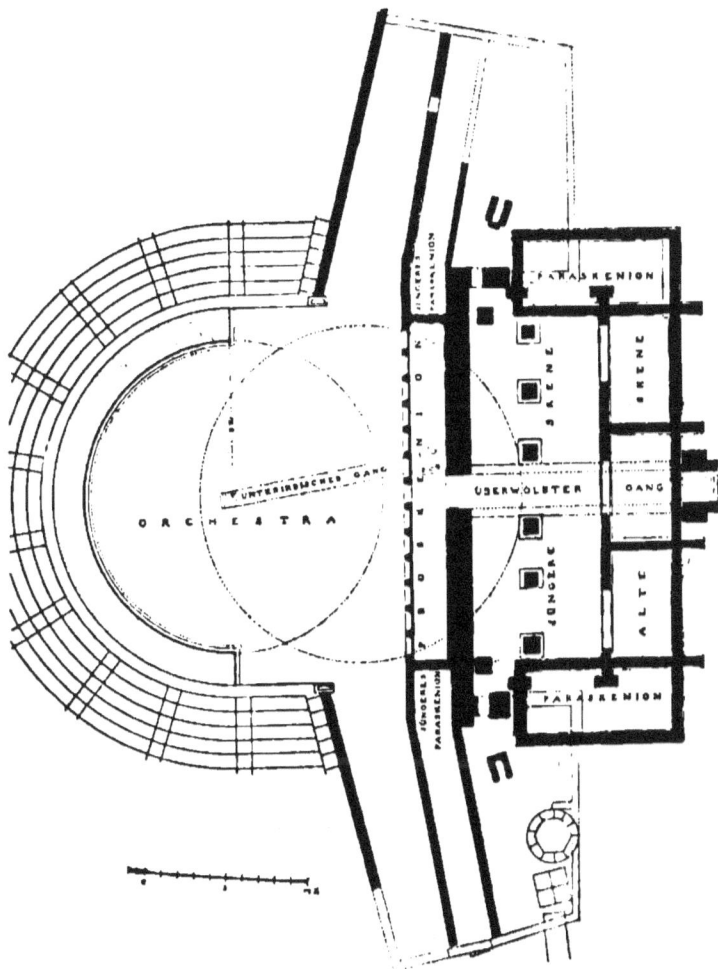

Figur 44. Grundriss des Theaters von Eretria

4. Das Theater in Eretria.

Der Amerikanischen Schule in Athen verdanken wir auch die Ausgrabung des wichtigen Theaters von Eretria, dessen Grundriss und Durchschnitt wir nach dem in den Papers der Schule (American Journal of Archaeol. VII, Taf. XI) veröffentlichten Plane von A. Fossum in den Figuren 44 und 45 wiedergeben. Einige Zusätze und Verbesserungen dieses Planes sind durch die neuerdings von R. B. Richardson, E. Capps und I. W. Hafemance vorgenommene vollständige Ausgrabung des Theaters herbeigeführt und haben mit Genehmigung der Ausgräber auch in unsere Zeichnung teilweise aufgenommen werden können (vergl. Amer. Journ. of Arch. X, S. 338).

Drei Bauperioden sind deutlich zu unterscheiden. Der älteste Teil umfasst die hintere Hälfte des Skenengebäudes und stammt aus dem IV. oder V. Jahrhundert. Die vordere Hälfte der Skene, die jetzige Orchestra und der ganze Zuschauerraum sind wahrscheinlich im IV. Jahrhundert erbaut. Endlich ist in hellenistischer oder frührömischer Zeit die Schmuckwand vor der Skene, die bis dahin aus Holz bestand, als festes Proskenion in weissem Marmor errichtet worden. In dem Grundrisse (Figur 44) und ebenso in dem Querschnitte (Figur 45) sind diese drei Bauperioden durch abweichende Tönung unterschieden worden.

Der älteste Bau, von dem nur die Fundamente und einige Mauerstücke des Skenengebäudes erhalten sind, bestand aus drei nebeneinander liegenden Räumen, welche an ihrer Vorderseite mit je einer grossen Thür versehen waren. Obwohl die jetzt vorhandenen Thüren einem Umbau angehören, lässt sich ihre ursprüngliche Gestalt noch erkennen. Die drei mittleren Räume werden von zwei paraskenienartig vorspringenden Sälen eingefasst.

Man braucht den Grundriss dieser 5 Zimmer, der in Figur 44 durch schwarze Tönung hervorgehoben ist, nur mit dem Plane des lykurgischen Theaters in Athen zusammenzustellen, um die grosse Ähnlichkeit beider Grundrisse zu erkennen. Der einzige Unterschied zwischen ihnen besteht darin, dass im Spielhause Lykurgs die inneren Scheidemauern fehlen, welche den grossen Saal in einzelne Gemächer teilen. Dass die Skene von Eretria aus guter griechischer Zeit, also mindestens aus dem IV. Jahrhundert stammt, beweist das sorgfältige polygonale Kalkstein-Mauerwerk, aus dem die Wände bestehen.

Wenn man die Bauweise von Eretria mit der in Athen üblichen ohne Weiteres vergleichen dürfte, müsste man die Skene von Eretria für älter halten als die erste steinerne Skene von Athen. Aber ein solcher Vergleich ist nicht zulässig, solange wir über die Baumaterialien und Bauweisen Eretrias noch nicht unterrichtet sind. Gleichwohl muss die Möglichkeit zugegeben werden, dass die Eretrier eher als die Athener ein steinernes Skenengebäude gehabt haben.

Zwischen den vorspringenden Paraskenien haben wir nach Analogie von Athen (vergl. oben S. 69) das bewegliche Proskenion und vor diesem die kreisrunde Orchestra anzunehmen. Von jenem konnte selbstverständlich nichts gefunden werden; aber auch von dieser ist nicht die geringste Spur erhalten, weil der ganze Platz vor der Skene in späterer Zeit einen gründlichen Umbau erfahren hat, der durch die unpraktische Einrichtung des älteren Zuschauerraumes veranlasst war.

Das Theater ist nämlich nicht an einem Bergabhange, sondern, obwohl es der Akropolis nahe liegt, in dem fast ebenen Teile der Stadt angelegt. Der Zuschauerraum musste daher in älterer Zeit als ein hohes Holzgerüst mit hölzernen Stufen erbaut werden, wie es bekanntlich auch in dem älteren Theater Athens der Fall war. Man hatte das Theater in dem Heiligtum des Dionysos ganz ohne Rücksicht darauf erbaut, ob der Platz sich zur Errichtung eines Theaters eignete oder nicht.

Die beträchtlichen und sich oft wiederholenden Kosten eines solchen Holzgerüstes und die Gefährlichkeit der ganzen Anlage, vielleicht auch die Erbauung des steinernen Theaters in Athen werden die Eretrier zum Bau eines festen Theaters mit steinernen Sitzen bewogen haben. Da ein in der Ebene errichteter Zuschauerraum mächtige Stützmauern und hohe Erdanschüttungen verlangte, hätte man den Bau an den Fuss der Akropolis verschieben können. Dies geschah aber nicht, sondern man half sich auf eine andere sehr geschickte Weise, indem man die Orchestra etwa 3,20 m tief in die Erde hineinlegte. Einerseits konnten nun die Anschüttungen und ihre Stützmauern um dieses Mass niedriger gemacht werden und andererseits waren die beim Tieflegen der Orchestra gewonnenen Erdmassen unmittelbar zur Aufhöhung der Zuschauerwälle zu benutzen.

Um die feste Skene, jenes aus fünf

Räumen bestehende Gebäude, nicht zerstören zu müssen, entfernte man die neue Orchestra so weit von ihr, dass zwischen beiden das neue Skenengebäude errichtet werden konnte. Dieses bestand aus einem grossen Saale mit Innenstützen, an den sich nach hinten die Zimmer der älteren Skene anschlossen, und aus zwei schmalen Räumen, welche wie Paraskenien rechts und links vor dem Saale lagen, aber in ihrer ursprünglichen Gestalt wegen des späteren Umbaues nicht mehr zu erkennen sind. Die Vorderwand der neuen Skene und ihre Paraskenien reichten bis zum Niveau der neuen, tief liegenden Orchestra hinab, während der Skenensaal selbst in der Höhe der alten Skene verblieb.

Zur Verbindung der Orchestra mit dem Inneren der Skene und mit dem hinter ihr liegenden Hieron des Dionysos diente ein mit Schnittsteinen überwölbter Gang, der in der Höhe der neuen Orchestra und unter dem Fussboden der Skene lag und noch gut erhalten ist. An seinem Ende führt eine Steintreppe zum oberen Niveau hinauf. Ausserdem wurden in den beiden Paraskenien Rampen zur Verbindung der verschiedenen Fussböden angelegt.

Die wegen des starken Erddruckes als doppelte Wand erbaute Vordermauer der neuen Skene wurde nach der Orchestra zu mit einem Proskenion ausgestattet, welches anfangs aus Holz und erst später aus Marmor bestand. Wenn wir uns ein Bild von diesem älteren hölzernen Proskenion machen wollen, sind wir zwar auch hier wie bei anderen Theatern auf den jüngeren steinernen Bau angewiesen, und müssen von diesem auf den älteren zurückschliessen, aber es verdient besonders betont zu werden, dass hier die Höhe des älteren Proskenion ganz unabhängig von dem jüngeren durch den Höhenunterschied zwischen der Orchestra und dem Fussboden der alten Skene gesichert ist. Denn es kann kein Zufall sein, dass dieser Unterschied gerade der Höhe des späteren Proskenion entspricht. Vielmehr war die Erhaltung des ältesten Skenengebäudes und seine organische Verbindung mit dem Neubau nur möglich, wenn der alte Fussboden dem ersten Stockwerke der neuen Skene entsprach.

Das steinerne Proskenion, dessen Höhe etwa 3,50^m betrug, bestand aus 12 Halbsäulen mit angelegten Pfeilern und 2 Parastaden, hatte also im Ganzen und im Einzelnen dieselbe Gestalt wie das Proskenion im Theater von Oropos. Die Zwischenräume der Stützen waren auch hier mit hölzernen Tafelgemälden ausgefüllt, mit Ausnahme des mittleren Intercolumniums, welches die Zapfenlöcher für eine zweiflügelige Thür aufweist. Durch diese Thür trat man aus der Orchestra in den Raum hinter dem Proskenion und konnte dann durch den gewölbten Gang oder vermittelst der Rampen der Paraskenien zu dem oberen Skenensaale gelangen und sodann auf das Dach des Proskenion hinaustreten. Andere Thüren hatte das feste Proskenion nicht; dagegen führten zwei weitere Thüren aus den beiden Parodoi in die Paraskenien und durch diese hinab zu dem Inneren des Proskenion oder hinauf zum neuen Skenengebäude.

Diese etwas verwickelten Höhenverhältnisse hatten sich mit Notwendigkeit aus der Tieferlegung der Orchestra ergeben. Sie waren aber von dem Architekten in sehr geschickter Weise benutzt, um ein möglichst billiges und doch in jeder Weise praktisches Theater zu schaffen. Unbequem war nur die Entfernung des Raumes hinter dem Proskenion von dem oberen Skenengebäude. Man sucht nach einer unmittelbaren Verbindung der beiden Räume durch eine Treppe; aber es scheint keine vorhanden gewesen zu sein. Ich vermute deshalb, dass der obere Saal hauptsächlich als Magazin für die Dekorationen benutzt wurde. Für die wenigen Schauspieler, welche in den antiken Dramen auftraten, genügte der Platz hinter der Proskenionwand, der einen Flächeninhalt von rund 40 qm hatte, vollständig sowohl zum Umkleiden als zum Aufenthalt zwischen dem Ab- und Auftreten.

Zwei beachtenswerte Thatsachen sind noch zu nennen: Erstens hatte das steinerne Proskenion keine vorspringenden Paraskenien mehr; nur durch die Säulenstellung hob es sich von den glatten Seitenwänden ab. Zweitens ist ein eigentümlicher unterirdischer Gang vorhanden, welcher den Raum hinter dem Proskenion mit der Mitte der kreisrunden Orchestra verband. Seine Lage und Gestalt ist aus dem Grundriss und Durchschnitt zu ersehen. Wegen seiner Höhenlage ist er sicher älter als das marmorne Proskenion und gehört noch der Zeit an, als eine hölzerne Schmuckwand für jedes Stück aufgeschlagen wurde. Hinter der Wand des Proskenion, also ohne von den Zuschauern gesehen zu werden, konnte der Schauspieler auf einer steinernen Treppe zu dem Gang hinabgehen und an dem anderen Ende auf einer gleichen Treppe wieder emporsteigen, wenn er zu irgend einem Zwecke in der Mitte der Orchestra erscheinen musste. Der Gang ist 0,88 m breit und 1,98 m hoch, war also von einer Person gut zu benutzen. Die Treppen an den Enden sind in merkwürdiger Weise aus einer schräg gestellten Steinplatte in der Weise gearbeitet, dass man die Nachahmung einer älteren Holztreppe nicht verkennen kann. Die Bedeutung dieses Ganges und seine Verwendung in dem alten Drama als charonische Stiege wird in einem späteren Abschnitte besprochen werden.

Die griechische Einrichtung der Orchestra und Skene, d. h. die kreisrunde Orchestra mit einem als Hintergrund dienenden Proskenion, ist in Eretria niemals abgeschafft worden. Weder ein römisches Bema noch eine vertiefte Konistra war jemals vorhanden. Der Boden der Orchestra war einst mit einem Kalk-Estrich versehen, von dem noch grosse Stücke erhalten sind. Eine Einfassung aus Poros ist nur in dem zum Sitzraume gewandten Halbkreise vorhanden; für den zweiten Halbkreis reichte zwar der Raum aus, aber der Kreisbogen war nicht durch eine Einfassung sichtbar gemacht. Ein vertiefter Umgang, welcher den Halbkreis der Orchestra von dem Zuschauerraume trennte, diente nicht nur als Weg für die Zuschauer, sondern auch als Sammelcanal für das Regenwasser; deshalb ist sein Boden mit Steinplatten gepflastert und ein unterirdischer Wassercanal zur Abführung des Wassers bis zum Meere angelegt. Diese Anordnung kehrt in ähnlicher Weise in Epidauros wieder und ist für die zeitliche Bestimmung der beiden Theater deshalb von Wert, weil die gewöhnliche in

Athen vorhandene Anordnung (tiefer Wassercanal und daneben liegender Umgang) in Eretria wegen des geringen Gefälles bis zum Meere sehr unpraktisch gewesen wäre. Es scheint mir nicht unmöglich, dass hier in Eretria die andere Lösung gefunden und zum ersten Male angewendet worden ist.

Schliesslich mag nicht unerwähnt bleiben, dass neben dem Theater noch die Reste eines Peripteraltempels und eines grossen Altars in ihren Fundamenten erhalten sind (vergl. Amer. Journ. of Arch. X, S. 326). Sie waren beide dem Dionysos geweiht, zu dessen heiligem Bezirke auch das Theater gehörte.

5. Das Theater in Sikyon.

Von dem Theater in Sikyon, welches von der Amerikanischen Schule für klassische Studien in den Jahren 1886 und 1887 ausgegraben ist, wurde bisher

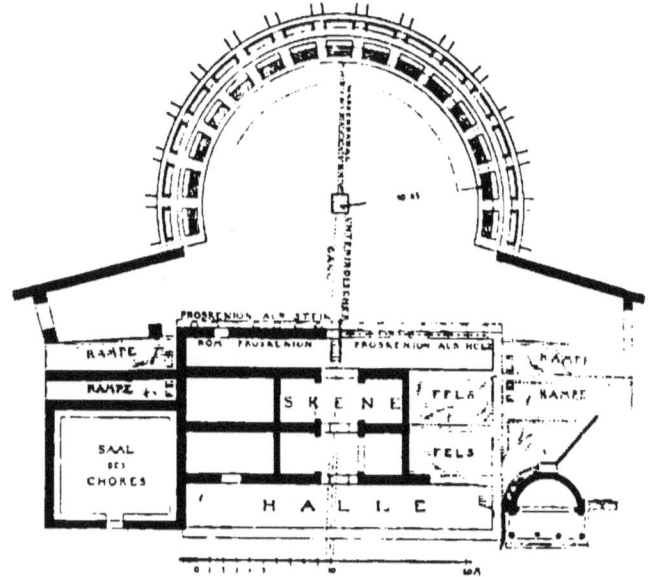

Figur 46. Grundriss des Theaters von Sikyon.

nur der im American Journal of arch. V, 1889, Tafel IX abgebildete Plan veröffentlicht, welcher auch unserem Grundrisse (Figur 46) zu Grunde liegt. Über eine spätere Grabung ist in derselben Zeitschrift VIII, S. 388 ohne Plan berichtet.

In dem Zuschauerraum, dessen Rundung nur einen einzigen Mittelpunkt zu haben scheint, fällt die grosse Zahl der Treppen auf; 15 Keile werden von 16 Treppen eingefasst. Vor der untersten Sitzreihe, welche Bänke mit Rückenlehnen enthält, liegt unmittelbar der schmale und tiefe Wassercanal, welcher in der Verlängerung der Treppen mit Brückensteinen überdeckt ist. Der Umgang, den wir in anderen Theatern zwischen Orchestra und Proedria fanden, fehlt hier vollständig. In Folge dessen ist die Orchestra so gross, dass ihre Kreislinie das Proskenion schneidet; nur wenn ursprünglich ein Umgang vorhanden war und dieser später bei einem Umbau in Fortfall kam, kann die Orchestra einst einen vollen Kreis gebildet haben.

Von besonderer Wichtigkeit ist, dass die meisten Wände des Skenengebäudes in ihren unteren Teilen aus dem anstehenden Felsen geschnitten sind und daher unmöglich jemals eine Veränderung erfahren haben können. Der Fels ist in unserem Grundriss durch eine wagerechte Schraffur angedeutet. Ebenso sind auch die zum oberen Stockwerke führenden Rampen, welche denen im Theater von Epidauros gleichen, aus dem gewachsenen Felsen gearbeitet. Die entscheidende Bedeutung dieser Thatsache liegt darin, dass die neuerdings aufgestellte Hypothese, das Proskenion sei früher niedriger gewesen und erst später höher gemacht worden, durch die Felsrampen vollständig widerlegt wird. Schon bei der ersten Herrichtung hat das damals noch aus Holz bestehende Proskenion sicher die Höhe von 3^m—$3{,}50^m$ gehabt, denn bis zu dieser Höhe stiegen die Felsrampen empor.

Figur 47. Durchschnitt durch den Unterteil des Proskenion.

Der Grundriss des Skenengebäudes besteht aus der eigentlichen Skene, einem länglichen Viereck, das in mehrere einzelne Zimmer zerfällt, aus zwei Vorhallen, welche die langen Seiten des Vierecks einnehmen, aus jenen Rampen, die zum Oberstock führten, und je einem Saal, welcher neben den Rampen an den kurzen Seiten des Vierecks liegt. Von den Abteilungen der eigentlichen Skene hat das nördliche Drittel nur in der oberen Etage als zugänglicher Raum bestanden, weil unten der Fels noch hoch ansteht. Die übrigen beiden Drittel waren durch eine Längswand und eine Querwand in kleinere Räume geteilt.

Von den beiden Vorhallen ist die zum Zuschauerraum gerichtete das Proskenion. Seine jetzt erhaltene Vorderwand ist späteren Datums und gehört einem römischen Umbau an. In dem Durchschnitt (Figur 47) erkennt man zu oberst die römische Wand aus opus incertum, darunter verbaut die marmornen Stylobatplatten einer älteren Säulenwand (M) und ausserdem neben diesen noch an ihrer alten Stelle die Porossteine (P), welche einem ältesten hölzernen Proskenion angehörten und an der bisher freigelegten Stelle die in Figur 48 skizzirten Löcher aufweisen. Die grösseren viereckigen Vertiefungen enthielten augenscheinlich stärkere Holzpfosten, die zu je zweien in Abständen von 1,46ᵐ (von Mitte zu Mitte gerechnet) angeordnet waren; die kleineren unregelmässigeren Löcher werden zur Befestigung hölzerner Pinakes gedient haben. Unterhalb der Porossteine ist in dem Durchschnitt noch die Porosquader gezeichnet, mit welcher der später zu erwähnende unterirdische Gang überdeckt ist.

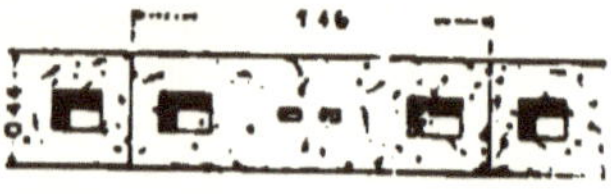

Unter den Stylobatplatten des steinernen Proskenion befinden sich einige Eckstücke, welche sich, wie Figur 49

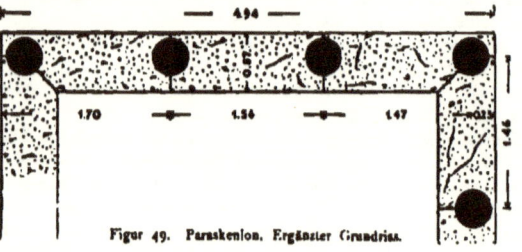

Figur 48. Schwelle des hölzernen Proskenion.

zeigt, mit jenen zu vorspringenden Paraskenien zusammensetzen lassen. Die Axweite der Säulen, deren Zahl freilich unbekannt ist, betrug 1,54ᵐ; ihre Standplätze sind durch Kreise von 0,36ᵐ Durchmesser bezeichnet. Die Säulen selbst müssen einen etwas grösseren Durchmesser gehabt haben, weil die Stylobatbreite 0,57ᵐ beträgt. Dass sie dorisch waren und einen Triglyphenfries trugen, geht aus dem Grössenunterschiede zwischen den Eck-Intercolumnien und den übrigen hervor. In dem Grundriss des ganzen Theaters (Fig. 46) sind keine Paraskenien gezeichnet, weil weder ihre Grösse noch ihr Abstand von der Mitte genau bekannt ist. Diese Paraskenien und das Proskenion müssen zerstört gewesen sein, bevor die römische Wand errichtet wurde.

Figur 49. Paraskenion. Ergänzter Grundriss.

An beiden Enden des Proskenion liegen je zwei aus dem Felsen gehauene Rampen, welche zum Dache des Proskenion und zum Episkenion hinaufführten. Die beiden Rampen der südlichen Seite sind noch in einem guten Zustande und zeigen glatte schräge Ebenen ohne Trittstufen. Die neben der Parodos liegende entspricht in ihrer Breite dem Proskenion und ist unten etwa 1,80, oben 2,40ᵐ breit. Neben ihr befindet sich eine schmalere Rampe von etwa 1,30 Breite, auf welcher man zum oberen Skenensaal gelangen konnte. Die erstere Rampenart ist zuerst in Epidauros gefunden und daher längst bekannt; aber auch von der letzteren ist im epidaurischen Theater durch neuere Ausgrabungen ein Rest zu

Tage getreten. Dass die vier Rampen nicht die gewöhnliche Verbindung zwischen der Orchestra und der vermeintlichen Bühne für den Verkehr der Schauspieler und des Chores bildeten, sondern nur dazu dienten, Wagen und andere Maschinen ins obere Stockwerk zu schaffen, werden wir an anderer Stelle nachweisen.

In den Ecken zwischen den Rampen und der Skene befindet sich an beiden Seiten je ein grosser Saal, an dessen Wänden noch jetzt Bänke entlang laufen. In ihnen dürfen wir die Räume des Chores erkennen. Von dem einen Saale ist durch eine exedraförmige Wasseranlage ein Stück abgeschnitten. Den zwischen beiden liegenden langen und schmalen Raum bezeichneten wir oben als Vorhalle, obwohl kein Stylobatstein und keine Säulenspur mehr vorhanden ist. Nach seinem Grundriss kann er aber nichts anderes sein als eine Säulenhalle, welche dem Proskenion auf der anderen Seite der Skene entsprach.

Zum Schluss ist der grosse Wassercanal, welcher das Regenwasser von der Mitte des Zuschauerraumes unter der Orchestra und der Skene hindurch nach aussen ableitete, deshalb besonders zu erwähnen, weil er auf der Strecke von der Mitte der Orchestra bis zum Hyposkenion in grösseren Abmessungen erbaut ist als in den übrigen Teilen und daher sicherlich als unterirdische Verbindung (charonische Stiege) zwischen den beiden genannten Punkten gedient hat; er ist auf dieser Strecke 0,77^m hoch. Hinter dem Proskenion sind auch noch einige Stufen der Treppe erhalten, auf der man zum Gange hinabsteigen konnte.

Eine genaue Datirung des ganzen Baues ist noch nicht möglich. Es kann aber wegen der mehrfachen Umbauten, welche vorgekommen sind, nicht zweifelhaft sein, dass der älteste Teil mit dem hölzernen Proskenion noch der griechischen Zeit (etwa dem IV. oder III. Jahrhundert) angehört, dass ferner das steinerne Proskenion etwa im II. oder I. Jahrhundert errichtet wurde, und dass der unterirdische Canal einer dieser beiden Bauepochen zugeteilt werden muss. In römischer Zeit ist nicht nur das Proskenion umgebaut, sondern, wie es scheint, auch ein römisches Logeion zwischen den Flügeln des Zuschauerraumes errichtet worden, von dem allerdings nur so geringe Reste vorhanden sind, dass sie auch in anderer Weise erklärt werden können.

6. Das Theater in Epidauros.

Im Jahre 1881 wurde das im Asklepieion von Epidauros gelegene Theater auf Kosten der griechischen Archäologischen Gesellschaft von P. Kavvadias ausgegraben. Vorher war nur ein Teil des Zuschauerraumes sichtbar, Orchestra und Skenengebäude lagen ganz unter der Erde verborgen. Nachdem in einem Supplement zu den Πραχτιχά von 1881 ein Bericht von dem Leiter der Ausgrabung mit Plänen von N. Solomos veröffentlicht war, habe ich im Jahre 1883 im Auftrage derselben Gesellschaft neue Pläne aufgenommen, welche P. Kavvadias in den Πραχτιχά von 1883 auf den Tafeln A und B mit einem kurzen begleitenden Texte herausgegeben hat. Pläne und Berichte hat der letztere in seinem Buche

«Fouilles d'Épidaure» wiederholt. Von den neueren Behandlungen des Theaters verdient namentlich diejenige von W. Christ in den Sitzungsberichten der k. bayer. Akad. d. Wiss. 1894 S. 1 genannt zu werden[1]).

Das von Polyklet erbaute Theater ist nicht nur eines der schönsten und am besten erhaltenen griechischen Theatergebäude, sondern bietet auch manche für die Geschichte des griechischen Theaters wichtige Eigentümlichkeit und verdient schon deshalb unsere ganz besondere Beachtung. Schon im Altertum war es wegen seiner Schönheit und Harmonie berühmt, denn Pausanias, der sonst den Theatern nur wenige Worte widmet, sagt von ihm (II, 27, 5): Ἐπιδαυρίοις δέ ἐστι θέατρον ἐν τῷ ἱερῷ, μάλιστα ἐμοὶ δοκεῖν θέας ἄξιον· τὰ μὲν γὰρ Ῥωμαίων πολὺ δή τι ὑπερῆρκε τῶν πανταχοῦ τῷ κόσμῳ, μεγέθει δὲ Ἀρκάδων τὸ ἐν Μεγάλῃ πόλει· ἁρμονίας δὲ ἢ κάλλους ἕνεκα ἀρχιτέκτων ποῖος ἐς ἅμιλλαν Πολυκλείτῳ γένοιτ' ἂν ἀξιόχρεως; Πολύκλειτος γὰρ καὶ θέατρον τοῦτο καὶ οἴκημα τὸ περιφερὲς ὁ ποιήσας ἦν.

Der nachfolgenden Beschreibung liegen die auf Tafel VII und in der umstehenden Figur 50 abgebildeten Pläne zu Grunde, die gegenüber den älteren Plänen in Folge der von P. Kavvadias vorgenommenen weiteren Grabungen etwas vervollständigt sind. Tafel VII zeigt nur die Orchestra, das Skenengebäude und den unteren Teil des Zuschauerraumes, Figur 50 dagegen das ganze Theater.

Der grosse, gut erhaltene Zuschauerraum wird durch einen mittleren Umgang in zwei ringförmige Abschnitte oder Ränge geteilt, von denen der untere 12 Keile und 13 Treppen, der obere wahrscheinlich 22 Keile und 23 Treppen umfasst. Ich sage wahrscheinlich, weil in Folge der Zerstörung der beiden äusseren Stützmauern und der anstossenden Sitzbänke nicht mehr festzustellen ist, ob den äussersten Keilen des unteren Ranges im oberen Range ein oder zwei Keile entsprechen. Im Plane der Πρακτικά und in Figur 50 habe ich das erstere angenommen, um so einen Zugang zu dem Diazoma zu erhalten.

Während die grosse Mehrheit der Sitzbänke die bei anderen Theatern übliche bekannte Form hat, bestehen die unterste und oberste Sitzreihe des ersten Ranges und die unterste Reihe des oberen Ranges aus reicher ausgestatteten Bänken mit Rücken- und Seitenlehnen. Einzelne Sessel mit aufgeschriebenen Namen der Platzinhaber, wie sie uns aus Athen bekannt sind, giebt es in Epidauros nicht.

Die Curve, nach welcher der Zuschauerraum gebildet ist, weicht von derjenigen anderer Theater ab. Bei der Vergrösserung des Zuschauerraumes über den Halbkreis hinaus ist nämlich eine Lösung angewendet, welche der von Vitruv angegebenen sehr nahe kommt und theoretisch als die vollkommenste gel-

---

[1]) Nach dem Abschluss des vorliegenden Abschnittes erschien noch eine ausführliche Veröffentlichung der Bauwerke von Epidauros von A. Defrasse und H. Lechat (Épidaure, Paris 1895). In Bezug auf die Ruinen des Theaters bietet das Werk wenig Neues. Zum Teil sind meine Pläne mit ihren Fehlern wiederholt und noch einige neue Fehler hinzugefügt. Die Behandlung der Bühnenfrage ist dagegen lesenswert.

122 II. Abschnitt. Griechische Theater ausserhalb Athens.

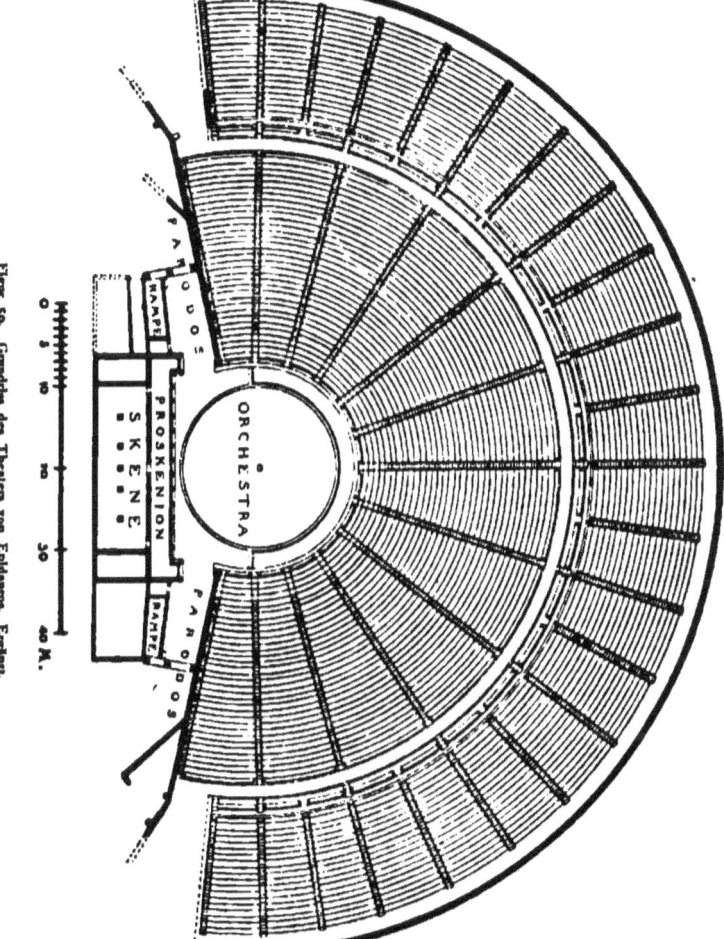

Figur 50. Grundriss des Theaters von Epidauros. Ergänzt.

ten darf. Die Sitzreihen bilden im Grundriss keinen regelmässigen Kreis, sondern eine aus drei Mittelpunkten construirte, einer Ellipse sich nähernde Curve. Mit dem Hauptradius sind nur die 8 mittleren Keile des Zuschauerraumes gezeichnet, welche zusammen weniger als einen Halbkreis ausmachen; die beiden äusseren Keile jeder Seite haben dagegen einen um etwa $3,5^m$ grösseren Radius. Der Krümmungsunterschied der beiden Curven ist so gering, dass er weder in der Zeichnung noch in Wirklichkeit bemerkbar sein würde, wenn nicht der Orchestrakreis in seiner ganzen Ausdehnung mit ein und demselben Radius beschrieben wäre und sich in Folge dessen nach den Flügeln des Zuschauerraumes hin allmählich von der unteren Sitzreihe weiter entfernte. Während der Abstand des Orchestrakreises von der Unterstufe der Sitzreihen bei den neun mittleren Treppen $2,10^m$ beträgt, misst er an den äussersten Treppen $2,84^m$.

Weshalb diese auffallende Curve gewählt ist und weshalb man sich nicht mit einem einzigen Mittelpunkte begnügt hat, wird im III. Abschnitte näher erörtert werden. Die in Epidauros gewählte Lösung ist deshalb sehr beachtenswert, weil sie der Ansicht widerspricht, dass das Theater für ein oben auf dem Proskenion stattfindendes Spiel erbaut sei. Denn die an den äussersten Flügeln sitzenden Zuschauer mussten sich stark nach der Seite wenden, wenn sie nach dem Platz hinter oder über dem Proskenion hinblicken wollten. Die Zuschauer sind alle nach einem der drei Mittelpunkte gerichtet.

Der Sitzraum ist von der Orchestra durch einen nur um eine Stufe tiefer liegenden Umgang getrennt, der zugleich als Weg für die Zuschauer und als Wassercanal diente. Auf den Unterschied zwischen dieser und der im athenischen Theater gewählten Einrichtung wurde oben (S. 54) hingewiesen und dabei gezeigt, dass die erstere eine vollkommenere ist und vermutlich aus jüngerer Zeit stammt.

Die Verschiedenheit der Breite des vertieften Umganges würde an den äussersten Treppen des Sitzraumes sehr gross gewesen sein, wenn der Umgang bis dahin durchgeführt wäre. Er hört aber schon bei den vorletzten Treppen auf, wo der Unterschied noch gering ist. Vielleicht hat der Wunsch, einen noch grösseren Unterschied zu vermeiden, diese Anordnung veranlasst; vielleicht ist sie aber auch gewählt, um den Spielplatz der Schauspieler, nämlich den Raum zwischen dem Centrum der Orchestra und dem Proskenion nicht zu zerschneiden (vergl. die ähnliche Anlage im Theater von Eretria S. 116).

Das Wasser, welches sich in dem vertieften Umgange bei Regengüssen sammelte, wurde durch zwei unterirdische Canäle unter dem Spielplatze und Skenengebäude hindurch zu einem nahen Bache geleitet. Die Anlage zweier Canäle, an Stelle des in Athen vorhandenen einzigen, war durch die Unmöglichkeit, dem Umgang ein starkes Gefälle nach dem einen Ende zu geben, von selbst vorgeschrieben.

Die kreisrunde Orchestra, zu der wir nunmehr gelangen, ist der bemerkenswerteste und wirkungsvollste Teil unseres Theaters. Wer jemals auf den Stufen des Theaters von Epidauros gesessen und den ganzen Orchestrakreis zu seinen Füssen gesehen hat, der kann diesen Anblick nicht vergessen, und wem es vergönnt war, Teile eines antiken Dramas in der Orchestra aufgeführt zu sehen, der hat einen Begriff bekommen von dem starken Eindruck, den ein solches Spiel hervorruft; dem wird auch für alle Zeiten beim Lesen eines antiken Dramas gerade das Theater von Epidauros mit seinem Steinkreise als Spielplatz vorschweben.

Die Orchestra ist rings herum von einer 0,38^m breiten Schwelle aus weissem harten Kalkstein eingefasst. Soweit sie von dem vertieften Umgang, dessen Boden ebenfalls aus weissen Kalksteinplatten besteht, umgeben ist, trägt die Einfassung an ihrer freien Aussenseite einen starken Rundstab als Verzierung. Die entsprechende Innenseite der Kalksteinschwelle und in dem zur Skene gerichteten Halbkreise ihre beiden Seiten zeigen dagegen nur an der Oberfläche eine sorgfältig ausgearbeitete Kante und sind im übrigen roh gelassen. Die Schwelle kann sich daher vor der Skene nach keiner Seite über den Erdfussboden erhoben haben; sie war nur eine Marke in dem grossen Platz vor der Skene und bildete keinerlei Hinderniss für die dort auftretenden Schauspieler. Ein künstlicher Belag aus Platten oder Kalk-Estrich ist weder in der Orchestra noch in dem übrigen vor der Skene gelegenen Platze jemals vorhanden gewesen.

Der noch jetzt in der Mitte der Orchestra liegende runde Stein (A) von 0,71^m Durchmesser mit einem 0,08^m weiten runden Loch in seiner Mitte war vielleicht das Fundament für einen runden Altar, wie ein solcher auch für die römische Periode des athenischen Theaters nachzuweisen ist. Allerdings könnte man auch vermuten, dass der Stein bei Erbauung des Theaters als fester Mittelpunkt für die Herrichtung der Kreislinien des Zuschauerraumes und der Orchestra gedient habe, jedoch müssten dann auch für die beiden anderen Mittelpunkte (B und C) Steine derselben Art vorhanden sein, was nicht der Fall ist.

Die Grösse der Orchestra ist ziemlich genau derjenigen des athenischen Tanzplatzes gleich; wie dieser einen Radius von 9,81^m einschliesslich der Steinschwelle hat, so kehrt fast dasselbe Mass (9,77^m) in Epidauros als Radius des Erdplatzes innerhalb der Steinschwelle wieder. Mit der Steinschwelle beträgt der Radius 10,15^m, ist also ein wenig grösser als der athenische.

Die Gestalt des Skenengebäudes ist aus dem Grundrisse auf Tafel VII noch gut zu erkennen. Ein grosser Saal von 19,50^m Länge und 6^m Tiefe wird von einer Reihe Innensäulen, deren Fundamente erhalten sind, in zwei Schiffe geteilt. Die Länge dieses Skenensaales entspricht gerade dem Durchmesser der Orchestra. Einbauten, welche jetzt im Inneren erhalten sind und den Saal in mehrere Zimmer zerlegen, rühren von einem sehr späten Umbau her. An den kurzen Enden lagen aber auch im Altertum zwei schmale Räume (T und W), deren Breite ungefähr dem Zwischenraum zwischen der Orchestra und den Sitzen entspricht. Die drei Thüren, welche in der Vorderwand der Skene jetzt zu erkennen sind, gehören jenem späten Umbau an. Wie viele Thüren die Wand ursprünglich hatte, ist nicht zu erkennen, wahrscheinlich waren es drei; möglicher Weise bestand die Wand jedoch nur aus einzelnen Pfeilern mit mehreren grossen Öffnungen. Die Rückwand der Skene scheint anfangs nicht geschlossen gewesen zu sein, denn es sind dort zwei symmetrisch liegende weisse Kalksteine (U und V) angeordnet, zwischen denen vielleicht einst Pfeiler oder Säulen gestanden haben.

Zwischen der Vorderwand und der Orchestra ist eine gut gearbeitete Kalksteinschwelle in ihrer ganzen Länge erhalten, in der wir den Stylobat eines steinernen Proskenion erkennen dürfen. Von seinen Halbsäulen sind noch so viele Reste und so deutliche Standspuren erhalten, dass die Ergänzung der Wand im Grossen und Ganzen gesichert ist (vergl. den Grundriss, Durchschnitt und Aufriss auf Tafel VI). Das eigentliche Proskenion, der mittlere Teil der Säulenwand, ist 22,60m lang und enthielt 12 Halb- und 2 Einviertelsäulen, deren Axweite 1,74m betrug. Eingefasst wurde es von zwei 1,00m vorspringenden und 2,57m breiten Paraskenien (L und N), die mit je zwei Dreiviertelsäulen ausgestattet waren. An die Paraskenien schliessen sich noch, wieder bis zur Flucht des Proskenion zurückspringend, kurze Mauerstücke an, welche je eine von zwei Pilastern eingefasste Thür enthielten.

Die sämtlichen Stützen der Wand waren jonischen Stiles und trugen als Gebälk einen dreifach gegliederten Architrav, einen glatten Fries und ein Geison mit Zahnschnitt. An den kurzen Seitenwänden der Paraskenien waren die Zwischenräume der Säulen mit Steinplatten geschlossen, von denen bei der Ausgrabung noch Reste erhalten waren. Für das Proskenion hatte ich früher dasselbe angenommen und deshalb auf Tafel B der Πρακτικά von 1883 horizontale Quaderfugen zwischen den Säulen gezeichnet. Nachdem aber festgestellt ist, dass in anderen Theatern gewöhnlich bemalte Holztafeln als Verschluss der Intercolumnien verwendet waren, müssen solche Tafelgemälde auch für Epidauros angenommen werden.

Wahrscheinlich war in allen Intercolumnien eine Thürumrahmung vorhanden, wie sie für die Paraskenien durch die noch an Ort und Stelle befindlichen Stücke der Umrahmung gesichert ist. Denn alle Fragmente von Säulentrommeln, welche gefunden sind, — allerdings sind es nur sehr wenige —, zeigen Ansatzstücke der Umrahmung und werden schwerlich nur zu den Paraskenien gehören. Das Proskenion hatte in seiner über 22m langen Front gewöhnlich nur eine einzige Thür (M), weil nur in der mittelsten Säulenöffnung zwei Zapfenlöcher einer Doppelthür erhalten sind und ausserdem die Schwelle dort stark abgetreten ist. In allen anderen Intercolumnien zeigt der Stylobat keinerlei Zapfenlöcher, ist aber doch durch häufiges Begehen wenigstens etwas abgetreten, was nur dadurch zu erklären ist, dass die Pinakes nach der Aufführung fortgenommen wurden, und dann ein freier Verkehr durch die Intercolumnien stattfand.

Die beiden Paraskenien (L und N) müssen eine von den übrigen Säulenöffnungen abweichende Verschlussvorrichtung gehabt haben, denn ihre Schwellen zeigen zwar Löcher, aber nicht die gewöhnlichen für Drehzapfen von Thürflügeln, sondern die Schwelle von L hat genau in ihrer Mitte ein kleines rundes Loch, die andere (N) ebenfalls in der Mitte zwei gleiche Löcher (vergl. Tafel VI und VII. Man könnte diese Löcher mit Riegeln in Verbindung bringen, die zur Befestigung von Holztafeln gedient haben könnten; doch ist diese Erklärung deshalb nicht zulässig, weil dann bei den Pinakes des Proskenion dieselben Löcher vorkommen müssten. Es scheint demnach in dem Intercolumnium der Paraskenien eine Thür oder ein anderer Gegenstand gewesen zu sein, der sich um seine eigene Mitte drehen konnte.

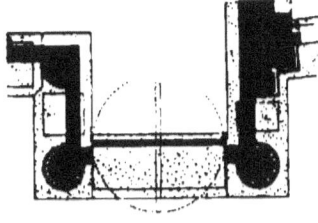

Figur 51. Grundriss des Paraskenion mit zweiseitiger Periakte.

Wenn man nun erwägt, dass gerade vor den Paraskenien die beiden seitlichen Zugänge zum Theater lagen, durch welche nach unserer Ansicht nicht nur der Chor sondern auch diejenigen Schauspieler, welche nicht aus der Skenenthür herauskamen, die Orchestra betraten, so liegt der Gedanke nahe, hier die Periakten unterzubringen, nämlich die drehbaren dreiseitigen Dekorationen, durch die angedeutet wurde, woher der durch das Seitenthor Eintretende kam (vergl. Abschnitt IV). Haben die Löcher wirklich zur Drehung der Periakten gedient, so können diese nach der Stellung der Löcher keine Prismen, sondern nur zweiseitige Pinakes gewesen sein, welche auf ihren beiden Seiten zwei verschiedene Darstellungen enthielten und so gedreht wurden, wie die nebenstehende Abbildung Figur 51 andeutet. Bei dreiseitigen Prismen müsste der Drehpunkt weiter nach Innen liegen, wie aus Figur 52 zu ersehen ist; in diesem Falle könnte das vordere Loch nur zur Feststellung des Prismas gedient haben. Trat ein Schauspieler durch die Parodos ein, und blickten die Zuschauer zu ihm hin, so sahen sie hinter ihm an den Paraskenien die Periakte und konnten aus der Darstellung entnehmen, woher er kam.

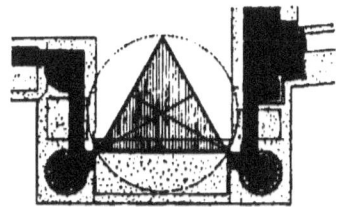

Figur 52. Grundriss des Paraskenion mit dreiseitiger Periakte.

Sind wir hiernach zu der Vermutung berechtigt, dass die Paraskenien des epidaurischen Theaters einst Periakten enthielten, so wissen wir dagegen sicher, dass die Öffnungen der Paraskenien in späterer Zeit in anderer Weise ausgestattet waren. In beiden Paraskenien stehen noch jetzt Basen, welche Standbilder getragen haben. Nach den Fundumständen nimmt Kavvadias für die eine Basis eine Statue der Hygieia, für die andere eine Statue der Kaiserin Livia an.

Die Aufstellung von Standbildern zwischen den Säulen des Proskenion und den Paraskenien ist, wie wir in dem Abschnitte über Entwickelungsgeschichte des griechischen Theaters zeigen werden, in römischer Zeit allgemein üblich geworden. Diese Statuen sind offenbar die Nachfolger der bemalten Pinakes.

Schon aus der Errichtung der beiden Standbilder in den Paraskenien lässt sich schliessen, dass die Öffnung zwischen den Säulen mindestens 2 $1/_2$ᵐ hoch war und dass die ganze Säulenwand mit ihrem Gebälk eine Minimal-Höhe von 3ᵐ gehabt haben muss. Wir haben noch andere Mittel, dieses Höhenmass zu bestimmen. Erstens sind links und rechts von den Paraskenien die Reste von Rampen (R und Y) erhalten, auf denen man zu dem Dache des Proskenion hinaufsteigen konnte. Wenn wir ihre am unteren Ende noch messbare Neigung bis

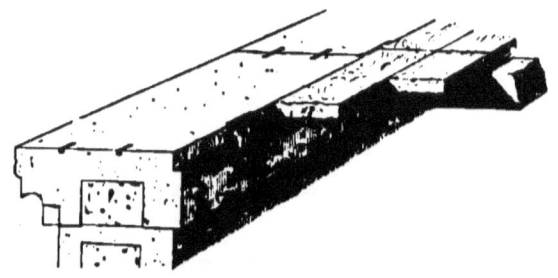

Figur 53. Gesimse und Holzdecke des Proskenion.

zum ersten Pilaster der Paraskenien verlängern, so ergiebt sich ein ähnliches Höhenmass, wie das vorher ermittelte, nämlich 3—3,50ᵐ. Zweitens sind von der westlichsten Thür des Skenengebäudes (O) zwei Steine der Thürumrahmung erhalten, von denen der untere 1,28ᵐ, der obere einschliesslich der Umrahmung 1,47ᵐ hoch ist. Für die Höhe der Säulen, der Basis und des Kapitells erhalten wir so 2,75ᵐ. Fügen wir noch die Höhe des Architravs und Frieses mit 0,48ᵐ und die Höhe des Geison mit 0,29ᵐ hinzu, so ergiebt sich als Gesamthöhe des Proskenion 3,53ᵐ. Dieses Mass stimmt endlich, und das ist besonders wichtig, ganz genau zu der Angabe Vitruvs über die Proskenionhöhe des griechischen Theaters, denn 3,50ᵐ entsprechen 10 $1/_4$ griechischen oder 12 römischen Fuss, während Vitruv 10 bis 12 Fuss als Höhe angiebt.

Nachdem die Höhe des Proskenion bestimmt ist, lässt sich sein Aufriss in der Zeichnung vollständig ergänzen, wie es auf Tafel VI für ein Stück geschehen ist. Zwischen den Säulen müssten bemalte Pinakes gezeichnet werden, sind jedoch in Ermangelung bestimmter Vorlagen fortgelassen.

Wie die in der Mitte des Proskenion liegende Thür im Einzelnen gestaltet war, wissen wir nicht; aus den erhaltenen Resten geht nur hervor, dass sie zweiflügelig gewesen ist, eine Höhe von 2,68^m und eine Breite von 1,30^m gehabt hat. Sie hatte also dieselbe Grösse wie heute eine gewöhnliche zweiflügelige Zimmerthür.

Das Dach des Proskenion bestand aus hölzernen Balken und Bohlen, deren Dimensionen sich an den Löchern der gefundenen Geisa einigermassen bestimmen lassen (vergl. Figur 53). Es war horizontal und bildete ein vor der Skene befindliches Podium, auf welchem vielfach die Götter und, wenn ein Teil des Stückes sich auf dem Dache des Hauses oder im Olymp abspielte, ausnahmsweise auch andere Schauspieler auftraten. Die Breite des Podiums betrug, wenn wir die Ausladung des Geisons hinzurechnen, etwa 3,20^m. Einige auf der Oberfläche der Geisonblöcke vorhandene kleine Löcher dürfen vielleicht als Befestigungsspuren einer Schranke oder Brüstung aus Metall erklärt werden, welche bestimmt war, ein Herunterfallen der oben auftretenden Personen zu verhindern. Bei einer gewöhnlichen Bühne wäre eine solche Vorrichtung undenkbar; bei dem Dache eines Hauses störte sie nicht.

Als Zugang zu dem Dache des Proskenion diente zunächst eine Thür in dem oberen Stockwerk des Skenengebäudes, die wir nach dem Vorbilde des Theaters von Oropos auch in Epidauros in der Mitte der Vorderwand der Skene annehmen dürfen. Ausserdem sind aber die beiden schon erwähnten seitlichen Rampen vorhanden, welche zu den grossen Thoren der Parodoi führen. Ihr Steigungsverhältnis (fast 1^m Höhe auf 3^m Länge) ist so überaus hoch, dass ein bequemes Hinaufsteigen nur möglich war, wenn statt der ansteigenden glatten Fläche Treppenstufen vorhanden waren. Aber weder hat sich von solchen etwas gefunden, noch dürfen sie wegen der teilweise noch erhaltenen Abschrägung überhaupt angenommen werden. Auch sind in dem Theater von Sikyon dieselben Rampen mit schräger Fläche ohne Stufen noch gut erhalten. Die seitlichen Rampen können daher kaum in der Weise benutzt worden sein, dass die Schauspieler und zuweilen auch der Chor auf ihnen hinauf- und hinabstiegen, sondern sie müssen zum Hinaufschaffen von Maschinen und anderen ähnlichen Gegenständen gedient haben. Als direkte Verbindung zwischen dem oberen Platze und der Orchestra dürfen sie auch aus dem Grunde nicht in Anspruch genommen werden, weil der Weg ein zu langer sein würde. Dass sie an ihrem Anfangspunkte mit je einer stattlichen Zugangsthür (I und Q) versehen sind, kann nicht etwa als Beweis gegen unsere Auffassung angeführt werden, weil diese Thüren im Anschlusse an die grösseren Hauptthüren der Parodos (H und P) zum vollen Abschluss des Spielplatzes angelegt werden mussten.

Unter dem oberen Ende der Rampen liegen zwei kleine Räume K und O, zu denen die beiden äussersten neben den Paraskenien liegenden Thüren führen.

Der Raum O war nach der Ausgrabung rings von Mauern abgeschlossen, bei dem anderen K ist dagegen die Querwand, die ihn von dem Paraskenion scheidet, im Mittelalter beim Bau eines Kalkofens abgebrochen worden. Da man bei dem Mangel von Verbindungsthüren aus den kleinen Räumen nicht in das Skenengebäude gelangen konnte, ist es unklar, zu welchem Zwecke sie gedient haben. Den Raum X, welcher scheinbar nur von aussen zugänglich war, möchten wir für den Versammlungssaal des Chores halten, weil seine Lage und Grösse für diesen Zweck sehr gut passt. Vor der Aufführung konnten die Choreuten sich hier umkleiden und nachdem sie durch die Thür Z ins Freie gelangt waren, durch die Hauptthür P und die Parodos in die Orchestra einziehen.

Auf der anderen Seite des Skenengebäudes finden wir keinen dem Raume X entsprechenden Saal, sondern hier sind bei den Ausgrabungen von 1891 Reste einer schrägen Mauer S gefunden worden, welche zu einer zweiten, zum oberen Skenensaal hinaufführenden Rampe gehört zu haben scheint, wie eine solche im Theater von Sikyon an derselben Stelle noch gut erhalten ist. Auf dieser Rampe konnte man während der Aufführung ungesehen in den Oberstock der Skene gelangen. Denn die zwischen beiden Rampen liegende Wand war hoch geführt und entzog die hintere schmale Rampe den Blicken der Zuschauer, während die vordere breite Rampe, durch keine Mauer verdeckt, von den Zuschauern gesehen wurde.

Die schon erwähnten beiden grossen Eingangsthore (H und P), welche die Parodoi und die Orchestra abschlossen, wurden sowohl von den Zuschauern wie von den Schauspielern beim Eintritt ins Theater benutzt. Jedes ist als Doppelthor gebildet. Drei Pfeiler korinthischen Stils trugen einen dreiteiligen Architrav, einen geschwungenen Fries und ein Zahnschnittgeison und umschlossen zwei Thore von verschiedener Breite, von denen das grössere zu der Parodos, das andere zu der Rampe des Proskenion führte. Den Verschluss beider Thore bildeten doppelte Flügel aus Holz oder Metall, deren Zapfenlöcher in den Schwellen noch zu sehen sind. Ausserdem weisen eiserne Dübel an dem Thürsturz vielleicht auf die Anbringung von Vorhängen hin. Nur wenige Steine dieser Seitenthore waren bei der Ausgrabung an ihrer alten Stelle, aber fast alle fehlenden Bauglieder sind in der Nähe gefunden worden, sodass ich eine Ergänzung in der Zeichnung vornehmen konnte (Πρακτικά 1883, Tafel B, 1). Die jetzt an Ort und Stelle wieder aufgebauten Steine sind leider meist falsch gelegt.

Nachdem wir die einzelnen Teile des Theaters kennen gelernt haben, bleibt die wichtige Frage nach seinem Alter zu erörtern. Pausanias hat uns in der oben ausgeschriebenen Stelle den Namen des Erbauers überliefert: Polyklet war der Architekt des Theaters, derselbe, der auch die Tholos erbaute. Aber welcher Polyklet ist gemeint?

Bevor das Theater und der Rundbau, die sog. Tholos, ausgegraben war, dachte jedermann an den älteren Polyklet, den jüngeren Zeitgenossen des Phidias. Man nahm deshalb an, dass die Epidaurier schon im V. Jahrhundert ein stattliches steinernes Theater in ihrem Asklepios-Heiligtum gehabt hätten. Nachdem aber die Ruinen beider Gebäude freigelegt und ihre Bauformen bekannt geworden sind, ist diese Annahme nicht mehr aufrecht zu halten. Zwar bestätigen die Bauformen die Angabe des Pausanias, dass beide Gebäude von demselben Künstler herrühren, denn die korinthischen Gliederungen der Eingangsthore zum Theater und namentlich ihr geschwungener Fries kehren bei der Innenarchitektur der Tholos fast unverändert wieder, aber diese Bauformen können unmöglich im V. Jahrhundert entstanden sein.

Nach unserer bisherigen Kenntnis der griechischen Bauformen dürfen beide Bauten frühestens dem vierten Jahrhundert zugeschrieben werden, ein Ansatz, welcher bestätigt wird durch die grosse, im Jahre 1887 gefundene Inschrift mit der Baurechnung der Tholos (vergl. V. Stais, Ἐφημερίς ἀρχαιολ. 1892, S. 69 und P. Kavvadias, Fouilles d'Épidaure 1893, S. 93). In der neuesten Behandlung derselben von B. Keil (in den Athen. Mittheil. 1895, S. 20—115) wird festgestellt, dass der Rundbau, welcher amtlich Thymele hiess, im Anfange des IV. Jahrhunderts begonnen wurde und im Jahre 330 (rund gerechnet) noch nicht vollendet war. In dem langen Zeitraum von etwa 50 Jahren wurden nur die äusseren Säulen, die Cellawand, die Rampe und der Fussboden der äusseren Ringhalle erbaut, wenigstens werden nur diese Bauteile in der Rechnung genannt.

B. Keil glaubt nun beweisen zu können, dass die Rechnungen der fehlenden Bauteile in einer anderen gleichzeitigen Urkunde aufgezeichnet seien, weil ihre Bezahlung von einer anderen Kasse erfolgt sei. Dass es neben der Tempelkasse noch eine Staatskasse gegeben hat, aus der Zahlungen erfolgen konnten, will ich nicht leugnen, aber die Art und Weise, wie die Lieferungen und Arbeiten auf diese beiden Kassen verteilt sein sollen, halte ich für unmöglich. Überhaupt sind alle Bedenken, die B. Keil gegen die Vollständigkeit der erhaltenen Rechnung vorbringt, leicht zu widerlegen. Die fehlenden Bauteile, nämlich die schönen korinthischen Innensäulen mit ihrem Gebälk, der prächtige Fussboden der Cella aus weissen und schwarzen Steinen, die reichen Marmordecken und die besonders wirkungsvolle Rankensima mit ihren Löwenköpfen können meines Erachtens erst nach dem Jahre 330 hergestellt sein. Ich muss die Beweise hierfür wenigstens andeuten, weil die Beantwortung dieser Frage für die Datirung des Theaters entscheidend ist. Gerade die fehlenden Bauteile der Tholos und zwar in erster Linie die Gebälkstücke der korinthischen Innensäulen haben nämlich diejenigen Kunstformen, in welchen sich die Übereinstimmung zwischen Tholos und Theater zeigt. Sind diese Bauteile der Tholos aber erst nach 330 angefertigt, so kann auch das Theater nur nach diesem Zeitpunkt erbaut sein.

Meine Beweise sind folgende: Erstens sind die in der Rechnung aufgeführten Bauteile augenscheinlich die älteren. Die in ihrer Ornamentirung fast kleinlichen Metopen-Rosetten der äusseren Säulenhalle und der zierliche Palmettenfries der Cellawand können nicht von demselben Architekten zu derselben Zeit angefertigt sein wie die korinthischen Kapitelle und die prächtige Rankensima; letztere erinnert in der Art, wie die Ranken gearbeitet und die Löwenköpfe modellirt sind, fast an die Skulpturen des Altars von Pergamon. Da nun jene, wie die Inschrift lehrt, aus dem Anfang und der Mitte des IV. Jahrhunderts stammen, kann für diese nur das Ende des Jahrhunderts oder aber eine noch jüngere Zeit in Betracht kommen. Zweitens bestehen die sämtlichen in den Inschriften genannten Bauteile aus anderem Materiale als die nicht erwähnten Teile. Unter jenen kommen Poros, heller und schwarzer Kalkstein und weisser pentelischer Marmor vor, während diese fast ausschliesslich aus weissem parischen Marmor bestehen, der wiederum in der ganzen Inschrift nicht erwähnt ist. Drittens scheint es mir auch undenkbar, dass der grossartige Theaterbau in einer Zeit ausgeführt sein soll, wo an der Tholos in einem so langsamen Tempo gebaut wird, dass 50 Jahre notwendig sind, um eine Cellamauer zu bauen und wenige Säulen aufzustellen. Zu dem grossen Theaterbau waren ganz andere Mittel nötig, als sie dem Hieron in der Mitte des IV. Jahrhunderts zur Verfügung standen. Diese Gründe zwingen uns, für die Fertigstellung der Tholos eine jüngere, nach dem Jahre 330 liegende Bauperiode anzunehmen. Ihr gehört die Bauthätigkeit des Polyklet an und ihr müssen wir demnach auch die Erbauung des Theaters zuschreiben.

Frühestens am Ende des IV. Jahrhunderts kann also das Theater erbaut sein. Nach den Kunstformen der jüngeren Steine der Tholos halte ich es sogar für möglich, dass wir die Bauzeit noch viele Jahrzehnte später anzusetzen haben. Nur der Umstand, dass der Erbauer der Tholos und des Theaters offenbar ein hervorragender und eigene Bahnen wandelnder Architekt war, lässt uns die Annahme wenigstens möglich erscheinen, dass die Vollendung der Tholos und die Erbauung des Theaters noch im IV. Jahrhundert erfolgt ist. Unter diesen Umständen kann weder der ältere noch auch der bekannte jüngere Polyklet der Architekt der Tholos und des Theaters gewesen sein, wir müssen vielmehr einen dritten Künstler dieses Namens annehmen und treffen darin mit W. Dittenberger zusammen, der eine in Theben gefundene Doppelbasis mit den Namen des Polyklet und des Lysipp (C. I. G. S. I, 2532) einem dritten Polyklet zuschreibt, weil sie sicher nach 316 enstanden ist. Die Versuche, das junge Datum dieser Basis durch eine spätere Restauration einer älteren Basis zu erklären, (vergl. A. Furtwängler, Meisterwerke 414) werden damit überflüssig.

Da das athenische Theater bald nach dem Jahre 330 ganz vollendet war, so ist das epidaurische mithin ein jüngerer Bau. Hierzu passen sehr gut die schon erwähnten Thatsachen, welche einen Fortschritt in der Form des epidaurischen Theaters gegenüber dem athenischen bezeichnen, nämlich erstens die Vereinigung des in Athen zwischen Orchestra und Zuschauerraum vorhandenen Umganges und Wassercanals zu einem nur wenig vertieften Umgang, der zugleich zur Wasserabführung diente, und zweitens das Vorhandensein eines steinernen Proskenion von der Form, wie es in Athen erst im II. oder I. Jahrhundert errichtet worden ist.

Der letztere Unterschied kann allerdings auch durch einen späteren Umbau erklärt werden; denn der Zustand der epidaurischen Ruinen schliesst die Möglichkeit nicht aus, dass die Säulenreihe des Proskenion ursprünglich nicht vorhanden war und ebenso wie in manchen anderen Theatern erst später hinzugefügt ist. Es sind sogar zwei Thatsachen vorhanden, welche die Annahme eines solchen Umbaues zu bestätigen scheinen. Die Schwelle des Proskenion liegt nämlich bei der mittleren Thür um $0,12^m$ höher als die unmittelbar vor ihr befindliche Einfassung der Orchestra. Dieser Höhenunterschied kann nicht etwa dadurch ausgeglichen worden sein, dass die Thürschwelle um $0,12^m$ über dem Fussboden lag, denn ihre vordere senkrechte Fläche ist gar nicht bearbeitet. Er kann auch kaum dadurch entstanden sein, dass die Einfassung der Orchestra sich gesenkt hat, weil die Schwelle, auf welcher eine Säulenstellung stand, schwerer belastet war und sich daher eher senken konnte als die Einfassung, welche keinen Oberbau trug. Die letztere wurde daher wahrscheinlich schon mit Erde bedeckt, als die Schwelle des Proskenion mit den jonischen Halbsäulen erbaut wurde.

Ausserdem weist der Grundriss der Skene auf eine andere ältere Gestalt des Proskenion hin. Wie schon oben angedeutet wurde, ist die Skene in drei Räume so eingeteilt, dass der mittlere Saal dem Durchmesser der Orchestra, die beiden schmalen Räume aber dem Umgang um die Orchestra entsprechen. Ein Vergleich mit den Theatern von Eretria und Athen lehrt nun, dass die beiden Seitenräume erst dann zu verstehen sind, wenn sie ursprünglich als Paraskenien vor die Vorderwand der Skene vorsprangen. Die jetzigen Paraskenien treten so wenig vor und sind auch so schmal, dass sie schon deshalb als Reductionen älterer grösserer Paraskenien erscheinen. Wie wir uns die älteren Paraskenien hiernach denken können, ist im Grundrisse auf Tafel VII mit punktirten Linien angedeutet. Zwischen beiden Vorsprüngen muss dann das ältere bewegliche Proskenion ziemlich an derselben Stelle aufgeschlagen worden sein, wo jetzt die Steinschwelle der jüngeren festen Schmuckwand liegt.

Das Vorhandensein von Eisenklammern der jüngeren Form (⌐⌐) darf dagegen nicht als Beweis für ein späteres Hinzufügen des steinernen Proskenion verwendet werden, denn dieselben Klammern kommen auch in anderen Teilen des Theaters und ebenso an der Tholos neben älteren Klammern vor. Sie sind auch z. B. schon bei dem aus dem IV. Jahrhundert stammenden Philippeion in Olympia angewendet.

Die angeführten Thatsachen genügen aber auch, um mindestens die Möglichkeit zu erweisen, dass das steinerne Proskenion erst später hinzugefügt worden ist. Wenn wir nun in Betracht ziehen, dass in allen anderen Theatern die als Proskenien dienenden Säulenstellungen erst aus viel späterer Zeit, frühestens aus dem II. Jahrhundert vor Chr. stammen, so werden wir uns dahin entscheiden, dass das steinerne Proskenion nur dann zu dem ursprünglichen Bau des Polyklet gehört haben kann, wenn dieser beträchtlich jünger war als der Bau des Lykurg, und wenn er etwa erst im III. Jahrhundert entstanden ist.

Das Theater von Epidauros entspricht also entweder zwei Entwickelungsstufen des athenischen Theaters, nämlich derjenigen des IV. Jahrhunderts (feste Skene mit veränderlichem Proskenion) und derjenigen des I. vorchristlichen Jahrhunderts (feste Skene und festes Proskenion), oder es liegt gerade zwischen beiden Entwickelungsstufen und würde dann das erste uns bekannte Theater mit festem Proskenion gewesen sein. Aus älteren Entwickelungsperioden sind keine Reste erhalten. Ebenso wenig finden wir Spuren eines römischen Umbaues; ein römisches Logeion hat es in dem Theater von Epidauros niemals gegeben.

7. Das Theater von Megalopolis.

Die Freilegung und Untersuchung dieses stattlichen und wichtigen Baues wird der Englischen Archäologischen Schule in Athen verdankt. In den Jahren 1890 bis 1892 ist die ganze Orchestra, das Skenengebäude mit seiner Umgebung und der untere noch erhaltene Teil des Zuschauerraumes von E. Gardner und mehreren Mitgliedern der Schule ausgegraben worden. Nachdem ein vorläufiger Plan in dem Journal of Hell. Stud. XI, 1890, S. 294 veröffentlicht war, sind jetzt vorzügliche, in ihrer Ausführlichkeit musterhafte Pläne, welche der Architekt R. W. Schultz aufgenommen hat, als Supplementary Papers jener Zeitschrift unter dem Titel: «Excavations at Megalopolis» erschienen. Nach diesen Plänen ist unser Grundriss Figur 54 und der Durchschnitt Figur 55 gezeichnet.

Das Theater hat eine besondere Berühmtheit dadurch erlangt, dass nach der ersten Veröffentlichung der englischen Archäologen, welche die Ausgrabung leiteten, eine niedrige griechische Bühne darin aufgefunden sein sollte (Journ. of Hell. Stud. XI, 1890, S. 297). Diese Angabe konnte ich aber bald (Berliner phil. Wochenschrift 1891, Sp. 418) für irrtümlich erklären. Die erhaltenen Baureste waren falsch ergänzt und unrichtig erklärt worden; die vermeintliche Bühne mit ihren 5 oder 6 Stufen war thatsächlich der Unterbau einer über 8^m hohen Säulenhalle. Nachdem der englische Architekt R. W. Schultz die Richtigkeit meiner Ergänzung bestätigt hatte, zogen auch E. Gardner und seine Genossen ihre Behauptung zurück (Excav. at Megal. S. 13).

Zugleich stellten sie aber die neue Hypothese auf (Excav. S. 84), dass an einer anderen Stelle, nämlich unmittelbar vor jenem Stufenbau, eine niedrige griechische Bühne bestanden habe; sie sei zwar nicht mehr erhalten, ihr ehemaliges Vorhandensein lasse sich aber aus den Höhenverhältnissen der Baureste mit Sicherheit nachweisen. Auch gegen diese Angabe habe ich protestirt (Athen. Mittheil. 1892, S. 97), weil sie sich wiederum auf eine unrichtige Erklärung der erhaltenen Ruinen stützt. In Wirklichkeit hat auch diese Bühne, wie unten nachgewiesen werden soll, niemals bestanden. Während der Mitarbeiter Gardner's, W. Loring, noch vor der Herausgabe jenes Buches seine Ansicht über diese neue Bühne veränderte (Excav. S. 91) und ihre Existenz nicht mehr für erwiesen hält, ist Gardner selbst bei seiner Ansicht geblieben.

Schon ein flüchtiger Blick auf den Grundriss (Figur 54) zeigt uns eine wichtige

134 II. Abschnitt. Griechische Theater ausserhalb Athens.

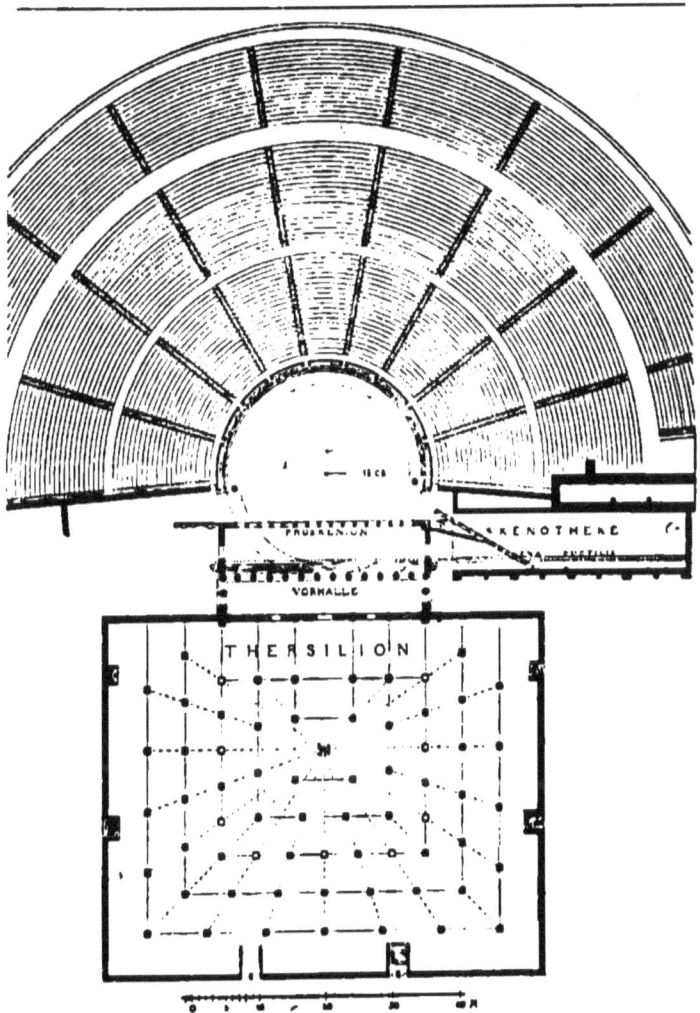

Figur 54. Grundriss des Theaters von Megalopolis.

Eigentümlichkeit des Theaters: An der Stelle, wo sich gewöhnlich das Skenengebäude befindet, sehen wir in Megalopolis einen mächtigen viereckigen Saalbau von rund 66ᵐ Länge und 52ᵐ Tiefe, welcher eine stattliche, nach dem Theater gerichtete Vorhalle hat. Dieser Bau ist das Thersilion, der von Pausanias (VIII, 32,1) erwähnte Versammlungsraum der Zehntausend, benannt nach seinem Stifter.

Der Saal ist im Inneren mit zahlreichen Säulen angefüllt, welche aus Kalkstein hergestellt sind, ursprünglich aber aus Holz bestanden. Ihre Standplätze

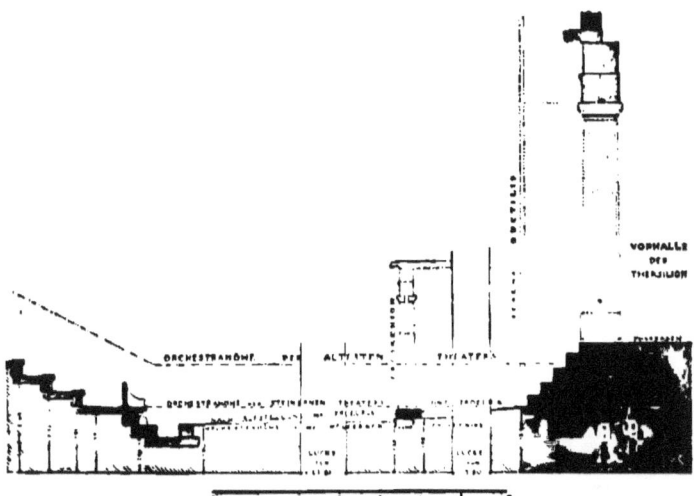

Figur 55. Durchschnitt durch das Theater von Megalopolis.

steigen von der Mitte nach den Umfassungswänden an; die äussersten Säulen stehen rund 2,50ᵐ höher als die mittelsten. Wie in dem Grundriss durch punktirte Linien angedeutet ist, sind die Säulen von der Mitte aus strahlenförmig nach den Seiten aufgestellt, so dass ein in der Mitte stehender Redner einen freien Durchblick durch den Säulenwald bis zu den Aussenwänden hatte. Im Rücken des Redners lag die Vorhalle, ursprünglich durch mehrere Säulen, später durch eine geschlossene Wand mit drei Thüren von dem grossen Saale getrennt. Die 32ᵐ breite und 6ᵐ tiefe Halle besass an ihrer Vorderseite 14 dorische Säulen von etwa 1ᵐ Durchmesser mit Triglyphen-Gebälk und Giebel und hatte schon ohne den Giebel eine Höhe von über 8ᵐ. Unmittelbar vor ihr lag die kreisrunde Orchestra des Theaters mit ihrem runden Zuschauerraume.

Die enge Zusammengehörigkeit von Thersilion und Theater ist augenfällig. Neben der Orchestra liegt nämlich auf der einen Seite ein offener halbkreisförmiger Sitzraum, das Theater, und auf der anderen ein überdeckter Versammlungsraum von viereckigem Grundriss, das Thersilion. Je nach dem Wetter konnte man diesen oder jenen Raum zu den Versammlungen benutzen.

Von dem halbrunden Theater sind nur noch wenige Reihen der Steinbänke erhalten und unter ihnen die für die Proedroi in der untersten Reihe aufgestellten Ehrensitze. Unmittelbar vor diesen Thronen befindet sich der tiefe Canal zur Abführung des Wassers. Ein für den Verkehr der Zuschauer bestimmter Umgang zwischen den Thronen und der Orchestra fehlt hier ebenso wie in Sikyon; dafür ist aber ein schmaler Umgang hinter den Thronen vorhanden. Diese Abweichung ist durch einen Umbau entstanden; denn wie drei auf den Sesseln stehende Inschriften lehren, sind die Throne und der Canal später als die übrigen Sitze von einem Agonotheten Antiochos erbaut worden. Über die frühere Gestalt des Umganges und des Canals sind wir nicht unterrichtet, nur das lässt sich sagen, dass der jetzige schmale Umgang hinter den Thronen gewiss einen Teil des älteren Umgangs bildete. Wie breit der letztere ursprünglich war, ist nicht zu bestimmen, und deshalb muss es ungewiss bleiben, wie gross die alte Orchestra war, ob sie einen ganzen Kreis bildete und ob sie dasselbe Centrum wie der Zuschauerraum hatte. Da die Breite der Orchestra jetzt 30,16ᵐ und ihre Tiefe bis an die unterste Stufe der Thersilion-Vorhalle 28,10ᵐ, bis an die oberste Stufe aber 29,40ᵐ beträgt, so kann man unter Berücksichtigung der Kleinheit dieses Unterschiedes nicht daran zweifeln, dass der eigentliche Tanzplatz ursprünglich einen vollen Kreis bildete.

Die bedeutende Grösse der Orchestra ist aus den angeführten Massen zu ersehen, wird aber durch einen Vergleich mit der Orchestra anderer grosser Theater noch deutlicher: Der Flächeninhalt ist doppelt so gross wie bei den Theatern von Athen und Epidauros.

Während sich die Orchestra ursprünglich bis an die Vorhalle des Thersilion ausdehnte, war in späterer Zeit ein 6 bis 7ᵐ breites Stück durch ein Proskenion abgeschnitten, dessen Stylobat noch erhalten ist. Man sieht eine aus Steinen der verschiedensten Form zusammengeflickte Schwelle, auf der nicht nur Säulenspuren zu sehen sind, sondern zwei Säulenstümpfe noch aufrecht stehend gefunden wurden. Hier stand einst eine Wand von 14 Säulen und 2 Eckpfeilern, deren Axweite 1,87ᵐ betrug. Ihre Intercolumnien waren durch Pinakes geschlossen, wie aus der Gestalt und Bearbeitung der Säulen mit Sicherheit hervorgeht. Die Höhe dieses Proskenion lässt sich aus dem Durchmesser der Säulen auf 3,50 bis 3,75ᵐ berechnen.

Spuren einer Thür sind an der Vorderwand nicht erhalten, nur in einer der kurzen geschlossenen Seitenwände sieht man noch die Schwelle einer Thür, welche etwas höher liegt als der Stylobat. Gleichwohl dürfen auch an der Vorderwand eine oder mehrere Thüren ergänzt werden; wir brauchen nur anzunehmen, dass entweder eine hölzerne Schwelle vorhanden war, wie sie im Altertum vielfach vorkommt, oder dass der Verschluss durch Teppiche bewirkt war. Wenn E. Gardner die ehemalige Existenz einer Thür mit Entschiedenheit leugnet (Excav. S. 86) und daraus ein wichtiges Argument für die alte Bühnenhypothese ableitet, so ist das namentlich deshalb nicht zu verstehen, weil er selbst im Theater vom Piräus, obwohl auch dort keinerlei Zapfenlöcher vorhanden sind, eine Thür annimmt. Um zu beweisen, dass allein das Proskenion von Megalopolis, im Gegensatz zu allen anderen bisher entdeckten Proskenien, keine Thür gehabt hätte, müsste er mindestens einen einzigen positiven Grund anführen können. Solange das aber nicht geschieht, sind wir zur Annahme von mindestens einer Thür verpflichtet.

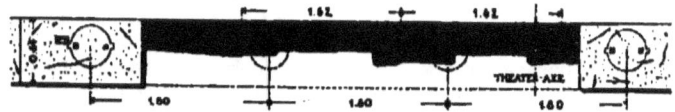

Figur 56. Grundriss der Schwellen des älteren und des jüngeren Proskenion.

Unter dem Stylobat des steinernen Proskenion hat sich die wohlerhaltene Schwelle eines älteren hölzernen Proskenion gefunden, von der nur einzelne Stücke aufgedeckt werden konnten. Auf einer schmalen Schwelle aus Kalkstein sieht man in Abständen von 1,62ᵐ grössere viereckige Löcher, die zur Befestigung von Pfosten gedient haben, ferner lange schmale, vor den ersteren gelegene Rinnen, in die offenbar die zur Verkleidung der Pfosten dienenden Bohlen eingelassen waren, und endlich kleinere Vertiefungen zwischen den anderen, die zur Befestigung von Pinakes gedient haben mögen (s. Figur 56). Die Höhe dieser hölzernen Schmuckwand ist nicht direkt zu bestimmen; da sie aber ebenso wie die spätere Steinwand aus einzelnen Pfosten und Pinakes dazwischen bestand, so werden wir ihr eine ähnliche Höhe wie der Steinwand geben müssen. Dies wird dadurch bestätigt, dass auch im Theater von Sikyon (s. oben S. 118) die Höhe des hölzernen Proskenion sicherlich mit der des steinernen übereinstimmte.

Die Frage, ob auch das hölzerne Proskenion in seiner Mitte eine Thür hatte, ist nicht mit Sicherheit zu beantworten, weil wir die Mitte der nicht symmetrisch zur Axe des Zuschauerraumes angeordneten Wand nicht genau kennen. Nach Osten trat die Wand nämlich um etwa 6,50ᵐ über die Ecke des steinernen Proskenion vor, während dieser Überstand im Westen geringer war. Die Mitte lag also weiter nach Osten als die Axe des Theaters. Ob es Zufall ist, wenn in dem Intercolumnium, dessen Mitte etwa 2ᵐ von der Axe des Theaters nach Osten liegt, das zur Befestigung des Pinax dienende Loch fehlt, wage ich nicht zu entscheiden. Die Möglichkeit, dass eine oder mehrere Thüren vorhanden waren, lässt sich jedenfalls nicht leugnen.

Die Tiefe des Proskenion war bei dem älteren hölzernen und dem jüngeren steinernen Bau gleich. Von der Vorderkante ihrer Säulen bis an die grossen Säulen der Thersilion-Vorhalle gemessen, betrug sie etwas über 7^m, war also doppelt oder gar dreimal so gross als das entsprechende Mass anderer Theater. Für die Vertreter der alten Theaterlehre ist diese Thatsache nicht zu erklären. Man behauptet stets, dass die geringe Tiefe der Proskenien, wie man sie fast überall findet, notwendig gewesen sei, damit die oben auf dem hohen Podium stehenden Schauspieler zu sehen wären. Hier ist nun aber die Tiefe so gross, dass die Schauspieler, wenn sie oben auf dem Podium unmittelbar vor dem Hintergrund standen, von manchen Zuschauern überhaupt nicht gesehen werden konnten. Dabei darf die Annahme, dass die obere Dekoration etwa nicht unmittelbar vor den Säulen der Thersilion-Vorhalle, sondern nahe an der Vorderwand des Proskenion gestanden habe, deshalb als unzulässig bezeichnet werden, weil für eine solche obere Schmuckwand jedes Fundament fehlt.

Die grosse Tiefe des Proskenion ist dagegen bei unserer Auffassung der Säulenwand als Hintergrund nicht nur verständlich, sondern muss als sehr zweckmässig anerkannt werden. Die übermässig grossen Abmessungen der Orchestra waren erklärlich, solange Megalopolis eine grosse Stadt war; als sie aber in hellenistischer Zeit zu einer Kleinstadt herabgesunken und das Theater für die Bevölkerung zu gross und namentlich die Orchestra zu geräumig geworden war, empfahl es sich, den Spielplatz möglichst einzuschränken. Man schob das Proskenion so weit vor, dass zwischen ihm und dem Zuschauerraum nur noch der nötige Platz für die Parodos übrig blieb. So war für die Aufführungen eine Orchestra von der gewöhnlichen Tiefe vorhanden.

Vor der Erbauung der Proskenien dehnte sich dagegen der Spielplatz bis zur Säulenhalle des Thersilion aus, so dass diese für den Fall, dass das Drama vor einem Tempel oder Königspalast spielte, selbst den Hintergrund des Spieles bildete. Nur wenn ein anderer Hintergrund notwendig war, musste eine Dekoration vor den Säulen ausgebreitet werden, welche die ganze Fassade mit ihren Stufen verdeckte. Dies geschah in Megalopolis sicher vermittelst einer von der Seite vorzuziehenden Wand, vermittelst einer s c a e n a d u e t i l i s. Die Einrichtung dafür ist noch erhalten und verdient eine genauere Betrachtung.

Die westliche Parodos wird von einem grossen Gebäude eingenommen, welches durch mehrere darin gefundene Ziegel mit eingepressten Stempeln als σκανοθήκα gesichert ist. Seine aus Brecciaquadern errichteten Mauern sind auf drei Seiten noch gut erhalten, die vierte Seite war scheinbar offen. Im Innern des 34,70^m langen und 8,33^m breiten Saales befindet sich eine Längsmauer, die in der Höhe des Fussbodens mit harten Kalksteinen abgedeckt ist. Ich erkenne in ihr die Unterlage für eine «scaena ductilis», für ein bewegliches Proskenion, das vor die Säulenhalle vorgezogen werden konnte. Die Lage der Mauer genau in der Verlängerung der Unterstufe der Halle, ferner ihre Länge, welche der Ausdehnung der zu verdeckenden Säulenhalle gerade entspricht, und sodann ihre Höhenlage, die mit der Unterstufe der Halle übereinstimmt, sind sichere Argumente dafür, dass auf ihr eine verschiebbare Dekorationswand auflag. Jetzt verstehen wir nicht nur den Namen Skenothek für den Aufbewahrungsraum der Skenenwand, sondern auch die unregelmässige Lage der Mauer im Innern des Saales und die von der Richtung der Stützmauer des Zuschauerraumes abweichende Richtung des ganzen Baues. Schliesslich darf auch noch auf den früher nicht erklärbaren Umstand hingewiesen werden, dass die Skenothek an einer Stelle errichtet ist, wo sie die Parodos fast ganz zerstörte und zur Verschönerung des Theaters wahrlich nicht beitrug. Hätte sie nicht unbedingt gerade hier in der Verlängerung der Säulenhalle liegen müssen, so würde man wohl einen passenderen Platz gefunden haben. Welche Stellung die vorgezogene Skenenwand vor der Säulenhalle einnahm, ist in Figur 55 durch punktirte Linien angedeutet. Ihr Abstand von den Säulen stimmte genau überein mit der Entfernung, welche sie innerhalb der Skenothek von der Wand hatte.

Diese Erklärung der Skenothek und ihrer Innenmauer genügt schon allein, um die Bühnenfrage für Megalopolis und damit auch für die anderen griechischen Theater zu entscheiden; denn die verschiebbare Skene liegt genau in derjenigen Höhe und in dem Abstande vom Mittelpunkte der Orchestra, wo der Hintergrund für die dramatischen Aufführungen liegen muss! Mit einer Bühne von irgend einer Form und Höhe lässt sich die auf dem Boden der Orchestra laufende «scaena ductilis» von Megalopolis absolut nicht vereinigen.

Die Vorhalle des Thersilion, die in ähnlicher Weise wie die mit Säulen geschmückte Skene des lykurgischen Theaters in Athen oft selbst als Hintergrund diente für die in der Orchestra stattfindenden Aufführungen, namentlich wohl für alle chorischen Agone, wurde oben schon im Allgemeinen beschrieben. Auf ihre Einzelheiten einzugehen, müssen wir uns versagen; nur einen Punkt dürfen wir nicht unerwähnt lassen, weil er für die Baugeschichte des Theaters von entscheidender Bedeutung ist, und weil E. Gardner ihn als Ausgangspunkt für seinen oben erwähnten Nachweis einer griechischen Bühne genommen hat, nämlich die in späterer Zeit erfolgte Vermehrung ihrer Stufen. Die Halle erhob sich auf 5 Stufen von hartem Kalkstein, von denen die beiden oberen dem ursprünglichen Bau angehören, die drei unteren dagegen später hinzugefügt sind. Über diese Thatsache an sich besteht keine Meinungsverschiedenheit mehr; aber ihre Erklärung ist strittig. Gardner nimmt an, dass ursprünglich eine drei Stufen hohe Bühne vor der Halle gestanden habe, und dass erst nach ihrer Fortnahme die unteren Steinstufen erbaut worden seien. Es lässt sich aber bestimmt beweisen, dass die Veränderung beim Bau des steinernen Theaters durch Tieferlegung der ganzen Orchestra herbeigeführt ist.

Das Theater mit seinen Steinsitzen und Stützmauern, wie es jetzt vor uns liegt, stammt nämlich nicht, wie Gardner glaubt, aus derselben Zeit wie das Thersilion. Letzteres ist aus hartem Kalkstein und Poros (Kalktuff) erbaut, während zu jenem harter Kalkstein und Breccia als Baumaterial verwendet sind. Die beiden letzteren Materialien sind nachweisbar bei den jüngeren Bauwerken von Megalopolis, so z. B. bei der Halle des Philipp nnd namentlich bei den im Innern des Thersilion später hinzugefügten Säulen, die in unserem Plane (Figur 54) weiss gelassen sind, benutzt worden. Ebenso kommen beim Thersilion die älteren Eisenklammern von der Form ⊢——⊣ vor, während beim Theater die auch bei anderen jüngeren Bauwerken verwendeten schwalbenschwanzförmigen Klammern zur Anwendung gelangt sind. Dass das Thersilion als Versammlungsraum der Zehntausend bald nach der Gründung der Stadt erbaut ist, kann kaum bezweifelt werden, während es immerhin auffallend wäre, wenn Megalopolis schon in den sechziger Jahren des IV. Jahrhunderts ein grosses Theater mit steinernen Sitzen gehabt hätte, also zu einer Zeit, als es im übrigen Griechenland unseres Wissens noch keine solchen Theater gab. Dazu kommt noch, dass nicht nur die beiden älteren Stufen der Vorhalle, sondern auch die ganze Südwand des Thersilion auf einen Fussboden berechnet sind, welcher um rund 1^m höher liegt, als die Orchestrahöhe. Ja, die Fundamente der Südwand gehen nicht einmal bis zur Orchestra hinab und das Fundament der Vorhalle mit ihren hohen Säulen reicht nur mit einer Schicht unter dieselbe hinunter. Zu dem Thersilion muss daher ein älteres und einfacheres Theater gehört haben, welches keine steinernen Sitze hatte. Seine Orchestra lag ungefähr an derselben Stelle wie die spätere, aber um 1^m höher.

Erst in einer jüngeren Periode wurde der grosse steinerne Theaterbau errichtet und dabei zur Ersparung von Kosten für die Stützmauern und die Erdwälle die neue Orchestra um 1^m tiefer gelegt. In Folge dessen musste die Vorhalle des Thersilion mit drei weiteren Stufen versehen werden, welche bis zum neuen Orchestraboden hinabführten. Thatsächlich sind auch die drei Stufen nicht nur aus demselben Kalkstein und technisch in derselben Weise gebaut wie das ganze Theater, sondern ihre Unterkante liegt, was namentlich entscheidend ist, genau in der Höhe des damaligen Orchestrabodens.

Eine weitere teilweise Tieferlegung der Orchestra um etwa 0,33^m fand in einer dritten Bauperiode statt, als ein gewisser Ant'ochos die Throne aufstellte und den Canal vor ihnen anlegte. Da die unteren drei Stufen der Vorhalle nicht bis zu diesem jüngsten Orchestraboden hinabreichen, sondern auf die ältere Orchestra Rücksicht nehmen, ist meines Erachtens bestimmt erwiesen, dass die Throne späteren Datums sind als die Stufen. Auch die Mauer in der Skenothek, auf welcher die ‹scaena ductilis› stand, richtet sich, wie wir früher sahen, nach den unteren Stufen und setzt diese daher als vorhanden voraus. Wir kennen zwar die Erbauungszeit der Skenothek nicht genau, denn die gefundenen Ziegel aus hellenistisch-römischer Zeit können sehr wohl einer Reparatur angehören, aber es kann keinem Zweifel unterliegen, dass sie älter sein muss, als die beiden in der Orchestra errichteten Proskenien, weil durch die letzteren die «scaena ductilis» ganz überflüssig wurde. Die drei Stufen können daher auf keinen Fall erst bei der Erbauung des hölzernen Proskenion hergestellt sein. Bei der zweiten Vertiefung wurde die Orchestra nicht horizontal gelegt, sondern erhielt von der Thersilion-Vorhalle bis zum Canal ein Gefälle von 0,33^m (vergl. den Durchschnitt in Figur 55). An den Stufen der Vorhalle und vor der Skenothek behielt der Fussboden der Orchestra seine frühere Höhe.

Wir haben also drei ältere Bauperioden zu unterscheiden:

1. Erbauung des Thersilion und eines offenen Theaters ohne Steinsitze; 370—360 vor Chr.

2. Errichtung des steinernen Theaters, Vertiefung der Orchestra und Hinzufügung der drei unteren Stufen an der Vorhalle des Thersilion; zweite Hälfte des IV. Jahrhunderts.

3. Aufstellung der Throne und zweite, nur teilweise Tieferlegung der Orchestra; ebenfalls zweite Hälfte des IV. Jahrhunderts, vielleicht nur einige Jahre nach der zweiten Periode.

Gegen diese Ansetzungen erhebt nun E. Gardner (Excav. S. 81) mehrere Bedenken, die sich aber sämtlich bei genauerer Betrachtung als unwesentlich herausstellen:

a. Die Throne würden, so behauptet er, bei dieser Datirung in eine Zeit kommen, der sie nach ihren Inschriften nicht angehören könnten. Mehrere Epigraphiker (z. B. A. Wilhelm) haben mir jedoch versichert, dass die Inschriften, deren vollständigste nach der englischen Veröffentlichung in Figur 57 wiederholt wird, sehr wohl in der zweiten Hälfte des Jahrhunderts eingemeisselt sein können.

ΑΝΤΙΟΧΟΣΑΓΩΝΟΘΕΤΗΣΑΡΑΝΕΘΗΚΕΤΟΣΟΡΟΝΟΣΓΑΝΤΑ
ΚΑΙΤΟΝΟΧΕΤΟΝ

Figur 57. Weihinschrift der Throne und des Canals.

b. Der technische Unterschied zwischen den unteren und oberen Stufen soll ferner so gross sein, dass der zeitliche Zwischenraum zu dem Übergang von der einen zur anderen Bauweise nicht ausreiche. Dieser Einwand darf kurzer Hand als irrtümlich bezeichnet werden. Warum soll in einem ganzen Menschenalter, etwa von 370 bis 335 vor Chr., die Technik gar keine Fortschritte gemacht haben? Ausserdem zeigt z. B. das um 335 erbaute Philippeion von Olympia schon dieselben Klammern wie die unteren Stufen.

c. Die Throne sollen an ihrer Aussenfläche dieselbe Art der Bearbeitung zeigen wie das ganze Theater und wie die oberen beiden Stufen der Vorhalle, während die drei unteren Stufen der letzteren allein eine andere und zwar jüngere Arbeit aufweisen sollen. Nach genauer Untersuchung stelle ich diese Angabe entschieden in Abrede und berufe mich dabei noch auf das Urteil vieler

Fachgenossen, die mit mir die Ruinen untersucht haben (vergl. auch die Erklärung von W. Loring, Excav. S. 91).

Die Bedenken E. Gardner's können demnach an der Baugeschichte, wie sie oben entwickelt wurde, nichts ändern. Ich betrachte es vielmehr als sicher, dass die Unterstufen der Vorhalle zugleich mit dem ganzen steinernen Theater erbaut sind. Dadurch ist aber auch der weiteren Hypothese Gardner's von der Existenz eines Logeion, anfänglich von 1^m Höhe und später (nach Erbauung der Throne und des Canals) von 1,35^m Höhe, vollständig das Fundament entzogen. Wir könnten daher auf ihre Besprechung ganz verzichten, doch scheint es mir nicht überflüssig, sie auch durch andere Argumente als hinfällig zu erweisen.

Indem Gardner das steinerne Theater einerseits und die Vorhalle des Thersilion ohne ihre unteren Stufen andrerseits für gleichzeitig hält, kommt er zu dem Resultate, dass der Boden vor der Vorhalle, die er übrigens auch als Hintergrund für die dramatischen Aufführungen ansieht, um 1^m und später um 1,35^m höher gelegen habe als der Orchestraboden, und stellt nun die Hypothese auf, dass dieser Höhenunterschied durch eine Bühne ausgeglichen worden sei.

Zunächst wäre es seltsam gewesen, wenn man den von dem Theatron umgebenen Orchestrakreis in demselben Augenblick, als man ihn erbaute, dauernd durch eine feste Bühne in zwei Teile von verschiedener Höhe zerschnitten und dadurch als runden Tanzplatz zerstört hätte. Eine hölzerne, nur zeitweilig errichtete Bühne kann nämlich deshalb nicht in Betracht kommen, weil nach Entfernung einer solchen die rohen Porosfundamente der Säulenhalle sichtbar gewesen wären und ausserdem ihre beiden oberen Stufen in der Luft geschwebt hätten. Auch Gardner giebt deshalb einer festen Bühne wenigstens für die ältere Zeit den Vorzug. Ferner hätte eine feste Bühne eine vordere Abschlussmauer nötig gehabt, von der aber auch nicht ein Stein gefunden ist. Denn dass die oben besprochene Schwelle mit den Löchern für das hölzerne Proskenion nicht zu einer solchen Bühne gehört haben kann, ist schon wegen ihrer jüngeren Entstehungszeit ausgeschlossen. Dabei ist auch die weitere Annahme Gardners, dass diese Schwelle zu einer jüngeren beweglichen Bühne gehöre, die an Stelle der älteren festen getreten sei, unhaltbar, weil es als undenkbar bezeichnet werden muss, dass diese hölzerne Bühne bald darauf wieder in eine steinerne verwandelt und dabei ihre Höhe von 1,35^m auf mindestens 3,50^m vergrössert worden sei. Endlich darf auch daran erinnert werden, dass die Höhenlage des Fussbodens im Inneren der Skenothek und der dort befindlichen Schwelle für die verschiebbare Skenenwand mit dem Fussboden der angenommenen Bühne, wie hoch sie auch gewesen sein mag, durchaus nicht zu vereinigen ist.

Ohne weiter auf die zahlreichen allgemeinen Gründe, welche gegen das Vorhandensein einer niedrigen griechischen Bühne sprechen, einzugehen, weil sie im VII. Abschnitte behandelt werden sollen, glaube ich die einzige Bühne dieser Art, welche man gefunden zu haben vermutete, hiermit als in Wirklichkeit nicht vorhanden erwiesen zu haben.

7. Das Theater von Megalopolis.

Es giebt in der That kein Theater, welches durch seine besonderen Einrichtungen und durch seine mehrfachen Umbauten besser das Spiel in der Orchestra veranschaulicht, als das Theater von Megalopolis: In der ersten Hälfte des IV. Jahrhunderts finden wir ein einfaches Erdtheater und darin als Spielplatz eine runde Orchestra und als Hintergrund die auf zwei Stufen sich erhebende stattliche Säulenhalle des Thersilion. In der zweiten Hälfte des Jahrhunderts wurde ein steinernes Theater gebaut und die ganze Orchestra um 1^m tiefer gelegt. Diese bildete auch jetzt den einzigen Spielplatz für Chor und Schauspieler. Die als Hintergrund dienende Säulenhalle hatte wegen der Tieferlegung drei neue Stufen erhalten und erhob sich jetzt auf einem Unterbau von fünf Stufen. Passten bei irgend einer Aufführung die Säulen nicht als Hintergrund, so wurde eine grosse Skenenwand, welche gewöhnlich in der nebenan liegenden Skenothek stand, als Dekoration vorgeschoben. Die Aufstellung der Throne und die damit verbundene geringe Tieferlegung eines Teiles der Orchestra änderten an der Art des Spieles nichts.

Eine kleine, aber unwesentliche Änderung trat erst ein, als behufs Errichtung eines hölzernen Proskenion eine steinerne Schwelle vor dem Thersilion in einem Abstande von 7^m von der Säulenwand hergestellt wurde. Der Spielplatz wurde dadurch etwas verkleinert, indem ein Stück der Orchestra in Fortfall kam. Die Schauspieler befanden sich jetzt zwar noch an ihrem alten Platze in der Orchestra, waren aber durch die neue Schmuckwand, vor der sie spielten, den Zuschauern etwas näher gerückt; die Höhe ihres Standplatzes hatte sich nicht verändert. Dieser Umbau ist vielleicht nach der Zerstörung der Stadt im Jahre 222 erfolgt, weil die Verkleinerung der Orchestra nach diesem Unglück am ehesten zu verstehen ist. Ob damals die hohe Säulenwand des Thersilion noch hinter dem Proskenion aufrecht stand, ist nicht bekannt; möglicher Weise lag sie schon damals in Ruinen, wie es für die Zeit des Pausanias sicher überliefert ist. Auf jeden Fall bestand sie nicht mehr, als statt des hölzernen Proskenion eine steinerne Schmuckwand errichtet wurde. Denn dass der untere Teil der Thersilion-Säulen dauernd durch das Proskenion verdeckt gewesen sei, ist nicht denkbar. Wann diese steinernen Säulen des Proskenion mit ihren Pinakes errichtet wurden, wissen wir nicht. E. Gardner mag Recht haben, wenn er sie vermutungsweise dem ersten vorchristlichen Jahrhundert zuweist. Eine Änderung des Spielplatzes hatte dieser Umbau keinesfalls im Gefolge.

Eine letzte Veränderung der Skene hat vielleicht noch in spätrömischer Zeit stattgefunden; denn es sind einige Steine ausgegraben worden, die auf das Vorhandensein eines römischen Logeion hinzuweisen scheinen (vergl. Excav. S. 88). Jedoch sind diese Reste so gering und lassen sich mit der Thatsache, dass zwei Säulen des Proskenion noch aufrechtstehend gefunden sind, so wenig in Einklang bringen, dass es ratsamer ist, keinen weiteren Umbau anzunehmen. Wann der ganze Bau zerstört worden ist, ist nicht überliefert. Zur Zeit des Pausanias war er jedenfalls noch gut erhalten und wegen seiner Grösse berühmt.

8. Das Theater in Delos.

Dieser von der Französischen Schule in Athen in den letzten Jahren ausgegrabene Bau bietet einige besondere Eigentümlichkeiten, welche für die Bühnen-

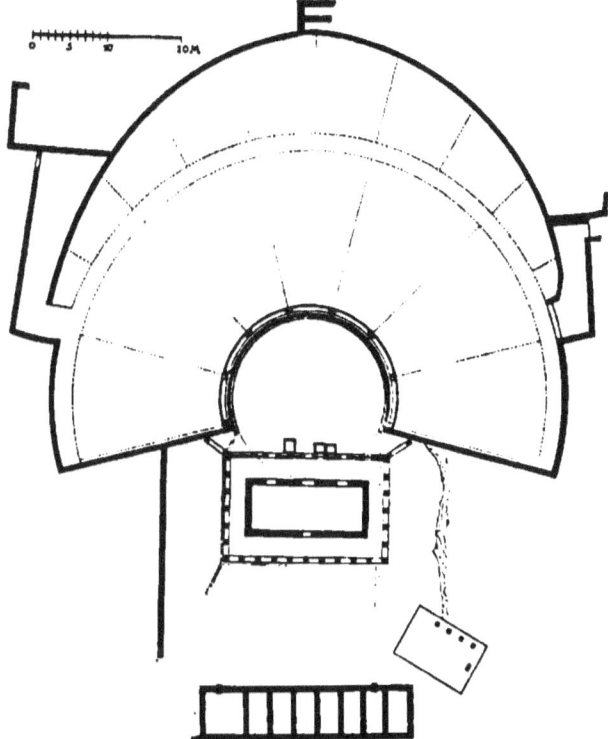

Figur 58. Grundriss des Theaters von Delos.

frage von Bedeutung sind, und ist ausserdem durch mehrere bei den delischen Ausgrabungen gefundene Inschriften, welche sich auf die Erbauung und Ausschmückung des Theaters beziehen, von grossem Werte für die Frage nach der Benennung und Gestaltung der einzelnen Bauteile.

8. Das Theater in Delos.

Die in den Figuren 58 und 59 mitgeteilten Grundrisse sind nach dem von dem Architekten Convert aufgenommenen, im Bulletin de corresp. hellén. 1896 Heft I veröffentlichten Plane gezeichnet, dessen Probedruck Th. Homolle mir gütigst zur Verfügung gestellt hat.

In dem sehr stark zerstörten Zuschauerraum erkennt man noch die Reste von 8 Treppen, die 7 Keile einschlossen. Verhältnismässig gut erhalten sind die hohen Stützmauern aus Marmorquadern, deren Errichtung nach den in derselben Zeitschrift (1894 S. 161—167) veröffentlichten Inschriften in der ersten Hälfte des III. Jahrhunderts erfolgt ist. Die unterste Reihe der Sitzbänke war mit Rück-

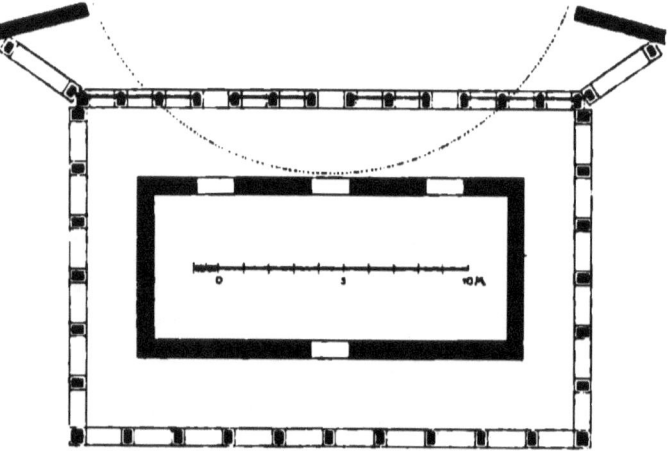

Figur 59. Grundriss des Skenengebäudes. Ergänzung.

lehnen versehen und für die Proedroi bestimmt. Unmittelbar vor ihr liegt ein schmaler Wassercanal, ähnlich wie in Sikyon und Megalopolis. Ein Umgang für die Zuschauer fehlt also auch hier. Damit im Zusammenhang steht die Thatsache, dass die Orchestra kein voller Kreis ist; nur bei Annahme eines Umganges zwischen dem Sitzraum und der Orchestra lässt sich ein ganzer Kreis einzeichnen.

Von aussergewöhnlicher Form ist das Skenengebäude (Figur 59), denn der Saal, welcher die Mitte des Gebäudes einnimmt, ist auf allen seinen vier Seiten von Säulenhallen umgeben und weist keine Spur einer inneren Teilung auf. In seiner zum Theater gerichteten Mauer, die wir die Vorderwand der Skene nennen dürfen, sind noch drei Schwellen erhalten, welche das ehemalige Vorhandensein von drei Thüren beweisen. Die Hinterwand hatte dagegen nur eine Thür in ihrer Mitte. Die Seitenwände waren ohne Thüröffnung. Ob es ein festes Obergeschoss gab, ist zwar an den Ruinen nicht zu constatiren, weil die Mauern nirgends hoch genug erhalten sind und sich auch keinerlei Spuren einer Treppe gefunden haben, kann aber, wie wir später sehen werden, kaum bezweifelt werden. Die Höhe des Untergeschosses ist durch die bestimmbare Höhe der Ringhalle gegeben, denn diese lässt sich nach den Massen der erhaltenen Bauglieder zu ungefähr 3^m festsetzen, stimmt also mit den bei anderen Theatern gefundenen und mit den von Vitruv angegebenen Höhenabmessungen überein.

Zwischen den Hallen der verschiedenen Seiten sind kleine Verschiedenheiten zu bemerken. So beträgt ihre Tiefe an den beiden langen Seiten übereinstimmend 2,63^m, während sie an den beiden anderen nur 2,04^m misst. Die Stützen bestehen ferner an drei Seiten aus viereckigen Pfeilern von 0,425^m Tiefe und 0,265^m Breite; an der vierten, zum Zuschauerraum gerichteten Seite sind die oblongen Pfeiler nach aussen abgerundet und als Halbsäulen ausgebildet. Eine weitere Verschiedenheit besteht darin, dass die Axweite der Stützen an der Vorderseite 1,50^m, an den drei übrigen Seiten 2,04^m beträgt. Auch darin unterscheiden sie sich, dass die Intercolumnien an der ersteren Seite mit Pinakes geschlossen, an den drei übrigen aber stets offen waren.

Trotz dieser Verschiedenheiten lässt sich nicht leugnen, dass die zum Theater gerichtete Halle nichts wesentlich anderes war, als die Hallen der drei anderen Seiten. Die Skene hatte also die Gestalt eines Peristyls, eines Saales, der rings herum von einer Säulenhalle umgeben war. Diese Thatsache ist für die Erklärung der zum Theater gerichteten Halle, die ein gewöhnliches Proskenion war, von entscheidender Wichtigkeit. Da die Halle auf den drei anderen Seiten unzweifelhaft als Schmuckhalle diente, muss sie auch an der vierten Seite, wo sie dieselbe Tiefe und dieselbe Höhe hatte, als eine zum Schmuck dienende Halle aufgefasst werden. Das ist aber gerade diejenige Deutung, welche wir den Proskenien aller Theater gegeben haben. Wer das 3^m hohe Proskenion für zu niedrig hält, um es als Säulenhalle anerkennen zu können, der muss auch für die hinter und neben dem Skenensaal befindlichen Hallen eine andere Erklärung vorschlagen. Dass jemand wagen wird, die ganze Ringhalle für ein Podium oder eine Bühne zu erklären, welche rings um die Skene herumlief, scheint mir undenkbar. Daher sehe ich in der Ringhalle unseres Theaters einen sehr wertvollen monumentalen Beweis für die Unrichtigkeit der alten Bühnentheorie.

Das Proskenion bietet noch einige bemerkenswerte Einzelheiten. Zunächst war in der mittelsten Säulenöffnung eine zweiflügelige Thür angebracht, deren Zapfenlöcher noch erhalten sind. Von den übrigen Intercolumnien, welche mit Pinakes geschlossen waren, scheinen zwei einen anderen Verschluss gehabt zu haben. Denn in den 4. Intercolumnien beiderseits der Mittelthür erkennt man auf den viereckigen Basensteinen neben den Säulen schmale Rillen, welche in derselben

Form nur noch zwischen den Ecksäulen des Proskenion und den Pfeilern der Parodos-Thore vorkommen. Da hieraus gefolgert werden muss, dass der Verschluss dieser beiden Öffnungen dauernd oder auch nur vorübergehend abwich von dem der übrigen Intercolumnien, der aus bemalten Holztafeln bestand, so liegt die Vermutung nahe, dass hier, wenn es das Drama verlangte, zwei Nebenthüren angebracht werden konnten. Eine Bestätigung dieser Annahme dürfen wir darin sehen, dass gerade diesen Öffnungen gegenüber die beiden schon erwähnten Nebenthüren der Skenen-Vorderwand liegen.

Ferner sind die Pfeiler der die Parodoi abschliessenden Seitenthore genau ebenso gebildet wie die viereckigen Pfeiler der Ringhalle und werden daher nicht nur dasselbe Gebälk, sondern auch dieselbe Höhe wie das Proskenion und die ganze Ringhalle gehabt haben. Darin liegt aber ein weiterer Beweis für unsere Ansicht, dass das Proskenion das Hauptgeschoss der Skene, nicht nur der Unterbau für ein solches war. Denn die Durchführung der Architektur des Proskenion bis an die Stützmauern des Zuschauerraumes, wie ich sie auf Grund des delischen Theaters auf unserer Tafel VIII bei dem Durchschnitt eines griechisch-hellenistischen Theaters angenommen habe, ist von hervorragender Bedeutung für die im VIII. Abschnitt dargelegte Theorie von der Entwickelung des römischen Theaters aus dem griechischen. Dass die Parodos-Thüren im delischen Theater in schräger Linie verlaufen, ist durch die geringe Höhe der Stützmauer des Sitzraumes an der der Proskenion-Ecke gegenüberliegenden Stelle veranlasst; der Thürpfeiler war weiter seitwärts angeordnet, wo die Stützmauer etwa die Höhe des Thores hatte.

Sodann sind in der Orchestra dicht vor dem Proskenion die Unterbauten mehrerer Statuen oder anderer Weihgeschenke erhalten, welche einst vor den Säulen des Proskenion aufgestellt waren. Ihr Vorhandensein ist ein sicherer Beweis gegen die vielfach aufgestellte Hypothese (z. B. Wieseler, Griech. Theater, bei Ersch und Gruber 83, S. 203), dass in dem vor dem Proskenion gelegenen Teile der Orchestra oft ein grosses Podium, das den Namen Thymele geführt habe, aufgeschlagen worden sei. Nur die Köpfe der Statuen oder die oberen Teile der Weihgeschenke würden über diesem Podium sichtbar gewesen sein!

Noch in einem anderen Punkte weicht das delische Skenengebäude von den entsprechenden Bauten in Athen und Epidauros ab: es fehlen die Paraskenien, welche in diesen und anderen Theatern das Proskenion einschliessen. Diese Thatsache ist um so auffallender, weil in den Inschriften, welche sich auf das delische Theater beziehen, mehrmals Paraskenien erwähnt werden. Diese Schwierigkeit verschwindet jedoch, wenn wir annehmen, dass der aufgedeckte Bau und die gefundenen Inschriften aus verschiedenen Jahrhunderten stammen. Die Urkunden, welche ein Paraskenion erwähnen, gehören der ersten Hälfte des III. vorchristlichen Jahrhunderts, also einer Zeit an, in der wahrscheinlich noch in keinem Theater ein steinernes Proskenion bestand. Die aufgedeckten steinernen Säulenhallen, welche die Skene umgeben, werden dagegen wohl mindestens ein Jahrhundert jünger sein.

Allerdings muss das ältere Proskenion schon im wesentlichen die Gestalt des jüngeren gehabt haben, denn nach den Inschriften vom Jahre 282 bestand es aus Pinakes, die jedenfalls zwischen Stützen angebracht waren; aber letztere haben wir uns als Holzpfosten, nicht als Steinpfeiler zu denken. Nur die diese Dekoration einschliessenden Paraskenien müssen, wie es in Athen schon im IV. Jahrhundert der Fall war, im III. Jahrhundert ganz oder wenigstens in ihren Unterbauten aus Stein bestanden haben, weil in einer Inschrift vom Jahre 269 ἡ λιθεία ἡ εἰς τὸ παρασκήνιον genannt wird (Bull. de corr. hell. 1894, S. 164).

Die Skene war schon in dem älteren und daher gewiss auch in dem jüngeren Bau zwei Stockwerke hoch, denn in einer Inschrift vom Jahre 274 lesen wir: τὰ παρασκήνια τά τε ἐπάνω καὶ τὰ ὑποκάτω und τὰς ἐπάνω σκηνάς (Bull. 1894, S. 163). Es kann das nicht auffallen, weil es längst bekannt war, dass die Skenen oft nicht nur zwei, sondern sogar drei Stockwerke hatten.

Aus einer Inschrift vom Jahre 180 (Bull. 1882, S. 27) ergiebt sich ausserdem, dass es in Delos ein λογεῖον gab, welches ebenso wie das Proskenion des Theaters mit Pinakes versehen war. Wenn wir hiermit die Inschrift vom Jahre 279 vergleichen (Bull. 1890, S. 401), wo τὸ [λογε]ῖον τῆς σκηνῆς mit grosser Wahrscheinlichkeit ergänzt ist[1]) und das Logeion also als Teil der Skene genannt wird, und wenn wir uns dann erinnern, dass das Dach des Proskenion nach Vitruv (V, 6,8) von den Griechen Logeion genannt wurde, so werden wir mit Th. Homolle (Bull. 1894 S. 166) die beiden Formeln πίνακες εἰς τὸ προσκήνιον und πίνακες ἐπὶ τὸ λογεῖον gleichsetzen und das Proskenion mit dem Logeion insofern identificiren, als beide Ausdrücke zwar für den Vorbau der Skene gebraucht werden können, aber genauer so zu verteilen sind, dass die Vorderwand προσκήνιον, die Decke oder das Podium dagegen λογεῖον genannt wird. Ich vermute, dass der Name Logeion dadurch üblich geworden ist, dass ausser den Göttern in den Dramen auch die Redner in den Volksversammlungen vielfach auf dem Proskenion aufzutreten und von dort zu sprechen pflegten (vergl. die Abschnitte V und VIII).

9. Das Theater in Assos.

Dieser grosse Bau ist im Jahre 1881 von dem Archäologischen Institut von Amerika durch J. T. Clarke teilweise ausgegraben worden (vergl. Papers of the Arch. Institute of America, Class. Ser. I, 1882). Weitere Untersuchungen wurden im Jahre 1883 vorgenommen; der Bericht darüber ist bisher noch nicht veröffentlicht. Wenn ich in Figur 60 eine Skizze eines Teiles des Theatergrundrisses und hier einige Worte über seine Einrichtung mitteilen kann, so verdanke ich das der Freundlichkeit des Herrn Clarke und einem Besuche, den ich im Jahre 1895 dem Theater abgestattet habe.

---

[1]) Reisch bezweifelt die Richtigkeit dieser Ergänzung und hält auch in der andern Inschrift die Gleichsetzung von Logeion und Proskenion nicht für gesichert. Vgl. Abschnitt V.

Das Skenengebäude bestand in älterer Zeit aus drei Zimmern, vor welchen die Orchestra als voller Kreis lag. Die Vorderwand enthielt drei Thüren und konnte nach Belieben dekorirt werden. In späterer Zeit ist die Orchestra durch den Fortfall der beiden unteren Sitzreihen erweitert und mit einer Brüstungsmauer aus Marmor umgeben worden. Gleichzeitig erhielt die Skene durch seitliche Anbauten eine etwas grössere Breite und durch ein vorgebautes Proskenion eine

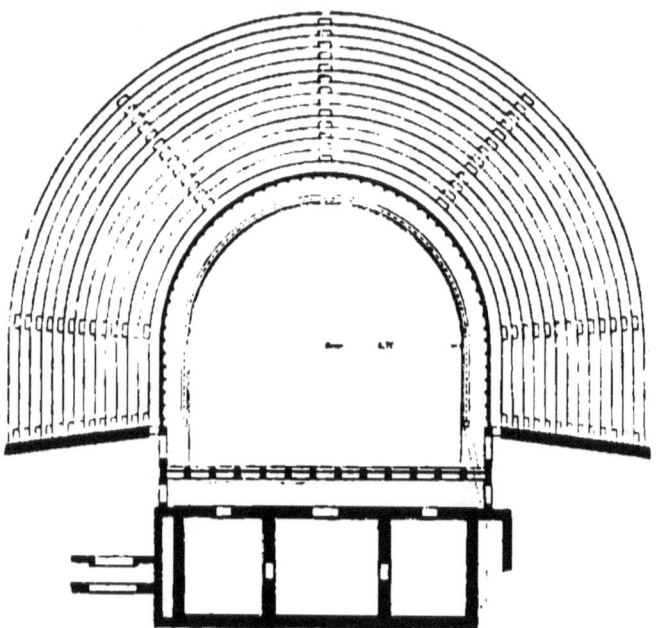

Figur 60. Grundriss des Theaters in Assos. Unterer Teil.

feste Schmuckwand, deren Säulenabstände durch Pinakes geschlossen waren. Ob die ältere Skene Paraskenien hatte, ist nicht bekannt; in jüngerer Zeit, als das steinerne Proskenion erbaut war, sind sicher keine mehr vorhanden gewesen. An den beiden Enden des Proskenion befanden sich je zwei Thore, von denen das grössere zur Orchestra, das kleinere in das Innere des Proskenion führte.

Die 14 Stützen des Proskenion haben die aus manchen anderen Theatern bekannte Gestalt; sie bestehen nämlich aus dorischen Halbsäulen mit angelehnten viereckigen Pfeilern. Ihre Zwischenräume waren mit bemalten Holztafeln ausgefüllt, deren Befestigungs-Vorrichtung noch zu erkennen ist. In dem mittleren Intercolumnium war eine verschliessbare Thür vorhanden. Ob auch den beiden Nebenthüren der Skene entsprechend zwei weitere Thüren zwischen den Proskenionsäulen angebracht werden konnten, ist nicht bekannt, darf aber nach Analogie des sehr ähnlichen Skenengebäudes von Delos als möglich bezeichnet werden. Die Höhe der Säulen einschliesslich des dorischen Gebälks betrug rund 3^m, hatte mithin das auch bei anderen Theatern übliche Mass.

Die Erbauungszeit des Theaters steht meines Wissens nicht fest, ebensowenig die Zeit, in welcher sein Umbau stattfand und das steinerne Proskenion hinzugefügt wurde. Mit dem athenischen Theater verglichen, entspricht die ältere Anlage mit ihrem einfachen Skenengebäude dem Bau des Lykurg. und das jüngere Proskenion dem wahrscheinlich im ersten Jahrhundert vor Chr. erfolgten Umbau.

Die Veränderung des Zuschauerraumes und die dadurch herbeigeführte Vergrösserung der Orchestra dürfte zu dem Zweck erfolgt sein, um in der Orchestra, welche die Gestalt einer gewöhnlichen Arena oder Konistra angenommen hatte, Gladiatorenkämpfe und ähnliche Schauspiele veranstalten zu können. Die unterste Sitzreihe lag etwa 1^m höher als die Konistra und war ausserdem durch eine Marmorschranke von ihr getrennt.

10. Das Theater in Pergamon.

Ein für die Entwickelungsgeschichte des griechischen Theaters sehr wichtiger Bau ist das von K. Humann und R. Bohn ausgegrabene Theater von Pergamon (vergl. den vorläufigen Bericht über die Ausgrabungen in Pergamon III S. 40). Die von R. Bohn aufgenommenen genauen Pläne erscheinen im III. Bande der Altertümer von Pergamon. Die in den Figuren 61 und 62 mitgeteilten Grundrisse, welche das Skenengebäude, die Orchestra und die unteren Stufen umfassen, sind nach den Aufnahmen Bohn's gezeichnet. Die Errichtung des ganzen Zuschauerraumes und der ältesten Teile der Skene wird ins zweite vorchristliche Jahrhundert gesetzt und zwar in die Regierungszeit Eumenes' II. Wie Orchestra und Skene damals aussahen, zeigt Figur 61. Die in dem anderen Grundrisse (Figur 62) gezeichneten Mauern und Bauteile gehören einem in der römischen Zeit erfolgten Umbau an.

Das älteste Skenengebäude zeigt eine eigentümliche Bauweise, welche meines Wissens sonst nicht vorkommt und vermutlich durch die besondere Lage des Theaters veranlasst war. Dieses liegt nämlich neben einer am Abhange des Burgberges sich hinziehenden Terrasse, an deren Ende ein jonischer Tempel stand. Ein steinernes Skenengebäude, neben der Orchestra errichtet, würde die ganze Breite der Terrasse eingenommen und so den Weg zu dem Tempel abgeschnitten oder wenigstens sehr entstellt haben. Die Skene ist deshalb so eingerichtet worden, dass sie leicht aufzuschlagen und nach stattgehabter Vorstellung wieder schnell zu entfernen war. Dies ist dadurch erreicht, dass überall dort, wo die

Pfosten der Skene aufgestellt werden sollten, grosse Steine mit tiefen Löchern von fast 0,40m im Quadrat in den Fussboden eingelassen wurden, in welche die Pfosten fest eingesetzt werden konnten. In beiden abgebildeten Grundrissen sind die Löcher gut zu erkennen. Die Steine, in welche die Löcher eingearbeitet sind, zeigen alle an ihrem oberen Rande einen Falz, der zur Aufnahme einer Steinplatte diente, mit welcher sie geschlossen werden konnten, sobald die Pfosten entfernt waren. Waren die Aufführungen vorüber und die Löcher zugedeckt, so war von dem Skenengebäude nichts mehr zu merken. In welcher Anordnung die

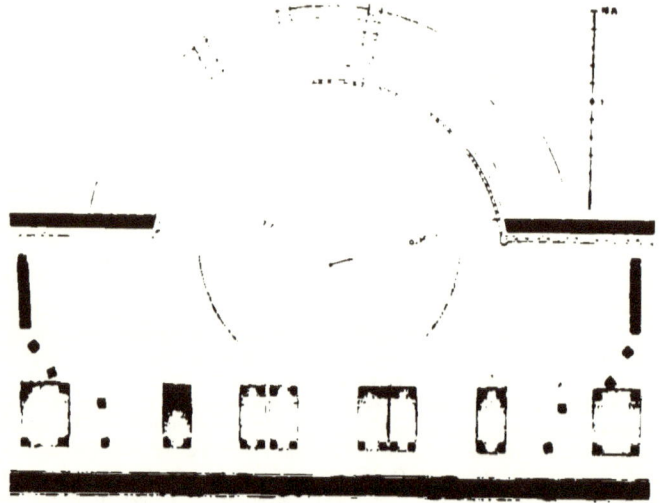

Figur 61. Skene und Orchestra des Theaters von Pergamon in griechischer Zeit.

Pfosten standen, ist aus beiden Grundrissen zu ersehen. Dass sie sich zu mehreren Gruppen von Pfeilern mit Öffnungen dazwischen verbinden lassen, zeigt Figur 61, in welcher je vier Pfosten zu Pfeilern zusammengefasst sind. In der Mitte befinden sich drei grosse Öffnungen von 3 bis 3,70m Breite, jede beiderseits durch einen von vier Pfosten gebildeten Pfeiler eingeschlossen. An den beiden Enden stehen nochmals je vier Pfosten, die offenbar die Eckpfeiler gebildet haben. Zwischen den letzteren und dem Zuschauerraum sind auf beiden Seiten je zwei Pfosten angeordnet, in denen die Thürpfosten der Parodos-Thore nicht zu verkennen sind. Die übrigen, schräg stehenden Pfosten werden für die Herrichtung der Paraskenien und die Aufstellung von Periakten gedient haben.

152 II. Abschnitt. Griechische Theater ausserhalb Athens.

Das allgemeine Bild, welches wir hiernach von der bei jeder Aufführung aufgeschlagenen Skene gewinnen, passt so gut zu den steinernen Skenen der anderen Theater, dass an der Richtigkeit unserer Ergänzung nicht zu zweifeln ist. Im einzelnen konnte die Skene für die verschiedenen Dramen in verschiedener Weise gestaltet werden. So liessen sich z. B. aus den drei mittleren Gruppen von Pfosten mit Leichtigkeit entweder drei kleinere Häuser oder ein grosses Haus mit drei Thüren herstellen.

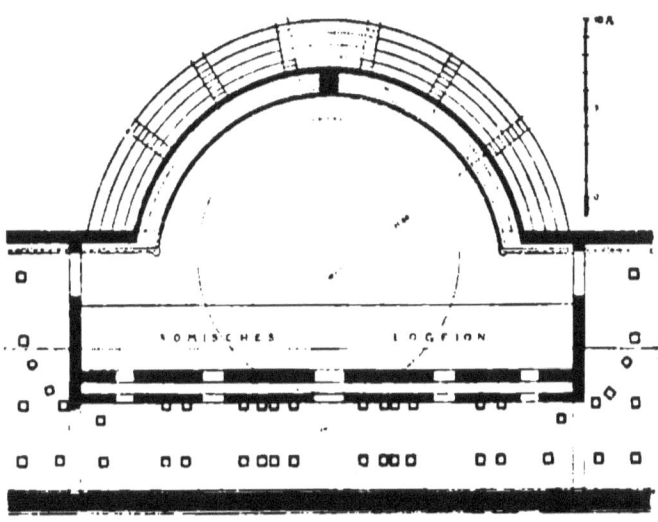

Figur 62. Skene und Orchestra des Theaters von Pergamon in römischer Zeit.

Ausdrücklich mag darauf hingewiesen werden, dass die Löcher und Pfosten nicht etwa dazu gedient haben können, ein Podium aufzuschlagen. Denn die Pfosten sind zu dick und stehen zu eng, als dass sie nur eine niedrige Bühne gebildet hätten. Ausserdem würde aber auch ihr Platz für eine Bühne ganz ungeeignet sein, weil sie um fast 9^m von den äussersten Sitzen entfernt gewesen wäre.

Vor der hölzernen Skene lag die Orchestra, die ursprünglich wahrscheinlich einen vollen Kreis umfasste, obwohl der Zuschauerraum nicht einmal einen ganzen Halbkreis bildet. Wenn man nämlich zwischen der untersten Stufe, welche ehemals dem Mittelpunkt des Kreises näher lag, weil einige Stufen später fortgeschnitten wurden, und dem Orchestrakreise einen Umgang und vielleicht auch einen Wassergraben ergänzt, und dann noch den Umgang, wie es z. B. in Athen der Fall ist, in der Mitte des Zuschauerraumes etwas schmaler macht als an seinen Enden, so ergiebt sich der in den Grundriss-Zeichnungen punktirte Orchestrakreis.

Einen vollständigen Umbau haben Orchestra und Skene in römischer Zeit erfahren. Die Orchestra wurde in eine tief liegende Konistra dadurch verwandelt, dass die untersten Sitzreihen des Zuschauerraumes abgeschnitten und zugleich ein Teil der Orchestra als Bühne erhöht wurde. Man erzielte so dasselbe Resultat, als wenn man die Sitze und den Spielplatz unverändert gelassen, den anderen Teil der Orchestra aber vertieft hätte; nur würde bei diesem Vorgehen die Konistra weniger breit geworden sein als bei der gewählten Art des Umbaues. Nachdem durch die Errichtung der festen Bühne ein Stück der grossen Terrasse dauernd fortgeschnitten war, ersetzte man auch die bewegliche Skene durch ein festes Bühnengebäude, welches die ganze Breite der Terrasse einnahm und diese daher in zwei Hälften zerteilte. Die Vorderwand dieser Skene ist in dem Grundrisse (Figur 62) ergänzt und hell schraffirt worden.

Einige Thatsachen weisen darauf hin, dass zwischen den beiden geschilderten Bauepochen noch eine dritte Einrichtung vorhanden war. Es scheint nämlich vor der Errichtung des römischen Logeion noch ein festes steinernes Proskenion in der Höhe der alten Orchestra erbaut worden zu sein. Zu diesem, vielleicht noch dem II. vorchristlichen Jahrhundert angehörigen Bau müssen wir die steinernen Parodos-Thore rechnen, deren Architrav mit seiner Weihinschrift gefunden ist (vergl. Altertümer von Pergamon, Band VIII, N° 236). In Figur 62 ist die Vorderwand des Baues mit ihren vermutungsweise angenommenen fünf Thüren durch kreuzweise Schraffur von der jüngeren Vordermauer geschieden.

Der älteste Theaterbau hatte also eine bewegliche Skene, welche zu jeder Vorstellung vermittelst starker Holzbalken aufgeschlagen wurde. Etwas später trat an ihre Stelle vielleicht eine steinerne hellenistische Skene. Schliesslich wurde in römischer Zeit ein neues Skenengebäude mit einer erhöhten Bühne erbaut. Da nach diesem Umbau die untere Sitzreihe wiederum ungefähr in der Höhe des römischen Logeion lag, so war thatsächlich die alte runde Orchestra in eine tiefe Konistra und eine erhöhte Bühne zerlegt worden.

11. Das Theater in Magnesia am Mäander.

In den Jahren 1891 und 1892 wurde dieses Theater von F. Hiller von Gärtringen ausgegraben. Der in den Athenischen Mittheilungen von 1894 (Tafel 1) veröffentlichte Plan ist von K. Humann aufgenommen und von mir (a. a. O. S. 65) besprochen. Die umstehend wiedergegebenen Grundrisse (Figur 64 und 65) sind zwar nach jenem Plane gezeichnet, weisen aber einige Veränderungen auf.

Drei verschiedene Bauepochen sind an diesem Theater deutlich zu unterscheiden: zu der ersten gehört eine aus dem IV. Jahrhundert stammende Skene mit beweglichem Proskenion (Figur 63, links), zu der zweiten ein festes Proskenion, welches unter Fortfall der Paraskenien errichtet war (Figur 63, rechts), und zu der dritten eine römische Bühne (Figur 64).

Die Skene bestand ursprünglich aus 5 neben einander liegenden Gemächern,

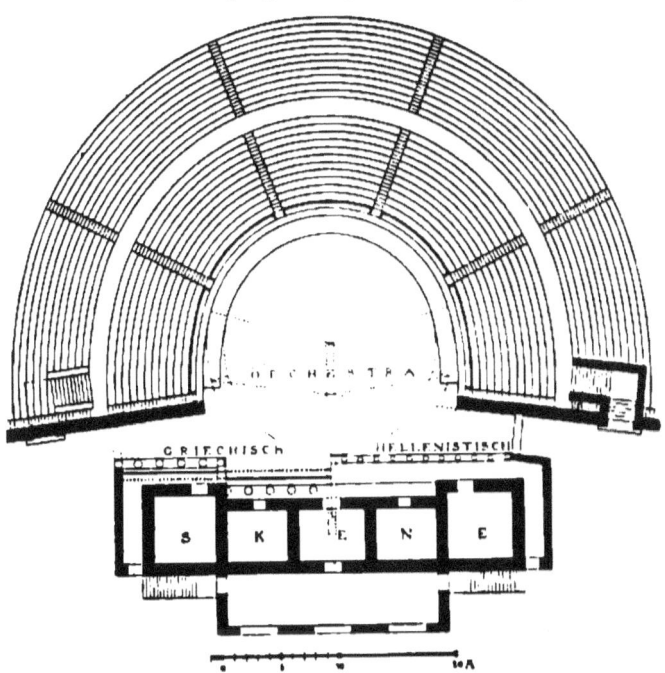

Figur 63. Das Theater von Magnesia in griechischer Zeit. Unterer Teil.

welche zusammen ein Rechteck von fast 35^m Länge und 7$^1/_2$^{m} Tiefe bildeten. Die drei mittleren Räume scheinen an ihrer Vorderseite eine besonders dicke oder vielleicht zwei Fundamentmauern gehabt zu haben, von denen die hintere die geschlossene Skenenwand, die vordere aber nach Analogie des athenischen Theaters eine Säulenstellung getragen haben wird. In den beiden äusseren Räumen erkennen wir Paraskenien, welche vor die Vorderwand der Skene vorsprangen.

Dass sie mit einer Säulenreihe geschmückt waren, ist zwar nicht ganz sicher, darf aber nach dem Vorbilde des athenischen Theaters angenommen werden. Dabei haben wir die beiden schmalen Gänge, welche neben den äussersten Gemächern erhalten sind und wahrscheinlich einer etwas jüngeren Zeit angehören, zur Reconstruction dieser Paraskenien herangezogen, und so den in der linken

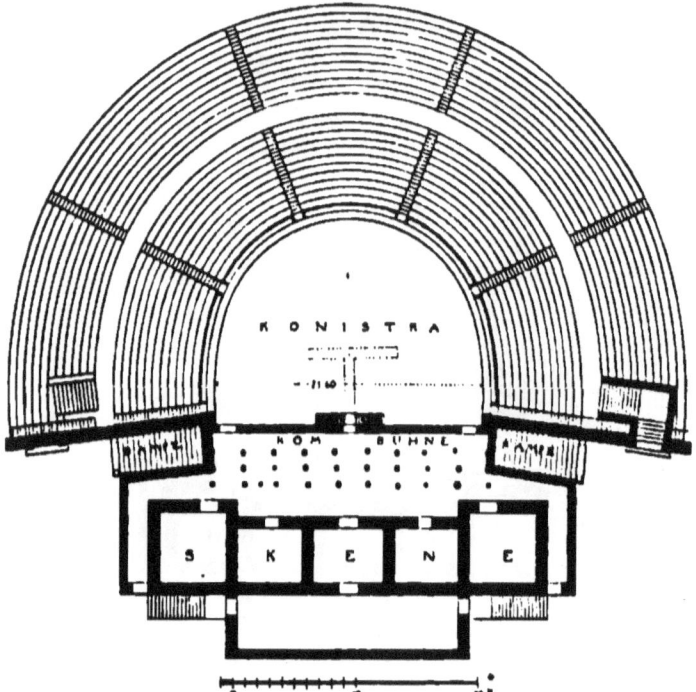

Figura 64. Das Theater von Magnesia in römischer Zeit. Unterer Teil.

Hälfte von Figur 63 dargestellten Grundriss erhalten, welcher mit dem lykurgischen Theater in Athen eine sehr grosse Ähnlichkeit besitzt. Vielleicht konnte eine bewegliche Dekorationswand, als «scaena ductilis» in zwei Hälften geteilt, beiderseits in die Paraskenien hineingezogen werden, wie in dem Grundriss angedeutet ist. Zu derselben Zeit wie die schmalen Gänge an den beiden Seiten ist der hinter der Skene liegende Anbau errichtet, zu dessen Dach oder oberem Stockwerk zwei breite steinerne Treppen hinaufführten, von denen eine noch zum Teil erhalten ist. Auf Grund dieser Treppen und der teilweise noch aufrecht stehenden drei Bogen des hinteren Anbaues lässt sich die Höhe der Skene auf ungefähr 3,50 bis 4,00^m bestimmen; eine genauere Feststellung ist leider nicht möglich.

Vor der Skene lag die kreisförmige Orchestra, welche von einem etwas über einen Halbkreis grossen Zuschauerraum umgeben war. Zwischen beiden befand sich ein vertiefter und daher zugleich als Wassergraben dienender Umgang. Die Mitte der Orchestra war durch einen unterirdischen Gang mit dem mittelsten Gemach der Skene verbunden. Sein Anfang und sein Ende sind zwar nicht mehr genau festzustellen, weil nur das unter der Vorderwand der Skene befindliche Stück erhalten ist, können aber kaum anders angenommen werden, als es in der Zeichnung geschehen ist.

Von einem Umbau des Skenengebäudes und des Zuschauerraumes berichten zwei Inschriften, die auf den Statuenbasen an den Ecken des Zuschauerraumes eingeschrieben sind (vergl. Athen. Mittheil. 1894, S. 5) und von dem Herausgeber in den Anfang des II. Jahrhunderts vor Chr. gesetzt werden. Apollophanes und sein Sohn Demetrios haben die für den Umbau notwendigen Gelder ohne Zins herzugeben versprochen und ihr Versprechen ausgeführt. Der Bau bestand in Erneuerung des ganzen Sitzraumes und seiner Stützmauern in Marmor und in der Erbauung eines festen Proskenion aus marmornen Säulen an Stelle der früheren Paraskenien und des beweglichen Proskenion. Wie die Skene nach diesem Umbau aussah, sucht die rechte Hälfte von Figur 63 zu veranschaulichen.

Die Orchestra erhielt damals auch die elliptische Gestalt, welche die unterste Stufe noch jetzt zu haben scheint und deren Construction in dem einen Grundrisse angedeutet ist. Die Curve ist der im Theater von Epidauros vorhandenen scheinbar ähnlich; doch lässt sich nicht mit voller Sicherheit hierüber reden, weil nur ein kleiner Teil der Curve zu messen war.

Eine letzte, aber durchgreifende Veränderung des Baues fand in spätrömischer Zeit statt. Eine Bühne von 2,30^m Höhe wurde vor der Skene erbaut und dem entsprechend auch ein neues Proskenion errichtet, dessen Säulen oberhalb der Bühne standen. Zahlreiche jonische und korinthische Bauglieder dieser spätrömischen Schmuckwand sind noch vorhanden und zeigen, dass unser Theater damals ähnlich aussah wie andere römische Theater Kleinasiens, z. B. diejenigen von Aspendos und Termessos. Zur Unterstützung des Bühnenfussbodens wurden 30 Säulenschäfte und Inschriftbasen der verschiedensten Formen in der alten Orchestra aufgestellt. Die zugehörige Vorderwand wurde aus opus incertum mit allen möglichen Steinen erbaut und zeigt noch jetzt drei Thüröffnungen, wie solche auch in anderen kleinasiatischen Theatern, z. B. in Termessos und Sagalassos vorkommen. Eine doppelte Treppe, welche die Konistra mit der Bühne verband, lag zu beiden Seiten der mittleren Thür.

Durch die Errichtung dieser Bühne wurden beide Parodoi abgeschnitten und zu Rampen umgeändert, auf denen man zur Bühne hinaufsteigen konnte. Die grosse Höhe der letzteren von etwa 2,30m übersteigt das von Vitruv angegebene Maximalmass beträchtlich und ist nur dann verständlich, wenn die untersten beiden Sitzreihen nicht mehr benutzt wurden. Vermutlich waren sie in irgend einer Weise überbaut, damit der unverändert gebliebene Teil der Orchestra von Brüstungsmauern rings umgeben war und so als Arena oder Konistra gebraucht werden konnte. Eine Bühne von ähnlicher Höhe und Gestalt scheint auch im Theater von Tralles vorhanden zu sein (vergl. Athen. Mittheilungen 1893, S. 409), doch ist die Ausgrabung dieses Baues nicht soweit ausgeführt worden, dass der Grundriss des Skenengebäudes ganz verstanden werden kann. Vielleicht war es ein Irrtum, dass ich den bühnenähnlichen Vorbau vor der Skene für ein Proskenion erklärte. Ohne weitere Ausgrabung wird diese Frage für Tralles nicht entschieden werden können.

In dieselbe spätere Zeit fällt auch die Anlage eines zweiten unterirdischen Ganges, welcher aus dem Raume unter dem Vorbau zur Mitte der Konistra führt, dort nach beiden Seiten rechtwinklig umbiegt und dann nach 2,50 resp. 3,50m endet; er kann erst erbaut sein, nachdem der ältere Gang längst zerstört war. Welchen Zweck dieser Gang gehabt hat, wage ich nicht zu entscheiden; jedenfalls hat er nicht dieselbe Bestimmung gehabt wie der ältere Gang, weil in der Konistra weder eine Öffnung, noch eine Treppe vorhanden ist, um zu dem Gang hinabsteigen zu können. Ein ähnlicher unterirdischer Hohlraum scheint im Theater von Tralles vorhanden zu sein.

Noch eine andere Eigentümlichkeit hat unser Theater mit anderen kleinasiatischen Theatergebäuden gemein. Als Zugang für die Zuschauer besitzen die beiden Stützmauern je eine über 2m breite Thür und im Anschluss an dieselben breite Treppen, auf denen der Zuschauerraum von der Seite zu betreten war. In Griechenland selbst ist mir eine solche Einrichtung nicht bekannt, während sie in Kleinasien vielfach vorkommt.

Vergleichen wir zum Schluss die verschiedenen Bauepochen unseres Theaters mit den Perioden des athenischen Baues, so finden wir zuerst das feste Skenengebäude Lykurgs mit seinem beweglichen Proskenion, sodann das feste Proskenion der hellenistischen Zeit und schliesslich die erhöhte Bühne der römischen Zeit durch entsprechende Bauperioden vertreten.

(W. D.)

III. ABSCHNITT.

DAS GRIECHISCHE THEATER NACH VITRUV.

So lange man sich mit der Geschichte des griechischen Theaters beschäftigt, hat die Beschreibung, welche Vitruv im V. Buche seines Werkes über die Architektur von dem griechischen und römischen Theater giebt, die Grundlage aller Untersuchungen und aller Ergänzungsversuche gebildet. Zu der Zeit, als nur wenige griechische Theaterruinen bekannt waren und es unter ihnen keinen Bau gab, welcher seine alte Einrichtung unverändert bewahrt hatte, verstand sich das von selbst. Aber auch heute, wo die Zahl der ausgegrabenen und genau erforschten griechischen Theater schon gross ist und sich mit jedem Jahre vermehrt, darf das Zeugnis des römischen Baumeisters nicht vernachlässigt werden. Ist er doch der einzige antike Schriftsteller, der uns genaue Vorschriften und bestimmte Massangaben über den Plan des griechischen Theaters überliefert.

Wir geben im Nachfolgenden den Text des Vitruv nach der Ausgabe von Rose und Müller-Strübing, teilen ihn sachlich in einzelne Paragraphen ab und stellen den Vorschriften für das römische Theater die entsprechenden Angaben über das griechische gegenüber. Diejenigen Bestimmungen, welche ganz oder wenigstens teilweise für beide Theater gelten, sind nicht in der Mitte abgeteilt.

Römisches Theater.
(Vitruv V, 6, 1)

§ 1. *Ipsius autem theatri conformatio sic est facienda uti quam magna futura est perimetros imi, centro medio conlocato circumagatur linea rotundationis, in eaque quattuor scribantur trigona paribus lateribus et intervallis, quae extremam lineam circinationis tangant*, (folgt ein Satz über die Zeichnung der Sternbilder).

§ 2. *ex his trigonis cuius latus fuerit proximum scaenae, ea regione qua praecidit curvaturam circinationis, ibi finiatur scaenae frons, et ab eo loco per centrum parallelos linea du-*

Griechisches Theater.
(Vitruv V, 7, 1)

§ 1. *In Graecorum theatris non omnia isdem rationibus sunt facienda, quod primum in ima circinatione ut in Latino trigonorum quattuor, in eo quadratorum trium anguli circinationis lineam tangunt,*

§ 2. *et cuius quadrati latus est proximum scaenae, ea regione praeciditque curvaturam circinationis, ea regione designatur finitio proscaenii. et ab ea regione ad extremam circinationem*

catur, quae disiungat proscaenii pulpitum et orchestrae regionem.

§ 3. *ita latius factum fuerit pulpitum quam Graecorum, quod omnes artifices in scaena dant operam. in orchestra autem senatorum sunt sedibus loca designata,*

§ 4. *et eius pulpiti altitudo sit ne plus pedum quinque, uti qui in orchestra sederint, spectare possint omnium agentium gestus.*

§ 5. *cunei spectaculorum in theatro ita dividantur uti anguli trigonorum, qui currunt circum curvaturam circinationis, dirigant ascensus scalasque inter cuneos ad primam praecinctionem, supra autem alternis itineribus superiores cunei medii dirigantur. ei autem qui sunt in imo et dirigunt scalaria, erunt numero VII,*

§ 6. *reliqui quinque scaenae designabunt compositionem, et unus medius contra se valvas regias habere debet, et qui erunt dextra ac sinistra hospitaliorum designabunt compositionem, extremi duo spectabunt itinera versurarum.*

curvaturae parallelos linea designatur, in qua constituitur frons scaenae, per centrumque orchestrae a proscaenii regione parallelos linea describitur et qua secat circinationis lineas dextra ac sinistra in cornibus hemicyclii centra signantur, et circino conlocato in dextro ab intervallo sinistro circumagitur circinatio ad proscaenii sinistram partem. item centro conlocato in sinistro cornu ab intervallo dextro circumagitur ad proscaenii dextram partem.

§ 3. *ita tribus centris hac descriptione ampliorem habent orchestram Graeci et scaenam recessiorem minoreque latitudine pulpitum, quod* λογεῖον *appellant, ideo quod eo tragici et comici actores in scaena peragunt, reliqui autem artifices suas per orchestram praestant actiones itaque ex eo scaenici et thymelici graece separatim nominantur.*

§ 4. *eius logei altitudo non minus debet esse pedum decem, non plus duodecim.*

§ 5. *gradationes scalarum inter cuneos et sedes contra quadratorum angulos dirigantur ad primam praecinctionem, a praecinctione inter eas iterum mediae dirigantur, et ad summam quotiens praecinguntur, altero tanto semper amplificantur.*

§ 7. *gradus spectaculorum ubi subsellia componantur ne minus alti sint palmo, ne plus pede et digitis sex, latitudines eorum ne plus pedes duo semis, ne minus pedes duo constituantur.*

§ 8. *tectum porticus quod futurum est in summa gradatione, cum scaenae altitudine libratum perficiatur, ideo quod vox crescens aequaliter ad summas gradationes et tectum perveniet. namque si non erit aequale, quo minus fuerit altum, vox praeripietur ad eam altitudinem ad quam perveniet primo.*

§ 9. *orchestra inter gradus imos quam diametron habuerit, eius sexta pars sumatur, et in cornibus utrimque ad aditus eius mensurae perpendiculo inferiores sedes praecidantur, et qua praecisio fuerit, ibi constituantur itinerum supercilia. ita enim satis altitudinem habebunt eorum confornicationes.*

§ 10. *scaenae longitudo ad orchestrae diametron duplex fieri debet.*

§ 11. *Ipsae autem scaenae suas habent rationes explicatas ita uti mediae valvae ornatus habeant aulae regiae, dextra ac sinistra hospitalia, secundum autem spatia ad ornatus comparata, quae loca Graeci* περιάκτους *dicunt ab eo quod machinae sunt in his locis versatiles trigonoe habentes singulae tres species ornationis, quae cum aut fabularum mutationes sunt futurae seu deorum adventus cum tonitribus repentinis, versentur mutentque speciem ornationis in fronte. secundum ea loca versurae sunt procurrentes, quae efficiunt una a foro, altera a peregre aditus in scaenam. genera autem sunt scaenarum tria, unum quod dicitur tragicum, alterum comicum, tertium satyricum. horum autem ornatus sunt inter se dissimili disparique ratione, quod tragicae deformantur columnis et fastigiis et signis reliquisque regalibus rebus, comicae autem aedificiorum privatorum et maenianorum habent speciem prospectusque fenestris dispositos imitatione communium aedificiorum rationibus, satyricae vero ornantur arboribus speluncis montibus reliquisque agrestibus rebus in topiarii speciem deformatis.*

Diese Gegenüberstellung lehrt ohne Weiteres, dass die Beschreibung beider Theater sehr sorgfältig angeordnet ist. Beim griechischen Theater findet sich genau dieselbe Reihenfolge der Bestimmungen wie beim römischen, ja es kehren vielfach dieselben Worte wieder. Ferner dürfen wir diejenigen Vorschriften, welche nur beim römischen Theater vorhanden sind, ohne Bedenken auch auf den griechischen Bau beziehen, vorausgesetzt, dass dies möglich ist. Denn Vitruv sagt bei den Angaben über die erstere Theaterart nicht ausdrücklich, dass er nur das römische Theater dabei im Auge habe, sondern giebt die Vorschriften zur Erbauung eines Theaters im allgemeinen, und fügt dann für das griechische Theater nur die abweichenden Vorschriften hinzu. Ausserdem spricht er durch die Worte *in Graecorum theatris non omnia isdem rationibus sunt facienda*, mit denen er die Sondervorschriften für das griechische Theater einleitet, deutlich aus, dass mehrere der vorhergehenden Bestimmungen auch für das griechische Theater gelten.

Betrachten wir zunächst die einzelnen Paragraphen:

§ 1. Zuerst wird ein Grundkreis gezeichnet, welcher der untersten Sitzreihe entspricht, und in diesen werden für das römische Theater vier gleichseitige Dreiecke, für das griechische drei gleichseitige Vierecke eingezeichnet. Die Ecken der Dreiecke und Vierecke sollen auf der Peripherie des Grundkreises liegen und gleiche Abstände *(intervalla)* haben. Hier mag hinzugefügt werden, dass die Zeichnung dieser vielen Dreiecke und Vierecke meines Erachtens vollständig überflüssig ist und daher unterbleiben konnte. Es hätte genügt, entweder ein Zwölfeck in den Kreis einzuzeichnen oder die Peripherie in 12 Abschnitte zu teilen und dann beim römischen Theater einen Teilpunkt mit dem fünften Nachbarpunkte, beim griechischen Theater mit dem vierten Punkte durch eine Sehne zu verbinden. In den beiden umstehenden Figuren 65 und 66, welche das römische und griechische Theater nach Vitruv darstellen, haben wir wenigstens je eines der Dreiecke und Vierecke gezeichnet, die übrigen aber fortgelassen, um die Zeichnungen übersichtlicher und verständlicher zu machen.

§ 2. Beim römischen Theater (vergl. Figur 65) soll eine Dreieckseite (d-e) zur Vorderkante der Skenenwand, und ein ihr paralleler Durchmesser (b-c) zur Trennungslinie zwischen Bühne und Orchestra gemacht werden. Beim griechischen Theater dagegen (vergl. Figur 66) wird durch die Seite eines Vierecks (d-e) die Vorderkante des Proskenion bezeichnet und durch die ihr parallele Tangente (f-g) die Vorderwand der Skene. Während die Orchestra des römischen Theaters durch die angegebenen Linien in ihren Grenzen schon bestimmt ist, muss für die griechische Orchestra die Begrenzung noch vervollständigt werden. Dies geschieht, der genauen Anordnung der einzelnen Vorschriften entsprechend, richtig am Ende des zweiten Paragraphen durch zwei neue Kreise, deren Mittelpunkte nicht im Centrum des Grundkreises, sondern in den beiden Endpunkten b und c des Durchmessers liegen.

Bekanntlich ist über die Grösse und den Zweck dieser beiden Kreise seit Jahrhunderten gestritten worden (vergl. die Zusammenstellung der verschiedenen Ansichten bei E. Capps, Vitruvius and the Greek stage, Studies in Class. Philology, Chicago I 1893, S. 21. A. 1). Schon die Architekten und Gelehrten der Renaissance-Zeit haben die Angaben Vitruv's verschieden erklärt. Nachdem das Theater in Epidauros aufgedeckt und damit eine den Vitruvischen Vorschriften fast entsprechende Construction bekannt geworden ist, kann es keinem Zweifel mehr unterliegen, dass durch die zwei neuen Kreise die abweichende Krümmung der beiden äusseren Keile des Zuschauerraumes bestimmt werden soll. Die Beweise hierfür sind schon von E. Petersen (Wiener Studien VII, S. 179),

E. Fabricius (Rhein. Mus. 1891, S. 341) und E. Capps (a. a. O.) sehr gut dargelegt worden. Welcher Zweck durch diese umständliche Veränderung der Curve erreicht werden soll, wird sich später ergeben. Wir werden dann auch die verschiedenen anderen Lösungen, welche neben der von Vitruv vorgeschlagenen bei den griechischen Theatern zur Anwendung gelangt sind, einzeln darlegen. Vorläufig fahren wir in der Erklärung der Vorschriften Vitruv's fort.

Die beiden neuen Kreise sollen so gezeichnet werden, dass das eine Ende des Zirkels bei b *in cornu dextro* (vergl. Figur 66) eingesetzt und mit dem

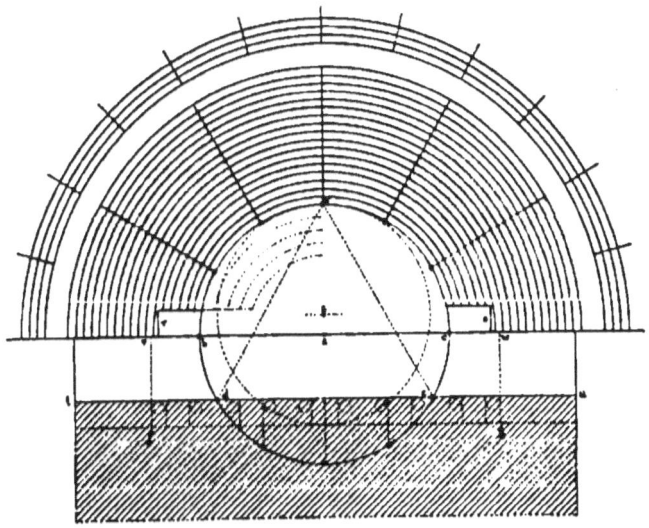

Figur 65. Römisches Theater nach Vitruv.

anderen Ende ein Bogen geschlagen wird *ab intervallo sinistro ad proscaenii sinistram partem*, d. h. von dem linken Intervall k-l nach dem entsprechenden Teile des Proskenion hin. Dass Vitruv unter *intervallum* hier die Abstände der 12 Teilpunkte des Grundkreises versteht, kann nach dem Wortlaut von § 1 nicht zweifelhaft sein. Das rechte oder linke Intervall kann ferner nur derjenige Teil der Peripherie sein, in welchem das rechte oder linke *cornu* liegt, wobei wir für die Bezeichnungen rechts und links stets den Zuschauerraum als Ausgangspunkt nehmen. Das rechte Intervall ist h-l, das linke k-l. Hiernach zeichnen wir den neuen Kreis mit b als Centrum und mit dem Durchmesser b-e als Radius von c aus nach o hin und ganz entsprechend den zweiten Kreis mit e als Centrum von b bis p.

Eine etwas abweichende Construction, die bisher meines Wissens noch nicht vorgeschlagen ist, besteht darin, den Abstand des neuen Centrums b von den beiden Endpunkten k und l des linken Intervalls k-l als Radius zu nehmen und den letzteren mithin etwas kürzer als einen Durchmesser des Grundkreises zu machen. Mit ihm beschreibt man den Kreisbogen k-l-o. Dieser Lösungsversuch

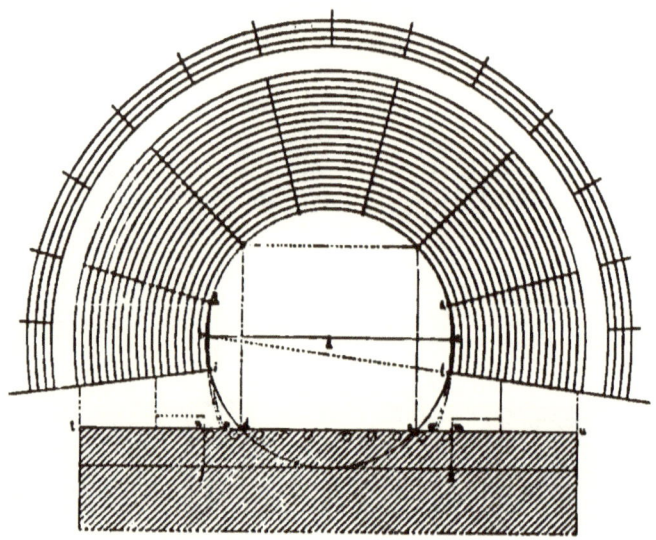

Figur 66. Griechisches Theater nach Vitruv.

scheint mir erstens dem Ausdruck *ab intervallo* besser zu entsprechen und zweitens fällt bei ihm die Änderung in der Krümmung der Sitzreihen nicht in die Mitte eines Keils, was meines Wissens in Wirklichkeit niemals vorkommt, sondern zwischen zwei Keile. Der Unterschied zwischen den beiden Lösungen ist so gering, dass er kaum zu bemerken ist. In der Zeichnung sind beide Lösungen nebeneinander angedeutet.

§ 3. Im dritten Paragraphen nennt Vitruv sowohl für das römische wie für das griechische Theater die Resultate der vorher beschriebenen Constructionen und vergleicht sie untereinander. Im römischen Theater entstehe eine breitere Bühne als im griechischen, und sie sei nötig, weil dort alle Künstler auf der Bühne aufträten, während in der Orchestra Sitze für die Senatoren aufgestellt würden. Im griechischen Theater ergebe sich dagegen eine grössere Orchestra, eine weiter zurückliegende Skene und eine Bühne von geringerer Tiefe. Die Orchestra (h-k-e-d) ist in der That schon beträchtlich grösser als die römische; ihre Breite vor dem Proskenion wird aber durch den zweiten und dritten Kreis noch vermehrt, sie wächst von d-e auf n-m. Auch das ist richtig, dass die griechische Skene im Plane Vitruv's weiter von dem Centrum des Grundkreises entfernt liegt als die römische. Dass dies aber in den Theatern in Wirklichkeit nicht der Fall ist, wird sich später zeigen. Schliesslich ist auch die griechische Bühne nach Vitruv's Angaben schmaler als die römische; ihre Breitenmasse verhalten sich wie 4 : 7. Diese Bühne (*pulpitum*), so fügt Vitruv hinzu, werde von den Griechen Logeion genannt und sei schmaler als die römische, weil nur die tragischen und komischen Schauspieler hier aufzutreten pflegten, während die anderen Künstler ihre Vorstellungen in der Orchestra gäben. Jene würden deshalb *scaenici*, diese *thymelici* genannt.

Vitruv hat hiernach geglaubt, dass das Proskenion des griechischen Theaters der römischen Bühne entspreche, und dass oben auf diesem Proskenion die Schauspieler gewöhnlich aufgetreten seien. Hierin hat er, wie wir später sehen werden, geirrt. Das Proskenion hatte zwar die Form eines Podium, war aber nicht der gewöhnliche Standplatz der Schauspieler.

§ 4. Im römischen Theater soll nach Vitruv die Bühne nicht über 5 Fuss hoch sein, weil sonst die in der Orchestra Sitzenden nicht die Bewegungen aller Schauspieler sehen könnten. Dagegen giebt er im griechischen Theater die Höhe der vermeintlichen Bühne (des Proskenion) zu 10—12 Fuss an und sagt ausdrücklich, dass sie nicht geringer als 10 Fuss sein dürfe. Konnten denn, so fragt man sich unwillkürlich, die Schauspieler im griechischen Theater doch von den Zuschauern der untersten Sitzreihe gesehen werden, obwohl sie viel höher als 5 Fuss standen? Und warum durfte die griechische Bühne nicht niedriger als 10 Fuss gemacht werden? Man hätte doch von den unteren Sitzreihen unzweifelhaft besser gesehen, wenn die Bühne etwas niedriger gewesen wäre. Zufriedenstellende Antworten sind bisher auf diese Fragen nicht gegeben worden. Bei unserer Auffassung ist aber, wie hier wenigstens angedeutet werden mag, das Minimalmass von 10 Fuss dadurch vollkommen gerechtfertigt, dass das Proskenion die Höhe eines gewöhnlichen Hauses haben sollte.

§ 5. Die Treppen des Zuschauerraumes sollen den Ecken des Zwölfeckes entsprechen, so dass beim römischen Theater im untersten Range 6 Keile, im oberen 12 angelegt werden. Im griechischen entstehen dagegen 7 Keile zwischen 8 Treppen, und in jedem höheren Range verdoppelt sich die erstere Zahl.

§ 6. Die Angabe über die ausserhalb des Zuschauerraumes liegenden Teilpunkte der Peripherie und ihre Beziehung zu den Thüren der Skene und zu den Periakten findet sich nur beim römischen Theater und gilt zunächst auch nur für dieses, weil die Teilpunkte beim griechischen Theater nicht zu den Thüren passen. Wie die Angaben zu verstehen sind, zeigt Figur 65. Den drei mittleren Punkten gegenüber liegen die drei Hauptthüren der Skenenvorderwand, die beiden übrigen Punkte liegen nach der Richtung der Periakten hin, ohne genau deren Stelle zu bezeichnen.

§ 7. Für die Sitze des Zuschauerraumes werden maximale und minimale Abmessungen angegeben, welche für beide Theaterarten gelten.

§ 8. Die Halle, welche in mehreren Theatern oberhalb des Zuschauerraumes vorkommt, wird beschrieben. Die Vorschriften darüber sind für die griechischen und römischen Theater die gleichen.

§ 9. Im römischen Theater muss die Orchestra von aussen durch einen neuen Weg zugänglich gemacht werden, weil die alte Parodos durch die Bühne verbaut ist. Vitruv giebt deshalb an, dass an beiden unteren Enden des Zuschauerraumes die Sitzstufen in einer Tiefe von 1/3 Radius des Grundkreises abgeschnitten werden sollen. Der so entstehende Zugang (s und r), dessen Breite nicht angegeben wird, soll als überwölbter Gang unter den Sitzreihen hindurchgeführt werden. Die geringe Tiefe von 1/3 Radius, welche für die Wand keine grosse Höhe verspricht, legt die Vermutung nahe, dass die unterste Sitzstufe des beschriebenen römischen Theaters nicht in der Höhe der Orchestra lag, und dass ferner die von Vitruv erwähnten Sitze der Senatoren ähnlich wie in Pompeji als besondere breitere Sitzreihen so anzubringen sind, wie ich in der einen Hälfte von Figur 65 mit punktirten Linien ergänzt habe. Im griechischen Theater war eine Vorschrift über diesen Gang selbstverständlich überflüssig.

§ 10. Die Länge der Skene wird zu 2 Durchmessern des Grundkreises bestimmt. Diese Vorschrift gilt gleicherweise für das römische und das griechische Theater, weil sonst eine andere Bestimmung über die Skene des letzteren an der entsprechenden Stelle stehen müsste. Thatsächlich passt auch das Längenmass annähernd bei vielen Theatern beider Gattungen.

Irrtümlicher Weise ist diese Vorschrift aber vielfach so verstanden worden, als ob Vitruv hier mit *scaenae longitudo* die Länge der Bühne angebe. Da er aber die Bühne *pulpitum proscaenii* und die Hintergrundwand *frons scaenae* nennt, kann es nicht bezweifelt werden, dass *scaena* für ihn das hinter der Bühne befindliche Gebäude ist, dessen Vorderwand die *scaenae frons* darstellt. Dieser Bau enthält vielfach nicht nur einen hinter der Bühne gelegenen Saal, sondern auch neben ihr befindliche Seitenräume. Dass solche auch im Theater Vitruv's wahrscheinlich zu ergänzen sind, geht aus der Lage der Thüren der *scaenae frons* und der überwölbten Zugänge r und s hervor. Man braucht nur die drei dicht nebeneinander liegenden Thüren der Skenenwand zu beachten, um sagen zu können, dass sich diese Wand schwerlich bis t und u ausgedehnt hat. Ebenso scheint es mir kaum möglich, dass die Stützmauer des Zuschauerraumes über r hinaus die Bühne noch in einer Länge von 2/3 Radius verdeckt haben sollte. Durch eine punktirte Linie v-f habe ich angedeutet, wie weit die Bühne selbst etwa gereicht haben mag.

Auch beim griechischen Theater ist das ganze Skenengebäude ungefähr zwei Durchmesser lang. Jedoch wird nicht die ganze Vorderwand von dem Proskenion eingenommen, sondern links und rechts sind noch Paraskenien und in einigen Theatern noch besondere Nebenräume oder Rampen vorhanden. Das Proskenion selbst ist in den erhaltenen Gebäuden meist nur gerade einen Durchmesser lang. Dass die Seitenbauten zusammen auch noch einen Durchmesser ausmachen, passt sehr gut zu der an anderem Orte dargelegten Vermuthung über die nach den Seiten verschiebbare Skenenwand (*scaena ductilis*). Vielleicht war das Mass von zwei Durchmessern ursprünglich mit Rücksicht auf diese Einrichtung gewählt worden.

§ 11 handelt von den verschiedenen Dekorationen, von der Bedeutung der Thüren der Skenenwand und von den Periakten. Dass diese Vorschriften für beide Theater gelten, wird man nicht in Abrede stellen wollen. Bei dem griechischen Theater mit steinernem Proskenion mussten diese Dekorationen, ebenso wie in dem römischen Theater, vor dem Proskenion aufgeschlagen werden. Drei Arten von Skenen (Dekorationen) werden unterschieden: die tragische mit Tempeln, Palästen und anderen Säulenbauten, die komische mit gewöhnlichen Wohnhäusern und die des Satyrspiels mit landschaftlichen Darstellungen.

Aus dieser Übersicht über die Vorschriften Vitruv's ist zu entnehmen, dass er über die Gestalt der Theater gut unterrichtet war und dass ihm Pläne griechischer und römischer Theater vorlagen. Denn nicht nur stimmen die Angaben über die Grösse und Lage der einzelnen Bautheile mit den Ruinen im Allgemeinen überein, sondern auch die Bezeichnungen sind richtig gewählt. Eine vollständige Übereinstimmung mit den erhaltenen Theatern konnte gar nicht erwartet werden, weil diese selbst unter sich verschieden sind. Die Zusammenstellung der Unterschiede, wie sie z. B. G. Öhmichen (Griechischer Theaterbau, S. 91) gegeben hat, zeigt dies zur Genüge. Stimmen aber auch die von dem römischen Architekten für die einzelnen Bautheile benutzten Ausdrücke mit den sonst überlieferten Namen überein?

Im griechischen Theater nennt Vitruv den grossen runden Tanzplatz *orchestra* und die Sehne (d-e in Figur 66) *finitio proscaenii*, also die Wand, deren Vorderkante sie bildet, *proscaenium*. Die Tangente f-g bezeichnet er als *scaenae frons*, woraus sich für das Gebäude, dessen Fassade sie bildet, der Name *scaena* ergiebt. Für das Podium, welches vor der Skene durch das Dach des Proskenion entsteht, überliefert er endlich den griechischen Namen λογεῖον. Alle diese Namen sind meines Erachtens vollkommen richtig und stimmen mit den Bezeichnungen überein, die uns durch die besten Zeugnisse (namentlich durch Inschriften) für jene Bautheile überliefert sind.

Im römischen Theater giebt er dem unteren Halbkreis den Namen *orchestra* und bezeichnet die Bühne, welche den grössten Teil des anderen Halbkreises einnimmt, als *pulpitum proscaenii* oder kurz als *pulpitum*. Den Namen Logeion gebrauchte er für diese breite Bühne nicht. Die Sehne d-e bezeichnet er als die Vorderkante der Skenenwand (*ibi finiatur scaenae frons*) und deutet damit an, dass hier die Skene mit ihrer Säulenstellung beginnt. Hinter der Sehne liegen zunächst die Säulen des Proskenion und weiter die geschlossene Vordermauer der Skene, wie in Figur 65 durch punktirte Linien angedeutet ist. Unzweifelhaft sind auch jene Namen in römischer Zeit im Gebrauch gewesen: dass sie gleichwohl nicht ganz correct sind, lässt sich leicht zeigen. Einmal war der Name Orchestra für die Hälfte des alten Tanzplatzes insofern nicht ganz richtig, als in ihr keinerlei Tänze oder scenische Aufführungen mehr stattfanden, sondern die Senatoren dort sassen. Gegen die allgemeine Bezeichnung der Bühne als *pulpitum* lässt sich zwar nichts einwenden, aber die genauere Benennung *pulpitum proscaenii* ist nur dann richtig, wenn damit ein Podium vor dem Proskenion, nicht das Proskenion selbst verstanden wird; denn dass das Wort Proskenion eigentlich eine vor der Skene befindliche Schmuckwand bezeichnet, wird im V. Abschnitte ausführlich dargelegt werden. Endlich war auch der Name *scaenae frons* insofern nicht ganz genau, als die vor der Skene stehenden Säulen richtiger als Proskenion bezeichnet werden.

Dieser ungenaue Gebrauch von alten griechischen Namen für mehrere Teile des römischen Theaters hängt mit der Thatsache zusammen, dass Vitruv irrtümlicher Weise das Proskenion des griechischen Theaters der Bühne des römischen Theaters gleich setzt und in beiden den gewöhnlichen Standplatz der Schauspieler erkennt. Alle Versuche, die auch ich früher unternommen habe, den alten Baumeister selbst von diesem Versehen frei zu sprechen und es späteren Abschreibern zuzuweisen oder durch Ungenauigkeit seiner Ausdrucksweise zu erklären, scheitern an der Thatsache, dass Vitruv das Proskenion oder Logeion des griechischen Theaters mehrmals dem Pulpitum des römischen gegenüberstellt und damit deutlich beide als die einander entsprechenden Gebäudeteile der beiden Theatertypen hinstellt.

Den thatsächlich bestehenden engen Zusammenhang zwischen dem griechischen und römischen Theater hat Vitruv nicht besprochen und augenscheinlich auch nicht gesehen. Er teilt die beiden Grundrisse als zwei ganz verschiedene Theaterarten mit, ohne auch nur anzudeuten, dass sich der eine mit allen seinen Verschiedenheiten aus dem anderen ableiten lässt. Hätte er die enge Verwandtschaft beider gekannt, so würde er nicht die Bühne des römischen Theaters mit dem Proskenion des griechischen verglichen und ihre verschiedenen Abmessungen als eines der wichtigsten Unterscheidungsmerkmale der beiden Theatertypen hingestellt haben.

In den beiden Grundrissen entsprechen sich, trotz der verschiedenen, ihnen von Vitruv gegebenen Namen, diejenigen Linien, welche in unseren beiden Figuren mit gleichen Buchstaben bezeichnet sind, nämlich die Durchmesser b-c, die Sehnen d-e und die Linien f-g. Bei b-c wird das niemand bezweifeln. Die Sehne d-e liegt im römischen Plane dem Mittelpunkte des Kreises etwas näher als im griechischen, weil sie in jenem die Seite seines Dreiecks, in diesem die eines Vierecks bildet, aber der Unterschied ist nicht bedeutend und in Wirklichkeit an den

Theaterruinen sogar verschwindend klein. Vitruv bezeichnet zwar diese Sehne im griechischen Theater als *finitio proscaenii*, im römischen als die Linie, *ubi finiatur scaenae frons*, aber in Wirklichkeit ist diese «Endungslinie der Skenenwand» identisch mit der «Endungslinie des Proskenion», denn Vitruv rechnet im römischen Theater zur *scaenae frons* unzweifelhaft auch die Säulen, welche regelmässig vor dieser Wand stehen und nicht nur dem griechischen Proskenion entsprechen, sondern auch thatsächlich προσκήνιον genannt wurden (z. B. in der Inschrift des Theaters von Patara, C. I. G. 4283).

Die dritte Linie f-g bezeichnet in beiden Theatern die geschlossene Vorderwand der Skene ohne Proskenion, liegt aber in den beiden Vitruvischen Grundrissen an verschiedenen Stellen. Im griechischen Plan bildet sie eine Tangente an den Kreis, im römischen eine Sehne zwischen der Sehne d-e und der Tangente. In den erhaltenen römischen Theatern ist jedoch die *scaenae frons* meistens ebenso eine Tangente wie im griechischen Plane (vergl. G. Öhmichen, Griechischer Theaterbau, S. 155). Vitruv hat also den Abstand vom Mittelpunkt des Grundkreises, ähnlich wie bei der römischen Sehne d-e, geringer angegeben, als er in den Ruinen wirklich ist. Dazu kommt, dass auch der Mittelpunkt des Kreises in Wirklichkeit in den römischen Theatern näher an dem Zuschauerraum liegt, als Vitruv vorschreibt. Denn der Zuschauerraum pflegt auch in den römischen Bauten meist ein voller Halbkreis zu sein, während dies im Vitruvischen Grundrisse, wo sein unterer Teil beiderseits durch die unteren Zugänge abgeschnitten wird, nicht der Fall ist. Wird nun der Mittelpunkt etwas näher an den Zuschauerraum heran gelegt, etwa in den Punkt z, und wird der Radius entsprechend verkleinert (z-y statt a-y), so ergiebt sich der in Figur 65 punktirte kleinere Kreis, bei dem die Linien d-e und f-g fast genau dieselbe Lage haben wie im griechischen Plane.

Ist hierdurch erwiesen, dass die wichtigsten Linien beider Theater sich in Wirklichkeit mehr entsprechen als es nach Vitruv's Angaben der Fall zu sein scheint, so bleiben nur folgende Hauptunterschiede zwischen beiden Theaterplänen übrig: 1. Die grosse griechische Orchestra, welche fast einen ganzen Kreis umfasst, ist im römischen Theater in zwei Teile geteilt, eine tief liegende, etwa halbkreisförmige Orchestra und eine erhöhte Bühne. 2. Neben den beiden, zwischen Proskenion und Zuschauerraum gelegenen Seiteneingängen des griechischen Theaters sind im römischen Bau noch zwei überwölbte, zur tief liegenden Orchestra führende Zugänge hinzugekommen. 3. Der im griechischen Theater einen Halbkreis übersteigende Zuschauerraum ist im römischen Theater wenigstens in seinem unteren Teile auf einen Halbkreis beschränkt.

Von diesen drei Unterschieden sind die beiden letzteren als natürliche Folge durch den zuerst genannten bedingt. Denn teilte man die Orchestra des griechischen Grundrisses in zwei Teile von verschiedener Höhenlage, so musste sowohl ein zweiter seitlicher Zugang geschaffen, als auch ein Stück von dem Sitzraum abgeschnitten werden. Der Hauptunterschied zwischen dem griechischen und römischen Theater besteht also in der Grösse und Gestalt der Orchestra. Der grosse griechische Tanzplatz ist im römischen Theater in einen Spielplatz und einen tiefer liegenden Sitzplatz zerlegt.

Wodurch diese Veränderung des griechischen Theaters veranlasst war, werden wir im VII. und VIII. Abschnitt zu erörtern haben. Hier müssen wir nur die wichtige Schlussfolgerung ziehen, dass Vitruv übersehen hat, dass die Bühne des römischen Theaters ein Teil der früheren griechischen Orchestra ist und daher mit dem griechischen Proskenion nichts zu thun hat.

Da Vitruv in dem griechischen Theater ein hohes und schmales Podium fand, welches die Gestalt einer Bühne hatte, und da er andrerseits im römischen Theater ein niedriges und breites Podium kannte, das wirklich als Bühne diente, so lag es für ihn nahe, beide für die einander entsprechenden Bauteile zu halten und demnach auch in dem griechischen Proskenion die gewöhnliche Bühne zu sehen. Die Annahme lag um so näher, als das Proskenion im griechischen Theater manchmal als Logeion diente und wahrscheinlich sogar zuweilen Logeion genannt wurde. Den Unterschied zwischen den Abmessungen der beiden Bühnen glaubte er durch den Hinweis darauf erklären zu können, dass auf der römischen Bühne alle Aufführungen stattfänden, auf dem griechischen Proskenion dagegen nur einige Künstler aufträten. Wenn er dabei noch die Bemerkung hinzufügt, dass im griechischen Theater die auf dem Proskenion auftretenden Personen Skeniker, die unten in der Orchestra spielenden aber Thymeliker genannt würden, so darf nicht übersehen werden, dass unter den Thymelikern in römischer Zeit nicht der alte Chor zu verstehen ist, sondern Flötenbläser, Pantomimen und andere Künstler (vergl. Abschnitt V).

Vitruv sagt daher keineswegs, wie man gewöhnlich meint, dass die Schauspieler und der Chor im altgriechischen Theater getrennt aufgetreten seien und in verschiedener Höhe gespielt hätten, sondern redet nur von den Aufführungen seiner eigenen Zeit; von dem Chor des alten Dramas spricht er überhaupt nicht. Doch es ist hier nicht der Ort, näher auf diesen Punkt einzugehen, weil die Bühnenfrage im VII. Abschnitte ausführlich behandelt werden soll.

Im Anschlusse an die Erörterung der Theaterpläne Vitruv's mögen noch einige constructive Einzelheiten des griechischen Theaters in's Auge gefasst werden.

Die elliptische Form der Orchestra entsteht bei Vitruv durch die Zeichnung von drei Kreisen mit drei verschiedenen Mittelpunkten. Um den Zweck dieser umständlichen Construction zu verstehen, müssen wir zunächst untersuchen, ob bei den ausgegrabenen Theatern ähnliche Abweichungen von dem einfachen Kreise vorkommen. Dies ist in der That der Fall. An den griechischen Theatern sind bisher mehrere verschiedene Arten der Umfassungslinie der Orchestra festgestellt. Alle Theater besitzen einen Halbkreis oder wenigstens beinahe einen vollen Halbkreis als mittelsten Teil der Grundfigur. Die Vergrösserung über den Halbkreis hinaus ist aber in verschiedener Weise erfolgt.

Erstens konnte mit demselben Mittelpunkt und demselben Radius auf beiden Seiten noch ein Stück des Kreises gezeichnet werden, wie es z. B. in Side, Myra und Aezani geschehen ist (I, Figur 67). Zweitens konnte die Verlängerung in geraden parallelen Linien in der Richtung der Tangenten des Halbkreises erfolgen (II, Figur 68), eine Lösung, die z. B. in Segesta, im Piräus und in Athen gewählt ist. Die dritte Lösung wird von Vitruv angegeben und besteht darin, dass die Verlängerung mit dem Durchmesser als Radius und mit den Endpunkten des Durchmessers als Centren gezeichnet wird (III, Figur 69); sie hält die Mitte zwischen der ersten und zweiten Lösung, denn die Linie liegt in diesem Falle zwischen der Tangente und dem weitergeführten Kreisbogen. Ein in dieser Weise angelegtes antikes Theater hat man bisher nicht gefunden. Eine vierte Lösung, welche mit der von Vitruv angegebenen im Resultat ziemlich übereinstimmt, ist bei dem Theater von Epidauros angewendet. Es sind für die Enden des Zuschauerraumes zwei neue Mittelpunkte gewählt, welche nicht in den Endpunkten des Durchmessers, sondern, wie Figur 70 zeigt, näher an dem Centrum des Kreises liegen. Ein weiterer Unterschied besteht hier darin, dass mit dem ursprünglichen Radius kein ganzer Halbkreis, sondern nur 4/5 desselben gezeichnet ist. Acht Keile des Zuschauerraumes haben den ursprünglichen kleineren Radius, zwei Keile auf jeder Seite dagegen den neuen grösseren Halbmesser. Diese Lösung hat theoretisch den Vorteil, dass der Krümmungs-Unterschied der beiden verschiedenen Kreise nicht so gross, und der Übergang aus der einen in die andere Curve nicht so merklich ist wie bei dem Grundrisse Vitruv's. Allein in

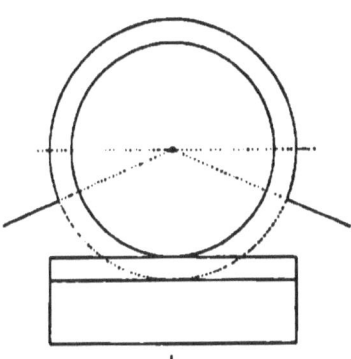

Figur 67. Theater mit kreisrunder Orchestra.

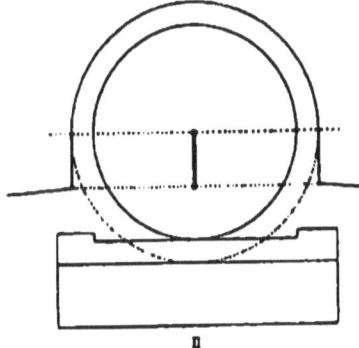

Figur 68. Orchestra nach Form der Athenischen.

der Praxis kann dieser Unterschied der beiden Lösungen unmöglich bemerkbar gewesen sein.

Eine andere Lösung, welche zwischen der des Vitruvischen Planes und der des Theaters von Epidauros in der Mitte liegt und ebenfalls eine elliptische Curve ergiebt, findet sich im Theater von Magnesia am Maiander (vergl. Athen. Mittheil. 1894, S. 71). Sie mag aber hier unbeachtet bleiben, weil die Art der Curve und ihre Construction wegen der nur teilweisen Ausgrabung der Orchestra nicht als vollkommen sicher gelten kann.

Die vier verschiedenen Lösungen sind nicht nur in mathematischer Hinsicht interessant, sondern haben auch für die wichtigste Frage der Theatergeschichte, für die Bestimmung des Standortes der Schauspieler, eine nicht zu unterschätzende Bedeutung. Um dies zu zeigen, müssen wir die oben schon aufgeworfene Frage zu beantworten suchen, welchen Zweck diese verschiedenartigen Constructionen verfolgen.

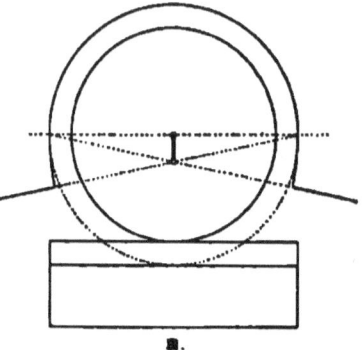

Figur 69. Elliptische Orchestra nach Vitruv.

Vitruv bezeichnet selbst eine der Folgen der von ihm beschriebenen Anordnung, indem er im § 3 ausspricht, dass die Orchestra durch die Annahme der drei verschiedenen Kreise grösser werde als beim römischen Theater, bei dem nur ein Kreis gezeichnet ist. Allein dies kann nicht der eigentliche Zweck der umständlichen Construction sein, weil das Resultat verschwindend klein ist. Um den wirklichen Zweck zu erkennen, müssen wir uns noch die Vorfrage vorlegen, warum die Griechen den Zuschauerraum grösser gemacht haben als einen Halbkreis.

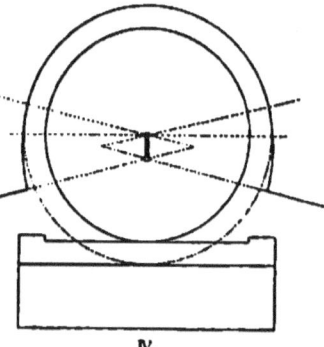

Figur 70. Elliptische Orchestra von Epidauros.

Man pflegt hierauf zu antworten, dass es geschehen sei, um die Zahl der Zuschauersitze zu vermehren. In der That fasst ein griechisches Theater mehr Zuschauer als ein römisches von demselben Durchmesser, denn in jenem kommen die in den Endkeilen sitzenden Personen hinzu. Die Zahl der Zuschauer ist z. B. in dem griechischen Theater Vitruv's um 1/6 grösser als in seinem römischen Theater. Bei wirklich ausgeführten Bauten ist dieser Unterschied zuweilen noch grösser. Da die griechischen Theater die älteren sind, liegt bei ihnen selbstverständlich keine Vergrösserung eines früher kleineren Baues vor, sondern es hat umgekehrt bei den römischen Theatern eine Verkleinerung des älteren Zuschauerraumes stattgefunden. Man darf voraussetzen, dass dieser Nachteil des römischen Theaters durch andere Vorteile aufgehoben wurde. Die Verkleinerung des Zuschauerraumes wird meist damit erklärt, dass die in den äussersten Keilen des griechischen Theaters sitzenden Zuschauer die auf der Bühne stattfindenden Aufführungen nicht gut gesehen haben würden und dass deshalb die den Halbkreis überschreitenden Sitzreihen im römischen Theater fortgelassen worden seien. Diese Begründung ist aber unrichtig. Denn es giebt nicht nur mehrere Theater mit römischer Bühne, bei denen auch über den Halbkreis hinaus noch Keile mit Sitzreihen erhalten sind (z. B. das athenische Dionysos-Theater und mehrere Bauwerke Kleinasiens), sondern auch solche, bei denen zwar die untersten Sitzreihen der äussersten Keile fehlen, aber gerade die oberen, von denen man die Bühne am schlechtesten übersehen konnte, oberhalb des überwölbten Durchganges vorhanden sind (z. B. in Pompeji). Ausserdem ist es auch nicht ganz richtig, dass man von den Sitzen der äussersten Keile im griechischen Theater schlechter auf die Bühne sehen könne als von dem letzten Keile eines römischen Theaters. Den Grund für die Verkleinerung des Zuschauerraumes dürfen wir in der Anlage des überwölbten Zuganges erkennen, welcher gerade den Platz des letzten Keiles einnahm. Dieser Zugang war, wie im VII. Abschnitt nachgewiesen wird, durch die Teilung der alten Orchestra in eine Bühne und eine Arena notwendig geworden.

Der Vergleich mit dem römischen Theater giebt uns also keine Antwort auf die Frage, warum der griechische Zuschauerraum grösser als ein Halbkreis ist. Die Antwort findet sich aber leicht, wenn wir uns erinnern, dass die kreisrunde Orchestra die Grundlage war für die Bildung des griechischen Theaters und dass zu der Zeit, als der Zuschauerraum zuerst eine feste Gestalt gewann, neben dieser Orchestra die Skene als Tangente des Kreises lag. Vor dem Skenengebäude mussten beiderseits zwei seitliche Zugänge zur Orchestra (die beiden Parodoi) frei bleiben, der ganze übrige Teil der Orchestra-Peripherie wurde von Sitzen eingenommen. Der Zuschauerraum dehnte sich daher bis an die Parodoi aus und war also grösser als ein Halbkreis. Hätte man ihn nur einen Halbkreis gross gemacht, so würden die Parodoi die Breite eines ganzen Radius erhalten haben, was weit über das Bedürfnis hinausgegangen wäre; die Hälfte des Radius reichte vollkommen aus. So entstand der griechische Zuschauerraum, wie er uns in vielen Theatern erhalten ist.

Die gewöhnliche Annahme, dass die Erweiterung über den Halbkreis hinaus den Zweck gehabt habe, mehr Zuschauer unterzubringen als in einem Halbkreise, lässt sich auch mathematisch als nicht ganz stichhaltig erweisen. Nehmen wir z. B. in dem griechischen Theater Vitruv's den Durchmesser des Kreises zu 20^m an, so beträgt der Umfang des Halbkreises 31,4^m und der ganzen über den Halbkreis verlängerten untersten Sitzreihe etwa 37^m, wenn wir die Treppen nicht in Abzug bringen. Eine gleiche Länge hätte man aber besser durch eine geringe Vergrösserung des Durchmessers (auf etwa 23,5^m) erreichen können, ohne gezwungen zu sein, den Sitzraum über den Halbkreis zu erweitern. Zu dieser Anordnung würde man auch sicherlich gegriffen haben, wenn es nicht nötig gewesen wäre, dem Spielplatze wegen der Tänze des Chores einen vollen Kreis zu geben. Als in römischer Zeit diese Grundbedingung des griechischen Theaters nicht mehr bestand, wurde auch der Sitzraum nicht grösser als ein Halbkreis gemacht.

Bei der Verlängerung über den Halbkreis bestand die einfache und natürliche Anordnung darin, dass der ganze Sitzraum mit einem einzigen Radius um dasselbe Centrum angelegt wurde, und thatsächlich ist diese Construction auch bei manchen Theatern gewählt worden. Sie hatte aber einen grossen Übelstand im Gefolge. Als nämlich im V. Jahrhundert die Skene neben der Orchestra erbaut wurde, und die Schauspieler in der vor der Skene liegenden Hälfte der Orchestra aufzutreten pflegten, mussten sich die Zuschauer in einem solchen Theater zum Teil stark seitwärts drehen, um nach dem Spielplatze sehen zu können. Die Drehung war um so grösser, je näher man den beiden Enden sass. Ein Blick auf Figur 67, welche ein solches Theater darstellt, wird dies veranschaulichen. Alle Zuschauer sind hier, wenn sie geradeaus sehen, nach dem Centrum der Orchestra gerichtet, oder mit anderen Worten, ihre Sehlinien treffen sich alle im Mittelpunkt des Kreises. Der an der Ecke des Zuschauerraumes Sitzende muss sich um fast 60 Grad drehen, wenn er zur Skene sehen will.

Diesem Übelstand abzuhelfen, ist die von Vitruv vorgeschriebene Anordnung bestimmt (III, Figur 69) und demselben Zweck dienen auch die anderen beiden Lösungen (II und IV in den Figuren 68 und 70). Bei allen dreien wird die starke Biegung der Flügel dadurch vermieden, dass die den Halbkreis übersteigenden Bogenstücke mit grösseren Radien gezeichnet werden. In Epidauros (Figur 70) sind die neuen Radien nur wenig grösser als der Radius des Grundkreises. Der mit dem letzteren beschriebene Bogen ist kleiner als ein Halbkreis, dafür ist die Länge der Endbogen um so grösser. Im griechischen Theater Vitruv's (Figur 69) haben die neuen Radien die doppelte Grösse des alten. In Athen (Figur 68) sind die Radien, mathematisch gesprochen, unendlich gross, die neuen Bogen sind gerade Linien, nämlich die senkrecht zur Skene gerichteten Tangenten des Halbkreises.

Die Stellen, in denen sich die Sehlinien aller Zuschauer treffen, sind in den drei Abbildungen durch eine doppelte Linie angedeutet, welche übereinstimmend in der vor der Skene liegenden Hälfte der Orchestra liegt und sich von dem Mittelpunkt des Grundkreises in der Richtung auf die Skene hin erstreckt. Man kann diese Linie das Centrum des Zuschauerraumes nennen; jedenfalls bezeichnet sie den Platz, wo die Aufführungen am besten von allen Zuschauern gesehen werden konnten.

Hieraus ergiebt sich die wichtige Thatsache, dass die griechischen Theaterräume wegen ihrer Gestalt ausnahmslos für solche Aufführungen erbaut sein müssen, welche zwischen dem Centrum des Kreises und dem Proskenion stattfanden. Hätte der Spielplatz, wie man bisher glaubte, und wie auch Vitruv lehrt, zwischen dem Proskenion und der Skene gelegen, so würde ein einfacher Halbkreis die beste Form für den Zuschauerraum gebildet haben. Höchstens hätte noch die als II bezeichnete Lösung mit geraden Linien Anspruch auf Beachtung

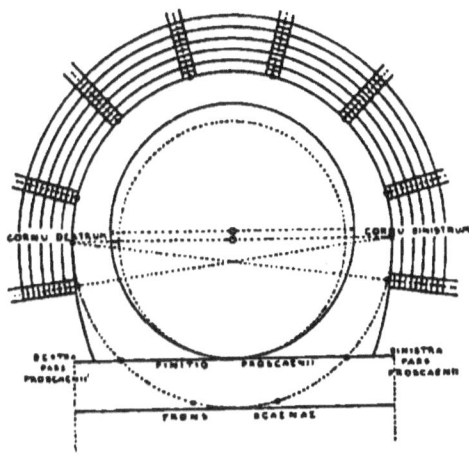

Figur 71. Griechisches Theater nach Vitruv mit eingezeichnetem Tanzplatz.

gehabt. Die Lösungen III und IV lassen sich bei einem solchen Spielplatze aber nicht erklären, während sie zu unserer Auffassung vorzüglich passen. Auf die Bedeutung dieses Umstandes für die Entwickelungsgeschichte des Theaters werden wir im VII. Abschnitte zurückkommen.

Schliesslich darf bei der Vergleichung des griechischen Theaters Vitruv's mit den erhaltenen Bauten nicht vergessen werden, dass der Grundkreis des Vitruvischen Theaterplanes nicht der eigentliche Orchestrakreis ist, sondern die Linie der untersten Sitzreihe. Weder den Umgang noch den Canal, welche in manchen Theatern die Orchestra von dem Sitzraume trennen, hat der römische Architekt in Betracht gezogen. Nur diesem Umstande ist es zuzuschreiben, dass die

Orchestra des Vitruvischen Theaters scheinbar keinen vollen Kreis bildet. Wenn wir im Plane Vitruv's, wie es in der nebenstehenden Figur 71 durch eine punktirte Kreislinie geschehen ist, einen Umgang vor der untersten Sitzreihe annehmen und demnach einen kleineren Kreis als eigentliche Orchestra ziehen, so geht diese als voller Kreis vor dem Proskenion her. Allerdings muss der Umgang, wenn er überall die gleiche Breite haben soll, sehr breit gemacht werden, damit die *finitio proscaenii* wirklich zur Tangente wird. Dieses Resultat ist besser dadurch zu erzielen, dass der Umgang nach dem Vorbilde des athenischen Dionysos-Theater eine verschiedene Breite erhält, indem ein zweiter Mittelpunkt für den Orchestrakreis gewählt wird. Es ergiebt sich dann der in Figur 71 mit voller Linie gezeichnete kleinere Orchestrakreis.

(W. D.)

IV. ABSCHNITT.
DAS ALTGRIECHISCHE THEATER NACH DEN ERHALTENEN DRAMEN.

In den vorhergehenden Abschnitten sind bei der Besprechung der erhaltenen Theaterruinen schon die Schlüsse angedeutet worden, die aus der baulichen Einrichtung des Spielhauses für die Art des Spieles gezogen werden können. Aber die besprochenen Bauten reichen nur bis ins IV. Jahrhundert zurück, sodass scheinbar die Frage völlig offen bleibt, welcher Art das Theater in der Zeit des Aeschylos und Euripides gewesen sei. Gerade diese Frage ist es aber, die bei allen Untersuchungen über das antike Theater das grösste Interesse in Anspruch nimmt, da wir ein volles Bild von der Wirkung des klassischen Dramas erst gewinnen können, wenn wir über die Art der scenischen Aufführung im Klaren sind.

Aber wenn auch die erhaltenen Steinbauten für die Beantwortung dieser Frage nicht unmittelbaren Aufschluss geben, so bieten sie doch für unsere Kenntnis der Zustände des älteren Theaters einen sehr wertvollen Anhalt. Wir lernen aus ihnen zunächst die Anordnung der kreisrunden Orchestra, des Zuschauerraums und der Skene, und wir dürfen ferner mit Sicherheit annehmen, dass in den steinernen Skenen Grundriss und Aufbau älterer provisorischer Holzbauten festgehalten worden ist. Zu untersuchen bleibt aber, in wie weit die Steinbauten des IV. Jahrhunderts jenen älteren Holzbauten gegenüber schon eine jüngere, weiter fortgeschrittene und veränderte Entwickelungsform darstellen. Umgekehrt muss aus dem zu erschliessenden älteren Theatertypus des V. Jahrhunderts der durch das lykurgische Theater bekannt gewordene Steinbau ohne Zwang sich erklären und ableiten lassen.

1. Standort der Schauspieler und des Chores.

Zeitgenössische litterarische Überlieferung über das Theater der älteren Epoche besitzen wir nicht, und das wird Niemanden Wunder nehmen, der mit der Art des schriftstellerischen Betriebes im V. Jahrhundert vertraut ist. Was die Litterarhistoriker seit der Zeit des Aristoteles über ältere Theatereinrichtungen berichten, ist zum grossen Teil nur auf Rückschlüsse gegründet, die in den Verhältnissen der späteren Zeit ihren Ausgangspunkt haben; davon soll im V. und VII. Abschnitt noch besonders gehandelt werden. Hier gilt es zunächst die einzigen Zeugnisse, die für die Spielart des V. Jahrhunderts unmittelbare Beweiskraft beanspruchen können, das sind die erhaltenen Dramen, ins Auge zu fassen·

Allerdings sind aus diesen Zeugnissen bisher sehr verschiedenartige Schlüsse gezogen worden. Und es ist natürlich, dass über Art und Grad der durch Spiel und Dekorationen erreichten Illusion den individuellen Vorstellungen immer ein gewisser Spielraum bleiben wird. Aber über die Anordnung des Spielplatzes und die Grundform der Skene muss aus der Ökonomie der erhaltenen Dramen um so sicherer ein Aufschluss zu gewinnen sein, als willkürlichen Vermutungen durch die Form der jüngeren Steinbauten feste Grenzen gezogen sind.

Da das Theater geschaffen wurde, um dem Drama zu dienen, so muss seine Anlage in erster Linie von den Zwecken und Bedürfnissen des Dramas bestimmt worden sein; sie muss sich also aus den Zwecken und Bedürfnissen der erhaltenen Dramen auch wieder erschliessen lassen. Dabei bleibt aber noch die Möglichkeit zu erwägen, dass aus älteren Zeiten gewisse conventionelle Einrichtungen erhalten geblieben sein könnten, mit denen das entwickelte Drama als mit etwas fest Überkommenem zu rechnen gehabt hätte. Wir müssen daher zunächst einen Blick auf die Vorstufen des Dramas werfen, um festzustellen, unter welchen Bedingungen die Aufführungen der älteren Epoche stattgefunden haben. Wir haben hier nur das chorische Drama ins Auge zu fassen und können daher die Vorgeschichte der Komödie um so mehr bei Seite setzen, als für die Entwickelung des Theaters, wie nicht bezweifelt werden kann, nur die τραγικοί χοροί Bedeutung gewonnen haben. Wenn in Attika wie anderswo in älteren Zeiten possenhafte Dialogscenen ohne Chor aufgeführt worden sind, so mögen für solche Darstellungen besondere Einrichtungen geschaffen worden sein; für die entwickelte Komödie aber, in der die Gesänge der κωμῳδοί mit den dialogischen Scenen zu einer festen äusseren Einheit verschmolzen sind, kommen dieselben Erfordernisse in Betracht, wie für die Tragödie, deren Kunstform für die spätere Entwickelung der Komödie vorbildlich geworden ist.

Der Versuch, die Vorstufen darzustellen, durch welche die einem mimetischen Dithyrambus vergleichbaren Dichtungen der τραγικοί χοροί hindurchgegangen sind, muss der Litteraturgeschichte überlassen bleiben. Für die Fragen, die uns hier beschäftigen, ist von grundlegender Bedeutung die Thatsache, dass die Gesänge und Tänze eines costümirten Chors den Kern der älteren »tragischen« Dichtungen bildeten. Diese konnten also nur auf einem für chorische Tänze geeigneten Platz, auf einer kreisrunden ὀρχήστρα, vorgeführt werden. Da die τραγικοί χοροί ebenso wie die dithyrambisch-lyrischen Chöre in engster Beziehung zum Cultus standen, so müssen sie auf Tanzplätzen aufgeführt worden sein, die in einem grösseren heiligen Bezirk lagen oder selbst durch einen besonderen Altar als geheiligte Stätten bezeichnet waren. In wie weit die Tanz-Schemata dieser Chöre in ihren Grundformen den Tanzbewegungen der dithyrambisch-lyrischen (nicht mimetischen) Chöre ähnlich waren oder sich von ihnen unterschieden, hat sich bisher nicht ermitteln lassen.

Ein bestimmteres Bild von den Anfängen der dramatischen Kunstform gewinnen wir erst von dem Augenblick an, wo mit den Tänzen und Gesängen des Chors der Einzelvortrag einer nicht zum Chor gehörenden Persönlichkeit, eines ὑποκριτής, verknüpft erscheint. Dieser ὑποκριτής, der in bestimmte Wechselbeziehung zum Chor tritt, muss natürlich ebendorthin sich begeben, wo der Chor sich befindet. Wenn er zu einer längeren Mitteilung an den Chor sich wendete, so wird er, so wie der Redner, der mitten unter einer auf gleichem Niveau stehenden Menge spricht, auf einen etwas erhöhten Untersatz, einen «Tritt» (βῆμα) sich gestellt haben. Das musste sich dann um so mehr empfehlen, wenn, worauf manches hinzuweisen scheint, im Anbeginn die tragischen Chöre eine grössere Zahl von Personen umfassten, als späterhin. Als solcher erhöhter Platz bot sich für den Schauspieler, der vom Chore umdrängt wird, wie der Redner in der Volksversammlung vom Kreise der Zuhörer, auf dem Tanzplatz die Stufe des Altares dar; wo ein solcher gefehlt haben sollte, konnte aus Holz oder Stein eine besondere Stufe für ihn zurechtgemacht werden. Das ist selbstverständlich, und so haben auch schon die Alten sich die Sache gedacht, auf deren Zeugnisse wir noch im VII. Abschnitt zurückkommen werden.

Natürlich wird aber derjenige, der auf ein Bema tritt, um sich einer grösseren Zahl von Menschen mit seiner Ansprache verständlich zu machen, dadurch nicht als ein Wesen anderer Gattung wie seine Zuhörer bezeichnet. Auch eignet dem Schauspieler deswegen nicht eine besondere cultliche Bedeutung; denn so gut wie er erfüllt auch der Chor eine religiöse Function, und ebenso wie der Altar ist auch die Orchestra an dem Altar ein geheiligter Platz. Das Betreten der erhöhten Stufe ist nur durch die bestimmte Situation des Schauspielers als eines Redners geboten, geboten eben darum, weil der Schauspieler mitten unter den Choreuten sich befindet. Dieser muss, um zu der erhöhten Stufe zu gelangen, durch dieselben Eingänge eintreten, durch die der Chor gekommen ist, und über denselben Platz schreiten, wie die Choreuten. Dieser Platz muss ihm also auch offen gestanden haben, wenn eine erregte Wechselrede, eine lebhaftere Handlung grössere Bewegungsfreiheit erheischte. Fälle solcher Art müssen insbesondere seit der Zeit, wo zu dem ersten Schauspieler ein zweiter hinzugetreten war, immer häufiger geworden sein.

In der Entwickelungsgeschichte der Tragödie findet sich also kein Moment, das die Verbannung der Schauspieler auf ein Podium mit besonderen Zugängen erklärlich erscheinen liesse. Wenn späterhin ein solches Podium vorhanden war, so lässt es sich nicht als eine aus einfachen Verhältnissen überkommene conventionelle Einrichtung erklären, sondern nur als eine durch die Erfordernisse der entwickelten Tragödie hervorgerufene Neuschöpfung. Und in der That ging ja bis vor Kurzem die allgemeine Ansicht dahin, dass eben in der Kunstform des entwickelten Dramas die Notwendigkeit einer besonderen Schauspielerbühne gegeben gewesen sei. Man ging dabei von der Voraussetzung aus, dass es wünschenswert gewesen sei, die Schauspieler über die Choreuten emporzuheben und dauernd von dem Chore abzusondern.

Prüfen wir zunächst die Gründe, auf welche diese Voraussetzung sich aufbaut, in der Allgemeinheit, in der sie vorgebracht zu werden pflegen. Man will fürs Erste in der Scheidung der Schauspieler vom Chor einen Ausdruck der inneren Wesensverschiedenheit der beiden Factoren des Dramas erkennen. Dem gegenüber muss festgehalten werden, dass der Chor nicht nur in den älteren aischyleischen Tragödien die Rolle einer in der Handlung mitten inne stehenden Person vertritt, sondern dass er auch in denjenigen jüngeren Stücken, wo er keinen Versuch macht, unmittelbar in die Handlung einzugreifen, nicht nur nach dem Urteil der Zuschauer sondern auch in den Augen der Handelnden als ein mitbeteiligter, persönlich nahestehender Zeuge der Ereignisse erscheint. Ihrer bürgerlichen Stellung nach sind natürlich die Personen des Chores den Trägern der Hauptrollen untergeordnet; da sie eine Schaar engverbundener, gleichgestellter Genossen darstellen, können sie nicht wohl alle Personen königlichen Ranges sein. Aber so sehr es verständlich ist, dass man die Schauspieler gerne stattlicher und grösser als die im Range niedriger stehenden Leute des Chors erscheinen liess, so naiv muss der Gedanke erscheinen, dass die höhere Rangwürde der von den Schauspielern dargestellten Persönlichkeiten durch Zuweisung einer erhöhten Standfläche mit besonderen Zugängen angedeutet worden sei.

Nicht durchschlagender wie diese inneren Gründe sind die aus den äusseren Verhältnissen des Spielplatzes abgeleiteten Argumente, welche eine dauernde Scheidung der Schauspieler und Choreuten wünschenswert erscheinen lassen sollen. Man sagt, die Schauspieler würden, wenn sie auf dem Boden der Orchestra ständen, von den Choreuten verdeckt werden. Diese Besorgnis könnte vielleicht für die Tragödie schon durch den Hinweis entkräftet werden, dass die Schauspieler—wenigstens seit der Zeit des Aischylos—dank ihrer Schuhe, Kleidung und Haartracht um ein Beträchtliches an Grösse und Mächtigkeit die Chorpersonen überragten. Sie muss aber überhaupt als unbegründet erscheinen, wenn man sich die Grösse des antiken Spielplatzes und die verhältnismässig geringe Zahl der auf diesem Platze verteilten Personen gegenwärtig hält. Nichts war leichter für den Chor als an einem beliebigen Punkt der Orchestra den Standplatz so zu wählen, dass der Blick auf die vor der Skene sich bewegenden Schauspieler frei blieb. In der Regel zogen sich wohl in den Scenen, in denen die Schauspieler mit einander verhandeln, die Choreuten in die Nähe der Parodoi zurück, wobei der Chorführer allein ein wenig vorgetreten sein wird, um den Schauspielern näher zu stehen. Wo aber der Chor zu Lied und Tanz in den mittleren Teil der Orchestra tritt, da sehen wir, dass in den allermeisten Fällen überhaupt kein Schauspieler anwesend ist, der verdeckt werden könnte. In der verhältnismässig geringen Zahl der Scenen, in denen ein Schauspieler auch während eines Chorliedes vor der Skene verharrt, befindet er sich in beschaulicher Haltung, in Schmerz oder in Gebet versunken, kurz in einer Situation, in der er das Interesse nur in geringem Grade auf sich zieht und den Blicken der Zuschauer entzogen werden kann oder vielleicht sogar entzogen werden soll.

Wenn also schon an und für sich der Gedanke, dass der Schauspieler niemals hat verdeckt werden dürfen, schwerlich richtig ist, so könnte eine besondere Bühne diesem Zwecke nur in sehr seltenen Fällen genügen. Denn es ist zu selbstverständlich, um ausgesprochen werden zu müssen, dass überall dort, wo Schauspieler und Choreuten einander körperlich näher kommen, beide auf demselben Niveau stehen müssen, sodass der Höhenunterschied der Bühne gerade dort, wo eine deutliche Scheidung der Parteien erwünscht sein könnte, den Dienst versagt.

Bevor wir von diesen allgemeinen Erwägungen zur Betrachtung der in den Dramen vorliegenden Einzelfälle übergehen, müssen wir noch den Begriff der «Bühne» bestimmter zu kennzeichnen versuchen, damit die Untersuchung über den Spielplatz der klassischen Zeit sich nicht in einen Kampf um Worte verliere. Die Verteidiger des Bühnenspiels haben zum grossen Teil die 10 Fuss hohe Bühne selbst schon aufgegeben und sich auf eine niedrigere Plattform zurückgezogen; sie sind zum Teil wohl auch bereit, noch um einige Stufen herabzusteigen, behalten aber dabei die Fachausdrücke des Bühnenspiels in der alten Weise bei. Demgegenüber muss bemerkt werden, dass die Annahme eines um 1—2 Stufen erhobenen Standplatzes für die Schauspieler, die durch ästhetische Erfordernisse manchem empfohlen scheinen könnte, sich überhaupt der Discussion entzieht; denn über das Vorhandensein einer solchen niederen Standstufe, die auf den Verkehr von Chor und Schauspieler keinen Einfluss übt, können die Dramen keinen Aufschluss geben. Aber bemerkt werden muss, dass die Baudenkmäler der Annahme einer solchen ständig vorhandenen Standstufe oder Plattform nicht günstig sind, während andererseits durch die jeweilige Scenerie in vielen Stücken den Schauspielern ein erhöhter Standplatz für bestimmte Momente der Handlung dargeboten wird, wie unten gezeigt werden soll.

Wo in diesem und den folgenden Abschnitten von der Bühne und der dadurch bewirkten Trennung von Chor und Schauspielern die Rede ist, verstehen wir unter Bühne ein wirkliches Podium von beträchtlicher Höhe, das besondere seitliche Zugänge hat und von der Orchestra aus nur mittelst vorgelegter Treppen zu erreichen ist. Als weiteres Kennzeichen einer solchen Bühne muss ferner betrachtet werden, dass auf ihr und hinter ihr die Dekorationen so angebracht sind, dass sie als der eigentliche Schauplatz der Handlung zu gelten hat, der durch die Bühnen-Vorderwand scharf abgetrennt ist von dem Tanzplatz des Chors.

Über das Vorhandensein einer Bühne in diesem Sinn müssen aber die Dramen Aufschluss geben. Denn eine solche Trennung von Chor und Schauspielern muss für die Ökonomie des Dramas von entscheidendem Einfluss gewesen sein; sie muss in der Disposition der Scenen, in der Verteilung der den Schauspielern und dem Chor zugewiesenen Handlung, in der Art des Auftretens und des Abgehens bemerkbar werden. Es können hier, damit der Umfang des Buches nicht allzusehr anschwelle, die Dramen nicht einzeln nach diesen Gesichtspunkten hin untersucht werden. In den letzten Jahren sind diese Fragen in einer

1. Standort der Schauspieler und des Chores.

Anzahl von Schriften behandelt worden; die letzten und besten darunter sind die von Capps, The stage in the Greek theatre according to the extant dramas (New Haven und Berlin 1893), von Weissmann, Die scenischen Aufführungen der griech. Dramen (München 1893) und von Bodensteiner, Scenische Fragen über den Ort des Auftretens und Abgehens von Schauspielern und Chor im griechischen Drama (Leipzig 1893). An dieser Stelle müssen wir uns damit begnügen, die Fälle, welche typische Bedeutung haben, durch einige Beispiele zu erläutern. Hierbei dürfen die erhaltenen Stücke als eine einheitliche Gruppe behandelt werden. Denn so gross auch die Entwickelung ist, welche die Skene seit der Zeit des Aischylos bis zum Ende des V. Jahrhunderts genommen hat, und so sehr die Partien des Chors im Laufe der Jahrzehnte an Umfang und Gewicht eingebüsst haben, so ist doch das Verhältnis des Chors zu den Schauspielern im Princip dasselbe geblieben, und niemand, der eine hohe Schauspielerbühne für 450 vor Chr. leugnet, wird sie für 400 annehmen. Auch die ältere Gruppe der aischyleischen Dramen, die noch keine Skene voraussetzen, dürfen wir hier mit einbeziehen, während die Besonderheiten, die aus der einfacheren Beschaffenheit dieser Stücke sich ergeben, im zweiten Teile dieses Abschnittes im Zusammenhang mit der Ausstattung des Spielplatzes besprochen werden sollen. Dass endlich auch Scenen der Komödie als gleichwertige Zeugnisse neben denen der Tragödie herangezogen worden sind, wird sich aus der gegebenen Zusammenstellung, wie wir glauben, von selbst rechtfertigen.

Wenn eine Bühne der vorher bezeichneten Art vorhanden war, dann muss die Scheidung von Chor und Schauspielern für die gesamte Anordnung und Gliederung des Stückes maassgebend gewesen sein; es muss darauf vom Dichter überall Rücksicht genommen worden sein, sodass auch für die Aufführung diese Scheidung sich als ein Vorteil oder doch wenigstens nicht als störendes Hindernis erweisen muss. Durch eine Untersuchung der Dramen muss sich also feststellen lassen, 1. ob der Chor wirklich von dem durch Dekoration oder Skene bezeichneten eigentlichen Spielplatz und also auch von den Schauspielern durch die Zwischenwand und das Podium einer Bühne geschieden war, 2. ob die Schauspieler auf einem besonderen Podium neben der Orchestra sich aufzuhalten und den Schauplatz der Handlung durch besondere von den Orchestraparodoi verschiedene Zugänge zu betreten pflegten.

Wir fassen zunächst die Beziehungen des Chors zur Skene ins Auge. Es ist klar, dass der Chor, der in der Regel aus Freunden (Freien), nicht aus Dienern (Sklaven), der Schauspielerpersonen besteht, gewöhnlich nicht aus der Wohnung der Schauspieler (der Skene), sondern von aussen her durch die Parodoi den Spielplatz betreten muss. In den wenigen Fällen aber, wo der Chor aus Personen besteht, die den Wohnort der Schauspieler teilen, betritt und verlässt er die Skene ohne Schwierigkeit. Aus dem Palast kommt der Chor der Choephoroi in der Orestie des Aischylos, der Chor der Dienerinnen in Euripides ‹Phaethon› (frgm. 773), in den Palast begiebt sich der Chor der Jagdgenossen in Euripi-

des «Hippolytos» (108, 113); aus dem Tempel kommt der Nebenchor der προτομ-
και in den «Eumeniden» (1005), aus den Lagerzelten der Achäer erscheinen abtei-
lungsweise die gefangenen Frauen, die den Chor von Euripides «Troerinnen» bilden;
und in Aischylos «Eumeniden» stürzen die Erinyen einzeln aus dem delphischen
Tempel. Besonders auffallend ist, dass in Euripides «Helena» der Chor mitten im
Stücke sich in das Haus begiebt (327, 385) und dann wieder von dorther zu-
rückkehrt (515). In der Mehrzahl der Fälle hätten die Dichter durch kleine Änderungen den Chor durch die Orchestrazugänge kommen und gehen lassen können, wenn das Betreten der Skene für den Chor mit irgend welchen Unbequem-
lichkeiten verbunden gewesen wäre.

Aber nicht nur in diesen Fällen tritt der Chor in unmittelbare Beziehung zur
Skene (oder zur Dekoration). Wie in den älteren Stücken des Aischylos der Chor
sich unmittelbar an dem als Dekoration dienenden Aufbau befindet, an den grossen
Altären in den «Schutzflehenden» und den «Sieben», am Grabe des Dareios in den
«Persern» (686), so sehen wir ihn auch in den späteren Stücken häufig unmittelbar
an der Skene. Mehrfach wird ausdrücklich gesagt, dass der Chor nahe am Palaste
stehe (Eurip. Medea 1293, Hippol. 777, Phoen. 274, Soph. Oed. R. 1047, Elektra
327), in Euripides «Ion» (510) stehen die Frauen des Chors ἀμφὶ κρηπῖδας δόμων θυοδόκων, im «Orestes» bewachen sie die Zugänge zum Palast (1250), in Aristophanes
«Ekklesiazusen» (1114) werden sie angeredet mit den Worten: ὑμεῖς θ' ὅσαι παρίστατ'
ἐπὶ ταῖσι θύραις. Ebenso ist in Aristophanes «Wespen» der Chor unmittelbar vor
dem Hause, im «Frieden» schafft er mit Hacken und Stricken das Bild der Eirene
aus der Höhle, die einen Theil der Dekoration bildet, in der «Lysistrate» kommen
die Chöre bis unmittelbar an das Thor der Akropolis. Im «Kyklops» treiben
die Satyrn die Heerde herbei, die in die Höhle des Kyklopen gebracht wird
(35,82); später verjagt sie der Silen: χωρίσθ' ὡς τάχιστα ἄντρων ἄπο (191); im «Philoktetes» des Sophokles ladet Neoptolemos den Chor ein, sich die Höhle, in der
Philoktetes wohnt, genauer zu besehen: ἔρπων θαρσῶν (144 f). Mehrfach sehen
wir, wie der Chor an die Thüren des Palastes herantritt, um zu erlauschen oder zu
erspähen, was im Innern vorgeht (Soph. Antig. 1251, Eurip. Her. fur 747, 1047, 1109).
Im «Orestes» muss Elektra den Chor, der sich neugierig genähert hat, hin-
wegweisen: ἀπσερὸ βᾶτ' (142)... οὐκ ἀφ' ἡμῶν, οὐκ ἀπ' οἴκων τόδε σὸν εἰλίξεις (170f).
Im «Ion» will der Chor, nachdem er den Tempel bewundert hat, γυάλων ὑπερ-
βῆναι (220), was ihm aber, da er vorher kein Opfer gebracht hat, nicht erlaubt wird.

Obwohl hier nirgends die Spur einer Schranke zwischen Chor und Skene zu
bemerken ist, hat man doch gerade aus einigen hierhergehörigen Scenen die
Existenz einer Bühne nachweisen wollen. Es kommt mehrfach vor, dass der Chor
eine Zeit lang überlegt, ob er in den Palast eindringen soll, zuletzt aber davon
absteht, so Aesch. Agam. 1304, Eurip. Med. 1275, Hec. 1042; oder aber der Chor
wird eingeladen, in das Haus zu kommen, lehnt aber ab, der Einladung Folge
zu leisten, so Soph. Aias 330, Eurip. Hippol. 575, 777, Cycl. 630 f. Man hat nun
gesagt, der Dichter dürfe nicht zulassen, dass der Chor wirklich in die Skene

gehe, weil es unbequem und störend wäre, wenn die Choreuten die Bühnentreppe
emporsteigen müssten; darum weigere sich der Chor die Skene zu betreten. In
Wirklichkeit liegt aber die Sache anders. Der Chor ist dazu bestimmt, den Zusammenhang des Stückes durch seine Anwesenheit aufrecht zu erhalten; ginge
er fort, dann wäre der Spielplatz leer. Der Chor muss also in der Orchestra
bleiben, damit der Faden des Stückes nicht abreisse. Andrerseits kann aber der
Dichter den Chor nicht teilnahmlos draussen stehen lassen, wenn im Inneren
des Hauses wichtige Entscheidungen fallen. Daher muss er den Schein erwe-
cken, dass in den Personen des Chors die Absicht in den Palast zu gehen er-
wacht sei und dass bloss durch Energielosigkeit, Schwäche und Meinungsverschiedenheit die Beschlussfassung so lange aufgehalten werde, bis das Ereignis ὑπὸ
σκηνῆς vollzogen ist.

In anderen Fällen wieder wird nur deshalb eine Einladung an den Chor gerichtet, damit der Schauspieler einen Anlass habe, aus dem Hause herauszutre-
ten und in einigen Worten zu erzählen, was darinnen geschieht. Ganz richtig
sind diese Motive schon in den Scholien aufgedeckt zu Sophokles Aias 328
und 330: 'τούτων γὰρ οὕνεκ' ἐστάλην', πιθανὴν τὴν πρόφασιν τῆς ἐξόδου φησὶν ἵνα μὴ
δόξῃ τὸν Αἴαντα ἐν τοιαύτῃ συμφορᾷ καταλελοιπέναι.... ἡ οὖν Τέκμησσα ἅτε δὴ γυνὴ
οὖσα καὶ αἰχμάλωτος οὐχ οἵα τε αὐτὸν παραμυθεῖσθαι ἀλλὰ τὸν χορὸν προτρέπεται εἰσιέ-
ναι· ἐπειδὴ δὲ ἄτοπον τὸν χορὸν ἀπολικεῖν τὴν σκηνήν, ἀναβοᾷ ἔνδοθεν ὁ Αἴας, ἵνα μείνῃ
ἐπὶ χώρας ὁ χορός· τοῦτο γὰρ ἐπόθει ὁ θεατής.

Auch aus diesen Stellen also darf man schliessen, dass der Chor unmittelbar
der Skene nahestand und sehr wohl in die Skene hätte hineingehen können.
Denn nur dann erklärt es sich, dass die Dichter dieses Motiv so leichthin verwenden. Die unmittelbare Nachbarschaft des Chors an der Skene muss ferner in
allen jenen Fällen angenommen werden, wo der Chor in das Innere der Skene
sieht, also namentlich auch in jenen Situationen, bei denen man von der Anwendung des Ekkyklema zu sprechen pflegt (s. u.).

Soll man nun annehmen, dass in allen diesen Fällen der Chor seinen
üblichen Standplatz, die Orchestra, verlassen und, um in die Nähe der Skene
zu gelangen, eine Bühne ersteigen musste? Für eine solche Annahme liesse sich
auch nicht der Schein eines Zeugnisses beibringen. Vielmehr ist die natürliche
Folgerung aus den erwähnten Stellen die, dass die Orchestra bis an die Skene
selbst heranreichte und von ihr durch keine Bühne abgetrennt war. Um hierüber Klarheit zu gewinnen, müssen wir auch noch das Verhältnis des Chors zu
den Schauspielern in Betracht ziehen.

Hier muss nun zunächst darauf hingewiesen werden, dass die unmittelbare
Nähe des Chors eine allgemeine und grundlegende Voraussetzung für den ganzen Verlauf der Handlung in den Dramen des V. Jahrhunderts ist. Der Chor
sieht und hört alles, was die Schauspielpersonen thun und reden, und das gilt
als selbstverständlich; Fremde erkundigen sich daher, ob er treu sei (Eur. El.
272, Soph. El. 1203), man bittet um sein Wohlwollen (Eur. Hel. 1388), ersucht

ihn Stillschweigen zu halten (Iphig. Aul. 542). Nur ausnahmsweise, wenn er weiter hinweggetreten ist oder die Schauspieler leiser gesprochen haben, folgt er nicht ganz dem Verlaufe des Gespräches, so, wie es scheint, Eur. Iphig. Taur. 798, wo er den Orestes tadelt, als dieser Iphigenien umarmt, vgl. Soph. El. 634. Abgesehen von den Fällen, wo der Chor sich absichtlich verbirgt, wird er daher auch von den auftretenden Schauspielern immer sofort gesehen. Nur Iphig. Aul. 862 scheint der in der Thüre stehende Greis (der erst später ins Freie tritt) ihn nicht zu bemerken, wenn er fragt: ἦ μόνω παρόντε δῆτα ταῖςδ' ἱρέστατον εὐλαις, worauf Klytaimestra antwortet: ὡς μόνοις λέγοις ἄν; sei es, dass der Chor auch hier abseits steht, sei es, dass er ihr als zuverlässiger Mitwisser gilt (vgl. 917, 975).

Die Möglichkeit eines ungehinderten Verkehrs von Chor und Schauspielern ergiebt sich mit voller Klarheit aus den Stellen, an denen der Chor dem Schauspieler bis zur körperlichen Berührung nahe kommt. Es ist dabei nicht von Belang, ob der ganze Chor oder der Chorführer allein in die Handlung eingreift; denn es ist klar, dass der Chorführer wohl einige Schritte seinen Leuten vorangehen kann, aber nicht durch Betreten eines andersartigen erhöhten Standplatzes von ihnen sich völlig abscheiden kann.

In dem «Agamemnon» des Aischylos setzen die Choreuten ihre Schwerter in Bereitschaft, um auf Aigisthos und sein Gefolge einzudringen, werden aber von Klytaimestra daran behindert. Im «Rhesos» verfolgt und erreicht der Chor den Odysseus: οὐκ ἐρεῖς ξύνθημα, λόγχην πρὶν διὰ στέρνων μολεῖν (684); Herc. fur. 254 f. versuchen die Greise, die den Chor bilden, dem Lykos in den Weg zu treten; Hel. 1627 sagt der Chor (oder Chorführer) zu Theoklymenos: οὐκ ἀφήσομαι πέπλων σῶν.... οὐ μὲν οὖν σ' ἐάσομεν.... σύγγονον δὲ σὴν οὐ κτενεῖς ἡμῶν ἑκόντων, ἀλλ' ἐμέ. Soph. Oed. Col. 826 will der Chor die Wegführung der Antigone verhindern und Kreon aufhalten: εὕτοι σ' ἀφήσω. Häufiger sind die Angriffe des Chores auf die Schauspieler in der Komödie. Wie der Chor der «Acharner» mehrfach den Dikaiopolis bedroht (280 f., 525 f.), so greift auch der der «Ritter» gleich bei seinem Einmarsch den Paphlagonier an (257); ähnliche Scenen finden sich in den «Wespen» (422, 430) und «Vögeln» (343 f., 400). Auch in freundlicher Absicht nahen sich die Choreuten den Schauspielern. Soph. Aias 1182 ruft Teukros den Chor heran, um den kleinen Eurysakes an der Leiche des Aias zu schützen: ὑμεῖς τε μὴ γυναῖκες ἀντ' ἀνδρῶν πέλας παρέστατ', ἀλλ' ἀρήγετ'. Eurip. Cycl. 175 drängen sich die Satyrn neugierig um Odysseus, und auch da, wo die Choreuten sich bittend an den Schauspieler wenden: πρὸς γονάτων σε ἱκετεύομεν (Med. 853), γονυπετεῖς ἕδρας προσπίτνω σ' ἄναξ (Phoen. 293), πρὸς σε γενειάδος.... ἄντομαι ἀμφιπίτνουσα τὸ σὸν γόνυ (Eurip. Suppl. 277), werden sie mit den entsprechenden Geberden unmittelbar an den Schauspieler herangetreten sein.

In allen diesen Fällen scheint vollkommene Gleichheit und Einheitlichkeit des Spielplatzes vorausgesetzt. Und wie hier ohne Schwierigkeit der Chor dem Schauspieler sich nähert, so kommt in anderen Scenen der Schauspieler nahe

1. Standort der Schauspieler und des Chores. 185

an den Chor heran. In den «Schutzflehenden» des Aischylos sucht der ägyptische Herold die Danaiden vom Altare wegzureissen (863 f.) und in Euripides «Iphigenie auf Tauris» wendet sich Iphigenie mit bittender Geberde an die einzelnen Frauen des Chors: ἀλλὰ πρός σε δεξιᾶς, σὲ καὶ σ' ἱκνοῦμαι, σὲ δὲ φίλης καρηίδος γονάτων τε (1068). Auch sonst ist vielfach deutlich zu erkennen, dass Schauspieler und Choreuten nebeneinander auf demselben Platze sich befinden.

Mehrfach werden die Choreuten und Schauspieler von einer neu herzutretenden Person gemeinsam angesprochen, vgl. Soph. El. 1441, Phil. 230, 402, Eur. El. 761. Wie Odysseus Eur. Cycl. 100 aus der Schaar der Satyrn zuerst τὸν γεραίτατον, nämlich den Silen, begrüsst, so findet Herakles Eur. Her. fur. 527 seine Frau Megara und seinen Vater mitten unter den Choreuten, ὄχλῳ τ' ἐν ἀνδρῶν. In der Eröffnungsscene der «Lysistrate» werden die Frauen, einschliesslich Kallonike und Lampito, immer zusammen angeredet. Ebenso lassen sich bei den Versammlungsscenen in den «Thesmophoriazusen» und «Ekklesiazusen» die Frauen, denen besondere Rollen zugewiesen sind, von den anderen, die den Chor bilden, nicht trennen. Aber auch Tekmessa und die Salaminier im «Aias» müssen bei dem Suchen des Leichnams auf dem gleichen Niveau sich befinden. Wenn die Choreuten in der Orchestra suchen und den Leichnam nur deshalb nicht finden, weil sie nicht auf die erhöhte Bühne können, so ginge der ganze poetische Reiz der Situation verloren. Nicht deshalb findet Tekmessa den Leichnam, weil sie allein die Bühne betreten darf, sondern weil sie als die dem Aias am engsten Verbundene, von der Ahnung ihres geängstigten Herzens getrieben, zuerst zur richtigen Stelle geleitet wird. Als später der Chor eben dorthin kommt, verhüllt sie die Leiche vor seinen Augen (915, 1002). Undenkbar ist ferner eine örtliche Trennung von Chor und Schauspielern in Scenen wie in der Gerichtsverhandlung der «Eumeniden», wo Orestes und Apollon einerseits, die Erinyen andererseits vor die Richter hintreten. Und wie in den «Schutzflehenden» des Aischylos Chor und Schauspieler in gleicher Weise an den Altar herankommen, so sehen wir sie in den «Choephoren» (23 f.), in den «Persern» (620 f.) und in der «Iphigenie auf Tauris» (63 f.) zu gemeinsamer Opferhandlung verbunden, in Euripides «Schutzflehenden» (8 f., 100 f.) an demselben Altar vereinigt, in Sophokles «Nausikaa» gemeinsam mit Ballspiel beschäftigt (Eust. Od. p. 1554; Athen. I, 20 f.).

Auch abgesehen davon, dass die Orchestra der natürliche Standplatz des Chores ist, kann hier kaum ein Zweifel sein, dass der Schauplatz der Handlung eben die Orchestra ist. Dazu nötigt ebenso die grosse Zahl der vereinigten Personen (in den Versammlungs- und Gerichtsscenen), wie die Grösse der aufgestellten Schmuckbauten (Altäre, Gräber) und die erforderte Freiheit der Bewegung (beim Suchen, beim Ballspiel u.s.w.).

Das Erscheinen der Schauspieler in der Orchestra ist aber auch dort überall gesichert, wo sie mit dem Chore gemeinsam einziehen oder abziehen. Aus Gründen, die aus der Ökonomie des Dramas sich ergeben, kommen gemeinsame Einzüge nur selten vor; abgesehen von Eurip. Alc. 860 kann man Eur.

Hippol. 54,118 und Arist. Plut. 253 f. hierher rechnen. Um so häufiger sind die feierlich geordneten gemeinsamen Auszüge. Sie finden sich als der übliche Abschluss des Dramas durchwegs in der älteren Zeit, wo die Schauspieler noch nicht durch eine Skene im Hintergrunde verschwinden konnten; die «Schutzflehenden» des Aischylos, die «Sieben» und die «Perser» bieten hierfür Belege. Auch späterhin sind diese Auszüge dort Regel, wo keine Skene vorhanden oder doch das Spielhaus nicht als Wohnhaus der Rollenträger erscheint, so am Schlusse von Sophokles «Aias» und «Philoktetes», in Euripides «Schutzflehenden», «Troerinnen» und «Kyklops». Mitten im Stück ist ein solcher gemeinsamer Abzug — ein feierlicher Leichenzug — in Euripides «Alkestis» (740) vorgeführt worden. Auch anderwärts, so in Sophokles «Trachinierinnen» darf man voraussetzen, dass am Schlusse der Zug der Schauspieler und Statisten denselben Weg genommen haben (1278 f.) wie die Choreuten.

Man hat sich freilich nicht gescheut, auch in diesen Fällen eine Teilung des Zuges anzunehmen, indem man die Schauspieler oben auf einer Bühne, die Choreuten unten durch die Orchestra abgehen lassen wollte. Wer nicht sieht, wie dadurch alle ernste Wirkung zerstört und ins Lächerliche verzerrt würde, mit dem ist nicht zu rechten. Übrigens heisst es Soph. Phil. 1469 ausdrücklich: χωρῶμεν δὲ πάντες ἀολλεῖς, und noch deutlicher lauten die Spielweisungen in den aristophanischen Komödien, die mit einem fröhlichen Festzug abschliessen. So sagt in den «Acharnern» Dikaiopolis (1231): ἕπεσθέ νυν ᾄδοντες ὦ τήνελλα Καλλίνικος und der Chor erwiedert: ἀλλ' ἑψόμεσθα, im «Frieden» ruft Trygaios dem Chor, der ihn mit dem Hymenaioslied begleitet, zu (1355): κἂν ξυνέπησθέ μοι πλακοῦντας ἔδεσθε, und ähnlich sagt Peisthetairos in den «Vögeln» (1755): ἕπεσθε νῦν γάμοισιν ὦ φῦλα πάντα συννόμων. In den «Fröschen» befiehlt Pluton dem Chor, Aischylos das Geleit zu geben (1524): φαίνετε τοίνυν ὑμεῖς τούτῳ λαμπάδας ἱεράς, χἄμα προπέμπετε τοῖσιν τούτου τούτον μέλεσιν καὶ μολπαῖσιν κελαδοῦντες. Im «Plutos» macht der Chor der vorausziehenden Schaar der Schauspielerpersonen Platz (1208): οὐκέτι τοίνυν εἰκὸς μέλλειν οὐδ' ἡμᾶς ἀλλ' ἀναχωρεῖν ἐς τοὔπισθεν· δεῖ γὰρ κατόπιν τούτων ᾄδοντας ἕπεσθαι. Dass hier überall der Festzug, an dessen Spitze oder in dessen Mitte die Schauspieler stehen, durch die Orchestra und die Parodoi sich bewegt, kann keinem Zweifel unterliegen; mehrfach nehmen die Schauspieler auch selbst an dem Tanze Anteil, so tanzen Philokleon in den «Wespen» (1516, 1535), Lysistrate und der Lakoner in der «Lysistrate» (1275 f), Blepyros in den «Ekklesiazusen» (1165) dem Chore voraus.

Aber auch dort, wo Chor und Schauspieler zwar nicht gemeinsam eintreten, aber aus denselben Gegenden und auf denselben Wegen kommend gedacht sind, müsste man es als grobe Störung der Illusion empfinden, wenn der Schauspieler durch andere Zugänge käme als die Choreuten, die ihm folgen oder ihn (wie in den «Eumeniden» 244 f. und den «Acharnern» 204) verfolgen. So kann z. B. in den «Schutzflehenden» des Euripides (772) Adrastos dem Zuge, der die Leichen der Gefallenen dem Chor der Mütter überbringt (941 f.), doch nur durch die

Orchestraparodos entgegengehen, durch die der Leichenzug später hereinkommt. Ebenso hat man ziemlich allgemein anerkannt, dass Schauspieler, die zu Wagen kommen, nur in die Orchestra eingezogen sein können; lassen wir strittige Fälle, wie in Aischylos «Schutzflehenden» (180 f.) und «Persern» (607 f.) bei Seite, so bleiben doch als sichere Beispiele die Auffahrten im «Agamemnon» (747), in Euripides «Elektra» (988, 1135), in den «Troerinnen» (527, 572, 626) und der «Iphigenie in Aulis» (591, 610 f.); auch für anderweitige grosse Aufzüge, wie z. B. für den des Lichas und der kriegsgefangenen Frauen (Trach. 221 f.), wird man die Benützung der Orchestrazugänge von vornherein als wahrscheinlich zugeben wollen.

Auch noch auf anderem Wege lässt sich vielfach nachweisen, dass der Schauspieler durch die Parodos den Spielplatz betreten hat. Nur dadurch können wir es erklären, dass ein von aussen herbeikommender Schauspieler auch dann zuerst an den Chor sich wendet, wenn andere Schauspieler anwesend sind. Es mag genügen, an Stellen wie Eurip. El. 761, Cycl. 210, Androm. 881, Or. 356 f., 470 f., Sophocl. Oed. R. 924 f., El. 660 f. und Phil. 230 zu erinnern. Offenbar ist hier überall der Schauspieler auf seinem Wege zur Skene zuerst dem Chor begegnet; er muss also selbst durch die Parodos gekommen sein, in deren Nähe der Chor steht. Die gleiche Folgerung lässt sich aus den Stellen ziehen, wo der Chor (oder Chorführer) schon von Weitem einen Schauspieler herankommen sieht. In schmale Bühnenzugänge könnte ein in der Orchestra stehender Choreut nicht sehen, wohl aber hat er freien Ausblick in die Parodoi. Aus den zahlreichen Beispielen, denen freilich nicht allen gleiche Beweiskraft zuerkannt werden wird, mögen die Stellen Aischyl. Agam. 489 f., Soph. Aias 1042, El. 1428, Trach. 221, 730, Phil. 539, 1261, Eurip. Androm. 545, 879, El. 339, Or. 347, Rhesos 85, Troad. 236 hervorgehoben werden.

Endlich ist auch dort, wo die Schauspieler erst längere Zeit nach ihrem Auftreten zur Skene (oder zum Proskenion) gelangen, wie Odysseus und Neoptolemos im «Philoktetes», Euelpides und Peisthetairos in den «Vögeln», von vornherein klar, dass sie durch die Parodos in die Orchestra gekommen sein müssen.

Die Sache liegt also so: Überall dort, wo sich für Schauspieler, die nicht aus der Skene selbst herauskommen, etwas über die Art des Auftretens ermitteln lässt, ergiebt sich, dass dabei die Orchestraparodos benutzt wurde. Dagegen lässt sich nirgends nachweisen, dass die Schauspieler durch besondere seitliche, von jenen Parodoi geschiedene Zugänge gekommen wären. Schon mehrfach hat man in diesem Zusammenhang auf die Situation in Euripides «Orestes» 1251 f. verwiesen. Dort verteilt Elektra den Chor auf beide Seiten des Palastes: στῆθ' αἱ μὲν ὑμῶν τόνδ' ἁμαξήρη τρίβον, αἱ δ' ἐνθάδ' ἄλλον οἶμον εἰς φρουρὰν δόμων. Diese Ausdrucksweise wäre sehr merkwürdig, wenn hier neben den vom Chor bewachten seitlichen Zugängen vor dem Hause ausserdem noch die breiten ebenfalls oft von Schauspielern benützten Parodoi auf den Spielplatz führen würden. Die Worte sind aber vollkommen verständlich, wenn die Orchestraparodol die einzigen Wege darstellen, auf denen man zu dem Palaste gelangen kann.

Wenn nun in einer so grossen Anzahl von Fällen die Schauspieler erweisbar in der Orchestra auftraten, so dürfen wir weiter gehen und fragen, was uns hindert, die Orchestra als den gewöhnlichen und allgemeinen Spielplatz für die Schauspieler anzusehen. Vor allem gilt es zu untersuchen, ob den bisher besprochenen Stellen etwa andere gegenüberstehen, die es als notwendig oder wünschenswert erscheinen lassen, dass die Schauspieler auf einer von der Orchestra abgetrennten, erhöhten Bühne auftreten.

Man hat in diesem Sinne einige Stellen geltend gemacht, an denen von Schauspielern über steilen Anstieg geklagt wird. Eurip. El. 489 sagt der Greis, der zu Elektras Hütte kommt: ὡς πρόσαντιν τῶνδ' ὀρθίαν οἴκων ἔχει ῥυσῷ γέροντι τῷδε προσβῆναι ποδί. ὅμως δὲ πρός γε τοὺς φίλους ἐξελκτέον διπλῆν ἄκανθαν καὶ παλίμπορον γόνυ. Wer annimmt, dass der Schauspieler bei diesen Worten wirklich einen Anstieg ausführte, der giebt damit eigentlich die Bühne schon preis. Denn er muss voraussetzen, dass der Schauspieler durch die Orchestraparodos hereingekommen ist, und dass die Erhöhung, auf der die Skene sich befindet, nicht mittelst einer vorgelegten Treppe, sondern über eine als Felsweg gestaltete Rampe emporsteigt. Denn einen Mann, der über die Holzstufen einer conventionellen Bühne hinaufgeht, über die Steile des Felsterrains klagen zu lassen, wäre ein Scherz, den ein Komiker sich gestatten könnte, nicht aber ein Tragödiendichter. An sich ist es sehr wohl möglich, dass die Hütte der Elektra ein wenig über dem Boden der Orchestra erhöht lag, wie dies für die Höhlenwohnungen im «Philoktetes» und in den «Vögeln» wahrscheinlich ist (s. u.); diese Erhöhung ist aber dann in der bestimmten, von dem Dichter für das betreffende Stück geschaffenen Situation begründet. Euripides wünscht, dass der Zuschauer sich die Hütte der Elektra im steinigen Hügelland der Argolis gelegen denkt (216, 534), und die Klagen des Pädagogen dienen daher in gleicher Weise zur Charakteristik des Schauplatzes wie zu der des Greises. Die Verse sind aber sehr wohl verständlich, wenn sie sich nur auf den Weg beziehen, den der Greis, als er durch die Parodos eintritt, schon zurückgelegt hat. Dass der Schauspieler auch noch vor den Augen des Zuschauers bergan steigen müsse, ist eine Forderung, über die zu streiten vergeblich und hier um so müssiger wäre, als eine conventionelle Bühne daraus keinesfalls erwiesen werden könnte.

Ähnliche Klagen über die Mühsal des Steigens sind dem alten Pädagogen in Euripides «Ion» (727. 738 f.) in den Mund gelegt, der von Kreusa geleitet, zu dem hochgelegenen delphischen Heiligtum kommt. Von dieser Scene gilt genau dasselbe wie von der in der «Elektra». Auch hier sollte wohl der Zuschauer diesen mühevollen Weg in der Parodos oder richtiger ausserhalb der Parodos sich denken. Erst längere Zeit nach diesen Klagen langt der Greis bei dem Chor an, von dem also auch angenommen werden müsste, dass er auf der vorausgesetzten Erhöhung steht. Man könnte demnach — und man hat das in der That gethan — statt einer Schauspielerbühne auch eine Chorbühne aus dieser Scene herausdeuten. Vgl. Weissmann, Die scenische Aufführung der griechischen Dramen des V. Jahrhunderts, S. 53.

Dasselbe dichterische Motiv kehrt wieder in dem Chorlied Eur. Her. 119 f., dort vergleichen sich die Greise mit einem Pferde, das πρὸς πετραῖον λέπας den Wagen emporzieht. Die dichterische Fiction ist wohl die, dass der Chor, indem er durch die Orchestra zur Skene geht, den Weg von seiner Wohnung oder von der Agora her zu der hochgelegenen thebanischen Königsburg zurücklegt. Wie dieser Weg zu denken ist, lehren die Worte des Liedes dem Zuschauer, der nicht alle Unebenheiten des Aufstieges realistisch in der Orchestra dargestellt zu sehen verlangte (vgl. Arist. Vesp. 230). Wer auch hier einen wirklichen Anstieg ausgeführt glaubt, der müsste vor dem Palast eine durch eine hohe Rampe zugängliche Plattform annehmen, auf der der Chor auch während der folgenden Scenen seinen Stand hätte. Auch dann würden aber die Verse kein Zeugnis für eine abgesonderte erhöhte Schauspielbühne, sondern höchstens eines für eine «Chorbühne» abgeben können, eine Annahme, auf die wir noch im VII. Abschnitt zurückkommen werden.

Ganz ähnlich wie im «Herakles» liegt die Sache in Aristophanes «Lysistrate», wo der Chor der Greise (286) sagt: ἀλλ' αὐτὸ γάρ μοι τῆς ὁδοῦ λοιπόν ἐστι χωρίον τὸ πρὸς πόλιν, τὸ σιμόν, οἷ σπεύδην ἔχω. Das letzte Stück Weg, das der vom Markte Kommende zurückzulegen hat, um an das Thor der Akropolis zu gelangen, steigt steil bergan. Wer annimmt, dass man das einem Athener wirklich vor Augen führen musste, der giebt zu, dass die Erhöhung des decorativen Aufbaues für die bestimmten Zwecke des Stückes angebracht war, also mit einer conventionellen Bühne nichts zu thun hat. Jedenfalls würden wir auch hier nicht eine Schauspielerbühne vor uns haben, sondern eine breite, durch eine Rampe zugängliche Plattform, auf der in den folgenden Scenen der Chor Platz zu lebhaftester Bewegung hat.

Es erübrigen noch einige Komödienstellen, in denen man die Ausdrücke ἀναβαίνειν und καταβαίνειν als Beweise für ein Bühnenspiel zu verwerten versucht hat. Ἀναβαίνειν heisst in Athen nach der aus Volks- und Gerichtsverhandlungen üblichen Ausdrucksweise: auftreten, vor den Leuten erscheinen, das Wort ergreifen; καταβαίνειν heisst: abtreten, vom Redeplatz hinweggehen. In dieser allgemeinen Bedeutung sind die Worte mindestens ebenso gut anwendbar auf Jemanden, der durch die Parodos in die Orchestra heraufkommt, wie auf den, der durch seitliche Zugänge auf einer Schauspielerbühne sichtbar wird. Ich glaube aber, dass in allen hier in Betracht kommenden Stellen die Worte aus den gegebenen Situationen heraus in bestimmterem, prägnantem Sinne zu verstehen sind.

Arist. Eq. 148 wird dem Wursthändler, der den Zuschauern noch nicht sichtbar ist, zugerufen: δεῦρο δεῦρ', ὦ φίλτατε, ἀνάβαινε σωτὴρ τῇ πόλει καὶ νῷν φανείς. Das soll, so behauptet man, eine Einladung sein, auf der Schauspielerbühne zu erscheinen. Aber wenn wir uns gegenwärtig halten, dass der Wursthändler, als er von den durch die Parodos hinausblickenden Sklaven gesehen wird, sich angeblich unten in der Agora befindet (147, 181), während das Haus des Demos auf einer der benachbarten Anhöhen, wahrscheinlich auf der Pnyx selbst, gelegen gedacht ist (41, 750 f.), so ist es doch wohl das Nächstliegende, die Worte so zu übersetzen: «komm herauf aus der Agora und erscheine uns als Retter der Stadt». Dann erst tritt der Wursthändler (durch die Parodos) ein mit der Frage: τί ἐστι; τί με καλεῖτε; und nun wiederholt der erste Sklave: δεῦρ' ἐλθ', «komm näher zu uns». Hierauf führt er den neuen Ankömmling zum Vorplatz des Hauses (oder zum Altar in der Mitte der Orchestra?) und zeigt ihm die Zuschauer: τὰς σεί‑ χας ὁρᾶς τὰς τῶνδε τῶν λαῶν; «alle diese Menschen, den Markt und den Hafen wirst du beherrschen», κοὐδέπω γε πάνθ' ὁρᾶς· ἀλλ' ἐπανάβηθι κἀπὶ τουλεὸν τόδε, «steige auch noch auf deinen Wursttisch, dann siehst du auch die Inseln, die dir unterthan sein werden». Dabei weist er wohl durch die Parodos hinaus, indem fingirt wird, dass durch sie ein Ausblick auf das Meer möglich sei.

Arist. Ach. 732 sagt der Megarer seinen Töchterchen: ἄμβατε ποττὰν μάδ‑ δαν, αἴ χ' εὕρητί πα. Daran, dass bei diesen Worten die 2-4 jährigen Mädchen aus der Orchestra über eine Treppe die Bühne, auf der ihr Vater sich befindet, emporsteigen, kann doch nicht ernstlich gedacht werden; eher könnte man annehmen, dass sie ein niederes Bema betreten sollen, auf dem der Verkäufer, wie das auf Marktplätzen geschah, seine Waare sichtbar machte; vgl. Poll. VII, 11: ἐφ' ὃ δὲ ἀναβαίνοντες οἱ δοῦλοι κιπράσκονται, τοῦτο τράπεζαν 'Αριστοφάνης καλεῖ. Vielleicht heissen die Worte aber nur: «kommt heran zu mir» und sind gesprochen, während der Megarer die Kleinen von dem Boden in seinen Armen emporhebt.

Vesp. 1342 sagt Philokleon zur Flötenspielerin: ἀνάβαινε δεῦρο χρυσομηλολόνθιον τῇ χειρί τουδί λαβομένη τοῦ σχοινίου; man nimmt an, er sage das von einem erhöhten Standplatz aus,—dann müsste man an den über die Strasse erhöhten Thür-Vorplatz des Hauses denken —; aber der Zusammenhang der Verse scheint mir vielmehr die Annahme zu empfehlen, dass ἀναβαίνειν hier im obscönen Sinne aufgefasst werden müsse.

Vesp. 1514 schickt sich Philokleon zum Wettkampf mit den von ihm herausgeforderten Tänzern an mit den Worten: ἀτὰρ καταβατέον γ' ἐπ' αὐτούς μοι. Auch hier wird nicht an das Herabsteigen vom Vorplatz des Hauses zu denken sein, sondern καταβαίνειν ist in dem übertragenen Sinne: χωρεῖν εἰς ἀγῶνα (Suidas), den Wettkampf aufnehmen, zu verstehen. Vgl. Herod. V, 22: 'Αλεξάνδρου ἀεθλεύειν ἑλομένου καὶ καταβάντες ἐπ' αὐτὸ τοῦτο οἱ ἀντιθευσόμενοι 'Ελλήνων ἐξείργον μιν; Xen. Anab. IV, 8, 27: καλὴ θέα ἐγένετο· πολλοὶ γὰρ κατέθεσαν u. ä.

Ekkles. 1152 f. endlich, wo der Chor zu Blepyros sagt: ἐν ὅσῳ δὲ καταβαίνεις, ἐγὼ ἐπάσομαι μέλος τι μελλοδειπνικόν, ist unter καταβαίνειν der Abzug des Schauspielers durch die Parodos (vgl. 1166) gemeint; Blepyros geht hinunter zum Markt, wo das δεῖπνον für ihn gerüstet ist (711 f.), auf diesem Wege geleitet ihn der Chor, indem er 1168 f. ein μέλος μελλοδειπνικὸν singt. Vgl. Ar. Ran. 129: καθίρ‑ πυσόν νυν ἐς Κεραμεικόν.

Mag man aber nun dieser oder jener Deutung den Vorzug geben, sicher ist, dass alle die genannten Verse, auch wenn bei ἀναβαίνειν und καταβαίνειν an ein wirkliches, vor den Augen der Zuschauer geschehendes Hinauf- und Hinabsteigen gedacht werden müsste, doch nur beweisen könnten, dass die Schauspieler in der Orchestra auftraten und zu bestimmten Handlungen sich von da aus auf ein erhöhtes Podium begeben konnten. Eine ständige und von der Orchestra getrennte Bühne aber bezeugen sie nicht, ganz abgesehen davon, dass gerade in den Stücken, in denen uns die besprochenen Verse begegnen, zahlreiche Belege für das Zusammenspiel von Chor und Schauspielern sich finden.

So schliessen sich also alle Folgerungen, die aus der Anordnung der Dramen und aus den einzelnen Hinweisen in den Reden der handelnden Personen gezogen werden können, zu dem Ergebnis zusammen, dass der Chor von der Skene und den Schauspielern durch keine Schranke getrennt war, und dass es keine mit besonderen seitlichen Eingängen versehene Schauspielerbühne, sondern nur e i n e n gemeinsamen Spielplatz, die Orchestra, gegeben hat. Selbst dort, wo durch die bestimmten Verhältnisse eines Dramas eine Erhöhung der Skene (oder des Proskenion) über der Orchestra oder ein erhöhter Standplatz für den Schauspieler gegeben ist, ist der Höhenunterschied ein so geringer, dass daraus für den Verkehr von Chor und Schauspielern kein Hindernis erwächst. Die Belege für diese Thatsachen finden sich in gleicher Weise in den letzten Dramen des fünften Jahrhunderts, wie in den ältesten Stücken des Aischylos. Und schon hier mag darauf verwiesen werden, dass auch die Anlage des lykurgischen Spielhauses in voller Übereinstimmung mit diesem Ergebnisse steht.

Bei dieser principiellen Gleichartigkeit finden sich aber dank der verschiedenen Anlage der Skene in den einzelnen Stücken mannigfache Verschiedenheiten in der Anordnung des Spieles. Wir werden darauf im folgenden Abschnitt zurückkommen, und wollen hier nur noch zusammenfassend darlegen, in welcher Weise Schauspieler und Chor auf dem gemeinsamen Spielplatz sich bewegt haben seit der Zeit, da man eine Skene (oder ein Proskenion) an dem Rande der Orchestra zu errichten pflegte.

In der Regel halten sich die Schauspieler, die aus dem Spielhause heraustreten, unmittelbar vor demselben auf, und auch diejenigen, die durch die Parodos eintreten, begeben sich meist auf kürzestem Wege zu der Mitte der Skene hin. Wenn sie Ansprachen halten, treten sie wohl auf die Stufen der Skene, soweit solche vorhanden sind; einzelne Teile der Handlung können sich unter Umständen auch innerhalb eines Prothyron — eines Vorbaus vor der Thür — oder innerhalb einer Säulenhalle abspielen (s. u.). Auch da, wo Schauspieler in nahe Berührung mit dem Chore kommen, brauchen wir sie in der Mehrzahl der Fälle nicht weit von der Skenenmitte entfernt zu denken, da wir annehmen dürfen, dass in diesen Fällen der Chor sich schon von früher her in der Nähe des Spielhauses befunden hat.

Dafür, dass manchmal die Schauspieler bis in die Mitte der Orchestra, ja selbst bis in die Nähe der Zuschauer vorgehen können, lassen sich in den Komödien einige Beispiele nachweisen. So scheint es nicht selten gewesen zu sein, dass komische Schauspieler den Zuschauern Näschereien zuwarfen, vgl. Aristoph. Eq. 59 f., Plut. 790 f., 800. Darauf gründet sich der Scherz in Aristophanes «Frieden» 926, wo Trygaios sagt: καὶ ταῖς θεαταῖς ῥίπτε τῶν κριθῶν.... ἔδωκας ἤδη; und der Sklave antwortet: νὴ τὸν Ἑρμῆν, ὥστε γε τούτων ὁσοιπέρ εἰσι τῶν θεωμένων οὐκ ἔστιν οὐδεὶς ὅστις οὐ κριθὴν ἔχει. In derselben Komödie scheint die Theoria V. 881 f. bis zu den Prytanen (deren Plätze wir nicht kennen) herangeführt worden zu sein. Ganz sicher ist, dass in den «Fröschen» V. 278 die Schauspieler in die Orchestra vorgehen und bis an den Sitz des Dionysospriesters herankommen mussten (298, 308); wahrscheinlich ist, dass auch V. 193 der Sklave auf die Aufforderung: οὔκουν περιθρέξει δῆτα τὴν λίμνην κύκλῳ nicht aussen hinter der Skene herum, sondern rings um die Orchestra gelaufen ist, die den (von Dionysos auf dem Kahn durchfahrenen) See (181) darstellen soll. Übrigens hatte wohl das Theater der Lenaien, in dem die «Frösche» aufgeführt worden sind, eine kleinere Orchestra als das Dionysostheater am Südabhang der Burg.

Immerhin aber sind solche Scenen auch in den Komödien als Ausnahmen zu betrachten. Mit der ernsteren Würde und den langsameren Bewegungen der Tragödienschauspieler ist derartiges nicht vereinbar. Doch müssen auch diese sich weiter von dem Spielhause weg gegen die Zugänge oder gegen die Mitte der Orchestra zu bewegt haben, wo sie an den vor der Skene befindlichen «Versatzstücken», den Altären und Gräbern, zu thun haben (über die Lage dieser Schmuckbauten s. u.). Weit hinweg vom Palast flieht Amphitryon in Euripides «Herakles» 1089, 1109; in die Parodos, aus der sie gekommen, ziehen sich wohl Orestes und Pylades im Anfange der «Choephoren» (20) zurück; vgl. Eur. El. 103.

Grössere Bewegungsfreiheit als die Schauspieler hat natürlich der Chor in der Tragödie sowohl wie in der Komödie. Für seine Tänze bedurfte er wenigstens in älterer Zeit, als die chorische Tanzkunst noch nicht in Verfall geraten war, des ganzen Raumes der Orchestra.

Während der Reden der Schauspieler, sowie während der Ereignisse, die vor oder innerhalb der Skene sich abspielen, tritt er nahe an das Spielhaus und an die handelnden Personen heran. Damit den Zuschauern der Blick auf die Mitte der Skene frei bleibe, stellt er sich an der einen Seite oder in Gruppen verteilt auf den beiden Seiten des Mittelbaues auf, sodass die durch die Parodos Eintretenden auf ihrem Wege zuerst dem Chore begegnen. Nur selten betreten die Choreuten die Skene selbst, um an der Thür zu lauschen oder sich in den Innenraum zu begeben. Dagegen können sie, wo die Situation es erfordert, sich von der Skene weiter zurückziehen, sei es gegen die Parodos zu, sei es in die von der Skene entfernt liegende Hälfte des Tanzplatzes. Vgl. Asch. Choeph. 864: ἀποσταθῶμεν, ὅπως δοκῶμεν τῶνδ' ἀναίτιαι κακῶν εἶναι. Eur. Her. fur. 1081: φυγᾷ φυγᾷ, γέροντες ἀποπρὸ δωμάτων διώκετε. In der

Parodos verbirgt sich der Chor Arist. Ach. 239, um von hier aus den ahnungslosen Dikaiopolis zu überfallen; in die Nähe der Mauer (πρὸς τὸ τειχίον) ziehen sich ferner die Frauen in den «Ekklesiazusen» zurück (496), um ungesehen ihre Verkleidung abzulegen. Diese Scenen sind leicht verständlich, da die Häuser, welche den Hintergrund bilden, vom Orchestramittelpunkt aus gerechnet, weiter zurückliegen, als die Eingänge der Parodoi und vermutlich durch vorspringende Paraskenien von ihnen getrennt sind. Auch über diesen Punkt muss uns die Untersuchung des folgenden Abschnittes weitere Aufklärung geben.

2. Die Ausstattung des Tanzplatzes und des Spielhauses.

Wenn wir aus den Dramen Rückschlüsse auf die Ausstattung des Spielplatzes ziehen wollen, so müssen wir uns dabei von dem Grundsatz leiten lassen, dass diejenigen Gegenstände, die unmittelbar in die vor Augen gestellte Handlung miteinbezogen erscheinen und für die von den Schauspielern ausgeführten Bewegungen unentbehrlich sind, auch sichtbar dargestellt gewesen sein müssen. Dagegen brauchen nicht alle die Dinge, die der Schauspieler sieht (d. h. zu sehen behauptet), auch vom Zuschauer gesehen zu werden; vielmehr kann das Publicum vom Dichter veranlasst werden, auch Dinge als sichtbar vorauszusetzen, die in dem Gesichtsfeld des Schauspielers, aber nicht in dem des Zuschauers sind oder sein können. Dies gilt z. B. von Gegenständen, die in den Orchestrazugängen oder jenseits davon, ferner von solchen, die innerhalb eines überdachten Raumes sich befinden und wohl dem in der Nähe befindlichen Schauspieler, nicht aber dem entfernt sitzenden Publicum erkennbar sind. In wie weit der Spielplatz noch über das unmittelbare Bedürfnis hinaus ausgestattet war, um grössere Deutlichkeit, gefälligeres Aussehen oder täuschenden Schein der Wirklichkeit zu erzielen, das lässt sich in objectiver Weise nicht feststellen.

Wie das Drama erst allmählich sich entwickelt hat, so hat natürlich auch der Spielplatz im Laufe der Jahrzehnte erst eine einfache, später eine immer reichere Ausstattung erhalten. Wie die Dichtungsform selbst, wie Versmass, Musik und Tanz, so hat auch die äussere Herrichtung des Schauplatzes in der Zeit vom Ende des VI. bis zum Ende des V. Jahrhunderts einschneidende Veränderungen erfahren. Der Wunsch, auch in diesem Punkte bei den Beschauern Illusion hervorzurufen, ihnen Wirklichkeit vorzutäuschen, ist ebenso wie die Fähigkeit, diesem Wunsche Genüge zu leisten, erst allmählich erwachsen. Die Form der Dichtung und der Schauplatz ihrer Aufführung stehen in engster Wechselwirkung. Der Dichter, der anfangs der gegebenen Beschaffenheit des Tanzplatzes sich angepasst hat, von ihr sich hat Schranken setzen lassen, lernt immer mehr, diesen Platz seinen schöpferischen Gedanken gemäss in eigenartiger Weise umzugestalten.

Die ältesten tragischen Dichtungen bestanden aus den Tänzen und Gesängen eines costümirten Chores und aus den erzählenden Vorträgen eines Schauspielers, der in einer vom Costüme des Chors verschiedenen Tracht, später auch in einer nacheinander zwei- oder dreimal wechselnden Verkleidung auftrat. Das Kleiderzelt, das hierdurch erforderlich war, wurde wohl jenseits der einen Parodos oder doch jedenfalls ausserhalb der Orchestra an einem Punkte errichtet, wo es den Blicken der Zuschauer entzogen war.

Auf dem Tanzplatze selbst bedurfte man nur eines niedrigen Untersatzes, eines βῆμα, auf das der ὑποκριτής trat, wenn er eine längere Ansprache an den Chor hielt, vgl. S. 178. In der Regel diente als solches βῆμα wohl die Trittstufe des Altars, den wir auf dem Tanzplatz vorauszusetzen berechtigt sind, vgl. S. 33 f. Da der Spielplatz und der damit verbundene Zuschauerraum nicht unmittelbar vor dem Tempel und dem Hauptaltar angelegt werden konnten, so musste schon zum Zwecke der Opfer, mit denen die dramatischen Aufführungen eingeleitet wurden, ein besonderer Altar auf der Orchestra erbaut werden. Wenn es von vornherein naheliegt, sich einen solchen Altar in der Mitte des Platzes zu denken, so wird diese Annahme auch noch durch die Nachricht empfohlen, dass bei oder auf diesem Altar der Flötenbläser, der die Chöre begleitete, sich aufzustellen pflegte. Inwieweit auch schon für die dithyrambisch-kyklischen Chöre, die auf demselben Tanzplatz wie die tragischen aufgeführt wurden, ein Altar als Mittelpunkt der Tanzbewegungen erforderlich war, ist strittig, da uns die Tanzschemata jener Chöre ebenso wenig bekannt sind, wie die der tragischen Sänger.

Da in Griechenland das öffentliche Leben sich grösstenteils unter freiem Himmel auf offenen Plätzen abspielte, so konnte der Tanzplatz auch ohne besondere Zurichtung als ein heiliges Temenos oder als ein anderweitiger Versammlungsplatz gelten, den der Zuschauer je nach dem Stoffe der Dichtung in einer bestimmten Gegend gelegen denken musste. Früher oder später musste der Wunsch sich regen, diesen Platz auch noch genauer zu kennzeichnen, gerade so wie auch die auftretenden Personen je nach dem verschiedenen Inhalt der Dichtung durch entsprechende Verkleidung gekennzeichnet waren. Insbesondere ward durch die Einführung eines zweiten Schauspielers das mimetische Element der tragischen Dichtung so sehr verstärkt, dass auch der Spielplatz nicht länger seinen allgemeinen, ideellen Charakter behalten konnte. Als bestimmte Geschehnisse durch die Träger der Handlung den Zuschauern unmittelbar vor Augen gestellt wurden, da wurde die Orchestra zu dem wirklichen Schauplatz jener Geschehnisse, der den Voraussetzungen der dargestellten Handlung entsprechend gestaltet sein musste.

Auch die Zugänge zur Orchestra erhalten jetzt eine bestimmtere Bedeutung. Die Schauspieler kommen nicht mehr alle durch eine und dieselbe Parodos, vielmehr gehören die verschiedenen Rollenträger zwei Parteien an, von denen in der Regel die eine ausserhalb dieser, die andere ausserhalb jener Parodos wohnend gedacht wird. Vielleicht wurden jetzt an beiden Zugängen Kleiderzelte angelegt. Jedenfalls aber müssen wir annehmen, dass es den Schauspielern möglich war, sich zwischen dem Kleiderzelt und den beiden Orchestrazugängen zu bewegen, ohne von den Zuschauern gesehen zu werden. In dem

Dionysosheiligtum am Südfuss der Burg konnte der Schauspieler wohl hinter der Terrassenmauer der hochgelegenen Orchestra unbemerkt herumkommen, wobei ihm der Tempel, die Weihgeschenke und die Bäume des heiligen Bezirks als Deckung dienten, und in ähnlicher Weise mag der Verbindungsweg zwischen den Orchestrazugängen auch beim Tanzplatz auf dem Markt den Blicken der Zuschauer entzogen gewesen sein. Aber das sind Einzelheiten, über die Sicheres ermitteln zu wollen vergeblich wäre.

Spätestens also in der Zeit, in der zwei Schauspieler aufzutreten pflegten, vielleicht aber schon früher, sind die ersten Versuche anzusetzen, auch den Spielplatz selbst mit irgend einem charakteristischen Wahrzeichen auszustatten und so eine materielle Grundlage für die Illusion zu schaffen. Leider wissen wir so gut wie nichts über die Dramen von Aischylos Vorgängern. Doch sind uns aus der älteren Schaffensperiode des Aischylos noch einige Stücke erhalten, die in Hinsicht auf die Ausstattung des Spielplatzes eine ziemlich frühe Entwickelungsstufe darstellen.

Von diesem Gesichtspunkte aus darf das Drama der «Schutzflehenden» an den Anfang der Betrachtung treten. Chor und Schauspieler kommen in diesem Stück von aussen her, aus beträchtlicher Entfernung, sie treten also nicht vor den Augen der Zuschauer aus dem Kleiderzelte, das demnach ausserhalb der Parodos liegen oder sonstwie verborgen sein musste. Die Orchestra erscheint als ein heiliger Bezirk, ein Hain, der zwischen der Küste und der Stadt von Argos liegt; zur Küste führt die eine Parodos, zur Stadt die andere. Auf dem Spielplatz ist ein Altar angebracht, eine κοινοβωμία (222) der ἀγώνιοι θεοί (179), ausgestattet mit Bildern der einzelnen Götter. Dass er beträchtliche Massverhältnisse in Breite und Höhe hatte, geht daraus hervor, dass die Danaiden und ihre Dienerinnen, deren Zahl sich leider nicht mit Sicherheit angeben lässt, an den Altarstufen Platz haben, und dass Danaos von dem oberen Teil des Altars, wie von einer Warte (καταβλέπας σκοπεῖ, 678) in die Ferne schaut; auch sprechen die Danaiden einmal den Gedanken aus, sich am Altare aufzuhängen (446). U. v. Wilamowitz, der es zuerst (Hermes XXI, 597 f.) unternommen hat, die ältere Gruppe der aischyleischen Dramen in ihrer scenischen Eigenart zu würdigen, hat die Ansicht ausgesprochen, dass dieser Altar in der Mitte der Orchestra aufgebaut gewesen sei, und ohne Zweifel ist das Spiel unter dieser Voraussetzung durchführbar. Ich selbst halte es aber für wahrscheinlicher, dass der aus Brettern zusammengezimmerte Bau an der Tangente des Orchestrakreises errichtet war.

Für die Annahme einer centralen Anlage des Altars könnte man sich vielleicht auf ein Fragment des Aischylos (379 N.) berufen; Schol. B. Il. Ξ, 200 p. 51, 7: ὁμοίως δὲ καὶ Αἰσχύλος τὰς ἐν κύκλῳ ἑστώσας ἐν ἀπείρονι σχήματί φησιν ἵστασθαι·

ὑμεῖς δὲ βωμὸν τόνδε καὶ πυρὸς σέλας
κύκλῳ περίστητ' ἐν λόχῳ τ' ἀπείρονι
εὔξασθε.

Wenn hier κύκλῳ im strengen Wortsinn zu fassen ist, dann kann der Altar, um den die Angeredeten sich stellen sollen, kaum anderswo als in der Mitte der Orchestra sich befunden haben. Und es ist sehr wohl denkbar, dass der dort aufgestellte Dionysosaltar den Zuschauern je nach dem Zusammenhang der Dichtung auch als der Altar einer anderen Gottheit gelten sollte. Aber ich glaube nicht, dass es anging, den dem Culte des Dionysos bestimmten Altar mit einem Brettergerüst zu überbauen und mit den Wahrzeichen anderer Götter zu versehen. Wenn also wirklich, wie wir in Übereinstimmung mit der gewöhnlichen Ansicht angenommen haben, im Mittelpunkte des Tanzplatzes ein Dionysosaltar stand, dann war dieser Platz nicht mehr verwendbar für einen den zwölf Göttern gewidmeten Bau, wie ihn die «Schutzflehenden» voraussetzen lassen. Zudem hätte dieser Altarbau, der mindestens 2 $^1/_2$ Meter hoch war, wenn er in der Mitte der Orchestra errichtet worden wäre, nicht nur einen beträchtlichen Teil des Tanzplatzes eingenommen, sondern auch noch den Blicken der Zuschauer, die in den unteren Reihen sassen, die Aussicht auf ein weiteres Stück der Kreisfläche verdeckt.

Diese Schwierigkeiten entfielen, wenn die κοινοβωμία ausserhalb der Orchestra, an ihrem Rande aufgerichtet wurde. Wenn der Dichter den Tanzplatz als βέβηλον ἄλσος (491) bezeichnet, während der Altar ἐν ἁγνῷ liegt (229), so könnte man geneigt sein, damit die örtliche Scheidung des Altarplatzes und der Orchestra angedeutet zu sehen.

Durch die tangentiale Anlage des Altars entfiel ferner die Notwendigkeit, den Bau auch auf der Rückseite vollständig auszuführen. Allerdings muss er, um allen Schutzflehenden auf seiner den Zuschauern zugekehrten Unterstufe Raum zu bieten, eine bedeutende Längenausdehnung gehabt haben. Aber bei einem Altare, der eine grosse Anzahl von gesonderten Opferstellen umschliesst, ist ein solcher Grundriss ohne Anstoss, und wir kennen aus späterer Zeit zahlreiche rechteckige langgestreckte Altarbauten. Eine solche Längenausdehnung mochte vielleicht im Theater auch erwünscht erscheinen, um die Orchestra abzuschliessen und den mittleren Teil des Weges zu verdecken, den der Schauspieler zurücklegen musste, wenn er von einer Parodos zur anderen oder zum Kleiderzelt gelangen wollte.

Von ähnlicher Einfachheit wie in den «Schutzflehenden» war die Ausstattung des Spielplatzes in den «Persern», die im Jahre 472 aufgeführt worden sind. Auch hier wird man den Bau, der der Orchestra ihren bestimmten Charakter giebt, das Grab des Dareios, nicht in der Mitte, sondern an der Tangente des Tanzplatzes anzusetzen haben. Was vorher von der Umgestaltung des Cultaltars gesagt wurde, gilt in noch höherem Masse hier, wo man den Altar hätte in ein Grab umwandeln müssen. Κακῶς ἄρ' ἐξόλοιο κἀξόλοι' γ' ἔτι, ὅστις γε τολμᾷς σῆμα τὸν βωμὸν καλεῖν, sagt eine der Frauen in Aristophanes «Thesmophoriazusen» (887 f.) zu Mnesilochos, der den Altar, an dem er sitzt, mit den Versen aus Euripides «Helena» als Grab des Proteus bezeichnet hat.

Über die Beschaffenheit des Grabes können wir den Worten des Chors (656): ἀλλ' ἐπ' ἄκρον κόρυμβον ὄχθου (vgl. 645), nur soviel entnehmen, dass der Bau nicht unbeträchtliche Höhe hatte. War der Bau an der dem Zuschauer abgekehrten Seite der Orchestra angebracht, so konnte der Schauspieler, der aus dem Grabe emporsteigen musste, ungesehen von rückwärts hineingelangen, ohne dass besondere Vorrichtungen erforderlich waren.

Auf eine ansehnliche Länge lässt V. 140 schliessen, wo die Choreuten aufgefordert werden, τόδ' ἐνεζόμενοι στέγος ἀρχαῖον zu beraten. Denn das στέγος, auf dessen Stufen sich die Perser niederlassen sollen, ist doch wohl identisch mit dem Grabgebäude selbst oder damit in unmittelbarer Verbindung. Wenn auch der Dichter die Zuschauer bis V. 616 f. darüber im Unklaren lässt, dass der Versammlungsplatz der Perser neben dem Grabbezirk des Dareios liegt, so kann doch nicht bezweifelt werden, dass er für die erste wie für die zweite Hälfte des Dramas den gleichen Schauplatz voraussetzt. Als Atossa V. 520 f. abgeht, um die Totenspenden vorzubereiten, sagt sie: δωρήματα ἐξω λαβοῦσα πέλανον ἐξ οἴκων ἐμῶν, ich werde hierher zurückkommen. Vgl. Todt, Philol. N. F. II 1889, 516. Auch in den «Persern» ist wie in den «Schutzflehenden» die Annahme zu Grunde gelegt, dass die Schauspieler ausserhalb der Parodos in einiger Entfernung vom Spielplatz wohnen, vgl. 527, 607, 849. Leider wissen wir nicht, in wie weit Aischylos in den Voraussetzungen dieses Dramas abhängig war von den wenige Jahre vorher aufgeführten «Phoinissen» des Phrynichos; von der Ausstattung des Spielplatzes in den Phoinissen erfahren wir nur, dass zu Beginn des Stückes ein Eunuche Sitze für die Ratsherrn (θρόνους) offenbar am Rande der Orchestra bereit stellte.

Ein Grabbau scheint den einzigen Schmuck des Spielplatzes auch in der «Niobe» des Aischylos gebildet zu haben, wo Niobe dargestellt war, ἐπικαθημένη τῷ τάφῳ τῶν παίδων (Vita Aeschyli p. 3, 10), vgl. Frgm. 157 N.

In dem 467 aufgeführten Drama der «Sieben vor Theben» wird ein Altar ähnlicher Art wie in den «Schutzflehenden» vorausgesetzt; er ist mit den Bildern der thebanischen Schutzgötter (βρέτεα 93, 166; ἀγάλματα 240, 247) geschmückt; auch hier wird man sich einen Bau von beträchtlicher Länge zu denken haben, auf dem die Opferplätze der einzelnen Gottheiten durch ihre den Zuschauern zugewendeten Cultbilder gekennzeichnet waren; auf der vorgelegten Stufe sitzen die Choreuten, bis sie in die vor dem Altar befindliche Orchestra ἐκτὸς ἀγαλμάτων (247) verwiesen werden. Der Altar liegt auf der Akropolis von Theben (222), man sieht von ihm aus durch die Parodoi hinaus in die Ebene (81, 89, 115 f.).

V. 532 sagt der Bote: πύργοις ἀπειλεῖ τοῖςδε, und V. 805 der Chor: πολισσοῦχοι δαίμονες, οἳ δὴ Κάδμου πύργους τούςδε ῥύεσθε. Man darf hierin vielleicht nur eine lebhafte Redeweise erkennen, bei der die rings die Polis beschirmenden Türme wie unmittelbar vor Augen stehende Gegenstände bezeichnet werden. Da uns aber schon für 458 ein entwickelter Palastbau als Schmuck des Spielplatzes bezeugt ist, so wäre nicht ganz undenkbar, dass auch in den «Sieben», neun Jahre früher, bereits wirkliche Türme aufgebaut waren, etwa je einer zu beiden Seiten des Altars an den Stellen, an denen späterhin die turmartigen Paraskenien erscheinen.

Den «Schutzflehenden» und den «Persern» pflegt man den «Prometheus» anzureihen. Doch ist die Stelle, welche ihm in der Geschichte der Ausstattung des Spielplatzes zukommt, nicht mit Sicherheit zu bestimmen, da die Zeit seiner Abfassung strittig ist. Für dieses Drama ist ein Fels als Hintergrund vom Dichter vorausgesetzt, und auch das auf den «gefesselten Prometheus» folgende Stück der Trilogie, der Λυόμενος, hatte die gleiche Dekoration (Prom. 1021, Fragm. 190, 193 N.). In der Eingangsscene des Dramas wird Prometheus an den Felsen gefesselt, am Schlusse stürzt der Fels zusammen, und der Gefesselte versinkt in die Tiefe. Das konnte leicht bewerkstelligt werden, wenn der Bau an dem Rande der hochgelegenen Orchestraterrasse angebracht war, wo dann der notwendige Unterraum durch den Unterbau des Gerüstes von selbst gegeben war. Der Fels muss aber auch an der den Zuschauern zugekehrten Seite eine Höhe von mindestens 3 - 3 $^1/_2$ Metern gehabt haben, da der in übermenschlicher Grösse gedachte Prometheus ὀρθοστάδην (31), σκκέλοις ἐν ἄκροις (142) angeschmiedet wird. Wie weit dieser Fels nach den Seiten sich ausdehnte, ist nicht ausdrücklich angedeutet; wir werden uns mit seiner Gestalt noch später bei Besprechung des Einzugs der Okeaniden zu beschäftigen haben.

Viel behandelt ist die Frage, ob am Schlusse des Stückes die Choreuten zusammen mit Prometheus versinken. Die Worte des Chores (1067): μετὰ τοῦδ' ὅ τι χρὴ πάσχειν ἐθέλω, und die Drohung des Hermes legen die Annahme nahe, dass die Okeaniden das Schicksal des Prometheus teilen. Andrerseits ist es freilich verwunderlich, dass Aischylos die ganze Schaar der Okeaniden in den Hades versetzt haben soll, und denkbar bleibt es immerhin, dass der Chor trotz seiner stolzen Erklärung bei dem Eintritt der Katastrophe auseinandergestoben und durch die Orchestrazugänge entflohen ist. Aber auch wenn der Dichter den Schein hervorrufen wollte, dass sie mit Prometheus versinken, so wird er dies kaum so bewerkstelligt haben, dass er auf einem gemeinsamen Gerüst soviele Personen in die Tiefe hinabliess; das müsste für einen Mechaniker jener Epoche eine überaus schwierige, wenn nicht unmögliche Aufgabe gewesen sein. Vielmehr wird man sich den Hergang so zu denken haben, dass die Choreuten sich um Prometheus gruppieren und dann hinter und zwischen den Felsen sich hinablassen und verschwinden. Für unsere Untersuchung ist aber die Frage von geringer Bedeutung, da man bezweifeln darf, dass der Schluss in seiner gegenwärtigen Fassung von der Hand des Dichters herrührt.

Von verschiedenen Seiten ist mit einer Reihe gewichtiger Argumente wahrscheinlich gemacht worden, dass uns in dem Drama «Prometheus» eine jüngere Überarbeitung des aischyleischen Stückes vorliegt, vgl. Westphal, Prolegomena zu Aischylos 14 ff.; Kramer, Prometheum vinctum esse fabulam correctam, Freiburg 1878; Roehlecke, Septem adv. Thebas et Prometheum esse fabulas post Aeschylum correctas, Berlin 1882. Dass die Dramen des Aischylos bei späteren Wiederaufführungen umgearbeitet worden sind, ist ausdrücklich bezeugt, vgl. Quint. X 16: «correctas eius fabulas in certamen deferre posterioribus poetis Athenienses permiserunt». Wir können das in Parallele stellen mit den mannigfachen Umgestaltungen, welche die Stücke Shakespeares in unseren Theatern erleiden. Begreiflicherweise mussten gerade die Schlussauftritte eines Dramas am meisten von den Überarbeitern verändert werden, wenn es galt, ein Stück, wie das beim Prometheus der Fall war, aus einer Trilogie loszulösen und selbständig aufzuführen. Unter diesen Umständen müssen wir darauf verzichten, die Voraussetzungen der Schlusscene für die Geschichte des aischyleischen Theaters zu verwerten.

Dagegen ist uns wieder ein fester Punkt für den Gang der Entwickelung gegeben in der 458 aufgeführten Orestes-Trilogie, die als Hintergrund des Schauplatzes an der Orchestra ein Bauwerk—einen Palast im ersten und zweiten, einen Tempel im dritten Stück—voraussetzt. Dieser für die Zwecke der Aufführung aus Holz und Zeug errichtete und mit einem festen Dach versehene Bau heisst nach dem Sprachgebrauch des Altertums σκηνή. Wir können ihn mit Rücksicht darauf, dass er dem dramatischen Spiele zu dienen hat, kurzweg als Spielhaus bezeichnen.

Die einschneidende Neuerung, die darin besteht, dass der Wohnort eines oder mehrerer Rollenträger unmittelbar an den Spielplatz herangerückt wird, ist aber nicht im «Agamemnon» zum ersten Male gemacht worden. Der Palast im «Agamemnon» ist schon ein grosser, dreithoriger, an seiner Vorderseite reich geschmückter Bau (s. u.). Wir dürfen von vornherein für ihn einfachere Vorstufen erwarten und können unter den Stücken des Aischylos noch eine grössere Anzahl Dramen nachweisen, in denen ein Haus an dem Spielplatz vorausgesetzt ist. Da Aischylos schon 456 in Sicilien gestorben ist, so müssen die betreffenden Stücke mit Ausnahme des einen oder anderen vor der Orestie verfasst sein. Ein Lagerzelt wird erfordert in Aischylos «Myrmidonen» und in dem zu derselben Trilogie gehörigen Drama Φρύγες ἢ Ἕκτορος λύτρα, vgl. Fgm. 131 N.: Τάδε μὲν λεύσσεις, φαίδιμ' Ἀχιλλεῦ, δοριλυμάντους Δαναῶν μόχθους, οὓς ⟨προσετωπὼς⟩ εἴσω κλισίας ⟨θάσσεις⟩. Vor einem Lagerzelt muss auch der «Memnon» gespielt haben; und das dort verwendete Haus diente wohl auch in der mit «Memnon» verbundenen «Psychostasie» (s. u.). Als eines der jüngeren Stücke des Aischylos ist der «Memnon» auch dadurch erwiesen, dass nach Poll. IV, 110 darin ein τέταρτος ὑποκριτής als Parachoregem vorkam, was vielleicht erst auf spätere Wiederaufführung sich bezieht, aber doch auch für die erste Fassung eine grössere Anzahl von Personen erweist. Auch die «Θρῆσσαι» (worin der Tod des Aias durch einen Boten erzählt wurde) spielten vermutlich vor einem der Griechenzelte. Diese Lagerzelte sind natürlich nicht als moderne Reisezelte, sondern als Bauten aus Holz und Zeug zu denken, die im Grundriss und Aufriss einem kleinen Wohnhause gleichen; man wird sie als die einfachste und daher auch älteste Gattung der an der Orchestra erbauten Häuser betrachten dürfen.

Ein Palast scheint in Aischylos Lykurgie den Hintergrund des Spieles gebildet zu haben nach Fgm. 58 N. (aus den Ἡδωναῖ): ἐνθουσιᾷ δὴ δῶμα, βακχεύει στέγη, was doch kaum aus einem Botenbericht stammen wird. Eine ärmliche Hütte oder eine Höhle möchte man auch für den «Philoktetes» des Aischylos voraussetzen; ob die in einem Fragment (261 N.) der Φορκίδες erwähnte Höhle auf dem Schauplatz dargestellt war, ist nicht mit Bestimmtheit zu entscheiden. Doch kann eine Höhle, die für die Satyrspiele einen sehr verwendbaren Hintergrund bot, mit denselben einfachen Mitteln wie ein Haus erbaut werden.

Rückt so die untere Zeitgrenze für die neue Ausstattung des Spielplatzes um einige Jahre vor 458 hinauf, so darf doch die obere nicht zu früh angesetzt werden. Da in den «Persern» und den «Sieben» eine Skene noch nicht verwendet ist, so wird man geneigt sein anzunehmen, dass damals dem Dichter der Gedanke an die Errichtung eines solchen Hauses noch nicht gekommen war. Und auch Sophokles, der 468 den ersten Sieg errang, scheint noch Dramen gedichtet zu haben, bei denen noch keine Skene als Hintergrund vorausgesetzt ist. Dies hat für die «Nausikaa», die nachweisbar aus der ersten Zeit des Dichters stammt, schon v. Wilamowitz vermutet (Hermes XXI, 612). Auch in Sophokles «Polyxena», wo der Schatten des Achilleus ὑπὲρ τοῦ τάφου erschien (Frgm. 480 N., Longin., de sublim. 15), war vielleicht wie in den «Persern» der Grabbau der einzige Schmuck des Spielplatzes. Der Schluss, dass diese Dramen noch vor die erste Einrichtung einer Skene fallen, ist freilich nicht zwingend. Aber bei der Bedeutung, die das neue Spielhaus sofort für die Disposition des Dramas sowohl wie für die äussere Technik der Aufführung gewann, darf man annehmen, dass gerade in der ersten Zeit nach der neuen Erfindung kaum ein Dichter es unterlassen haben wird, sie zu verwerten.

So mögen wir als Epochenjahr für die neuartige Ausstattung des Spielplatzes etwa das Jahr 465 ansetzen; gerade damals ist in dem Wettstreit der beiden genialen Meister der Tragödie, des Aischylos und Sophokles, die dramatische Dichtung zur vollsten Reife gelangt, und es ist kein Zufall, dass die Errichtung der ersten Skene zeitlich ungefähr zusammenfiel mit der Einführung eines dritten Schauspielers.

Für die geringe Aufmerksamkeit, welche die Fortschritte des Theaterwesens bei den Schriftstellern der älteren Zeit gefunden haben, ist es bezeichnend, dass Aristoteles über die erste Errichtung eines Spielhauses nichts berichtet; aber wenn die σκηνογραφία von ihm unter den Neuerungen des Sophokles genannt wird (Poet. 4), so setzte er das Vorhandensein der Skene schon bei Sophokles Vorgänger Aischylos voraus, mag man nun im Worte σκηνογραφία Skene im ursprünglichen oder im übertragenen Sinn verstehen (s. Abschnitt V).

Als ein ausdrückliches Zeugnis für die Priorität des Aischylos ist oben S. 32 die Nachricht des Vitruv VII praef. 11: «Primum Agatharchus Athenis Aeschylo docente tragoediam scaenam fecit et de ea commentarium reliquit» geltend gemacht worden, und wenn wirklich von Agatharchos eine Schrift περὶ σκηνῆς vorhanden war, dann konnte sie nach dem Sprachgebrauch seiner Zeit nur von der Anlage eines Spielhauses handeln, vgl. W. Klein, Arch. epigraph. Mittheilungen aus Österreich XII, 88. Aber Vitruv, der freilich jenes Buch nicht mehr vor Augen hatte, hat, wie der Zusammenhang lehrt, bei seiner Nachricht «scaena» als perspektivisches Theatergemälde verstanden wissen wollen; denn er fährt fort: «Ex eo moniti Democritus et Anaxagoras de eadem re scripserunt, quemadmodum oporteat ad aciem oculorum radiorumque extentionem certo loco centro constituto lineas ratione naturali respondere, uti de incerta re certae imagines aedificiorum in scaenarum picturis redderent speciem et quae in directis planisque frontibus sint figurata, alia abscedentia, alia prominentia esse videantur. Postea (anknüpfend an «primum» in § 11, vgl. Sommerbrodt, Scaenica S. 142) Silenus de symmetriis doricorum edidit volumen...»

Auch wenn die «scaena» des Agatharchos wirklich in diesem Sinne gedeutet werden kann, braucht die Nachricht noch nicht als ein Widerspruch gegen das Zeugnis des Aristoteles aufgefasst zu werden, da die Thätigkeit des Agatharchos, der in der Jugendzeit des Alkibiades, d. h. um 430/425, ein berühmter Maler war, erst in die letzten Lebensjahre des Aischylos fallen kann, also in eine Zeit, wo auch Sophokles bereits mit kühnen Neuerungen hervorgetreten war. Und so wenig man in jener Epoche an eine Landschaftsmalerei in unserem Sinne denken darf, so war doch den Malern, die ein Felsgebirge nachahmen sollten, wie im «Prometheus», oder eine Höhle mit ihrer nächsten Umgebung, wie sie vermutlich in anderen aischyleischen Stücken vorkam, auch die Aufgabe gestellt, auf dem Bau von Holz und Leinwand durch ihre Farben einzelne Gegenstände der Natur wiederzugeben. Von perspektivischen Verkürzungen, woran Vitruv zu denken scheint, konnte freilich bei solchen Dekorationen noch kaum die Rede sein.

Mag nun dem sein, wie ihm wolle, jedenfalls darf man mit ziemlicher Sicherheit Aischylos als Erfinder der Skene betrachten.

Zu diesem Fortschritte in der Ausstattung des Spielplatzes haben innere und äussere Gründe in gleicher Weise hingeleitet. Einerseits drängte die innere Entwickelung dazu, dass die Schauspieler immer grössere Bedeutung gewannen, während der Chor mehr zurücktrat. Daher war es ein überaus fruchtbarer Gedanke, den Personen des Schauspiels oder wenigstens den Rollenträgern, welche einer der streitenden Parteien angehörten, unmittelbar an dem Spielplatz selbst ihren Wohnort anzuweisen, so dass sie nun unmittelbar aus dem Hause heraustreten und sich wieder dorthin zurückziehen konnten. Während früher die Schauspielpersonen auf den Versammlungsplatz des Chors kamen, wird jetzt die Orchestra zum Vorplatz des Hauses der Schauspieler, zu dem die Choreuten sich begeben.

Andrerseits musste auch, nachdem man an der Orchestra besondere Bauten zu errichten begonnen hatte, der Wunsch sich aufdrängen, den Schmuckbau an dem Spielplatz mit dem Bau, der zum Ankleiden und zu andern Zurichtungen des Spieles diente, zu vereinigen. Man könnte daher darüber streiten, ob man in dem Spielhaus das alte Kleiderzelt wiederzuerkennen habe, das nur in das Gesichtsfeld der Zuschauer gerückt und daher zum Wohnhause der Rollenträger umgestaltet ist, oder ob das für die Zwecke der dargestellten Handlung aufgeschlagene Spielhaus erst späterhin in solcher Weise eingerichtet wurde, dass es auch als Kleiderzelt dienen konnte.

Wenn es sich aber von selbst versteht, dass wenigstens die aus der Skene heraustretenden Schauspieler sich auch in dem Spielhaus ankleideten, so ist klar, dass die Skene nicht nur sehr bald als der gewöhnliche Aufenthaltsraum aller Schauspieler verwendet worden sein wird, sondern dass man auch den Ankleideraum der Choreuten damit in Verbindung gesetzt hat. In der That kommt schon in der Orestie der Chor zweimal aus dem Hause des Hintergrundes heraus.

Man musste ferner bald zu der Erkenntnis gelangen, dass es genüge, dem Spielhaus nur an der den Zuschauern zugekehrten Vorderseite die Gestalt zu geben, die für die Voraussetzungen des Stückes erfordert wurde. Der rückwärts gelegene Raum des Hauses, der den Schauspielern zum Aufenthalt diente, konnte unverändert bleiben. Dadurch wird der unmittelbar an der Orchestra stehende Teil des Spielhauses zu einem dem Skenensaal vorgelegten Vorraum, er wird ein προσκήνιον vor der σκηνή, vgl. Abschnitt V.

Wenn noch in späterer Zeit die hölzernen Proskenien von seitlich vorspringenden Räumen eingefasst zu werden pflegten, so dürfen wir das gleiche auch für die Proskenien des V. Jahrhunderts voraussetzen, und es wird sich aus den Spielerfordernissen der jüngeren Dramen ergeben, dass in der That solche Seitenbauten, die sogenannten Paraskenia, schon damals wirklich vorhanden gewesen sein müssen. Vielleicht dürfen in diesen Anbauten die Kleiderzelte erkannt werden, die vorher jenseits der Orchestrazugänge standen und nun an das Spielhaus selbst herangeschoben und mit ihm vereinigt wurden, vielleicht sind sie aber von vornherein nur zu dem praktischen Zweck errichtet worden, als Stützen und Abschluss der Proskenien zu dienen. Ohne Zweifel boten sie grosse Vorteile wie für die Theatermaschinen so auch für den Aufbau und die Veränderung des Proskenienvorbaues, indem nun dessen Seitenwände den Blicken der Zuschauer entzogen wurden und zugleich die Notwendigkeit fortfiel, auch diese mit einem besonderen Schmuck zu versehen. Ob die vorspringenden Paraskenien ursprünglich etwa als flankirende Mauertürme, also als Teile der Dekoration betrachtet werden sollten, oder ob sie von Anfang an als rein conventionelle Teile des Skenenbaues erschienen, vermögen wir nicht zu bestimmen.

Wie sich vorher für die Altarbauten in den älteren aischyleischen Dramen eine beträchtliche Länge als wahrscheinlich ergab, so hat, wie der dreiteilige Palast der Orestes-Trilogie lehrt, auch das Spielhaus bald eine grosse Ausdehnung gehabt. Ob es schon damals, wie späterhin, die ganze Länge des Orchestradurchmessers erreicht hat, wissen wir nicht. Für die Akustik bot ein solcher Abschluss grossen Gewinn, indem nun die Schallwellen von den Holzwänden auf dieser Seite zurückgeworfen wurden. Auch war so den Schauspielpersonen die Möglichkeit gegeben, zu den verschiedenen Zugängen der Orchestra zu gelangen, ohne von den Zuschauern gesehen zu werden. Die praktischen Vorteile einer langgestreckten Skene werden dazu geführt haben, dass man auch dort, wo der Zweck des Stückes es nicht gebieterisch erfordert hätte, dem Proskenion eine grössere Länge gab, indem man in den Zwischenräumen zwischen dem dekorirten Hauptbau und den Orchestrazugängen bedeutungslose Nebenbauten oder Wände, die bemalt oder mit Zeug verhüllt waren, aufstellte.

Die Höhe des Spielhauses wird anfangs die Höhe eines gewöhnlichen Hauses, die Höhe des alten Kleiderzeltes, nicht überragt haben. Wie im modernen Theater, so hat man auch im Altertum die nachgeahmten Tempel und Paläste nicht in ihrem wirklichen, sondern in verkleinertem Masstabe dargestellt; selbst in einer Zeit, wo solche Bauten mit grossem Aufwand hergestellt wurden, war es möglich, dass (wie im »Orestes« des Euripides) ein Schauspieler vom Dache —vermutlich vom Dache eines Seitenflügels—herabsprang. Wo es notwendig war, wurde ein Obergeschoss errichtet, sei es über dem ganzen Spielhaus, sei es nur über dem rückwärtigen Raum der Skene.

Die ersten Spielhäuser werden wir uns sehr einfach zu denken haben; da sie Bauten darstellen sollten, die in ferner Vergangenheit vorausgesetzt werden, so mochte eine einfache Bauart genügen. Das Haus, das in dem einen Stücke verwendet wurde, musste sich ohne grosse Schwierigkeit in den für das folgende Stück erforderlichen Bau umwandeln lassen, und es ist selbstverständlich, dass der Dichter bei seinen Schöpfungen die gegebenen Verhältnisse des Spielhauses im Auge behalten, und dass er sich klar darüber sein musste, in wie weit von einem Drama zum andern der Hintergrund des Spielplatzes verändert werden konnte. Im Laufe der Jahrzehnte wurden die Skenen immer reicher ausgestaltet; der Wetteifer der Choregen bethätigte sich in der glanzvollen Herrichtung der Schmuckbauten, die immer genauer berühmten Bauten der Wirklichkeit nachgeahmt wurden. Dazu kam, dass auch die μηχανοποιοί und die Skenenmaler in der zweiten Hälfte des V. Jahrhunderts den Dichtern Gelegenheit zu neuartigen Wirkungen boten und dass die Kunst, das Proskenion in der verschiedensten Weise zu formen, ihnen immer grössere Freiheit in der Auswahl des Schauplatzes gab.

Es hiesse sich einer Selbsttäuschung hingeben, wollte man auf das Jahr die einzelnen Fortschritte dieser stufenweisen Entwickelung zu bestimmen suchen. Denn die kleine Anzahl von Dramen, die wir besitzen, lassen empfindliche Lücken, und wir können auch betreffs der erhaltenen Stücke über den Grad der erreichten Illusion vielfach nur nach unseren subjektiven Vorstellungen entscheiden. Im besten Falle also kann es gelingen, für eine bestimmte Einrichtung, ohne die eine vom Dichter vorausgesetzte Situation nicht darstellbar erscheint, eine untere Zeitgrenze festzusetzen. Wenn von späteren Schriftstellern (Vit. Aeschyli, Cramer Anecd. Paris I, p. 19) schon dem Aischylos alle möglichen Erfindungen, wie γραφαί, προσκήνια und Theatermaschinen, zugeschrieben werden, so dürfen wir diesen Nachrichten keinen urkundlichen Wert beimessen.

Wir wollen daher zunächst das zusammenstellen, was sich aus den Dramen über die einzelnen Typen der Schmuckbauten gewinnen lässt, und dann mit Hilfe der von den Dramen erforderten Einrichtungen die Art der Skenenanlage und ihre Veränderungen in den Jahren 465-370 klarzulegen suchen.

Palast und Tempel sind die üblichsten Schmuckbauten in der Tragödie. Derselbe Bau, der in dem «Agamemnon» und den «Choephoren» als Königspalast galt, ist in den «Eumeniden» als Tempel verwendet worden, wobei wohl nur ganz geringe Änderungen notwendig waren. Wie damals in ihrer Einfachheit, so werden späterhin Palast und Tempel auch in ihrer prunkvolleren Gestalt einander sehr ähnlich gewesen sein.

In den «Choephoren» wird ausdrücklich V. 870 das Thor der Frauenwohnung (γυναικεῖαι πύλαι) von dem Hauptthor unterschieden. Ihm musste auf der anderen Seite die Thür der Fremdenwohnung entsprechen, V. 712: ἄγ' αὐτὸν εἰς ἀνδρῶνας, εὐξένους δόμων; man darf dafür auf Grund des eigentümlichen Gebrauches, den das Zeitwort παρέρχεσθαι in der Tragödie hat (vergl. Weissmann, Die scenische Aufführung der griechischen Dramen, S. 65), auch die Worte anführen, die der Chor an Aigisthos richtet, (840): πυνθάνου δὲ τῶν ξένων ἔσω παρελθών. In demselben Raum, in dem Aigisthos und Klytaimestra ermordet werden, hat in dem vorausgehenden Drama Agamemnon seinen Tod gefunden; denn das Badegemach (Agamemn. 1350 f., 1500) ist nach homerischer Sitte dort zu denken, wo die ξενῶνες sind. Vermutlich hatte der Mittelbau, in den der Haupteingang führte, ein etwas höheres Dach als die beiden Seitenflügel, in denen die Nebenthüren sich befanden; ob er giebelförmig überdeckt war, was man für die Tempel in den «Eumeniden» erwarten möchte, wissen wir nicht. Der Wächter in der Eingangsscene des «Agamemnon» kann ebensowohl auf dem Dache eines Seitenflügels wie auf dem des Mittelbaues seinen Platz gehabt haben.

Die Form des Palastes, die uns im «Agamemnon» entgegentritt, wird man als die übliche auch für die Theaterpaläste jener Dramen betrachten dürfen, in denen keine ausdrückliche Erwähnung der drei Teile vorkommt; finden wir doch auch in der späteren Zeit noch dieselbe Gliederung der «scaena tragica». Ausdrücklich erwähnt werden die ξενῶνες in Euripides «Alkestis» V. 543: χωρίς ξενῶνές εἰσιν οἷ σ' εἰσάξομεν, 546 ἥγοῦ σὺ τῷδε δωμάτων ἐξωπίους ξενῶνας οἴξας... ἐν δὲ κλήσατε θύρας μεταύλους. Der Eingang, der zu den Fremdenwohnungen führt, erscheint im «Hippolytos» als Zugang zu den Wirtschaftsräumen und Ställen, vgl. Hippol. 108 f.: παρελθόντες δόμους σίτων μέλεσθε. Während vor der Hauptthür des trözenischen Palastes das Bild der Artemis stand (V. 73), hatten die ἀγάλματα der Aphrodite (116, 522) vermutlich vor den beiden Nebeneingängen ihren Platz. In die Thüre oder in das Innere der Frauenwohnung scheint Phaidra (602) zurückgetreten zu sein, als Hippolytos in zorniger Entrüstung den Palast durch den Haupteingang verlässt. Auch in der «Helena» ist wohl auf der einen Seite die Gesindewohnung, auf der andern das Frauengemach anzunehmen (vgl. 1180, 1184); ebenso, wie es scheint, in der «Antigone» und im «König Oidipus» (vgl. Weismann, S. 66).

Manchmal haben aber die Dichter die Dreigliederung des Spielhauses auch in anderer Weise verwertet. In der «Andromache» ist neben dem Palast, an den wohl auf der einen Seite die Wirtschaftsräume sich anlehnten, das Heiligtum der Thetis dargestellt (Θέτιδος ἀνάκτορον — δόμων πάροικον, 43), das die Stelle der Frauenwohnung vertritt (δῶμα Νηρῇδος, 161).

Ebenso ist in den «Bakchen» an der Seite, wo sonst das Frauengemach sich befindet, die mit Weinlaub überwachsene Mauer des heiligen Bezirks sichtbar, der die Reste von Semeles Wohnung und ihr Grab umschliesst (vgl. 7 f., 11 f., 597); an der anderen Seite des Palastes befand sich wohl der Zugang zu den Ställen, in denen 509 Dionysos eingesperrt werden soll.

Dort, wo der Dichter Gewicht darauf legt, dass die den Zuschauern zugekehrte Fassade nicht die Vordermauer der Wohnräume, sondern nur Thor und Abschlussmauer eines Hofes darstelle, trat vielleicht an Stelle der Flügelbauten eine gleichmässig fortgeführte Mauer, in der etwa noch ein Seitenpförtchen angebracht war. In der «Lysistrate» war in der Mitte die Mauer und der Thorbau der Akropolis (248, 255), an den Seiten das Haus der Kalonike (5) und das der Lysistrate (199) dargestellt.

Für den reichen Schmuck des Palastes der späteren Zeit legt der Bau in den «Bakchen» Zeugnis ab, an dem Säulen (590) und Triglyphen (1211) erwähnt werden. Der Palast in der «Helena» wird V. 436 als δῶμα περιφερὲς θριγκοῖς bezeichnet (εὐθριγκοι ἕδραι V. 70); θριγκὸς und γεῖσα des Daches werden im «Orestes» (1569, 1620) genannt. Auf den Palast, vor dem die Handlung der «Hypsipyle» spielte, scheint sich Eurip. Fragment 764 N. bezogen zu haben: hebe die Augen empor, γραπτοὺς ⟨τ᾽ ἐν αἰετ⟩οῖσι προσβλέψον τύπους.

Auch auf die Höhe des Hauses und die Stattlichkeit des Hauptthores wird in den jüngeren Dramen mehrfach verwiesen, vgl. Hel. 431: πύλαι σεμναί; Her. fur. 107: ὑψόροφα μέλαθρα; 1029: ὑψιπύλων δόμων.

Die mit einem Giebel überdeckte Säulenhalle wird man vermutlich auch bei den Theaterpalästen aus dem Ende des V. Jahrhunderts in der Regel nur vor dem Mittelbau errichtet haben, während die niedrigen Seitenflügel mit ihren glatten Wänden etwas zurücklagen und ein flaches Dach hatten; von einem solchen ist wohl im «Orestes» der Sklave herabgesprungen (1366 und Schol.). Ein Obergeschoss über einem Teil des Hauses wird in den «Phoinissen» vorausgesetzt, wo Antigone μελάθρων ἐς δίφρες ἔσχατον (90) emporsteigt.

Während der ganze Palast (wie die Bauten der Wirklichkeit) um eine Stufe über den Orchestraboden sich erhoben haben wird, mag die Säulenhalle, wo eine solche vorhanden war, in jener späteren Zeit mitunter auch 2—3 Stufen über dem Vorplatz erhöht gewesen sein. Sie hatte wohl nur eine geringe Tiefe, doch haben in einzelnen Fällen die Schauspieler innerhalb der Vorhalle sich bewegt.

So befindet sich wohl der schlafende Orestes (Eur. Or. 35 f.) in der Vorhalle des Mittelbaues. Ebendort scheint sich auch die Hauptscene des «Kresphontes» abgespielt zu haben, wenn der Bericht des Hyginus (fab. 137 und 184) genau ist: Kresphontes wird vom König Polyphontes aufgefordert, «in hospitio manere....

qui cum per lassitudinem obdormivisset, senex, qui inter matrem et filium internuntius erat, flens ad Meropen venit.... Merope credens eum esse filii sui interfectorem, qui dormiebat, in chalcidicum cum securi venit, inscia ut filium suum interficeret: quem senex cognovit et matrem ab scelere retraxit». Dass diese Handlung, deren Schauplatz das «chalcidicum» d. i. die Säulen-Vorhalle ist, vor den Augen der Zuschauer vor sich ging, lehrt Plutarch (de esu carnium II 5 p. 998 E). Merope tritt mit geschwungenem Beil von aussen in die Halle, um Kresphontes zu töten; da wird sie, während sie vielleicht noch auf der Stufe steht, von dem Greise zurückgehalten.

Eine ähnliche Entwickelung wie der Theaterpalast hat auch der Tempel durchgemacht; beide Typen haben sich wechselseitig beeinflusst. Wie der Palast, für den es in Athen damals an Vorbildern fehlte, nach dem Muster der Tempel geschmückt wurde, so wurde, wie es scheint, bei dem Bau jener Proskenien, die Tempel nachahmten, auf die am Palastbau entwickelte Dreiteilung der Fassade Rücksicht genommen. So nahm in den «Eumeniden» der Tempel wohl nur die Stelle des Mittelbaues ein, während die Seitenflügel des Palastes als ἱεροὶ οἶκοι, als die Wohnungen des Priesterpersonals u. dgl., gelten sollten. In ähnlicher Weise hat man sich vielleicht auch noch in der «Iphigenie bei den Tauriern» und im «Ion» auf der einen Seite des Tempels das Wohnhaus des Priesterpersonals, auf der andern den heiligen Hain zu denken. Oder es schloss sich rechts und links an den Tempel eine Mauer an, die als Umfassungsmauer des Bezirkes (Peribolos) gelten sollte. Hinter dieser Mauer wird in den «Schutzflehenden» des Euripides das Grab des Kapaneus neben dem eleusinischen Tempel im heiligen Bezirke errichtet (933 f., 981). In den «Thesmophoriazusen» hat man sich das Thesmophorion (871, 880) in der Mitte, daneben auf der einen Seite das Haus des Agathon, auf der andern wohl ein ähnliches Haus zu denken, das im Stücke keine Rolle spielt.

Während die Tempel in den «Eumeniden» vielleicht noch der Säulen entbehrten, sind Säulen und Triglyphen für den Bau der «Iphigenie bei den Tauriern» bezeugt, vgl. V. 113, 130, 1159. In der Tempelvorhalle spielt der Auftritt Iph. 1152 f. Besonders reich gestaltet war der Tempel, den Euripides für seinen «Ion» aufbauen liess. Auch er hat natürlich eine Säulenhalle, die εὐκίονες αὐλαί Athens werden V. 185 mit ihm in Parallele gestellt. Aber auch der plastische Schmuck der wirklichen Tempel war an dem Spielhause des «Ion» nachgeahmt, wobei möglicherweise mit kühnem Anachronismus der delphische Tempel der euripideischen Zeit als Vorbild diente. V. 190 beschreibt der Chor zuerst die Gruppen von Herakles und Hydra und von Bellerophon und Chimaira, dann ἐν τείχεσι λαΐνοις drei Scenen aus dem Gigantenkampf[1]).

---

[1]) Die beiden ersten Gruppen möchte Robert, Iliupersis des Polygnot (Halle 1893) S. 36, als figürliche Akroterien erklären, die Scenen der Gigantomachie als Metopen. Auf 5 Metopen verteilt Weissmann (S. 49) die vom Chor beschriebenen Gruppen. An den Fries der Cella, wie Klinkenberg (Euripides 8) und Murray (Class. review 1888, S. 332) meinen, darf man nicht denken.

Nachdrücklich werden im «Ion» auch die κρηπῖδες ναοῦ (38,510) hervorgehoben, nämlich die Tempelstufen mit dem Stylobat. In der Vorhalle ist Ion V. 79 f. beschäftigt, ὡς πρὸ ναοῦ λαμπρὰ θῇ κυλώματα, vgl. 104 f. Innerhalb dieser Halle scheint auch der Altar zu stehen, an den Kreusa sich flüchtet, da sie V. 1309 sagt: ἐν γ' ἐντὸς ἀδύτων τῶνδέ με σφάξαι θέλης, (vgl. Weissmann, S. 54), daher nennt Ion V. 113 f., als er die Vorhalle reinigt, den Lorbeerzweig: ὦ καλλίστας προπόλευμα δάφνης, ἃ τὰν Φοίβου θυμέλαν σαίρεις ὑπὸ ναοῖς. Dass der ganze Bau auf einer erhöhten Terrasse gelegen habe, zu der man mittelst einer Rampe emporstieg, hat man aus V. 725 ff. folgern wollen, wie mir scheint ohne zwingende Gründe, vgl. S. 188 und Abschnitt VII.

Wenig ergiebig für unsere Kenntnis des antiken Spielhauses sind die Andeutungen, die uns über die als Lagerzelte gestalteten Schmuckbauten in den Dramen gegeben werden. Mit der Form, die das Zelt im «Aias» gehabt hat, werden wir uns noch bei Besprechung des sogenannten Ekkyklema zu beschäftigen haben. Als stattliche Holzbauten hat man die Zelte in den jüngeren Dramen (Hekabe, Troerinnen, Iphigenie in Aulis, Rhesos) zu denken. In den «Troerinnen» ist in der Mitte das Wohnzelt des Agamemnon dargestellt, rechts und links davon Zelte, die ebenfalls als σκηναὶ Ἀγαμέμνονος bezeichnet werden und wohl als die Wohnungen seines Gesindes zu denken sind, vgl. 153, 176.

In ähnlicher Weise wird man auch in der «Hekabe» neben dem Zelt des Agamemnon (53) weniger vornehme σκηναὶ für Diener und Sklaven voraussetzen dürfen, vgl. V. 1016. Die Zelte der Könige hatten vielleicht, wie das schon für die Zelte im homerischen Schiffslager bezeugt ist, einen Vorraum oder eine Vorhalle, dort liegt vermutlich zu Beginn der «Troerinnen» Hekabe, κειμένη κυλῶν πέρας (37), σκηναῖς ἐφέδρος Ἀγαμεμνονίαις (139).

Eine ärmliche Bauernhütte bildete in Euripides «Elektra» den Hintergrund; rechts und links schloss sich daran vielleicht das Gehege des Gehöftes. Ob die Wagen der Klytaimestra V. 1135 durch ein Hofthor oder durch die Parodos zu den Krippen abgeführt werden, ist nicht klar. Der Dichter denkt sich das Haus οὐρείας ἐν' ἐρίκναις (210) und ἐν κρατακίλῳ πέδῳ (534) gelegen; inwieweit das auch in der Beschaffenheit der Dekoration zum Ausdruck kam, lässt sich nicht ermitteln; eine erhöhte Lage der Hütte und einen steil emporführenden Weg hat man aus den Versen 486 f. erschliessen wollen, vgl. S. 188.

An die Stelle des Palastes tritt in der Komödie das kleinere bürgerliche Haus. Ihm war gewiss die älteste κωμικὴ σκηνὴ nachgebildet. Späterhin scheint auch in der Komödie ein langgestrecktes dreigliedriges Proskenion üblich gewesen zu sein, wobei mehr noch als der Einfluss der Tragödie die Rücksicht auf die praktische Bestimmung des Spielhauses massgebend gewesen sein wird. Drei Häuser werden in den «Acharnern» und den «Ekklesiazusen» vorausgesetzt, ebenso bei Eupolis, Frgm. 42 K.: οἰκοῦσι δ' ἐνθάδ' ἐν τρισὶν καλιδίοις εἴκημ' ἔχων ἕκαστος. Diese Häuser konnten entweder durch Zwischenwege (βόθοι Eccl. 693) getrennt sein, die sich an der Skenenwand totliefen, oder aber — und das war wohl die Regel — sie grenzten dicht aneinander; gemeinsame Zwischenmauern sind für das V. Jahrhundert bezeugt und spielen in der späteren Komödie eine Rolle. Die Anlage des Proskenions in den «Thesmophoriazusen» und der «Lysistrate» ist schon oben besprochen worden (S. 206 und 205).

Zwei Häuser werden in den «Wolken» erwähnt; ein drittes mag aber als Gegenstück zum οἴκιδιον des Sokrates auf der andern Seite vom Hause des Strepsiades dargestellt gewesen sein, ohne in der Handlung selbst eine Rolle zu spielen. Nur ein Haus ist in den «Rittern», in den «Wespen» und im «Plutos» vorausgesetzt; vielleicht schlossen sich hier seitlich Wirtschaftsräume mit Nebenthüren an. Sicher ist in den «Wespen» neben dem Hause ein besonderer Eingang zum Stall (30, 76 f.), auf der andern Seite war vermutlich eine weitere Thür, durch die Bdelykleon V. 154 ins Freie tritt. Auch in den «Fröschen» ist nur ein Haus erforderlich, das anfangs als die Wohnung des Herakles, später als die des Pluton gilt.

Diese Häuser werden bald ärmlicher, bald reicher ausgestattet gewesen sein. Besondere Vorplätze vor den Thüren sind litterarisch und durch bildliche Darstellungen für die athenischen Häuser bezeugt, vgl. Aristotel. Oecon. II p. 1347: Ἱκκίας ὁ Ἀθηναῖος τὰ ὑπερέχοντα τῶν ὑπερῴων εἰς τοὺς θερμασίας ὁδοὺς καὶ τοὺς ἀναβαθμοὺς καὶ τὰ προσφάγματα καὶ τὰς θύρας τὰς ἀνοιγομένας ἔξω ἐκώλησεν, s. Becker, Charikles II, 132 f. Auf Vasenbildern sehen wir solche Vorplätze, die um eine Stufe über die davorliegende Platz erhöht und von einem weit vorspringenden Thürdach überdeckt sind. Ähnliche Prothyra wird man bei den Theaterhäusern voraussetzen dürfen; die Stufe des Prothyron gab dem Schauspieler Gelegenheit, wo es vorteilhaft erschien, einen erhöhten Standplatz zu gewinnen. Dass schon im V. Jahrhundert der Vorplatz vor dem Theaterhause um mehr als eine Stufe über die Orchestra erhöht war, wie das für spätere Zeiten Theaterdarstellungen auf Vasen bezeugen (s. Abschnitt VI), lässt sich nicht erweisen; man müsste denn die oben S. 189 behandelten Stellen, an denen die Worte ἀναβαίνειν und καταβαίνειν für Bewegungen der Schauspieler verwendet werden, in diesem Sinne deuten. Ausdrücklich erwähnt werden προπύλαια für das Haus des Demos in den «Rittern» (1326) und für das des Philokleon in den «Wespen» (875). Hier schlafen gewiss die beiden Sklaven des Bdelykleon (Vesp. 78); ein ähnliches Prothyron ist wohl auch für die «Wolken» vorauszusetzen, wo zu Beginn des Stückes Strepsiades und sein Sohn vor dem Hause schlafen.

Auch darin stimmen die Häuser der Komödie mit der Wirklichkeit überein, dass sie vielfach mit einem Obergeschoss (ὑπερῴον) versehen sind, vgl. Plato, com. Fgm. 112 K.: ὁρᾶτε τὸ δίφρος ὑπερῴον. Natürlich fehlen dann auch die Fenster nicht. Von den Fenstern aus sehen die Frauen in den «Ekklesiazusen» nach den Männern aus (930 f.), und Philokleon lässt sich mittelst eines Seiles von dem Fenster herab (Vesp. 379, vgl. 317). Ein weiter zurückliegendes, über dem hinteren Teil der Skene liegendes Obergeschoss dient im «Frieden» (176) als Haus des Zeus, s. u.

Mehrfach wird nach der Sitte des Lebens auch im Lustspiel das flache Dach des Hauses betreten. Die Frau des Dikaiopolis sieht von dort aus der Pompe zu (Ach. 262), ἐπὶ τέγους schläft Bdelykleon (Vesp. 67), Philokleon sucht durch das Rauchloch auf das Dach zu gelangen (Vesp. 144 f.), und in den «Wolken» befiehlt Strepsiades seinem Diener, das Dach von Sokrates Haus zu zerstören: κλίμακα λαβών... ἀναβὰς ἐπὶ τὸ φροντιστήριον τὸ τέγος κατάσκαπτ',... ἕως ἂν αὐτοῖς ἐμβάλῃς τὴν οἰκίαν (1486 f.) und steigt dann selber hinauf.

Weniger genau sind wir über die Ausstattung des Spielplatzes bei jenen Dramen unterrichtet, deren Handlung in freier Landschaft spielt. Häufig hat dann der Schmuckbau die Gestalt einer Höhle. Schon Aischylos hat vielleicht in einigen Dramen einen solchen Hintergrund verwendet. Im «Kyklops» ist die Höhle von Felsen begrenzt (680 f.), die Schwelle mit Gras bewachsen (541), im «Philoktetes» ist die Höhle, die als δίστομος πέτρα (22), σχῆμα πέτρας δίπυλον (952), οἶκος ἀμφίθυρος πετρίνης κοίτης (159) bezeichnet wird, etwas höher gelegen als die (durch die Orchestra veranschaulichte) umgebende Landschaft, vgl. V. 29: τοῦδ' ἐξύπερθεν. Ähnlich scheint die Lage der Höhle in den «Vögeln» (vgl. 50, 175), die von Walddickicht (92, 203) umgeben gedacht ist.

Ein Felsen in öder Gebirgsgegend bildete schon in der Prometheus-Trilogie den Hintergrund (S. 198). Mit ungleich reicheren Mitteln war ohne Zweifel im Jahre 412 v. Chr. der Schmuckbau für die «Andromeda» des Euripides ausgeführt. In diesem Drama war die Heldin an einem vom Meer umspülten Felsen gefesselt, vgl. Fgm. 125: ἐκ τίν' ὄχθον τόνδ' ὁρῶ περίρρυτον ἀφρῷ θαλάσσης und 127: οἰκτίρω σε κεκραμένην ὁρῶν.

Wie wir hier einen hoch emporgeführten Felsen voraussetzen müssen, so darf Ähnliches für die Ausstattung der «Schutzflehenden» des Euripides angenommen werden. Dort erscheint Euadne auf einem Felsen: τί ποτ' αἰθερίαν ἕστηκε πέτραν, ἣ τῶνδε δόμων ὑπερακρίζει, τήνδ' ἐμβαίνουσα κέλευθον, fragt der Chor (988), und ähnlich sagt Iphis (1048): τίς αὔρα; τίς στόλος; τίνος χάριν δόμων ὑπερβᾶς' ἦλθες εἰς τήνδε χθόνα; Euadne springt von dort hinab in den neben dem Heiligtum errichteten Scheiterhaufen (1015): ἔνθεν ὁρμάσω τόδ' ἀπὸ πέτρας πηδήσασα πυρὸς ἔσω und 1045: ᾗδ' ἐγὼ πέτρας ἔπι ὄρνις τις ὡσεὶ Καπανέως ὑπὲρ πυρᾶς δύστηνον αἰώρημα κουρίζω (vergl. 1065, 1070). Der Felsen, der die Akropolis von Eleusis veranschaulichen sollte, war also hinter und über dem Tempel, der die Mitte des Proskenion einnahm, aufgebaut und bildete so eine Art Obergeschoss über den hinteren Räumen der Skene oder war an die Vorderwand eines solchen Obergeschosses angelehnt.

Ein Hain, ein mit Bäumen und Büschen bestandener Platz, ist als Schauplatz im zweiten Theil des «Aias» und im «Oidipus auf Kolonos» vorausgesetzt. Hier wie dort hat man anzunehmen, dass der Hain (νάπος Ai. 892, Oed. 155) wenigstens teilweise körperlich dargestellt war, indem einige natürliche oder (aus Holz und Zeug) nachgeahmte Bäume aufgestellt waren. Ausdrücklich wird gesagt, dass das Schwert und der Leichnam des Aias hinter dem Gebüsche versteckt sind (659, 898) und Oidipus dringt weit vorwärts in den Hain von Kolonos (vgl. 16: χῶρος δ' ὅδ' ἱρός, ὡς ἀπεικάσαι, βρύων δάφνης ἐλαίας ἀμπέλου, 36: ἐκ τῆσδ' ἕδρας ἔξελθ') und verbirgt sich darin 113: καὶ σὺ μ' ἐξ ὁδοῦ πόδα κρύψον κατ' ἄλσος und 156: ἀλλ' ἵνα τῷδ' ἐν ἀφθέγκτῳ μὴ προπέσῃς νάπει ποιάεντι... μετάσταθ', ἀπόβαθι, πολλᾶ κέλευθος ἐρατύει.

In welcher Art in diesen Fällen auch durch bemalte Wände oder bemalte Zeugvorhänge die Illusion unterstützt wurde, wissen wir nicht. Aber wenn Sophokles am Ende des V. Jahrhunderts einen solchen Hintergrund für den Schauplatz seines «Oidipus auf Kolonos» wählte, so muss er gewiss gewesen sein, dass die σκηνοποιοί und σκηνογράφοι dem Illusionsbedürfnis seiner Zeitgenossen mit ihren Leistungen Genüge zu thun vermochten.

Uns fehlt heute nicht nur genügende Anschauung von dem malerischen Können jener Zeit, sondern auch ein Masstab für ihre Naivetät; wir vermögen nicht zu beurteilen, unter welchen Bedingungen den Menschen jener Zeit die täuschende Wiedergabe der Wirklichkeit durch die Skenenmaler erreicht schien. Wir haben aber gelernt, von der altgriechischen Landschaftsmalerei bescheidener zu denken, als dies früher üblich war, und dürfen daher auch der Theatermalerei nicht mehr so bedeutende Leistungen zutrauen, wie dies vordem, z. B. noch von Wörmann, Die Landschaft in der Kunst der alten Völker (1876) S. 172 ff., geschehen ist.

Viel umstritten wurde die Frage, in wie weit neben den Eingängen, wo für die spätere Zeit Periakten bezeugt sind (s. u.), schon in sophokleischer Zeit perspektivische Darstellungen der ferneren Umgebung angebracht waren. Jetzt wird wohl ziemlich allgemein zugegeben, dass den Stellen, die man für einen derartigen Schmuck des Spielplatzes geltend gemacht hatte, keine Beweiskraft innewohnt. Die Worte, mit denen im Eingang von Sophokles «Elektra» der Pädagoge dem Orestes die Gegend von Argos schilderte, wurden gesprochen, als die Schauspieler noch an der Parodos standen; dort draussen ist die Gegend zu denken, deren Bild vor dem geistigen Auge der Zuschauer aufsteigen lassen will. Denselben dichterischen Kunstgriff wendet Euripides in den «Phoinissen» (V. 101 f.) an, wo der Pädagoge der Antigone vom Dache des Hauses die thebanische Ebene und das feindliche Heerlager zeigt. Deutlichere Hinweise auf unmittelbare Darstellung könnte man in Versen zu erkennen meinen, wie Eur. Hel. 1: Νείλου μὲν αἵδε καλλιπάρθενοι ῥοαί, Iph. Aul. 10: σιγαὶ δ' ἀνέμων τόνδε κατ' Εὔριπον ἔχουσιν. Aber auch hier mahnen ähnliche Wendungen zur Vorsicht, vgl. Soph. Aias 862: κρῆναί τε ποταμοὶ θ' οἵδε, καὶ τὰ Τρωικὰ πεδία προσαυδῶ, χαίρετε, und Troades 1151: Σκαμανδρίους γὰρ τάσδε διαπερῶν ῥοὰς Πλούσα νεκρόν. Um den Ton der lebendigen Rede zu wahren, haben die Dichter mehrfach mit dem Pronomen ὅδε Dinge bezeichnet, die den Schauspielpersonen als benachbart geläufig sind, den Zuschauern aber nicht vor Augen stehen.

Immerhin wird man sich für die Stücke aus den letzten Jahrzehnten des V. Jahrhunderts gegenwärtig halten müssen, dass in der Zeit des Zeuxis und

Apollodor es nicht an Versuchen gefehlt haben wird, in der Theatermalerei den Aufgaben landschaftlicher Darstellung näher zu treten. Fehlt es doch auch in unserer mageren monumentalen Überlieferung nicht ganz an Beispielen für solche Bestrebungen. Fels und Meer und darüber die von Vögeln belebte Luft sehen wir in der Tomba dei cacciatori in Corneto dargestellt (Monum. dell' Instituto XII, T. XIII f.), und von der Art, wie man das Bild einer ummauerten Stadt wiederzugeben versuchte, mögen die landschaftlichen Ansichten lykischer Bergfesten auf Reliefs von Pinara und Tlos eine Vorstellung geben, s. Benndorf und Niemann, Reisen in Lykien und Karien II S. 54 und 144.

Eine solche landschaftliche Darstellung auf dem Hintergrunde ist wenigstens für ein Stück des Euripides nachweisbar. Troades 1256 ruft der Chor: τίνας Ἰλιάσιν ταῖσδ' ἐν κορυφαῖς λεύσσω φλογὸς βαλεῖσι χέρας δυρίσσοντας, und Talthybios befiehlt (1260): αὐδῶ λοχαγοῖς, οἳ τέταχθ' ἐμπιμπράναι Πριάμου τόδ' ἄστυ.... πῦρ ἀνιέναι, ὡς ἂν κατασκάψαντες Ἴλιου πόλιν στελλώμεθ' οἴκαδε. In den Klageliedern Hekabes und des Chores wird dieser Brand ausführlich geschildert, vgl. 1295: λέλαμπεν Ἴλιος Περγάμων τε πυρὶ καταίθεται τέραμνα καὶ πόλις ἄκρα τε τειχέων. Die Stadt, die hier unter Rauchwolken zusammenbrach, muss hinter und über den Zelten dargestellt gewesen sein und bildete, so wie der Felsen in den «Schutzflehenden» (s. S. 209), einen zweiten hinter dem Proskenion errichteten Schmuckbau, der als Obergeschoss über dem rückwärtigen Teil der Skene aufgerichtet war oder vielleicht das wirklich vorhandene Obergeschoss verdeckte. Einen ähnlichen Hintergrund hat Weissmann S. 21 auch schon für die «Hekabe» vorausgesetzt mit Rücksicht auf V. 953: δακρύω σ' εἰσορῶν πόλιν τε σὴν und 823: κατιδὼν δὲ πόλεως τένδ' ὑπερθρώσκονθ' ὁρῶ.

Für unsere Zwecke kommt übrigens die künstlerische Ausstattung der Proskenien weniger in Betracht als ihre technische Ausführung. Um uns klar zu machen, in welcher Weise eine Skene oder ein Proskenion aufgebaut wurde, müssen wir zunächst die Vorgänge beim sogenannten «Skenenwechsel», bei Veränderungen des Hintergrundes, ins Auge fassen. Dabei können wir den Wechsel der Bauten, der von einem Spieltage zum andern nötig wurde, also auch die Umwandlung der κωμικὴ σκηνή in eine tragische, ausser Acht lassen. Von Bedeutung für die ganze Ausstattung des Spielplatzes aber wäre es zu wissen, welches Mass von Veränderungen von einem Stück zum anderen in den verschiedenen Epochen zulässig war. In der älteren Zeit verblieb ohne Zweifel durch die ganze Trilogie derselbe Schmuckbau (z. B. ein grosser Altar), oder es war doch ein solcher Schmuckbau gewählt, der mit geringen Veränderungen in verschiedener Bedeutung (z. B. als Altar und als Grab) verwendet werden oder auch vom Dichter ganz ignorirt werden konnte, wenn er in einem Stücke seiner nicht bedurfte. In ähnlicher Weise verfuhr man mit den am Spielplatz errichteten Hausbauten, wie uns das Beispiel der Orestie gelehrt hat. In den «Eumeniden» wird der Schauplatz der Handlung V. 234 von Delphi nach Athen verlegt; aber an dem Tempel, der den Hintergrund des Spielplatzes bildet, und dessen Vorderwand nach V. 234 wieder geschlossen wurde, ist nichts Wesentliches geändert worden; nur eine Statue der Athene muss vorgeschoben worden sein, um den neuen (schon vorher angekündigten) Schauplatz zu kennzeichnen.

Ein Ortswechsel während des Spieles findet sich in den erhaltenen Tragödien sonst nur noch einmal, im «Aias». Nachdem V. 814 Schauspieler und Chor den Spielplatz verlassen haben, wird das Zelt des Aias beseitigt und die Handlung spielt nun in waldiger Gegend. Über die Art, wie dieser Wechsel des Hintergrundes vollzogen wurde, ist viel gestritten worden. Man könnte annehmen, dass von Anfang an Strauchwerk und Bäume neben dem Zelte vorhanden waren und das Zelt V. 814 nur durch einen Vorhang abgedeckt wurde. Doch scheinen mir die Voraussetzungen, welche der Dichter für den Selbstmord des Aias und für die Entdeckung des Leichnams macht, vielmehr dafür zu sprechen, dass das Zelt beseitigt worden und nun in eben dem Raume, den früher das Zelt bedeckte, der Hain sichtbar wird.

Am einfachsten war das zu bewerkstelligen, wenn die Vorderwand des Zeltes nach beiden Seiten auseinandergezogen werden konnte, und das war wiederum dann am leichtesten durchführbar, wenn neben dem Zelt Seitenbauten nach Art von Paraskenien vorhanden waren. Leider können wir weder für die Einrichtung der Paraskenien noch für die Abfassung des «Aias» ein bestimmtes Datum nennen, doch dürften mit den Jahren 445 und 435 wohl ungefähr die Grenzen bezeichnet sein, über die man die Entstehungszeit des Dramas nicht wesentlich wird hinausrücken wollen. Andrerseits möchte ich glauben, dass die Paraskenien nicht viel später eingerichtet worden sind als die Skene. Im «Aias» könnte die Vordermauer dieser Seitenbauten durch vorgestellte Bäume verkleidet gewesen sein; desgleichen wird die weiter zurückliegende Vorderwand des Spielhauses (des Schauspielersaales) von den Bäumen und Sträuchern, die das ὕλος bildeten, verdeckt gewesen sein.

Die ersten Worte, die Aias auf dem neuen Schauplatz spricht, setzen voraus, dass das Schwert, in das er sich stürzen wird, bereits im Boden befestigt ist (815 f.): ὁ μὲν σφαγεὺς ἔστηκεν, ᾗ τομώτατος γένοιτ' ἄν.... ἔπηξα δ' αὐτὸν εὖ περιστείλας ἐγώ. Entweder ist also Aias durch die Paroclos eingetreten und hat mit stummem Spiel das Schwert in die Erde gesteckt, bevor er den Monolog beginnt, oder aber er steht schon in dem Augenblicke, da nach Beseitigung des Zeltes der neue Hintergrund sichtbar wird, in dem Haine vor seinem Schwerte. Letzterer Annahme möchte ich den Vorzug geben, da sich dann am besten die Ausführlichkeit erklärt, mit der V. 657 schon im Voraus das sich späterhin darbietende Bild geschildert worden ist: μολών τε χῶρον ἔνθ' ἂν ἀστιβῆ κίχω, κρύψω τόδ' ἔγχος τοὐμόν, ἔχθιστον βελῶν, γαίας ὀρύξας ἔνθα μή τις ὄψεται. Nach seinem Monolog stürzt Aias in das Schwert (κρυφαίῳ φασγάνῳ περιπτυχής, 898) natürlich so, dass sein Körper hinter dem Buschwerk und hinter den Bäumen für die Zuschauer verborgen wird (ἐπεὶ οὐδείς ἄν, ὅστις καὶ φίλος, τλαίη βλέπειν φυσῶντ' ἄνω πρὸς ῥῖνας ἔκ τε φοινίας πληγῆς μελανθὲν αἷμ' ἀπ' οἰκείας σφαγῆς, 916 f.). Während Tekmessa den Leichnam verhüllte (περιπτυχεῖ φάρει, 915) und die Choreuten nahe herantraten, konnte der Schauspieler, der den Aias gab, ungesehen nach rückwärts verschwinden; die Puppe, die ihn später ersetzte, lag wohl schon von Anfang an an der Stelle, wo der Selbstmord erfolgen sollte. In dem Haine, aus dem Hintergrund oder von einer Seite her, ist auch Tekmessa aufgetreten, vgl. 892 : τίνος βοὴ πάραυλος ἐξέβη νάπους.

Es ist gewiss kein Zufall, dass wir nur in zwei Dramen der älteren Periode, aber in keinem Stücke späterer Zeit einen Wechsel des Hintergrundes nachweisen können. Denn dass für die Komödien selbst dort, wo ein Ortswechsel in der Dichtung vorausgesetzt ist, doch das Proskenion unverändert bleibt, wird mit Recht gegenwärtig fast allgemein angenommen, vgl. Bodensteiner, S. 655 f. Die verschiedenen Häuser, die in den einzelnen Teilen einer Komödie vorausgesetzt werden, sind schon zu Beginn des Stückes nebeneinander sichtbar, werden aber nicht gleichzeitig in die Handlung einbezogen. Die Komödie darf eben in launiger Willkür den Spielplatz von einem Ort zum andern versetzen und der Zuschauer folgt willig den Sprüngen der dichterischen Phantasie. Wie das Haus des Zeus als Obergeschoss der Skene im «Frieden» schon von Anfang an sichtbar war, so lag auch das Thesmophorion in den «Thesmophoriazusen» und das Thor der Akropolis in den «Ekklesiazusen» schon bei Eröffnung des Stückes den Zuschauern vor Augen; man müsste denn annehmen, dass sie zunächst noch durch einen besonderen Vorhang verdeckt blieben. In den «Fröschen» ist das Haus des Herakles im ersten und das des Pluton im zweiten Teil ein und derselbe Bau. Dionysos und Xanthias gehen vom Hause des Herakles gegen die Parodos zu; dort finden sie den Kahn des Charon, der entweder aus der Parodos oder aus dem vorspringenden Paraskenion herauskommt. Nachdem der Kahn längs des Proskenion zur anderen Parodos gezogen worden ist, gehen Dionysos und sein Diener zunächst durch die Orchestra (s. S. 192) und kehren dann wieder zum Spielhause zurück, das jetzt als Palast des Pluton gilt. Ob daran in der Zwischenzeit irgendwelche entsprechende kleine Veränderungen vorgenommen worden sind, mag dahingestellt bleiben.

Diese Seltenheit des Hintergrundwechsels innerhalb der Dramen hat zum Teil gewiss in technischen Schwierigkeiten ihren Grund; sie erklärt sich aber vielleicht noch mehr aus der Scheu, einen so scharfen Einschnitt im Zusammenhang der Dichtung eintreten zu lassen. Da mit dem Spielhintergrunde auch die Orchestra ihre Bedeutung verändert, so kann ein Wechsel des Schauplatzes nur eintreten, wenn auch der Chor sich aus der Orchestra entfernt hat. Der Zuschauer wird also nicht nur durch die Veränderung des Spielhauses aus der Illusion gerissen, es tritt auch im Fortgang der Aufführung eine Unterbrechung ein, die nur durch ihre kürzere Dauer von den Pausen zwischen zwei verschiedenen Dramen sich unterscheidet. Darum wird auch gerade in den jüngeren Dramen trotz der reicheren mechanischen Hilfsmittel, die für einen Scenenwechsel zu Gebote gestanden hätten, durchaus an der Einheit des Ortes festgehalten und jede Verwandlung des Hintergrundes vermieden.

Wir haben so wenige Nachrichten über den äusseren Hergang eines dramatischen Spieltages, dass wir über die Zeit und die Hilfsmittel, über die man zur Vorbereitung der für ein einzelnes Drama erforderlichen Schmuckbauten verfügen konnte, keine genaue Vorstellung gewinnen können. Aber wie die ganze Skene nur aus Holz und Zeug, aus Pfosten, Bohlen und Leinwand aufgebaut war, so wurde natürlich der vordere Teil der Skene, das Proskenion, ebenfalls nur aus Stoffen hergestellt, die rasch entsprechend angebracht werden konnten.

Die Leichtigkeit, mit der einzelne Teile des Skenengebäudes beseitigt und verändert werden konnten, ist gelegentlich auch zu Theaterwirkungen während des Spieles verwertet worden. In Aristophanes «Wolken» wurde das Dach des sokratischen Phrontisterion zerstört (1485 f.); höhnisch sagt Strepsiades (1494): ὅ τι πεισῇ; τί δ' ἄλλο γ' ἢ διαλεπτολογοῦμαι ταῖς δοκοῖς τῆς οἰκίας. Wenn dann das Haus mit einer Fackel in Brand gesteckt wird, sodass die Bewohner entfliehen, um nicht im Rauche zu ersticken, so wird dieser Brand allerdings nicht mit dem Realismus vor Augen geführt worden sein, mit dem solche Vorgänge in der Zeit Neros durchgeführt worden sind (Sueton, Nero 11); denn das Feuer hätte sich schwerlich auf das Haus des Sokrates beschränken lassen, sondern auch das des Strepsiades, die Paraskenien und den Schauspielersaal ergriffen. Man wird sich vielmehr hier sowohl wie bei der Zerstörung Trojas in den «Troerinnen» damit begnügt haben, während des Zusammenbruches der Balken unter Feuerschein Rauchwolken aus dem Innern des Hauses aufsteigen zu lassen.

Zweimal wird in den Dramen des Euripides gesagt, dass der Palast, vor dem die Handlung spielt, erzittere und zusammenbrechen werde, Here. fur. 905: ἰδοὺ ἰδού, θύελλα σείει δῶμα, συμπίπτει στέγη (vgl. 1007) und Bacch. 508: τάχα τὰ Πενθέως μέλαθρα διατινάξεται πεσήμασιν.... ἴδετε τὰ λάϊνα κίοσιν ἔμβολα διάδρομα τάδε. Schon Aischylos war mit einer solchen Schilderung in der Lykurgie vorangegangen, vgl. Fragm. 58. Da im «Herakles» sowohl wie in den «Bakchen» auch im weiteren Verlauf des Stückes die Vorderwand des Hauses aufrecht steht, so können jene Verwüstungen der Paläste dem Zuschauer nur dadurch anschaulich gemacht worden sein, dass einige weiter rückwärts liegende und höher geführte Teile oder auch nur das Dach des Palastes zusammenstürzen.

Es liegt nahe anzunehmen, dass die Vorderwand des Proskenion manchmal nur aus bemaltem, in Rahmen gespanntem Zeug bestand, so dass sie teilweise geöffnet werden konnte, um in den Fällen, wo man das sogenannte Ekkyklema (s. u.) verwendet glaubt, einen Einblick in das Innnere zu gestatten. In späterer Zeit verstand man es, die Vorderwand so aufzubauen, dass sie als Ganzes oder in zwei Teile zerlegt nach den Seiten hinweggezogen werden konnte. Ob diese Einrichtung auch schon im V. Jahrhundert bekannt war, wissen wir nicht. Der Hintergrundswechsel im «Aias» liesse sich auf solche Weise jedenfalls am leichtesten erklären. Auch dort, wo zwei aufeinander folgende Stücke einen verschiedenen Schmuckbau erfordern, müsste eine solche «scaena ductilis» (die natürlich das Vorhandensein von Paraskenien voraussetzt) von grossem Vorteil gewesen sein, indem

man durch das Hinwegziehen der Wand, die dem einen Stücke als Hintergrund
gedient hatte, mit einem Male den dahinter aufgebauten Spielhintergrund des
nächsten Stückes sichtbar machen konnte. Nehmen wir z. B. an, dass an dem
Tage, wo Euripides «Andromeda» aufgeführt wurde, vorher ein Drama dargestellt
wurde, bei dem ein Palast als Hintergrund diente, so konnte die Felslandschaft, die
in der «Andromeda» erfordert wurde, schon vorher hinter der Palastwand aufgebaut und, nachdem diese wie ein Vorhang hinweggezogen war, den Zuchauern
vor die Augen gebracht werden. Und in ähnlicher Weise mag im «Oidipus auf
Kolonos» der Hain, von dem ausdrücklich vorausgesetzt ist, dass er weiter zurück liegt (vgl. 100 f.), vorher hinter der Palastwand des vorausgehenden Dramas
aufgebaut worden sein. Aber auch unter dieser Voraussetzung bleiben, abgesehen davon, dass den oberen Reihen der Zuschauer der Blick auf die hintere
Dekoration irgendwie verdeckt werden musste, noch manche Schwierigkeiten,
denen man nicht allein durch entsprechende Verteilung der Stücke auf die einzelnen Tage entgehen konnte. Bei den Dramen aus dem Ende des V. Jahrhunderts waren zudem die Proskenien immer mehr den bestimmten Voraussetzungen der verschiedenen Tragödien angepasst und bis ins Einzelne reich verziert,
sodass sie kaum ohne grössere Veränderung für mehr als ein Stück verwendet
werden konnten. Oftmals sind körperlich aufgebaute Säulenhallen vorausgesetzt,
die nicht so leicht wie eine glatte Wand beseitigt werden konnten. Uns Modernen drängt sich dabei immer die Frage auf, ob man alle die hierfür notwendigen Arbeiten vor den Augen der Zuschauer vornahm, oder ob man sie
den Blicken durch einen Vorhang entzog, der das Proskenion ganz oder teilweise verdeckte. In der That hat es keine Schwierigkeit, in einem Spielhause,
das mit vorspringenden Paraskenien versehen ist, solche Vorhänge anzubringen.
Wir werden auf diese Frage nochmals zurückkommen, wenn wir die vor dem
Spielhause in der Orchestra aufgerichteten «Versatzstücke» behandeln werden.

Im Vorausgehenden sind wir schon mehrfach durch die Angaben, welche
in den Dramen über die Ausstattung des Spielplatzes gemacht werden, zu der
Annahme hingeleitet worden, dass wenigstens in einzelnen Fällen über einem
Teil des Spielhauses ein Obergeschoss aufgebaut und neben dem Hauptbau vorspringende Paraskenien angelegt waren. Weitere Aufschlüsse über diese Bauteile
der Skene lassen sich aus den Erfordernissen jener Spielhandlungen gewinnen,
bei denen Schauspieler über dem Hause erscheinen, emporschweben oder herabgelassen werden.

Um Personen auf dem Dache des Spielhauses auftreten zu lassen, bedarf
es keiner besonderen Vorrichtungen, wenn die betreffenden Personen auf demselben Wege, auf dem sie gekommen sind, hinter der Vorderwand wieder hinabsteigen können. Anders ist es, wenn die Schauspieler, wie dies z. B. bei der
Darstellung olympischer Götter der Fall ist, weder aus dem Innern des Hauses
auftauchen, noch nach unten verschwinden dürfen. Sie können auf das Dach nur
von der Seite oder von rückwärts heraustreten. Dazu ist das Vorhandensein

eines Obergeschosses über dem rückwärtigen Teil der Skene oder über den Paraskenien erforderlich. Ein noch stärkerer Oberbau ist dann notwendig, wenn Personen mit Hilfe irgendwelcher Maschinen über dem Dache der Proskenien schwebend erscheinen sollen. Es ist einleuchtend, dass daher gerade diese «Erscheinungen in der Höhe» eine grosse Bedeutung für die Geschichte des Spielhauses haben. Sie sind unter diesem Gesichtspunkt auch in neuerer Zeit vielfach besprochen worden, vgl. v. Wilamowitz, Euripides Herakles I, 354, II, 53; Bodensteiner, a. a. O. 664 f.; Christ, Jahrbücher für class. Philol. 1894, 157 f. Doch können wir, da die Urteile über die einzelnen Fälle vielfach auseinander gehen, nicht davon Abstand nehmen, nochmals das ganze Material, das für diese Fragen in Betracht kommt, zusammen zu stellen und zu prüfen.

Indem wir dabei soviel als möglich die zeitliche Reihenfolge der Dramen einzuhalten versuchen wollen, müssen wir uns zunächst mit der Streitfrage auseinandersetzen, die sich an das erste Auftreten der Athene in den «Eumeniden» (393 f.) knüpft. Auf Orestes' Bitte ist die Göttin vom Skamander gekommen (399), ἔνθεν διώκουσ' ἦλθον ἄτρυτον πόδα, πτερῶν ἄτερ ῥοιβδοῦσα κόλπον αἰγίδος, πώλοις ἀκμαίοις τόνδ' ἐπιζεύξασ' ὄχον. Da sie 399 sagt, sie sei zu Fusse herbeigeeilt, von der geschwellten Aegis dahingetragen, während sie 395 auf ihren Wagen hinweist, so hat man die Verse in verschiedener Weise geändert und v. Wilamowitz (Herakles I, 153) hat den Vers 395 als Interpolation ganz ausgeschieden. Für unsere Zwecke kommt es wenig in Betracht, ob Athene zu Wagen oder zu Fusse erschienen ist; denn auch im letzteren Falle wird man nicht annehmen dürfen, dass die Göttin oberhalb des Spielhauses aufgetreten sei. Wie Apollon und die Eumeniden, so verkehrt Athene bei ihrem zweiten Auftreten auf demselben Boden wie die Menschen, und es ist daher kein Grund zu der Annahme, dass V. 393 durch eine so ungewöhnliche Art des Erscheinens, auf die in den Worten des Dichters keinerlei Hinweis sich findet, ihre Wesensverschiedenheit in äusserlicher Weise betont worden sei.

Schwieriger ist es, ein klares Bild von dem Erscheinen der Okeaniden im «Prometheus» zu gewinnen. Prometheus hört das Rauschen ferner Flügelschlages (124): αἰθὴρ δ' ἐλαφραῖς πτερύγων ῥιπαῖς ὑποσυρίζει. Die Okeaniden nahen; bei ihrer Ankunft erzählen sie (128): φιλία γὰρ ἅδε τάξις πτερύγων θοαῖς ἀμίλλαις προσέβα τόνδε πάγον..... κραιπνοφόροι δέ μ' ἔπεμψαν αὖραι.... σύθην δ' ἀπέδιλος ὄχῳ πτερωτῷ. Sie bleiben in der Nähe des Prometheus, bis dieser sie (275) auffordert: πέδοι δὲ βᾶσαι τὰς προσερπούσας τύχας ἀκούσασθ'. Der Chor gehorcht (282): κραιπνόσυτον θᾶκον προλιποῦσ' αἰθέρα θ' ἁγνὸν πόρον οἰωνῶν ὀκριοέσσῃ χθονὶ τῇδε πελῶ. Die Okeaniden, die zu Wagen erschienen sind, heben sich also bis dahin an einem Orte befunden, der erhöht über dem Boden der Orchestra lag. Ganz richtig bemerkt der Scholiast zu 275: βούλεται γὰρ στῆσαι τὸν χορόν, ὅπως τὸ στάσιμον ἄσῃ. Der Dichter hat die Göttinnen zu Wagen kommen lassen; denn er konnte nicht wohl wagen, Okeaniden geflügelt darzustellen, und mochte sie doch auch den weiten Weg zum Kaukasus nicht zu Fusse zurücklegen lassen. Er giebt also die Flügel entweder den Pferden, die den Wagen ziehen, oder dem Wagen selbst. Auf dem Kypselosladen erscheinen die Nereiden auf Wagen, welche von Flügelpferden gezogen werden (Paus. V, 19 2). Da aber im Theater ohne Zweifel Wagen, an deren Rädern Flügel befestigt sind (wie am Wagen des Triptolemos), leichter darstellbar waren, so werden wir uns auch das Gefährt der Okeaniden in solcher Art denken. Von vornherein wird man geneigt sein anzunehmen, dass die Choreuten nicht alle auf einem Wagen, sondern etwa in Gruppen von je drei auf mehreren Wagen hereinkamen.

Aber wo und wie sind diese Wagen erschienen? Die Scholien, die auf einen mit dramatischer Technik vertrauten Mann zurückgehen, sagen zu V. 128: ταῦτα δέ φασιν (die Okeaniden) διὰ μηχανῆς αἰροβανούμεναι· ἄτοπον γὰρ κάτωθεν διαλέγεσθαι τῷ ἐφ' ὕψους· ἐν ὅσῳ δὲ Ὠκεανῷ προσλαλεῖ, κατίασιν ἐπὶ γῆς; 287: καιρὸν ἔβαμι τῷ χορῷ καθήκεσθαι τῆς μηχανῆς Ὠκεανὸς ἐλθών (vgl. 401). Mit μηχανή ist hier offenbar die Flug- oder Schwebemaschine gemeint; aber wenn noch in späterer Zeit diese μηχανή schwere Lasten nicht zu tragen vermochte (Poll. IV, 126), so kann ihr unmöglich in aischyleischer Zeit—falls die Maschine damals überhaupt schon vorhanden war—zugemutet werden, einen Wagen mit 12 oder 15 Personen durch die Luft zu bewegen; ist aber der Chor auf mehrere Wagen verteilt, so setzt dies eine Mehrheit von Flugmaschinen voraus, die auch in den jüngeren Dramen nirgends erweisbar ist. Nun sagen zwar die Okeaniden, dass die Wagen hergeflogen seien, aber der Zuschauer braucht sie nicht mit eigenen Augen in Lüften schwebend gesehen zu haben. Wohl aber geht aus den Versen 275 f. hervor, dass das Gefährt bis 282 in der Höhe sich befunden habe. Es muss also seitlich neben dem Felsen, vielleicht auch vorne an ihm vorbeiführend, noch ein ebenfalls als Felsen oder Felsweg gestalteter Bau vorhanden gewesen sein, auf dem die Okeaniden, vielleicht teilweise hinter Felsen verdeckt, heranfahren konnten. Auf diesem Felsweg steht wohl auch Io, wenn sie (747) sagt: τί δῆτ' ἐμοὶ ζῆν κέρδος, ἀλλ' οὐκ ἐν τάχει ἔρριψ' ἐμαυτὴν τῆσδ' ἀπὸ στυφλοῦ πέτρας, ὅπως πέδοι σκήψασα τῶν πάντων πόνων ἀπηλλάγην, wo die Worte πέδοι σκήψασα mit Rücksicht auf dieselbe Erhöhung gebraucht sind, von der Prometheus gesagt hatte (275): πέδοι δὲ βᾶσαι. Der Felsbau braucht nur eine geringe Höhe gehabt zu haben, da schon die Orchestra selbst als hochgelegene Felsgegend gedacht ist. Die Wagen des Chors konnten auf einer verdeckten Rampe mittelst Stricke hinaufgezogen oder durch Personen, die in den Wagen versteckt waren, weiterbewegt werden. Da dieser niedrige Felsweg fast in gleicher Flucht sich befinden musste wie die Klippe, an der Prometheus gefesselt ist, so erklärt es sich, dass dieser den Chor anfangs nicht sieht, während er den durch die Parodos eintretenden Hermes schon von ferne erschaut (941).

Die Gründe, die den Dichter bewogen haben, den Chor nicht durch die Parodos, sondern auf dem Felsbau selbst erscheinen zu lassen, sind schwer zu ermitteln. Ἄτοπον γὰρ κάτωθεν διαλέγεσθαι τῷ ἐφ' ὕψους, meint der Scholiast (128), der noch nicht ahnte, aus welcher Kellertiefe nach der Meinung der Modernen die Choreuten stets mit den Schauspielern verkehren mussten. Und es ist wohl möglich, dass der Wunsch, die Okeaniden dem Prometheus unmittelbar nahe zu bringen, für den Dichter mit bestimmend gewesen ist. In erster Linie sollte aber wohl die Täuschung verstärkt werden, dass die Wagen durch die Lüfte gekommen wären; die Freude am Wunderbaren, die das ganze, durchwegs von göttlichen Personen durchgeführte Drama auszeichnet, mag dazu gedrängt haben, auch für die äussere Darstellung neue und ungewöhnliche Hilfsmittel zu erfinden.

Gerade diese reiche und umständliche Ausstattung, die das Spiel im «Prometheus» voraussetzen lässt, hat neben anderen Eigentümlichkeiten der Dichtung zu der Annahme geführt, dass die gegenwärtige Gestalt des Dramas erst von einem Bearbeiter aus nachaischyleischer Zeit herrühre (vgl. S. 198). So wahrscheinlich diese Vermutung ist, so werden wir doch nicht ohne Weiteres alle die Spielvorgänge, welche verwickelte Einrichtungen an dem Schmuckbau voraussetzen, dieser jüngeren Bearbeitung zuschreiben dürfen, wenn wir nicht Gefahr laufen wollen, der genialen Phantasie des Aischylos und der Geschicklichkeit seines Theaterarchitekten willkürliche Grenzen zu ziehen. Zudem ist gerade dieser Felsweg, der für das Erscheinen der Okeaniden vorausgesetzt ist, auch für den weiteren Verlauf des Stückes, für das Auftreten der Io und für das des Okeanos notwendig. Denn Okeanos ist wohl auf dem gleichen Wege wie die Okeaniden herangekommen (290): τὸν πτερυγωκῆ τόνδ'οἰωνὸν γνώμῃ στομίων ἄτερ εὐθύνων. Als er sich wieder auf den Weg macht, sagt er (398): λευρὸν γὰρ οἶμον αἰθέρος ψαίρει πτεροῖς τετραπκελὴς οἰωνός. Das Flügeltier — ein Greif nach der Ansicht der Scholiasten (zu 287) oder ein Flügelpferd — braucht natürlich nicht sofort emporzuschweben, sondern es bleibt der Illusion des Zuschauers überlassen, sich den Okeanos, sobald er seitwärts verschwunden ist, in die Lüfte aufsteigend zu denken. Versuche, Luftfahrten vor den Augen der Zuschauer ausführen zu lassen, können wir erst für die Zeit des Euripides nachweisen (s. u.) und wir werden daher Bedenken tragen, die Einrichtungen, die solche Versuche voraussetzen, schon für die Zeit des Aischylos anzunehmen. Vieles kann damals, obgleich der Grad der objektiv erreichten Illusion nur gering war, nach dem Urteil der Zuschauer befriedigend dargestellt erschienen sein, was man später, selbst als reichere Hilfsmittel die Wirklichkeit vorzutäuschen erfunden waren, nicht mehr vor Augen zu führen gewagt hätte, da die willige Naivetät fehlte, solche Erscheinungen ohne Kritik und spöttischen Zweifel hinzunehmen.

Gleich unsicher muss unser Urteil über die Spielweise in einigen anderen aischyleischen Dramen bleiben, die uns nur in Bruchstücken erhalten sind. Eine bestimmte Nachricht liegt uns über die Anordnung des Spieles in der «Psychostasie» vor; dort war Zeus dargestellt, wie er die Geschicke des Memnon und des Achilleus abwog, neben ihm stand auf der einen Seite Thetis, auf der andern Eos, vgl. Nauck, Trag. graec. fragm., S. 81. Darauf bezieht sich Pollux IV, 130: ἀπὸ τοῦ θεολογείου ὄντος ὑπὲρ σκηνὴν ἐν ὕψει ἐπιφαίνονται θεοὶ ὡς ὁ Ζεὺς καὶ οἱ περὶ αὐτὸν ἐν Ψυχοστασίᾳ. Wenn auch diese Nachricht, wie schon der Name θεολογεῖον — eine späte Wortbildung — zeigt, auf die Verhältnisse einer jüngeren Zeit Rücksicht nimmt, so kann doch auch schon in aischyleischer Zeit ein solches «im Himmel» spielendes Geschehnis, das für sich allein nicht ein Drama ausfüllen konnte, kaum anders als auf einem besonderen Schauplatz, der über dem Spielplatz der menschlichen Ereignisse erhöht war, vor sich gegangen sein. Dass in der Memnon-Trilogie, die zu den jüngsten Werken des Aischylos gehören muss, schon ein Spielhaus in Gestalt eines Lagerzeltes vorausgesetzt wird, haben wir S. 199 gesagt. Es würde, wie mir scheint, durchaus der einfachen Grossartigkeit des Aischylos entsprechen, wenn wir annehmen, dass die Götter über dem Dache dieses Lagerzeltes sichtbar geworden sind, sei es auf dem Dache des Zeltes selbst, sei es auf dem vielleicht etwas erhöhten Dache des rückwärts liegenden Teiles der Skene, so dass hier eine ähnliche Raumeinteilung vorgenommen worden wäre, wie sie auf der mittelalterlichen Mysterienbühne Sitte war. Ob Zeus aus dem Hintergrunde (aus der Thüre eines Obergeschosses) und Eos und Thetis von den Seiten her (aus paraskenienartigen Flügelbauten) herausgetreten sind, oder ob etwa nach Entfernung eines Vorhanges, der vor dem Obergeschoss angebracht war, die ganze Gruppe als ein fertiges Bild den Beschauern sich darstellte, lässt sich natürlich nicht entscheiden.

Auf die gleiche Trilogie des Aischylos pflegt man auch eine weitere Nachricht, die Pollux IV, 130 in unmittelbarer Verknüpfung mit der soeben besprochenen überliefert, zu beziehen: ἡ δὲ γέρανος μηχάνημά ἐστιν ἐκ μετεώρου καταφερόμενον ἐφ' ἁρπαγῇ σώματος, ᾧ κέχρηται Ἠὼς ἁρπάζουσα τὸ σῶμα τοῦ Μέμνονος. Dem Wortlaut nach scheint das zu bedeuten, dass Eos mittelst eines herabgelassenen Enterhakens die Leiche des Memnon emporgezogen habe; aber gemeint ist vielleicht eher, dass Eos selbst daran herabgelassen worden sei, um mit der Leiche des Memnon dann wieder emporzuschweben. Da aber auch in dem Falle, dass die Nachricht sich wirklich auf den aischyleischen Memnon beziehen sollte, doch sehr wohl der von Pollux geschilderte Hergang erst später an Stelle eines einfacheren, ursprünglicheren getreten sein könnte, so müssen wir verzichten, daraus Schlüsse für die Skene der älteren Zeit zu ziehen.

Eine andersartige Göttererscheinung «in der Höhe» ist neuerdings auch für die Lykurgie des Aischylos angenommen worden, indem die Vermutung aufgestellt wurde, dass im dritten Stück der Trilogie, das die Raserei des Lykurgos behandelte, Lyssa schon in ähnlicher Weise aufgetreten sei, wie im «Herakles» des Euripides (G. Haupt, commentationes archaeologicae in Aeschylum, Dissert. Halenses XIII, 152). Aber auch für den Fall, dass die späten unteritalischen Vasen, die den rasenden Lykurgos unter dem Einfluss von Theaterdarstellungen vor Augen führen, wirklich den Stoff des aischyleischen Dramas wiedergeben, wird es fraglich bleiben müssen, ob Lyssa als Person schon von Aischylos selbst, oder nicht vielmehr erst von den Vasenmalern, denen solche Personifikationen geläufig waren, oder von den Regisseuren, die das Drama den Zeitansprüchen des IV. Jahrhunderts gerecht machten, eingeführt worden ist.

Auf etwas festeren Boden kommen wir erst mit den Dramen aus der zweiten Hälfte des V. Jahrhunderts. Dass in Sophokles «Aias» Athene unten auf dem Spielplatz aufgetreten sei, wird mit Recht jetzt allgemein angenommen. Sie ist in diesem Drama eine mithandelnde Person und muss sich auf demselben Boden vor dem Zelte wie die übrigen Rollenträger bewegen. Wenn Odysseus die hinter ihm auftretende Göttin zunächst nicht sieht, so begrüsst sie doch Aias (191) als gegenwärtig: χαίρ' Ἀθάνα, ὡς εὖ παρέστης. Ebenso treten in der «Alkestis» Apollon und Thanatos, wie mit ausdrücklichen Worten gesagt ist, vor dem Palast auf.

Nicht minder klar scheint mir aber vom Dichter in seiner «Medea» angedeutet, dass der Wagen der Helios-Tochter am Schlusse des Stückes in der Höhe sichtbar gewesen sei. Jason ist herbeigeeilt, um Rache an Medea zu nehmen; er will die Thore des Palastes öffnen lassen, denn er sowohl wie der Chor sind natürlich im Glauben, Medea und die Leichen der Kinder im Innern des Hauses zu finden (1314): χαλᾶτε κλῇδας ὡς τάχιστα, πρόσπολοι, ἐκλύεθ' ἁρμούς, ὡς ἴδω διπλοῦν κακόν. Aber bevor der Auftrag noch vollführt ist, erscheint Medea: τί τάσδε κινεῖς κἀναμοχλεύεις πύλας, νεκροὺς ἐρευνῶν κἀμὲ τὴν εἰργασμένην; παῦσαι πόνου τοῦδ', d. h. bemühe dich nicht länger, das Thor aufzubrechen, εἰ δ' ἐμοῦ χρείαν ἔχεις, λέγ' εἴ τι βούλει, χειρὶ δ' οὐ ψαύσεις ποτέ. τοιόνδ' ὄχημα πατρὸς Ἥλιος πατὴρ δίδωσιν ἡμῖν, ἔρυμα πολεμίας χερός. Wenn es für Jason unmöglich ist, Medea nahe zu kommen, wenn er darauf verzichten muss, die Leichen der Kinder zu berühren (1402), so kann der Wagen Medeas nicht vor ihm auf gleichem Boden stehen. Vielmehr hat Medea eines der beiden Mittel ergriffen, die Jason als die einzigen Auswege, der Rache zu entgehen, bezeichnet hat (1294): δεῖ γάρ νιν ἤτοι γῆς σφε κρυφθῆναι κάτω ἢ πτηνὸν ἆραι σῶμ' ἐς αἰθέρος βάθος, εἰ μὴ τυράννων δώμασιν δώσει δίκην. Die Lösung erfolgt eben, was Aristoteles (Poet. 15, p. 1454 b) getadelt hat, ἀπὸ μηχανῆς.

Ganz richtig bemerken also die Scholien zu 1317: ἄνω ἐπὶ ὕψους ἑστῶσα ταῦτα λέγει, und zu 1320: ἐπὶ ὕψους γὰρ παραφαίνεται ἡ Μήδεια, ὀχουμένη δρακοντίνοις ἅρμασι καὶ βαστάζουσα τοὺς παῖδας; vgl. Hypoth.: ἐφ' ἅρματος δρακόντων πτερωτῶν, ὃ παρ' Ἡλίου ἔλαβεν, ἐποχος γενομένη ἀποδιδράσκει εἰς Ἀθήνας. Der von Schlangen gezogene Wagen war den Athenern aus den Triptolemos-Darstellungen geläufig. Medea fährt damit auf einer Neapeler Vase, die etwa dem Ende des IV. Jahrhunderts angehören mag (Heydemann 3221; Arch. Zeitung XXV 1867, T. 224, 1). Ob schon Euripides diese Art der Bespannung gewählt hat, oder ob er nach der älteren, einfacheren Weise den Wagen selbst mit Flügelrädern versehen hat, wie ich lieber annehmen möchte, lässt sich nicht mit Bestimmtheit entscheiden. Die Art der Beflügelung war für den Dichter Nebensache; das überzeugendste Mittel, um anzuzeigen, dass der Wagen, wie das für ein Gefährt des Helios charakteristisch ist, durch die Lüfte fliegen könne, bestand darin, ihn in der Höhe erscheinen und dann nach der einen Seite (oder nach rückwärts) verschwinden zu lassen, also dorthin, wo das Temenos der Hera Akraia gedacht werden sollte, in dem Medea die Kinder begraben will (1379). Die Frage, ob Medeas Wagen über das Dach der Skene hingerollt oder mittelst eines Krahns schwebend gehalten wurde, soll uns noch später beschäftigen.

In Euripides «Hippolytos» treten zweimal Göttinnen auf, zu Beginn und am Schlusse des Dramas. Wenn Aphrodite V. 51 beim Nahen des Hippolytos sagt: ἀλλ' εἰσορῶ γὰρ τόνδε παῖδα Θησέως στείχοντα, ... ἔξω τῶνδε βήσομαι τόπων, so liegt es nahe, dies dahin zu erklären, dass sie ihm nicht begegnen wolle, also auf demselben Platze sich befinde, den die Jäger V. 58 betreten. Aber unbedingt zwingend ist der Schluss nicht; denn auch von dem Platze oberhalb des Hauses muss die Göttin sich entfernen, wenn sie nicht gesehen werden will. Was aber die Erscheinung der Artemis am Schlusse des Stückes betrifft, so möchte ich auf Grund der vollkommenen Analogie, welche andere euripideische Dramen zu diesem Spielauftritt bieten, als sicher annehmen, dass die Göttin nicht unten inmitten der Menschenmenge, sondern in der Höhe sich gezeigt habe. Ohne dass ihr Kommen irgendwie vorbereitet wäre, ist sie plötzlich anwesend und ruft Theseus an: οἱ τὸν εὐπατρίδην Αἰγέως κλύομεν παῖδ' ἐπακούσαι· Λητοῦς δὲ κόρη σ' Ἄρτεμις αὐδᾶ. Vgl. Eur. Suppl. 1183, Hel. 1642, Iphig. Taur. 1435. Würde die Göttin unten auf dem Spielplatze sich befinden, dann müsste sie wohl an ihren Liebling Hippolytos herantreten; dieser aber sieht sie nicht einmal, vgl. 1391: ἔα· ὦ θεῖον ὀδμῆς πνεῦμα· καὶ γὰρ ἐν κακοῖς ὢν ᾐσθόμην σου κἀνεκούφισθην δέμας· ἔστ' ἐν τόποισι τοισδ' Ἄρτεμις θεά; (vgl. 86). Und die ganze Sendung, die hier Artemis erfüllt, indem sie das Geschehene aufklärt und das Zukünftige verkündet, entspricht genau der Aufgabe, die sonst die in den Lüften erscheinenden Götter zu erfüllen pflegen.

In der «Andromache» macht V. 1226 der Chor auf das Erscheinen der Thetis mit den Worten aufmerksam: τί κεκίνηται; τίνος αἰσθάνομαι θείου; κοῦραι, λεύσσετ'· ἀθρήσατε· δαίμων ὅδε τις λευκὴν αἰθέρα πορθμευόμενος τῶν ἱπποβότων Φθίας πεδίων ἐπιβαίνει. Die Göttin erscheint also in der Höhe, vermutlich auf einem Wagen, wie es für die matronale Gottheit des Meeres das Angemessenste ist, eine Auffassung, auf die auch der Ausdruck πορθμεύεσθαι führt, vgl. Troad. 568: ξενικοῖς ἐπ' ὄχοις πορθμευομένην. Dass sie den Erdboden auch wirklich betritt, darf man, glaube ich, aus dem Ausdruck πεδίων ἐπιβαίνει nicht folgern.

Im «Herakles» ruft V. 817 der Chorführer: γέροντες, οἷον φάσμ' ὑπὲρ δόμων ὁρῶ; es ist Lyssa, die von Iris geleitet, auf einem Wagen sichtbar wird. Nachdem die Göttinnen den Zweck ihres Kommens aufgeklärt haben, verschwinden sie V. 886. Iris soll in den Olymp zurückkehren (872: στεῖχ' ἐς Οὔλυμπον πεδαίρουσ', Ἶρι, γενναῖον πόδα). Lyssa wird sich in das Haus des Herakles begeben (873: εἰς δόμους δ' ἡμεῖς ἄφαντοι δυσόμεσθ' Ἡρακλέους); dass sie dabei auf dem Wagen bleibt, zeigt V. 880: βέβακεν ἐν δίφροισιν ἁ πολύστονος ἅρμασι δ' ἐνδίδωσι κέντρον... Λύσσα. Ob Iris sich von Lyssa schon vor den Augen der Zuschauer trennt, oder ob die ihr V. 872 gegebene Weisung nur über den Weg aufklären soll, den sie nehmen wird, nachdem sie vom Schauplatz verschwunden ist, bleibt zweifelhaft. Dass Lyssa mit Schlangen ausgestattet ist, wird V. 883 angedeutet, möglich, dass auch ihr Wagen damit bespannt war. Oistros, ein der Lyssa verwandter Dämon, erscheint auf der bekannten Münchener Medea-Vase (Jahn, 810), die auf ein nacheuripideisches Drama zurückgeht (Arch. Zeit. 1847 T. III, Wiener Vorlegeblätter I, T. 12 u. δ.), auf einem von Schlangen gezogenen Wagen.

In den «Schutzflehenden» des Euripides ist V. 1183 Athene plötzlich sichtbar; sie ruft (genau so wie Artemis im «Hippolytos») den Theseus an: ἄκουε, Θησεῦ, τούςδε 'Αθηναίας λόγους, und giebt ihm dann ihre Weisungen. Ganz übereinstimmend ist das plötzliche Eingreifen der Athene in der «Iphigenie bei den Tauriern» V. 1435: καί κατ διωγμὸν τόνδε πορθμεύεις, ἄναξ Θόας; ἀκούσον τῆςδ' 'Αθηναίας λόγους. Beide Male erscheint die Göttin ohne Zweifel in der Höhe. Nur so lässt es sich begreifen, wenn sie Iphigen. Taur. 1446 auch dem Orestes, der nicht mehr anwesend ist, Befehle erteilt: μαθών δ', 'Ορέστα, τὰς ἐμὰς ἐπιστολάς, κλύεις γὰρ αὐδὴν καίπερ οὐ παρών θεᾶς, χώρει λαβών ἄγαλμα.

Dagegen tritt Hermes im Anfang des «Ion» vermutlich auf dem Spielpatz selbst auf; wie Aphrodite im «Hippolytos», so begründet auch er sein Weggehen V. 76 mit dem Erscheinen des Ion: ἀλλ' εἰς δαφνώδη γύαλα βήσομαι τάδε, τὸ κρανθὲν ὡς ἂν ἐκμάθω παιδὸς πέρι. ὁρῶ γὰρ ἐκπαίνοντα Λοξίου γένον τόνδ', ὡς πρὸ ναοῦ λαμπρὰ θῇ πυλώματα. Der Ausdruck δαφνώδη γύαλα ist so vieldeutig, dass über den Weg, den Hermes einschlägt, verschiedene Ansichten zu Recht bestehen können. Die Worte: τὸ κρανθὲν ὡς ἂν ἐκμάθω παιδὸς πέρι, haben Herwerden und Klinkenberg (De Euripid. prologorum arte, p. 46) als Einschub bezeichnet; sie geben in der That eine ebenso überflüssige wie dürftige Begründung des im vorausgehenden Verse ausgesprochenen Entschlusses. Wenn wir sicher behaupten könnten, dass Ion V. 80 aus dem Tempel selbst herausgetreten ist, dann wäre damit erwiesen, dass Hermes nicht oberhalb des Tempels stand, da er sonst den aus dem Adyton in die Vorhalle tretenden Ion überhaupt nicht sehen könnte. Man muss aber die Möglichkeit offen halten, dass auf der einen Seite des delphischen Tempels noch ein besonderes Wohnhaus der Priester und Tempeldiener dargestellt gewesen, und dass Ion aus diesem Seitenhause herausgetreten sein könnte; vgl. S. 206. Athene aber erscheint am Schlusse des «Ion», wie ausdrücklich gesagt ist, in der Höhe, vgl. 1549: ἔα· τίς οἴκων θυοδόκων ὑπερτελὴς ἀντήλιων πρόσωπον ἐκφαίνει θεῶν; Da die Göttin V. 1570 sagt, sie habe ihren Wagen angeschirrt, um herzukommen, so befindet sie sich wohl noch, als sie diese Worte spricht, auf dem Wagen.

Zweifelhaft ist, wo das Zwiegespräch von Athene und Poseidon stattfindet, mit dem die «Troerinnen» eröffnet werden. Die Aufforderung Poseidons (92): ἀλλ' ἔρπ' 'Όλυμπον καὶ κεραυνίους βέλας λαβοῦσα πατρὸς ἐκ χερῶν καρπδέκαι, erinnert zwar an die Worte, die im euripideischen «Herakles» V. 872 an Iris gerichtet werden, genügt aber nicht, um zu erweisen, dass Athene (ebenso wie dort Iris) oberhalb des Proskenions aufgetreten sei. Doch wird man das mit Rücksicht darauf, dass hier die Götter mit ihren Voraussagungen dieselbe Sendung erfüllen, die sonst den am Schlusse des Dramas in der Höhe erscheinenden Gottheiten zufällt, als das Wahrscheinlichere betrachten dürfen. Man wird die Worte, mit denen Poseidon V. 36 der Hekabe gedenkt, auch dann nicht gegen diese Ansicht geltend machen können, wenn Hekabe nicht unter freiem Himmel, sondern in der Vorhalle liegend vorauszusetzen ist (vgl. S. 207).

In ausführlicher Weise wird in der «Elektra» des Euripides das Erscheinen der Dioskuren durch den Chor geschildert (1233): ἀλλ' εἴδε δόμων ὑπὲρ ἀκροτάτων φαίνουσί τινες δαίμονες ἢ θεῶν τῶν οὐρανίων; οὐ γὰρ θνητῶν γ' ἥδε κέλευθος· τί ποτ' εἰς φανερὰν ὄψιν βαίνουσι βροτοῖσιν; Sie kommen übers Meer (1241) und ziehen durch die Lüfte (1349: διὰ δ' αἰθερίας στείχοντε πλακὸς) wieder weiter zum sikelischen Meer (1347). Man wird sie sich am Liebsten wie auf der bekannten attischen Lekythos mit der Darstellung der Theoxenien (Fröhner, Deux peintures de vases gr.; Roscher, Lexikon der Mythologie I, 1169) auf Pferden, natürlich nicht auf lebendigen, in den Lüften schwebend denken. Dass die Götter trotz dieser charakteristischen Ausrüstung von Chore nicht sofort erkannt werden und sich ausdrücklich (1239) als Διόσκοροι vorstellen, mag in der formelhaften Manier, mit der solche Göttererscheinungen eingeführt zu werden pflegten, begründet sein.

In ganz ähnlicher Weise wenden sich auch in der kurz nach der «Elektra» im Jahre 412 aufgeführten «Helena» die Dioskuren, auf deren Erscheinen diesmal nicht besonders aufmerksam gemacht wird, an Theoklymenos (1642): ἐπίσχες ὀργὰς ... διοσσοὶ δέ οἱ Διόσκοροι καλούμεν. Als selbstverständlich wird vorausgesetzt, dass von der Höhe herab, aus der sie sprechen, ihre Stimme auch bis zu ihrer schon auf der Seefahrt begriffenen Schwester dringen kann, die sie V. 1662 anrufen: σοὶ μὲν τάδ' αὐδῶ, συγγόνῳ δ' ἐμῇ λέγω. Ausdrücklich bezeichnen sie sich diesmal als Reiter (1695): πόντον περικπεύοντε πέμψομεν πάτραν. Man darf daher aus dem Wunsche des Chores (1495): μόλοιτέ ποθ' ἵππειον ἅρμα δι' αἰθέρος ἱέμενοι παῖδες Τυνδαρίδαι, nicht etwa schliessen, dass die Dioskuren zu Wagen erschienen seien, eine Darstellungsform, für die ich in der bildenden Kunst keine Parallele wüsste.

Nach Götterart über Menschen erhoben erscheint ohne Zweifel auch Herakles in Sophokles «Philoktetes»; das zeigen seine Worte (1420): ἀθάνατον ἀρετὴν ἔσχον, ὡς πάρεσθ' ὁρᾶν.

Deutlich ist auch im «Orestes» des Euripides angegeben, dass Apollon mit Helena in der Höhe oberhalb des Palastdaches, das von Orestes und Pylades besetzt ist (1567), sichtbar wird. Ἥδ' ἐστίν, ἥν ὁρᾶτ' ἐν αἰθέρος πτυχαῖς, heisst es von Helena (1631), die fortan in den Lüften die Genossin der Dioskuren sein soll (1636), und V. 1683 sagt Apollon: ἐγὼ δ' Ἑλένην Διὸς μελάθροις πελάσω.

Ebenso muss Dionysos am Schlusse der «Bakchen», wo die ersten Verse seiner Ansprache und die unmittelbar vorausgehende Partie jetzt in den Handschriften verloren sind, auf erhöhtem Standplatz aufgetreten sein; denn das geziemt sich für ihn nunmehr, wo er im vollen Glanze der Göttlichkeit erscheint, vgl. 1340: ταῦτ' οὐχὶ θνητοῦ πατρὸς ἐκγεγὼς λέγω Διόνυσος, ἀλλὰ Ζηνός.

In der jüngsten der erhaltenen Tragödien, im «Rhesos», greifen zweimal göttliche Wesen in den Gang der Handlung ein. V. 595 tritt urplötzlich Athene auf und ruft den Odysseus und Diomedes an: τοῖ δὴ λικόντε Τρωικῶν ἐκ τάξεων χωρεῖτε; und Odysseus antwortet (608): δέσποιν' Ἀθάνα, φθέγματος γὰρ ᾐσθόμην τοῦ σοῦ συνήθη γῆρυν. Das ist eine häufige Redewendung, die nicht ausschliesst, dass Odysseus die Göttin sieht; übrigens ist es Nachtzeit, und es wird in dem Drama mehrfach und auch in diesem Auftritt auf die (vorausgesetzte) Dunkelheit Rücksicht genommen. Obwohl Athene V. 627 sagt: καὶ μὴν κατ' ἡμᾶς τόνδ' Ἀλέξανδρον βλέπω στείχοντα, halte ich es doch für möglich, dass sie oberhalb der Zelte steht; jedenfalls würde es dann glaublicher erscheinen, dass sie mit dem Paris als Kypris darstellt, und auch ihr plötzliches Verschwinden (674) würde sich so am besten erklären. Ausdrücklich ist diese Art des Erscheinens V. 884 für die Muse angegeben durch den Ausruf des Chors: ἒα, ἒα. ὤ, ὤ. τίς ὑπὲρ κεφαλῆς θεός, ὦ βασιλεῦ, τὸν νεόθμητον νεκρὸν ἐν χειροῖν φεράσην πέμπει, worauf die Muse sich vorstellt mit den Worten: ὁρᾶν πάρεστι, Τρῷς· ἡ γὰρ ἐν σεροῖς τιμὰς ἔχουσα Μοῦσα συγγόνων μία πάρειμι.

Diese Prüfung der in den erhaltenen Dramen vorkommenden Göttererscheinungen lehrt, dass es seit den zwanziger Jahren des V. Jahrhunderts immer üblicher wurde, die Götter in der Höhe, oberhalb des Proskenions auftreten zu lassen. Wenn man diese Thatsache mit der Erfindung einer neuen Maschine erklärt hat, so ist das nur zum Teil richtig. Die neue Weise der Göttererscheinungen hat zunächst ihren Grund in der neuen Art der Rollen, die den Göttern in den jüngeren Dramen zugewiesen sind. Zu der Zeit, als man unter dem Einflusse älterer, durch das Epos geläufiger Anschauungen an einen unmittelbaren Verkehr der Helden, deren Schicksale das Drama darstellte, mit den Göttern glaubte, nahm man keinen Anstoss, die Götter auf demselben Boden wie die Menschen auftreten zu lassen. Wenn also in den «Eumeniden» und im «Aias» Athene unten auf dem Spielplatze erscheint, so darf man daraus nicht folgern, dass es damals infolge der baulichen Anlage der Skene unmöglich gewesen wäre, eine Gottheit auf oder über dem Dache des Spielhauses zu zeigen. Nicht eine technische, sondern eine dichterische Notwendigkeit hat den Dichter bestimmt, Athene mitten unter den Menschen erscheinen zu lassen. Aber die euripideische Zeit denkt sich die Götter anders. Den veränderten religiösen Anschauungen entsprach es nicht mehr, die Götter mit den Menschen auf gleichem Boden schreiten, reden und handeln zu lassen. Wo sie bei den menschlichen Wohnungen erscheinen, da entfernen sie sich, sobald die Menschen nahen. Nur da, wo es gilt, Verborgenes aufzuklären, Widerwillige durch Befehle zu zwingen, die Zukunft vorherzusagen, da zeigen sich noch die allwissenden mächtigen Götter. Aber auch da erscheinen sie, menschlicher Berührung unnahbar, hoch über den Pfaden der Erdenbewohner, wie es Wesen übernatürlicher Art geziemt.

Es ist klar, dass diese Art, die Götter vorzuführen, nicht mit einem Male in einem bestimmten Jahre zu allgemeiner und alleiniger Geltung gelangt sein kann. Die Götter konnten je nach dem Anteil, der ihnen in dem Plane der Dichtung zufiel, in dem einen Drama auf dem Spielplatz, in dem andern in der

Höhe erscheinen. So gut wie Aischylos in der «Psychostasie» den Himmelsvater, wo er hochthronend über Menschenschicksal entscheidet, oberhalb der Lagerzelte sichtbar werden liess, so gut konnte auch noch Jahrzehnte später ein Dichter einen Gott, um dessen thätige Teilnahme an der Handlung glaublicher zu machen, auf dem gewöhnlichen Spielplatze einführen.

Aber allerdings musste die euripideische Art, die Götter in der Höhe zur Lösung der tragischen Verwickelungen erscheinen zu lassen, schon wegen der grossen Vorteile, die sie für die dramatische Technik bot, immer mehr sich einbürgern. Und nachdem Zuschauer und Regisseur mit dem Gedanken vertraut waren, dass die Götter auf dem Spielplatz der Menschen nichts zu thun hätten, mag man, wie ich das für Athene-Aphrodite im «Rhesos» annehmen möchte, späterhin Götter selbst dann in der Höhe haben erscheinen lassen, wenn sie unmittelbar in die Handlung eingriffen.

In welcher Form erfolgten aber diese Erscheinungen in der Höhe? Dreierlei Weisen der Darstellung sind denkbar: Die Götter konnten entweder auf dem Dache des Spielhauses oder auf einem abgesonderten, über dem Proskenion erhöhten conventionellen Platze oder endlich in den Lüften über dem Schmuckhause schwebend gezeigt werden. Einen solchen Götterplatz oberhalb des Schmuckbaues glaubten wir oben S. 219 für die «Psychostasie» des Aischylos annehmen zu dürfen, mag nun das Dach des Schmuckbaues selbst oder ein besonderes Podium an dem Obergeschoss der Skene als «Himmelsplatz» gegolten haben.

Dass derlei auch späterhin noch vorkam, zeigt der Spielauftritt in Aristophanes «Frieden» (175—728), der, wie schon die alten Erklärer erkannt haben, ἐξ' οὐρανοῦ, «im Himmel» vor sich ging. Trygaios, der auf seinem Käfer emporgeflogen ist (s. S. 227), kommt zum Hause des Zeus (178), betritt dessen Vorplatz und klopft an der Thüre. Hermes tritt heraus und fragt: πόθεν βροτῶν με προσέβαλε,... πῶς δεῦρ' ἀνῆλθες (184). Während die Götter sich in die höchsten Himmelsgegenden hinaufbegeben haben (199, 207), ist er als Hüter des Hauses, in dem jetzt Polemos und sein Sklave wohnen, zurückgeblieben. Als Polemos heraustritt, verschwindet Hermes vermutlich in das Haus (232-362), während Trygaios sich seitwärts zurückzieht. Der Vorplatz des Hauses, das Prothyron, muss also ziemlich geräumig sein. Wenn Kydoimos V. 261 nach Athen, V. 274 nach Lakedaimon abgeht, so wird man deshalb nicht besondere seitliche Zugänge voraussetzen dürfen, sondern Kydoimos wird entweder beidemale durch die Hauptthüre oder über seitliche Treppen vom Götterplatze in das Innere des Spielhauses verschwunden sein.

Offenbar war hier das Haus des Zeus durch ein Obergeschoss der Skene, das sich hinter dem als Bürgerhaus gestalteten Mittelteil des Proskenion erhob, oder durch ein besonderes, dem Obergeschoss vorgebautes Proskenion dargestellt. Der Platz vor dem Hause ist der Himmel, vgl. 821: μικροὶ δ' ὁρᾶν ἄνωθεν ἦτ'. ἔμοιγέ τοι ἀπ' οὐρανοῦ φαίνεσθε κακοήθεις πάνυ, ἐντευθενὶ δὲ πολύ τι κακοηθέστεροι. Auch hier lässt sich bei der Freiheit, mit der die Komödie über alle Forderungen der Illusion sich hinwegsetzt, nicht entscheiden, ob dieser Platz durch das Dach des Trygaioshauses oder durch ein besonderes, darüber erhöhtes Podium veranschaulicht war. Jedenfalls aber beruht ein Teil des Spasses, den des Trygaios Himmelfahrt den Zuschauern machte, darauf, dass man von einzelnen Tragödien her die Einrichtung eines besonderen, oberhalb des Proskenion befindlichen Götterplatzes kannte. Und noch in Plautus «Amphitruo» wird auf eine ähnliche Raumteilung angespielt, wenn Jupiter 863 sagt: «in superiore qui habito cenaculo», d. h. eben «im oberen Stockwerk» (in dem der Speisesaal sich befand, Varro L. L. V, 162).

Aber die einfache Einrichtung, dass das Dach des Proskenion als Vorplatz des Götterhauses diente, konnte dem höher entwickelten Illusionsbedürfnis einer späteren Zeit nicht mehr genügen. Man hatte zu häufig Gelegenheit, Menschen auf dem Hausdache, das durch Treppen zugänglich war, zu sehen, um es als geeigneten Spielplatz der Götter betrachten zu können. Zwar heisst es auch noch bei Euripides von den Göttern, die in der Höhe erscheinen, vielfach schlechtweg, dass sie ὑπὲρ δόμων (Her. fur. 817), δόμων ὑπὲρ ἀκροτάτων (El. 1232), οἴκων θυώδων ὑπερτελής (Ion 1549) sichtbar werden; aber aus dieser allgemeinen Wendung lässt sich meines Erachtens nicht mit Sicherheit schliessen, dass die Götter auf dem Dache selbst auftreten. Denn im Schluss-Auftritt des «Orestes» (1567 f.), wo drei Personen δόμων ἐκ' ἄκρων (1547), nämlich auf dem Hausdache stehen, muss V. 1625 Apollon, der die Helena ἐν αἰθέρος πτυχαῖς (1636) zum Palaste des Zeus (1683) bringen soll, doch wohl über ihnen sichtbar geworden sein.

Nimmt man einen besonderen, über dem Proskenion erhöhten Götterplatz an, so wäre damit allerdings für eine Anzahl der Götterauftritte die Möglichkeit der Darstellung gegeben. In der That kennt Pollux IV, 130 ein θεολογεῖον ὑπὲρ τὴν σκηνὴν ἐν ὕψει, und auch Nachrichten wie die des Photius p. 597, 14: τραγικὴ σκηνή, πῆγμα μετέωρον, ἐφ' οὗ ἐν θεῶν σκευῇ τινες παριόντες λέγουσιν (vgl. Suidas und Tim. Lex. Plat. p. 259 Ruhnken) könnte man in diesem Sinne verstehen. Vgl. Cramer, Anecd. Paris I, 19: μηχανὰς .... καὶ θεολογεῖα καὶ γεράνους. Freilich bleibt auch bei einem solchen erhöhten Götterpodium eine Schwierigkeit, die als Störung der Illusion empfunden werden musste. Auch da müssen nämlich die Götter, die nicht von unten emportauchen können, vor den Augen der Zuschauer aus einer Thüre des Obergeschosses heraustreten und wieder dorthin sich zurückziehen. Dem hätte allenfalls dadurch abgeholfen werden können, dass man den als Propylaion gestalteten Götterplatz mit einem Vorhang abschloss, hinter dem die Götter mit einem Male hervortreten und ebenso plötzlich wieder verschwinden konnten. Oder es mochte in einzelnen Fällen das Obergeschoss mit einer Schmuckwand versehen werden, aus deren Öffnungen ein Gott heraustreten konnte, ohne dass dadurch der Eindruck einer übernatürlichen Erscheinung beeinträchtigt wurde; das war z. B. möglich, wenn das Obergeschoss der Skene durch eine Felswand verdeckt war, wie in den «Schutzflehenden» des Euripides oder im «Philoktetes» des Sophokles.

Aber der Gedanke an eine solche Form der Darstellung scheint mir überall dort ausgeschlossen, wo es nach den Worten der Dichtung auch für die Zuschauer sichtbar gewesen sein muss, wie die Gottheit in der Höhe herannaht (vgl. Eur. Androm. 1224, El. 1235). In solchen Fällen konnte ein befriedigendes Scheinbild des Übermenschlichen nur dadurch erreicht werden, dass man die Götter nicht über festen Boden daherschreiten, sondern über ihn herschweben liess, sei es, dass man sie während der ganzen Dauer ihrer Anwesenheit schwebend erhielt, sei es, dass man sie nur zu einem festen Standplatz schwebend heranbrachte und in gleicher Weise wieder wegbewegte.

Der Gedanke, dass die Götter aus weiter Ferne von Flügelwagen oder Flügeltieren getragen durch die Lüfte dahereilen, ist schon von Aischylos in seinen Dramen verwertet worden; im «Prometheus» wird eine solche Luftfahrt selbst für die Meeresgötter vorausgesetzt. Aber die Flugbewegung, mittelst derer die Schauspieler angeblich auf den Spielplatz gelangt waren, wurde nur in Worten geschildert, nicht den Zuschauern selbst vor Augen geführt. Auch für die Annahme, dass Eos in der Memnon-Trilogie durch die Luft heranschwebend dargestellt gewesen sei, fehlt es, wie wir oben sahen, an einem ausreichenden Zeugnis. Wenn aber die Zeit des Aischylos vermutlich noch der technischen Hilfsmittel ermangelte, um die Luftfahrt der Götter auch im Theater zu zeigen, so lässt sich nachweisen, dass die μηχανοποιοί der euripideischen Zeit wirklich vermochten, Gegenstände oder Personen in den Lüften schwebend vorzuführen.

Ein gutes Beispiel für die Verwendung von Hebe- oder Schwebemaschinen finden wir in Aristophanes «Frieden», der im Jahre 421 v. Chr. an den grossen Dionysien aufgeführt wurde. Hier steigt Trygaios aus dem Hofraum seines Hauses auf einem grossen Mistkäfer in die Höhe, V. 80: ὁ δεσπότης γάρ μου μετέωρος αἴρεται ἱππηδὸν εἰς τὸν ἀέρ' ἐπὶ τοῦ κανθάρου (vgl. 866). V. 82 wird er über der Hofmauer sichtbar und fliegt empor (V. 93: πέτομαι), so dass er V. 164 fingiren kann, den Piräus zu sehen. In drastischer Weise schildert er die Furcht, die ihn erfasst, als er in den Lüften schwebt (173 f.): οἴμ' ὡς δέδοικα, κοὐκέτι σκώπτων λέγω. ὦ μηχανοποιοί, πρόσεχε τὸν νοῦν ὡς ἐμέ· ἤδη στρέφει τι πνεῦμα περὶ τὸν ὀμφαλόν, κεἰ μὴ φυλάξει, χορτάσω τὸν κάνθαρον. Wie Bellerophontes auf dem Pegasus zum Himmel gelangen wollte, so wünscht auch er bis zu dem Hause des Zeus zu gelangen. Und er ist glücklicher als sein mythisches Vorbild: ἀτὰρ ἐγγύς εἰμι τῶν θεῶν ἐμοὶ δοκῶ, καὶ δὴ καθορῶ τὴν οἰκίαν τὴν τοῦ Διός (177). Während er den Vorplatz des Himmelshauses betritt, verschwindet der Käfer; ὑφ' ἅρματ' ἐλθὼν Ζηνὸς ἀστραπηφορεῖ (722), heisst es mit einem dem euripideischen Drama entlehnten Verse, der uns über den Weg, den der Käfer genommen hat, keinen sicheren Schluss gestattet. Über die Art und Weise, wie Trygaios wieder zur Erde hinabkommt, enthält die Komödie auch keine bestimmte Angabe. V. 725 erhält Trygaios auf die Frage: πῶς δῆτ' ἐγὼ καταβήσομαι, die Antwort: θάρρει, καλῶς· τῃδὶ παρ' αὐτὴν τὴν θεόν. Damit wird wohl auf eine Treppe verwiesen, auf der vorher die Opora und Theoria neben der Göttin Eirene erschienen waren. Hier steigt er dann mit seinen Begleiterinnen ins Innere des Spielhauses hinab, um V. 818 aus der Hofthüre wieder in die Orchestra zu treten. Aus seinen scherzhaften Worten (819): ὡς χαλεπὸν ἐλθεῖν ἦν ἄρ' εὐθὺ τῶν θεῶν, ἔγωγέ τοι πεπόνηκα κομιδῇ τὼ σκέλη, darf kein Schluss über die Art seines Abstieges gezogen werden.

Trygaios war aber nicht der erste, der eine Himmelfahrt im Theater unternahm. Vielmehr ist sein ganzes Unternehmen nur eine scherzhafte Nachahmung der berühmten Luftfahrt des Bellerophontes. Diese hatte den Gegenstand einer euripideischen Tragödie gebildet, die, wie aus Arist. Ach. 427 hervorgeht, schon vor 425 zur Aufführung gelangt ist. Aus der Parodie des Aristophanes können wir noch von der Art und Weise, wie bei Euripides der Aufflug des Pegasos dargestellt war, eine Vorstellung gewinnen.

Gewiss stieg auch der euripideische Bellerophontes aus dem Hofraume des Palastes auf, sodass er erst oberhalb der Vorderwand des Proskenion sichtbar wurde. Dass er wirklich schwebend den Zuschauern gezeigt wurde, darf man aus den Versen (Fgm. 307 und 308 N.) schliessen: ἄγε χρυσοχάλιν' αἴρων πτέρυγας... πάριες, ὦ σκιερὰ φυλλάς, ὑπερθῶ κρηναῖα νάπη· τὸν ὑπὲρ κεφαλῆς αἰθέρ' ἰδέσθαι σκεύθω, τίν' ἔχει στάσιν Εἰνοδία. Sein von Zeus veranlasster Sturz vom Pegasos (Schol. Il. Z. 155, Schol. Aristoph. Pac. 76) war dagegen wohl nicht im Theater dargestellt, sondern nur als ein ausserhalb des Spielplatzes geschehener Vorgang geschildert. Auch auf diesen Sturz spielt Aristophanes (Pac. 147) an. Für die Komödie war es natürlich verlockend, dieses Missgeschick des Bellerophontes in scherzhafte Verbindung mit der gefährlichen oder doch unbequemen Lage zu bringen, in der sich der an Stricken in der Schwebe gehaltene Schauspieler befand. Wie Aristophanes im «Frieden» die Angst des Schauspielers ausmalt, so hat er auch im «Daidalos» die Gefährlichkeit der Schwebemaschine zu einem Scherze benutzt, Fgm. 188 K.: ὁ μηχανοποιός, ὁπότε βούλει τὸν τροχὸν ἐμὰν (ἐᾶν codd.) ἀνεικάς, λέγε, χαῖρε φέγγος ἡλίου.

Während Bellerophontes vermutlich von den Augen der Zuschauer hinwegschwebte, kam Perseus in Euripides «Andromeda», wie es scheint, von der Seite zu dem Felsen herangeflogen, an welchen Andromeda gefesselt war (vgl. Fragm. 124 N.): ὦ θεοί, τίν' εἰς γῆν βαρβάρων ἀφίγμεθα ταχεῖ πεδίλῳ; διὰ μέσου γὰρ αἰθέρος τέμνων κέλευθον πόδα τίθημ' ὑπόπτερον. Ob ebenso in der Parodie des euripideischen Dramas, in des Aristophanes «Thesmophoriazusen», Perseus-Euripides in der Luft schwebend erschien (vgl. 1012, 1098, 1115 f.), mag unentschieden bleiben. Auch die Frage, ob Iris in den «Vögeln» wirklich flog oder die Bewegung des Fliegens nur nachahmte (1197 f.), ist für unsere Zwecke ohne Belang; die besprochenen sicheren Beispiele genügen, um zu erweisen, dass in aristophanischer Zeit eine Schwebemaschine vorhanden war.

Durch den «Bellerophontes» des Euripides lernen wir das Jahr 426 als eine untere Zeitgrenze für diese Einrichtung kennen. Zur Bestimmung der oberen Zeitgrenze reichen unsere Hilfsmittel nicht aus. Vielleicht war schon der Wagen der Medea, der nach den Voraussetzungen der Dichtung aus dem Palasthof in die Höhe stieg, schwebend sichtbar gemacht. Deutlich ist der Hinweis auf eine Luftfahrt in der Schilderung vom Erscheinen der Thetis in der «Andromache» (1228): δαίμων ἥδε τις λευκὴν αἰθέρα πορθμευομένη τῶν ἱπποβότων Φθίας πεδίων ἐπιβαίνει. Ob der Wagen der Lyssa im «Herakles» in den Hof des Palastes hinabgelassen wurde, und Iris schwebend sich entfernte, ist zweifelhaft (vgl. S. 221).

Dass aber die Verwendung einer Schwebemaschine für die Erscheinung der Götter den Zuschauern in jener Zeit schon vertraut war, scheint mir aus parodistischen Spielauftritten bei Aristophanes hervorzugehen. Zwar möchte ich nicht die Meinung teilen, dass Euripides in den «Acharnern» in den Lüften schwebend dargestellt war (s. u.), wohl aber darf man behaupten, dass die Art, wie Sokrates in den «Wolken» gezeigt wird, nach dem Vorbilde solcher «hängender Götter» erfunden ist. Wie diese in einem Wagen über dem Hause schweben, so befindet sich Sokrates ἐπὶ κρεμάθρας (218, 269) in einem Hängekorbe über dem Dach. Es sollten so, in etwas seichtem Scherz, die μετεωροσοφισταί (360) gekennzeichnet werden, wie schon die alten Erklärer angemerkt haben. In dem Gespräche des Sokrates und Strepsiades wird das weiter ausgeführt. Strepsiades fragt (226): ἔπειτ' ἀπὸ ταρροῦ τοὺς θεοὺς ὑπερφρονεῖς, ἀλλ' οὐκ ἀπὸ τῆς γῆς, εἴπερ; worauf Sokrates antwortet: οὐ γὰρ ἄν ποτε ἐξηῦρον ὀρθῶς τὰ μετέωρα πράγματα, εἰ μὴ κρεμάσας τὸ νόημα καὶ τὴν φροντίδα λεπτὴν καταμίξας εἰς τὸν ὅμοιον ἀέρα. εἰ δ' ὤν χαμαὶ τἄνω κάτωθεν ἐσκόπουν, οὐκ ἄν ποθ' εὗρον. Und ebenso sind in Rücksicht auf diesen Aufenthaltsort in der Höhe auch die Worte V. 225 gewählt: ἀεροβατῶ καὶ περιφρονῶ τὸν ἥλιον, Worte, die Strepsiades V. 1503, als er auf dem Dache steht, spottend wiederholt. Und wie in der äusseren Erscheinung, so ahmt Sokrates auch in seinen Reden die Sprache nach, die die Götter «in der Höhe» führen, wenn er V. 223 fragt: τί με καλεῖς, ὠφήμερε;

Wir wollen uns begnügen, damit im Allgemeinen die Epoche bestimmt zu haben, in der man zuerst Götter schwebend erscheinen liess. Vielleicht dürfen die Fälle, in denen eine Gottheit auf einem schwebenden Wagen gezeigt wurde, als die ältesten Beispiele gelten. Für den Schauspieler war es gewiss bequemer, in einem solchen Wagen zu stehen, als selbst an einem oder mehreren Stricken zu hängen. Auf Pferden schwebten wohl die Dioskuren in Euripides «Elektra», wo deutlich auf die Luftfahrt hingewiesen wird (V. 1234: οὐ γὰρ θνητῶν ἥδε κέλευθος, 1349: διὰ δ' αἰθερίας στείχοντε κλακός), und das Gleiche dürfen wir in der «Helena» voraussetzen, (vgl. S. 223).

In anderen Fällen lässt sich eine bestimmte Entscheidung über die Form der Göttererscheinung nicht geben. Denn es wäre Willkür, zu behaupten, dass von dem Zeitpunkt an, wo man zuerst Schauspieler schwebend vorzuführen gelernt hatte, die Götter immer in gleicher Weise dargestellt worden seien. Für manche Gottheiten mochte es wenig passend erscheinen, sie im Fluge sichtbar werden zu lassen. Herakles wird im «Philoktetes» des Sophokles wohl nicht herangeschwebt, sondern aus einer Spalte des Felsens, der über der Höhle des Philoktetes sich aufbaute, herausgetreten sein. Aber gewiss hat sich im Laufe der Zeit das Auffällige und Ungewöhnliche, das solche Schwebeerscheinungen dem Zuschauer im Anfange boten, so sehr abgestumpft, dass man nicht mehr viel die Angemessenheit und Wahrscheinlichkeit solcher Spielauftritte überlegte. Und dafür, dass wenigstens seit dem Ende des V. Jahrhunderts die Götter in der überwiegenden Mehrzahl der Fälle mittelst Schwebemaschinen gezeigt worden sind, geben die Fachausdrücke, die für solche Göttererscheinungen üblich sind (θεὸς ἀπὸ μηχανῆς, μηχανὴν αἴρειν, θεὸν αἴρειν) einen sicheren Beweis. Diese Bezeichnungen könnten sich nicht eingebürgert haben, wenn die Götter einfach auf dem Dache oder auf einem erhöhten Podium aufgetreten wären.

Dank der engen Verbindung, in der diese Göttererscheinungen mit dem ganzen Plane der Dichtung stehen, besitzen wir über diese Mechane ältere und bessere Zeugnisse als über irgend eine andere Einrichtung des Spielhauses. Die Götter, die so unvermutet erscheinen, um die Knoten der tragischen Verwickelungen zu lösen, haben zu vielfachen Erörterungen und auch zu mannigfachem Spotte Anlass gegeben. Schon der Komödiendichter Antiphanes sagt (Fgm. 191): die Tragödiendichter haben es leicht; wenn sie nicht weiter wissen, αἴρουσιν ὥσπερ δάκτυλον τὴν μηχανήν, καὶ τοῖς θεωμένοισιν ἀποχρώντως ἔχει. Ähnlich äussert sich Plato (Cratyl. 425 d): οἱ τραγῳδοί, ἐπειδάν τι ἀπορῶσιν, ἐπὶ τὰς μηχανὰς καταφεύγουσι θεοὺς αἴροντες. Genauer hat dann Aristoteles diese Frage der dramatischen Technik in seiner Poetik besprochen (cap. 15, 1454): φανερὸν οὖν ὅτι καὶ τὰς λύσεις τῶν μύθων ἐξ αὐτοῦ δεῖ τοῦ μύθου συμβαίνειν καὶ μὴ ὥσπερ ἐν τῇ Μηδείᾳ ἀπὸ μηχανῆς... ἀλλὰ μηχανῇ χρηστέον ἐπὶ τὰ ἔξω τοῦ δράματος ἢ ὅσα πρὸ τοῦ γέγονεν, ἃ οὐχ οἷόν τε ἄνθρωπον εἰδέναι, ἢ ὅσα ὕστερον, ἃ δεῖται προαγορεύσεως.

Die Wendung θεοὺς αἴρειν lehrt, dass die Götter in der Höhe, über dem gewöhnlichen Schauplatz emporgehoben, gezeigt wurden. Aber auch μηχανὴν αἴρειν ist ursprünglich nur eine verkürzte Ausdrucksweise für θεοὺς μηχανῇ αἴρειν, wie noch der Sprachgebrauch der jüngeren Zeit erweist, s. Plut. Quaest. conviv. VIII, 724 E: τραγικῶς μηχανὴν ἄραντες, διαθέτεσθε τῷ θεῷ τοὺς ἀντιλέγοντας (vgl. IV, 665 E); Them. 10: ὥσπερ ἐν τραγῳδίᾳ μηχανὴν ἄρας, σημεῖα δαιμόνια καὶ χρησμοὺς ἐπῆγεν αὐτοῖς; Lysander 25: ὥσπερ ἐν τραγῳδίᾳ μηχανὴν αἴρων ἐπὶ τοὺς πολίτας λόγια πυθόχρηστα καὶ χρησμοὺς συνετίθει (vgl. Them. 32 und De esu carnium I, 996 B); Hero de automat. bei Thevenot, Mathem. veter. p. 264: μηχανὴ δὲ καὶ ἄνωθεν τοῦ πίνακος ἐξῄρθη (für das Erscheinen Athenes, vgl. R. Schöne, Archäol. Jahrbuch V, 75).

Dass aber auch die Formel θεὸς ἀπὸ μηχανῆς, die schon im IV. Jahrhundert sprichwörtlich geworden war (vgl. Menander, Fgm. 227 und 278), sich auf dieselbe Schwebemaschine bezieht, geht aus der ältesten Litteraturstelle, in der uns der Ausdruck begegnet, einem Fragment des Dichters Alexis (126 K.), mit voller Deutlichkeit hervor. Aristonikos, so heisst es dort, hat ein Gesetz eingebracht, dass die Fischhändler nicht mehr sitzend, sondern nur stehend verkaufen dürfen, übers Jahr wird er ein weiteres Gesetz vorlegen, dass sie nur hängend, von der Maschine herab verkaufen sollen: εἶτ' εἰς νέωτά φησι γράψειν κρεμαμένους (scil. κωλεῖν) καὶ θᾶττον ἀποπέμψουσι τοὺς ὠνουμένους, ἀπὸ μηχανῆς κωλούντίς ὥσπερ οἱ θεοί. Hier ist deutlich gesagt, dass die Götter an der Mechane hängen; sie müssen also mittelst Stricken an einem Krahn befestigt gewesen sein, und es ist verständlich, dass diese Situation, wie Alexis andeutet, nicht als besonders angenehm galt.

Wahrscheinlich wird man auf dieselbe Schwebemaschine auch die Wendung θεὸς ἐπὶ μηχανῆς beziehen dürfen, die uns bei dem Verfasser des Kleitophon (407 A) begegnet: καί μοι ἐδόκεις... κάλλιστα λέγειν, ὁπότε ἐπιτιμῶν τοῖς ἀνθρώποις, ὥσπερ ἐπὶ μηχανῆς τραγικῆς θεός, ὑμνεῖς λέγων· καὶ φέρεσθε ἄνθρωποι, wenn man nicht etwa die Lesart ἐπὶ σκηνῆς τραγικῆς bevorzugen will, die Timaeus in seinem Platotext vorgefunden zu haben scheint (Lex. Platon. p. 259 Ruhnk.). Vgl. Schol. Arist. Pac. 80 : αἴρεται ἐπὶ μηχανῆς.

Auf Grund dieser Zeugnisse des IV. Jahrhunderts dürfen wir nunmehr die Verwendung der Mechane bei Göttererscheinungen mit voller Sicherheit schon für die euripideische Zeit in Anspruch nehmen. Damals ist, wie wir wissen, der dichterische Kunstgriff aufgekommen, die himmlischen Götter urplötzlich selbst erscheinen und alle Wirren ordnen zu lassen. Die Form, die für die Darstellung dieser Götter im IV. Jahrhundert üblich war, darf ohne Weiteres als Erfindung des Euripides (oder eines seiner Zeitgenossen) betrachtet werden, da spätere Dichter keinen Grund haben konnten, sie zu verändern.

Die Verse des Alexis geben uns aber andrerseits auch die Gewissheit, dass die von den Lexikographen uns übermittelten Nachrichten über Schwebemaschinen (A. Müller, S. 152 f. und Crusius, Philol. 1889, S. 697 f.) auf die Mechane des V. Jahrhunderts zu beziehen sind.

Eine auf Didymos zurückgehende Nachricht bei Zenobios, Mill. III, 156 (Plut. Prov. 116) erklärt den Ausdruck κράδης ῥαγείσης: κράδη... ἡ ἀγκυρίς, ἀφ' ἧς οἱ ὑποκριταὶ ἐν ταῖς τραγικαῖς σκηναῖς ἐξαρτῶνται, θεοῦ μιμούμενοι ἐπιφάνειαν, ζωστῆρες καὶ ταινίαις κατειλημμένοι, vgl. Hesych. s. v. κράδη :.... ἀγκυρίς, ἐξ ἧς ἀνήπτοντο ἐν ταῖς τραγικαῖς μηχαναῖς ἐπιφαινόμενοι, Schol. Ar. Pac. 727. Κράδης ῥαγείσης ist, wie Crusius erkannt hat, eine Wendung aus einer Komödie, in der die Mechane spottweise als κράδη bezeichnet war, und wenn Pollux IV, 128 sagt : ὃ δ' ἐστὶν ἐν τραγῳδίᾳ μηχανή, τοῦτο ἐν κωμῳδίᾳ κράδη, so hat er (was ihm auch sonst begegnet ist) eine scherzhafte Bezeichnung irrtümlich für einen besonderen Fachausdruck angesehen.

Auf die Mechane dürfen ferner auch die Angaben bezogen werden, die über eine Hebemaschine Namens ἰώρημα gemacht werden. Während Pollux IV, 128 sagt: ἡ μηχανὴ δὲ θεοὺς δείκνυσι καὶ ἥρως τοὺς ἐν ἀέρι, Βελλεροφόντας ἢ Περσέας, nennt das Scholion Ar. Ach. 80 die Maschine, auf der Trygaios, der Nachahmer des Bellerophontes, emporsteigt, ἰώρημα (Suidas s. v.): ἐν αὐτῇ δὲ κατῆγον τοὺς θεοὺς καὶ τοὺς ἐν ἀέρι λαλοῦντας. Er schöpft wohl aus derselben Quelle, aus der die Nachricht des Pollux IV, 131 stammt: αἰώρας δ' ἂν εἴποις τοὺς κάλως, οἳ κατήρτηνται ἐξ ὕψους ἀνέχειν τοὺς ἐπὶ τοῦ ἀέρος φέρεσθαι δοκοῦντας ἥρως ἢ θεούς, vgl. Rohde, de Pollucis fontibus 62.

Endlich darf man für die Kenntnis der Mechane auch noch die Erklärung verwerten, die bei Bekker, Anecd. I, 232 für die γέρανος gegeben wird: ἐν τῇ σκηνῇ ἅρπαξ, καταπεπαυσμένος ὑπὸ τοῦ μηχανοποιοῦ, ἐξ οὗ ὁ ἐπαιωρουμένος (κρεμάμενος? Crusius) ὑποκριτὴς τραγῳδεῖ (Etym. m. 228, 2). Ἅρπαξ ist ein an Tauen beweglicher Fanghaken, der zu Kriegszwecken vielfach verwendet wurde; hier ist damit offenbar dasselbe Werkzeug gemeint, das in den Erklärungen der κράδη als ἀγκυρίς bezeichnet ist. Pollux IV, 130 hat, wie er das oftmals thut, nur einen besonderen Fall, in welchem die γέρανος zur Anwendung kam, verallgemeinert, wenn er sagt: ἡ δὲ γέρανος μηχάνημά ἐστιν ἐκ μετεώρου καταφερόμενον ἐφ' ἁρπαγῇ σώματος, ᾧ κέχρηται Ἠὼς ἁρπάζουσα τὸ σῶμα τὸ Μέμνονος. Mag man nun diese γέρανος, die bei Cramer Anecd. Paris. I, 19 neben θεολογεῖον und μηχανή unter den Theatererfindungen der klassischen Zeit genannt wird, der Mechane gleichsetzen oder als eine Spielart der gewöhnlichen Schwebemaschine betrachten, jedenfalls sind alle diese Maschinen nach dem gleichen Grundsatz gebaut: an einem drehbaren Krahn ist mittelst Tauen (αἰῶραι), Fanghaken (ἅρπαξ, ἀγκυρίς) und Binden (ζωστῆρες) ein Gegenstand oder eine Person so befestigt, dass sie in der Schwebe gehalten und bewegt werden kann. Dazu stimmt auch, dass die μηχανή sehr schwere Lasten nicht zu tragen vermag (Pollux IV, 126).

Noch wäre hier einiger Stellen späterer Autoren zu gedenken, in denen von Gottererscheinungen ἀπὸ μηχανῆς das Zeitwort ἐκκυκλεῖν gebraucht wird, vgl. Lukian, Philops. 29: καὶ τὸ τοῦ λόγου, θεὸν ἀπὸ μηχανῆς ἐπεισκυκληθῆναί μοι τοῦτον ᾤμην ὑπὸ τῆς Τύχης. Philostr. V. Apoll. VI. 11, p. 245: φιλοσοφίας ἐττηθεὶς εὖ κεκοσμημένης, ἣν ἐς τὸ πρόσφορον Ἰνδοὶ στελλάντες ἐφ' ὑψηλῆς καὶ θείας μηχανῆς ἐκκυκλοῦσιν. Damit ist zusammenzuhalten die Nachricht bei Bekker, Anecd. I, 208: μηχανή ἐστι παρὰ τοῖς κωμικοῖς ἐκκυκλήματός τι εἶδος ἀπὸ συνθήκης πρὸς ὃ φέρεται ὁ (ὑποκριτὴς ergänzt Crusius) εἰς τὴν σκηνὴν δείξεως χάριν θεοῦ ἢ ἄλλου τινὸς ἥρωος. Wie hier ἐκκύκλημα, so scheint dort ἐκκυκλεῖν von der Schwebemaschine verstanden werden zu müssen, sodass es etwa übersetzt werden könnte: «mittelst des Krahns herausrollen». Doch dürfen wir das mit Rücksicht darauf, dass ἐκκυκλεῖν im späteren Sprachgebrauch auch in übertragener Bedeutung verwendet wird (s. u.), hier um so eher unentschieden lassen, als diese Zeugnisse aus der Kaiserzeit für die Maschine der euripideischen Zeit ohne Bedeutung sind.

Fragen wir nunmehr, was die Schwebeerscheinungen über die bauliche Anlage der Skene lehren, so ist zunächst klar, dass die Verwendung eines Krahns ein Obergeschoss voraussetzt. Dagegen ist es ein Irrtum, wenn behauptet worden ist, dass die μηχανή eine Überdachung des Spielplatzes mittelst eines «Schnürbodens» erfordere. Um den Balken, an dem die schwebenden Gegenstände hängen, den Blicken der Zuschauer zu entziehen, genügte es, das Dach des Obergeschosses, aus dem der Balken mit dem Krahn hervorkam, ein wenig vortreten zu lassen, oder ein besonderes kleines Vordach anzuordnen.

In der Regel war wohl der Krahn in der Mitte der Skene so angebracht, dass er entweder nach vorne über Rollen vorgeschoben oder aber nach der Seite gedreht werden konnte (vgl. S. 108). Diesen Platz hat die μηχανή in dem von Heron beschriebenen Automaten-Spielhaus (vgl. Archäol. Jahrb. V, 75), bei dem ebenfalls durch ein Giebeldach (ἀετὸς) Sorge getragen war, dass die Maschine vor den Blicken der Zuschauer verborgen blieb. Doch ist es wohl möglich, dass auch schon im V. Jahrhundert häufig der Krahn an dem linken Seitenbau angebracht war, wie dies späterhin üblich gewesen sein muss, vgl. Pollux IV, 128: ἡ μηχανὴ .... κεῖται κατὰ τὴν ἀριστερὰν πάροδον, ὑπὲρ τὴν σκηνὴν τὸ ὕψος, Schol. Luc. Philops. VII, p. 537 Lehmann: ἄνωθεν ὑπὲρ τὰς παρ' ἑκάτερα τῆς μέσης τοῦ θεάτρου θύρας .... μηχανῶν δύο μετεωριζομένων ἢ ἐξ ἀριστερῶν θεοὺς καὶ ἥρωας ἐνεφάνιζε παρευθύ. Vielleicht ist es kein Zufall, dass überall dort, wo in den Dramen bei den in der Höhe erscheinenden Personen ein Hinweis auf eine bestimmte Seite gegeben ist, immer die «Seite des Meeres» gekennzeichnet wird; zum Meere hin sprechen die Götter Iph. Taur. 1446 und Hel. 1662; in den Piräus sieht Trygaios im «Frieden»; über das Meer kommt der euripideische Perseus.

Eine Notwendigkeit, einen Krahn in dem Obergeschosse der vorspringenden Paraskenien vorauszusetzen, liegt in den erhaltenen Dramen nirgends vor. Eine solche Annahme würde sich dort aufdrängen, wo Gegenstände aus der Höhe bis auf den Boden der Orchestra herabgelassen oder von hier aus hinaufgezogen werden müssen. Ich wüsste hierfür aber—abgesehen von der unklaren Notiz des Pollux (IV, 130) über die Entführung der Leiche des Memnon—kein Beispiel namhaft zu machen. Vielmehr bleiben in allen vorhin besprochenen Auftritten die schwebenden Gestalten in der Höhe des Proskenion; wer von dort bis zur Fläche des Spielplatzes herabsteigt, der benutzt dazu nicht mehr die Schwebemaschine. Das gilt auch vom Perseus und Bellerophontes des Euripides; denn der Felsen, zu dem der Erstere heranschwebt, erreicht mit seiner oberen Abschlussfläche mindestens die Höhe eines gewöhnlichen Proskenion, und Bellerophontes ist ebenso wie Trygaios erst hinter und oberhalb der Proskenionwand schwebend sichtbar geworden. Auch Euadne, die bei ihrem Sprunge vom Felsen (Eur. Suppl. 1045) vielleicht mittelst der Schwebemaschine herabgelassen wurde, verschwindet schon in der Höhe des Proskenion für die Zuschauer, da der Scheiterhaufen, in den sie springt, mindestens diese Höhe hatte und vermutlich von der Mauer des Bezirks halb verdeckt war (vgl. S. 206).

Noch bliebe die Frage zu erörtern, in welcher Weise das Obergeschoss ausgeschmückt wurde, um für solche «Erscheinungen in der Höhe» als geeigneter Hintergrund gelten zu können. Da aber hierfür bestimmte Anhaltspunkte fehlen, so wäre es müssig, Vermutungen über die Kunstmittel aufzustellen, mit denen man z. B. den Ausfahrtsplatz der Götterwagen und den Platz ihres Verschwindens zu kennzeichnen versuchte. Möglich, dass schon im V. Jahrhundert die αἰθερία πλάξ (Eur. El. 1349, Or. 1631) durch bemalte Vorhänge oder coulissenartig vorgeschobene Wände an dem Obergeschoss der Skene angedeutet war. Schwarze und weisse Vorhänge, die εἰς τύπον γῆς καὶ οὐρανοῦ bemalt waren, werden in der späten und verwirrten Notiz, Gramm. de Comoed. XX, 28 (Dübner) erwähnt. Eine σκηνὴ περιφερομένη wird mit der Verwendung der Mechane von Plutarch de esu carn. I, 996 B in Verbindung gebracht, wodurch man an die Periakten bei Poll. IV, 126 und Vitruv V, 6, 8 erinnert wird. Doch wird man derlei schwerlich schon der euripideischen Zeit zuschreiben dürfen. Dagegen mag der für später bezeugte Brauch, auf die Göttererscheinungen durch Donnerschläge aufmerksam zu machen (Vitruv V, 6, 8), schon in jener Epoche seinen Anfang genommen haben, vgl. Eur. Androm. 1226: ἰώ, ἰώ, τί κεκίνηται; τίνος αἰσθάνομαι θείου;

Die Bedeutung der Schwebemaschine für die Entwickelungsgeschichte des Spielhauses liegt vor allem darin, dass durch sie die Notwendigkeit, die tragische Skene zweigeschossig zu bauen, die früher nur in Einzelfällen eingetreten war, immer regelmässiger sich einstellte. Denn seit der euripideischen Zeit ist, wenn auch nicht in jeder Tragödie, doch gewiss wenigstens in einem der an demselben Tage aufgeführten drei Stücke die Schwebemaschine verwandt worden, sodass es sich empfehlen musste, von vornherein das Spielhaus für die Tragödien mit einem Obergeschoss sowohl über dem Mittelbau wie über den Paraskenien auszustatten. Dagegen mag man an den Tagen der Komödien-Aufführungen, abgesehen von den Fällen, wo in einer Komödie die Maschinen der Tragödie verwendet wurden, sich noch längere Zeit mit dem einfacheren und niedrigeren «komischen» Spielhause begnügt haben, bis man die Oberbauten der Skene als feststehende, conventionelle Zuthaten anzusehen sich so sehr gewöhnt hatte, dass man sich durch sie auch bei «komischen» Proskenien in der Illusion nicht mehr stören liess.

Von ungleich geringerer Bedeutung für die Geschichte des Spielhauses sind die anderweitigen Vorrichtungen, mit denen die Skene zum Zwecke bestimmter Spielvorgänge ausgestattet war. Da wir von diesen Maschinen zumeist kein anschauliches Bild zu gewinnen vermögen, so brauchten wir ihrer in diesem Zusammenhang kaum zu gedenken, wenn nicht die neueren Erklärer einigen davon eine grosse Rolle bei den Aufführungen der klassischen Dramen zugewiesen hätten. Aus diesem Grunde müssen wir vor Allem noch dem sogenannten Ekkyklema eine besondere Aufmerksamkeit widmen, wobei wir uns freilich leider weniger mit Überlieferungen der Alten als mit Behauptungen der Modernen zu beschäftigen haben werden.

Dass es im antiken Theater eine Vorrichtung namens Ekkyklema gab, ist ausreichend bezeugt, und die alten Erklärer haben es als sicher betrachtet (vgl. Cramer, Anecd. Paris. I, 9 u. A.), dass diese Maschine schon im V. Jahrhundert bekannt war. Um die Richtigkeit dieser Annahme zu prüfen, werden wir zunächst über Beschaffenheit und Zweck des Ekkyklema uns Klarheit zu verschaffen und dann zu ermitteln suchen, ob in den erhaltenen Dramen Spielauftritte vorausgesetzt sind, die ohne derartige Vorrichtung nicht durchführbar waren.

Eine ausführliche, aber wenig klare Begriffsbestimmung der Maschine giebt Pollux IV, 128: καὶ τὸ μὲν ἐκκύκλημα ἐπὶ ξύλων ὑψηλὸν βάθρον, ᾧ ἐπίκειται θρόνος· δείκνυσι δὲ τὰ ὑπὸ σκηνὴν ἐν ταῖς οἰκίαις ἀπόρρητα πραχθέντα· καὶ τὸ ῥῆμα τοῦ ἔργου καλεῖται ἐκκυκλεῖν· ἐφ' οὗ δὲ εἰσάγεται τὸ ἐκκύκλημα, εἰσκύκλημα ὀνομάζεται· καὶ χρὴ τοῦτο νοεῖσθαι καθ' ἑκάστην θύραν, οἱονεὶ καθ' ἑκάστην οἰκίαν. Der erste Satz bezieht sich offenbar auf einen besonderen Fall, in dem das Ekkyklema zur Anwendung kam. Aus den Worten: ἐφ' οὗ δὲ εἰσάγεται, gewinnt man die Vorstellung, dass das Ekkyklema heraus- und hineinbewegt werden konnte, dass es also eine Art Wagen, ein auf Rädern stehendes Traggeräte gewesen sei. Und damit vereinen sich auch einige Angaben der Scholiasten, vgl. Schol. Aesch. Choeph. 473: ἐπὶ ἐκκυκλήματος ὁρᾶται τὰ σώματα, Schol. Arist. Thesmoph. 96: ἐπὶ ἐκκυκλήματος γὰρ φαίνεται (Agathon). Auf einen mässigen Umfang des «Wagens» deutet der Umstand, dass er bei jeder Thüre vorhanden war, und dass auf ihm bald ein θρόνος, bald eine einzelne (sitzende oder gelagerte) Person, bald ein Paar Leichen bewegt worden sein sollen.

Ein ganz verschiedenes Bild von dem Ekkyklema geben andere Nachrichten, in denen von einem Drehmechanismus die Rede ist. Am ausführlichsten ist Schol. Arist. Ach. 408: ἐκκύκλημα δὲ λέγεται μηχάνημα ξύλινον τροχοὺς ἔχον, ὅπερ περιστρεφόμενον τὰ δοκοῦντα ἔνδον ὡς ἐν οἰκίᾳ πράττεσθαι καὶ τοῖς ἔξω ἐδείκνυε, λέγω δὲ τοῖς θεαταῖς. Vgl. Schol. Clem. Alex. Protrept. ed. Klotz IV, 97: σανιδὸς τι ὑπότροχον ἐκτὸς (?) τῆς σκηνῆς, οὗ στρεφομένου ἐδόκει τὰ ἔσω τοῖς ἔξω φανερὰ γίνεσθαι. Damit stimmt die Spielweisung Schol. Nub. 184: ὁρᾷ δὲ ὡς φιλοσόφους κωμῶντας στραφέντος τοῦ ἐκκυκλήματος. Hier ist offenbar dieselbe Maschinerie gemeint, die Schol. Aesch. Eum. 64 vorausgesetzt wird: καὶ δευτέρα δὲ γίνεται φαντασία. στραφέντα γὰρ μηχανήματα ἔνδηλα ποιεῖ τὰ κατὰ τὸ μαντεῖον ὡς ἔχει.

Bei einer Reihe anderer Zeugnisse, in denen von einem Ekkyklema gesprochen wird, lässt sich leider nicht entscheiden, in welcher Bedeutung das Wort verwendet ist.

In den Scholien zu Euripides «Hippollytos» wird bei dem Vers 172: (ἀλλ' ἥδε τροφὸς γεραιὰ πρὸ θυρῶν τὴν δὲ κομίζουσ' ἔξω μελάθρων) angemerkt: τοῦτο σεσημείωται τῷ Ἀριστοφάνει, ὅτι καίτοι τῷ ἐκκυκλήματι χρώμενος τὸ ἐκκομίζουσα προσέθηκε περισσῶς. Daraus hat v. Wilamowitz (Euripides Herakles I, 153) geschlossen, dass in hellenistischer Zeit der betreffende Auftritt des «Hippolytos» im Innern des Hauses mittelst des Ekkyklema gezeigt worden sei, und dass daher Aristophanes gemeint habe, der Dichter widerspreche sich selbst mit dem Worte ἐκκομίζουσα. Leider ist in dem andern Scholion zu der Stelle der Text zu verdorben (vgl. Trendelenburg, Grammaticorum Graec. de arte trag. iudicia, S. 29), um über die Meinung des berühmten Grammatikers Klarheit geben zu können. Aber der Dichter hat mit soviel Nachdruck gesagt, dass Phaidra ἔξω θύμων sich befinde (179), dass ein sorgfältiger Erklärer ihm kaum die Absicht unterlegen konnte, den Auftritt V. 176 f. im Thalamos spielen zu lassen. Nur frageweise möchte ich daher auf die Möglichkeit hindeuten, dass mit ἐκκύκλημα hier wie bei Pollux IV, 128 ein «Rädergestell» verstanden werden könnte, sodass der Tadel sich nur gegen das Wort κομίζειν «heraustragen» richten würde, da doch Phaidra auf einer Kline (δέμνια κοίτης, 180, vgl. 203), die auf Räder gestellt war, herausgebracht, oder «herausgerollt» wurde.

Unklar ist auch die Vorstellung, die der Scholiast zu Soph. Aias 346 mit dem Ekkyklema verbunden hat, wenn er sagt: ἐνταῦθα ἐκκύκλημά τι γίνεται, ἵνα φανῇ ἐν μέσοις ὁ Αἴας ποιμνίοις.... δείκνυται δὲ ξιφήρης ἡματωμένος μεταξὺ τῶν ποιμνίων καθήμενος. Dass damit nicht ein «Wagen» oder eine «Rollbühne» gemeint sein kann, zeigt die Wortverbindung; es scheint vielmehr ganz allgemein auf das Eingreifen einer Maschine hingewiesen zu werden durch die Aias im Inneren des Zeltes sichtbar wird. Möglich ist aber auch, dass sowie ἐκκυκλεῖσθαι im Sinne von ἐκκαλύπτεσθαι gebraucht wird (s. u.), so hier die Wendung ἐκκύκλημά τι γίνεται nichts anderes besagen soll als: φαντασία γίνεται oder ὄψις γίνεται (Schol. Aesch. Eum. 64).

In allgemeiner Bedeutung scheint ἐκκύκλημα auch von jenem Grammatiker (Bekker, Anecd. I, 208, 9) aufgefasst worden zu sein (S. 232), der die Mechane als ἐκκυκλήματός τι εἶδος erklärte, wobei er vielleicht an Göttererscheinungen dachte, die mit Hilfe von Drehmaschinen bewerkstelligt wurden, vgl. Vitruv V, 6, 8; Poll. IV, 126. Wenn endlich in einigen Nachrichten das Ekkyklema der Exostra gleichgestellt wird, so hilft uns auch das nicht weiter, da wir auch von dieser Exostra, die übrigens in anderen Nachrichten als selbständige Vorrichtung neben dem Ekkyklema genannt wird, uns kein klares Bild machen können.

Jedenfalls geht aus allen diesen Nachrichten hervor, dass das Wort ἐκκύκλημα in wenigstens zwei verschiedenen Bedeutungen gebraucht worden ist. Der eine Teil der Erklärer denkt sich darunter ein rollendes Gerät, auf dem etwas «herausbewegt» wurde, der andere Teil versteht darunter eine Vorrichtung, durch deren Drehung bewirkt wurde, dass das «Innere» eines Hauses den Zuschauern sichtbar wurde. Nur diesen letzteren Vorgang werden wir im Folgenden als Ekkyklema bezeichnen. Wir können uns das entweder in der Weise geschehen denken, dass ein Teil der Vorderwand zur Seite gezogen oder über drehbare Eckpfeiler aufgerollt wurde, oder so, dass Teile der Wand wie die Flügel einer Thür in Angeln nach aussen gedreht und aufgeschlagen werden konnten. Danach können also diese Vorrichtungen mit den Periakten — μηχαναὶ ἀπὸ σκηνῆς περιάκτοι, Plut. de glor. Athen. 6, p. 348 E — und den «scaenae versiles» und «ductiles» der Römer verwandt gewesen sein, worauf schon G. Hermann (Opusc. VI, 2, 165) verwiesen hat, indem er an Verg. Georg. III, 24 («scaena ut versis discedat frontibus») erinnerte. In ähnlicher Weise wie die Vorderwand mögen auch Teile des Daches nach den Seiten zurückgezogen worden sein, um einen freieren Einblick in einen Innenraum zu gewähren. Auf die Wahrscheinlichkeit, dass derartige Veränderungen an dem antiken Spielhause durchgeführt werden konnten, haben wir schon vorher S. 214 hingewiesen.

Die Mehrzahl der neueren Gelehrten ist allerdings geneigt, sich in den Fällen, wo ein Innenraum sichtbar gemacht wurde, den Hergang in ganz anderer Weise zu denken. Indem man die Angaben, die Pollux gemacht hat, weiter ausspann, erklärte man das Ekkyklema als grosse «Rollbühne», auf der ein «Innenraum» nach aussen auf den Spielplatz geführt worden sei. Wir werden auf diese Hypothese noch bei Besprechung einiger Spielauftritte, in denen man jene

Maschine verwendet glaubt, zurückkommen. Hier mag nur gegenüber der Behauptung, dass eine solche «Rollbühne» ein einfaches und naives Kunstmittel sei, darauf hingewiesen werden, dass um einen Innenraum zu zeigen, nicht leicht ein Vorgang ausgedacht werden könnte, der so grosse technische Schwierigkeiten macht, so gewaltsam alle Illusion zerstört, und so sehr jeder Folgerichtigkeit der Darstellung entbehrt, wie das Herausschieben des «Innenraums» auf einer «Rollbühne», für die man vergeblich nach Analogien in dem Theaterwesen anderer Völker und Zeiten suchen wird.

Da man aber für diese merkwürdige Vorrichtung ausser in der Nachricht des Pollux auch noch in einigen Stellen, in denen die Zeitwörter ἐκκυκλεῖν und ἐσκυκλεῖν verwendet werden, Belege zu finden glaubte, so müssen wir auch noch auf die Bedeutungsgeschichte dieser Wörter etwas näher eingehen.

Pollux giebt an: καὶ τὸ ῥῆμα τοῦ ἔργου καλεῖται ἐκκυκλεῖν. Dass damit aber weder die ursprüngliche, noch die vorwiegende Bedeutung von ἐκκυκλεῖν bezeichnet ist, kann jedes Lexikon lehren. Aristophanes gebraucht mehrfach das Wort εἰσκυκλεῖν in Verbindungen, die jeden Gedanken an eine Theatermaschine ausschliessen. Vgl. Vesp. 699: ὑπὸ τῶν ἀεὶ δημιζόντων οὐκ εἶδ' ὅπη ἐγκεκύκλησαι (ἐσκεκύκλησαι? Blaydes), 1475: ἄτοπά γ' ἡμῖν πράγματα δαίμων τις εἰσκεκύκληκεν εἰς τὴν οἰκίαν. Vielleicht werden hier Redewendungen der Tragödie verspottet, in der bekanntlich auch das Simplex κυκλεῖν in sehr freier Weise gebraucht wird; auch Pollux IX, 158 zählt in der an εἰσῆλθεν angeschlossenen Wortgruppe die Ausdrücke εἰσεκυκλήθη, ἐπεισκυκλήθη, auf.

Besonders lehrreich für die Bedeutung von εἰσκυκλεῖν uud ἐκκυκλεῖν ist ein Auftritt in den «Thesmophoriazusen». Dort lässt Euripides den Agathon herausrufen (65): δεῦρ' ἐκκάλεσον, der Diener antwortet: αὐτὸς γὰρ ἔξεισιν τάχα, καὶ γὰρ μελοποιεῖν ἄρχεται. Χειμῶνος οὖν ὄντος κατακάμπτειν τὰς στροφὰς οὐ ῥᾴδιον, ἢν μὴ προΐῃ θύρασι πρὸς τὸν ἥλιον... περίμεν', ὡς ἐξέρχεται, und V. 95 heisst es: Ἀγάθων ἐξέρχεται. Damit ist so deutlich als möglich gesagt, dass Agathon sich von V. 95 an im Freien befindet. Mnesilochos erkennt ihn nicht, da er in der ganz in Weiberkleider gehüllten Gestalt keinen Mann vermutet (97); auf die Frage: ποῖός ἐστιν, erwidert Euripides: οὗτος· οὑκκυκλούμενος. Agathon wird also «herausgerollt», herausgefahren, auf einer Kline oder Sänfte, die auf Rädern steht. Damit soll nicht die unzeitgemässe Verwendung einer Theatermaschine, sondern vielmehr Agathons Weichlichkeit verhöhnt werden; diese wird eben dadurch gekennzeichnet, dass Agathon nicht zu Fuss heraustritt, sondern auf einem bequemen Lager herausgebracht wird; er ist gewöhnt, auf geschwelltem Ruhebett liegend zu dichten. Man mag sich dabei auch eines anderen Weichlings, des Artemon, erinnern, der als περιφόρητος verspottet wurde διὰ τὸ τρυφερῶς βιοῦντα περιφέρεσθαι ἐπὶ κλίνης, Athen. XII, 533 f., vgl. Plut. Per. 27, Aristoph. Ach. 850 u. Schol. In bequemer lässiger Haltung obliegt ja auch Euripides seiner dichterischen Thätigkeit, Aristoph. Ach. 399 (s. u.).

Gegen Agathons weibisches Wesen richtet sich auch der Spott im weiteren

Verlauf dieses Spielauftrittes. Agathon trägt immer die ξυρόδοκη mit dem Rasirmesser bei sich, 217: σὺ μέντοι ξυρφορεῖς ἐκάστοτε· χρῆσόν τι νῦν ἡμῖν ξυρόν. Um den Mnesilochos mit weiblichen Gewändern auszustatten (ἱμάτιον, στρόφιον, Nachthaube, Schuhe), scheint er die Kleidungsstücke, die er selbst am Leibe hat, zu verwenden, vgl. 262: Eur. ὑποδημάτων δεῖ, Agath. ταμὰ ταυτὶ λάμβανε. Wenn er dann, als Euripides ein ἐγκύκλον wünscht, sagt: λάμβαν' ἀπὸ τῆς κλινίδος (261), so scheint er auch dieses bei sich auf der Kline, auf der er sich befindet, zu haben, vorausgesetzt, dass die Worte nicht etwa einen an den Diener gerichteten Auftrag enthalten, das Kleid aus dem Hause zu holen. Vgl. 238: ἐνεγκάτω τις ἔνδοθεν δᾷδ' ἢ λύχνον. Nachdem die Verkleidung des Mnesilochos beendet ist, lässt sich Agathon auf seinem Ruhebette wieder hineinrollen (264): ἔχεις γὰρ ὧν δέει, εἴσω τις ὡς τάχιστά μ' εἰσκυκλησάτω.

Es liegt also hier gar kein Grund vor, die Verwendung einer besonderen Maschine anzunehmen. Alles ist wohl verständlich unter der Voraussetzung, dass die κλινίς des Agathon auf Rädern steht oder zum Zwecke des Herausrollens auf ein besonderes Rädergestell gesetzt worden ist. Die Sitte allerlei Geräte des täglichen Gebrauches auf Räder zu stellen, ist aus Homer und aus Gräberfunden genügend bekannt. Sie mag im Theater noch weitere Ausdehnung als im wirklichen Leben erhalten haben. So behält auch noch im späteren Sprachgebrauch εἰσκυκλεῖν die allgemeine Bedeutung hereinbringen, herbeibringen, vgl. Philostr. V. Apoll. VI, 10, p. 240: τρίποδας δὲ ἐκυκλήθει πίνοντι καὶ χρυσοῦς θρόνους, Athen. VI, 270 E: θεασάμενος πλῆθος ἰχθύων καὶ ἄλλων παντοδαπῶν ὄψων παρασκευὴν εἰσκυκλουμένην, Lukian, Philops. 29: θεὸν ἀπὸ μηχανῆς ἐκεισκυκληθῆναί μοι.

Nicht mit gleicher Sicherheit lässt sich für eine andere Stelle des Aristophanes, Ach. 408, die Bedeutung klarstellen, in der das Wort ἐκκυκλεῖσθαι gebraucht ist. Wir müssen auch hier etwas weiter ausholen und den ganzen Auftritt uns vergegenwärtigen.

Als Dikaiopolis zum Hause des Euripides kommt, sagt ihm der Thorwart (399): αὐτὸς ἔνδον ἀναβάδην ποιεῖ τραγῳδίαν. Angerufen, antwortet der Dichter (407): ἀλλ' οὐ σχολή. Da schlägt ihm Dikaiopolis vor (408): ἀλλ' ἐκκυκλήθητ', nach nochmaligem Sträuben entschliesst sich Euripides dazu: ἀλλ' ἐκκυκλήσομαι· καταβαίνειν δ' οὐ σχολή. Nun wird er sichtbar. «Warum dichtest du ἀναβάδην», fragt ihn Dikaiopolis, ἐξὸν καταβάδην; οὐκ ἐτὸς χωλοὺς ποιεῖς· ἀτὰρ τί τὰ ῥάκι' ἐκ τραγῳδίας ἔχεις, ἐσθῆτ' ἐλεεινήν; οὐκ ἐτὸς πτωχοὺς ποιεῖς. Den Ausdruck ἀναβάδην hat man in Übereinstimmung mit dem Scholiasten zu V. 410 (φαίνεται γὰρ ἐπὶ τῆς σκηνῆς μετέωρος) dahin gedeutet, dass Euripides in der Höhe erscheine, entweder im Oberstock oder nach Art der Götter in den Lüften schwebend, also ähnlich wie Sokrates in den «Wolken» (184, 222 f.) und wie die διθυραμβοδιδάσκαλοι Pac. 829. Aber diese Erklärungen scheinen dadurch ausgeschlossen, dass Euripides von seinem Platze aus dem Dikaiopolis einige Gegenstände selbst überreicht (449 f.), man müsste denn annehmen, dass er sie ihm von oben zuwirft. Es wird sich daher mehr empfehlen, für ἀναβάδην bei der Deutung zu verbleiben, die diesem Worte gemeihīglich von den alten Erklärern gegeben wird, vgl. Schol. 398: ἀναβάδην, ἄνω τοὺς πόδας ἔχων ἐπὶ ὑψηλοῦ τόπου καθήμενος, Schol. Arist. Plut. zu 1123: (νυνὶ δὲ πεινῶν ἀναβάδην ἀνακαύομαι) ἄνω ἔχω τοὺς πόδας κοιμώμενος. Danach ist mit ἀναβάδην eine bestimmte Art zu sitzen oder zu liegen bezeichnet, vgl. Poll. III, 90 und VI, 175: ἀναβάδην καθήμενος. Der Ausdruck ist typisch in den Schilderungen von Sardanapals Weichlichkeit, Athen. XII, 528 f.: Σαρδανάπαλλον... κεκοσμημένον γυναικιστὶ καὶ μετὰ τῶν παλλακίδων ξαίνοντα πορφύραν ἀναβάδην τε μετ' αὐτῶν καθήμενον, Dio Chrysost. 61, II p. 323: καθῆστο ἐπὶ χρυσηλάτου κλίνης ἀναβάδην, Plut. de Alex. fort. 3, p. 336 C: ἀναβάδην ἐν ταῖς παλλακαῖς καθήμενος.

Euripides erscheint also auf einem Throne oder auf einer Kline ἀναβάδην sitzend oder liegend. Ob damit seine eigene bequeme Lässigkeit oder aber ein bestimmter Auftritt aus einem seiner Dramen verspottet werden sollte, lasse ich dahingestellt. Möglich, dass im «Bellerophontes» der Held nach seinem Sturze in ähnlicher Weise auf einer Sänfte herumgetragen oder gefahren wurde (vgl. Schol. Ar. Eq. 1249), und dass eben deshalb Dikaiopolis sich bei dem Anblick des Euripides an die lahmen Heroen erinnert fühlt. Wie dann der Gegensatz, der in den Worten ἔξω καταβάδην liegt, zu verstehen ist, vermag ich freilich nicht anzugeben.

Leider hat der Dichter nicht so deutlich wie in den «Thesmophoriazusen» die Art bezeichnet, wie Euripides wieder verschwindet. V. 471 geht Dikaiopolis hinweg, kehrt aber V. 478 nochmals mit einer neuen Bitte zurück: σκανδικά μοι δὸς, μητρόθεν δεδεγμένος. Nun lässt Euripides entrüstet das Haus schliessen: κλαῖε πυκτὰ δωμάτων. Das lässt sich wohl verstehen, wenn Euripides bei V. 408 auf seiner Kline herausgerollt worden war und nun, nachdem er den Bittsteller befriedigt glaubte, sich bei V. 471 schon in das Haus hatte zurückbringen lassen, sodass er bei V. 478 bereits innerhalb der Thüre sich befand. Da das aber nicht ausdrücklich gesagt ist, so bleibt die Möglichkeit offen, dass Euripides von Anfang an innerhalb des Hauses verblieben und durch Beseitigung der Vorderwand sichtbar gemacht worden war. Für diese Auffassung könnte man geltend machen wollen, dass Euripides V. 410 f. eine grössere Anzahl von Gegenständen zur Hand hat. Aber das lässt sich auch unter der Voraussetzung erklären, dass er ausserhalb des Hauses sich befindet; denn die Masken des Oineus und des Bellerophontes, auch allerlei kleinere Gegenstände wie der Bettlerstab (448), die er bei sich hat, um in dichterische Stimmung zu kommen, können auf seiner Kline (oder dem Throne) liegen. Das Fetzengewand des Telephos aber wird V. 432 dem Dikaiopolis durch einen Diener überreicht, der zu diesem Zwecke vielleicht erst in das Haus hineingesandt worden war.

Wer annimmt, dass Euripides nicht herausgerollt worden, sondern in seinem Arbeitszimmer sichtbar geworden sei, muss ἐκκυκλήθητι so erklären, wie der Scholiast zu 408: βούλεται οὖν εἰπεῖν ὅτι κἂν φανερὸς γενοῦ. Diese Bedeutung ist für ἐκκυκλεῖν im späteren Sprachgebrauch durchaus üblich. Vgl. Hesych: ἐκκυκλεῖ· ἐκκαλύπτει, Schol. B zu Il. XVIII, 477: ὥσπερ ἐπὶ σκηνῆς ἐκκυκλήσας καὶ δείξας ἡμῖν ἐν φανερῷ τὸ ἐργαστήριον (d. h. er lässt die Verfertigung des Schildes vor unseren Augen wie auf dem Spielplatze des Theaters vor sich gehen); Clem. Alex. Protr. II, 12, p. 11: τὴν γοητείαν τὴν ἐγκεκρυμμένην αὐτοῖς... οἷον ἐπὶ σκηνῆς τοῦ βίου τοῖς τῆς ἀληθείας ἐκκυκλήσω θεαταῖς, Hypoth. Arist. Nub. III: ἐκκυκληθείσης δὲ τῆς διατριβῆς οἵ τε μαθηταὶ κύκλῳ καθήμενοι τινὰρὰ συνορῶνται, Schol. Arist. Thesm. 277: ἐκκυκλεῖται ἐπὶ τὸ ἔξω τὸ θεσμοφόριον, (wo der Scholiast offenbar annimmt, dass mit V. 277 ein Scenenwechsel eintrat, indem erst jetzt das Thesmophorion mittelst einer «scaena ductilis» oder «versilis» sichtbar wurde, vgl. Droysen, Quaestiones de Aristophanis re scaenica, S. 68 f); Schol. Eur. Med. 96: τάδε λέγει ἡ Μήδεια ἔσω οὖσα οὐδέπω ἐκκεκυκλημένη, Schol. Soph. Antig. 1293: ἐκκυκλεῖται ἡ γυνή (so Ellendt für ἐγκέκλεισται ἡ γυνή, ἐκπέπληκται Papageorg). Auch dort, wo ἐκκυκλεῖν von Göttererscheinungen gesagt wird Philostr. V. Apoll. VI, 11 und Clem. Alex. Protr. VII, 76, p. 65), ist es vielleicht in diesem Sinne zu verstehen, vgl. S. 232.

Für die klassische Zeit vermag ich aber diesen Sprachgebrauch nicht zu belegen, sodass die Frage, ob und in welcher Art in den «Acharnern» ein «Ekkyklema» verwendet worden sei, nicht zur vollen Entscheidung gebracht werden kann. Die Wahrscheinlichkeit, dass bei Aristophanes das «Innere» des Hauses gezeigt wurde, wird natürlich eine grössere sein, wenn ähnliche Vorgänge sich auch in anderen Dramen dieser Epoche nachweisen lassen. Wenn wir im Folgenden die einzelnen Schauspielauftritte, die für die Frage des Ekkyklemas in Betracht kommen können, rasch überblicken, so dürfen wir davon absehen, alle Erklärungsversuche, mit denen die betreffenden Stellen bedacht worden sind, zu erörtern, indem wir hierfür ausser auf A. Müller (S. 145 f.), Weissmann (S. 6 f., 42 f.), Bodensteiner (S. 659 f.) vor allem auf Neckel, Das Ekkyklema (Progr. von Friedland in Mecklenburg, 1890) verweisen, wo für eine grosse Zahl von hierhergehörigen Spielvorgängen nach unserer Ansicht die richtige Erklärung gegeben worden ist.

In allen drei Tragödien der Orestes-Trilogie hat man geglaubt, Spielauftritte nachweisen zu können, als deren Schauplatz nach dem Willen des Dichters ein Innenraum des Hauses anzunehmen sei.

Im «Agamemnon» erscheint Klytaimestra nach dem Morde ihres Gatten vor dem Chor, um triumphirend ihre That zu bekennen, 1333: ἕστηκα, ἔνθ' ἔπαισ' ἐπ' ἐξειργασμένοις, οὕτω δ' ἔπραξα καὶ τάδ' οὐκ ἀρνήσομαι ὡς μήτε φεύγειν μήτ' ἀμύνεσθαι μόρον. Aus dem weiteren Verlauf der Wechselreden ergiebt sich, dass auch die Wanne, in der Agamemnon liegt, und die Leiche Kassandras dem Chore sichtbar sind. Ist die Wendung: ἔνθ' ἔπαισ', im strengen Wortsinn örtlich zu fassen, so muss Klytaimestra bei 1333 im Badezimmer stehen, in dem Agamemnon ermordet worden ist (vgl. S. 204). Dann müsste man annehmen, dass die Vorderwand geöffnet und so ein Einblick in den Innenraum ermöglicht worden sei. Aber es würden, glaube ich, jene Worte auch berechtigt sein, wenn Klytaimestra in der Thüre des Badegemaches erscheint. Auf jeden Fall muss man ja dem Dichter die Freiheit, dass er das Badegemach unmittelbar auf den Aussenhof sich öffnen lässt, zugestehen. Die Leichen können neben Klytaimestra auf der Thürschwelle sichtbar geworden oder nachträglich herausgetragen worden sein. Dem Charakter der Königin würde es, glaube ich, besser entsprechen, dass sie selbst in trotziger Befriedigung heraustritt und aller Welt zeigt, was sie gethan, als dass sie und ihre Opfer gewissermassen ohne ihr Zuthun, nur durch einen Kunstgriff des Theatermechanikers sichtbar werden.

Und diese Auffassung scheint mir durch den parallelen Spielauftritt in den «Choephoren» V. 968 f. eine Bestätigung zu erfahren. Aigisthos ist von Orestes in dem Fremdengemach, dort wo Agamemnon gefallen war (vgl. S. 204), ermordet worden, neben ihm findet auch Klytaimestra ihren Tod. V. 970 erscheint Orestes und sagt: ἴδεσθε χώρας τὴν διπλῆν τυραννίδα. Die Annahme, dass der Zuschauer diese Leichen im Innern des Hauses zu denken habe, scheint mir der Sachlage durchaus nicht zu entsprechen. Wer das Land von Tyrannen befreit hat, der zeigt natürlich deren Leichen dem Volke. Und zugleich mit diesen weist Orestes auch allen das Gewand, das einst dem Agamemnon bei seiner Ermordung tückisch übergeworfen worden war: ἴδεσθε δ' αὖτε, τῶνδ' ἐπήκοοι κακῶν τὸ μηχάνημα, δεσμὸν ἀθλίῳ πατρί... ἐκτείνατ' αὐτὸ καὶ κύκλῳ παρασταδὸν στέγαστρον ἀνδρὸς δείξαθ', ὡς ἴδῃ πατήρ, οὐχ οὑμός, ἀλλ' ὁ πάντ' ἐποπτεύων τάδε Ἥλιος. Da er Helios zum Zeugen anruft, muss er doch wohl unter freiem Himmel stehen; dann können aber auch die Leichen, die in seiner Nähe sich befinden, nur vor oder innerhalb der Thüre aufgestellt sein.

Man meint, der Dichter habe eine besonders grosse Wirkung dadurch hervorrufen wollen, dass er die Erschlagenen am Thatort selbst zeigte, und um dieser Wirkung willen habe er die Illusion gestört und mittelst einer Maschine das Innere des Gemaches sichtbar gemacht. Aber wie sich sehr bezweifeln lässt, dass es einem künstlerischen Interesse entsprach, die (durch Puppen dargestellten) Leichen mit ihren Todeswunden dem Zuschauer in heller Deutlichkeit zu zeigen, so lässt sich aus zahlreichen ähnlichen Spielvorgängen in anderen Dramen noch nachweisen, dass die Dichter mit den Toten in einer der Wirklichkeit, so wie dem Schönheitssinn besser entsprechenden Weise zu verfahren pflegten.

In der «Antigone» wird V. 1293 die Leiche der Eurydike, deren Tod soeben vom Boten gemeldet worden war, sichtbar: ὁρᾶν πάρεστιν· οὐ γὰρ ἐν μυχοῖς ἔτι. Nach dem Vorgang O. Müllers hat man auch hier angenommen, dass die Leiche in der Lage sichtbar geworden sei, die 1301 f. geschildert wird: ἡ δ' ὀξύθηκτος ἥδε βωμία πέριξ λύει κελαινὰ βλέφαρα. Aber ist es denkbar, dass die Diener ihre Königin am Altare liegen lassen, und dass ebenso auch die königliche Familie und die Choreuten sich dies Schauspiel ansehen, ohne die niedergesunkene Tote aufzuheben und in würdiger Weise zu betten?

Ausdrücklich wird im «Hippolytos» gesagt, dass die Leiche der erhängten Phaidra aufgebahrt wird. Hier lässt der Dichter den Zuschauern die innerhalb des Hauses gesprochenen Worte vernehmbar werden (786): ὀρθώσατ' ἐκτείναντες ἄθλιον νέκυν πικρὸν τόδ' οἰκούρημα δεσπόταις ἐμοῖς. Als dann Theseus 807 die Thüre öffnen lässt, wird die aufgebahrte Leiche sichtbar. Eine solche Aufbahrung geschieht im Drama natürlich mit jener Raschheit, mit der die Dichter auch andere Geschehnisse, die ausserhalb des Spielplatzes vor sich gehen, erfolgen lassen. Wenn aber der Dichter voraussetzt, dass Diener sich um die Toten bemühen, dann muss es ihm doch auch frei stehen, die Leichen an einem beliebigen Platze, also auch unmittelbar am Thoreingang niederzulegen oder vor das Thor heraustragen zu lassen. Darum kann es in der Ökonomie des Dramas als eine selbstverständliche Thatsache vorausgesetzt werden, dass die Leichen bei Öffnung der Thore den Aussenstehenden sichtbar werden. In Sophokles «Elektra» lässt Aigisthos V. 1458 f. die Thüre öffnen, damit alle Mykenäer die vermeintliche Leiche des Orestes sehen könnten. Er selbst steht aber, als er in der Nähe des Leichnams sich befindet, noch ausserhalb der Thüre, da er auf des Orestes Aufforderung: χωροῖς ἂν εἴσω σὺν τάχει (1491), noch fragt: τί δ' εἰς δόμους ἄγεις με ;

Wie der Leichnam bei Homer ἀνὰ πρόθυρον τετραμμένος (II. XIX, 212) aufgestellt wurde, so hat sich auch späterhin noch die Erinnerung daran erhalten, dass die προθέσεις im Thore stattgefunden habe, vgl. Schol. Lysistr. 611: τοὺς νεκροὺς γὰρ οἱ ἀρχαῖοι προετίθεσαν πρὸ τῶν θυρῶν καὶ ἐκόπτοντο, und Hesych: διὰ θυρῶν· τοὺς νεκροὺς οὕτω φησὶν ἐθράζεσθαι, ἔξω τοὺς πόδας ἔχοντας πρὸς τὰς αὐλείους θύρας. In Athen erfolgte die Ausstellung der Leichen im V. Jahrhundert freilich nicht mehr in dieser Art; aber wer würde dem Dichter die Freiheit versagen, solche Nebenumstände mit Rücksicht auf die Theaterwirkung etwas anders zu gestalten, als es im täglichen Leben üblich war?

Wenn aber der Dichter auf ganz natürlichem Wege durch Menschenhände die Leichen den Zuschauern vor Augen bringen lassen konnte, wozu hätte er dann ganz unnötiger Weise Theatermaschinen anwenden sollen? Die grosse Zahl der auf dem Schauplatz anwesenden stummen Personen (Diener und Begleiter) wird zwar nur selten in den Reden der Schauspieler berücksichtigt, aber wir dürfen deshalb nicht glauben, dass sie zu voller Unthätigkeit verdammt waren. Sie greifen überall zu, wo Diener zugreifen müssen, und dazu gehören natürlich auch solche Ereignisse. In Euripides «Elektra» treten nach der Ermordung der Klytaimestra Orestes und Elektra aus dem Hause (1172): ἀλλ' εἶα μητρὸς νεοφόνοισιν αἵμασι πεφυρμένοι βαίνουσιν ἐξ οἴκων πόδα, τρόπαια δείγματ' ἀθλίων προσφαγμάτων (vgl. 1177 f.). Hier sind doch gewiss die Leichen, auf die auch die über dem Dache erscheinenden Dioskuren als auf etwas vor ihren Augen befindliches hinweisen (1243, 1276, hinter Orestes von Dienern herausgetragen worden. Über die Diener verfügt der Theatersitte gemäss auch der Bauer Autolykos (360, vgl. 140). In Euripides «Hekabe» aber, wo nach dem Auftreten des Polymnestor die Leichen seiner Kinder sichtbar werden (1050, 1118), haben vermutlich die im Zelt verbliebenen Troerinnen dieses Amt der Diener versehen.

Der Vergleich dieser Spielauftritte wird die Wahrscheinlichkeit der Annahme erhöhen, dass auch bei Aischylos die Leichen ohne Zuhilfenahme besonderer Maschinerien den Choreuten gezeigt worden sind, zumal als im «Agamemnon» sowohl wie in den «Choephoren» zwischen der Mordthat selbst und dem Augenblick, wo die Erschlagenen sichtbar werden, eine längere Zeit verstreicht, während deren sich der Zuschauer die Diener um die Toten beschäftigt denken kann. Muss demnach auch die Möglichkeit zugegeben werden, dass im «Agamemnon» durch Öffnung der Vorderwand der Innenraum gezeigt worden sei, so darf dies doch keineswegs als eine Notwendigkeit bezeichnet werden.

Auch für das dritte Stück der Orestes-Trilogie, die «Eumeniden», lässt sich die Verwendung eines «Ekkyklema» zu keinem grösseren Grade von Wahrscheinlichkeit erheben. Hier dreht sich der Streit um die Frage, ob der Innenraum des delphischen Tempels bei V. 67 (oder 93) dem Zuschauer sichtbar gemacht worden ist. Für den ersten Auftritt zwischen Apollon und Orestes möchte ich dies entschieden in Abrede stellen. Denn die Worte des Apollon (67): καὶ νῦν ἁλούσας τάςδε τὰς μάργους ὁρᾷς, sind sehr wol verständlich, wenn sie in dem Augenblicke gesprochen werden, wo der Gott innerhalb der Tempelthüre steht und auf die innen Befindlichen zurückweist. Aber auch die folgenden Vorgänge scheinen mir es nicht zu erfordern, dass die Zuschauer das Innere des Tempels vor Augen haben. Klytaimestras Schatten (93 f.) kann von der Thüre aus seine Ansprache halten, der μυγμὸς und die ersten Rufe des Chores (140-143) mussten ihre Wirkung aber auch ausüben, wenn sie von innen heraustönen. Werden doch in den Tragödien Schauspielern, die im Innern des Spielhauses weilen, oft noch längere Reden in den Mund gelegt, wie die Auftritte Eurip. Hipp. 776 f. und Medea 90-106 lehren können. Erst bei V. 143 müssen die Erinyen einzeln in wirrer Hast aus dem Tempel stürzen, denn gewiss sind die leidenschaftlich erregten Verse 142-176 auf dem Tanzplatze selbst unter lebhaftester Bewegung vorgetragen worden. Die letzten der Erinyen, die noch im Tempel verblieben oder suchend dorthin zurückgekehrt sind, weist dann Apollo mit gebieterischen Worten hinaus (177): ἔξω καλεύω τῶνδε δωμάτων τάχος.

In solcher Weise wäre eine stetige Steigerung der dramatischen Spannung erreicht, indem die Erinyen erst (von der Pythia) geschildert, dann (von Klytaimestra) angesprochen, später erst leise (μυγμός), dann immer lauter gehört, zuletzt erst gesehen worden, vgl. Neckel S. 14. Für ein solches Auftreten der Erinyen lässt sich auch eine alte Überlieferung geltend machen, die anekdotenhaft ausgemalt, aber in ihrem Kerne unverdächtig ist, Vit. Aesch. p. 380 Kirchh.: τινὲς δὲ φασίν ἐν τῇ ἐπιδείξει τῶν Εὐμενίδων σποράδην εἰσαγαγόντα τὸν χορὸν τοσοῦτον ἐκπλῆξαι τὸν δῆμον, ὡς τὰ μὲν νήπια ἐκψῦξαι, τὰ δὲ ἔμβρυα ἐξαμβλωθῆναι.

Glaubt man dieses Zeugnis bei seite setzen zu können, so darf gewiss zugestanden werden, dass der Auftritt zwischen Klytaimestra und dem Chor auch dann in dramatisch wirksamer Weise durchgeführt werden konnte, wenn etwa während der Pause nach V. 93 durch Öffnung der Vorderwand den Zuschauern ein Einblick in den Tempel ermöglicht worden ist. Aber ich wüsste freilich nicht anzugeben, wie sich dabei ein befriedigendes Bild ergeben haben könnte, da nach der Schilderung der Pythia (45) die Erinyen auf Thronen v o r dem im

Hinterraume der Cella befindlichen Orestes sitzen, also wenigstens zum Teil den Zuschauern den Rücken kehren müssen.

Völlig ausgeschlossen aber ist die Verwendung einer «Rollbühne», auf der «das Innere» des Tempels samt seinen Insassen herausgeschoben worden wäre. Wie gross hätte das Gerüst sein müssen, auf dem die 12 oder 15 im Kreis oder Halbkreis aufgestellten Throne der Choreuten, der Omphalos, endlich auch noch Orestes, Apollon und Hermes Platz finden konnten? Mit wieviel Pferdekräften musste die Maschine ausgestattet sein, um ein solches Gerüst vorwärts und rückwärts bewegen zu können? Wie tief müsste ein Spielhaus sein, um diese Bewegungsvorrichtung und das Gerüst selbst aufzunehmen! Und wie war es möglich, dieses Gerüst, für das die Vorderwand in der ganzen Breite des Tempels sich hätte öffnen müssen, über die erhöhte Schwelle oder gar über die Stufe hinabzurollen, die nach aller Wahrscheinlichkeit der Tempelvorderwand vorgelagert war, da 632 die Richter ἱɛ́μɛνοι ψήφῳ doch wohl auf der Tempelstufe sitzen (vgl. V. 709 und Weissmann, S. 16)?

Aber selbst wenn es möglich gewesen wäre, alle diese technischen Schwierigkeiten zu überwinden, was wäre mit dieser Rollbühne erreicht worden? Musste nicht jede Illusion kläglich zerstört werden, wenn auf einem knarrenden Brettergerüst ein Dutzend schlafender und drei stehende Personen herausgeschoben wurden, die bei der Erschütterung nur mühsam ihre Stellung behaupten konnten? Und diese Personen, die auf ihren Thronen etliche Minuten lang im hellen Sonnenlichte der Orchestra weiter schliefen, sollten geeignet gewesen sein, dem Zuschauer Grauen vor den wilden rastlosen Erinyen einzuflössen? Und wie sollte von diesem Gerüst aus Orest durch die Tempelthüre ins Freie heraustreten, wohin konnte Apollon V. 93-177 sich zurückziehen, woher Klytaimestras Schatten kommen, wenn die Tempelcella sich schon aussen vor dem Tempel befand?

Wenn eine so widerspruchsvolle Hypothese immer noch Verteidiger findet, so lässt sich das nur der Zähigkeit erklären, mit welcher auf dem Gebiete der griechischen Theateraltertümer so manche, am Schreibtisch ausgeheckte Wunderlichkeit festgehalten zu werden pflegt. Der Dichter hat dazu keine Handhabe gegeben, und auch die Überlieferung des Altertums (Schol. zu V. 67) ist unschuldig daran, da sie vielmehr στραφέντα μηχανήματα voraussetzt, um das Tempelinnere den Beschauern sichtbar zu machen.

Da wir die Möglichkeit nicht leugnen können,—wahrscheinlich ist es freilich nicht—, dass die μηχανήματα, die die alten Erklärer im Sinne hatten, auch schon an dem Spielhause des Aischylos zur Öffnung der Vorderwand verwendet worden sind, so wird es vielleicht für immer subjectiven Erwägungen überlassen bleiben zu entscheiden, ob der Dichter die Erinyen schon bei V. 93 innerhalb des Tempels oder erst V. 143 ausserhalb der Tempelthüre den Beschauern vor Augen geführt hat.

Zu etwas grösserer objectiven Sicherheit kann man über die Art des «Ekkyklema» gelangen, mittelst dessen in Sophokles «Aias» der aus seinem

Wahnsinn erwachte Held den Zuschauern sichtbar gemacht wurde. V. 345 sagt der Chor: ἀλλ' ἀνοίγετε· τάχ' ἄν τιν' αἰδῶ κἀπ' ἐμοὶ βλέψας λάβοι. Tekmessa gehorcht: ἰδού, διοίγω· προσβλέπειν δ' ἔξεστί σοι τὰ τοῦδε πράγη, καὐτὸς ὡς ἔχων κυρεῖ. Der Chor sieht also im Zelte Aias (355) und neben ihm die getöteten Tiere (309, 325). Daraus folgt natürlich nicht, dass auch der Zuschauer die Haufen geschlachteter Tiere deutlich sehen konnte, was ebensowohl durch ästhetische wie praktische Rücksichten sich verbot. Wohl aber mögen im Halbdunkel des überdachten Innenraums einige Tierleichen erkennbar gewesen sein. Aias selbst sitzt nicht weit von der Eingangsschwelle in dem unmittelbar hinter der Lichtöffnung gelegenen Raum. Hier tritt Tekmessa an ihn heran, um bittend seine Knie zu umfassen (369), wird aber von Aias hinausgewiesen: οὐκ ἐκτὸς ἄψορρον ἐκνεμῇ πόδα. Den Knaben Eurysakes, der 541 herbeigetragen wird, sieht Aias V. 543 noch nicht, da er während des ganzen Auftrittes innerhalb der Zeltthür verbleibt. V. 579 lässt er das Zelt schliessen, δῶμα πάκτου, und 593: οὐ ξυνέρξεθ' ὡς τάχος... πύκαζε δῶμον. Diese Ausdrücke sowohl wie der Umstand, dass mehrere Personen beim Schliessen des Zeltes beschäftigt sind (vgl. 343: ἀνοίγετε), weisen vielleicht darauf hin, dass es sich hier nicht um das Verschliessen gewöhnlicher Thürflügel, sondern um das Zusammenziehen grösserer Vorhänge handelte, wie solche bei leichtgebauten Lagerzelten als Abschlusswände verwendet werden können. Der Einfall, dass Aias samt den geschlachteten Tieren auf einer Räderbühne aus dem Zelt heraus gerollt worden wäre, wird durch die angeführten Worte der Dichtung genügend zurückgewiesen, so dass er weiterer Widerlegung nicht bedarf.

Diesem Auftritt im «Aias» sehr ähnlich ist die Sachlage in Euripides «Herakles». Nachdem der Bote 922 ff. ausführlich die Vorgänge im Innern des Hauses geschildert hat, sagt der Chor 1029: διάνδιχα κλῆθρα κλίνεται ὑψιπύλων δόμων. Nun wird Herakles, der an eine Säule gefesselt ist, sichtbar; neben und vor ihm liegen seine Waffen und die Leichen der Megara (1175) und der Kinder (πρὸ πατρὸς κείμενα, 1032). Da die Säule τεντμᾶσι στέγης διχορραγής κρηπίδων ἔπι (1008) beim Erdbeben gestürzt ist, so kann der Dichter ihr ganz nahe an der Thüre einen Platz angewiesen haben, sodass nach dem Öffnen der mächtigen Thürflügel der an den Säulenstumpf in sitzender Haltung gefesselte Herakles von aussen gesehen werden konnte. Die Skene war auch von den äussersten Sitzen des Theatron noch so weit abgerückt, dass wohl jeder Zuschauer in der Lage war, einen Gegenstand zu sehen, der etwas innerhalb der Thüre in ihrer Mittelaxe lag. Wenn dabei die an den beiden Ecken des Theaters Sitzenden etwas schlechter wegkamen als die Zuschauer der Mittelplätze, so ist das ein Übelstand, der auch im modernen Schauhause nicht vermieden werden kann.

Da neben Herakles die Leichen der Ermordeten sichtbar sind, so müssen wir auch hier wieder voraussetzen, dass sie (gerade so wie die Waffen) von Dienern neben ihn hingelegt worden sind; Megara und ihr dritter Sohn waren ja überhaupt nicht im Hofe, sondern in einem Gemache getötet worden (996 f.);

sie können natürlich ebensowohl an die Schwelle des Hofthores wie an eine beliebige andere Stelle gebracht worden sein. Theseus, der V. 1163 den Spielplatz betritt, bemerkt die Leichen erst V. 1171, als er in die Nähe des Thores gelangt ist; sie ziehen zuerst seine Aufmerksamkeit auf sich, später erst fragt er: τίς δ' ὅδ' ἐν νεκροῖς. Herakles sitzt etwas weiter rückwärts innerhalb der Thüre, sodass er beim Aufwachen die in der Orchestra befindlichen Choreuten und Amphitryon nicht sieht (1106). Nachdem ihm die Fesseln abgenommen worden sind (1124), tritt er heraus (vgl. 1146), zieht sich aber, als er Theseus kommen sieht (1154), wieder zu den Leichen zurück und verhüllt sich.

In allen diesen Vorgängen vermag ich nirgends einen Hinweis darauf zu entdecken, dass Herakles auf den Spielplatz «herausgerollt» worden wäre. Wohl aber kann man darüber verschiedener Meinung sein, ob V. 1029 nur die Thüre allein oder ein grösserer Teil der Vorderwand geöffnet worden sei. Letzteres mag gerade bei der Skene im «Herakles» leicht durchführbar gewesen sein; denn ihre Vorderwand stellte eine Hofmauer vor, die, wie es scheint, einer Säulenstellung entbehrte; wenigstens wird der Säulen auch bei der Schilderung des Erdbebens, wo sie in dem Parallelauftritt der «Bakchen» (591) erwähnt werden, nicht gedacht. Übrigens könnte der Dichter auch gerade jene Erschütterung des Hauses dazu benutzt haben, um Bauteile, die den Einblick in den Hofraum verhindert hätten, zu beseitigen.

Wenden wir uns nunmehr zu der Komödie, so kann bezüglich Aristophanes «Acharnern» auf das S. 238 Gesagte verwiesen werden. In der Bearbeitung der «Wolken» V. 181 f. sollte dem Strepsiades ein Einblick in das οἰκίδιον des Sokrates eröffnet werden. In welcher Weise das geschehen sollte, vermögen wir nicht mehr zu erkennen, da gerade in jenem Auftritt Verspartien aus der ersten und zweiten Bearbeitung des Lustspiels unausgeglichen nebeneinander stehen, vgl. Bodensteiner, S. 662.

In den «Thesmophoriazusen» hat man ausser für das Erscheinen des Agathon (V. 95, vgl. S. 237) auch noch V. 280 ein «Ekkyklema» angenommen, indem man voraussetzte, dass die Versammlung der Frauen im Tempel stattgefunden habe. Dass der Scholiast, der zu dieser Annahme den Anlass gegeben hat, mit der Bemerkung: ἐκκυκλεῖται τὸ θεσμοφόριον, nicht an ein solches Ekkyklema gedacht hat, haben wir vorhin S. 240 bemerkt. Die Meinung, dass hierbei das «Tempelinnere» samt Schauspielern und 24 Choreuten mittelst einer Rollbühne gezeigt worden sei, hat zwar auch neuerdings noch Vorkämpfer gefunden (Bethe, Prolegomena zur Geschichte des Theaters, S. 117), darf aber allein schon wegen technischer Schwierigkeiten als unannehmbar bezeichnet werden; wir brauchen auf diesen Punkt nach dem, was wir soeben über die Rollbühne in den «Eumeniden» auseinandergesetzt haben, nicht wieder zurückzukommen. Mir scheint aber überhaupt die Voraussetzung, dass in den «Thesmophoriazusen» das Innere des Tempels sichtbar geworden wäre, jeder Begründung zu entbehren.

Wir wissen nichts Genaues über das Heiligtum der Thesmophoren und über die darin abgehaltene Festversammlung der Frauen. Aber wir haben keine Ursache, uns dort statt eines Tempels gewöhnlicher Art einen Bau wie das eleusinische Telesterion zu denken, und ebensowenig haben wir Anlass, uns die Thesmophorien-Ekklesia statt in den Formen anderer Volksversammlungen, die dem Herkommen nach unter freiem Himmel abgehalten wurden, nach Art einer Mysterienfeier vorzustellen. Der Dichter bezeichnet den Versammlungsplatz der Frauen schlechtweg als ἱερόν, vgl. 1045: ἐπὶ δὲ τοῖςδ' ἐς τόδ' ἀνέπεμψεν ἱερόν, ἔνθα γυναῖκες, und alles führt darauf hin, dass die erste Hälfte der Handlung (295-655) auf demselben Platze wie die zweite Hälfte (689 ff.), nämlich vor dem Tempel sich abgespielt habe, vgl. 584, 623, 893. Wenn nach der Entdeckung des Mnesilochos die Frauen τὴν Πύκνα πᾶσαν καὶ τὰς σκηνὰς durchsuchen, um zu sehen, ob da nicht ein unbefugter Beobachter verborgen sei (658), so hat das nur einen Sinn, wenn die Versammlung im Freien stattfand, weil sie nur dann von der Pnyx und den Festzelten (vgl. 625) aus beobachtet werden konnte. Unter dieser Voraussetzung sind aber, wie mir scheint, auch alle Vorgänge V. 279-655 vollkommen klar. Nachdem Euripides weggegangen ist, begiebt sich Mnesilochos zu dem (vor der Mitte des Spielhauses aufgebauten) Thesmophorion, um an dem (neben dem Eingang befindlichen) Altare zu beten: ἱερὸν νυν, ὦ Θρᾷτθ', ἕπου, (279). Wie er durch die Parodos hinausblickt, sieht er eine Schaar Frauen (das sind die Choreuten), die nun, nachdem in dem Thesmophorion das σημεῖον τῆς ἐκκλησίας ausgesteckt worden ist (277), mit Fackeln zur Festfeier heranziehen (489): ὦ Θρᾷττα, θέασαι, καιομένων τῶν λαμπάδων ὅσον τὸ χρῆμ' ἀνέρχεθ' ὑπὸ τῆς λιγνύος. Wie diese volkstümliche Wendung zu verstehen ist, hat Blaydes durch viele Beispiele erläutert, vgl. Pae. 1192: ὅσον τὸ χρῆμ' ἐπὶ δεῖπνον ἦλθ' ἐς τοὺς γάμους, und Eccles. 394: ἀτὰρ τί τὸ πρᾶγμ' ἦν, ὅτι τοσοῦτον χρῆμ' ὄχλου οὕτως ἐν ὥρᾳ ξυνελέγη. Für den Besuch des hochgelegenen Thesmophorion ist ἀνέρχεσθαι die übliche Bezeichnung, vgl. 623: ἀνελθὼν ἤδη δεῦρο πρότερον; 893: οὗτος πανοῦργων ἐσθ' ἀνελθὼν (585 und 1047: ἀνακέμψαι); Hesych: ἄνοδος· ἀνάβασις· ἦ ἐνδεκάτη τοῦ Πυανεψιῶνος, ὅτε αἱ γυναῖκες ἀνέρχονται εἰς Θεσμοφόρια. Während Mnesilochos opfert, haben die Frauen sich vor dem Tempel niedergelassen. Nun sucht auch er sich einen Platz, nachdem er die Sklavin weggeschickt hat. Ausser den Tempelstufen werden für die Choreuten und Statisten vermutlich noch Bänke in der Orchestra bereit gestanden haben, ebenso wie in den «Acharnern» V. 1 f. und in den «Ekklesiazusen» V. 57 Dann wird die ἐκκλησία eröffnet, sicher unter freiem Himmel, wie auch die Anrufung der olympischen Götter V. 331 f. beweist.

Damit haben wir wohl die Zahl der Spielauftritte erschöpft, für die es nötig scheinen könnte, die Frage, ob ein «Innenraum» sichtbar gemacht worden ist, zu erörtern.

Für die bauliche Anlage der Skene hat sich aus diesen Erwägungen keine neue Thatsache ergeben. Die Annahme, dass die Vorderwand der Skene während des Spieles geöffnet worden sei, liess sich in keinem Falle zur vollen Sicherheit erheben; wohl aber hat eine Anzahl von Auftritten sich nachweisen lassen, wo die Rücksicht auf die Zuschauer, die an den Seiten und in den höchsten Reihen sassen, dazu geführt haben könnte, Teile der Vorderwand und vielleicht auch des Daches hinwegzuziehen. Dass die Möglichkeit vorlag, solche Veränderungen durchzuführen, dürfen wir mit Rücksicht auf die Beschaffenheit des Spielhauses gewiss zugeben; und wenn man sich, wie es scheint, auch in jüngerer Zeit noch über die damit verbundene Störung der Illusion hinwegsetzte, so mag man auch im V. Jahrhundert daran keinen Anstoss genommen haben. Jedenfalls aber hat man nur sehr selten von diesem Kunstmittel Gebrauch gemacht. Für die Annahme einer besonderen Vorrichtung aber, die es ermöglicht hätte, einen «Innenraum» auf einer Rollbühne herauszuschieben, fehlt in den Dramen jeder Anhalt.

Rascher als über das «Ekkyklema» dürfen wir über die «Versenkungsmaschinen» hinweggehen, die man im Spielhause vorausgesetzt hat. Denn für das V. Jahrhundert lässt sich überhaupt keine besondere und ständige Einrichtung nachweisen, die (wie die von Pollux IV, 132 beschriebenen χαρώνιοι κλίμακες; und ἀναπιέσματα) dazu bestimmt gewesen wäre, den Schauspielern das Aufsteigen aus unterirdischen Räumen zu ermöglichen.

Der Schatten des Dareios in den «Persern» steigt aus dem über der Erde errichteten Grabbau empor und verschwindet darin wieder; dafür genügt ein etwa 3 m hohes Gerüst, das den Grabbau darstellt und in dem eine Leiter zu einer verschiebbaren Dachklappe führt; vgl. S. 197. In ähnlicher Weise wird in Sophokles «Polyxena» Achilleus über seinem Grabe erschienen sein; vgl S. 200. Im «Prometheus» versinkt der obere Teil des Gerüstes, das den Felsen darstellt, in den Unterbau. Das war wesentlich dadurch erleichtert, dass der Fels am Rande der hochgelegenen Orchestra errichtet war, wo schon durch den Gerüstbau, der den Höhenunterschied des Tanzplatzes und des angrenzenden Bezirks ausglich, ein grösserer Unterraum gegeben war; vgl. S. 198.

In einer Reihe anderer Auftritte scheint die Annahme, dass Schauspieler aus der Tiefe emporgetaucht seien, überhaupt nicht gerechtfertigt. Die Vorstellung, dass die Schattenbilder der Toten an einer beliebigen Stelle des Erdbodens emporsteigen könnten, ist, glaube ich, für die ältere griechische Zeit nicht nachweisbar. Der Tote, der in einem Grabe bestattet ist, kann nur aus diesem Grabe wieder hervorkommen, abgesehen etwa von den Fällen, wo er von Hermes geleitet, die Unterwelt durch eines ihrer Thore verlässt, um an einen bestimmten Punkt der Erde hingeführt zu werden. Wer aber der Grabesehren nicht teilhaftig geworden ist, irrt über der Erde schwebend umher.

Es darf daher als gänzlich ausgeschlossen gelten, dass Klytaimestra in den «Eumeniden» aus dem Fussboden des Tempels emporgetaucht sei. Wahrscheinlich trat sie aus dem Inneren der Cella in die Thüröffnung vor und verschwand wieder hinter der Tempelwand; denkbar wäre auch, dass sie durch die Parodos kam, vgl. V. 98: αἰσχρῶς δ' ἀλῶμαι. Vielleicht sollte sie nicht als das Schattenbild selbst, sondern als Traumbild, das den Erinyen erscheint, angesehen werden, V. 116: ὄναρ γὰρ ὑμᾶς νῦν Κλυταιμήστρα καλῶ.

Auf der Oberwelt irrt der Schatten des (noch unbestatteten) Polydoros in der «Hekabe» umher, wie der Dichter ausdrücklich angiebt, vgl. V. 32: τριταίον ἤδη φέγγος αἰωρούμενος. Da er der Mutter im Traume sich gezeigt hat (30, 54), so trat er vielleicht aus dem Zelte heraus, in dem Hekabe sich aufhielt, und ging V. 58 durch die Parodos ab, vgl. 52: γεραιᾷ δ' ἐκποδὼν χωρήσομαι Ἑκάβη.

Auch Protesilaos im gleichnamigen Stücke des Euripides konnte, wenn seine Rückkehr zur Oberwelt wirklich vor den Augen der Zuschauer erfolgte, nicht aus der Erde emportauchen, sondern musste von Hermes herbeigeführt werden (Apollodor, Epit. Vatic. 17, 16; Hygin. fab. 103), ähnlich wie Alkestis von Herakles in Euripides «Alkestis» (1008 f.).

Eine andere Form der Rückkehr aus der Unterwelt war vielleicht im Satyrspiel «Sisyphos» des Aischylos dargestellt, wenn man mit Recht in Fgm. 227 N.: ἀλλ' ἀρευρατὲς τίς ἐστι σμίνθος ᾧ;' ὑπερφυής, eine Anspielung auf das Wiedererscheinen des Sisyphos erkannt hat ;Wecklein, Sitzungsber. der bayer. Akad. 1893, II, 431). Wie alle, die im Hades lebendig ein- und ausgehen, so muss auch Sisyphos für seinen Besuch in der Unterwelt, also auch für seine Rückkehr, einen der Zugänge benutzt haben, die von der Oberwelt ins Reich der Schatten führen und die man sich durch Höhlen erreichbar dachte. Es könnte also Aischylos den Zugang zum Hades durch eine, vielleicht nur teilweise über den Boden hervorragende Höhle bezeichnet haben, die am Rande der Orchestra leicht aufgebaut werden konnte und in dem Spielhintergrunde der Satyrdramen mehr als ein Gegenstück gehabt haben mochte.

Vielleicht hätte Sisyphos auch wie aus einem Spalt der Erde unmittelbar aus dem Orchestraboden herauskriechen können, wenn darunter Hohlräume oder Gänge, wie sie in Eretria (S. 116) und anderen Theatern nachgewiesen worden sind, vorhanden waren, vgl. Dörpfeld, Berliner philol. Wochenschrift 1895, S. 68. Da aber unter der alten Orchestra des Dionysostheaters ein unterirdischer Gang nicht sicher nachgewiesen ist, und da im lykurgischen Theater, das auch noch für die Tragödien der Dichter des V. Jahrhunderts verwendbar sein musste, bestimmt keiner vorhanden war (vgl. S. 58), so wird man für die Erklärung der Spielvorgänge in den Dramen des Aischylos, wo nicht zwingende Gründe vorliegen, besser von solchen Unterräumen absehen.

Nach Erörterung der Vorrichtungen, die man teils mit Recht, teils irrtümlich in dem Spielhause des V. Jahrhunderts vorausgesetzt hat, erübrigt uns noch, die sogenannten Setzstücke, das sind die einzelnen Gegenstände und kleineren Schmuckbauten, mit denen der vor dem Proskenion befindliche Spielplatz ausgestattet war, ins Auge zu fassen.

Gewissermassen als Zubehör des Spielhauses können die Götterbilder, die kleinen Altäre, die Bänke u. dgl. betrachtet werden, die vor dem Hause oder in der Vorhalle angebracht wurden. Schon bei dem Königspalast im «Agamemnon» waren Statuen des Apollon (1034) und anderer Götter (δαίμονες ἀντήλιοι, 497) in Nischen der Vorderwand oder vor ihr auf besonderen Untersätzen aufgestellt; bei ihnen standen vielleicht auch kleine Altäre, die dem häuslichen Culte dienten. In ähnlicher Weise war vermutlich der Theaterpalast auch in jenen Dramen ausgestattet, in denen solcher fromme Schmuck nicht ausdrücklich erwähnt wird. Statue und Altar des Apollon wird nach attischer Sitte wol immer vor dem Hause gestanden haben (Soph. Oed. R. 919, El. 634, Eur. Phoen. 631); andere θεῶν δεξίμηλ' ἀγάλματα und Altäre werden vor dem Palast in den «Phoinissen» (631, 604, 274), Statuen der Artemis und Aphrodite im «Hippolytos» (73, 116) genannt. Seltener werden Götterbilder vor den Bürgerhäusern erwähnt (Arist. Vesp. 875, Nub. 83, 1478). Vor den Tempeln stehen wohl nur ausnahmsweise Cultbilder, ein βρέτας vor dem Athene-Tempel der «Eumeniden» (405, 424), ein ἄγαλμα vor dem Thetideion in der «Andromache» (115, 246, 311); aber regelmässig befindet sich daselbst ein Altar, Androm. 162, 565; Iph. Taur. 72, 63, 167; Ion 114, 422, 1255 (über die θυμέλη ὑπὸ ναοῖς vgl. S. 207); Thesmoph. 695, 886 (Votivtäfelchen als Schmuck 773). Alle diese Altäre standen, soweit sie nicht in den Vorhallen angebracht waren, vor oder neben dem Eingang der Gebäude und hatten die Massverhältnisse gewöhnlicher Opferaltäre. (Die zahlreichen Schutzflehenden, die am Hausaltare des Königs Oidipus versammelt sind, Oed. R. 16 und 142, werden wir uns nicht auf den Stufen des Altares, sondern auf denen des Palastes zu denken haben).

Ausser solchen Altären, die in engster Beziehung zum Spielhause stehen, werden aber in einigen Dramen auch grössere «Setzstücke» oder «Dekorationsstücke» vorausgesetzt, deren Standplatz strittig erscheinen kann.

In den «Choephoren» ist vor dem Spielhause das Grab des Agamemnon dargestellt; die ganze erste Hälfte des Dramas spielt in der Nachbarschaft dieses Grabes, an seinen Stufen sitzen Orestes und Elektra V. 488. Modernem Empfinden nach wird man geneigt sein, das Grab vom Palaste Klytaimestras möglichst entfernt, also etwa in der Mitte der Orchestra anzusetzen. Dagegen sprechen aber, wie ich glaube, abgesehen von den S. 196 vorgetragenen Erwägungen, die Vorgänge des ersten Auftrittes. Orestes sieht V. 10 die Frauen aus dem Palaste kommen, kann sich aber doch V. 21, ohne von jenen bemerkt zu werden, zurückziehen; als er dann V. 204 plötzlich auftritt, ist er sofort wieder in der Nähe der an dem Grabe stehenden Elektra. Das würde sich schwer verstehen lassen, wenn Orestes beide Male den Weg von der Mitte des Tanzplatzes zur Parodos zurücklegen müsste, erklärt sich dagegen leicht, wenn das Grab selbst nicht allzuweit von der Parodos stand. Zwischen dem Nebenthüren des Palastes und den Orchestrazugängen war aber genügend Raum für einen Grabbau, besonders dann, wenn die Thüren der einzelnen Palastteile, wie das später üblich war, nahe aneinander gerückt waren.

Die Erwägung aber, dass Klytaimestra das Grab des von ihr ermordeten Agamemnon doch kaum in solcher Nähe ihres Hauses errichtet haben dürfte, ist weder dem Aischylos noch seinem Zuhörerkreis gekommen. Man war noch gewöhnt, den Dichter mit dem Spielplatze wie mit einem idealen Raume schalten zu lassen; das Illusionsbedürfnis war noch nicht so gesteigert, um für jede Einzelheit realistische Begründung zu fordern. Mit gleicher Ungebundenheit und Naivetät hat sich Aischylos, im Gegensatz zu den Jüngeren, auch bei anderen Dingen über die Notwendigkeit der Motivierung hinweggesetzt, vgl. Dio Chrysost. or. 52, 6. Sophokles hat in seiner «Elektra» das Grab des Agamemnon ausserhalb des Spielplatzes versetzt (1457, 1464), da für ihn die Orchestra nur noch der zum Palaste gehörige Vorplatz war. Und wenn Euripides in seiner «Helena» die Nachbarschaft des Palastes und des Proteusgrabes ausdrücklich durch Theoklymenos begründen lässt (V. 1165: ἐκ' ἐξέδωσιν γὰρ ἔθαψα, Πρωτεῦ, σ' ἔνεκ' ἐμῆς προσρήσεως· ἀεὶ δέ σ' ἐξιών τε κεἰσιών δόμους Θεοκλύμενος παῖς ὅδε προσεννέπει, πάτερ), so ist das vielleicht nicht ohne Seitenblick auf seinen Vorgänger geschehen, den Euripides auch in seiner «Elektra» wegen der Art, wie in den «Choephoren» die Erkennung der Geschwister vorbereitet wird, in kleinlichem Rationalismus bekrittelt hat.

Dass auch dieses Proteusgrab in der «Helena» der einen Parodos benachbart war, möchte ich daraus schliessen, dass Helena V. 1 vom Grabe aus auf den — ausserhalb des Spielplatzes gedachten — Nilstrom hinweist, dessen Landschaft vielleicht irgendwie durch Malerei an dem Seitenbau des Spielhauses angedeutet war (vgl. S. 210); dazu kommt, dass die ersten Worte des durch die Parodos eintretenden Theoklymenos (1165) an das Grab gerichtet sind. Wenn Helena, die aus der Wohnung der Theonoe herauskommt (V. 527—556), längere Zeit bedarf, um zum Grabe zu gelangen, so mag man vermuten, dass es auf der dem Frauengemach entgegengesetzten Seite des Spielhauses lag. Was wir an Einzelheiten über den Grabbau hören, zeigt, dass er einem Steinaltar nicht unähnlich gewesen ist, vgl. 962: λάϊνος τάφος, 986: ξεστὸς τάφος, 547: τύμβου ἐπὶ κρηπῖδ' ἐμπύρους τ' ὀρθοστάτας. Wenn Menelaos ὑποστήξας τάφῳ (1203) dem Theoklymenos eine Zeit lang verborgen bleibt, so genügen auch hierfür die Massverhältnisse eines gewöhnlichen Altares.

Zu ähnlichen Schlüssen wie bei diesen Gräbern gelangt man auch für den Standplatz der grösseren Altäre, die im «Herakles» und in den «Herakliden» eine Rolle spielen. Der Altar im «Herakles» ist dem Zeus Soter als Denkmal für einen Siegeszug erbaut (48), ist also kein Hausaltar im engeren Sinn des Wortes; der Altar in den «Herakliden» ist dem Zeus Agoraios geweiht (70, 121, 238), steht daher auch kaum in einem cultlichen Verhältnis zu dem Tempel, der den Spielhintergrund bildet. Der Dichter konnte also den Standplatz dieser Altäre nach Belieben wählen. Unmittelbar vor dem Mittelbau durfte er sie aber, ohne den unteren Sitzreihen den Ausblick auf die Schauspieler zu benehmen, nur dann aufrichten lassen, wenn sie nur eine geringe Höhe hatten und die Schwelle der Hintergrundsbauten um 2—3 Stufen über dem Tanzplatz erhoben war. Die Altäre weiter gegen die Orchestramitte vorzurücken, konnte kein Anlass sein in einer Zeit, in der man bereits lange daran gewöhnt war, das Spiel in nächster Nachbarschaft der Skene sich abwickeln zu sehen. Zudem hören in den «Herakliden» die in dem Tempel Befindlichen die Stimme des Iolaos (474, 642), der aussen am Altare sitzt (44, 61, 79); sie können also nicht weit von einander entfernt gewesen sein. Allen diesen Erfordernissen würde wohl am besten entsprochen durch die Annahme, dass auch hier der Altar zwischen dem Hauptbau und der Parodos errichtet war.

Auch der in besonders grossen Massverhältnissen gedachte Altar in Euripides «Schutzflehenden», an dem Aithra und der ganze Chor — die Mütter der vor Theben erschlagenen Heerführer (32, 258, 289) mit ihren Dienerinnen — sitzen, kann nicht weit von dem Tempel entfernt gewesen sein, vor dessen Thor (104: ἐν πύλαις, vielleicht in einer Vorhalle) Adrastos mit den Kindern der Erschlagenen sich befindet (21, 107); denn während des Auftrittes V. 103—400 muss Theseus in gleicher Weise der Aithra wie dem Adrastos nahe sein. Ein so grosser Altar würde aber, wenn er gerade vor dem Tempeleingang gestanden hätte, den auf der Schwelle liegenden Adrastos (21) wenigstens für die unten Sitzenden gänzlich verdeckt haben. Wir werden ihm daher seinen Platz seitlich neben dem Tempel anweisen; gerade die grossen Altäre waren auch in der Wirklichkeit nur selten in der Axe des Tempels aufgebaut.

Für die Frage nach der Lage der Altäre in den zuletzt genannten Stücken kommt aber noch ein anderer Umstand in Betracht. Es wird hier überall vorausgesetzt, dass die Personen, die zu Beginn des Stückes an den Altären sitzen, sich schon dort befunden haben, bevor noch die eigentliche Handlung begonnen hat. Im «Herakles» sagt Amphitryon, der zusammen mit Megara und den Kindern des Herakles am Altare Schutz gesucht hat, V. 51: πάντων δὲ χρῄζει τάςδ' Ἕδρας φυλάσσομεν, οἴτων, ἐστῶν, ἱκέτας, also muss er schon seit längerer Zeit an dieser Stelle verweilt haben. In den «Schutzflehenden» des Euripides hören wir zu Beginn des Stückes, dass Aithra mit dem Chor bei dem Altare auf den Erfolg einer vorher abgesendeten Botschaft warte, V. 33: μένω πρὸς ἁγναῖς ἐσχάραις.... οἴχεται δέ μοι κήρυξ πρὸς ἄστυ δεῦρο Θησέα καλῶν. Und in gleicher Weise müssen wir uns auch in den «Herakliden» die Ankunft der Schutzflehenden, die teils im Tempel teils an dem Altare sich befinden, schon vor Beginn des Stückes erfolgt denken, vgl. 32: Μαραθῶνα καὶ σύγκληρον ἐλθόντες χθόνα ἱκέται καθεζόμεσθα βώμιοι θεῶν. Wenn wir nicht zugeben wollen, dass die Schauspieler erst vor den Augen der Zuschauer sich an die Altarstufen hinbegeben haben, an denen sie schon lange zu verweilen behaupten, dann müssen wir voraussetzen, dass die Gruppen zunächst hinter einem Vorhang so angeordnet worden waren. Damit wäre für die vorhin verfochtene Annahme, dass jene Altäre nahe am Proskenion standen, ein entscheidender Beweis gegeben, da nur bei solchem Standplatz ein Vorhang vor den Setzstücken angebracht werden konnte. Wir werden uns also an dieser Stelle auch mit der vielerörterten Frage nach dem Vorhandensein eines Vorhanges im alten Schauspielhause auseinanderzusetzen haben.

Ausser den eben erwähnten Dramen giebt es noch eine Reihe anderer, bei deren Beginn Schauspieler in bestimmter Haltung oder Handlung anwesend gedacht sind. Ebenso wie Amphitryon im «Herakles» muss auch Helena in der gleichnamigen Tragödie schon zu Anbeginn an dem Grabe des Proteus sitzen, da dieses ihr ständiger Aufenthalt ist, den sie nur auf ganz besonderen Anlass verlässt (393), vgl. 797: ὁρᾷς τήνου τοῦδ᾽ ἐθέλουσ᾽ ἕδρας ἐμάς, und 1228: τίνδ᾽ ἔτ᾽ οἰκήσεις τέφον; Nicht viel anders liegen die Dinge für Andromache (Eurip. Androm. 44), die auch schon zu Anfang des Dramas an dem Altar des Thetideion sitzt. Und der Sachlage in den euripideischen «Schutzflehenden» entspricht die Situation der Schutzsuchenden in Sophokles «König Oidipus» so genau, dass auch sie wohl schon an den Stufen des Palastes versammelt zu denken sind, noch bevor dem Zuschauer das Zeichen zum Beginn des Dramas gegeben ward.

In den «Wolken», den «Wespen», dem «Orestes» sah man zu Anfang des Stückes Personen im Schlafe, in den «Troerinnen» Hekabe in stummer Verzweiflung vor dem Spielhause liegen. In dem «Befreiten Prometheus» des Aischylos und in der «Andromeda» des Euripides erschienen von Anbeginn an die Schauspieler an Felsen gefesselt. Hier ist überall die Annahme, dass das Stück zunächst mit stummem Spiel eröffnet wurde, kaum möglich. Übrigens wäre ein solches Gebärdenspiel, wie man es etwa zu Beginn der «Acharner» oder des «Friedens» voraussetzen könnte, bei der Beschaffenheit des offenen griechischen Schauhauses eine überaus unvorteilhafte Art der Eröffnung.

In allen diesen Auftritten konnte der Schein der Wirklichkeit — wenigstens nach den uns geläufigen Vorstellungen — am besten erzielt werden, wenn die Zuschauer gleich von Anfang an ein fertiges Bild zu sehen bekamen. Daher sind auch die Neueren immer wieder, trotz des Mangels antiker Zeugnisse, zu der Annahme zurückgekehrt, dass bei den Aufführungen dieser Dramen schon ein Vorhang verwendet worden sein müsse, so neuerdings Weissmann, S. 32 f. und jetzt auch Bethe, S. 186 f.

In einigen der angeführten Fälle liess sich vielleicht der Forderung, ein fertiges Bild zu zeigen, auch ohne besondere Vorrichtung Genüge thun. Die in den Vorhallen schlafenden Personen konnten durch einen kleinen Vorhang, der den Vorraum (wie das auch im wirklichen Leben vorkam) nach aussen abschloss, und Andromeda konnte durch das Proskenion der vorausgehenden Tragödie (vgl. S. 215) bis zum Beginn des Stückes den Blicken der Zuschauer entzogen werden. Aber diese Erklärung versagt schon bei dem «Befreiten Prometheus», da dieser an demselben Felsen gefesselt erscheint, der zum Schluss des vorausgehenden Dramas in die Erde versunken war, und sie lässt sich auch für den «Herakles», die «Herakliden», die «Schutzflehenden» nicht anwenden, da man nicht wohl annehmen kann, dass vor den Tempeln und Palästen, die in diesen Dramen dargestellt waren, in den vorausgehenden Tragödien noch andere Schmuckwände, durch die sie hätten verdeckt werden können, aufgebaut waren. Hier konnte also nur mittelst eines vorgezogenen Vorhanges, der das Proskenion verhüllte, jener Grad von Illusion, der unseren Gewohnheiten nach unerlässlich erscheint, erzielt werden. Und in der That ist ein Vorhang ein überaus einfaches Hilfsmittel, das den Alten ebenso nahe gelegen haben muss wie uns Modernen.

Können wir also auch für die Verwendung des Vorhanges im V. Jahrhundert kein äusseres Zeugnis geltend machen, so ergiebt sich doch dafür aus den Voraussetzungen der besprochenen Spielauftritte eine grosse innere Wahrscheinlichkeit. Ob ein solcher Vorhang späterhin regelmässig oder nur in Bedarfsfällen benutzt wurde, vermögen wir nicht mehr zu bestimmen.

Ebensowenig lässt sich der Zeitpunkt feststellen, an dem zuerst ein Vorhang notwendig erscheinen musste. Denn es wäre natürlich verfehlt, daraus, dass in einem Drama ein Vorhang entbehrlich ist, zu folgern, dass er damals überhaupt noch nicht bekannt war; beginnen doch gerade einige der jüngsten unter den erhaltenen Dramen ganz nach alter Weise damit, dass die Schauspieler von aussen durch die Parodos oder aus der Skene kommen. Ziemlich hoch müssten wir mit der Einrichtung des Vorhanges wegen des «Befreiten Prometheus» des Aischylos hinauf rücken, wenn wir nicht etwa (mit Bethe, S. 177 f.) annehmen wollen, dass in der ursprünglichen aischyleischen Fassung des Προμηθεύς Δεσμώτης Prometheus gar nicht versinken, sondern in gefesselter Haltung bis zum Beginn des folgenden Stückes vor den Augen der Zuschauer anwesend bleiben sollte.

Aus den Veränderungen, welche an dem Spielhintergrund in der Pause zwischen je zwei Dramen vorgenommen werden, lässt sich kein bestimmter Beweisgrund für die Notwendigkeit eines Vorhanges ableiten. Schon in der Orestes-Trilogie musste das Spielhaus nach dem zweiten Stück einigermassen umgestaltet werden, um in den «Eumeniden» verwendet werden zu können, und in den «Choephoren» war das Grab des Agamemnon dargestellt, das in dem vorausgehenden Drama noch nicht vorhanden sein konnte, wenn nicht etwa, wie O. Müller (Anhang zu Aischylos Eumeniden, S. 38) meinte, derselbe Bau im «Agamemnon» und in den «Eumeniden» als grosser Altar zu dienen hatte.

Dass aber diese und ähnliche Veränderungen der Schmuckbauten auch vor den Augen der Zuschauer durchgeführt werden konnten, ohne dass man sich dadurch in der Illusion gestört fühlte, das wird derjenige nicht leugnen wollen, der sich gegenwärtig hält, dass auch in neuester Zeit noch auf mehreren grossen Bühnen der Versuch gemacht worden ist, Dekorationswechsel innerhalb der Akte ohne Zwischenvorhang geschehen zu lassen.

Müssen wir also auch darauf verzichten, eine genauere Zeitgrenze für die «Erfindung» des Vorhanges festzusetzen, so dürfen wir doch wenigstens bei den eben besprochenen Dramen, die uns schon in den Eröffnungsauftritten ruhende Gruppen von Schutzflehenden vor Augen führen, einen Vorhang mit um so grösserer Wahrscheinlichkeit voraussetzen, als uns auch schon auf Grund anderweitiger Erwägungen die Bedingungen erfüllt schienen, welche allein die Verwendung eines Vorhanges möglich machen konnten. Denn wie uns Erfordernisse der Dichtungen zu der Annahme führten, dass jene Altäre und Grabbauten dem Proskenion unmittelbar benachbart waren, so dürfen wir andrerseits auch die Thatsache für gesichert erachten, dass das Spielhaus mit weit vorspringenden

Paraskenien versehen war, die zur Befestigung eines die Schmuckbauten verdeckenden Vorhanges wohl geeignet waren.

Auf die allgemeinen Gründe, welche das Vorhandensein solcher vortretender Seitenbauten erschliessen lassen, haben wir zwar schon S. 202 hingewiesen. Es mag aber bei der Wichtigkeit, welche den Paraskenien im Gesamtbilde der Skene zukommt, nicht überflüssig sein, am Schlusse unserer Untersuchung nochmals auf sie zurückzukommen.

Wenn schon der Umstand, dass die Paraskenien als Stütze und Abschluss des beweglichen Proskenion dienten, zu der Folgerung führt, dass sie noch ein Stück vor die Linie des Proskenion vortreten mussten, so weisen verschiedene Spielvorgänge darauf hin, dass der freie Raum zwischen den Paraskenien noch tief genug gewesen sei, um während ganzer Auftritte als Spielplatz auszureichen. Wir können häufig beobachten, dass Schauspieler, die vor dem Proskenion stehen, und solche, die durch die Parodos eintreten, nicht sofort einander ansichtig werden; das erklärt sich leicht, wenn vorstehende Seitenbauten ihnen den freien Ausblick verwehrten (Weissmann, S. 20 f., 45, 61), wobei freilich zu bedenken bleibt, dass der Dichter das Recht hat, seine Personen nicht immer alles überschauen zu lassen, was zu überschauen möglich wäre. Als unbedingt notwendig aber darf man das Vorhandensein solcher Paraskenien bei denjenigen Auftritten erachten, in denen Schauspielpersonen sich in die Parodos zurückziehen, um von Personen, die aus der Skene heraustreten, nicht gesehen zu werden (vgl. S. 192).

Es steht also auch nichts im Wege, das Proskenion hinter der Fluchtlinie der Paraskenien so weit eingerückt zu denken, dass in dem freien Raume zwischen den Paraskenien noch ein Altar und andere Setzstücke aufgestellt werden konnten. Um das zu ermöglichen, genügte es, wenn die Flankenbauten etwa 2 Meter vor die glatte Wand des Proskenion, also etwa 3—5 Meter vor die Vorderwand der Skene vortraten. Ein Raum von solcher Tiefe war aber in der That auch dann erforderlich, wenn dort z. B. ein Hain, wie er oben für den «Aias» und den «Oidipus auf Kolonos» als Spielhintergrund vorausgesetzt wurde (S. 212), aufgestellt werden sollte.

Ob die vor den eigentlichen Schmuckbau vorspringenden Teile der Paraskenien auch den jeweiligen Voraussetzungen der Dramen entsprechend verziert worden sind, wissen wir nicht (vgl. S. 202). Für spätere Zeit ist bezeugt, dass in den Seitenbauten sich die sogenannten Periakten befanden (vgl. A. Müller, 122). Dass solche Drehvorrichtungen schon im V. Jahrhundert vorhanden waren, lässt sich nicht erweisen. Wohl aber ist es möglich, dass durch eine bemalte Wand, einen Vorhang oder einen Pinax, an den Paraskenien angedeutet war, welcher Art die rechts und links dem dargestellten Spielhintergrund benachbarte Gegend war. Denn sicher hatten die von den Paraskenien und dem Zuschauerraume begrenzten Parodoi schon im V. Jahrhundert feste Bedeutung insofern, als die eine Seite zur Heimat (im engeren oder weiteren Sinne), die andere in die Fremde führte. Da für den Athener «in die Fremde gehen» soviel heisst wie «über See gehen», und da für den Städter der Marktplatz im Gegensatz zum freien Lande der gewöhnliche Aufenthaltsort ist, so können die beiden Eingänge je nach den gegebenen Bedingungen des Stückes verschiedene Gegensätze bezeichnen, bald Markt und Burg auf der einen, Land auf der anderen Seite, bald hier Stadt, dort Hafen, bald im allgemeinen hier Festland, dort Meer. Man darf annehmen, dass diese Scheidung, über die in der Grammatikerüberlieferung etwas verwirrte Nachrichten vorliegen Poll. IV, 126, vgl. Rohde, De Pollucis fontibus, 61 und A. Müller, 158 f.) schon im V. Jahrhundert in derselben Weise durchgeführt war, die sich für die Zeit der jüngeren Komödie belegen lässt, indem im Dionysos-Theater links vom Schauspieler d. h. im Westen die Stadt (Markt), rechts d. h. im Osten das Meer (Hafen) vorausgesetzt wurde, vgl. Plaut. Amphitruo 333, Menaechmi 551, Mercator 879. Darauf deutet auch die Bezeichnung ἀριστεροστάται, die den besten Sängern des tragischen Chores gegeben wurde (A. Müller, 205). Denn wenn diese, die beim Einmarsch die den Zuschauern nächste Reihe bildeten, in der Regel an dem linken Flügel standen, so erklärt sich das daraus, dass der Chor in weitaus den meisten Fällen von rechts (vom Zuschauer aus) kam; die rechte Seite musste also die Seite der «Heimat» sein, wo in der Regel der Wohnsitz der den Chor bildenden Personen gedacht werden sollte. Vielleicht darf man dafür, dass Stadt und Burg links vom Schauspieler angesetzt wurden, auch den (vermutlich von Euripides entlehnten) Vers aus der «Medea (exul)» des Ennius anführen: «asta atque Athenas anticum opulentum oppidum (die πόλις) contempla et templum Cereris (das Eleusinion oder Thesmophorion) ad laevam aspice» (Ribbeck, Fragm. trag. lat. p. 51, Röm. Tragödie, S. 157).

Damit haben wir alles Wesentliche erschöpft, was wir über die Ausstattung des Spielplatzes und seiner einzelnen Teile aus den Dramen ableiten zu dürfen glaubten, ohne uns allzuweit in das Gebiet subjectiver Vermutungen, denen sich freilich nicht gänzlich ausweichen liess, zu verlieren. Wie im allgemeinen der Gang der Entwickelung gewesen sein mag, den das Spielhaus genommen hat, ist S. 201 angedeutet. Ihn im einzelnen zu verfolgen, ist unmöglich, da wir nur für das letzte Drittel des V. Jahrhunderts über eine geschlossene Gruppe von Dramen verfügen. Wohl aber mag der Versuch erlaubt sein, für diese jüngere Periode die einzelnen Züge, die sich in der vorausgehenden Untersuchung aus den Spielerfordernissen der Dramen ergeben haben, zu einem einheitlichen Bilde zusammenzufassen.

An der den Zuschauern gegenüberliegenden Seite wird die Orchestra, deren Kreisfläche völlig frei bleibt, fast in ihrer ganzen Länge von einem niedrigen Bau, dem Spielhause, abgeschlossen. Dieses Spielhaus besteht aus einem grossen Schauspielersaal, dessen Vorderwand um etliche Meter hinter der Tangente des Kreises zurückliegt, und aus zwei Seitenbauten, die bis zu den Orchestrazugängen vortreten und zwischen sich einen grossen freien Raum einschliessen. In diesem Raum werden die Proskenien aufgebaut und einzelne Setzstücke aufgestellt. Die

Vorderwand des Proskenion, das meist ein körperlich aufgebautes Haus ist, tritt noch um ein Beträchtliches hinter die Flucht der Paraskenien zurück. Über dem Schauspielersaal wird für die Tragödienaufführungen fast regelmässig, für die Komödien nur ausnahmsweise ein Obergeschoss errichtet, dessen Vorderwand dann entsprechend geschmückt oder auch mit einem besonderen Proskenion versehen wird. Dieser Oberbau erstreckt sich manchmal oder immer auch über die Paraskenien, die dann vielleicht ebenfalls mit Schmuckwänden oder Vorhängen verkleidet wurden. Zur Bestimmung der Lage der inneren Thüren und Treppen fehlt es in den Dramen an Anhaltspunkten. Eine ständige Bühne ist nicht vorhanden.

Wenn wir oben (S. 177) betont haben, dass den Vermutungen über die Beschaffenheit des hölzernen Spielhauses feste Grenzen gezogen seien, weil uns die Gestalt der steinernen Skene des IV. Jahrhunderts bekannt ist, und diese sich aus den ältesten Vorstufen ohne Zwang ableiten lassen muss, so dürfen wir jetzt darauf hinweisen, dass in dem Bilde, das wir hier von der Skene des Euripides und Aristophanes zu zeichnen versucht haben, sich kein Zug findet, der dieser Forderung nicht entsprechen würde. Oder, um es mit anderen Worten zu sagen, die lykurgische Skene entspricht so genau den Bedingungen, die für das Spielhaus des V. Jahrhunderts gestellt werden, dass man ohne Weiteres alle Dramen, von der Orestie des Aischylos an, vor der Skene des Lykurgos sich aufgeführt denken könnte. Wir werden das als einen durchschlagenden Beweis für die Richtigkeit unserer Annahmen über das Spiel des V. Jahrhunderts betrachten dürfen, wenn es uns gelingt, die bisher als selbstverständlich hingestellte Thatsache zu erweisen, dass die Aufführungen im lykurgischen Theater denen des V. Jahrhunderts gleichartig gewesen sind. Das wollen wir im Folgenden klar zu stellen suchen.

3. Der Spielplatz in den Dramen des IV.–I. Jahrhunderts.

Für die Geschichte des Theaterspiels in der Zeit vom IV. bis I. Jahrhundert haben wir, so sollte man meinen, unzweideutige Zeugnisse in den Bauwerken dieser Epoche. Die Gestalt des Spielhauses um die Mitte des IV. Jahrhunderts kennen wir durch das lykurgische Theater in Athen. Eine etwas jüngere Abart, die Skene mit steinernem Proskenion, dessen Vorläufer, das hölzerne Pinakes-Proskenion, wir durch die Inschriften von Delos bis in den Anfang des III. Jahrhunderts zurückverfolgen können, ist uns durch die Theater von Epidauros, Oropos und anderen Orten bekannt. Was diese architektonischen Zeugen über die Art der Aufführung erschliessen lassen, ist oben S. 69 und 79 dargelegt.

Aber diese aus den Denkmälern abgeleiteten Ergebnisse sind jenen nicht unanfechtbar erschienen, die sich auf Grund litterarischer Nachrichten eine bestimmte Anschauung von dem Schauspiele in der späteren Zeit gebildet haben und dieser Anschauung entsprechend auch die erhaltenen Bauten auszudeuten versuchen. Wir können uns daher der Aufgabe nicht entziehen, aus den spärlichen Resten der Dramen und aus den schriftstellerischen und inschriftlichen Zeugnissen ein Bild von den Aufführungen des IV. Jahrhunderts und der hellenistischen Zeit —zunächst ohne Rücksicht auf die Bauten— zu entwerfen, wobei wir ganz in derselben Weise, wie wir das für die erhaltenen Dramen der klassischen Periode gethan haben, vor allem zwei Punkte ins Auge zu fassen haben werden: erstens die Teilnahme des Chores an den Schauspielen und zweitens die Erfordernisse der Ausstattung.

Für den ersten Punkt werden wir die verschiedenen Dichtungsarten gesondert behandeln müssen, während bei dem zweiten diese Scheidung als überflüssig bei seite gesetzt werden darf.

Was den Chor der Tragödie betrifft, so steht zunächst durch ausdrückliche Zeugnisse fest, dass auch noch in der zweiten Hälfte des IV. Jahrhunderts die Stücke des Sophokles und Euripides in Athen aufgeführt worden sind. Und zwar dürfen wir, da gerade damals der Redner Lykurgos, der Erbauer des steinernen Theaters, es sich angelegen sein liess, die Texte der älteren Dramen rein und unverletzt zu erhalten, mit Bestimmtheit behaupten, dass jene Dramen in seinem Theater unverändert in der Gestalt, in der sie von den Dichtern hinterlassen worden waren, also samt ihren Chören aufgeführt worden sind. Dass aber auch die καιναὶ τραγῳδίαι des IV. Jahrhunderts des Chores nicht entbehrten, bedarf wohl keines Beweises. Vgl. Capps, American journal of archaeology X (1895), 289 f.. Ἐν δὲ χορῶν τραγικῶν ἱεραῖς ἁμίλλαις hat Theodektes nach dem Wortlaut seines Grabepigramms (Steph. Byz. s. v. Φασηλίς) seine Siege davon getragen; und noch Aristoteles und Theophrast (Char. 22, p. 145, Petersen) bezeugen die tragische Choregie.

Aber auch darüber, dass der Chor noch in gleicher Weise mit den Schauspielern zusammenspielte wie im V. Jahrhundert, kann kein Zweifel sein. Man hat allerdings aus einer Bemerkung des Aristoteles (Poet. 18, 1456) das Gegenteil schliessen wollen. Dort wird getadelt, dass die Chöre Lieder sängen, die in keiner engeren Beziehung zum Stoffe der Dichtung ständen. Aber Aristoteles spricht hier nur vom Inhalt der Chorlieder. Davon, dass das äussere Verhältnis der den Chor bildenden Personen zu den Schauspielern geändert worden sei, sagt er nichts. Im Gegenteil! Nur dann, wenn die Chorpersonen nach wie vor den Rollenträgern nahe standen, konnte man es ihnen zum Vorwurf machen, dass sie sich in ihren Liedern nicht mit den Ereignissen der Spielhandlung, sondern mit anderen Dingen beschäftigten. Und wenn Aristoteles die Regel aufstellte: τὸν χορὸν δὲ ἕνα δεῖ ὑπολαβεῖν τῶν ὑποκριτῶν καὶ μόριον εἶναι τοῦ ὅλου καὶ συναγωνίζεσθαι, so folgt daraus, dass zu seiner Zeit Chor und Schauspieler denselben Standplatz hatten; denn nur dann konnte der Chor wie ein Schauspieler in die Handlung eingreifen.

In der That sehen wir im «Rhesos», der nach allgemeiner Anschauung erst im IV. Jahrhundert gedichtet ist, den Chor so lebhaften und vielfachen Anteil an den Ereignissen nehmen, wie in irgend einem älteren Drama. Und wenn

Aischines, als er im Theater von Kollytos in der Rolle des Oinomaos niederstürzte, von dem Chorlehrer Sannion (Demosthen. Mid. 58) aufgehoben wurde (Vit. Aesch. p. 296, Westerm.), so zeigt das eben, dass der χοροδιδάσκαλος, der vielleicht als κορυφαῖος mitwirkte, in unmittelbarer Nähe des Schauspielers stand.

Aber auch noch im III. Jahrhundert wurde der Chor in der Tragödie beibehalten. Die Behauptung, dass er seit der Zeit Alexanders einfach bei seite gesetzt worden sei, ist durchaus willkürlich und kann sich auf kein Zeugnis gründen. Allerdings sind in den Technitenverzeichnissen der delphischen Soterien (Wescher-Foucart, Inscr. de Delphes, n. 3-6; Lüders, Die dionysischen Künstler, S. 187 f.), die man, wie ich (De musicis Graecor. certaminibus, S. 88 f.) ausgeführt habe, etwa um 270 ansetzen kann, tragische Choreuten neben den tragischen Schauspielern, dem Flötenspieler und dem Didaskalos nicht besonders aufgezählt. Aber es liegt nahe, dies daraus zu erklären, dass in den Tragödien eben dieselben Sänger verwendet wurden, die als Mitglieder der Auleten-Chöre in den Inschriften verzeichnet sind, vgl. Ian, Verhandl. der 39. Philologenversammlung zu Zürich (1887) S. 87. Etwa 100 Jahre später hören wir in Delphi von einem Auleten Satyros, des Eumenes Sohn, aus Samos, der aus Dankbarkeit für den errungenen Sieg ἆσμα μετὰ χοροῦ Διόνυσον καὶ κιθάρισμα ἐκ Βακχῶν Εὐριπίδου (gemeint ist wohl das erste Chorlied, V. 65 f.) zur Aufführung brachte (Bull. de corr. hell. XVIII, 85). Wie damals die Chorsänger des Flötenspielers einen einzelnen euripideischen Chor sangen, — Tragödienaufführungen hatten scheinbar an jenem Feste nicht mehr statt gehabt—, so wird auch in früheren Zeiten regelmässig der Chor für die Tragödie aus der Schaar der dithyrambischen Sänger, die alle demselben Technitenverein wie die Schauspieler angehörten, zusammengesetzt worden sein. Eine solche Teilnahme von Chören an den Tragödienaufführungen der Soterien darf man schon darum voraussetzen, weil an jenen Festen offenbar durchweg ältere Tragödien dargestellt worden sind und neben dem führenden Protagonisten ein besonderer Didaskalos, falls kein Chor vorhanden gewesen war, kaum notwendig sein konnte. Gerade für die Epoche der delphischen Technitenlisten können wir eine Wiederholung des euripideischen Herakles an den Soterien durch das Siegesverzeichnis eines tegeatischen Schauspielers (Bull. de corr. hell. XVII, 15) belegen.

Ausdrücklich bezeugt ist der Tragödienchor in Delos für 279 durch die Inschrift Bull. hell. XIV, 396, Z. 83: χορῷ τῷ γενομένῳ τοῖς κωμῳδοῖς καὶ τῷ τραγῳδῷ Δράκοντι (vgl. S. 397 unten: εἰς τὸν χορὸν τὸν γενόμενον Τιμοστράτῳ τῷ αὐλητῇ). Es ist ein hübscher Zufall, dass dieser Drakon (aus Tarent, Bull. hell. VII, 108; XIV, 502) gerade einer der Protagonisten ist, die auch an jenen Soterienfesten mitgewirkt haben (a. a. O. n. 4, 48: Δράκων Λύκωνος Ταραντῖνος). Als ein mittelbares Zeugnis für die Verwendung eines tragischen Chores kann auch das Techniten-Verzeichnis von Ptolemais aus der Zeit des Philadelphos (Bull. hell. IX, 132) gelten, in dem neben den Tragöden, Komöden und συναγωνισταί auch der χοροδιδάσκαλος und nach ihm der αὐλητὴς τραγικός genannt werden. Und als um 200 vor Chr. Aristophanes von Byzanz seine Commentare schrieb, da hatte er noch Gelegenheit in Alexandrien die Tragödien der älteren Zeit im Wesentlichen in ihrer ursprünglichen Gestalt zu sehen (v. Wilamowitz, Euripides Herakles I, 152); das darf man wohl daraus entnehmen, dass er allerlei kleiner Änderungen der Regisseure Erwähnung gethan hat (vgl. Schol. Eur. Or. 58, 1366, Hipp. 172), aber über irgend welche Umarbeitungen der Chorlieder nichts zu berichten weiss.

Geringeres Gewicht mag darauf gelegt werden, dass Tragödien-Choregie in Delos für das ganze dritte Jahrhundert (Bull. hell. VII, 104 f.), in Iasos in einzelnen Beispielen für das zweite Jahrhundert (Le Bas-Waddington III, 256 f.), in Samos (Monatsber. der Berliner Akademie 1859, S. 754 f.) für das zweite oder erste Jahrhundert bezeugt ist; denn im jüngeren Sprachgebrauch könnten diejenigen, welche die Kosten der Aufführung bestreiten, auch dann als Choregen bezeichnet worden sein, wenn sie nicht wirklich für einen Chor zu sorgen hatten. Noch weniger aber darf man umgekehrt daraus, dass ein τραγῳδός allein genannt wird, schliessen, dass er ohne Chor aufgetreten sei. Denn in der jüngeren Zeit ist der τραγῳδός, d. h. der Protagonistes, zugleich «Unternehmer» der Aufführungen, der selbst das übrige notwendige Personal mitzubringen hat, vgl. Lukillios, Anth. Pal. XI, 11: οὐκ ᾔτουν σε τραγῳδόν, Ἐπίκρατες, οὐδὲ χορᾳυλήν, οὐδ' ἀλλ' οὐδὲν ὅλως, ὧν χορὸν ἔστιν ἔχειν· ἀλλ' ἐκάλουν σε μόνον· σὺ δ' ἔχων χορὸν οἴκοθεν ἥκεις... (Lüders, Dionysische Künstler, S. 123). Diese Chöre bestanden natürlich, wie das gerade bei scenischen Chören auch schon in älterer Zeit üblich geworden war, ganz aus berufsmässigen Techniten, die entweder vom Tragodos bezahlt wurden oder einen bestimmten Anteil an dem Gewinn des Technitenvereins hatten, dem sie angehörten.

Nach einer Richtung allerdings hat der tragische Chor im IV. und III. Jahrhundert eine Veränderung durchgemacht. Wenn in ältester Zeit (bei Phrynichos und Aischylos) ein Hauptgewicht auf die kunstvollen Tänze fiel, so war schon in der Tragödie der euripideischen Zeit die Orchestik stark verkümmert. Diese Entwickelung hat in der Folgezeit ihren Fortgang genommen, so dass der Tänzerchor zu einem Sängerchor wurde. Das bezeugt eine Nachricht bei Philodemos (De mus. IV, 7, p. 70, Kemke), auf die v. Wilamowitz (Euripides Herakles I, 131) hingewiesen hat. Philodemos berichtet, Diogenes der Babylonier (der im zweiten Drittel des II. Jahrhunderts vor Chr. thätig war) habe gesagt, dass die Wirkung des Dramas seit dem Wegfall des Tanzes nicht geschwunden sei: καὶ διότι περιῃρημένης τῆς ὀρχήσεως ἐκ τῶν δραμάτων οὐδὲν ἔχομεν ἔλαττον, ἐπειδήπερ οὐδὲν ἦν ἐν οὐδεμιᾷ πρὸς τὸ καλὸν καὶ γενναῖον συνέργημα. Hier ist aber nur vom Wegfall des Tanzes, nicht von dem des Gesanges die Rede, so dass man vielleicht diese Nachricht geradezu als ein Zeugnis für das Fortbestehen des letzteren bis zum zweiten Jahrhundert betrachten darf.

Hand in Hand mit dieser veränderten Bestimmung des Chores mag dort, wo die Mittel knapp waren, auch die Zahl der Choreuten eingeschränkt worden sein. Einen tragischen Chor von sieben Personen zeigt neben den drei

Schauspielern das Wandgemälde eines kyrenäischen Grabes, das Wieseler, Theatergebäude und Denkmäler T. XIII, nach der ungenügenden Publikation bei Pacho, Relation d'un voyage dans la Marmarique, la Cyrenaique etc. (Paris 1827) T. 49 u. 50, wiederholt hat. Leider erlaubt der Charakter dieser Veröffentlichung nicht, Stil und Malweise des Gemäldes zu bestimmen, und ich wage daher nicht zu entscheiden, ob das Bild der junghellenistischen oder erst der römischen Zeit zuzuschreiben ist. Aber selbst wenn das Bild erst in der Kaiserzeit gemalt sein sollte, so sind wir doch zu der Annahme berechtigt, dass auch dieser Chor, ebenso wie die anderen Eigentümlichkeiten der dargestellten Techniten-Schaar, heimischer griechischer Sitte entlehnt ist.

Wenn aber die grössere oder geringere Stattlichkeit des tragischen Chores von dem Wohlstande der Festgeber abhängig gewesen sein mag, so darf man doch bezweifeln, ob jemals bei Tragödien der Chor völlig wegfallen konnte. Möglich, dass man aus Mangel an Hülfsmitteln gelegentlich die Partien des Chores durch einzelne Personen sprechen liess. Wenn aber im eigentlichen Griechenland im Jahrhundert des grössten künstlerischen und socialen Tiefstandes (etwa von 220—120 v. Chr.) nur ganz selten Tragödien aufgeführt worden zu sein scheinen, so ist dies vielleicht eben in dem Umstande begründet, dass die Tragödien einen Chor erforderten und daher zu kostspielig waren.

Übrigens ist wohl selbst in jenen armen Zeiten der Zusammenhang mit den Tragödien des V. und IV. Jahrhunderts nie völlig verloren worden. So sehr das dichterische Schaffen auch gerade auf dem Gebiete der Tragödie seit der Mitte des III. Jahrhunderts zurückgegangen ist, so hat es doch selbst im II. Jahrhundert vor Chr. nicht ganz an Tragödiendichtern gefehlt. Ich erinnere nur an Dymas von Iasos (Inscriptions in the Brit. Museum III, 444), an Melanthios, den Schüler des Karneades (Gomperz, Philodem und die ästhet. Schriften der herculanischen Bibliothek, Sitzungsber. der Wiener Akademie CXXIII, 1891, S. 84', an Euandridas von Milet (Kaibel, Epigramm. S. X, 222 b; Preuner, Hermes XXIX, 553), an Dionysios, Sohn des Demetrios, in Delos (Bull. hell. 1889, S. 372). Die reichere dichterische Schaffenslust, die im Jahrhundert vor Chr. bemerkbar wird, ist auch für die Tragödie genügend bezeugt durch die agonistischen Listen aus Böotien und Oropos (vgl. Reisch, De musicis Graec. certam., S. 110 f. und CIGS. 416 f., 541 f., 1760 f., 2727, 3195 f.), denen sich die Inschriften von Delphi (Bull. hell. XVIII, 93), von Magnesia (Athen. Mittheil. XIX, 98), Samos (Journ. hell. VII, 148) u. a. anreihen.

Es ist sehr wohl möglich, dass diese Spätlinge dem Chor mit Rücksicht auf die Verhältnisse ihrer Zeit nur einen möglichst kleinen Raum in ihren Dichtungen zugewiesen haben. Aber es ist festzuhalten, dass, solange nicht die Kunstform der chorlosen Tragödie bei den Griechen nachgewiesen ist, die Einschränkung des Chores nur als ein Notbehelf angesehen werden kann. Überall dort, wo man über reichere Mittel verfügte, wird man im tragischen Schauspiel nach wie vor einen vollen Chor haben auftreten lassen.

Dieses Bild von den griechischen Tragödienaufführungen findet seine beste Bestätigung in der Geschichte der römischen Tragödie, vgl. Capps, Amer. journ. of archaeol. X, 297. Die Tragödiendichter der älteren republicanischen Zeit haben, wie es scheint, den Chor vielfach eingeschränkt (Leo, Plautinische Forschungen, 85), weil die Mittel, die ihnen zur Verfügung standen, knapp waren. Sie haben ihn aber nicht völlig aufgegeben, sondern ihm mehr als einmal auch eine thätige Rolle in dem Plane der Dichtung zugeteilt (Ribbeck, Röm. Tragödie, 638). Bei den Aufführungen der letzten republicanischen und der ersten Kaiser-Zeit scheint der Chor eine ähnliche Bedeutung gehabt zu haben, wie in den Dramen der griechischen Klassiker. Wenn Horaz A. P. 193 anempfiehlt: *actoris partes chorus officiumque virile defendat, neu quid medios intercinat actus, quod non proposito conducat et haereat apte*, so schliesst er sich damit genau an die Lehren des Aristoteles an. Dass diese Verwendung des Chors den Römern erst durch litteraturgeschichtliche Ausgrabungen bekannt geworden sei, ist eine Behauptung, die sich ebenso wenig beweisen lässt, wie die Meinung, dass die späthellenistischen Dichter ihre Tragödien nach anderen Grundsätzen gebaut hätten, als ihre Vorläufer und ihre Nachfolger.

Aus diesen Darlegungen über die Geschichte des Tragödienchores lassen sich aber einige wichtige Folgerungen für den Spielplatz des IV. Jahrhunderts und der folgenden Zeit ziehen. Zunächst ergiebt sich, dass für das Tragödienspiel in dieser Zeit zwar nicht mehr die volle Orchestra, aber doch ein Platz von beträchtlicher Ausdehnung notwendig war, auf dem sowohl der Singchor wie die Schauspieler sich bewegen konnten. Fasst man den Gang der Entwickelung ins Auge, den der tragische Chor seit dem IV. Jahrhundert genommen hat, so wird man als das Wahrscheinlichste betrachten dürfen, dass der Singchor seit dem IV. Jahrhundert in der der Skene benachbarten Hälfte der Orchestra, in welche die Parodoi mündeten, sich aufzuhalten pflegte. Aus der Teilnahme des Chores am Tragödienspiel lässt sich aber des Weiteren schliessen, dass auch die Theater des IV. und III. Jahrhunderts so angelegt gewesen sein müssen, dass sie ein Zusammenspiel von Chor und Schauspielern gestatteten. Denn selbst an kleinen Orten, wo in der Zeit von 250—100 vielleicht Jahrzehnte lang keine Tragödien aufgeführt worden sind, wird niemand ein steinernes Theater gebaut haben, das von vornherein jede Möglichkeit ausschloss, bei der Wiederkehr günstigerer Geldverhältnisse in der altherkömmlichen Weise chorische Tragödien aufzuführen. Bevor wir diese Thatsachen für die Beurteilung der erhaltenen Bauten nutzbar zu machen suchen, müssen wir noch die Rolle des Chores im Satyrspiel und in der Komödie ins Auge fassen.

Über den Chor des Satyrspiels können wir uns kurz fassen, da von ihm ähnliches wie von dem der Tragödie gelten darf. Wenn Sositheos von Dioskorides (Anth. Pal. VII, 707) als Wiedererwecker des Satyrspieles gepriesen wird — ἐκισσοφόρησε γὰρ ὀνὴρ ἄξια Φλειασίων, ναὶ μὰ χορούς, Σατύρων —, so kann gewiss nicht an ein Satyrspiel ohne Chor gedacht werden. Wir haben aber um so weniger ein Recht, für die Satyrspiele des zweiten und ersten vorchristlichen Jahrhunderts — vgl. die S. 261 angeführten Inschriften — das Vorhandensein eines Chores zu leugnen, als diese späten Dichtungen in der Wahl der Stoffe sich noch ganz an die Satyrdramen des V. Jahrhunderts angeschlossen zu haben scheinen, vgl. Kern, Athen. Mittheil. XIX, 100. Während aber der Tragödienchor keine Tanzbewegungen ausführte, wird man sich das Satyrspiel wenigstens dort, wo der Chor wirklich aus Satyrn bestand, nicht ohne Tanz denken mögen.

Einen ganz anderen Entwickelungsgang als in der Tragödie hat dagegen der Chor in der Komödie genommen. Auf die Streitfrage, welchen Anteil der Chor in der sogenannten mittleren Komödie hatte, brauchen wir uns hier nicht einzulassen. Denn die Grammatikernachrichten, die schon mit dem Ende der aristophanischen Zeit Chor und Choregen für die Komödie in Wegfall kommen lassen (Platonios bei Dübner, Proleg. de com. p. XIII, 24; Vit. Aristophan. p. XXVIII, 65; Schol. Aristoph. Ran. 404), werden durch ausdrückliche Zeugnisse des IV. Jahrhunderts genügend widerlegt, vgl. Aeschin. Timarch. 157: τρῴην ἐν τοῖς κατ' ἀγροὺς Διονυσίοις κωμῳδῶν ὄντων ἐν Κολλυτῷ καὶ Παρμένοντος τοῦ κωμικοῦ ὑποκριτοῦ εἰπόντος τι πρὸς τὸν χορὸν ἀνάκαιστεν, CIA. II, 1285 (Vari): ἐδυγῶωτι χορῷ Διονύσια σύμκοτ' ἐνίκων, Theophr. Char. 6: ἀμέλει δυνατὸς καὶ ὀρχεῖσθαι νήφων τὸν κόρδακα... ἐν κωμικῷ χορῷ, Arist. Pol. III, 3, p. 1276 B: ὥσπερ γε καὶ χορὸν ὁτὲ μὲν κωμικόν, ὁτὲ δὲ τραγικὸν ἕτερον εἶναί φαμεν, τῶν αὐτῶν πολλάκις ἀνθρώπων ὄντων. Die komische Choregie ist noch in der Zeit Alexanders für Athen durch Aristoteles ('Αθην. πολιτεία 56, vgl. Eth. Nicom. IV, 6, p. 1123 A), für Rhamnus durch die Inschrift 'Εφημ. ἀρχ. 1891, S. 50 (vgl. CIA. II, 1278) erwiesen; auf Choregen der Komödie beziehen sich gewiss auch die Inschriften von Aixone CIA. II, 579, Athen. Mittheil. IV, S. 194, vgl. CIA. II, 585.

Für die erste Hälfte des III. Jahrhunderts ist die Beteiligung der κωμικοί χορευταί an den delphischen Soterien und den delischen Dionysien durch Inschriften (s. o.) bezeugt; ja sogar noch bei dem sehr dürftigen Feste der χειμερινὰ Σωτήρια um 150 vor Chr. werden vier χορευταί κωμῳδοῦ genannt ('Εφημ. ἀρχαιολ. 1883, 161, vgl. 1884, 218). Wie ist nun aber diese Thatsache damit vereinbar, dass in den Komödien des Plautus und Terenz, welche griechischen Komödien aus der Zeit Menanders nachgebildet sind, dem Chor im Plane der Dichtungen keine Rolle mehr zufällt? Um das zu verstehen, müssen wir uns zunächst die Veränderungen klar machen, die der komische Chor seit dem V. Jahrhundert durchgemacht hat. Während in der Tragödie zwar der Gesang weiter lebt, der ernste würdevolle Tanz aber abstirbt, sehen wir, dass in der Komödie schon seit der letzten Zeit des Aristophanes der kunstvolle Chorgesang immer mehr zurücktritt, der pantomimische, possenhafte und etwas anstössige Tanz (vgl. Theophr. Char. 6) dagegen sich weiter erhält und sogar noch steigende Bedeutung gewinnt. Das zeigen deutlich die «Ekklesiazusen» und der «Plutos». Arist. Plut. 760 fordert Karion den Chor auf: ἀλλ' εἰ' ἀπαξάπαντες ἐξ ἑνὸς λόγου ὀρχεῖσθε καὶ σκιρτᾶτε καὶ χορεύετε, dann folgt V. 770 in den besten Handschriften die Angabe: κομμάτιον χοροῦ, ohne dass ein Liedtext überliefert wäre. Hier hat also der Chor entweder einen Tanz ohne Worte aufgeführt oder zu seinen Tanzbewegungen ein ἐμμέλιμον, vielleicht irgend ein volkstümliches kunstloses Tanzlied gesungen. Mit ähnlichem Volksgesang mag auch der Auszug des Chores begleitet gewesen sein, vgl. 1208: δεῖ γὰρ κατᾴειν τούτων ᾄδοντας ἔχεσθαι.

In der Vita des Aristophanes (§ 11, p. XXVIII D) wird erzählt: πάλιν δὲ ἐκλελειπότος καὶ τοῦ χορηγεῖν τὸν Πλοῦτον γράψας, εἰς τὸ διανακαύεσθαι τὰ σκηνικὰ πρόσωπα καὶ μετασκευάσθαι ἐπιγράφει χοροῦ, φθεγγόμενος ἐν ἐκείναις, ἃ καὶ ὁρῶμεν τοὺς νέους οὕτως ἐπιγράφοντας ζήλῳ Ἀριστοφάνους. Vgl. Euanth. de com. p. 5, 22 (Leo, Plautin. Forschungen, 206). Wenn in den Handschriften des Menander und Philemon die Angabe χοροῦ sich fand, warum sollen wir sie dort anders erklären als in den Handschriften des Aristophanes (Eccles. 729, 876; Plut. 770), nämlich so, dass an den betreffenden Stellen der Chor die Pausen der Handlung, sei es mit einem Tanze, sei es mit einem Tanzlied von allgemeinem Inhalt ausfüllte? Ich will nicht die Frage aufwerfen, ob nicht etwa bei Plautus einzelne Partien, z. B. einige der langen monologischen Betrachtungen, aus Chorgesängen umgesetzt sein könnten. Denn auch die erhaltenen Bruchstücke der griechischen Komödie genügen, um zu zeigen, dass selbst in dem «neuen» Lustspiel der Chor manchmal eine Rolle gespielt haben muss. Und es ist klar, dass, solange der komische Chor durch seine Maske in einem persönlichen Verhältnis zum Stoffe der Dichtung stand, eine räumliche Trennung von Chor und Schauspielern, von Tanzplatz und Sprechplatz in den Stücken der jüngeren Komödie ebensowenig möglich war wie in den Dramen des V. Jahrhunderts.

Ein sicheres Zeugnis für die Thatsache, dass auch in der damaligen Zeit die Orchestra noch zum Schauplatz der Dichtung gerechnet wurde, giebt das Bruchstück einer Komödie des Heniochos (Fgm. 5, K.). Dort sagt der Sprecher des Prologs: ἐγὼ δ' ὄνομα τὸ μὲν καθ' ἑκάστην αὐτίκα λέξω, συνάπασαι δ' εἰσὶ παντοδαπαὶ πόλεις ... τὸ χωρίον μὲν γὰρ τόδ' ἐστὶ πᾶν κύκλῳ Ὀλυμπία, τηνδὶ δὲ τὴν σκηνὴν ἐκεῖ σκηνὴν ὁρᾶν θεωρικὴν νομίζετε· εἶεν· τί οὖν ἐνταῦθα δρῶσιν αἱ πόλεις; ἐλευθέρι' ἀφίκοντο θύσουσαί ποτε, ὅτι τῶν φόρων ἐγένοντ' ἐλεύθεραι σχεδόν. Der Schauspieler, der diese Worte spricht, steht vor der Skene, deren Proskenion als Zelt der Festgesandten sich darstellt, und bezeichnet die Orchestra — τὸ χωρίον τόδε πᾶν κύκλῳ — als den heiligen Bezirk von Olympia. Man kann zweifeln, ob die Darsteller der «Städte» als Choreuten oder als Statisten zu bezeichnen seien. Da sie sich nicht selbst einführen, sondern durch den Schauspieler vorgestellt werden, wird man geneigt sein, sie für stumme Personen zu halten. Gemäss dem, was wir soeben über die Entwickelung des komischen Chores dargelegt haben, müssen wir ihnen aber nichtsdestoweniger den Namen Choreuten selbst für den Fall lassen, dass sie nur die Aufgabe zu tanzen, nicht auch zu singen hatten. Und die Πόλεις, die doch mit einer gewissen Würde sich bewegen mussten, können uns dann auch vielleicht als Beleg dafür dienen, dass die χορευταὶ κωμικοὶ nicht nur den Kordax zu tanzen verstanden. Leider lässt sich die Zeit des Heniochos nicht genau bestimmen. Bergk hat das Fragment auf die Vorgänge von Ol. 104 (360 v. Chr.) beziehen wollen (Griechische Litteraturgeschichte III, S. 168, Anm. 193); dagegen möchte es Koek in die Zeit nach dem chremonideischen Kriege Ol. 128, 3 (264 v. Chr.) verweisen. Diesem Ansatz, dem die im Prolog geschilderte Sachlage gut entsprechen würde, ist aber wiederum die Angabe, dass Heniochos ein Dichter τῆς μέσης κωμῳδίας gewesen sei, nicht günstig.

Erst im dritten Jahrhundert kann also die Entwickelung, durch welche der geschulte Sängerchor der alten Komödie zu einer Schaar von Statisten und Tänzern herabsank, zum Abschluss gelangt sein. Zugleich ist, wie wir aus den Soterien-Inschriften ersehen, der Chor auch seiner Zahl nach immer mehr zusammengeschmolzen; doch lehrt die delphische Inschrift von 150 v. Chr. (s. o.), dass man selbst im zweiten Jahrhundert und unter ärmlichen Verhältnissen nicht ganz auf ihn verzichten wollte. Für diese letzte Periode wird man als wahrscheinlich erachten dürfen, dass die Tänze der χορευταί in keinem Zusammenhang mehr mit dem Gang der Handlung standen; natürlich folgt daraus aber nicht, dass damals auch der Spielplatz der Choreuten von dem der Schauspieler geschieden worden sei. Die Stellung, die der Chor im Lustspiele einnimmt, hat sich so unmerklich und allmählich verschoben, dass es schwer wäre, zu sagen, an welcher Stelle ein Einschnitt gemacht werden dürfte. Und wozu sollte man, als man sich bewusst wurde, dass der Chor für den Plan der Dichtung ohne Bedeutung geworden war, diese Thatsache äusserlich den Zuschauern dadurch klar gemacht haben, dass man die Schauspieler auf eine erhöhte Bühne stellte? Das wäre doch gerade in einer Zeit, wo Schauspieler und Choreuten nicht mehr zusammen sichtbar wurden, also einander auch nicht im Wege stehen konnten, ohne jeden Zweck gewesen!

Aber bevor wir aus diesem Verhältnis zwischen Chor und Schauspielern weitere Schlüsse über die Beschaffenheit des Spielplatzes ziehen, müssen wir noch einen anderen Umstand ins Auge fassen: nämlich die Ausstattung des Schauplatzes, die in den Dramen der jüngeren Zeit vorausgesetzt wird. Wenn wir uns von dieser ein Bild machen wollen, so dürfen wir ausser den spärlichen Bruchstücken der griechischen Dramen und den vereinzelten Angaben der Grammatiker auch noch die Nachrichten des Vitruv und Pollux sowie die Komödien des Plautus und Terenz heranziehen. Denn Vitruv beschreibt die *tria scaenarum genera* offenbar nach den Theatermalereien seiner Zeit. Die Mitteilungen des Pollux aber gehen, wenigstens zum Teil, auf die hier von uns behandelte Periode zurück, da die Theater-Nachrichten des vierten Buches nur ein Auszug aus älteren Werken alexandrinischer Gelehrter sind, die ihm, wie es scheint, durch Iubas Vermittelung bekannt waren (vgl. Rohde, De Polluels in apparatu scaenico enarrando fontibus; Bapp, De fontibus, quibus Athenaeus in rebus musicis lyricisque enarrandis usus est. Leipziger Studien VIII, 86). Die Stücke des Plautus und Terenz endlich können uns mit ihren scenischen Erfordernissen (vgl. Hahn, Quaestiones Plautinae scaenicae, Greifswald 1867) gewissermassen das Mindestmass der von ihren griechischen Vorbildern vorausgesetzten Ausstattung veranschaulichen.

Sowohl aus den Nachrichten des Pollux, wie aus denen des Vitruv, die wir aus Zweckmässigkeitsgründen voranstellen, geht zunächst klar hervor, dass die alte Dreiteilung der Skene oder des Proskenion (vgl. S. 204) auch in der jüngeren Zeit fast regelmässig festgehalten wurde, und dass auch damals noch die Schmuckwand in der Tragödie gewöhnlich einen Palastbau, in der Komödie eine Gruppe von Bürgerhäusern, im Satyrspiel eine Landschaft (mit einer Höhle im Mittelpunkte) darstellte. Vgl. Poll. IV, 124: τρυῶν δὲ τῶν κατὰ τὴν σκηνὴν θυρῶν ἡ μέση μὲν βασίλειον ἢ σπήλαιον ἢ οἶκος ἔνδοξος ἢ πᾶν τοῦ πρωταγωνιστοῦ τοῦ δράματος, ἡ δὲ δεξιὰ τοῦ δευτεραγωνιστοῦντος καταγώγιον (in der Bezeichnung Protagonist und Deuteragonist ist der Rang der Schauspielrollen und der Schauspieler vermengt), ἡ δὲ ἀριστερὰ τὸ εὐτελέστατον ἔχει πρόσωπον ἢ ἱερὸν ἐξηρημωμένον, ἢ ἄσκιός ἐστιν. Vitruv V, 6, 8: *tragicae (scaenae) deformantur columnis et fastigiis et signis reliquisque regalibus rebus, comici autem aedificiorum privatorum et maenianorum habent speciem prospectusque fenestris dispositos imitatione communium aedificiorum rationibus* (*rationis* verbessert Boltenstein in den Thesen seiner Dissertation «De rebus scaenicis Romanorum», 1873), *satyricae vero ornantur arboribus speluncis montibus reliquisque agrestibus rebus in topiarii speciem deformatis.* Bei dem Palast führt die Mittelthür in den Hauptbau, die Seitenthüren in die Nebengemächer, vgl. Vitruv V, 6, 8: *Ipsae autem scaenae suas habent rationes explicatas ita, uti mediae valvae ornatus habeant aulae regiae, dextra ac sinistra hospitalia.* Diese Anordnung der Fremdengemächer entspricht ebenso der alten Theatersitte wie der Raumteilung der hellenistischen Prachtwohnungen, vgl. Vitruv VI, 10, 4: *dextra ac sinistra* (vom Hauptgebäude) *domunculae constituantur habentes proprias ianuas, triclinia et cubicula commoda, ubi hospites advenientes non in peristylio sed in ea hospitalia recipiantur.* Pollux hat einen besonderen Fall im Auge, wenn er sagt (IV, 125): ἐν δὲ τραγῳδίᾳ ἡ μὲν δεξιὰ θύρα ξενών ἐστιν, εἱρκτὴ δὲ ἡ λαιά, wobei man sich daran erinnern mag, dass Dionysos in Euripides «Bakchen» im Stalle (509), die Schwestern in Sophokles «Antigone» (578) im Frauenwohnung gefangen gehalten werden, und dass der Scholiast zu Aesch. Choeph. 434 (μύχῳ δ' ἄφαρκτος πολυσινοῦς κυνὸς δίκην) bemerkt: κατάκλειστος περὶ τὴν εἱρκτήν. Die erhaltenen Bruchstücke der griechischen und römischen Tragödien liefern uns keine weiteren Einzelheiten über den Theaterpalast. Dass er ein festes Dach hatte, zeigt uns des Plautus «Amphitruo», vgl. V. 1000 und 1021 f. Dass er nicht selten mit einer vorgelegten Säulenhalle geschmückt war, darf man vielleicht aus unteritalischen Vasenbildern, die unter dem Einfluss von Tragödien gemalt sind, schliessen, vgl. Abschnitt VI.

Etwas besser sind wir über die Gestalt der Proskenia, welche Bürgerhäuser veranschaulichten, unterrichtet. Wie schon vorher bemerkt wurde, wird hier (über die Häuser bei Aristophanes vgl. S. 207) eine Gruppe von zwei oder drei Häusern vorausgesetzt. Vgl. Antiphanes, Fgm. 73, K.: τῶν οἰκιῶν εὖν, ὧν ὁρᾷς, ἐν τῇδε μὲν ὁ τῶν Φρυγῶν τύραννος οἰκῶν τυγχάνει und die grosse Mehrzahl der Stücke des Plautus und Terenz. Diese Häuser stiessen entweder unmittelbar an einander, wie

Im «Miles gloriosus», oder sie waren durch ein Zwischengässchen, *angiportus*, das an der Skenenwand vermutlich durch ein Bild abgeschlossen war, getrennt. An Stelle gesonderter Nachbarhäuser können rechts und links von der Mittelthüre Nebengebäude, Ställe, Werkstätten u. dgl. treten; so schliesst in Plautus «Trinummus» an das Hauptgebäude ein *posticulum* an (193, 1085, 1174); in Antiphanes «Akestria» war dort die Werkstätte der Näherin, vgl. Poll. IV, 125: τὸ δὲ πλίσιον ἐν κωμῳδίᾳ παράκειται παρὰ τὴν οἰκίαν παραπετάσματι δηλούμενον, καὶ ἔστι μὲν σταθμὸς ὑποζυγίων καὶ αἱ θύραι αὐτοῦ μείζους δοκοῦσι, καλούμεναι κλισιάδες; πρὸς τὸ καὶ τὰς ἀμάξας εἰσελαύνειν καὶ τὰ σκευοφόρα (der Gewährsmann des Pollux hatte hier offenbar wieder einen bestimmten Einzelfall vor Augen), ἐν δὲ Ἀντιφάνους Ἀκεστρίᾳ καὶ ἐργαστήριον γέγονεν· φησὶ γοῦν (Frgm. 21, K.) τῆς οἰκίας τὸ κλίσιον, ὃ πρότερον [κοτ'] ἦν τοῖς ἐξ ἀγροῦ βουσὶ σταθμὸς καὶ τοῖς ὄνοις πεποίηκεν ἐργαστήριον. Statt solcher Nebenbauten können die Seitenteile des Proskenion auch ein Heiligtum oder ein Landschaftsbild zeigen, vgl. Poll. IV, 124: ἡ δὲ ἀριστερά... ἱερὸν ἐξηρημωμένον, ἢ ἀοικίς ἐστιν. In den Komödien des Plautus scheinen diese heiligen Bezirke nur durch die (mit einem Eingangsthore versehenen) Peribolosmauern dargestellt gewesen zu sein, vgl. das *fanum* der Fides in der «Aulularia», des epidaurischen Asklepios im «Curculio», der Aphrodite im «Rudens». Im «Rudens» oder doch in der vorbildlichen Komödie des Diphilos war neben Haus und Heiligtum auf der einen Seite noch die Felslandschaft der Meeresküste (206 und 212) dargestellt.

Dass die Bürgerhäuser auch in dieser Epoche gelegentlich mit einem Oberstock versehen waren, darf man wohl aus der Erwähnung der Fenster bei Vitruv V, 6, 8 und der Angabe des Pollux IV, 129 schliessen (ἐν δὲ κωμῳδίᾳ ἀπὸ τῆς διστεγίας κορυφοῦσκαί τι κατοπτεύουσιν ἢ γράδια ἢ γύναια καταβλέπει). Das flache Dach ahmt nach dem Vorbild der Wirklichkeit ein Ziegeldach nach, vgl. Poll. IV, 129: ἡ δὲ διστεγία... τότε δὲ καὶ κέραμος, ἀφ' οὗ βάλλουσι τῷ κεράμῳ (s. VII, 161), Diphilos Fgm. 84, Plaut. Mil. glor. 285, Rudens 87.

Dass die Thüren und andere Teile der Vorderwand körperlich aufgebaut waren und dass vor dem Hause manchmal ein besonderer Vorbau sich befand, geht mit genügender Deutlichkeit aus Plautus «Mostellaria» 817 f. hervor, wo die Bauart eines der dargestellten Häuser gepriesen wird: *viden vestibulum ante aedis hoc et ambulacrum quoiusmodi? age, specta postes, quoiusmodi, quanta firmitate facti et quanta crassitudine.* Vgl. Asinaria 425: *Iussin columnis deicier operas araneorum! iussine in splendorem dari has bullas foribus nostris?* Dieser Vorplatz des Hauses wird bald als kleine, zweisäulige Halle, bald als offener, vom Vordach der Thüre überdeckter Raum zu denken sein; vielleicht konnte er auch nach den Seiten zu teilweise durch Vorhänge abgeschlossen werden. Für die Annahme, dass den Zuschauern auch ein Einblick in das Innere des Hauses gewährt werden konnte, geben die plautinischen Komödien kein Beispiel und es muss fraglich bleiben, in wie weit derartiges in den griechischen Originalen vorkam. Wenn bei Timokles, Fgm. 32, K., der Befehl gegeben war: ἀνοίγετ' ἤδη τὰς θύρας, ἵνα πρὸς τὸ φῶς ὡμεν καταφανεῖς μᾶλλον, ἐφεδεύειν ἐὰν βούληθ᾽ ὁ γυναικονόμος τὸν ἀριθμὸν λαμβάνειν... τῶν ἑστιωμένων, so lässt sich, da wir den Zusammenhang, in dem die Worte gesprochen wurden, nicht kennen, daraus nicht schliessen, dass ausser dem Gynaikonomos auch die Zuschauer in den Speisesaal blicken konnten. So sehen z. B. in Plautus «Bacchides» zwar die Schauspieler (720, 754, 823), nicht aber die Zuschauer das *biclinium* im Inneren des Hauses (durch eine Nebenthüre?).

In einigen anderen Auftritten, von denen vermutet worden ist, dass sie im Innern des Hauses sich abspielten (Bethe, S. 311), lässt sich aus den Worten des Dichters das Gegenteil leicht nachweisen. Dass die Hetäre Philematium in Plaut. Mostell. 158 f. vor dem Hause sich befindet, geht daraus hervor, dass sie von Philolaches von der Strasse her belauscht wird, und dass V. 294 der Befehl gegeben wird: *abi tu hinc intro atque ornamenta haec aufer*. Über das sich anschliessende Gastmahl s. u. Auch Phronesium im «Truculentus», die vorgiebt Wöchnerin zu sein (475), befindet sich vor dem Hause; denn sie wird nicht nur von den Leuten auf der Strasse gesehen und gehört, sondern sie sagt auch ausdrücklich (483): *fer huc verbenam intus et bellaria*, und 583: *iube auferri intro*, 631: *datin solas atque me intro actutum ducite*. Dass die Schwestern zu Beginn des «Stichus» auf der Thürschwelle (oder hinter einem geöffneten Fenster) sitzen, wäre wohl denkbar, wird aber wenig empfohlen durch die Thatsache, dass sie bei V. 147 (*nunc soror, abeamus intro*) sicher vor dem Hause sich befinden, sie müssten denn erst V. 88 herausgetreten sein. Es lässt sich, da die Verteilung der Verse auf die einzelnen Personen unsicher bleibt, nicht entscheiden, ob das Gespräch vor dem Hause der älteren oder der jüngeren Schwester stattfindet. Der Vater, der die ältere Schwester besuchen will (65), sagt V. 87: *ibo intro sed apertast foris*. Jetzt hören ihn die Schwestern, kommen auf ihn zu und nötigen ihn zum Sitzen. Dass die Thüre offen steht, würde sich ganz wohl auch dann erklären, wenn die ältere Schwester, wie V. 7 nahelegt, für einen Augenblick zu dem Hause der jüngeren Schwester hinübergegangen war, sodass sie V. 88 von dort aus den Vater, der sie besuchen will, bemerken und begrüssen konnte.

Die Thatsache, dass allerlei Vorgänge, die nicht auf offener Gasse gedacht werden sollen, von dem Dichter auf diesen Vorplatz verlegt werden, ist für die Frage nach der Beschaffenheit des Spielplatzes von solcher Bedeutung, dass wir hier noch einiger Auftritte der plautinischen Komödien, die in diesem Vorraum sich abspielen, gedenken müssen.

Im «Persa» und im «Stichus» halten die Sklaven ihre Gelage im Vorraum ab. Im «Persa» lagern sich die zwei Sklaven mit ihrer meretrix vor dem Hause, nachdem sie Klinen und einen Tisch herausgeschafft haben, vgl. 758: *ite foras, hic volo ante ostium et ianuam meos participes bene accipere. Statuite hic lectulos: ponite hic quae adsolent...* (769) *apponite mensam*. Und dieses Bild wiederholt sich in ganz ähnlicher Weise im «Stichus» 683, wo wiederum zwei Sklaven und eine Magd zusammen ein kleines Fest feiern.

Aber auch die flotten Gastereien der athenischen Jünglinge und ihrer Freundinnen spielen sich in der Komödie gelegentlich auf diesem Vorplatz ab. In der «Mostellaria» zechen dort Philolaches und sein Freund mit zwei Hetären; es war also ein *biclinium* vor dem Hause aufgestellt. Auf die Nachricht, dass der Vater heimgekehrt sei, zieht sich die Gesellschaft ins Haus zurück, vgl. 171: *iube haec hinc omnia amoliricr*, 385: *abripite hunc intro actutum inter manus*, 396: *omnium primum Philematium, intro abi, et tu, Delphium*. Sie wollen drinnen im Hause ihr Trinkgelage fortsetzen, 394: *mam intus potate hau tantillo hac quidem causa minus* (vgl. 401 f.); die Hausthüre wird von aussen geschlossen (405), und der Vater wird verhindert, dem Hause nahe zu kommen (389). Wie sehr die Zuschauer an derartige Darstellungen gewöhnt waren, zeigt uns am besten die «Asinaria», wo der Vater, der alle Ursache hätte, zu fürchten, dass er auf seinen Abwegen ertappt werde, zusammen mit seinem Sohne und der gemeinsamen Freundin Philaenium vor dem Hause sich gütlich thut. Dort sieht ihn die Gattin (877), die V. 909 mitten unter die lustige Gesellschaft tritt und ihren Mann hinwegführt, während Philaenium mit dem Sohne ins Haus geht, 941: *immo intus potius: sequere hac me, mi anime*. Aus allen diesen Auftritten geht hervor, dass der Vorplatz, auf dem die Klinen für vier Personen Platz finden, ziemlich geräumig gewesen sein muss.

Der Ausstattung des Hauses ist endlich auch noch der neben dem Hausthor stehende Altar zuzurechnen, der nach attischer Sitte in der Regel dem Apollon Agyieus geweiht ist (vgl. S. 249); neben ihm scheint häufig noch ein anderer Götteraltar aufgestellt gewesen zu sein, vgl. Menander, Fgm. 740 und 748 K., Plaut. Aulul. 394 und 606; Bacch. 172; Merc. 676; Mostell. 1093; Trucul. 476; Terent. Andria 726. Der Altar vor dem Hause des Periplecomenus in Ephesus (Mil. glor. 412) ist der Diana, der vor dem Hause des Kupplers (Plaut. Curc. 71 und 123) der Venus geweiht. Pollux IV, 123 erwähnt ausser dem Altare des Agyieus noch einen Opfertisch (τράπεζα, πέμματα ἔχουσα, ἣ θυωρίς ὀνομάζετο ἢ θυωρίς), vgl. Brunn, Ann. d. inst. 1856, 117. Auch vor den Eingängen der heiligen Bezirke waren natürlich Altäre aufgerichtet, vgl. Plaut. Rud. 688, 691 und 694.

Die Götterbilder und die Thürvorbauten mögen es zum Teil erklärlich erscheinen lassen, wenn bei Plautus so oft vorausgesetzt wird, dass Personen, die nicht weit von einander stehen, einander doch nicht bemerken, aber in den meisten Fällen wird das wohl bloss mit der Freiheit oder Nachlässigkeit des Dichters begründet werden müssen, der es mit der Wahrscheinlichkeit auf dem Spielplatze des Theaters nicht mehr so genau nahm.

Andere Gebäude als Paläste (in der Tragödie) und Bürgerhäuser (in der Komödie) scheinen seit dem Ende des IV. Jahrhunderts nur ganz ausnahmsweise dargestellt worden zu sein. Eine θεωρικὴ σκηνή ist in der oben S. 264 besprochenen Komödie des Heniochos vorausgesetzt.

Proskenien, die einen landschaftlichen Hintergrund darstellen, erforderte das Satyrspiel. Darauf bezieht sich wohl des Pollux Angabe (IV, 124), dass der mittlere Eingang auch als σκήλαιον gebildet sein könne. Reicher ausgeführt ist die *satyrica scaena*, die Vitruv (s. o.) beschreibt. Aber auch das Lustspiel mochte sich gelegentlich ähnlicher Schmuckwände bedienen, Beweis dessen ist Menanders «Dyskolos», vgl. Frgm. 127, K.: τῆς Ἀττικῆς νομίζετ' εἶναι τὸν τόπον Φυλήν, τὸ Νυμφαῖον, δ' ὅθεν προέρχομαι, Φυλασίων. Neben den üblichen Gebäuden war im «Rudens» ein landschaftlicher Hintergrund angebracht, s. o. Ein Wechsel des Spielhintergrundes während des Spieles ist in der jüngeren Zeit so wenig nachweisbar wie im letzten Drittel des V. Jahrhunderts.

Wenn wir schon vorher (S. 255) die Möglichkeit zugeben mussten, dass seitlich von dem eigentlichen Schmuckbau der den dargestellten Häusern benachbarte Gegend durch Gemälde angedeutet war, so wird das für die Zeit der höher entwickelten Landschaftsmalerei als sicher betrachtet werden müssen. Dem III., vielleicht auch schon dem IV. Jahrhundert wird man die Erfindung der Periakten zuschreiben dürfen, der drehbaren Schmuckwände, die entweder an den Enden des Proskenion oder in den vorspringenden Paraskenien angebracht waren (vgl. S. 126). Pollux beschreibt sie IV, 126 und 131: παρ' ἑκάτερα δὲ τῶν δύο θυρῶν τῶν περὶ τὴν μέσην ἄλλαι δύο εἰσὶν ἄν, μία ἑκατέρωθεν, πρὸς ἃς αἱ περίακτοι συμπεπήγασιν, ἡ μὲν δεξιὰ τὰ ἔξω πόλεως δηλοῦσα, ἡ δ' ἑτέρα τὰ ἐκ πόλεως, μάλιστα τὰ ἐκ λιμένος (hier sind wieder einzelne Fälle in missverständlicher Weise verallgemeinert; die typische Bedeutung der seitlichen Zugänge ist schon oben S. 266 besprochen worden)... εἰ δ' ἐπιστραφεῖεν αἱ περίακτοι, ἡ δεξιὰ μὲν ἀμείβει τὸ πᾶν(?), ἀμφότεραι δὲ χώραν ὑπαλλάττουσιν... (131) καταβλήματα δὲ ὑφάσματα ἢ πίνακες ἦσαν ἔχοντες γραφὰς τῇ χρείᾳ τῶν δραμάτων προσφόρους· κατεβάλλετο δ' ἐπὶ τὰς περιάκτους ὅρος δεικνύντα ἢ θάλατταν ἢ ποταμὸν ἢ ἄλλο τι τοιοῦτον. Wir lernen aus dieser Stelle zugleich, dass das Proskenion mit bemalten Tafeln (πίνακες) und Vorhängen geschmückt war, vgl. Poll. IV, 125: κλίσιον... παραπετάσματι δηλούμενον, und Menander Frg. 1093: ψυχὴν ἔχειν δεῖ πλουσίαν, τὰ δὲ χρήματα ταῦτ' ἐστὶν ὄψις, παραπέτασμα τοῦ βίου, wo ὄψις wie bei Aristoteles im Sinne von «Theaterausstattung» steht.

Lassen sich so über die Beschaffenheit des Proskenion auch aus unseren dürftigen literarischen Quellen noch einige wertvolle Einzelheiten ermitteln, so reichen doch unsere Nachrichten nicht aus, um auch von der übrigen Einrichtung des Spielhauses ein volleres Bild zu gewinnen. Aber die grosse Übereinstimmung, die wir zwischen dem Proskenion des V. Jahrhunderts und denen der Folgezeit beobachtet haben, berechtigt uns zu der Voraussetzung, dass auch die übrige Skeneneinrichtung des IV. und III. Jahrhunderts der des V. im Wesentlichen gleichartig gewesen sein müsse. Obergeschosse der Skene sind durch Inschriften ausdrücklich bezeugt in Delos (αἱ ἐπάνω σκηναί und παραστήνια τὰ ἄνω im Jahre 274 v. Chr., Bull. hell. XVIII, 162). Für die Gemälde dieser Schmuckwände sind wir auf Vermutungen angewiesen. Dass Malereien, welche die freie Luft nachahmten, im hellenistischen Theater schon bekannt waren, darf man vielleicht aus den Bildern des von Heron beschriebenen Automatentheaters schliessen; vgl. p. 264 (Thevenot): οὐδὲν ἐφαίνετο ἐν τῷ πίνακι πλὴν ἀέρος γεγραμμένου καὶ θαλάσσης. Denn wenn auch Heron von Alexandria erst im II. Jahrhundert n. Chr. gelebt hat (Diels, Sitzungsber. der Berl. Akademie 1893, 106; Deutsche Litteraturzeitung, 1895, 43), so geht doch seine Beschreibung des mechanischen Theaters auf Philon von Byzanz, einen Schriftsteller der späteren Ptolemäerzeit, zurück (Prou, Mémoires présentés à l'académie des inscr. I. Ser. T. IX, 1884, 117). Auch der merkwürdigen Nachricht, Gramm. de comoed. p. XX, 28 Dübner, mag hier gedacht werden, da sie trotz mancher Unklarheiten doch wirkliche Kenntnis hellenistischer Theatereinrichtungen zu verraten scheint: ἐν ἰαρινῷ καιρῷ πολυτελέσι δαπάναις κατεσκευάζετο ἡ σκηνή τριωρόφοις οἰκοδομήμασι, κεκιλιμένη παραπετάσμασι καὶ ὀθόναις λευκαῖς καὶ μελαίναις... εἰς τύπον θαλάσσης ταρτάρου ᾅδου... γῆς καὶ οὐρανοῦ ἀνακτόρων καὶ πάντων ἁπλῶς.

Als selbstverständlich dürfen wir es ferner betrachten, dass die Schwebemaschine wie im IV. Jahrhundert so auch in jüngerer Zeit bekannt war. Sie ist den Erklärern der Tragiker wohl geläufig und auch im Automatentheater der späthellenistischen Zeit nachgeahmt — oder richtiger, wie das die Beschaffenheit der Marionetten notwendig macht, durch eine entsprechende Vorrichtung ersetzt (R. Schöne, Arch. Jahrbuch V, 76). Am Schlusse von Plautus «Amphitruo» erscheint Jupiter (V. 1143) von Donnerschlägen angekündigt über dem Hause, da er sich nunmehr, ganz ähnlich wie Dionysos am Schlusse der «Bakchen», als Gott zeigt; und wenn er V. 1143 sagt: *ego in caelum migro*, so erinnert auch das an Wendungen, wie Eurip. Her. fur. 872, Troad. 72, Orest. 1683. Dass vermutlich auch die Worte des Jupiter V. 863 (*in superiore qui habito cenaculo*) auf solche Spielvorgänge hindeuten, ist schon S. 226 bemerkt. Die göttlichen und allegorischen Personen, die in den Komödien Menanders und seiner Zeitgenossen die Prologe sprachen, Ἔλεγχος, Ἀήρ, Φόβος, Νύξ, Ἀρκτοῦρος u. a. (vgl. zuletzt Leo, Plautinische Forschungen, 192) erschienen in der Regel gewiss ebenfalls in der Höhe, während sie bei Plautus vermutlich alle auf dem gewöhnlichen Spielplatz auftraten. Diese den Prolog sprechenden Personen sind daher mit Recht den am Schlusse der Tragödien auftretenden Göttern gleichgestellt worden, vgl. Euanthius, de com. p. 6, 4, R.: *deinde θεοὺς ἀπὸ μηχανῆς, id est deos argumentis narrandis machinatos ceteri Latini ad instar Graecorum habent, Terentius non habet*.

Dass die altübliche Form der Schwebemaschine bis in die Kaiserzeit hinein fortbestand, darf man aus dem Spottwort bei Dio Cassius (LX, 35) schliessen: ἔφη τὸν Κλαύδιον ἀγκίστρῳ εἰς τὸν οὐρανὸν ἀνενεχθῆναι (vgl. Crusius, Philol. 48, 700).

Über die Verwendung anderer Maschinen — von der Donnermaschine und ähnlichen Vorrichtungen können wir hier absehen — geben die schriftlichen Nachrichten keine zuverlässige Auskunft. Dass «Ekkyklemata» irgendwelcher Art den hellenistischen Gelehrten von ihrem Theater her bekannt waren, möchte man aus den oben S. 235 erwähnten Nachrichten entnehmen. Ob der ἐξέλικτρα, mittelst derer in Herons Puppentheater Schiffe über das Meer hingezogen wurden (p. 272, Thev.), in grossen Theatern eine ähnliche Maschine entsprach, wissen wir nicht. Die ἐξῶστραι, die in der delischen Inschrift (s. o. um 270 v. Chr. erwähnt werden, bleiben in ihrer Bedeutung unklar, obwohl sie in der jüngeren Literatur auch sonst genannt werden, so bei Polybius XI, 5, 8: νυνὶ δὲ... γεγόνατε καταφανεῖς, τῆς τύχης ὥσπερ ἐπίτηδες ἐπὶ τὴν ἐξώστραν ἀναβιβαζούσης τὴν ἡμετέραν ἄγνοιαν, und Cic. de provinc. consul., 6: *quibuscum iam in exostra helluatur, antea post siparium solebat;* vgl. Poll. IV, 129; Cramer, Anecd. Paris. I, 19 (Arnold, Röm. Theater, 18).

Über das von Pollux beschriebene Stropheion und Hemikyklion enthalten wir uns aller Vermutungen, ebenso über die Vorrichtungen, die es den Schauspielern ermöglichen sollen, aus unterirdischen Räumen emporzusteigen. Doch mögen die Angaben des Pollux (IV, 131) hier eine Stelle finden, da sie auf die Orchestra als Spielplatz hinweisen: τῷ δὲ ἡμικυκλίῳ τὸ μὲν σχῆμα ὄνομα, ἡ δὲ θέσις κατὰ τὴν ὀρχήστραν, ἡ δὲ χρεία δηλοῦν πόρρω τινὰ τῆς πόλεως τόπον ἢ τοὺς ἐν θαλάττῃ νηχομένους... (132) αἱ δὲ χαρώνιοι κλίμακες, κατὰ τὰς ἐκ τῶν ἐδωλίων καθέδρας κείμεναι, τὰ εἴδωλα ἀπ' αὐτῶν ἀναπέμπουσιν· τὰ δὲ ἀναπιέσματα, τὸ μέν ἐστιν ἐν τῇ σκηνῇ ὡς ποταμὸν ἀνελθεῖν ἢ τοιοῦτόν τι πρόσωπον, τὸ δὲ περὶ τοὺς ἀναβαθμοὺς ἀφ' ὧν ἀνέβαινον Ἐρινύες.

Allerdings muss es bei diesen wie bei manchen anderen Nachrichten der Grammatiker fraglich bleiben, in wie weit sie aus dem wirklichen Theaterbrauch der jüngeren Zeit geschöpft sind, und in wie weit sie durch (richtige oder irrtümliche) Rückschlüsse aus den Dramen und aus Anspielungen der Komödien abgeleitet sind. Und im Hinblick auf die Unsicherheit dieser Angaben über das Maschinenwesen muss auch die Frage offen bleiben, ob etwa schon in den grossen, reich ausgestatteten Theatern der hellenistischen Städte, z. B. in Alexandrien, ein ähnlichen hoch gelegener Spielplatz bekannt war, wie ihn die Theatervorgänge der römischen Kaiserzeit voraussetzen, oder ob dieser Fortschritt der Theatereinrichtung erst in der Zeit der römischen Herrschaft gemacht worden ist.

Wir haben es bisher vermieden, bei unserer Untersuchung über das hellenistische Theater auf die erhaltenen Bauten Rücksicht zu nehmen. Wir wollen nun darangehen zu prüfen, wie sich diese zu den Spielerfordernissen der jüngeren Dramen verhalten, indem wir die zwei Bautypen dieser Epoche, das lykurgische Theater und das Theater mit Stein-Proskenion, zunächst gesondert betrachten.

Es ist einleuchtend, dass im athenischen Theater des IV. Jahrhunderts ein Zusammenspiel von Chor und Schauspielern nur dann möglich war, wenn wir den freien Raum zwischen den Paraskenien als Standplatz der Schmuckbauten betrachten, wie wir das schon für die Skenenanlage des V. Jahrhunderts voraussetzen mussten, vgl. S. 255. Dieses lykurgische Spielhaus ist aber, wie es scheint, Jahrhunderte lang unverändert geblieben, denn das steinerne Proskenion stammt vermutlich erst aus der sullanischen Zeit, vgl. S. 82. Nun ist es wohl von vornherein selbstverständlich, dass der Bau im III. und II. Jahrhundert in derselben Weise benutzt worden ist, wie im IV., dass also auch damals vor dem Proskenion (mögen wir nun dabei an eine «scaena ductilis» oder an einen Holzbau mit Pinakes denken) gespielt worden ist. Ohne Zweifel sind im athenischen Theater damals keine anderen Komödien und Tragödien aufgeführt worden als beispielsweise in Delos. Da nun aber hier, nachdem im Jahre 282 ein mit Pinakes ausgestattetes

Proskenion errichtet worden war (Bull. hell. XVIII, 162), im Jahre 279 an den Aufführungen der Komödien und Tragödien nachweislich ein Chor teilgenommen hat (Bull. hell. XIV, 397), so muss dieses mit einem Pinakes-Proskenion versehene Theater den gleichen Zweck erfüllt haben wie das lykurgische Theater, d. h. man muss in Delos wie in Athen vor dem Proskenion gespielt haben. Dazu kommt, dass ungefähr in der gleichen Epoche in Megalopolis vor einer «scaena ductilis» gespielt worden ist (S. 139), und es ist klar, dass die Schauspieler nicht in dem einen Theater in der Höhe auf dem Proskenion, in dem anderen in der Orchestra vor der Schmuckwand aufgetreten sein können.

Entspricht aber, so wird man fragen, jene steinerne Pinakeswand, deren Aufbau wir in Oropos, Delos und Epidauros noch bis in alle Einzelheiten kennen lernen, den von uns soeben dargelegten Anforderungen, die von den hellenistischen Dramen an die Ausstattung des Spielplatzes gestellt werden? Da bedarf es wohl zunächst kaum eines Beweises, dass jener hallenartige Vorbau den Erfordernissen der neueren Komödie sich auf das Beste anpassen lässt. Wir sahen vorhin, dass eine Gruppe von Häusern —in der Regel drei— der üblichste Spielhintergrund der Komödie ist. Das Stein-Proskenion aber lässt sich sehr wohl als Nachbildung mehrerer kleiner, flachdachiger Spielhäuser auffassen, die vorne mit Halbsäulen geschmückt sind. In der That hat eine neue Untersuchung des Proskenion von Delos ergeben (s. Abschnitt VIII), dass die Vorderwand in drei Teile, deren jeder eine Thüre hat, gegliedert werden konnte, so dass der ganze Bau in diesem Falle ein grösseres Mittelhaus und zwei etwas kleinere Nachbarhäuser darstellte. Das delische Stein-Proskenion giebt also jenes typische Stadtbild wieder, das die plautinischen Prologe als Spielhintergrund der jüngeren Komödie erschliessen lassen, Menaechm. 72: *haec urbs Epidamnus est, dum haec agitur fabula: quando alia agetur, aliud fiet oppidum*; Trucul. 1: *perparvam partem postulat Plautus loci de vostris magnis atque amoenis moenibus, Athenas quo sine architectis conferat... Athenis tracto(?) ita ut hoc est proscaenium, tantisper dum transigimus hanc comoediam*, vgl. Rud. 32; Mil. glor. 88. Die Tafeln an den Ecken der Proskenien mochten in den griechischen Theatern Bilder tragen, die für die einzelnen Städte verschieden waren und die Aufgabe der Periakten erfüllten. Ob die den Wänden vorgesetzten Säulen genau den Bürgerhäusern der Wirklichkeit nachgebildet waren, brauchen wir hier nicht zu untersuchen, denn dass die im Theater dargestellten Häuser wirklich mit Säulen versehen waren, ist durch das Terracottarelief, das in einem ergänzten Exemplar bei Schreiber, Culturhist. Bilderatlas I, Tafel III, 4 und auch sonst oft abgebildet ist (s. Abschnitt VI), gegen jeden Zweifel sichergestellt.

Das steinerne Proskenion ist in einer Zeit geschaffen worden, wo Komödien weitaus häufiger aufgeführt worden sind als Tragödien (s. o.). Darum ist es natürlich, dass der Bau in erster Linie den Erfordernissen der Komödie entsprechen soll. Aber es sind doch auch gerade für Delos Tragödienaufführungen während des ganzen III. und II. Jahrhunderts bezeugt, vgl. Bull. hell. VII, 113 nr.

VIII aus 261 und nr. X aus 203 v. Chr., Bull. hell. IX, 147 aus 172 v. Chr.; auch die Formel: Πτολεμαίων τῷ ἀγῶνι τῷ πρώτῳ, ὅταν οἱ τραγῳδοὶ ἀγωνίζωνται, in einem Beschluss des Inselbundes (Bull. hell. IV, 323, aus dem Ende des III. Jahrhunderts) bezieht sich wohl auf Delos, und Ende des II. Jahrhunderts hat dort ein Dionysios seine Mitbewerber, τοὺς ποιητὰς τῶν τραγῳδιῶν καὶ σατύρων, besiegt (Bull. hell. XIII, 372). Es muss also das steinerne Proskenion doch auch für Tragödien einen geeigneten Spielhintergrund geboten haben. Nun könnte man sagen, dass die Zuschauer die Schmuckwand als eine rein conventionelle Vorrichtung betrachteten und bereit waren, die kleinen Häuser, wenn der Dichter es forderte, auch als Paläste oder Tempel gelten zu lassen. Ich glaube aber, dass es doch auch möglich war, mittelst des steinernen Proskenion einen höheren Grad von Wirklichkeitsschein zu erzielen. Man konnte z. B., wenn an dem Spielplatz ein Tempel dargestellt werden sollte, dieser Anforderung in der Weise genügen, dass man entweder vor der Mitte eine etwas höhere Tempelfassade aus Holz aufbaute, oder aber einen Teil des Proskenion etwa in der Länge von 3 oder 5 Interkolumnien durch Entfernung der Pinakes als offene Halle erscheinen liess und darüber auf dem Proskeniondache einen Giebel aufsetzte. Wollte man aber einen grossen Palast darstellen, so konnten alle Interkolumnien geöffnet werden, so dass das Proskenion als eine vorgelegte offene Halle an dem dahinter befindlichen, höher ansteigenden Hauptbau erschien.

Wo endlich, wie im Satyrspiel, ein landschaftlicher Hintergrund erforderlich war, da konnten, falls man nicht eine bemalte Wand davor stellen wollte, in die Säulenzwischenräume Pinakes mit entsprechenden Gemälden eingelassen werden. An die Halbsäulen und das Gebälk der Wand war man wohl längst so sehr gewöhnt, dass man durch diese conventionellen Zuthaten in der Illusion sich nicht stören liess, sonst konnte man wohl auch leicht die Architekturglieder in irgend einer Weise verkleiden.

Diese Auffassung der Pinakeswand scheint sich auf das Beste dem Bilde einzufügen, das wir von der Theatermalerei der hellenistischen Zeit auf Grund anderer Thatsachen gewinnen können. Wie wir vorhin sahen, wurde seit dem IV. Jahrhundert in der Tragödie wie in der Komödie die Schmuckwand des Hintergrundes immer gleichförmiger, während andererseits die für Theaterzwecke verfügbaren Mittel immer knapper wurden. Man suchte daher, um nicht jedesmal das Proskenion neu aufbauen zu müssen, ein für alle mal einen Hintergrund von typischer Geltung herzustellen. Das konnte in zweifacher Weise geschehen. Man konnte eine Anzahl verschiebbarer Wände schaffen (*scaenae ductiles*), die nach Bedürfnis vor die Vorderwand des Spielhauses gezogen wurden, oder aber man baute einen bleibenden Rahmen auf und setzte darin Füllbilder ein, die ausgewechselt werden konnten, wenn es nötig war. Diesen Bestrebungen kamen die Fortschritte der hellenistischen Malerei zu gute, indem jetzt hinter der perspectivischen Darstellung auf glatter Fläche die körperliche Nachbildung der Bauten immer mehr zurücktrat. Dazu kam, dass man im Theater nicht mehr wie im V.

Jahrhundert strenge Nachahmung der Wirklichkeit erstrebte, sondern einer mehr phantastischen Richtung huldigte, wie die Geschichte, die Vitruv VII, 5, 5 von der Skene des Apaturius erzählt, und pompejanische Wandgemälde, die unter dem Einfluss der Theatermalerei stehen (s. Abschnitt VI), erkennen lassen.

Das Proskenion mit Pinakes und die beweglichen Schmuckwände sind also aus den gleichen Bedingungen heraus entstanden und dienen den gleichen Zwecken. Im III. Jahrhundert hat man bald dieser, bald jener Einrichtung den Vorzug gegeben. Wenn in den Inschriften von Delos in den Jahren 290 und 282 Proskenia mit Pinakes genannt werden, dann aber im Jahre 274 das Spielhaus, wie es scheint, wieder von Grund auf neu gebaut und darin mehrere σκηναί hergestellt werden, so ist das vielleicht dahin zu erklären, dass man erst einen Versuch mit Pinakes-Proskenien gemacht hatte, dann aber zur Einrichtung beweglicher Schmuckwände (σκηναί) übergegangen war, um in späthellenistischer Zeit das heute noch teilweise erhaltene steinerne Proskenion zu errichten. Im II. und I. Jahrhundert vor Chr. sind die steinernen Proskenien in den Städten Griechenlands fast allgemein üblich geworden, weil sie dauerhafter und daher auch billiger waren als die leicht abnutzbaren beweglichen Schmuckwände, für die man besondere Magazine bauen musste. In den reichen hellenistischen Königsstädten haben sich aber die verschiebbaren Schmuckwände, wie es scheint, noch länger erhalten; denn von dort her sind sie vermutlich zu den Römern gelangt.

Es würde nun noch erübrigen, die Frage zu erörtern, in wie weit Vitruvs Angabe über das Spiel oben auf dem Proskenion mit den Erfordernissen der hellenistischen Dramen sich vereinigen lässt. Dass überall dort, wo den Chören noch ein Anteil am dramatischen Spiel zufiel, ein derartig erhöhter Standplatz der Schauspieler undenkbar ist, braucht nach dem Vorhergesagten nicht neuerdings nachgewiesen zu werden. Aber auch viele Auftritte der plautinischen Lustspiele, so namentlich die S. 269 erwähnten Symposien, lassen sich auf dem schmalen hellenistischen Proskenion nicht durchführen, da der Vorplatz des Hauses und die vor ihm hinlaufende Strasse zusammen einen Spielplatz von mindestens 4—5 Meter Tiefe erfordern. Diese Vorgänge wären aber auf dem Proskenion auch dann nicht darstellbar, wenn sie, wie man angenommen hat, in den griechischen Originalkomödien nicht auf der Strasse, sondern im Innern des Hauses (das durch Wegziehen der Vorderwand sichtbar gemacht wurde) sich abgespielt haben sollten; denn in diesem Falle würden die in der untersten Reihe in der Nähe der Skene sitzenden Zuschauer bei einer Bühnenhöhe von 10—12 Fuss von dem ganzen Symposion so gut wie nichts gesehen haben. Die aus anderen Thatsachen abgeleiteten Erwägungen aber, welche Vitruvs Angabe zu widerlegen oder doch wesentlich einzuschränken geeignet sind, werden wir besser im Zusammenhang des VII. Abschnittes darlegen.

(E. R.)

V. ABSCHNITT.

DIE GRIECHISCHEN BEZEICHNUNGEN FÜR DIE TEILE DES THEATERS.

In den Worten steckt oft ein Stück Geschichte, das nicht nur die Sprachwissenschaft angeht. Die Entwickelung, welche im Laufe der Zeiten die Grundbedeutung eines Wortes genommen hat, spiegelt auch die Schicksale der damit bezeichneten Dinge wieder. Und umgekehrt kann die geschichtliche Betrachtung eines Namens zu keinem Ziele kommen ohne Kenntnis der betreffenden Dinge und ihrer Wandlungen.

Es mag nun freilich gerade auf dem hier zu behandelnden Gebiete ein missliches Unterfangen scheinen, die Geschichte der Bezeichnungen für die Denkmäler und die Beschaffenheit der Denkmäler für das Verständnis der Namen fruchtbar zu machen. Denn in den wissenschaftlichen Arbeiten über das Theater herrscht über den Zweck der Bauteile wie über den Wortsinn ihrer Namen vielfach eine solche Meinungsverschiedenheit, dass man in einigen Fällen noch nicht einmal über die Art, wie die einzelnen Namen zu den Dingen in Beziehung zu setzen sind, zu einer Einigung gelangt ist.

Aber umsomehr muss jetzt, wo wir aus den Fundthatsachen soviel Neues über die Geschichte der Denkmäler gelernt haben, der Versuch gemacht werden, die schriftlichen Zeugnisse über die Bezeichnungen der Theateranlagen geschichtlich zu ordnen. Ansätze dazu sind in den neuesten Schriften über das griechische Theater schon mehrfach gemacht worden, insbesondere für die Geschichte des Wortes θυμέλη, dem man, seit Wieseler darin den Namen eines Chorgerüstes wiedergefunden zu haben glaubte (s. Abschnitt VII), erhöhte Aufmerksamkeit zugewendet hat. In weiterem Umfang hat neuerdings W. Christ den Bedeutungswechsel einiger, auf das griechische Theater bezüglicher Ausdrücke darzulegen unternommen (Fleckeisens Jahrb. f. class. Philologie 1894, S. 27 f.), wobei er allerdings zu Ergebnissen gelangt ist, die in einigen Hauptpunkten mit den hier vertretenen Anschauungen nicht übereinstimmen.

Den Zwecken dieses Abschnittes lag es fern, eine vollständige Sammlung aller der Stellen zu geben, wo vom Theater und seinen Teilen die Rede ist. Es konnte sich hier nur darum handeln, die Bedeutungsentwickelung der einzelnen Worte in ihren verschiedenen Stufen festzustellen und durch einzelne Beispiele zu erläutern. Und es mag gleich im Voraus zugestanden werden, dass auch bei den gewählten Beispielen noch mehr als einmal Zweifel darüber gestattet sind, ob ein Wort im engeren oder weiteren Begriffsumfang zu verstehen sei. Wenn es hier oft so schwierig ist, ein sicheres Urteil zu gewinnen, so liegt dies vor allem an der eigentümlichen Beschaffenheit der Überlieferung, der wir bei allen Untersuchungen über das alte Theater gegenüberstehen.

Wie es uns, wenn wir vom Theaterspiel vergangener Zeiten reden, leicht begegnet, die uns geläufigen Einrichtungen des heutigen Theaters in die Vergangenheit zu übertragen, so ist es auch den Schriftstellern der hellenistischen und der römischen Zeit ergangen. Wissentlich oder unbewusst haben sie dem Bilde des jüngeren Theaters, das ihnen vor Augen lag, ihre Vorstellungen über den Spielplatz älterer Zeiten angepasst. Insbesondere gilt das von den Erklärungen, welche die Grammatiker und Scholiasten der Spätzeit uns vermittelt haben; hier liegen oft verschiedene Schichten gelehrter Ergebnisse über- und durcheinander, die zu scheiden nicht immer möglich ist. Vielleicht werden eindringende Untersuchungen der Quellenverhältnisse und des Sprachgebrauches über manche Punkte einmal grössere Klarheit schaffen, als sie bisher erreicht werden konnte.

Wir haben uns darauf beschränkt, im Folgenden jene Theaterausdrücke zu behandeln, die für die Kenntnis des Theaters und seiner Geschichte von Belang sind; wir durften daher die Namen untergeordneter Bauteile, die in den gangbaren Handbüchern genügend erörtert sind, ganz übergehen und brauchten die lateinischen Namen auch nur dort heranzuziehen, wo sie das Verständnis der Theateranlagen und ihrer griechischen Bezeichnungen zu fördern geeignet schienen. Um in der Anordnung des Stoffes wenigstens einigermassen dem Werdegang des Schaugebäudes gerecht zu werden, empfahl es sich, zuerst die Namen für den Tanzplatz und den Zuschauerraum, dann die für die Skene und ihre Teile, zuletzt die Bezeichnungen des Spielplatzes im römischen Bühnentheater zu besprechen.

1. Ὀρχήστρα.

Ὀρχήστρα ist der kreisrunde Tanzplatz, der auf der einen Seite von dem Zuschauerraum umschlossen wird. Dieser Name verblieb dem Platze auch, nachdem er im römischen Theaterbau in zwei Hälften von ungleicher Bodenhöhe zerschnitten war. Die tieferliegende, den Zuschauern benachbarte Kreishälfte ist in griechischen Theatern (soweit hier überhaupt die römische Bauform angewendet worden ist) vielleicht noch zu chorischen Aufführungen benutzt worden; ihr verbleibt der Name Orchestra auch noch im Gegensatz zu dem erhöhten Spielplatz der Schauspieler, den man als Sprechplatz, λογεῖον (s. u.), bezeichnete, vgl. Phot. ὀρχήστρα, πρῶτον ἐκλήθη ἐν τῇ ἀγορᾷ, εἶτα καὶ τοῦ θεάτρου τὸ κάτω ἡμικύκλιον. Während aber die Griechen diese tiefer gelegene Kreishälfte auch κονίστρα nennen (s. u.), verbleibt ihr merkwürdiger Weise bei den Römern, wo sie nicht als Tanzplatz, sondern als Zuschauerraum benutzt wurde, durchwegs der Name *orchestra*, vgl. ausser den oft angeführten Beispielen aus römischen Schriftstellern, CIL. X, 1443 (Herculaneum): *theatrum orchestram* (das Spielhaus stammte also aus einer anderen Bauperiode); IX, 4133 (Aequiculum): *orchest*[r]*am straverunt, podium et tribunal*.

Aber auch der römischen Bühne wird, da sie die eine Hälfte des alten Tanzplatzes einnimmt, gelegentlich von den Griechen der alte Name ὀρχήστρα belassen, während sie bei den Römern immer als *pulpitum* bezeichnet wird. Vgl. Suidas, Etym. m., Schol. Gregor. Naz. (Herm. VI, 490): μετὰ δὲ τὴν σκηνὴν εὐθὺς καὶ τὰ παρασκήνια, ἡ ὀρχήστρα· αὕτη δέ ἐστιν ὁ τόπος ὁ ἐκ σανίδων ἔχων τὸ ἔδαφος, ἐφ' οὗ θεατρίζουσιν οἱ μίμοι, Cramer, Anecd. Paris. I, 8, 15: ἐπειδὰν δὲ εἰς τὴν ὀρχήστραν εἰσήρχετο, ἣν δὴ καὶ λογεῖον καλοῦσιν, I, 9, 26: ὀρχήστραν, ἣν ἔφασαν καὶ λογεῖον, Gramm. de comoed. VII, p. XVII, Dübner: ὁ χορὸς ὁ κωμικὸς εἰσήγετο ἐν τῇ ὀρχήστρᾳ τῷ νῦν λεγομένῳ λογείῳ, (Argum. Arist. Nub. I). Diesem Sprachgebrauch schliesst sich Isidor Origg. XVIII, 43 an, wenn er sagt: *scaena autem erat locus intra theatrum in modum domus instructus cum pulpito, qui pulpitus orchestra vocabatur, ubi cantabant comici et tragici atque saltabant histriones et mimi.*

2. Θυμέλη.

Θυμέλη (von θύειν) bezeichnet die Opferstätte, den Altar. Im engeren Sinne wird das Wort für einen Teil des Altars gebraucht in der delischen Inschrift Bull. hell. XIV, 397 (aus dem Jahre 279): τὴν θυμέλην τοῦ βωμοῦ τοῦ ἐν τῇ νήσῳ κονιάσαντι. Die θυμέλη im Theater ist der in der Orchestra stehende Altar, vgl. Poll. IV, 123: ἡ δὲ ὀρχήστρα τοῦ χοροῦ, ἐν ᾗ καὶ ἡ θυμέλη εἴτε βῆμά οὖσα εἴτε βωμός, denn so wie jeder andere mit Trittstufe versehene Altar kann auch dieser als βῆμα dienen. Insbesondere ist die θυμέλη der Platz des Flötenbläsers, vgl. Kaibel Epigramm. p. XIII, 474 a (Sparta): οὐκέτι ταῖς θυμέλαις ταῖς εὐτερπέσιν παρεδρεύω τερπνὰ μέλη κελαδῶν τοῖς λιγυροῖσι χοροῖς. Aber nicht nur die Musiker, sondern alle musischen Künste haben an der θυμέλη ihren Platz, auch die Rhapsoden (Kaibel Epigramm. 101) und die Paroden (Athen. XV, 699 a). Wo der Altar einer grösseren Standstufe ermangelte, konnte daneben ein besonderes βῆμα aufgestellt werden, auf das, wie es scheint, ebenfalls der Name θυμέλη übertragen wurde.

Eine θυμέλη kann natürlich auch dort errichtet werden, wo kein Schauspielhaus, keine Skene besteht. So giebt es in dem knidischen Heiligtum, das in dem Epigramm Kaibel 781 beschrieben wird (Benndorf, Samothrake II, 84), eine ἀειδέσιν θυμέλη. Und dasselbe meinte vielleicht der Gewährsmann des Plutarch, Sulla 19: τὰ ἐκτινάξας τῆς μάχης ἔγεν ἐν Θήβαις περὶ τὴν Οἰδιπόδειαν κρήνην κατασκευάσας θυμέλην.

Der Name θυμέλη, Opferstätte, ist sodann vom Altare auch auf den umgebenden Platz ausgedehnt worden; für diese Dehnbarkeit des Wortes ist ausser dem Sprachgebrauch der Tragiker die Thatsache bezeichnend, dass in Epidauros die Tholos θυμέλη benannt werden konnte. Schon Pratinas scheint θυμέλη in solchem weiteren Sinn verwendet zu haben, wenn er sagt (Fgm. 1 B, Athen. XIV, 617 e): τίς ὁ θόρυβος ὅδε; τί τάδε τὰ χορεύματα; τίς ὕβρις ἔμολεν ἐπὶ Διονυσιάδα πολυπάταγα θυμέλαν;

Häufig werden θυμέλη und σκηνή als die Wahrzeichen von Musik (im weitesten Sinne) und Dramatik einander gegenübergestellt. So wird in dem Epigramm des Simmias (Anth. Pal. VII, 21, Bergk, PLG. III, 497) der Epheu bezeichnet als θυμέλῃσι καὶ ἐν σκηνῇσι τεθηλὼς βλαυὸς Ἀχαρνίτης κισσός, weil er sowohl die musisehen wie die dramatischen Sieger der dionysischen Spiele auszeichnet. Eine ähnliche Gegenüberstellung scheint in dem Epigramm des Hedylos (auf den Flötenspieler Theon) vorzuliegen, Athen. IV, 176 c (Preger, Inscript. metr. 43), wo wohl (mit Bergk) zu lesen ist: μίμων κὴν θυμέλησιν χάρις. Damit darf man das späte Epigramm auf die Mime Basilla in Aquileia (CIG. 6750, Kaibel Epigramm. 609) vergleichen: δέξαν φωνήεσσαν ἐν σκηναῖσι λαθύσθα παντοίης ἀρετῆς ἐν μίμοις, εἶτα χοροῖσι πολλάκις ἐν θυμέλαις.

Mit besonderer Vorliebe wird das Adjectiv θυμελικὸς von den nicht dramatischen musischen Künstlern gesagt, vgl. Isidor. Origg. XVIII. 47: *thymelici autem erant musici scenici, qui in organis et lyris et citharis praecinebant et dicti thymelici, quod olim in orchestra stantes cantabant supra pulpitum, quod thymele vocabatur*. Schon im IV. Jahrhundert werden die θυμελικοὶ ἀγῶνες den skenischen entgegengesetzt, vgl. Stratonikos bei Athen. VIII, 359 b: γυμνικοὺς δὲ ἀγῶνας διατιθέτωσαν Ἠλεῖοι, Κορίνθιοι δὲ θυμελικούς, Ἀθηναῖοι δὲ σκηνικούς. Und der Zuruf θυμελικὰν [θι μάκαρ φιλοφρόνως εἰς ἔριν (Fragm. adesp. lyr. 107, p. 723 Bergk), der ἐκ τῶν καλουμένων Δελφικῶν (Choeroboscus ed. Hoerschelmann, in Studemund, Anecdota p. 84) entlehnt ist, gilt offenbar einem Teilnehmer des musischen Pythien-Wettkampfes.

Der ἀγὼν ἰσοπύθιος θυμελικός, der im III. Jahrhundert v. Chr. an den Museen von Thespiai neugeordnet wurde, steht den epischen Dichtern, den Auloden und Auleten offen (CIGS. 1735), und ebenso wird der Agon der apollinischen Ptoia in Akraiphia, der nur musische, keine skenischen Agone umfasst (CIGS. 4147), als θυμελικὸς bezeichnet (CIGS. 4137). Vitruv V, 7, 2 berichtet, dass von den Skenikern die Thymeliker geschieden würden, *quod... suas per orchestram praestant actiones*. Die Akten der Saecularspiele vom Jahre 17 v. Chr. (Ephem. epigr. VIII, 225 f.) erwähnen [*ludos*]*graecos thymelicos in theatro Pompei h. III, graecos asticos* (das sind dramatische Spiele) *in theatro, quod est in circo Flaminio*, und eine Inschrift von Aphrodisias aus neronischer Zeit (CIG 1820) belobt eine Festgeberin, ἔν τε τοῖς θυμελικοῖς καὶ σκηνικοῖς ἀγῶσιν τὰ πρωτεύοντα ἐν τῇ Ἀσίᾳ ἀκροάματα αὐτὴν πρώτως ἀγαγοῦσαν.

Eine noch weitere Bedeutung scheint das Wort θυμέλη in einigen Wendungen anzunehmen, in denen man es am liebsten im allgemeinen Sinne von «Spielplatz» fassen möchte, so wenn es in einem Epigramm auf die Muse Thaleia (Anth. Pal. IX, 505) heisst: ἔργα δὲ φωτῶν οὐχ ὁσίων θυμέλῃ φιλοφρευτάλοισιν ἀθύρω, oder wenn Alkiphron (II, 3, p. 240 Bergl.) den Menander sagen lässt: δραματουργεῖν τι καινὸν ταῖς ἱερείαις θυμέλαις. Freilich kann hier sowohl wie in den Worten des späten Epigramms, mit denen Alkibiades den Eupolis höhnt, βάπτεις μ' ἐν θυμέλῃσιν, ἐγὼ δέ σε κύμασι πόντου (Schol. Arist. III, 444), auch schon an die späte Verwendung des Wortes im Sinne von «Bühne» gedacht werden.

Während nämlich θυμέλη und θυμελικὸς bis in die letzte Zeit des Griechentums für die Bezeichnung des Orchestra-Altars und der an ihr abgehaltenen musischen Aufführungen üblich bleibt, findet sich daneben seit der Kaiserzeit θυμέλη auch in der Bedeutung Bühne verwendet, so dass Theaterdichter oder Schauspieler als οἱ ἀπὸ τῆς θυμέλης bezeichnet werden (Plut. Alex. 67, Demetr. 12, Luc. Salt. 76). Dieser Bedeutungsübergang lässt sich auf verschiedene Weise erklären. Es kann der Name θυμέλη ebenso wie der Name Orchestra vom Tanzplatz auf die römische Bühne übertragen worden sein; oder aber es hat die Thatsache, dass in den Bühnentheatern die Musikanten oder die Thymeliker in der Regel auch ihren Platz auf der Bühne hatten, dazu geführt, den Namen des Standplatzes der Musiker auf das Logeion zu übertragen; endlich hat vielleicht auch der Umstand, dass der Altar jetzt in einigen Theatern auf der Bühne seinen Platz erhielt, bei dieser Namensübertragung mitgewirkt, vgl. Suid. s. v. σκηνή : ... ἔστι μετὰ τὴν ὀρχήστραν (Bühne) βωμὸς τοῦ Διονύσου, ὃς καλεῖται θυμέλη παρὰ τὸ θύειν· μετὰ δὲ τὴν θυμέλην ἡ κονίστρα.

Dieser Gebrauch von θυμέλη findet sich mehrfach in den Aristophanes-Scholien, vgl. Av. 673: ὡς ἐν θυμέλῃ γὰρ προσωπεῖον ἐξελθὼν ἔχουσα (da der Flötenspieler in der Rolle der Prokne auf der Bühne erscheint, trägt er eine Maske), Eq. 149: ὡς ἐν θυμέλῃ δὲ τὸ ἀνέβαινε, Eq. 482: τὸ μὲν Κλέωνος τῆς θυμέλης ὑπεξῆλθον πρόσωπον, Eq. 519: οἶον τοῖς νέοις χαίρουσιν ἀεὶ τῶν ποιητῶν καὶ μὴ τοῖς ἀρχαίοις καὶ εἰς τὴν θυμέλην παρωθῶν πρῶτον. Auch in der Erklärung, welche Timaeus von ἰκρίδας giebt (s. u.): πῆγμα τὸ ἐν τῷ θεάτρῳ τιθέμενον... θυμέλη γὰρ οὐδέπω ἦν, ist das Wort so zu deuten. In anderen Nachrichten dieser späten Erklärer wird man dagegen wohl an der älteren Bedeutung Orchestra festzuhalten haben, so wenn Ulpian zu Demosthen. Mid. p. 532 sagt: ἐκέλευε γὰρ ὁ νόμος... τοὺς δὲ ἀτίμους ἐπιλαμβάνεσθαι τῆς χειρὸς καὶ ἐξάγειν ἐκ τῆς θυμέλης, vielleicht auch bei Suidas s. v. ῥαβδοῦχοι (Schol. Ar. Pac. 715): ἦσαν δὲ ἐπὶ τῆς θυμέλης ῥαβδοφόροι τινές, οἱ τῆς εὐκοσμίας ἐμέλοντο τῶν θεατῶν. Häufig wird man im Zweifel bleiben, ob θυμέλη als «Bühne» oder als «Orchestra» (Spielplatz im allgemeinen) zu verstehen ist. Der Attikist Phrynichos hat daher das Wort seiner Vieldeutigkeit wegen ganz aus dem Sprachgebrauch verbannen wollen, p. 163, Lob.: θυμέλην... εἰ δὲ νῦν ἐπὶ τοῦ τόπου ἐν τῷ θεάτρῳ, ἐν ᾧ αὐληταὶ καὶ κιθαρῳδοὶ καὶ ἄλλοι τινὲς ἀγωνίζονται, σὺ μέντοι ἐνθα μὲν κωμῳδοὶ καὶ τραγῳδοὶ ἀγωνίζονται, λογεῖον ἐρεῖς, ἔνθα δὲ οἱ αὐληταὶ καὶ οἱ χοροὶ ὀρχήστραν, μὴ λέγε δὲ θυμέλην.

3. Πάροδος.

Die πάροδοι sind, wie der Name besagt, die Zugänge, die von den Seiten her auf den Spielplatz führen. Darum heisst auch das Einzugslied des Chores πάροδος. Als eine Skene erbaut worden war, blieb den seitlichen Zugängen in die Orchestra der alte Name, im Gegensatz zu den aus der Skene herausführenden «mittleren» Thüren, vgl. Aristot. Eth. Nikom. IV, 1123: καὶ κωμῳδοῖς χορηγῶν ἐν τῇ παρόδῳ πορφύραν εἰσφέρων ὥσπερ οἱ Μεγαρεῖς, Semos von Delos (FHG. IV, 496) bei Athen. XIV, 622 c: οἱ δὲ φαλλοφόροι... παρέρχονται οἱ μὲν ἐκ παρόδου, οἱ δὲ κατὰ μέσας τὰς θύρας (letztere sind die Thüren der Skene oder des Proskenion). Bei demselben Gewährsmann findet sich auch der Name κυλών für den Thorbau der Parodos (Athen. XIV, 622 b): οἱ δὲ ἰθύφαλλοι σιγῇ διὰ τοῦ κυλῶνος εἰσελθόντες, ὅταν κατὰ μέσην τὴν ὀρχήστραν γένωνται, ἐπιστρέφουσιν εἰς τὸ θέατρον, vgl. die Inschrift von Pergamon, Bd. VIII, N° 236: Ἀπολλόδωρος... τὸν πυλῶνα καὶ τὸ ἐν αὐτῷ ἐμπέτασμα Διονύσῳ καθηγεμόνι καὶ τῷ δήμῳ (oben S. 153).

Als im römischen Theater die beiden Parodoi mit in den Skenenbau einbezogen waren, und nun neue Zugänge in die tiefer liegende Orchestra gebaut werden mussten (vgl. Abschnitt VIII), konnte der Name, da es jetzt zweierlei seitliche Zugänge gab, mehrdeutig erscheinen. Doch wird auch bei den Schriftstellern der Kaiserzeit πάροδος noch schlechtweg von den seitlichen Orchestra-Zugängen gesagt, vgl. Plut. Arat. 23: ἐπιστήσας δὲ ταῖς παρόδοις ἑκατέρωθεν τοὺς Ἀχαιοὺς αὐτὸς ἀπὸ τῆς σκηνῆς εἰς μέσον προῆλθε, Schol. Ar. Eq. 149 (ἀνάβαινε σωτὴρ τῇ πόλει καὶ νῷν φανείς) ἵνα, φησίν, ἐκ τῆς παρόδου ἐπὶ τὸ λογεῖον ἀναβῇ· διὰ τί οὖν ἐκ τῆς παρόδου; τοῦτο γὰρ οὐκ ἀναγκαῖον. Auch bei Poll. IV, 126 müssen unter den πάροδοι die unteren Orchestra-Zugänge verstanden werden, da er «rechts» und «links» von einem anderen Standpunkt aus als bei den Periakten scheidet und dann fortfährt: εἰσελθόντες δὲ κατὰ τὴν ὀρχήστραν ἐπὶ τὴν σκηνὴν ἀναβαίνουσι διὰ κλιμάκων. Ebensowenig liegt ein Grund vor, Poll. IV, 128 (ἡ μηχανή... κεῖται κατὰ τὴν ἀριστερὰν πάροδον), wo links ebenfalls vom Standpunkt der Zuschauer aus gesagt ist (vgl. S. 233 und 256), das Wort anders aufzufassen.

Im Gegensatz zu den Orchestra-Zugängen scheinen die auf die römische Bühne mündenden Zugänge als οἱ ἄνω πάροδοι bezeichnet worden zu sein. Unter dem Einfluss dieses Sprachgebrauches hat Plutarch von «oberen Zugängen» auch schon bei dem Theater des IV. Jahrhunderts gesprochen, wenn er (Demetr. 34) von Demetrios erzählt: αὐτὸς δὲ κατάξας ὥσπερ οἱ τραγῳδοὶ διὰ τῶν ἄνω παρόδων, ἔτι μᾶλλον ἐκπεπληγμένων τῶν Ἀθηναίων τὴν ἀρχὴν τοῦ λόγου πέρας ἐποιήσατο τοῦ ἔλεους αὐτῶν. Denn offenbar will er damit sagen, dass Demetrios nicht wie die anderen Besucher des Theaters durch die Eingänge der Orchestra, sondern vielmehr wie die Schauspieler aus der Thüre des Spielhauses hervorgetreten sei.

Seltener begegnet der Ausdruck εἴσοδος, den Aristophanes gebraucht bei dem Einzug der Wolken (Nub. 326: παρὰ τὴν εἴσοδον) und der Vögel (Av. 296: οὐδ' ἰδεῖν ἔτ' ἔσθ' ὑπ' αὐτῶν κετεμένων τὴν εἴσοδον, vgl. Schol.), doch kannte ihn Didymos, Harpokr. s. v. παρασκήνια... ὁ δὲ Δίδυμος τὰς ἑκατέρωθεν τῆς ὀρχήστρας εἰσόδους οὕτω φησὶ καλεῖσθαι, vgl. Schol. Soph. Ai. 866: οἱ ἀπὸ χεροῦ πρόεισιν ὥσπερ ἐκ διαφόρων τόπων κατ' ἄλλην καὶ ἄλλην εἴσοδον.

4. Θέατρον.

Θέατρον bezeichnet ursprünglich die «Gesamtheit der Zuschauer», wird aber seit der Zeit, in der man sich nicht mehr mit Holzgerüsten (ἴκρια) begnügte, sondern für die Aufnahme der Zuschauer einen ansteigenden Raum (erst durch Erdbauten, später durch Steinbauten) kunstvoll herzurichten verstand, auf den Zuschauerraum selbst übertragen, vgl. Zeitschr. f. österr. Gym. 1887, S. 277. So spricht schon Thukydides VIII, 93 von einem dionysischen θέατρον im Piräus (vgl. Lys. Agorat. 32), Xenophon Hell. IV, 4, 3 von einem θέατρον in Korinth.

Das gilt natürlich nicht nur für den Zuschauerraum, der neben einem Tanzplatz angelegt ist, sondern auch für jeden andern. Xenoph. Hellen. VII, 4, 31 spricht daher von einem θέατρον auch in Olympia (vgl. Olympia, Textband II, S. 79, Dörpfeld), obwohl es dort niemals ein skenisches Theater gab, und in dem Volksbeschluss für Eudemos von Plataiai (CIA. II, 176) ist mit den Worten ποίησις τοῦ σταδίου καὶ τοῦ θεάτρου τοῦ Παναθηναϊκοῦ die Herstellung des Rennplatzes und Zuschauerraumes im athenischen Stadion gemeint. Ein θέατρον τὸ ἐπὶ τοῦ σταδίου wird Anfang des III. Jahrhunderts in einer Inschrift von Eleusis genannt, Athen. Mittheil. 1894, S. 180. Und in einer Inschrift von Oropos aus der Zeit zwischen 338 und 322 (CIGS. 4255) lesen wir Z. 29: λίθοις δὲ χρήσεται τοῖς ἐκ τοῦ θεάτρου κατὰ τὸν βωμόν, hier war also neben dem Altar ein ansteigender Zuschauerraum errichtet, der gelegentlich der grossen Opfer und der am Altare abgehaltenen musischen Agone der 'Αμφιαρᾶϊα (vgl. CIGS. 414) benutzt wurde.

Da aber der hoch emporsteigende Zuschauerraum der musisch-dramatischen Spiele an Stattlichkeit die entsprechenden Anlagen der gymnischen Spielplätze weit übertraf, so ist es natürlich, dass θέατρον schlechtweg vorzugsweise von dem Schauraum neben der Orchestra gesagt wurde. Dieser Gebrauch ist bis in die römische Zeit hinein so sehr vorwiegend, dass auch die Lateiner vielfach *theatrum* an Stelle von *cavea* sagen und häufig, ebenso wie die Griechen, θέατρον als den einen Teil des Schauspielgebäudes den anderen Teilen (der Orchestra oder der Skene) entgegensetzten, vgl. die Akten der Saecularspiele (Ephem. epigraph. VIII, 231, Z. 100): *in scaena, quoi theatrum adiectum non fuit*, Z. 153 *theatrum positum et scaena*; CIL. X, 833 (Pompeii): *cryptam tribunalia theatrum*; CIL. XI, 3620 (Caere); *theatrum scaena*; CIL. X, 1443 (Herculaneum): *theatrum orchestram*; CIL. IX, 3857 (Supinum): *theatrum et proscaenium refecerunt*; ebenso CIL. XI, 2710, Liv. XL, 51, 3. Auch die Wortbildung *amphitheatrum* setzt noch die engere Bedeutung von θέατρον als herrschend voraus, vgl. Dio Cass. XLII, 22: θέατρόν τι κυνηγετικὸν ἐκρίωσας, ὃ καὶ ἀμφιθέατρον ἐκ τοῦ πέριξ πανταχόθεν ἕδρας ἄνευ σκηνῆς ἔχων προσερρέθη, Friedländer, Sittengeschichte der röm. Kaiserzeit II⁴, 558.

Da ferner der Zuschauerraum meistens die grossartigste Anlage des Schauspielbaues ist und den Spielplatz, die Orchestra, gleichsam in sich einschliesst, so hat sich der Name θέατρον auch auf den ganzen Bau ausgedehnt. Schon bei Schriftstellern des späteren IV. Jahrhunderts vor Chr. schimmert manchmal diese allgemeinere Bedeutung durch. Als man dann in römischer Zeit Zuschauerraum und Spielhaus zu einer einheitlichen Bauanlage zusammenfasste, gewann diese Verwendung des Wortes natürlich grössere Ausdehnung. Daher konnte man, ganz wie wir es heute thun, das Herodestheater als θέατρον ὑπόροφον (Philostr. V. Soph. II, 1, 5), das kleine Theater von Pompei als *theatrum tectum* (CIL. X, 844) bezeichnen und ein Odeion als θεατροειδές (CIG. 4614) beschreiben. Doch bleibt daneben θέατρον auch im engeren Sinne von Zuschauerraum bis in die späteste Zeit in Gebrauch.

Ἐπιθέατρον als Name des oberen Stockwerkes des Zuschauerraumes begegnet uns in den delischen Inschriften von 250 v. Chr. (Bull. hell. XVIII, 164).

Die übrigen Bezeichnungen für die einzelnen Teile des Zuschauerraumes, die Keile, Umgänge, Treppen und Stufen, dürfen wir hier bei Seite lassen.

5. Σκηνή.

Σκηνή ist ein aus Holz und Zeug aufgerichteter, überdachter, zur Wohnung geeigneter Bau, der in der Regel nur eine kurze Zeit hindurch zu dienen bestimmt ist. Das deutsche Wort «Zelt» entspricht dem griechischen σκηνή in Rücksicht auf das vergängliche Material, darf aber nicht dazu verführen, die Gestalt der Skene nach Art unserer Soldaten- und Reisezelte zu denken. Vielmehr gleicht die Skene im Grundriss und Aufbau dem aus festerem Material errichteten Wohnhause; vgl. Hesych: σκηνή· ἡ ἀπὸ ξύλων ἢ περιδολαίων οἰκία, Etym. m. 743, 12: σκηνή... οἱ δὲ δέρματα καὶ ζωστῆρας (Bekker, Anecd. 302, 31: στρωτῆρας) καὶ δεσμοῦς, οἷς κατακήγνυται πᾶσα ἡ σκηνή. Solche σκηναί werden besonders zu Festzeiten errichtet, um den in grosser Zahl zusammenkommenden Fremden und Festgesandten als Schlaf- und Speiseräume zu dienen, vgl. Eurip. Ion 1128: ἀμφήρεις σκηνὰς ἀνίστη τεκτόνων μηχθήμασιν (1133 f.), [Andoc.] in Alcib. 30: τούτῳ σκηνὴν μὲν Περσικὴν Ἐφέσιοι διπλασίαν τῆς δημοσίας ἔπηξαν, Mysterieninschrift von Andania (Le Bas-Foucart 326) Z. 35: σκανὰν δὲ μὴ ἐπιτρεπόντω οἱ ἱεροὶ μηθένα ἔχειν ἐν τετραγώνῳ μεῖζω ποδῶν τριάκοντα, μηδὲ περιτιθέμεν ταῖς σκαναῖς μήτε δέρρεις μήτε αὐλείας. Diese σκηναί können zuweilen auch sehr grosse Massverhältnisse haben und in ihrer Bauart und Baueinteilung stattlichen Palästen gleichen, ich erinnere nur an die Riesenzelte Alexanders des Grossen (s. Chares und Phylarch bei Athen. XII, 538 c, 539 d) und an die von dem Rhodier Kallixenos beschriebenen Bauwerke Ptolemaios II und Ptolemaios IV (Athen. V, 196 und 204 d), vgl. Bötticher, Tektonik I², 260 f.

Wenn von einer σκηνή bei Schauspielen gesprochen wird, so könnte darunter sowohl ein kleines Haus, das den Schauspielern als Ankleide- und Aufenthaltsraum dient, als auch ein grösserer Holzbau, der in der Orchestra als Spielhintergrund aufgestellt ist, verstanden werden. Da aber der am Spielplatz seit der Zeit des Aischylos errichtete Bau allein die Aufmerksamkeit der Zuschauer auf sich zieht und auch er allein für den Verlauf des Dramas bedeutsam ist, so wird ihm der Name Skene schlechtweg zugelegt, wobei eine Zweideutigkeit um so weniger entstehen konnte, als eben diese Skene schon seit dem V. Jahrhundert auch den Ankleideraum der Schauspieler in sich schloss, vgl. S. 202. Die ursprüngliche Bedeutung des Wortes hat noch Isidorus ganz richtig bezeichnet, wenn er sagt (XVIII, 43): *dicta autem scaena Graeca appellatione eo, quod in speciem domus erat instructa*.

Diese Benennung des Schauspielhauses muss schon im V. Jahrhundert allgemein üblich geworden sein. Dass bereits Agatharchos eine Schrift περὶ σκηνῆς betitelt habe, möchte man aus Vitruv VII, praef. 11 entnehmen (S. 200). Bei Aristophanes Thesm. 658 ist zwar der Ausdruck σκηναί von den Festzelten der Frauen zu verstehen (vgl. S. 247), ebenso Pac. 880 (εἰς Ἴσθμια σκηνὴν ἐμαυτοῦ τῷ πάει καταλαμβάνω). Wenn aber die Choreuten Pac. 729 sagen: ἡμεῖς δέ τέως τάδε τὰ σκεύη παραδόντες τοῖς ἀκολούθοις δῶμεν σώζειν, ὡς εἰώθασι μάλιστα περὶ τὰς σκηνὰς πλεῖστοι κλέπται κυπτάζειν καὶ κακοποιεῖν, so liegt es am nächsten an die Schauspielhäuser zu denken, da von anderen Skenen sonst in jener Komödie keine Rede ist.

Die zu Schauspielzwecken auf oder an dem Marktplatz errichteten Häuser versteht auch Plato unter den σκηναί, Legg. VII, 817, wo er den Gesetzgeber zu den Tragödiendichtern sprechen lässt: μὴ δὴ δόξητε ἡμᾶς ῥᾳδίως γε οὕτως ὑμᾶς ποτὲ παρ' ἡμῖν ἐάσειν σκηνάς τε πήξαντας κατ' ἀγορὰν καὶ καλλιφώνους ὑποκριτὰς εἰσαγαγομένους. Ganz klar ist diese Bedeutung bei Xenoph. Cyrup. VII, 1, 54, (wo die festen Wagentürme des Kyros beschrieben werden): τοῦ δὲ πύργου ὥσπερ τραγικῆς σκηνῆς, τῶν ξύλων πάχος ἐχόντων καὶ εἴκοσιν ἀνδρῶν καὶ ὅπλων τούτων ἐγένετο ἔλαττον ἢ πεντεκαίδεκα τάλαντα ἑκάστῳ ζεύγει τὸ ἀγώγιον. Die Balken der τραγικὴ σκηνή waren von besonderer Dicke, da, wie wir oben sahen, bei dem Spielhause der Tragödie ein Obergeschoss notwendig war.

Und ebenso wie die im IV. Jahrhundert gebildeten Composita von σκηνή (s. u.) für dieses Wort die Bedeutung «Spielhaus» als die übliche erweisen, so darf auch in den gleichzeitig aufkommenden Wendungen ἀπὸ σκηνῆς und ἐπὶ σκηνῆς dem Worte keine andere Bedeutung untergelegt werden. Οἱ ἀπὸ σκηνῆς heissen die Schauspieler, weil sie in der Regel in der Skene wohnend gedacht sind, aus der Skene heraustreten und von dort her sprechen. Vgl. Demosth. XVIII, 180: (βούλει) σὲ δὲ μηδ' ἥρω τὸν τυχόντα (θῶ), ἀλλὰ τούτων τινὰ τῶν ἀπὸ τῆς σκηνῆς, Κρεσφόντην ἢ Κρέοντα ἢ ὃν ἐν Κολλυτῷ ποτε Οἰνόμαον κακῶς ὑποκρινόμενος ἐπέτριψας. Da im Gegensatz zu den Schauspielern der Chor nicht aus der Skene kommt, auch beim Sprechen in der Regel nicht zu den Zuschauern, sondern zur Skene hin gewendet ist, so können die Schauspieler als οἱ ἀπὸ σκηνῆς dem Chor gegenübergestellt und ebenso können Monodien der Schauspieler (vorzugsweise Klagelieder, die von der Thürschwelle oder von dem Altare des Spielhauses her gesungen werden) als τὰ ἐπὶ σκηνῆς von den Chorgesängen unterschieden werden. Vgl. Aristot. Poet. 12, 1452 b: κοινὰ μὲν ἁπάντων ταῦτα ἴδια δὲ τὰ ἀπὸ τῆς σκηνῆς καὶ κόμμοι... κόμμος δὲ θρῆνος κοινὸς χοροῦ καὶ ἀπὸ σκηνῆς. Aristot. Problem. 19, 918 b: τὸ δὲ αὐτὸ αἴτιον καὶ διότι τὰ μὲν ἀπὸ τῆς σκηνῆς οὐκ ἀντίστροφα, τὰ δὲ τοῦ χοροῦ ἀντίστροφα. 30, 920 a: διὰ τί οὐδὲ ὑποδωριστὶ οὐδὲ ὑποφρυγιστὶ οὐκ ἔστιν ἐν τραγῳδίᾳ χορικόν;... ἀλλ' ἀπὸ σκηνῆς, μιμητικὴ γάρ. 48, 922 b: ταῦτα δὲ ὅμῳ χορῷ μὲν ἀνάρμοστα, τοῖς δὲ ἀπὸ σκηνῆς οἰκειότερα· ἐκεῖνοι μὲν γὰρ ἡρώων μιμηταί. Suid s. v. μονῳδεῖν· τὸ θρηνεῖν· ἐτυμικῶς γάρ πᾶσαι αἱ ἀπὸ σκηνῆς ᾠδαὶ ἐν τῇ τραγῳδίᾳ θρῆνοί εἰσιν. Vita Aeschyli (ἐκ τῆς μουσικῆς ἱστορίας) p. 380 Kirch.: καὶ ἔστι τὰ ἀπὸ τῆς σκηνῆς καὶ τῆς ὀρχήστρας θεῖα πάντα πρόσωπα.

Wie die Schauspieler ἀπὸ σκηνῆς kommen und sprechen, so bewegen sie sich in der Regel während des Spieles ἐπὶ σκηνῆς, in der Nähe der Skene, ja häufig genug bleiben sie auf den Stufen des Hauses oder in dem von den Paraskenien begrenzten Vorraum des Hauses. Daher können sie kurzweg als οἱ ἐπὶ σκηνῆς bezeichnet werden; doch ist zu bemerken, dass dieser Ausdruck niemals so

§. Σκηνή. 285

wie οἱ ἀπὸ σκηνῆς im Gegensatz zum Chor gesagt wird, weil auch der Chor häufig in der Nähe der Skene zu thun hat. Es ist also damit durchaus nicht eine Scheidung der Schauspielerpersonen beabsichtigt.

Allerdings würde der Ausdruck ἐπὶ σκηνῆς von den Schauspielern auch dann gebraucht werden können, wenn der Vorraum vor dem Hause durch eine Bühne gebildet würde. Aber bloss aus diesem Ausdruck heraus lässt sich das Vorhandensein einer Bühne nicht erschliessen. Denn es wäre natürlich ein arger Fehlschluss, wenn man aus den Worten ἐπὶ σκηνῆς und ἀπὸ σκηνῆς folgern wollte: σκηνή heisst «Bühne». Wir können von jemandem, der auf der Treppe oder im Zimmer weilt, sagen, er sei im Hause, aber wir werden daraus nicht ableiten wollen, dass in der deutschen Sprache «Haus» soviel bedeute als «Treppe» oder «Zimmer». Nach dem, was wir über die Bedeutung von σκηνή auseinander gesetzt haben, können für ἐπὶ σκηνῆς in der erwähnten typischen Verwendung (οἱ oder τὰ ἐπὶ σκηνῆς) nur zwei Übersetzungen in Betracht kommen: «auf dem Hause» und «bei dem Hause».

Die erstere Auffassung hätte selbst dann ihre Bedenken, wenn man in der Skene eine Bühne annehmen wollte, die wie die römische Bühne einen integrirenden Bestandteil des Schauspielhauses gebildet hätte. Denn dann wäre eher die Wendung ἐν σκηνῇ «in scaena» zu erwarten. Die zweite Auffassung dagegen hat alle sprachlichen Analogien für sich. Dass das Vorwort ἐπί (mit Genetiv, Dativ und Accusativ) nicht nur zur Bezeichnung von Höhenunterschieden, sondern auch zur Bezeichnung der Nachbarschaft zweier auf gleichem Boden befindlicher Dinge verwendet wird, dürfte wohl bekannt genug sein. Aber es ist vielleicht nicht überflüssig, darauf hinzuweisen, dass ἐπί gerade mit den Bezeichnungen des Hauses sehr häufig in diesem Sinne verbunden zu werden pflegt. Vgl. Soph. Ai. 3: καὶ νῦν ἐπὶ σκηναῖς σε ναυτικαῖς ὁρῶ, Ai. 579: μηδ' ἐπισπένους γόους δάκρυα (bei dem Zelt), Eurip. Hec. 733: τίν' ἄνδρα τόν δ' ἐπὶ σκηναῖς ὁρῶ; Arist. Vesp. 801: ἐπὶ ταῖς οἰκίαις (= 803: ἐν τοῖς προθύροις), Plut. 958: ἐπὶ τὴν οἰκίαν ἀφῖγμαθ' ἕνεως... ἐπ' αὐτὰς τὰς θύρας, Plato, de legg. XII. 944 b: κομισθεὶς ἐπὶ σκηνήν (zum Zelt gebracht), Isocr. Areop. 15: ἐπὶ μὲν τῶν ἐργαστηρίων καθίζοντες κατηγοροῦσι τῶν καθεστώτων, Aeschin. Tim. 40: ἐκάθητο ἐν Πειραιεῖ ἐπὶ τοῦ Εὐθυδίκου ἰατρείου, Tim. 74: τοὺς ἐπὶ εἰκημάτων καθεζομένους, Theophr. Char. 29 (25): τρέχων ἐπὶ τὴν σκηνήν... ἐκώμισεν ἐπὶ τὴν σκηνήν, Polyb. XXXI, 22, 2: παραγενόμενος ἐπὶ σκηνήν (zum Zelt), CIG. 2483 (Astypalaia, II. Jahrhundert v. Chr.): ἀνάθεμα ἀναθέμεν ὅπαι κα χρῄζῃ τᾶς ἀγορᾶς ἐπὶ τᾶς στοᾶς, Hypothes. Soph. Ant.: ὑπόκειται δὲ τὰ πράγματα ἐπὶ τῶν Κρέοντος βασιλείων, Schol. Soph. Trach. 1275: ἐκ' οἴκων, (vor dem Hause), Hypothes. Soph. Aias: τὰ μὲν ἀνεῖλε τῶν τετρακόθεν τὰ δὲ δήσας ἀπάγει ἐπὶ τὴν σκηνήν... καταλαμβάνει δὲ 'Αθηνᾶ 'Οδυσσέα ἐπὶ τῆς σκηνῆς διοπτεύοντα, τί ποτε ἄρα πράττει ὁ Αἴας, Plutarch. Brut. 45: πληγαῖς κολασθέντας ἐπὶ σκηνῆς (vor dem Feldherrenzelt) γυμνοὺς ἀποδοθῆναι τοὺς στρατηγούς. In gleicher Weise ist wohl der für die käuflichen Dirnen übliche Ausdruck ἐπὶ οἰκημάτων zu verstehen, Athen. XIII, 569 a: Φιλήμων δ' ἐν 'Αδελφοῖς πρεσβυτέρων, ὅτι πρῶτος Σόλων ἔστησεν ἐπὶ οἰκημάτων γύναια πριάμενος, Athen·

V, 220 d: Ἀρχεστράτου... τοῦ παραπλήσια ταῖς ἐπὶ τῶν μικρῶν οἰκημάτων ἐργαζομένου, vgl. 569: αἱ προστάσαι τῶν οἰκημάτων, 577 a: γυναῖκα ἐπ' οἰκήματος προεστηκυῖαν (586 a). Daran reihen sich die Wendungen ἐπὶ τῆς θύρας (Athen. XIII. 586 a), ἐπὶ τῶν θυρῶν und ἐπὶ ταῖς θύραις, vgl. Eurip. Alc. 100, Aristoph. Vesp. 362, 1482, Nub. 467, Plut. Thes. 12 (Ἑρμῆν... ἐπ' Αἰγέως πύλαις), ἐπ' ἐξόδοισι, Eurip. Hel. 1165, Ion 515, und Composita, wie ἐφεδρος σκηναῖς (Eurip. Troad. 138), ἐφεστάναι δόμοις (Eurip. Phoen. 277).

Diese Beispiele dürften genügen, um zu der Annahme zu berechtigen, dass man die Wendung ἐπὶ σκηνῆς ursprünglich im Sinne von ἐπὶ οἰκίας «vor, bei dem Hause» gebraucht hat. Natürlich erhielt der Ausdruck dann sehr bald formelhafte Geltung und bezeichnet kurzweg: «auf dem (vor der Skene befindlichen) Spielplatz». Ich führe hier nur die ältesten Belege dieses Sprachgebrauches an. Demosth XIX, 337: ἐπειδὴ οὐκ ἐπὶ τῆς σκηνῆς ἀλλ' ἐν τοῖς κοινοῖς καὶ μεγίστοις τῆς πόλεως μυρί' εἴργασται κακά (Aischines), Aristot. Poet. p. 1453 B: ἐπὶ γὰρ τῶν σκηνῶν καὶ τῶν ἀγώνων τραγικώταται αἱ τοιαῦται φαίνονται (die Stücke mit tragischem Ausgang), ἂν κατορθωθῶσιν, p. 1455 B: ἐπὶ δὲ τῆς σκηνῆς ἐξέπεσε (der «Amphiaraos» des Karkinos), p. 1459 B: πρὸς τὸ ἐπεισπείνεσθαι τὸ μέγεθος πολὺ τι ἡ ἔκπεσις ῥᾴον διὰ τὸ ἐν μὲν τῇ τραγῳδίᾳ μὴ ἐνδέχεσθαι ἅμα πραττόμενα πολλὰ μέρη μιμεῖσθαι, ἀλλὰ τὸ ἐπὶ τῆς σκηνῆς καὶ τῶν ὑποκριτῶν μόνον, p. 1460 A: τὸ περὶ τὴν Ἕκτορος δίωξιν ἐπὶ σκηνῆς ὄντα γελοῖα ἂν φανείη, οἱ μὲν ἑστῶτες καὶ οὐ διώκοντες, ὁ δ' ἀνανεύων (Il. XXII, 205). Aus den zahlreichen Beispielen der jüngeren Zeit mögen hier nur noch einige wenige hervorgehoben werden, in denen Vorgänge ἐπὶ σκηνῆς den im Innern des Hauses geschehenen Ereignissen gegenübergestellt werden; vgl. Schol. Hipp. 514: τὴν μὲν ὅλην φάρμαξιν οὐκ ἐπὶ σκηνῆς ἀλλ' ἔνδον ποιήσαι μέλλουσα, und 172: ἐπὶ γὰρ τῆς σκηνῆς δείκνυται τὰ ἔνδον πραττόμενα, Philostr. V. Soph. I, 9: εἴς ἐπὶ σκηνῆς καὶ οἷς ὑπὸ σκηνῆς χρὴ πράττειν.

Durch diese typische Bedeutung von ἐπὶ σκηνῆς war der Weg für eine freiere Verwendung des Wortes σκηνή eröffnet, so dass wir vielfach σκηνή geradezu als «Spielplatz» oder «Ort der Spielhandlung» übersetzen können, und zwar wird σκηνή in solcher Weise ebenso oft vom Platze des Chors, wie von der Schauspieler gesagt, so dass also auch aus diesem Sprachgebrauch sich kein Beweisgrund für eine gesonderte Schauspielerbühne gewinnen lässt. Die σκηνή ist eben das Wahrzeichen der dramatischen Spiele, und bei diesen ist die Orchestra nichts anderes als der Vorplatz der Skene, der gewissermassen zu dem dargestellten Hause als Vorhof gehört. Wir begnügen uns hier einige Beispiele zusammen zu stellen, ohne die verschiedenen Bedeutungsnuancen, die man an den einzelnen Stellen dem Worte σκηνή beilegen kann, weiter zu erörtern. Bei einer oder der anderen Wendung der späteren Schriftsteller mag auch der Gedanke an das römische Bühnenspiel (s. S. 290) von Einfluss gewesen sein. Vgl. Schol. Aesch. Eum. 33: παρ' ὀλίγον ἔρημος ἡ σκηνὴ γίγνεται, οὔτε γὰρ ὁ χορὸς πω πάρεστιν, ἥ τε Ἱέρεια εἰσῆλθεν εἰς τὸν ναὸν (vgl. Eurip. Phoen. 274: κοὐκ ἔρημα δώματα, weil der Chor vor dem Hause anwesend ist), Schol. Eur. Alc. 897: δύναται γὰρ ὁ χορὸς ἐξίστασθαι τῆς σκηνῆς, ὡς καὶ ἐν Αἴαντι μαστιγοφόρῳ, Schol. Aias 719: εἶτα τοῦ χοροῦ τὴν σκηνὴν ἐάσαντος διὰ τὴν ζήτησιν, ἔξεισιν ὁ Αἴας, Schol. Ai. 330: Τέμμεσσα... τὸν χορὸν προτρέπεται εἰσιέναι· ἐπειδὴ δὲ ἄτοπον τὸν χορὸν ἀπολιπεῖν τὴν σκηνήν, ἀναδρᾷ ἔνδοθεν ὁ Αἴας, ἵνα μείνῃ ἐπὶ χώρας ὁ χορός, Schol. Nub 344: ἐθέλων οὖν, ὅτι ἐπόπα ἐν τοῖς ἄνω λέλεκται χορικά, οὐκ ἐπὶ τῆς σκηνῆς ἔντος τοῦ χοροῦ εἴρηται, ἀλλ' ἔξω ἑστῶτος... οὐ γὰρ ἠδύναντο ἐντὸς εἶναι τῆς σκηνῆς αἱ μὴ καταπτᾶσαι μηδέπω, Schol. Hephaist. 128: πάροδος καλεῖται ἡ πρώτη τῶν χορῶν ἐπὶ τὴν σκηνὴν εἴσοδος, Schol. Ar. Aves 296: εἴσοδος δὲ λέγεται ἢ ὁ χορὸς εἴσεισι εἰς τὴν σκηνήν, Ulpian zu Demosth. Midiana 17: ... ἐπορράπτων τὰς ἐπὶ τῆς σκηνῆς εἰσόδους, ἵνα ὁ χορὸς ἀναγκάζηται περιιέναι διὰ τῆς ἔξωθεν εἰσόδου, Marc. Aurel. XI, 65: οἷς ἐπὶ τῆς σκηνῆς ψυχαγωγεῖσθε, τούτοις μὴ ἄχθεσθε ἐπὶ μείζονος σκηνῆς (»auf einem Spielplatz höherer Ordnung«), Plut. de aud. poet. 4: (Euripides soll gesagt haben) οὐ μόνοι πρότερον αὐτὸν ἐκ τῆς σκηνῆς ἐξήγαγον (den Ixion) ἢ τῷ τροχῷ προσηλῶσαι, Athen. I. p. 19 c: Ἀθηναῖοι δὲ Ποθεινῷ τῷ νευροσπάστῃ τὴν σκηνὴν ἔδωκαν, ἀφ' ἧς ἐνεθουσίων οἱ περὶ Εὐριπίδην, Suid. s. v. Φρύνιχος· οὗτος δὲ πρῶτος ὁ Φρύνιχος γυναικεῖον πρόσωπον εἰσήγαγεν ἐν τῇ σκηνῇ, Anecd. Bekk. 112, 26: πρωτόδαθροι ἐν ταῖς σκηναῖς οἱ πρῶτοι τῶν χορευτῶν ἑστῶτες, Schol. Lysistr. 539: εἰσάγει αὐτὰς ὀρχουμένας ἐν τῇ σκηνῇ, Aelian. V. H. II, 13: περιφερομένου τοίνυν ἐν τῇ σκηνῇ τοῦ Σωκράτους, Schol. Aias 719: τῷ δὲ θεατῇ οὐδὲν ἀργὸν περιλείπεται πεπυκνωμένης τῆς ἐν τῇ σκηνῇ προσωποποιίας, Lucian, Gall. 26: ἢν δὲ... κενεμβατήσας τις αὐτῶν ἐν τῇ σκηνῇ καταπέσῃ, γέλωτα δηλαδὴ παρέχει τοῖς θεαταῖς.

Aus dem gleichen Anschauungskreise heraus erklärt es sich, dass man σκηνή auch von dem »Ort der dramatischen Handlung« sagt. Vgl. Hypothesis Soph. Aias: ἡ σκηνὴ τοῦ δράματος ἐν τῷ ναυστάθμῳ πρὸς τῇ σκηνῇ τοῦ Αἴαντος, Hypoth. Aesch. Pers.: καὶ ἔστιν ἡ μὲν σκηνὴ τοῦ δράματος περὶ τῷ τάφῳ Δαρείου. Ähnliche Wendungen, die vermutlich auf Aristophanes von Byzanz zurückgehen, kehren in der grösseren Zahl der erhaltenen ὑποθέσεις wieder. Vgl. auch Schol. Soph. El. 1: τὸν τόπον τῆς σκηνῆς, Schol. Aesch. Eum. 47: φαίνεται ἐπὶ σκηνῆς τὸ μαντεῖον, Schol. Ran. 274: μεταβέβληται ἡ σκηνὴ καὶ γέγονεν ὑπόγειος, Ran. 181: ἐντεῦθα τοῦ πλοίου ὀρθέντος ἠλλοιῶσθαι χρὴ τὴν σκηνὴν καὶ εἶναι κατὰ τὴν Ἀχερουσίαν λίμνην τὸν τόπον ἐπὶ τοῦ λογείου ἢ ἐπὶ τῆς ὀρχήστρας, Schol. Aias 815: μετάκειται ἡ σκηνὴ ἐπὶ ἐρήμου τινὸς χωρίου (813: μετακινεῖται ἡ σκηνή), Schol. Hippol. 672: μετάγεται πάλιν ἡ σκηνὴ εἰς θάτερον μέρος τουτέστιν ἐπὶ τὴν τῆς Φαίδρας ἀγωνίαν, Plut. Dem. 28: ὥσπερ ἐκ κωμικῆς σκηνῆς πάλιν εἰς τραγικὴν τὴν διήγησιν μετάγουσιν αἱ τύχαι.

Diese letzteren Stellen leiten uns aber noch zu einer anderen Bedeutung des Wortes σκηνή über, der Bedeutung von »Dekoration«, »Spielhintergrund«. Und schon bei einigen der angeführten Wendungen wird man zweifeln, ob σκηνή nicht eher in diesem engeren Sinne, als in dem allgemeineren von »Spielplatz« zu verstehen ist. Dieser Gebrauch von σκηνή zur Bezeichnung der »Schmuckwand« oder des »Schmuckbaues« erklärt sich auf einfache Weise aus der ursprünglichen Bedeutung des Wortes. In ältester Zeit ist für die einzelnen Spieltage die ganze Skene den Bedürfnissen der Dramen entsprechend gestaltet worden, später hat man nur den den Zuschauern zugekehrten Teil des Hauses verändert, dem ausser dem besonderen Namen προσκήνιον (s. u.) natürlich auch noch der allgemeine σκηνή belassen werden konnte. Je nachdem, ob das Spielhaus nur für Komödien oder nur für Tragödien dienen sollte, war seine Gestalt verschieden, darum spricht Xenophon ausdrücklich von den Balken der τραγική σκηνή (Cyrup. VII, 54), und noch in den Spottworten des Demetrios Poliorketes und Lysimachos werden die τραγική und κωμική σκηνή einander gegenüber gestellt, vgl. Phylarch bei Athen. XIV, 614 e: τὴν Λυσιμάχου αὐλὴν κωμικῆς σκηνῆς οὐδὲν διαφέρειν, ἐξιέναι γὰρ ἀπ' αὐτῆς πάντας διυυλλάβους (Bergk, Griech. Literaturgesch. IV, 145, 57) und Plut. Dem. 25: Ἕλεγε (Lysimachos) νῦν πρῶτον ἑωρακέναι πόρνην προερχομένην ἐκ τραγικῆς σκηνῆς. Diese Bezeichnungen «tragische, komische, satyrische Skene» konnten aber, wie der lateinische Sprachgebrauch zeigt (s. u.), für den Spielhintergrund auch dann beibehalten werden, wenn das Haus gegen den Spielplatz zu nicht durch einen besonderen körperlichen Bau, sondern nur durch eine bemalte Wand abgeschlossen war.

So scheint der Begriff σκηνή allein auf den als Spielhintergrund dienenden Vorbau eingeschränkt, wenn Poll. IV, 128 sagt, die Schwebemaschine befinde sich ὑπὲρ τὴν σκηνὴν τὸ ὕψος an der linken Parodos, vgl. Suid. ἀπὸ μηχανῆς: ... θεοὺς οὐκ ἀπ' αὐτῆς τῆς σκηνῆς ὁρμωμένους, ἀλλ' ἐξ ὕψους ὑπὸ τινος μηχανῆς. Aber auch schon in den delischen Inschriften vom Jahre 274 (Bull. hell. 1894, 166) sind wohl die σκηναί (καλαιαί und καιναί, al ἐπάνω σκηναί) von bemalten, beweglichen Schmuckwänden zu verstehen, vgl. Plut. de esu carn. I, 7, p. 996 b: μηχανήν αἴρει ποιητικὸς ἀνὴρ σκηνῆς περιφερομένης, und unten S. 290. Dieselbe Bedeutung liegt vielleicht auch der Zusammensetzung σκηνοθήκη zu Grunde; wenigstens scheint der durch Ziegelinschriften so bezeichnete Bau in Megalopolis zur Aufbewahrung der *scaena ductilis* gedient zu haben, vgl. S. 138. Das Wort kehrt ebenso auf Ziegeln von Sparta (Ath. Mitth. II, 441, Journ. of Hell. Stud. XIV, 242, Paris, Élatée, S. 112 n. 11, Altertümer von Pergamon VIII, 395: κλίνθοι δημόσιαι σκηνοθήκας) wieder. Man kann damit das lateinische Wort *scaenarium* vergleichen, das in der Inschrift CIL. I, 1341 (Civitavecchia) den Ort, wo die zur Ausstattung des Theaters nötigen Dinge aufbewahrt werden, bezeichnet.

Diese Entwicklung des Spielhintergrundes spiegelt sich ebenso in dem Compositum σκηνογραφία wieder. In ältester Zeit wurde die ganze Skene selbst bemalt, so konnte man das Wort «Skenenmalerei» bilden. Später brauchte nur der vordere Teil des Spielhauses, das Proskenion oder die vorgestellte Wand bemalt zu werden; doch wird die Bezeichnung σκηνογραφία auch weiter beibehalten und erhält den Sinn von «Dekorationsmalerei». Und da in hellenistischer Zeit vorgestellte Schmuckwände besonders dort üblich waren, wo es galt, eine Landschaft oder eine grössere Gruppe von Bau-Anlagen als Spielhintergrund darzustellen, so geht das Wort zuletzt über in den Sinn von «Landschaftsmalerei». Ein paar Beispiele mögen genügen, diese Entwicklung zu verdeutlichen; Diog. Laert. II, 125 (vom Skenographen Menedemos, Ende des IV Jahrhnnderts): γράψαντος αὐτοῦ ψήφισμά τι κατέψατό τις 'Αλεξίνειας εἰκών, ὡς οὔτε σκηνὴν οὔτε ψήφιὅμα προσήκει τῷ σοφῷ γράφειν, Polybios, XII, 28: τηλικαύτην εἶναι διαφοράν τῆς ἱστορίας πρὸς τοὺς ἐπιδεικτικοὺς λόγους, ἡλίκην ἔχει τὰ κατ' ἀλήθειαν ᾠκοδομημένα καὶ κατεσκευασμένα τῶν ἐν ταῖς σκηνογραφίαις (bemalte glatte Wände) φαινομένων τόπων καὶ διαθέσεων, Plut. Arat. 15: νυνὶ δ' ὑπὸ σκηνὴν ἑωρακὼς πάντα τὰ ἐκεῖ πράγματα τραγῳδίαν ὄντα καὶ σκηνογραφίαν. Vitruv I, 2, 2: *scaenographia est frontis et laterum abscedentium adumbratio ad circinique centrum omnium linearum responsus.*

Daneben bleibt aber für σκηνή bis in die späteste Zeit die ursprüngliche Bedeutung «Spielhaus» in Kraft. Auch die vereinzelte Angabe des Suidas und des Etym. mag.: σκηνή ἐστιν ἡ μέση θύρα τοῦ θεάτρου (im Gegensatz zu den seitlichen Zugängen, den πάροδοι), erklärt sich nur aus dieser Bedeutung; die Mittelthür spielt eben in der Gestalt der Skenenvorderwand eine grosse Rolle, vgl. Serv. Aen. I, 164: *scaena autem pars theatri adversa spectantibus, in qua sunt regia.* Doch lässt sich dieser Gebrauch von σκηνή in der Literatur sonst nicht belegen. Wenn der Scholiast Aesch. Choeph. 973 sagt: ἀνοίγεται ἡ σκηνή, καὶ ἐπὶ ἐκκυκλήματος ὁρᾶται τὰ σώματα, so bleibt fraglich, ob er an das Öffnen der Thüre oder das Öffnen der Skenenvorderwand dachte (vgl. oben S. 235).

Werfen wir zum Schlusse noch einen Blick auf die Geschichte des Wortes *scaena* bei den Römern, so finden wir hier ganz dieselben Abstufungen der Bedeutung, die wir im Griechischen nachgewiesen haben. In erster Linie heisst *scaena* das zu Schauspielzwecken errichtete Haus, vgl. CIL. I, 206 (lex Iulia municipalis vom Jahre 709 d. St.), Z. 77: *quominus ei eorum ludorum causa scaenam pulpitum ceteraque, quae ad eos ludos opus erunt, in loco publico ponere statuere... liceat*; CIL. XI, 3620: *theatrum sca'ena*]; Liv. 41, 27, 5: *et scaenam aedilibus praetoribusque praebendam*; CIL. X, 7120 (Syrakus): *frontem scaenae*; Vitruv VII, 5, 2: *scaenarum frontes*; Tac. Ann. XIV, 21: *subitariis gradibus et scaena in tempus structa*.

Aus dieser Bedeutung, welche die herrschende bleibt, ergiebt sich für die Wendungen *in scaena* und *in scaenam* (in dem mit einer Bühne versehenen Schauspielhause) der Sinn «auf dem Spielplatz», vgl. Plaut. Pseud. 2: *fabula in scaenam venit*; 568: *qui in scaenam prorenit*; Poen. 20: *histrio in scaena*; Capt. 60: *foris extra scaenam fient proilia*; Horat. ad Pison. 179: *aut agitures in scaenis aut acta refertur*; 182: *non tamen intus digna geri promes in scaenam*; Epist. II, 1, 204: *actor cum stetit in scaena*; Vitruv V, 6, 8: *aditus in scaenam*. Da in dem Theater des römischen Bautypus die Bühne als Spielplatz dient und einen wesentlichen und auffälligen Teil des Spielhauses bildet, so kann gelegentlich *scaena* in freiem Gebrauch so verwendet werden, dass wir es geradezu als Bühne übersetzen dürfen. Vgl. Donat. de com. p. 9, 26 R.: *planipedia dicta ob... vilitatem actorum, qui non cothurno aut socco nituntur in scaena aut pulpito*. Darauf sind auch die spätgriechischen Zeugnisse zurückzuführen, die σκηνή der θυμέλη (d. i. der römischen Bühne) gleichstellen. Vgl. Etym. m. 653, 7, s. v. παρασκήνια: σκηνή δέ ἐστιν ἡ νῦν θυμέλη λεγομένη, Bekker. Anecd. 42, 23: νῦν μὲν θυμέλην καλοῦμεν τὴν τοῦ θεάτρου σκηνήν.

Die sehr freie Verwendung, die *scaena* im Sinne von «Schauplatz» bei den lateinischen Schriftstellern gefunden hat, brauchen wir hier nicht zu verfolgen, wohl aber muss darauf hingewiesen werden, dass im Lateinischen auch jener andere Bedeutungsübergang des griechischen Wortes σκηνή, der zu dem Begriffe von «Schmuckwand» führt, sich nachweisen lässt. Wenn die lateinischen Schriftsteller von der *scaena* sprechen, so steht dabei vielfach der Gedanke an die Vorderwand des Spielhauses in erster Linie. Daher konnte der Ausdruck leicht auch auf die vor der Stein- oder Holzfassade aufgestellte bemalte Wand übertragen werden, vgl. Vitruv VII, 5, 5: *cum Apaturius Alabandeus eleganti manu finxisset scaenam* (wo nur von Malerei die Rede ist); Plin. 35, 7, 23: *habuit et scaena ludis Claudi Pulchri magnam admirationem picturae, cum ad tegularum similitudinem corvi decepti imagine advolarent*; Verg. Georg. III, 24: *scaena ut versis discedat frontibus*; Serv. z. d. St.: *scaena, quae fiebat, aut versilis erat aut ductilis*.

Die Römer haben den Ausdruck *scaena* mit Vorliebe auch für das Landschaftsbild verwendet, weil die Landschaftsmalerei eben in der Theatermalerei sich ausgebildet hatte (s. o.); zweifelhaft ist diese Bedeutung bei Vitruv VI, 2, 2: *in scaenis pictis videntur columnarum proiecturae, mutulorum ecphorae, signorum figurae prominentes, cum sit tabula sine dubio ad regulam plana* (vgl. über VII, praef. 11, oben S. 201), sicher bei Plin. N. H. 35, 64: *cum ille* (Zeuxis) *detulisset uvas pictas tanto successu, ut in scaenam aves advolarent,* 113: (Serapio) *scaenas optime pinxit, sed hominem pingere non potuit,* 141: *Eudorus scaena spectatur.*

Der Vollständigkeit halber sei noch erwähnt, dass im spätgriechischen Sprachgebrauch σκηνή auch schon im Sinne von Spielakt gebraucht worden ist, vgl. Andronikos de com. X, p. XXII, Düb.: (Terenz) εἰς πέντε σκηνὰς διαιρεῖ τὸ δρᾶμα (Bergk, Griech. Literaturgesch. III. 144, 479). Das mag sich vielleicht aus der späteren Verwendung des Vorhanges erklären. Wenn nach jedem Aktschluss der Vorhang emporgezogen wurde, so wurde gewissermassen die Skene immer wieder von neuem sichtbar, vgl. auch Donatus (argum. Ter. Andr.): *quando scaena vacua sit ab omnibus personis*.

6. Προσκήνιον.

Προσκήνιον ist gebildet wie προνήιον, πρόναος, προπύλαιον, πρόδομος, πρόθυρον u. a., kann also entweder als Vorbau vor der Skene, oder als der vordere Teil des Skenen-Baues erklärt werden, was sachlich auf das Gleiche hinauskommt. In Bachmanns Anecd. I, 351 wird προσκήνιον als πρόθυρον erklärt (vgl. Bötticher, Tektonik I², 264), weil es eben der Vorraum des hölzernen Wohnbaues, der Skene, ist.

Es ist natürlich, dass das Wort auch im Theater zunächst nichts anderes bezeichnen konnte als den Vorderbau oder Vorbau des Spielhauses, der wie die Skene selbst in älterer Zeit provisorisch aus Holz und Zeug, später auch aus Stein aufgebaut wurde. Das älteste Zeugnis für das Wort findet sich in dem Spitznamen προσκήνιον, den die Hetäre Nannion (in der zweiten Hälfte des

IV. Jahrhunderts) erhalten hatte, ὅτι πρόσωπον ἀστεῖον εἶχε καὶ ἐχρῆτο χρυσίοις καὶ ἱματίοις πολυτελέσι, ἐχθόσα δὲ ἦν αἰσχροτάτη (Athen. XIII, 587 b, vgl. Suidas s. v.). Der witzige Vergleich wurzelt ganz in den athenischen Theaterverhältnissen. Dort mochte man oft Gelegenheit haben zu beobachten, wie neben der Orchestra aus Balken und Brettern ein sehr einfacher und ärmlicher Bau hergestellt wurde, um dann am Festtage, mit Malerei, Vorhängen und plastischem Bildwerk geschmückt, dem prächtigsten Bauwerk zu gleichen, hinter dem niemand das dürftige Holzgerüst merkte. Ähnlichen Sinn hat das Wort vielleicht in dem von Suidas s. v. προσκήνιον angeführten Satz, den man dem Polybios zugewiesen hat (Frgm. inc. 148): ἡ δὲ τύχη παρελκομένη τὴν πρόφασιν καθάπερ ἐπὶ (τι wollte Wieseler S. 217, Anm. 74 schreiben) προσκήνιον παρεγύμνωσε τὰς ἀληθεῖς ἐπινοίας. Gemeint ist offenbar, dass das Geschick hinter dem schönen, aber falschen Vorwand (dem προσκήνιον) die wirklichen Beweggründe in ihrer Nacktheit sichtbar werden liess. Doch ist die Lesart ἐπὶ προσκήνιον schwerlich richtig überliefert.

Auf die athenischen Theaterverhältnisse bezieht sich auch, was Duris (Athen. XII, 536 a) von Demetrios erzählt: γενομένων δὲ Δημητρίων Ἀθήνησι ἐγράφετο ἐπὶ τοῦ προσκηνίου ἐπὶ τῆς οἰκουμένης ὀχούμενος. Hier ist wohl an ein Tafelgemälde zu denken, das dem hölzernen Proskenion eingefügt worden war, vermutlich an dem Hauptfesttage der Dionysien, als die Pompe und der dithyrambische Agon im Heiligtum abgehalten wurden. Indem das Bild des Demetrios an eine Stelle trat, wo sonst vermutlich nur Ereignisse aus dem Leben des Dionysos dargestellt zu werden pflegten, ward eine ähnliche Entweihung vollzogen, wie sie Demetrios zu Ehren mit dem Peplos der Athena vorgenommen worden war (Plut. Demetr. 10). Wenn man an dieser Stelle des Duris προσκήνιον vielfach als Vorhang hat auffassen wollen, so empfiehlt sich diese Annahme darum nicht, weil es mindestens als unwahrscheinlich bezeichnet werden muss, dass man den Vorhang προσκήνιον genannt habe zu derselben Zeit, wo dieses Wort in einem anderen Sinne, nämlich als Name des Skenenvorbaues allgemein üblich war; vgl. die delischen Rechnungsurkunden vom Jahre 282: Ἡρακλείδῃ εἰς τὸ προσκήνιον γράψαντι πίνακας δύο...., Ἀντιδότῳ τοῦ προσκηνίου γράψαντι πίνακας δύο (Bull. hell. XVIII, 162).

Als ein wirklicher Vorbau ist προσκήνιον offenbar auch gedacht in der Beschreibung, die der Rhodier Kallixenos (Athen. V, 205 a) von dem prachtvollen Hause auf dem Schiffe des Ptolemaios Philopator entwirft: τοῦτο δὲ (τὸ προπύλαιον) διαλῦσαι ὡσανεὶ προσκήνιον ἐπεποίητο τῇ διαθέσει κατάστεγον ἄνω· ᾧ πάλιν ὁμοίως κατὰ μὲν τὴν μέσην πλευρὰν προστὰς ἑτέρα παρέκειτο ἐπισθεν. Und auch in des Polybios Erzählung von den Spielen des L. Anicius, die Athen. XIV, 615 b wiedergiebt, (τούτους οὖν [die Flötenspieler] στήσας ἐπὶ τὸ προσκήνιον μετὰ τοῦ χοροῦ αὐλεῖν ἐκέλευσεν ἅμα πάντας), wird man das Wort vielleicht in gleicher Weise erklären dürfen; freilich muss man dann, da im Verlauf der Erzählung die Flötenspieler wieder mitten unter den streitenden Chören stehen (615 d), annehmen, dass in der Lücke (ταχὺ δὲ συννοήσαντες οἱ αὐληταὶ καὶ λαβόντες....) gesagt war, dass sie auf den Spielplatz herabgestiegen waren, wenn man nicht ἐπὶ τὸ προσκήνιον übersetzen will «neben oder vor das Proskenion». Das Urteil ist dadurch erschwert, dass wir die Form der grossen, von Anicius im Circus errichteten Skene nicht kennen, vor allem aber dadurch, dass der römische Feldherr nach dem Zeugnis des Polybios bei der Anordnung der Spiele die grössten Verkehrtheiten begangen hat; dazu gehörte vielleicht auch, dass er die Flötenspieler nicht in die Mitte des Tanzplatzes stellte. Wenn die Spiele in einem Bühnentheater vor sich gingen, so wäre wohl auch möglich, dass Polybios nach dem Sprachgebrauche der Römer (s. u.) das Wort προσκήνιον im weiteren Sinne gebraucht hat.

An die Spitze der Inschriften, die uns προσκήνιον als Namen des steinernen hallenartigen Vorbaues vor der Skene bezeugen, gehört der S. 102 besprochene Architrav von Oropos. Eine wertvolle Parallele dazu giebt ein Volksbeschluss aus Kalymna (Inscriptions in the British Museum II, 231; wohl noch aus dem II. Jahrhundert vor Chr.): ἐπειδὴ Ἀρατόκριτος.... προαιρεύμενος τὸ ἱερὸν το[ῦ Ἀπό]λλωνος τοῦ Δαλίου ἐκκοσμεῖν καὶ τὰν πατρίδα εἰς ἐπιφάνειαν ἄγειν, ὅπως τοὶ με[λικοὶ κ]αὶ χορικοὶ ἀγῶνες συντελῶνται.... αἰτεῖται τόπον ἐστὶ τῷ θεάτρῳ, ὅς ἐστι ἐν τῷ ἱερῷ τοῦ Ἀπόλλωνος ὥστε σκαν[ὰν καὶ] προσκάνιον κατασκευάξαι τῷ θιῷ πᾶσαν ἐντελῆ, τὰν οἰκοδομίαν καὶ τὰν σύμπραξιν ὑφι(στάμε]νος..... δεδόχθαι τᾷ βουλᾷ καὶ τῷ δάμῳ.... δόμεν αὐτῷ τ[ὸν τό]πον τὸν ποτὶ τῷ θεάτρῳ ὃν αἰτεῖται, δεδόσθαι δὲ αὐτῷ καὶ ἀναγραψὰν τοῦδε τοῦ ψαφίσματο[ς ἐπὶ] τὰς σκανᾶς, ἂν ἀνατίθητι καὶ ἄλλαν ἀναγραφὰν τᾶς ἀναθέσιως ἐπὶ τοῦ προσκανίου τάνδ[ε]· Ἀρατόκριτος Ἀριστία τὰν σκανὰν καὶ τὸ προσκάνιον στεφανοφορήσας Ἀπόλλωνι Δα[λίῳ]. Diesem Beschluss von Kalymna kann man eine etwa gleichzeitige Inschrift aus der Troas (Schliemann, Troja, S. 262) anreihen, in der es heisst: συντετάχθαι περὶ τῶν χορ[ῶν] ὅπως καθ' ἕκαστον ἔτος ᾗ πόλις ποῇ τῷ Διον[ύ]σῳ θέαν, τὸ δὲ ἀργύριον εἶναι τὸ εἰς τὴν θέαν τὸ περιγινόμενον ἀπὸ τῶν ἱερείων.... κατασκευάσαι δὲ καὶ [τὸ] θέατρον... κατασκευάσαι δὲ καὶ τ[ὸ προ]σκήνιον ὡς ἂν δοκῇ τοῖς σκοδειχθεῖσι...

In beiden Inschriften wird ein Proskenion genannt bei Theatern, die, wie es scheint, nur für musikalisch-chorische Aufführungen bestimmt sind. Gleiches gilt vermutlich auch von einer Inschrift aus Akraiphia, dem Festorte der apollinischen Ptoia, in der (um die Mitte des I. Jahrhunderts vor Chr.) von einem Agonotheten gesagt wird: ἐπισκευάσας δὲ καὶ τὸ προσκήνιον [καὶ εἰς] τὴν τῶν ἀγαλμάτων ἐπιγάνωσιν καὶ [θε]ραπείαν ἔδωκα τῇ κατασταθείσῃ ἀρχῇ δραχμὰς... (CIGS. 4149). An ein Theater für dramatische Spiele ist dagegen gewiss zu denken, wenn in Chaironeia ein Agonothet der Dionysien das προσκήνιον dem Dionysos weiht, CIGS. 3409 (nach den Buchstabenformen wohl erst aus der Kaiserzeit). Es ist verlockend, auch die Inschrift von Orchomenos, CIGS. 3209 (Schliemann, Orchomenos, S. 55): Ἀ]πολλόδωρος Νίκωνος τὰ πρόθυρα κὴ τὼς πίνακας τώς..., auf einen Theaterbau zu beziehen und am Schlusse ἐν τῷ προσκηνίῳ zu ergänzen, da der 0,32ᵐ hohe Architrav, auf dem die Inschrift steht, in der Nähe des Charitentempels gefunden worden ist, wo man das Theater der Charitesia suchen darf.

Einem Theater muss auch die (zusammen mit Bruchstücken eines Maskenfrieses gefundene) Inschrift von Mylasa zugewiesen werden, Bull. hell. V, 37: ... τοῦ τὸ προσ[κή]νιον καὶ τοὺς..., wo man πίνακας oder (mit den Herausgebern) ἀνδριάντας zu ergänzen hat. Andere Inschriften, in denen προσκήνιον erwähnt wird, ohne dass sich näheres über seine Beschaffenheit ergeben würde, (z. B. Bull. hell. IV, 515: Sestos) hier aufzuzählen, wäre zwecklos.

In der Bedeutung eines «Vorbaues der Skene» wird προσκήνιον auch im Sprachgebrauche der Kaiserzeit (in die einige der eben genannten Inschriften schon hineinreichen) häufig verwendet. Ja es kann, da in dem Theater des römischen Typus der steinerne Vorbau des Proskenion vielfach ganz nahe an die Vorderwand der Skene herangerückt ist und mit ihm zu einer Einheit zusammengefasst werden darf, der Name προσκήνιον auch auf die gesamte, den Zuschauern zugekehrte Fassade des Spielhauses ausgedehnt werden. Vgl. Plut. Lyk. 6: οὐδὲν γὰρ ᾤετο ταῦτα πρὸς εὐβουλίαν εἶναι, ... ὅταν εἰς ἀγάλματα καὶ γραφὰς ἢ προσκήνια θεάτρων ... ἐκκλησιάζοντες ἀποβλέπωσι, Phot. (s. v. τρίτος ἀριστεροῦ): ὁ μὲν ἀριστερὸς στοῖχος (χοροῦ) ὁ πρὸς τῷ θεάτρῳ ἦν, ὁ δὲ δεξιὸς ὁ πρὸς τῷ προσκηνίῳ. Diese Bedeutung hat das Wort auch in einer anderen, oft besprochenen Nachricht des Plutarch, Non posse suav. vivi 13, p. 1096 B: καὶ χαλκοῦν Ἀλέξανδρον ἐν Πέλλῃ βουλόμενον ποιῆσαι τὸ προσκήνιον οὐκ εἴασεν ὁ τεχνίτης ὡς διαφθεροῦντα τῶν ὑποκριτῶν τὴν φωνήν. Nicht das Podium, auf dem man steht, sondern die Wände, vor denen man spricht, beeinflussen in erster Linie die Schallwirkung, und nicht die Böden, wohl aber die Wände hat man seit dem Ende des IV. Jahrhunderts mit Metall auszulegen begonnen; so war das Haus des Phokion in Melite χαλκαῖς λεπίσι geschmückt (Plut. Phok. 18; Schreiber, Wiener Brunnenreliefs Grimani, 32). Dass derartiger Schmuck sich in der hellenistischen Zeit auch für die Skenen-Vorderwand eingebürgert hat, bezeugt Valer. Max. II, 4, 6: *(scaenam) totam argento C. Antonius, auro Petreius, ebore Q. Catulus praetexuit*; vgl. Plin. N. H. 36, 114: *ima pars scaenae e marmore fuit, ... summa e tabulis inauratis*.

Auch Pollux IV, 123 kann bei seiner Aufzählung σκηνή, ὀρχήστρα, λογεῖον, προσκήνιον, παρασκήνια, ὑποσκήνια nichts anderes unter προσκήνιον meinen, als den Vorbau oder die ganze Vorderwand des Spielhauses. Und im gleichen Sinne ist das Wort auch von Athenaeus Mech. verwendet, p. 29, Wescher: κλιμάκων γένη παραπλήσια τοῖς τιθεμένοις ἐν τοῖς θεάτροις πρὸς τὰ προσκήνια τοῖς ὑποκριταῖς. Wenn Athenaeus, der etwa in hadrianischer Zeit lebte (Diels, Sitzungsber. der Berl. Akad. 1893, 111), Sturmleitern, die bei Belagerungen verwendet werden, den an das Proskenion gestellten Leitern der Schauspieler ähnlich findet, so kann er natürlich nicht an die niedrigen (übrigens auch immer unbeweglich befestigten) und bequemen Treppen einer römischen Bühne, auch nicht an die kleinen Treppenleitern der Phlyakenbühnen (s. Abschnitt VI), sondern nur an hohe und leichte Leitern denken, vermittelst deren die Schauspieler auf das Dach oder an die oberen Fenster des Proskenion heranzusteigen pflegten, und die den in unseren heutigen Theatern an den Dekorationen üblichen Leitern gewiss ähnlich gewesen sind.

Die mit Statuen reich geschmückte Fassade des Spielhauses ist auch gemeint in der Inschrift von Patara (CIG. 4283, aus dem Jahre 147 n. Chr.): ἐνεθῆκεν καὶ καθιέρωσεν τό τε προσκήνιον ὃ κατεσκεύασεν ἐκ θεμελίων ὁ πατὴρ αὐτῆς... καὶ τὸν ἐν αὐτῷ κόσμον ... καὶ τὴν τοῦ λογείου κατασκευὴν καὶ πλάκωσιν. Das beweist die gleichzeitige Inschrift von Ephesos (bei Wood, Inscript. of the great theatre, 46, n. 3): τὸ προσκήνιον καὶ τὸ πόδωμα καὶ τοὺς σειφόρους.

Als Beleg für die Fortdauer dieser Bedeutung von προσκήνιον bis in die späteste Zeit mag es genügen, auf Malalas XI, p. 276, Dindorf, zu verweisen: καὶ τὸ θέατρον δὲ τῆς αὐτῆς Ἀντιοχείας ἀνεπλήρωσεν ἀτελὲς ὄν, στήσας ἐν αὐτῷ ὑπεράνω τεσσάρων κιόνων ἐν μέσῳ τοῦ νυμφαίου τοῦ προσκηνίου τῆς σφαγιασθείσης ὑπ' αὐτοῦ κόρης στήλην χαλκῆν κεχρυσωμένην.

Während die Stellen, wo προσκήνιον von dem steinernen Vorbau oder der Vorderfassade der Skene gesagt wird, sehr zahlreich sind, ist dies Wort für den beweglichen Schmuckbau, wie es scheint, nur selten verwendet worden. Ausser den oben S. 291 besprochenen Stellen ist an den veränderlichen Vorbau wohl auch in den delischen Inschriften vom Jahre 290 und 282 (Bull. hell. XVIII, 162) zu denken, wo ein hölzerner Bau gemeint sein muss (vgl. S. 148). Schmuckbauten älterer Art sind wohl auch zu verstehen, wenn ein Grammatiker bei Cramer, Anecd. Paris. I, 19: ἐξώστρας τε καὶ προσκήνια καὶ διστεγίας unter den Erfindungen des Aischylos oder Sophokles aufzählt. Endlich dürfen vielleicht die Worte aus dem Briefe der Glykera bei Alkiphron II, 4, 5 (p. 65, Herch.) hierher zu stellen sein: κἂν τοῖς προσκηνίοις ἕστηκα ... τρέμουσα, ἕως ἂν κροταλίσῃ τὸ θέατρον.

Möglich, dass an diese Bedeutung auch der Gewährsmann des Suidas gedacht hat, der προσκήνιον erklärt mit τὸ πρὸ τῆς σκηνῆς παραπέτασμα und dazu die vorher besprochene Stelle anführt (ἡ τύχη παρελκομένη τὴν πρόφασιν καθάπερ ἐπὶ προσκηνίου); denn mehrfach werden παρακετάσματα als Teile des Schmuckbaues erwähnt, vgl. S. 267. Gewöhnlich wird die Nachricht des Suidas als Beleg dafür angesehen, dass προσκήνιον Theatervorhang bedeute, und natürlich kann das auch sehr wohl mit dem Worte παραπέτασμα gemeint sein. Doch ist schon oben S. 291 darauf hingewiesen worden, dass diese Erklärung nicht ohne Bedenken ist. Wenn die Römer den Vorhang des Theaters mit dem Namen *aulaeum* benennen, so ist es wahrscheinlich, dass auch bei den Griechen, soweit sie überhaupt Theatervorhänge verwendeten, dieser Name (αὐλαία), nicht aber προσκήνιον neben dem allgemeineren παραπέτασμα üblich war. Hesych sagt: αὐλαία· τὸ τῆς σκηνῆς παραπέτασμα (vgl. Rohde, De Pollucis font. 59). Ob auch die Angabe des Pollux IV, 122: ἔξεστι δὲ καὶ τὸ παραπέτασμα αὐλαίαν καλεῖν, herbeigezogen werden kann, ist strittig, da er dazu eine Stelle des Hypereides anführt, in der von einem gewöhnlichen Zeltvorhang die Rede ist.

Auch in der Stelle des Synesios (Ende des IV. Jahrhunderts nach Chr.), De provid. III, 8, p. 128 C: εἰ δέ τις εἰς τὴν σκηνὴν εἰςθεάζοιτο καὶ τὸ λεγόμενον εἰς τοῦτο κυνορθαλμίζοιτο διὰ τοῦ προσκηνίου, τὴν παρασκευὴν ἀθρόαν ἅπασαν ἀξιῶν ἐποπτεῦσαι, ἐπὶ τοῦτον Ἑλλανοδίκαι τοὺς μαστιγοφόρους ἐκπέμψουσιν, wird unter προσκήνιον nicht der Vorhang, sondern der vor dem Schauspielersaale befindliche Vorbau zu verstehen sein. Ein ähnlicher Gedanke ist bei Plut. Arat. 12 ausgesprochen: πρότερον... τὸν Αἰγύπτιον ἐθαύμαζε πλοῦτον, νυνὶ δ' ὑπὸ σκηνὴν ἑωρακὼς πάντα τὰ ἐκεῖ πράγματα τραγῳδίαν ἔντα καὶ σκηνογραφίαν ὅλας ἡμῖν προσαγορεύχειν. Dazu kommt, dass bei Synesios in dem vorausgehenden Satze der Vorhang genannt und als **παραπέτασμα** bezeichnet ist: ποῖος ἂν ὁ τεταγμένος γίνοιτο θεατής;... ἐκεῖνος, ὅστις ἐν τῇ χώρᾳ περιμένει τὰ δεικνύμενα καθ' ἕκαστον ἐν τάξει προκύπτοντα τοῦ παραπετάσματος. Wir haben bisher den lateinischen Gebrauch des Wortes *proscaenium* bei Seite gelassen. Von vornherein ist anzunehmen, dass die Römer das griechische Wort in demselben Sinne wie die Griechen verwendet haben. Das Proskenion, als derjenige Teil der Skene, der den Zuschauern zugekehrt ist und den eigentlichen Spielhintergrund bildet, konnte ja auch in dem bescheidensten Schauspielhause nicht entbehrt werden; viel eher konnte der hochgeführte Bau der griechischen Skene, ihre Neben- und Hinterbauten unter einfacheren Verhältnissen in Wegfall kommen. Da bei den provisorischen Theaterbauten der Römer keinerlei Vorratsräume für Masken, Maschinen u. dgl. nötig waren, so mochte in der Regel ein Haus von der Höhe und Tiefe eines griechischen Proskenion, an das etwa hinten noch eine kleine Bretterbude angeschlossen wurde, dem Spielbedarf vollkommen genügen. In der That sehen wir mehrfach, dass bei den Römern mit *theatrum* und *proscaenium* die gesamten baulichen Anlagen, die für skenische Spiele notwendig sind, nämlich das Spielhaus und der Zuschauerraum, bezeichnet werden. Wenn Livius XL, 51, 3 vom Censor Lepidus (179 vor Chr.) berichtet: *theatrum et proscaenium ad Apollinis... albo locavit*, so giebt er damit wohl die Fassung der öffentlichen Urkunden wieder und versteht unter *proscaenium* dasselbe, wie XLI, 27, 5 unter *scaena, (censores... locaverunt... scaenam aedilibus praetoribusque praebendam)*, vgl. CII.. XI, 2710 (Vulsinii): *theatrum et proscaenium de sua pecunia faciendum coeraverunt*. IX, 3837 (Supinum): *tribunal novum a solo fecer'unt; theatrum et proscaenium refecer'unt;, ludis scaenicis bidno dedicar'unt*). Gemeint ist hier überall das Schauspielgebäude in seiner Gesamtheit, das anderswo auch als *theatrum scaena* (CII.. XI, 3620, Caere) bezeichnet wird.

Wie in Griechenland, so sind auch im Westen der feste Zuschauerraum und die steinerne Skene nicht immer gleichzeitig errichtet worden. An die vorher angeführten griechischen Inschriften erinnert die grosse Architravinschrift aus dem Theater von Lissabon (CII.. II, 183, von 57 nach Chr.): *Neroni Claudio... proscaenium et orchestram cum ornamentis;* das Theatrum bestand hier vermutlich schon seit älterer Zeit, nur die Skene musste neu erbaut und die Orchestra wieder in Stand gesetzt werden.

Einen unzweideutigen Beleg für diese Auffassung von *proscaenium* giebt ein Relief, das jetzt im Museum von Capua aufbewahrt wird (vgl. Winckelmann, Werke I, T. 11, Millin, Gall. mythol. 38, 139, Jahn, Berichte über die Verhandl. d. sächs. Ges. der Wiss., 1861, 302). Es ist geweiht von einem Unternehmer, der ein Proskenion zu erbauen hatte: *redemptor prosceni ex viso fecit* (CIL. X, 3821'; dargestellt sind neben den Göttern Minerva, Jupiter, Diana, einer unbenannten Frau und dem inschriftlich bezeichneten Genius theatri (in Schlangengestalt) zwei Männer, die mittelst eines Tret-Rades eine Säule aufrichten und ein dritter, der an einem Säulenkapitell beschäftigt ist. Das Proskenion ist als ein mit Säulen geschmückter Bau, also entweder als das mit einer Säulenfassade versehene Spielhaus, oder als dessen Vorbau gekennzeichnet.

Diese inschriftlichen Denkmäler geben uns eine feste Grundlage für die Beurteilung der literarischen Erwähnungen des Wortes *proscaenium*. Hier kommt zunächst eine Anzahl Stellen aus den plautinischen Prologen in Betracht, an denen man *proscaenium* als «Bühne» zu übersetzen pflegt, während es ebensowohl als «Spielhaus», in einem Falle auch als der (den Spielhintergrund bildende) Vorbau des Spielhauses verstanden werden kann.

Die allgemeine Bedeutung ist wohl anzunehmen Amph. 91: *etiam histriones anno quom in proscaenio hic Iovem invocarunt, venit: auxilio is fuit*, und Poen. 56: *accipite: nam argumentum hoc hic censebitur. Locus argumentost suom sibi[s] proscaenium*. Die engere Bedeutung von Spielhintergrund wiegt dagegen vor im Prolog. Trucul. 10: *Athenis tracto ita ut hoc est proscaenium, tantisper dum transigimus hanc comoediam*. Schwieriger ist es, den Sinn des Worte Poen. 17 f. festzustellen: *scortum exoletum nequis in proscaenio sedeat, neu lictor verbum aut virgae muttiant, neu dissignator praeter os obambulet, neu sessum ducat, dum histrio in scaena siet*. Gewiss ist, dass *proscaenium* hier nicht Bühne bedeuten kann; denn dass dort kein *scortum* sitzen sollte, brauchte der Sprecher des Prologs nicht zu sagen. Es sind hier nur zwei Möglichkeiten: die Hetäre kann entweder in dem Bau, welcher den Spielhintergrund bildet, sich aufhalten, wie Menanders Glykera ἐν προσκηνίοις steht (Alkiphron II, 4, 5; vgl. Benndorf, Zeitschr. f. öster. Gymn. 1875, S. 87, Beiträge zur Kenntniss des athen. Theaters, S. 31), oder sie kann in dem oberen Teil des Proskenionbaues an einem Fenster oder Balkon des Obergeschosses) sitzen, wo auch Kaiser Nero gelegentlich Platz genommen zu haben scheint, vgl. Sueton 11, 26 (s. u.).

Da im römischen Theater das ganze Spielhaus *proscaenium* genannt werden kann, so ist natürlich auch die Bühne als ein Teil des Gebäudes mit in diese Bezeichnung eingeschlossen. Auch ist es natürlich, dass, seit die Bühne überdeckt war, der ganze, den Zuschauern zugekehrte offene Raum, den rückwärts die *scaenae frons* abschliesst, als Vorbau *(proscaenium)* des Spielhauses erscheinen konnte. Vitruv bezeichnet daher die Bühne als *pulpitum proscaenii*, und es ist ganz folgerichtig, dass man von den Leuten, die *in scaena* sind, sagt, sie seien *in proscaenio*. Vgl. noch Verg. Georg. II, 381: *et veteres ineunt proscaenia ludi*; Diomedes (Gramm. Lat. I, 490 K.): *ideo autem latine planipes dictus, quod actores pedibus planis, id est nudis proscaenium introirent*. Donat. praef. Ter. Andr: *adnotandum puellarum liberalium nullam orationem in proscaenio induci... praeter invocationem Iunonis Lucinae, quae et ipsa quoque post scaenam fieri solet*.

Aus solchen Wendungen sind wohl die Angaben jüngerer lateinischer Grammatiker zu erklären, die *proscaenium* als *pulpitum* kennzeichnen, vgl. Servius zu Verg. Georg. II, 381: *proscaenia autem sunt pulpita ante scaenam in quibus ludi-*

cra exercentur. Caper, De orthogr. VII, p. 104, Keil: *sic errant, qui proscenia appellant (id est scenam) operosam fabricam ex adverso caveae ... unde proscenia rectius pulpita, quae ante scaenam sunt, appellabuntur.* Es ist aber gut möglich, dass bei dieser Begriffsbestimmung auch solche Anschauungen über die hellenistische Theaterform eingewirkt haben, wie sie Vitruv vertritt, der V, 7, 2 das griechische *proscaenium* als *pulpitum* bezeichnet (vgl. S. 159).

Auch im späteren Latein verbleibt aber dem Worte *proscaenium* dort, wo die einzelnen Teile des Theaters schärfer geschieden werden sollen, die alte Bedeutung (Fassade der Skene oder Säulen-Vorbau der Skene). So erzählt Sueton von Nero (Cap. 11): *hos ludos spectavit e proscaenii fastigio*, und (26: *interdiu clam gestatoria sella delatus in theatrum seditionibus pantomimorum e parte proscaenii superiore signifer simul ac spectator aderat; et cum ad manus ventum esset lapidibusque et subselliorum fragminibus decerneretur, multa et ipse iecit in populum atque etiam praetoris caput consauciavit.* Da Nero heimlich in das Theater gebracht worden ist und von einem Orte, an dem er sonst nicht zu erscheinen pflegte, die *seditiones* der Pantomimen belauscht hat, so muss er sich im oberen Geschosse der Skenenvorderwand befunden haben, sei es, dass er auf dem Dache der unteren Säulenstellung, — man vergleiche das Proskenion des athenischen Herodestheaters —, sei es, dass er an einer darüber befindlichen Thür- oder Fensteröffnung Platz genommen hatte.

Ganz im Sinne der griechischen Schriftsteller verwendet auch Apuleius das Wort, Metam. III, 2, p. 130: *tunc me per proscaenium medium velut quandam victimam publica ministeria producunt et orchestrae mediae sistunt.* Es ist klar, dass man eine *victima*, die man in die Orchestra führen will, nicht über eine Bühne herabsteigen lassen kann; vielmehr ist in dem von Apuleius vorausgesetzten Theater, wie in den meisten griechischen Theatern der Kaiserzeit überhaupt, keine Bühne vorhanden gewesen; sondern man trat durch die Mittelthüre des Proskenion unmittelbar in die Orchestra heraus.

An die mit Statuennischen versehene Fassade der römischen Skene ist auch noch zu denken, wenn es im Cod. Theodos. XV, 7, 12 (394 nach Chr.) heisst: *in aditu vero circi vel in theatrorum proscaeniis ut collocentur (statuae) non velamus*, vgl. CIL. XIV, 2416 (Bovillae): *statua in proscenio*.

In allgemeiner Bedeutung scheint *proscaenium* verstanden werden zu sollen bei Apul. Flor. 18, p. 28, 5. Kr.: *praeterea in auditorio hoc genus spectari debet, non pavimenti marmoratio, nec proscaenii contabulatio, nec scaenae columnatio, sed nec culminum eminentia, nec lacunarum refulgentia, nec sedilium circumferentia...*, wenn *contabulatio* hier als Dielenboden zu übersetzen ist, wie z. B. bei Vitruv X, 21, 3. Denkbar wäre aber auch, dass das unterste vorspringende Geschoss der *scaenae frons* oder die Seitenwände des Bühnenraumes mit Holztafeln (Pinakes) verkleidet waren, vgl. Vitruv V, 5, 71: *omnia publica lignea theatra tabulationes habent complures, quas necesse est sonare.* Val. Max. II, 4, 6: *scaenam... vacuis ante pictura tabulis extentam.*

Auf die freie Verwendung, die *proscaenium* bei späteren Dichtern gefunden hat (z. B. Claudian, De laud. Stilich. II, 403: *Pompeiana dabunt quantos proscaenia plausus*) brauchen wir hier nicht einzugehen.

7. Παρασκήνια.

Παρασκήνια sind die «Räume neben der Skene», die vorspringenden Nebenräume zu beiden Seiten des Schauspielersaales.

Das Wort begegnet uns zuerst um die Mitte des IV. Jahrhunderts in Demosthenes Rede gegen Meidias, 25: καὶ οὐκ ἐνταῦθ' ἔστη τῆς ὕβρεως, ἀλλὰ τοσοῦτον αὐτῷ περιῆν, ὥστε... τὰ παρασκήνια φράττων, προσηλῶν ἰδιώτης ὢν τὰ δημόσια, κατὰ καὶ πράγματα ἀμύθητά μοι παρέχων διετέλεσεν. Wir sind über die Verteilung der Thüren in den Paraskenien zu wenig unterrichtet, um feststellen zu können, in welcher Weise Meidias dem Chore des Demosthenes durch Verrammelung der Paraskenien einen Possen gespielt hat; vermutlich sollte dadurch bewirkt werden, dass der Chor nicht im richtigen Augenblick auf dem Plan erscheinen konnte. Die Choreuten haben also entweder, als sie zum Spielhause kamen, um sich anzukleiden, die Thüre ihres in den Paraskenien gelegenen Ankleidesaales, oder aber wahrscheinlicher, als sie zum Wettkampf antreten sollten, die Thüre, durch die sie aus den Paraskenien in die Orchestra heraustreten sollten, versperrt gefunden.

Ulpianos, der Erklärer des Demosthenes, hatte kein klares Bild mehr von dem griechischen Spielhaus, wenn er sagt: τὰ παρασκήνια φράττων, τουτέστιν ἀποφράττων τὰς ἐπὶ τῆς σκηνῆς εἰσόδους, ἵνα ὁ χορὸς ἀναγκάζηται περιιέναι διὰ τῆς ἔξωθεν εἰσόδου, καὶ οὕτω βραδύνοντος ἐκείνου συμβαίνει καταγελᾶσθαι Δημοσθένην. Denn gewiss zog in demosthenischer Zeit der Chor durch die Parodoi ein, nicht durch eine Thür der Skene. Wir können noch verfolgen, wie Ulpianos zu dieser Erklärung kam. Harpokration überliefert nämlich s. v. παρασκήνια: Δημοσθένης ἐν τῷ κατὰ Μειδίου ἔοικε παρασκήνια καλεῖσθαι, ὡς καὶ Θεόφραστος ἐν εἰκοστῷ Νόμων ὑπεσημαίνει, ὁ παρὰ τὴν σκηνὴν ἀποδεδειγμένος τόπος ταῖς εἰς τὸν ἀγῶνα παρασκευαῖς· ὁ δὲ Δίδυμος τὰς ἑκατέρωθεν τῆς ὀρχήστρας εἰσόδους οὕτω φησί καλεῖσθαι. Diese letztere Erklärung ist dann von späteren Grammatikern in etwas anderer Weise wiedergegeben worden: παρασκήνια· αἱ εἴσοδοι αἱ εἰς τὴν σκηνήν (Phot.; Etym. m. 653; Bekker, Anecd. 292, 12). Damit scheinen auch die Angaben bei Suidas, s. v. σκηνή, in Zusammenhang zu stehen: παρασκήνια δὲ τὰ ἔνθεν καὶ ἔνθεν τῆς μέσης θύρας... μετὰ δὲ τὴν σκηνὴν εὐθὺς καὶ τὰ παρασκήνια ἡ ὀρχήστρα (= Bühne, s. S. 277).

Ob wirklich die Orchestrazugänge oder die Nebenthüren der Skene jemals mit dem Namen παρασκήνια bezeichnet worden sind, oder ob diese Behauptung nur aus falscher Erklärung einzelner Stellen, in denen παρασκήνια erwähnt waren, geflossen sind, mag dahingestellt bleiben. Schon bei vielen Theatern mit festem Proskenion, noch mehr dann im Theater des römischen Typus hat sich das Verhältnis der Nebenräume zu dem Hauptraum wesentlich anders gestaltet, als bei dem lykurgischen Typus, bei dem die vorspringenden Seitenteile des Baues als deutlich gekennzeichnete Bauglieder dem Beschauer entgegentraten. Daher ist es wohl begreiflich, dass der Name παρασκήνια der späteren Zeit fremd werden und seine ursprüngliche Bedeutung vergessen werden konnte.

Als Bezeichnung der Seiten- oder Flügelbauten wird das Wort, wie bei Demosthenes und Theophrast, so auch in der delischen Inschrift von 274 vor Chr. (Bull. hell. XVIII, 162) gebraucht, wo τὰ παρασκήνια τὰ ἐπάνω καὶ τὰ ὑποκάτω (unteres und oberes Geschoss) geschieden, auch πίνακες τῶν παρασκηνίων (vgl. die Paraskenien des Lykurgos-Theaters, S. 67) erwähnt werden. In der Aufzählung des Pollux IV, 123 haben die Paraskenien ihren Platz zwischen προσκήνιον und ὑποσκήνια. Die gleiche Unterscheidung von σκηνή und παρασκήνια als Hauptraum und Nebenbauten hat auch noch Aristides II, p. 397, Dind., vor Augen, wenn er sagt: καὶ σὺ τὴν σκηνὴν θαυμάζων τὰ παρασκήνια ἠτίασω καὶ τοὺς λόγους ἀφείς ἐτήρεις τὰ παραφθέγματα (A. Müller, 52, 2).

In den delischen Inschriften aus den Jahren 274 und 269 (Bull. hell. XVIII, 162) wird τὸ παρασκήνιον (τὸ ἐν τῷ θεάτρῳ) auch in der Einzahl gebraucht. Man darf fragen, ob hier nicht ein von den sonst genannten Paraskenien verschiedener Nebenbau gemeint sein könnte, der selbständig neben der Skene errichtet und als eine Art Skenotheke, als τόπος ταῖς εἰς τὸν ἀγῶνα παρασκευαῖς ἀποδεδειγμένος (Theophrast, s. o.) gedient hat.

In ganz anderem Sinne kommt das Wort παρασκήνιον bei Poll. IV, 129 vor: ὁπότε μὲν ἀντὶ τετάρτου ὑποκριτοῦ ἔδει τινὰ τῶν χορευτῶν εἰπεῖν ἐν ᾠδῇ, παρασκήνιον καλεῖται (vgl. A. Müller, 178). Diese Bezeichnung ist vielleicht daraus zu erklären, dass der Sänger des Einzelliedes sich der besseren Schallwirkung wegen nahe an die Skene, παρὰ σκηνῇ, stellte, so wie die Gesänge der Schauspieler ἀπὸ σκηνῆς ausgeführt wurden (S. 284). Da für die Lieder der Schauspieler auch der Ausdruck σκηνικὸν vorkommt (vgl. Bergk, Griech. Literaturgesch. III, S. 131 f.), so könnte man vermuten, dass statt παρασκήνιον vielmehr παρασκηνικὸν zu lesen sei; doch weiss ich nicht, ob diese Wortbildung durch Analogien gestützt werden könnte.

8. Ὑποσκήνιον, ἐπισκήνιον.

Ὑποσκήνιον bezeichnet dem Wortsinne nach entweder den Innenraum oder den Hinterraum der Skene. Ein Überblick über die Wendungen, in denen ὑπὸ mit σκηνή verbunden ist, mag das des Genaueren lehren.

Da bei σκηνή der Gedanke an das schützende Dach des Raumes in erster Linie steht, ähnlich wie bei στέγη, so wird ὑπὸ σκηνῇ, unter dem Zelt, im Sinne von ἐν σκηνῇ, im Innern des Zelthauses, gerade so wie im Deutschen gesagt; vgl. Soph. Ai. 752: εἴρξαι κατ' ἦμαρ τοὐμφανὲς τὸ νῦν τόδε Αἴανθ' ὑπὸ σκηναῖσι μηδ' ἀφεῖντ' ἐᾶν (741: ἔνδοθεν στέγης, 795: ἐκεῖνον ἔργειν σκηνῆς ὕπαυλον), Eurip. Hec. 53: πέρα γὰρ ἤδ' ὑπὸ σκηνῆς πόδα (Schol: πέρα γάρ... ὑπὸ τὸ ἔσχατον μέρος τῆς σκηνῆς). Auch in der Inschrift CIA. IV, 3, S. 169, 225 c (Eleusis): αἰγίδος ξύλα ὑπὸ τῇ σκηνῇ ἁμαξιαῖα, ist wohl an Balken, die in dem Zelthause liegen, zu denken, vgl. Plut. Phok. 5: Φωκίωνά φασι πληρουμένου τοῦ θεάτρου παρεστεὶν ὑπὸ σκηνὴν (d. h. in den hinter dem Proskenion gelegenen Räumen), αὐτὸν ἔντα πρὸς ἑαυτῷ τὴν διάνοιαν, und Athen. XIII, 591 a.: καὶ ἐν τῇ τοῦ Ἔρωτος βάσει τῇ ὑπὸ τὴν σκηνὴν τοῦ θεάτρου d. h. in oder an der Skene oder in dem unter, d. i. hinter der Skene befindlichen Teile des heiligen Bezirkes) ἐπέγραψε [Πραξιτέλης].

Von grösserem Belang sind für uns die Stellen, wo ὑπὸ σκηνῆς (oder ὑπὸ σκηνήν) in unmittelbarem Bezug auf Theatervorgänge gesagt ist. Vgl. Plut. Arat. 12: πρότερον γὰρ... τὸν Αἰγύπτιον ἐθαύμαζε πλοῦτον, νυνὶ δ' ὑπὸ σκηνὴν ἑωρακὼς πάντα τὰ ἐκεῖ πράγματα τραγῳδίαν ὄντα καὶ σκηνογραφίαν ὅλος ἡμῖν προσκεχώρηκεν. Philostr. Vit. Soph. I, 9, p. 208 K.: τραγῳδίαν κατασκευάσας... οἷς ἐπὶ σκηνῆς καὶ οἷς ὑπὸ σκηνῆς χρὴ πράττειν (vgl. Schol. Il. Z, 58: ὅθεν κἂν ταῖς τραγῳδίαις κρύπτουσι τοὺς δρῶντας ταῦτα ἐν ταῖς σκηναῖς). V. Apoll. VI, 11: τὸ ὑπὸ σκηνῆς ἀποθνῄσκειν ἐκενόησεν, ὡς μὴ ἐν φανερῷ πράττοι (danach hat man auch Hypothes. Aesch. Agamem.: ἰδίως τὸν Ἀγαμέμνονα ὑπὸ σκηνῆς ἀναιρεῖσθαι ποιεῖν geschrieben statt des handschriftlichen ἐπὶ σκηνῆς, vgl. Trendelenburg, Grammat graec. de arte trag. iudicia, 14). Schol. Aesch. Eumen. 47: οὐχ ὡς διηγουμένη τὰ ὑπὸ τὴν σκηνήν. Poll. IV, 128: ἐκκυκλήμα... δείκνυσι δὲ καὶ τὰ ὑπὸ τὴν σκηνὴν ἐν ταῖς οἰκίαις ἀπόρρητα πραχθέντα (Eustath. Il. p. 976, 15: μηχάνημα... ὑφ' οὗ ἐδείκνυτο τὰ ἐν τῇ σκηνῇ). Poll. IV, 130: βροντεῖον, ὑπὸ τὴν σκηνὴν ὄπισθεν ἀσκοὶ ἔμπλεοι διωγκωμένοι φέρονται κατὰ χαλκωμάτων (ähnlich Suidas, Schol. Arist. Nub. 294, vgl. Schol. Arist. Nub. 292: ἐν τῇ σκηνῇ μηχάνημα ὃ καλεῖται βροντεῖον, Fest. p. 57, 10 M.: *Claudiana tonitrua appellabantur, quia Claudius instituit, ut ludis post scaenam coiectus lapidum fieret*). Schol. Arist. Ran. 257: ἐπεὶ νοεῖν, ὡς οἱ βάτραχοι ὑπὸ σκηνήν εἰσιν, ἀλλ' οὐκ ἐν φανερῷ.

Ob wir die Wendung ὑπὸ σκηνῆς mit «in der Skene» oder mit «hinter der Skenenwand» übersetzen, kommt sachlich auf dasselbe hinaus. Daher bleibt es auch gleichgiltig, ob wir das Wort ὑποσκήνιον mit «Innenraum der Skene» oder mit «Hinterraum» (im Gegensatz zum Proskenion) übersetzen; vgl. Wieseler bei Ersch u. Gruber, Encyclopädie Bd. 83, S. 221.

Begreiflicher Weise kommt das Wort in den Schriftwerken des Altertums nur sehr selten vor, ausser bei Pollux begegnet es uns nur in einer, wohl aus einem hellenistischen Autor geschöpften Erzählung bei Athen. XIV, 631, e.: Ἀσωπόδωρος ὁ Φλιάσιος κρσταλιζομένου ποτέ τινος τῶν αὐλητῶν διατρίβων αὐτὸς ἔτι ἐν τῷ ὑποσκηνίῳ· τί τοῦτ', εἶπεν, δῆλον ὅτι μέγα κακὸν γέγονεν. Asopodoros verweilt noch im Schauspielersaale, hinter dem Proskenion, wo er zwar nicht die Vorgänge der Aufführung im Einzelnen verfolgen, wohl aber das Beifallklatschen der Menge hören kann. Pollux IV, 132 gebraucht, indem er als Bestandteile des Schauspielhauses προσκήνιον, παρασκήνια, ὑποσκήνια aufzählt, das Wort in der Mehrzahl, da er den Schauspielersaal und die verschiedenen kleineren Räume in der Skene im Auge hat. Dagegen fasst er späterhin das Hyposkenion als eine Einheit auf, wenn er sagt: τὸ δὲ ὑποσκήνιον κίοσι καὶ ἀγαλματίοις κεκόσμητο πρὸς τὸ θέατρον τετραμμένοις, ὑπὸ τὸ λογεῖον κείμενον. Aus dem Zusatz πρὸς τὸ θέατρον τετραμμένοις scheint hervorzugehen, dass er unter Hyposkenion einen Bau, der nach mehreren Seiten hin Fassaden hat, also den ganzen Mittelbau der Skene versteht. Dass wirklich die Skenenwand mit Säulen und Statuen geschmückt war, zeigen die Theater der römischen Zeit und auch das Proskenion von Epidauros vgl. S. 126 f.). Schwierigkeiten macht aber der Zusatz ὑπὸ τὸ λογεῖον κείμενον. Wieseler (a. a. O.) möchte es übersetzen mit «unmittelbar bei dem Logeion befindlich», indem er sich auf den Gebrauch von ὑποκείμενος bei Polyb. V, 59, 5 (vgl. III, 74, 2) beruft und bei λογεῖον an die römische Bühne denkt. Man wird dann fragen dürfen, ob nicht etwa für ὑπὸ zu lesen ist ὑπέρ. Versteht man dagegen unter λογεῖον mit Vitruv (s. u.) die Decke des griechischen Proskenion, so ist zu übersetzen: «die unter dem Logeion liegt».

Dass es unrichtig ist, eine Bühnenvorderwand, z. B. die Reliefwand der athenischen Bühne des Phaidros, als Hyposkenion zu bezeichnen, braucht nach den vorausgehenden Darlegungen nicht ausdrücklich gesagt zu werden.

Eine lateinische Übersetzung des Wortes ὑποσκήνιον im Sinne von «Innenraum der Skene» hat Lucretius versucht, De rer. nat. IV, 1185: *quo magis ipsae omnia summo opere hos vitae poscaenia celant, quos retinere volunt adstrictosque esse in amore.*

Als letztes der mit σκηνή zusammengesetzten Worte ist endlich noch ἐπισκήνιον zu nennen. Hesych erklärt es als τὸ ἐπὶ τῆς σκηνῆς καταγώγιον; Vitruv, der das Wort in den Formen *episcaenium* (VII, 5, 5) und *episcaenos* (V, 6, 6) kennt, verwendet es als Bezeichnung für das Obergeschoss der Skene. Denkbar wäre, dass auch von dem Schriftsteller, den Hesych benutzt hat, eigentlich eine Wohnung im Obergeschosse des auf dem Spielplatz dargestellten Hauses als ἐπισκήνιον bezeichnet war. Doch liesse sich das Wort unter Hinweis auf die Wendungen ἐπὶ σκηνῆς und ἐπὶ σκηνῇ wohl auch als Name eines neben dem Haupthause gelegenen Nebenbaues erklären.

9. Λογεῖον.

Λογεῖον bedeutet «Sprechplatz» oder «Rednerbühne». Ein solches Logeion, das in der Regel als niedriger Untersatz (Podium, βῆμα) gebildet war, konnte auf dem Volksversammlungsplatze, auf der Agora und im Theater errichtet werden.

Das Wort findet sich, wie es scheint, zuerst in einer delischen Inschrift von 180 vor Chr. (Bull. hell. VI, 27, Z. 232): τὴν κατασκευὴν τῶν πινάκων τῶν ἐπὶ τὸ λογεῖον. Wenn man dieses Logeion im Theater gesucht hat, so lässt sich wenigstens aus der Inschrift selbst für diese Annahme der Beweis nicht erbringen; denn in dieser wird sonst nicht vom Theater gesprochen, wohl aber sind darin unmittelbar nach jenem Logeion ἴκρια im Διονυσιακὸν genannt, in denen man wohl Gerüste für Zuschauer oder Zuhörer erblicken muss. Vielleicht ist also das Logeion mit diesen Gerüsten in Verbindung zu bringen und als eine auf besondere Veranlassung für ausländische Staats- oder Festgesandtschaften aufgeschlagene Rednerbühne zu betrachten. Die Pinakes können dann den Schmuck der Vorderwand oder der Brüstung gebildet haben.

Man hat auch in einer älteren delischen Inschrift das Wort λογεῖον zu ergänzen gesucht, indem man Bull. hell. XIV, 401 zu schreiben vorschlug: εἰς τὸ [λογε]ῖον τῆς σκηνῆς... (ξύλον)... μον τετράπηχυ, vgl. oben S. 148. Doch zeigt schon das Facsimile auf Taf. XVI der genannten Zeitschrift, dass für eine solche Ergänzung der Raum kaum ausreicht; und eine Untersuchung des Steines, die Dörpfeld mit einigen Freunden bei einem Besuche von Mykonos im Mai 1896 angestellt hat, ergab, dass zwischen den Buchstaben TO am Ende der einen und ION am Anfang der nächsten Zeile wahrscheinlich nur 3 Buchstaben gestanden haben, so dass die Lesung λογεῖον als unwahrscheinlich bezeichnet werden darf.

Das Wort, das allem Anschein nach erst in hellenistischer Zeit gebildet worden ist, konnte, wie von anderen Rednerbühnen, so auch von dem besonderen Sprechplatz in der Orchestra des Theaters gebraucht werden. Gerade in den Theatern der jüngeren Zeit konnte ein solcher Sprechplatz nicht entbehrt werden, da seit der lykurgischen Zeit in Athen und ebenso auch an anderen Orten die Volksversammlungen vielfach im Theater abgehalten wurden. Die Redner, die in der Orchestra auftraten vgl. Athen. V, 213 d¹, stellten sich auf die Trittstufe des Altars oder, wenn der Altar nicht mit einer entsprechend grossen Unterstufe versehen war, auf ein neben dem Altar errichtetes Bema. Auch die verschiedenen Verkündigungen, z. B. von Kranzverleihungen u. dgl. (vgl. Aesch. Ctesiph. 176), erfolgten wohl auf demselben Bema. Dieser Sprechplatz in der Orchestra ist vermutlich gemeint bei Plut. Dem. 34: ὅπλοις μὲν συνέφραξε τὴν σκηνὴν καὶ θορυφόροις τὸ λογεῖον περιέβαλε, ebenso wohl bei Plut. Praec. ger. reipubl. 31, p. 823 b: παρέχων ἑαυτὸν οὐ μικρὸν ἡμέρας μέρος ἐπὶ τοῦ βήματος ἢ τοῦ λογείου πολιτευόμενος, wo zweierlei Rednerbühnen, die der politischen und die der gerichtlichen Versammlungen unterschieden zu werden scheinen.

Im Theater des römischen Typus ist dann der Name λογεῖον auf die Bühne übertragen worden, vgl. Hesych s. v. λέγιον· ὁ τῆς σκηνῆς τόπος, ἐφ' οὗ... ὑποκριταὶ λέγουσι, Phrynich. p. 163 Lob.: σὺ μέντοι, ἔνθα μὲν κωμῳδοὶ καὶ τραγῳδοὶ ἀγωνίζονται, λογεῖον ἐρεῖς. CIG. 4283 Patara, 147 n. Chr.): καθιέρωσεν τό τε προσκήνιον... καὶ τὴν τοῦ λογείου κατασκευὴν καὶ πλάκωσιν. In diesem Sinn hat auch Pollux IV, 123 das Wort gebraucht, wie die Reihenfolge seiner Aufzählung zeigt: ὀρχήστρα, λογεῖον, προσκήνιον, παρασκήνια; denn obwohl er vielfach mehr auf die Theaterverhältnisse der älteren Perioden als auf die seiner eigenen Zeit Rücksicht nimmt, durfte er doch nicht unterlassen, den Namen für die zu seiner Zeit übliche Bühne mitzuteilen; auch IV, 124, wo gesagt wird, das Hyposkenion liege ὑπὸ τὸ λογεῖον, kann möglicher Weise an die römische Bühne gedacht werden, vgl. oben S. 301. Nicht ganz sicher ist, ob auch Plutarch, Thes. 16, das Wort in diesem Sinne verstanden hat: ὁ Μίνως ἀεὶ διετέλει κακῶς ἀκούων καὶ λοιδορούμενος ἐν τοῖς Ἀττικοῖς θεάτροις... οἱ τραγικοὶ πολλὴν ἀπὸ τοῦ λογείου καὶ τῆς σκηνῆς ἀδοξίαν αὐτοῦ κατεσκέδασαν. Häufig findet sich λογεῖον in dieser Bedeutung in den Scholien, z. B. Arist. Ran. 181: ἐλλελῖσθαι χρὴ τὴν σκηνὴν καὶ εἶναι κατὰ τὴν Ἀχερουσίαν λίμνην τὸν τόπον ἐπὶ τοῦ λογείου ἢ ἐπὶ τῆς ὀρχήστρας. Ran. 297: ἀκορέσθη δέ τινες, πῶς ἀπὸ τοῦ λογείου περιελθὼν καὶ κρυφθεὶς ὄπισθεν τοῦ ἱερέως τοῦτο λέγει· φαίνονται δὲ οὐκ εἶναι ἐπὶ τοῦ λογείου ἀλλ' ἐπὶ τῆς ὀρχήστρας. Eq. 149: ἵνα ἐκ τῆς καρδόπου ἐπὶ τὸ λογεῖον ἀναβῇ... λεκτέον οὖν, ὅτι ἀνα-

βαίνειν ἐλέγετο τὸ ἐπὶ τὸ λογεῖον εἰπέναι. Gramm. de com. p. XX, 4, Dübn.: εἰς τὴν ὀρχήστραν, ἣν δὴ καὶ λογεῖον καλοῦσιν, vgl. S. 278.
Nach Vitruv V, 8 hiess auch das *pulpitum* des Proskenion im hellenistischen Theater λογεῖον (vgl. S. 159). Wenn das richtig ist, so muss die Benennung sich entweder daraus erklären, dass von dem Dache des Proskenion herab die Götter die Prologe und Epiloge sprachen (das Wort θεολογεῖον bezeugt Pollux als Namen eines solchen «Götterplatzes»), oder es müssen bei Volksversammlungen in späterer Zeit zuweilen die Redner von dort aus gesprochen haben. Wenn wirklich, wie wir im VII. Abschnitt wahrscheinlich zu machen versuchen werden, Vitruv nur irrtümlich das Proskenion als Spielplatz der komischen und tragischen Schauspieler angesehen hat, indem er es der römischen Bühne gleichsetzte, dann wäre es denkbar, dass er den griechischen Namen für die Schauspielerbühne irrtümlich von dem *pulpitum proscaenii* des römischen Theaters auf das hellenistische Proskenion übertragen hat; andererseits könnte freilich auch gerade die gleiche Benennung λογεῖον für beide Podien jenen Irrtum bei ihm veranlasst oder wenigstens gefördert haben.

10. Ὀκρίβας, βῆμα, πόδωμα.

Des Wortes ὀκρίβας müssen wir hier gedenken, weil es vielfach als Name der griechischen Theaterbühne betrachtet worden ist. Den Anlass hierzu hat eine Stelle in Platons Symposion (p. 194 B) geboten, wo Sokrates zu Agathon sagt: ἰδὼν τὴν σὴν ἀνδρείαν καὶ μεγαλοφροσύνην ἀναβαίνοντος ἐπὶ τὸν ὀκρίβαντα μετὰ τῶν ὑποκριτῶν καὶ βλέψαντος ἐναντίον τοσούτου θεάτρου, μέλλοντος ἐπιδείξασθαι σαυτοῦ λόγους. Aber mit θέατρον ist hier wie so häufig die Gesamtheit der Zuhörer bezeichnet, und die Worte des Sokrates beziehen sich nicht auf die Aufführung im Theater, sondern auf die Vorankündigung der Dramen und die Vorstellung der Dichter, die vor den Agonen stattfand. Wir wissen, dass diese ἐπίδειξις an den grossen Dionysien im Odeion vor sich ging, und es ist das Nächstliegende anzunehmen, dass sie auch an dem Lenaienfeste (Agathon hat sein Drama an den Lenaien aufgeführt) ebendort abgehalten wurde. Damit entfiele also von vornherein jeder Zusammenhang des ὀκρίβας mit dem Theater. Aber selbst wenn der von Platon geschilderte Auftritt im Theater der Lenaien sich abgespielt haben sollte, würde ὀκρίβας noch immer nicht als Name einer ständigen Schauspielerbühne gelten können. Wie Rohde (Rhein. Museum 38, 255) gezeigt hat, bezeichnet ὀκρίβας einen «Bock», und Sokrates konnte daher wohl im Scherze ein provisorisches, von Böcken getragenes Gerüst, nicht aber eine ständige Bühne ὀκρίβας nennen; daher glaubte auch Timaeus (Lex. Platon. p. 190, Ruhnk.) aus der Bezeichnung ὀκρίβας geradezu folgern zu können, dass es zur Zeit des Platon eine wirkliche Bühne nicht gegeben habe: θυμέλη γὰρ οὐδέπω ἦν. Wenn Timaeus bei der Erklärung des Wortes ferner berichtet: λέγει γοῦν τις, λογεῖον ἐστι πρᾶξις ἱστορισμένη ξύλων, εἶτα ἐξῆς· ὀκρίβας δ' ὀνομάζεται, so ist unter λογεῖον nicht die Schauspielerbühne, sondern ein provisorisches Podium zu verstehen, das für den Redner aufgeschlagen wird; das zeigen die vorausgehenden

Worte des Timaeus selbst: πῆγμα τὸ ἐν τῷ θεάτρῳ τιθέμενον, ἐφ' οὗ ἵστανται οἱ τὰ δημόσια λέγοντες. Nur aus falscher Auffassung der Platonstelle ist die Behauptung anderer Erklärer geflossen, ὀκρίβας· τὸ λογεῖον, ἐφ' οὗ οἱ τραγῳδοὶ ἠγωνίζοντο (Schol. Plat., Hesych., Phot.), vgl. Rohde, S. 256.

Ebenso darf auch das Wort βῆμα nur in sehr beschränktem Umfange als Bezeichnung der Bühne betrachtet werden. In der späten metrischen Aufschrift des Phaidros im athenischen Theater (CIA. III, 239, vgl. S. 94) findet es sich mit einem näher bestimmenden Zusatz so verwendet: βῆμα θιήτρου. Durch Conjectur von Jacobs ist es in das junge Epigramm Anth. Pal. VII, 51 gekommen: σὸν δ' οὐ τοῦτον ἐγὼ τίθεμαι τάφον, ἀλλὰ τὰ Βάκχου βήματα (codd.: ῥήματα) καὶ σκηνὰς ἐμβάδι πειθομένας.

Wie wir schon mehrfach gesagt haben, bezeichnet βῆμα eigentlich den «Tritt», die Unterstufe, das Podium, auf dem die musischen Künstler (Platon, Ion, 533 E) in den Odeien oder den Orchestren (s. θυμέλη) und die Redner in den Volksversammlungen auftraten (s. o. S. 301 über λογεῖον); vgl. Hesych: βῆμα· πλείονα μὲν σημαίνει κοινότερον... οὕτως καὶ τὸ λογεῖον. Als Bema schlechtweg galt dem Athener der noch jetzt vorhandene Sprechplatz am Altare der Pnyx. Später wurde der Name auch auf andere Sprechplätze der öffentlichen Redner übertragen; auf den im Theater bezieht sich vielleicht Plut. Phok. 34: κἂν καὶ πάσαις ἀνακεκταμένον τὸ βῆμα καὶ τὸ θέατρον παρασχόντες. Auch in der Theaterinschrift von Iasos (CIG. 2681, Le Bas-Waddington 269; zwischen 180 und 160 v. Chr.) ist unter βῆμα der Rednerplatz in der Orchestra zu verstehen. Ein Sopatros weihte dort τὸ ἀνάλημμα καὶ τὴν ἐκ' αὐτοῦ κερκίδα καὶ τὸ βῆμα Διονύσῳ καὶ τῷ δήμῳ, d. h. er hatte, um das Theater für die dionysischen Feste und für die Volksversammlungen geeigneter zu machen, den Zuschauerraum erweitert und die Rednerbühne errichtet oder neu hergestellt.

Eine vereinzelte Bezeichnung für die römische Theaterbühne findet sich in der Inschrift von Ephesos bei Wood, Inscriptions of the great theatre, 46, n. 3: τὸ προσκήνιον καὶ τὸ πόδωμα. Damit soll wohl das lateinische «podium» wiedergegeben werden.

11. Κονίστρα, σῖγμα.

Wir haben vorhin dargelegt, dass auch, nachdem die Orchestra im Theater des römischen Typus in zwei Teile von ungleicher Bodenhöhe zerlegt war, doch noch für beide Teile der Name ὀρχήστρα in Gebrauch blieb. Um Missverständnissen auszuweichen, mussten aber für die einzelnen Teile auch Sondernamen geschaffen werden. Nachdem wir die Worte θυμέλη und λογεῖον, die als Namen der Bühne üblich wurden, besprochen haben, erübrigt noch, der Bezeichnungen zu gedenken, die für den tiefer gelegenen, halbkreisförmigen Teil der Orchestra gebraucht worden sind. Da sich hier das Bedürfnis nach einem besonderen Namen nur selten ergeben zu haben scheint, sind uns diese Sondernamen nur ganz vereinzelt und bei Grammatikern überliefert.

Suidas bezeugt den Namen κονίστρα, s. v. σκηνή· μετὰ δὲ τὴν ὀρχήστραν βωμὸς τοῦ Διονύσου... ὃς καλεῖται θυμέλη... μετὰ δὲ τὴν θυμέλην ἡ κονίστρα, τουτέστι τὸ κάτω ἔδαφος τοῦ θεάτρου. Das Wort entspricht dem lateinischen *arena*. Bei Pollux III, 154 wird die κονίστρα neben ἀποδυτήριον, γυμνάσιον, παλαίστρα als τόπος τῆς ἀσκήσεως genannt, vgl. Suid. s. v. κονίστρα· παλαίστρα ἢ κυλίστρα. Der Name konnte aber auf die Orchestra nur übertragen werden, wenn sie zu gymnischen oder Gladiatorenspielen verwendet wurde. Dass in der That der eine Teil der alten Orchestra zuweilen in solcher Weise benutzt worden ist, ergiebt sich für das athenische Theater aus der Schranke, welche noch jetzt diesen Teil umgiebt (vgl. S. 92). In mehreren anderen Theatern sind die unteren Sitzreihen abgeschnitten worden, um einen als Arena benutzbaren Platz zu erhalten (vgl. S. 153 für Pergamon, und S. 149 für Assos).

Die Bezeichnung σίγμα, die von der halbrunden Form des Buchstaben Sigma (in der jüngeren Schreibweise) entlehnt ist, bezeugt Bekker, Anecd. 286, 16: ὀρχήστρα τοῦ θεάτρου τὸ νῦν λεγόμενον σίγμα, vgl. 270, 21 und Photius s. v. ὀρχήστρα. Sie scheint nur sehr selten benutzt worden zu sein.

Bei Photius wird die Orchestra des späten Theatertypus auch ἡμικύκλιον genannt, s. v. ὀρχήστρα· πρῶτον ἐκλήθη ἐν τῇ ἀγορᾷ. εἶτα καὶ τοῦ θεάτρου τὸ κάτω ἡμικύκλιον. Derselbe Name findet sich auch bei Pollux IV, 127 und 131, wo gesagt wird, dass das ἡμικύκλιον κατὰ τὴν ὀρχήστραν liege. Der Ausdruck κατατομή ist von einzelnen Erklärern (Phot. 143, 22; Bekker, Anecd. 270, 21; A. Müller 57, 4) wohl nur durch Missverständnis als ein Sondername der Orchestra angesehen worden.

(E. R.)

VI. ABSCHNITT.
THEATERDARSTELLUNGEN AUF
ANTIKEN BILDWERKEN.

In der Reihe der Zeugnisse, die über den Spielplatz des altgriechischen Theaters Aufschluss geben, kommt den Darstellungen auf antiken Bildwerken nur eine untergeordnete Stelle zu. So viele Vorbilder und Anregungen die Künstler des V. Jahrhunderts und der Folgezeit dem Dramenspiel verdankten, so wenig vertrug es sich mit den Absichten und Anschauungen, aus denen heraus sie schufen, getreue Abbilder der Theatervorgänge und ihres Schauplatzes zu geben. Daher kommt es, dass wir aus den Vasenbildern der älteren Zeit zwar für die Geschichte der Dionysosfeste und des Dramas manche wichtige Thatsache entnehmen, für die Art der Aufführung aber kaum etwas lernen können.

So sind die von F. Dümmler (Rhein. Mus. 43, 358) behandelten schwarzfigurigen Vasen (eine in Bologna, Museo ital. di antich. class. II, T. I, 4, eine andere bei Judica, Antichità di Acre, Inghirami, Vasi fittili I, 33), die uns den Wagenumzug des Dionysos zeigen, von hervorragender Bedeutung für unsere Kenntnis der dionysischen Pompe, aber über die Formen des ältesten Tragödienspieles erlauben sie uns keine Schlüsse.

Auch die schwarzfigurigen Vasen mit Darstellungen komischer Choreuten (Bolte, De monumentis ad Odysseam pertinentibus, 45, 95, Poppelreuter, De comoediae atticae primordiis, 9 f.) können über die Art des Spiels nur das Eine lehren, was ohnehin selbstverständlich ist, dass solche Gestalten sich nur in der Orchestra bewegen konnten. Ähnliches gilt von einer Gruppe von Vasenbildern, in denen der Einfluss des Satyrdramas deutlich ist, z. B. von dem Psykter des Duris im British Museum (Catal. III, E, 768, Wiener Vorlegeblätter f. arch. Übungen VI, 4, Klein, Meistersignaturen[2], S. 161, n. 23), von dem Pandora-Krater (Brit. Mus. Catal. III, E, 467, Journ. of Hell. Stud. XI, T. 11) und den von O. Jahn (Philol. XXVII, 18) behandelten Bildern.

Lehrreicher ist in dieser Hinsicht die Schale des Brygos (Brit. Mus. Catal. III, E, 65, Klein, Meistersign. S. 183, 8, Mon. d. Inst. IX, 46), die in deutlicher Abhängigkeit vom Drama Hera und Herakles, Iris und Dionysos auf demselben Boden mit den Satyrn zeigt. Aber wer nicht schon aus anderen Gründen an ein Spiel in der Orchestra glaubt, wird diese Darstellungen eines unmittelbaren Verkehrs von Göttern und Satyrn nicht als getreue Bilder der dramatischen Aufführungen gelten lassen, sondern nur als freie bildliche Umsetzung des Dramenstoffes betrachtet wissen wollen. Uns freilich darf die Schale als eine willkommene Bestätigung für das gelten, was S. 178 über die Beschaffenheit des ältesten Spielplatzes dargelegt worden ist. Das Bild von der Verfolgung der Iris zeigt neben dem Altar noch ein niedriges Podium, ein Bema, das notwendig war, weil der Altar selbst keine Unterstufe hat. Dieser Tritt, auf den vielleicht der Name θυμέλη vom Altare übertragen werden darf, vgl. S. 278), war wohl nicht nur der Platz des Herolds, der den Zuschauern Mitteilungen zu machen hatte, und des Flötenspielers, der den Chor mit seiner Musik begleitete, sondern konnte auch unter Umständen vom Schauspieler betreten werden; und auch Iris, die wohl eine Botschaft der Götter zu überbringen hatte, hat vielleicht dort gestanden, als sie von den Satyrn angegriffen wurde.

In anderer Weise sehen wir Dichter, Schauspieler und Choreuten auf demselben Boden im Heiligtum des Dionysos (in der Orchestra?) vereinigt auf der um 400 vor Chr. gemalten Neapeler Satyrspiel-Vase (3240, Heydemann; Mon. d. Inst. III, 31, Wiener Vorlegebl. E, T. VII, vgl. Prott, Schedae philologae für Usener, 1891, S. 48). Aber auch dieses Bild wird man, da es nur eine in ideale Sphäre gerückte Darstellung der Spielvorbereitungen giebt, nicht als vollgiltiges Zeugnis für das Zusammenspiel in der Orchestra betrachten wollen.

Noch weniger deutlich sind die Beziehungen zum Theater bei jenen attischen Vasenbildern, deren Gegenstände sich mit dem Inhalt der gleichzeitigen Tragödien berühren; denn auch dort, wo für die Gestaltung des Bildstoffes eine von einer dramatischen Dichtung geprägte Sagenform massgebend gewesen sein mag, sind doch die Helden des Theaters von dem Maler zurückübersetzt in die Typen, die ihm für anderweitige bildliche Darstellungen heroischer und menschlicher Vorgänge geläufig waren. Dazu kommt, dass auch noch die Maler des entwickelten rotfigurigen Stils den Schauplatz der Handlung überhaupt nicht oder nur in knappster Weise andeuten, also am allerwenigsten Anlass hatten, den Schauplatz einer mythischen Handlung nach dem Muster des Theaters wiederzugeben.

Die Scrofani'sche Zeichnung nach einer «Vase von Aulis» bei Millin, Vases grecs, T. 55 (Wieseler, Theatergebäude und Denkmäler, T. IV, 8, Welcker, Ant. Denkmäler, III, 440), die das Theaterspiel des V. Jahrhunderts veranschaulichen soll, ist eine Fälschung, vgl. O. Jahn, Katalog d. Münchener Vasensammlung S. XXV, S. Reinach, Biblioth. des monum. figurés, II, S. 74.

Greifbar ist der Einfluss der Tragödie erst auf den grossen unteritalischen Vasen des späteren IV. Jahrhunderts, deren Bilder sich auf das Engste an die Dramen des Euripides und seiner Nachfolger anschliessen, vgl. Vogel, Scenen euripideischer Tragödien in Vasengemälden, Leipzig, 1886. Während auf einer grossen Zahl dieser Vasenbilder der Schauplatz nur durch einen Altar, ein Götterbild, eine Säule, oder durch einzelne Gegenstände, die als Schmuck einer (nicht dargestellten) Hinterwand zu denken sind, angedeutet ist, finden sich daneben auch nicht wenige Bilder, in deren Mittelpunkt eine mit Giebeldach geschmückte Säulenhalle gesetzt ist. Für unsere Zwecke genügt es, aus dieser Vasenklasse, deren grösste und sorgfältigste Exemplare etwa der Epoche Alexanders angehören, einige wenige Stücke anzuführen, die uns Beispiele für die verschiedenen Formen dieser Säulenbauten geben können.

Die einfachste Gestalt eines von nur zwei Säulen an der Front getragenen Giebelbaues mag uns eine vielbesprochene Amphora aus Ruvo veranschaulichen, Monum. d. Instit. X, T. XXVII (Wiener Vorlegebl. 1889, T. IX, 14, Baumeister, Denkmäler, S. 84), welche die Schicksale der Antigone darstellt, vgl. Vogel, S. 50. In dem (hier unter Figur 72 abgebildeten) Bau steht Herakles, während die anderen Personen, rechts Kreon und links Antigone, ausserhalb des Hauses dargestellt sind. Eine Front von drei jonischen Säulen, die auf einer Stylobatstufe stehen, hat der Hallenbau auf der Neapeler Vase, Coll. Santangelo, 11 (Heydemann, S. 629), Arch. Zeit. 1867, T. 226, die den Tod des Meleagros darstellt, vgl. Vogel, S. 80. Innerhalb der langgestreckten Halle befinden sich ausser Meleagros, der sterbend auf eine Kline zurücksinkt, noch Deianeira und Tydeus, die ihn auffangen, und eine andere Frau (seine Gattin?), die ihm zu Hülfe eilt.

Figur 72. Hallenbau auf einer Amphora aus Ruvo.

Drei jonische Säulen, die sich auf einem Unterbau von zwei Stufen erheben, zeigt der in Figur 73 abgebildete Hallenbau von der bekannten Münchener Medea-Vase (810, Jahn), Arch. Zeit. 1847, T. 3, Wiener Vorlegeblätter, I, T. XII, vgl. Baumeister, Denkmäler, S. 903, Vogel, S. 146. Innerhalb des Hallenbaues sind Kreusa, die auf ihrem Throne zusammenbricht, und ihr Vater, König Kreon, dargestellt, während ihre Mutter und ihr Bruder die Halle von den Seiten her betreten. Vier auf einem niedrigen Stylobat aufstehende Säulen hat die Fassade des Palastes auf der Archemoros-Vase, Neapel, 3255 (Wiener Vor-

Figur 73. Hallenbau auf der Medea-Vase in München.

legebl. 1889, T. XI, 2, Baumeister, Denkmäler, S. 114, vgl. Vogel, S. 100). Im Innern der Halle stehen, in die Intercolumnien verteilt, drei Personen.

Diese säulengeschmückten Bauten stellen, wie die vorgeführten Ereignisse erweisen, durchweg Paläste vor, und die Vorbilder für solche, mit Giebeln ausgestattete Paläste wird man im IV. Jahrhundert schwerlich anderswo als im Theater suchen dürfen. In der That spiegeln diese Vasenbilder auch noch in manchen anderen Eigenheiten, namentlich in der Tracht und Anordnung der Figuren, die Sitten des Theaters wieder. Auch der Gedanke, den Hauptpersonen ihren Platz innerhalb der Halle anzuweisen, mag dadurch angeregt sein, dass manche Auftritte der Tragödien in den Vorhallen der Paläste sich abspielten (vgl. S. 205).

Aber diese allgemeinen Übereinstimmungen dürfen nicht zu der Annahme verleiten, dass auch wirklich jedes einzelne dieser Bilder unter dem frischen Eindruck einer Theateraufführung entstanden sei. Vielmehr haben wir es hier mit einem feststehenden Schema zu thun, für das vielleicht ein Werk der grossen Kunst aus der 1. Hälfte des IV. Jahrhunderts das Vorbild gegeben hat. Nachdem diese Compositionsweise einmal sich eingebürgert hatte, konnte sie auch auf Gegenstände übertragen werden, denen kein bestimmtes Theaterbild zu Grunde lag. Sind doch die Vasenmaler bei ihren Gemälden nicht nur durch die Bilder, die ihnen im Drama vor Augen traten, sondern auch durch die dort gegebenen Schilderungen nicht sichtbar dargestellter Ereignisse angeregt worden. So führt beispielsweise eine Amphora aus Ruvo, Ann. d. Inst. 1868, T. E (Vogel, S. 36), die Ermordung des Neoptolemos nach der Schilderung in Euripides « Andromache » vor.

Man darf also auch die sicher von Tragödien abhängigen Vasengemälde nicht als Augenblicksbilder der Theateraufführungen betrachten, viel eher kann man sie als bildliche Gegenstücke zu den ὑποθέσεις auffassen, in denen die Vorgänge eines Dramas zu einer einheitlichen Erzählung zusammengefasst sind, ohne Rücksicht darauf, ob die einzelnen Geschehnisse vor den Augen der Zuschauer oder ausserhalb des Spielplatzes sich zutragen.

Auch jene Ereignisse, die von den Vasenmalern in die Säulenhalle verlegt werden, brauchen daher durchaus nicht einen bestimmten Auftritt des Dramas wiederzugeben, in denen die Schauspielpersonen in derselben Weise vereinigt waren, wie sie im Bilde erscheinen. Der Maler muss einen entscheidenden Augenblick der Handlung darstellen und die daran beteiligten Personen aus künstlerischen Rücksichten in den Mittelpunkt des Bildes rücken. Im Drama haben vielleicht nur die Vorbereitungen zu dieser Handlung vor den Augen der Zuschauer stattgefunden, während die That selbst ὑπὸ σκηνῆς sich abspielte und so den Blicken der Zuschauer entzogen war.

So ist Kreusas jammervolles Ende vermutlich auch in der nacheuripideischen Tragödie, die der Münchener Vase (s. o.) zu Grunde liegt, so wenig den Zuschauern vor Augen gestellt worden, wie bei Euripides, und wenn Herakles in dem Drama, auf das die Antigonevase von Ruvo (s. o.) zurückgeht, als θεὸς ἀπὸ μηχανῆς auftrat, so konnte er im Theater schwerlich dort erschienen sein, wo ihn der Maler erscheinen lässt, nämlich im Innern der Halle.

Noch weniger können natürlich die Paläste, die uns die Vasenmaler zeichnen, als genaue Bilder der auf dem Spielplatz dargestellten Bauten gelten, vielmehr sind sie im besten Falle als abgekürzte, skizzenhafte Andeutungen zu betrachten, die dem Beschauer das Bild jener Paläste in Erinnerung rufen sollen. Dazu genügte ein einmal geschaffener bildlicher Typus, der mit kleinen Abänderungen immer wiederholt wurde. Wie wenig den Malern dabei an einer getreuen Wiedergabe eines wirklichen Vorbildes gelegen war, geht schon daraus hervor, dass sie die Säulenhalle als eine freistehende, auch rückwärts offene Halle zeichnen, ohne einen hinteren Bau oder auch nur eine Hinterwand anzugeben, so dass es unklar bleibt, ob sie die dargestellten Vorgänge wirklich in der Vorhalle oder im Innern des Palastes gedacht wissen wollten. Dennoch darf man wohl die schlanke leichte Bauart dieser Hallen auf die Holzarchitektur der Proskenionbauten zurückführen und ihre kleinen Abmessungen daraus erklären, dass die 2–4 säuligen Hallen vor dem Mittelthor des Theaterpalastes als nächstes Vorbild gedient haben.

Während also doch der Typus dieser Säulenhallen auf das Theater zurückgeht, gestatten die sonstigen Gebäude, die auf diesen «Tragödienvasen» begegnen, kaum einen sicheren Schluss auf die Gestalt der Bauten am Spielplatz; denn für die mancherlei Formen, die z. B. die Tempel auf den Iphigenienbildern zeigen (Vogel, S. 71 f., Overbeck, Gallerie heroischer Bildwerke, T. 30, 8) benutzten die Maler gewiss oft bildliche Vorlagen, die ihnen näher lagen als die Schmuckbauten des Theaters. Mehr mag ein Bau, der von dem herrschenden Typus in manchen Punkten abweicht, wie z. B. der Palast auf der Heraklesvase des Assteas (Monum. d. Inst. VIII, T. 19, Wiener Vorlegebl. B. T. 1, Baumeister, Denkmäler, S. 665, Vogel, S. 143) von der Gestalt der Skene beeinflusst sein, doch lässt sich eine sichere Scheidung zwischen dem, was der Maler der Wirklichkeit, und dem, was er dem Palastbau des Theaters entlehnt hat, nicht durchführen.

So geben also auch diese «Tragödienvasen» nicht allzuviel Aufschluss über das Theater ihrer Zeit. Nur so viel dürfen wir wohl aus ihnen entnehmen, dass bis ins III. Jahrhundert hinein die euripideischen Dramen in Unteritalien gespielt worden sind, dass also auch von den dortigen Theatern die Spielerfordernisse, die jene Dramen stellen, erfüllt worden sein müssen. Auch mag man aus dem typischen Bilde des Palastes, das sie festhalten, schliessen, dass auch damals solche Paläste, die mit einer um 1–3 Stufen erhobenen Säulenhalle geschmückt waren, durch die Theateraufführungen bekannt waren. Da man mit solcher Vorliebe an den euripideischen Tragödien festhielt, so ist es natürlich, dass man auch die Theatereinrichtungen, die in Athen geschaffen worden waren, herübernahm und beibehielt. Und gewiss hat man sich nicht nur auf Dramen beschränkt, die vor einem Palast oder einem Tempel spielten. Als Beleg dafür, dass man auch Stücke mit einem anderen Spielhintergrund zur Aufführung brachte, darf wohl die Dirke-

Vase gelten, Arch. Zeit. 1878, T. 7 (Dilthey, S. 50), wo das bogenförmig sich wölbende Felsthor, vor dem Lykos ermordet werden soll, auf die Theaterdarstellung um so eher zurückgeführt werden kann (vgl. Vogel, S. 60), als auch der dahinter bis zur Brust sichtbare Hermes, der als θεὸς ἀπὸ μηχανῆς in Euripides «Antiope» die Lösung brachte, wie im Drama in der Höhe erscheinend dargestellt ist, vgl. die über dem Palast des Lykurgos auftretende Lyssa auf der Vase aus Ruvo, Ann. d. Inst. 1874, T. R.

Reichere Aufschlüsse als über das Tragödienspiel geben uns die unteritalischen Vasen über die volkstümlichen Komödienaufführungen. Während die durch Tragödien angeregten Bilder immer mehr oder weniger im Banne der überkommenen conventionellen und idealisirenden Compositionsweise bleiben und nur einzelne realistische Züge einmengen, ist in den Darstellungen von Komödienauftritten der Versuch gemacht worden, das Theaterspiel der Wirklichkeit entsprechend wiederzugeben.

Alle bis zum Jahre 1886 bekannten Vasen, welche komische Schauspieler in ihrer Theatertracht vorführen, sind von Heydemann, Archäol. Jahrb. I, S. 261 f. zusammengestellt und seitdem mehrfach von Anderen besprochen worden, so von Arnold, Baumeisters Denkmäler III, 1750, A. Müller, Philologus Supplementband VI (1891), 55, A. Körte, Arch. Jahrb. VIII, 86, E. Bethe, Prolegomena, 278.

Von den 53 Schauspielervasen, welche Heydemann aufzählt, hat allerdings etwa ein Drittel keine engere Beziehung zu Theateraufführungen, da auf 15 Vasen zwar eine Figur in Theatertracht, bald allein, bald im Verein mit Dionysos, aber ohne bestimmte schauspielerische Handlung dargestellt ist. Doch bleiben, wenn wir einige neugefundene Vasen hinzurechnen, immer noch etwa 40 Bilder, welche Vorgänge von Komödien nach dem Vorbilde des Theaters vor Augen stellen. Es handelt sich dabei teils um Parodien der von den Tragödien behandelten mythischen Erzählungen, teils um einzelne scherzhafte Auftritte aus volkstümlichen Possenspielen, teils um Situationen aus dem feineren Lustspiels nach Art der jüngeren Komödie. Auf 13 der hierhergehörigen Bilder ist eine Bühne angegeben, mit deren verschiedenen Formen wir uns später noch beschäftigen werden.

Diese Schauspielervasen sind, soweit ihr Fundort sich ermitteln lässt, abgesehen von zweien, die in Sicilien zu Tage getreten sind, alle in Unteritalien gefunden, zum grösseren Teil in Apulien (insbesondere in Ruvo, auch in Bari und an anderen Orten), zum kleineren Teil in Campanien (vgl. Winnefeld, Bonner Studien für R. Kekulé, 168), einzelne in Paestum und in der Basilicata. Während einige von ihnen, die uns Komödienbilder ohne Bühne vorführen, den attischen Vasen des IV. Jahrhunderts stilistisch nahestehen, so dass Winnefeld (S. 168) für ein Stück aus Suessulae geradezu an attische Herkunft glauben möchte, trägt die grosse Masse der hierhergehörigen Bilder, darunter alle, welche Bühnenspiel darstellen, deutlich die Kennzeichen unteritalischer Töpferwerkstätten an sich. Doch sind die Vasen offenbar nicht alle an einem Orte verfertigt, vielmehr lassen sich einzelne den apulischen, andere den campanischen Gefässen, wieder andere der durch Assteas vertretenen Gattung, deren Heimat Winnefeld in Paestum sucht, anreihen. Eine Scheidung der Vasen nach ihren Fabrikorten könnte natürlich nicht auf Grund der Schauspielerbilder allein, sondern nur unter Rücksicht auf Formen, Farben und den gesamten Schmuck der betreffenden Gefässe durchgeführt werden; wir durften von dem Versuche einer solchen Scheidung hier absehen, da für die Fragen, welche uns beschäftigen, daraus kaum ein Gewinn zu erhoffen war.

Leider lässt sich bisher auch die Entstehungszeit der Vasen nur in ganz allgemeiner Weise bestimmen. Während einzelne Stücke, die der attischen Malweise nahestehen, noch bis zur Mitte des IV. Jahrhunderts zurückreichen könnten, ist die grosse Mehrzahl sicher erst im III. Jahrhundert entstanden; insbesondere von den Vasen mit Bühnenbildern wird keine über den Anfang des III. Jahrhunderts hinaufzurücken, aber wohl auch keine beträchtlich später als 200 v. Chr. anzusetzen sein.

Diese wenigen Thatsachen, die wir über Herkunft und Zeit der Schauspielervasen ermitteln können, genügen doch, um uns die Gewissheit zu geben, dass die Stoffe ihrer Darstellungen jenen in Grossgriechenland heimischen Possengattungen entlehnt sind, die man unter dem Namen der Phlyakendramen zusammenzufassen pflegt. Diese Spiele sind gerade um die Wende des IV. Jahrhunderts durch Rhinthon aus Syrakus, der zur Zeit Ptolemaios I (323 - 285) in Tarent lebte (vgl. Völcker, Rhinthonis fragmenta, Dissert. von Halle, 1887), kunstmässig ausgebildet worden. Doch sind uns aus diesen Dichtungen nur versprengte Bruchstücke erhalten, eine Lücke, die nun einigermassen von den Schauspielervasen ausgefüllt wird. Auch sonst sind diese Vasen für die Geschichte des Dramas von grösster Wichtigkeit, weil sie einerseits mit den volkstümlichen Possen in Mittelgriechenland und im Peloponnes in Zusammenhang stehen, und andrerseits zu italischen Volkspossen und zur Atellana überleiten (vgl. Zielinski, Quaestiones comicae, Journal des russ. Ministeriums für Unterricht, Petersburg 1886, S. 87, 151, A. Körte, Arch. Jahrbuch VIII, 86, Löscheke, Athen. Mittheil. XIX, 519). Wir brauchen aber auf den Inhalt der einzelnen Darstellungen hier so wenig wie auf die Eigentümlichkeiten der Schauspielertracht einzugehen und dürfen uns darauf beschränken, lediglich die Thatsachen zusammenzustellen, die sich für die Beschaffenheit des Spielplatzes der unteritalischen Theater aus den Bildern ergeben.

Mit Rücksicht darauf können wir die Phlyakenvasen, die wir im Folgenden mit den Buchstaben der Heydemannschen Anordnung (Arch. Jahrbuch I, 261) bezeichnen werden, zunächst in drei Gruppen scheiden: 1. in solche, bei denen sich keine Andeutung einer erhöhten Bühne findet, 2. in solche, bei denen eine Bühne ohne Vordertreppe dargestellt ist, und 3. in solche, die eine an ihrer Vorderseite mittelst einer Treppe oder Leiter zugängliche Bühne zeigen.

Da es sich bei den Bildern aller drei Gruppen um Possen handelt, die eine kleine Anzahl von Schauspielern und keinen Chor erfordern, so liegt natürlich die Annahme nahe, dass auf den Bildern der ersten Gruppe die Bühne nur aus künstlerischen Gründen oder aus Bequemlichkeit nicht dargestellt worden sei. Aber daraus, dass die in diesen Bildern wiedergegebenen Dramenauftritte auf einer Bühne gespielt worden sein könnten, folgt noch nicht, dass sie auch wirklich auf Bühnen gespielt worden sind. Es wäre an sich wohl möglich, dass in Unteritalien neben den Theatern, in denen die Anlage des Zuschauerraums eine Bühne notwendig machte (s. u.), auch Theater mit Orchestra und ansteigendem Zuschauerraum vorhanden waren und für die Aufführungen der Phlyakenspiele benutzt wurden. Die Vase *R* (Berlin 3046, Arch. Zeitung 1849, T. III, 1, Wieseler, Theatergebäude und Denkmäler T. A, 25, Wiener Vorlegeblätter III, T. 9, 2, Baumeister, Denkmäler II, S. 821, n. 904), die uns den Begleiter des Herakles auf einem Maulesel reitend zeigt, lässt uns nur die Wahl zwischen dem Spiel in der Orchestra und dem Spiel auf einer grossen, wohl eingerichteten Bühne nach Art der römischen, während auf jenen einfachen Podien, wie sie auf den meisten der unten genannten Vasenbilder erscheinen, ein Reiter kaum hätte auftreten können.

Da demnach die Möglichkeit offen gehalten werden muss, dass wenigstens ein Teil der auf den Vasen der ersten Gruppe dargestellten Vorgänge in einem bühnenlosen Theater gespielt worden ist, so scheint es geboten, dort, wo es sich darum handelt, die Ausstattung des Spielplatzes in den unteritalischen Theatern kennen zu lernen, diese Bilder zunächst gesondert zu betrachten.

Viele der Vasenbilder dieser ersten Gruppe sind freilich so flüchtig gezeichnet, dass sie über die Beschaffenheit des Spielhintergrundes gar keinen Aufschluss geben können, indem der Schauplatz nur durch einige Pflanzen oder durch aufgehängte Gegenstände, die eine Hinterwand voraussetzen lassen, angedeutet ist. So soll wohl das Bukranion auf dem Bilde *O*, das uns Herakles vor Eurystheus zeigt (Wiener Vorlegeblätter III, T. 9, 3, Wieseler, T. IX, 9), darauf hindeuten, dass die Handlung vor einem Palast oder Tempel sich abspielt. Deutlicher ist der Spielhintergrund auf einigen anderen Vasen angegeben. Auf der vorher genannten Vase *R* (Berlin, 3046) schlägt Herakles, in dem man ohne Grund den verkleideten Dionysos aus Aristophanes «Fröschen» hat erkennen wollen, mit seiner Keule gegen ein Thor; denn so ist jedenfalls die mit Gesimse und Schwellenstufe versehene Wand zu deuten, neben der rechts ein Altar steht. Auf der flüchtig gemalten Vase *K* (Annal. d. Inst. 1853, T. AB) ist links das vorspringende Dach eines Hauses, darunter ein Altar angegeben. Auf der Vase *d* des Britischen Museums (Catalogue IV, F 124, Arch. Jahrbuch I, S. 293) ist links ein Thorbau dargestellt, dessen Schwelle sich um 2 Stufen über die Strasse erhebt und dessen Dach von einer jonischen Säule getragen wird. Auf der Stufe des Vorplatzes steht der Liebhaber, aus der halbgeöffneten Thür blickt eine Hetäre heraus. Wenn in allen diesen Bildern der Thorbau im Profil dargestellt ist, so wird man doch das Haus kaum an der Seite des Spielplatzes, sondern vielmehr im Hintergrunde zu denken haben. Der Maler vermochte aber die Schauspieler, die sich zu dem Hausthore hinbewegten, und das vorspringende

Thordach nicht anders zu zeichnen, als indem er das Haus in ganze oder halbe Seitenansicht rückte. In besonders ungeschickter Weise ist ein solcher Thorbau angegeben auf der Vase *q* (Petersburg, 1777, Monum. d. Inst. VI, T. 35). Dort sitzt Apollon auf einem im Profil gezeichneten Vordach, unter dem sich ein grosses Becken, ein Perirranterion befindet, rechts vor dem Bau steht Iolaos, links, scheinbar dahinter, sehen wir auf einem dreibeinigen Gestell (oder Hocker) Herakles, der dem Apollon einen Korb mit Früchten entgegenhält. Offenbar ist aber Herakles nicht hinter, sondern vor dem Bau, und der Thorbau, den der Maler nicht anders als im Profil wiederzugeben im Stande war, in der Hintergrundswand zu denken, wo er vermutlich den Eingang eines heiligen Bezirks des Apollon bildete (vgl. Wiegand, Die puteolan. Bauinschrift, Jahrb. für Philol., Supplem. XX, S. 723).

Zweimal ist ein Haus durch das im Oberstock gelegene Fenster angegeben. Auf der Vase *b* (Brit. Mus., Catal. IV, F 150, Wieseler, T. IX, 12, Schreiber, Kulturhistor. Bilderatlas, T. V, 6) sehen wir an ein Fenster, aus dem eine Frau herabblickt, eine Leiter gelehnt, auf der ein alter Mann emporsteigt, während ihm ein Sklave mit einer Fackel leuchtet. Ein ähnlicher Vorgang, der Besuch von Zeus bei Alkmene, ist auf der Vase *l* dargestellt (Museo Gregor. II, T. 31, Wieseler, T. IX, 11, Schreiber, T. V, 8, Helbig, Führer durch die Antikensamml. II, S. 262). Alkmene blickt aus einem Fenster, Zeus trägt eine Leiter herbei, um sie an das Haus zu lehnen, Hermes leuchtet mit einer Lampe. Aller Wahrscheinlichkeit nach ist hier das Abenteuer des Zeus so vorgeführt, wie Rhinthon in seinem «Amphitryon» (Athen. III, 111 e) es geschildert hatte, vgl. Völcker, Rhinthonis fragmenta, S. 19. Ein Fenster oder eine fensterähnliche Öffnung hat man auch in den unklaren Andeutungen der Zeichner auf der Vase *S* (Berlin, 3047, Ann. d. Inst. 1853, T. AB, 5 und auf der Vase *f* (Brit. Mus., Catal. IV, F 99, Wieseler, T. A, 26) erblicken wollen, was aber zweifelhaft erscheinen muss.

Der Hausaltar, der auf zwei der vorher genannten Vasen vor dem Hausthore sichtbar ist, findet sich auch vor der (nur durch ein Bukranion angedeuteten) Hinterwand auf der vorher erwähnten Vase *O* (Wieseler, T. IX, 9). Den Altar des Zeus Herkeios, an dem Priamos ermordet wird, sehen wir neben einem Lorbeerbaum auf *Q* (Berlin, 3045, Ann. d. Inst. 1853, T. AB, 4), einen Altar mit Stufe, dem auf der anderen Seite des Schauplatzes der hohe Thron des Zeus entspricht, auf *p* (Petersburg, 1775, Annal. d. Inst. 1859, T. N, Wiener Vorlegebl. III, T. 9, 1). Ebenso war auf der Vase *u*, die nur durch Panofkas Beschreibung bekannt ist (Arch. Jahrb. I, 303), und auf *l*, die einen Phlyaken allein zeigt (Arch. Zeit. 1885, T. 5, 2), der Schauplatz durch einen Altar bezeichnet. Im Anschlusse daran mag auch noch der Herakles-Statuette gedacht werden, die auf einem grossen Postament oder hinter einem Altare auf der Vase *c* (Brit. Mus. Catal. IV, F 233, Wieseler, T. IX, 10) neben dem Sklaven Xanthias (der Name ist auf oskisch beigeschrieben) aufgestellt ist.

Grössere Bedeutung für die Geschichte des unteritalischen Theaters als diese

Gruppe der Phlyakenvasen haben die Bilder mit Bühnendarstellungen. Diese zerfallen, wie schon vorhin gesagt wurde, in zwei deutlich geschiedene Gruppen, jenachdem die Bühne an der Vorderseite mit einer Treppe versehen ist oder nicht. Wir beginnen aus Zweckmässigkeitsgründen mit den Bildern, auf denen die Bühnen keine Vordertreppe haben, und schicken zunächst eine kurze Beschreibung der hierhergehörigen Vasen voraus.

I. Glockenkrater *A*, aus Ruvo, Sammlung Jatta 901, Archäol. Jahrb. I, 271, danach die Abbildung in Figur 74.

Figur 74. Krater in Ruvo, Sammlung Jatta.

Die grob gezimmerte Bühne wird von vier Pfosten getragen. Auf der Bühne sehen wir eine in die Knie gesunkene Frau, die von zwei Männern gefasst und mit gezückten Schwertern bedroht wird. Im Hintergrunde ist eine Tänie aufgehängt.

II. Glockenkrater *H*, vermutlich aus S. Agata de Goti (?), Neapel 3370, Ann. d. Inst. 1871 T. J, (Baumeister, Denkmäler III, S. 1752, n. 1827).

Auf einer grob gezimmerten, von drei Pfosten getragenen Bühne steht links ein bekränzter Kitharode, rechts ein Preisrichter mit Lorbeerzweig, zwischen beiden ein Dreifuss. Neben dem Preisrichter ist im Hintergrund ein Ball oder Diskos gezeichnet.

III. Glockenkrater *r*, aus Ruvo, Petersburg 1779, Ann. d. Inst. 1853, T. CD, (Baumeister, Denkmäler III, S. 1751, n. 1826).

Die roh gezimmerte Bühne wird von drei Pfosten getragen. Auf der Bühne sitzt rechts ein Mann mit riesigem Diptychon; vor ihm steht ein zweiter mit einem gleichen Diptychon; er ist in heftigem Gespräch mit einem links befindlichen dritten Manne, der durch seinen Wanderstab und das hinter ihm aufgestellte Tragholz mit Reisebündel als Wanderer gekennzeichnet ist.

IV. Glockenkrater *k*, unbekannten Fundorts, im Louvre (Saal K, Schrank E, n. 18), Wieseler, Theatergeb. u. Denkm. IX, 8, Arch. Zeitung 1885, T. 5, 1.

Die Bühne wird von drei Pfosten getragen. Auf der Bühne steht ein Mann im Gespräch mit seinem Sklaven, der einen Korb oder Käfig trägt.

V. Glockenkrater im Museum zu Bari (Inventar 2795), dessen Kenntnis ich M. Mayer verdanke, noch unveröffentlicht.

Die Bühne wird von vier Pfosten getragen. Auf der Bühne sehen wir einen Greis, der mit seinem Sklaven auf der Wanderung begriffen ist: beide sind mit Stöcken ausgerüstet, der Sklave trägt ein grosses Reisebündel auf dem Rücken und eine Schachtel (oder ein Kästchen) in der Linken. Der Greis hat sich im Gespräch zu seinem Begleiter zurückgewandt. Rechts hinter dem Sklaven ist eine Binde aufgehängt.

VI. Glockenkrater *D* der Sammlung Caputi in Ruvo, Heydemann, IX. Hallisches Winckelmannsprogr. 1884, T. I, (Baumeister, Denkmäler III, S. 1753, n. 1829).

Die roh gezimmerte Bühne wird von drei Stützen getragen, deren obere Enden die Form dorischer Kapitelle nachahmen. Wenn man dem Maler nicht in der Darstellung der Bühne eine Flüchtigkeit zutrauen will, die mit dem sonstigen Charakter seiner Zeichnung nicht im Einklang steht, so können diese Stützen der Bühne keine steinernen Säulen, sondern nur Holzpfosten sein. Auf der Bühne stehen Philotimides und Charis, die zusammen eine reich besetzte Schüssel halten; zwischen den beiden ist ein niedriger Tisch aufgestellt. Rechts hinter Charis steht der Sklave Xanthias. Alle drei Personen sind durch Namensbeischriften bezeichnet. Im Hintergrunde links sehen wir eine zweiflügelige halbgeöffnete Thür. Zwischen Philotimides und Charis hängt eine Oinochoe an der Wand.

VII. Kelchförmiger Krater *P* des Malers Assteas, aus einer Nolaner Sammlung stammend, also vielleicht in Nola gefunden, Berlin 3044, Millingen, Vases grecs de div. coll. T. 46, Wieseler, T. IX, 15, Wiener Vorlegebl. B, T. III, 1, Baumeister, Denkmäler III, S. 1754, n. 1830, Schreiber, Culturhist. Bilderatlas T. III, 3, danach unsere Abbildung 76.

Die fünf weiss gemalten Stützen, welche die Bühne tragen, haben die Gestalt canellirter dorischer Säulen; rechts und links davon giebt ein schmaler thongrundiger Streifen die seitliche Begrenzung der Bühne an. Auf dieser steht eine Lade (vermutlich der Geldkasten), auf deren geschlossenem Deckel der

Greis Χαρῖνος liegt. Er wird von zwei Männern gepackt, die ihn hinunterwerfen wollen. Der früher als Γύμνασος gedeutete Name des links befindlichen Mannes ist nach Furtwängler vermutlich Εὐμνηστος zu lesen, da der erste Buchstabe eher ein E als ein Γ scheint; sein Gehilfe heisst Κώσιλος (nicht Διάσυρος). Rechts von der Gruppe steht noch der Sklave Καρίων (so und nicht Κάγχας lautet die Beischrift).

Links sehen wir eine geöffnete doppelflügelige Thür, oberhalb des Charinos hängen zwei Masken und ein Kranz. Als Schauplatz der Handlung möchte man zunächst wohl einen Innenraum des Hauses vermuten, nämlich das Zimmer (oder das Atrium), in dem die Geldkiste aufbewahrt wird. Der Gedanke an einen Raum des Obergeschosses ist durch die kleinen Verhältnisse der Säulen ausgeschlossen und die Thür scheint durch ihre hohe Schwelle und das vorkragende

Figur 75. Krater des Asteas, Berlin 3044. (Die Beischriften Γύμνασος, Διάσυρος und Κάγχας beruhen auf falscher Lesung).

obere Gesimse als Hausthür gekennzeichnet zu sein, so dass die Bühne als der Platz vor dem Hause betrachtet werden muss. Vermutlich hatten also die beiden Gesellen Eumnestos und Kosilos die Kiste bereits herausgeschleppt, als Charinos hinzukam und sich auf die Kiste warf, um sie mit seinem Leibe zu decken.

VIII. Glockenkrater g aus Capua, im Britischen Museum, Catal. IV, F 189, Archäol. Jahrb. I, S. 295, danach Abbildung 76.

Die Bühne wird in der Mitte von einer weiss gemalten Stütze in Gestalt einer dorischen Säule, rechts und links von je einem schmalen Pfosten, neben dem eine halbe Säule sichtbar ist (also Anten mit angelehnten Halbsäulen), getragen. Auf der Bühne zieht ein Greis einen jüngeren bärtigen Mann voran, der in der Linken einen Kranz, in der Rechten eine Laterne (?) trägt. Links steht eine Ente.

318 VI. Abschnitt. Theaterdarstellungen auf antiken Bildwerken.

An dem dargestellten Bau bleibt manches unklar. Der Bühnenboden, über dessen vorderen Rand die Füsse der beiden Schauspieler überzugreifen scheinen, ist mit Binden umwunden, als bestände er aus einem einzigen Balken. Rechts und links ist der Spielplatz von einem schmalen Pfosten, der wohl die

Figur 76. Krater im Britischen Museum, IV, F 189.

Seitenwand andeuten soll, oben von einer Guirlande abgeschlossen, so dass das Bühnenhaus mehr dem Guckkastenbau eines Kasperltheaters als einem grossen Theater gleicht.

Wenn wir auf Grund dieser Bilder eine Vorstellung von den Bühnen der unteritalischen Theater zu gewinnen suchen, so müssen wir uns immer gegenwärtig halten, dass die Sorgfalt und das Können der Maler sehr verschieden sind, und dass vielfach ein genaues Bild der Bühne gar nicht beabsichtigt sein mochte, da für den antiken Beschauer auch eine flüchtige Andeutung schon zum Verständnis ausreichte. Aber so viel ist sicher, dass die Vasenmaler bei den verschiedenen Bildern sehr verschiedene Bühnen, bald roh gefügte, bald sorgfältiger aufgebaute und für längeren Gebrauch bestimmte im Auge hatten.

Diese Verschiedenheit der Bühnen prägt sich auch in der verschiedenen Beschaffenheit des Spielhintergrundes aus. Auf einigen Vasen findet sich keinerlei Andeutung einer Bühnenhinterwand, auf anderen sehen wir im Hintergrund nur eine Binde oder einen «Diskos» angegeben, Gegenstände, die auf unteritalischen Vasen zur Füllung des leeren Bildraumes nicht selten auch dort angebracht sind, wo keine Hinterwand vorausgesetzt wird. Es ist fraglich, ob wir es hier nur mit Flüchtigkeiten der Zeichnung zu thun haben. Mir scheint sehr wohl möglich, dass die Maler dieser Bilder wirklich ein freistehendes Bühnengerüst, das durch keine Hinterwand abgeschlossen war, darstellen wollten. Eine Treppenleiter, die von rückwärts oder von der Seite her auf das Gerüst führte, mochte den einzigen Zugang dieser Bühne bilden, während die Bude oder der Karren der Theatergesellschaft sich irgendwo in der Nähe befand. Solcher Art mögen die ärmlichen Bühnen gewesen sein, die auf den Märkten von den herumziehenden Schauspielern aufgeschlagen wurden. Dass dies auch an Orten geschah, wo man längst mit kunstvolleren Theaterbauten bekannt war, hat nichts Verwunderliches, wenn wir uns vergegenwärtigen, dass sich zu allen Zeiten neben dem kunstmässig entwickelten Drama das primitive volksthümliche Dialogspiel weiter erhalten hat.

Auf den Bildern dagegen, die eine mit grösserer Sorgfalt errichtete Bühne zeigen, (vgl. VI und VII), ist auch die Hinterwand deutlich angegeben. Von vorneherein ist anzunehmen, dass dann der regelmässige Zugang durch diese Wand erfolgte, und dass hinter ihr der Aufenthaltsraum der Schauspieler sich befand, entweder in der Höhe der Bühne oder aber zu ebener Erde und durch eine Treppe mit der Bühne verbunden. Auf VI und VII ist eine doppelflügelige Thür in der Hinterwand angegeben, die man wohl als Hausthüre anzusehen hat, so dass die Bühne als Strasse gilt. Da aber schwerlich alle handelnden Personen aus diesem einen Hause herauskommen konnten, so ist noch eine zweite Thüre im Hintergrunde oder ein seitlicher Zugang auf die Bühne anzunehmen, der bei den einfacheren Podien als freiliegende Treppe gedacht werden muss. Ob die Bühne der Assteasvase schon seitlich durch vorspringende Wände begrenzt war, wissen wir nicht. Auf VIII dagegen sollen die schmalen Streifen zu beiden Seiten der Hauptfiguren wohl als die Vorderkanten solcher, die Bühne seitlich abschliessender Wände angesehen werden.

Gerne würden wir Genaueres über die Höhe dieser Bühnen erfahren. Wenn wir die Höhe des Bühnengerüstes nach dem Maasstabe der dargestellten Personen beurtheilen dürfen, so können die Bühnenstützen in einzelnen Fällen kaum über einen halben Meter hoch gewesen sein. Doch mögen die Maler wohl in diesem

Punkte nicht ganz die richtigen Verhältnisse eingehalten haben, da es für ihre Zwecke genügte, die oberen Enden der Pfosten anzugeben. Insbesondere wird man vielleicht für die Stützen, die als Säulen gebildet sind, geneigt sein, eine etwas grössere Höhe anzunehmen, als die Massverhältnisse der Zeichnung erschliessen lassen. Nur darf man nicht ohne Weiteres die Höhe des Kapitells oder den Durchmesser der Säule einer Berechnung ihrer Höhe zu Grunde legen, da diese Masse ebensoviel zu gross, wie die Höhe der Schäfte zu klein sein können. Überdies haben wir kein Recht, die Verhältnisse freistehender Steinsäulen ohne Weiteres auf die Bühnenstützen zu übertragen. Es bleibt auch bei den Bühnen auf den Vasen VII und VIII sehr fraglich, ob wir an steinerne Säulen denken dürfen. Zwar sind die Säulen auf VII und die mittlere Stütze auf VIII weiss gemalt, aber die weisse Farbe wird auf den Vasen des Assteas ebenso wie auf den apulischen Vasen durchaus nicht immer als «Localfarbe» d. h. als naturalistisch getreue Farbe der betreffenden Gegenstände, sondern sehr häufig nur zur Unterscheidung und Betonung andersfarbiger Dinge verwendet. So sind auf der unten unter XII besprochenen Vase Teile des auf der Bühne aufgebauten Propylaion, auf XIII die angelehnte Treppe und die (bronzenen) Thymiaterien weiss gemalt. Übrigens könnten auch in Wirklichkeit hölzerne Stützen der Bühne mit weisser Farbe überzogen worden sein.

Aber selbst wenn bei der Bühne der Assteasvase (VII) wirklich an steinerne Stützen zu denken wäre, so hätten wir damit noch keinen Masstab für ihre Höhe gewonnen. Denn die Vermutung, dass sie 3 Meter hoch gewesen sei, ist durch nichts begründet als durch den Wunsch, diese Bühne zu einem Gegenstück des Proskenion von Epidauros zu stempeln. Abgesehen davon, dass dann Assteas in seiner Zeichnung die wirkliche Höhe der Säulen auf 1/3 herabgesetzt hätte, hat man bei dieser Gleichstellung auch übersehen, dass auf der Assteasvase auch die anderen kennzeichnenden Merkmale des hellenistischen Proskenion, die Pinakes in den Intercolumnien und die Thüren, fehlen. Dagegen ist es bekannt genug, wie oft in dekorativer Nachahmung wirklicher Architektur Säulen in allen Grössenverhältnissen an Basen Podien und Altären verwendet worden sind Kleine jonische Säulen in der Höhe von kaum 1 Meter finden wir z. B. an der Bühne der unten besprochenen Vase IX, wo die Bühnenhöhe durch die Stufenzahl der angelehnten Treppe gesichert ist.

Dazu kommt, dass auch allgemeine Erwägungen über den Zweck der Bühne nur eine niedrige, und durchaus keine hohe Bühne erwarten lassen. Die Anlage einer Schauspielbühne erweist sich nämlich überall dort als Notwendigkeit, wo eine grössere Anzahl von Zuschauern auf ebenem Boden reihenweise hintereinandersitzt. Aber in diesem Falle darf die Bühne, wie im VII. Abschnitt auf geometrischem Wege nachgewiesen ist, niemals höher als 1,50ᵐ sein, weil die Zuschauer sonst die Oberfläche der Bühne und mehr oder weniger die unteren Teile der handelnden Personen gar nicht sehen können. Darum hat auch Vitruv dieses Mass als Maximum der zulässigen Bühnenhöhe für die auf ebenem Boden (in der Orchestra) sitzenden Zuschauer bezeichnet. Wir haben also keinen Anlass, die auf den Vasen dargestellten Bühnen wesentlich höher anzunehmen, als sie wirklich gezeichnet sind. Zu Gunsten eines durchschnittlichen Höhenmasses von etwa 1 Meter sprechen auch die auf der dritten Gruppe von Phlyakenvasen abgebildeten Bühnen mit Treppe, weil die Zahl der Treppenstufen auf keiner Vase grösser ist, als bei einer solchen Höhe erwartet werden durfte.

Der Besprechung dieser dritten Gruppe von Schauspielervasen schicke ich wieder ein Aufzählung der zugehörigen Bilder voraus und stelle dabei zwei Vasen an die Spitze, deren Zugehörigkeit zu dieser Gruppe vielleicht nicht ohne Weiteres zugestanden werden wird.

IX. Glockenkrater, der sich seit Kurzem in dem Provinzial-Museum von Bari befindet und mir durch freundliche Mitteilungen und Skizzen von M. Mayer bekannt ist. Eine zur Veröffentlichung geeignete Abbildung konnte leider nicht beschafft werden.

Auf dieser Vase ist links ein Podium dargestellt, dessen Höhe nach der Grösse der dargestellten Personen auf etwa 1^m geschätzt werden kann. Der Bau wird beiderseits von je einem jonischen Säulchen getragen, das jedenfalls aus Holz gefertigt zu denken ist. Dazwischen ist ein Vorhang aufgespannt, wie auf der Neapeler Vase XII (s. u.). Rechts ist an das Podium eine perspektivisch gezeichnete Treppenleiter von fünf(?) Stufen angelehnt. Bei richtiger Zeichnung müsste man das dargestellte Stück des Podiums als seine seitliche Begrenzung auffassen; aber bei der ungeschickten Perspektive dieser Bilder wird man das Stück mit den beiden Säulchen und dem Vorhang vielmehr als die eine Hälfte der Vorderwand zu betrachten haben, die auf der anderen Seite der Treppe in gleicher Weise sich fortsetzt.

Auf dem Podium sitzt auf niedrigem Sitz ein alter Mann, der einen Vogel in der Hand hält. Ein zweiter Schauspieler, der einen Wanderstab in der Rechten hat, steigt die Treppe hinauf, ein dritter steht rechts unten neben der Treppe. Über dem zuletzt genannten hängt im Hintergrund eine Tänie, zwischen den beiden anderen ein Becken. Die durch diese Gegenstände angedeutete Hinterwand hat man sich gewiss nicht, wie die Art der Zeichnung vermuten lassen könnte, senkrecht zu der Bühne, sondern parallel und hinter ihr zu denken.

X. Glockenkrater aus Apulien, *N*, im Britischen Museum, Catal. IV, F 151, Lenormant-De Witte, Élite céramographique II, T. 94, Wieseler, T. IX, 13 (Baumeister, Denkmäler II, S. 820, n. 963, Schreiber, T. V, 11, danach unsere Abbildung Figur 77).

Links ist in Seitenansicht die Vorderwand eines Hauses dargestellt, der eine Bühne vorgelegt ist. Ein weit vorspringendes Vordach deutet darauf hin, dass wir hier den Thorbau eines Hauses oder eines heiligen Bezirkes zu erkennen haben. An dem sichtbaren Stück der Podiumwand sind zwei schmale Bänder (Stricke oder Schmuck?) angebracht. Das Volutenende links unten gehört zu dem Ornament unter dem Gefässhenkel und hat mit der Bühne nichts zu thun.

Vorne führt eine vierstufige Treppenleiter, deren obere Enden frei hervorragen, auf das Podium. Auf der Treppe steht der Sklave Xanthias und zieht den inschriftlich als Chiron bezeichneten Schauspieler die Stufen hinauf. Ein dritter Schauspieler, der die Treppe noch nicht betreten hat — man hat vermutet, dass

Figur 77. Krater im Britischen Museum, IV, F 151.

er als die hintere Hälfte des Kentauren Chiron zu gelten habe —, schiebt hinten an. Rechts steht noch ein Jüngling, der, obwohl er nicht das Phlyakenoostüm trägt, doch als Teilnehmer der Handlung anzusehen ist; mit Wahrscheinlichkeit hat man In ihm einen Schüler des Chiron (Achilleus?) erkannt. Oberhalb dieser beiden letzten Figuren werden hinter einer hügelartigen Bodenerhebung zwei sitzende Nymphen sichtbar. Ob mit dieser Terrainzeichnung ein Stück des wirklichen Spielhintergrundes wiedergegeben werden soll, indem auf der Bühne neben dem Hause die Höhle der Nymphen (vgl. das Nymphaion in Menanders «Dyskolos» S. 270) oder ein Stück Landschaft (vgl. die Felsküste im «Rudens» S. 267) dargestellt war, oder ob der Maler die Nymphen, die vielleicht die Inhaberinnen des Baucs sind, nur aus künstlerischen Gründen in solcher Weise sichtbar werden liess, ist kaum zu entscheiden.

Figur 78. Krater im Britischen Museum, IV, F 269.

XI. Kelchförmiger Krater aus Bari, a, im Britischen Museum, Catal. IV, F 269,

Lenormant-De Witte, I, T. 36 (Baumeister Denkmäler III, S. 1752, n. 1828, Wieseler T. IX, 14, Schreiber, T. V, 13, danach Abbildung 78).

Die Bühne, zu der eine siebenstufige Treppe heraufführt, wird von drei Pfosten getragen; ein vierter Pfosten wird wohl durch die Treppe verdeckt. Die Bühnenvorderwand ist mit zwei Kränzen geschmückt. Auf der Bühne kämpfen Daidalos und Eneyalios vor Hera, die auf hohem Throne sitzt. Hinter Daidalos steht eine Blumenstaude. Über den Figuren hängen im Hintergrunde zwei Bukranien, ein Spiegel, eine kleine Schale(?) und ein Granatapfel(?).

XII. Kelchförmiger Krater, früher im Privatbesitz in Missanello (Provinz von Potenza), jetzt im Museum von Neapel, Inv. 118 333, mit freundlicher Erlaubnis des Museumsvorstandes in Abbildung 79 veröffentlicht.

Figur 79. Krater im Museum von Neapel.

Die Bühne, auf die eine Treppe von acht Stufen hinaufführt, wird von vier Pfosten getragen, zwischen denen gefaltete Vorhänge befestigt sind. Auf der Bühne stehen drei Personen. In der Mitte übergiebt ein Jüngling einer rechts befindlichen jungen Frau einen in ein Tuch gehüllten Gegenstand. Da gerade seine Hände durch einen Bruch der Vase teilweise zerstört sind, so lässt sich nicht mehr erkennen, welcher Art dieser Gegenstand war. Man denkt in Erinnerung an ein bekanntes Komödienmotiv zunächst an ein Wickelkind, doch scheint das Packet dazu zu klein zu sein. Links von den beiden steht ein Greis, der im Weggehen sich nach der Gruppe umwendet.

Hinter der Frau sehen wir das Propylaion eines Hauses oder Hofes. Das weit vorspringende Thürdach wird von einer jonischen Säule und einem schrägen Kopfbalken, der an dem Säulenschafte befestigt ist, gestützt. Die Säule, der Kopfbalken und die Ornamente des Gebälkes sind weiss bemalt. Oberhalb der Figuren hängen zwei weisse Bukranien (das eine, links über dem Greise, ist in der Zeichnung aus Versehen weggeblieben). Wenn der Thorvorbau im Profil gezeichnet ist, so darf man daraus auch hier schwerlich schliessen, dass er die Bühne seitwärts begrenzt, vielmehr wird man sich das Thor in der Hintergrunds-

Figur 80. Krater aus Lentini.

wand, die durch die Bukranien angedeutet ist, zu denken haben. Wir haben schon gesehen, dass die Vasenmaler solche Vordächer der Thorbauten immer in der Seitenansicht darzustellen pflegen, weil sie der Schwierigkeiten der Vorderansicht nicht Herr werden konnten.

XIII. Kelchförmiger Krater aus Lentini, *M*, im Palazzo Publico zu Lentini, Monum. d. Instit. IV, T. 12. (Wieseler, T. III, 18, Baumeister, Denkmäler II, S. 819, n. 902), Wiener Vorlegeblätter B, T. III 2, (Arch. Jahrb. I, S. 279, danach Abbildung 80).

Die Bühne ist an ihrer Vorderwand mit hängenden Wollbinden und zwei weiss gemalten Thymiaterien geschmückt In ihrer Mitte befindet sich eine ebenfalls weiss gemalte, achtstufige Leiter, die angehängt zu sein scheint, da der volutenförmige Abschluss an der Seite rechts sonst kaum erklärt werden könnte. Auf der Bühne sind vier Personen anwesend. Herakles fasst mit beiden Händen eine Frau (Auge?) an, die mit bittender Gebärde neben einem Altar steht. An dem Altar ragen Lorbeerzweige empor, dahinter ist auf hohem Untersatz die kleine Statue einer Göttin aufgestellt. Links steht ein Sklave, rechts hinter Herakles ein altes Weib. Den Spielhintergrund bilden vier weiss gemalte jonische Säulen, zwischen ihnen sind runde Scheiben oder Schalen (Kränze?) und Täfelchen (Pinakes) aufgehängt Vermutlich haben wir es also hier mit der Vorhalle eines Tempels zu thun, doch ist der Gedanke an einen Palast nicht völlig ausgeschlossen. Eine Thür, die nicht ganz von den Schauspielern verdeckt werden konnte, ist wohl nur darum nicht angedeutet, weil der Maler die weiter zurück im Innern der Halle gelegene Thüre nicht darzustellen verstand. Wir werden sie aber bei einem Schmuckbau, der bis in Einzelheiten einem wirklichen Bau nachgebildet ist, mit Sicherheit voraussetzen dürfen.

Gemeinsam ist allen diesen Bildern, dass die Bühne vorne mittelst einer angelehnten Treppe zugänglich ist und eine mässige Höhe hat, die sich aus den Grössenverhältnissen der Personen, der Anzahl der Stufen und den Verzierungen (vgl. die Thymiaterien auf XIII) auf etwas mehr oder weniger als 1 ^{m} berechnen lässt. Wie diese Treppe benutzt wurde, können uns, glaube ich, die Bilder der Vasen IX und X lehren, wenn wir sie mit Recht hiehergezogen haben; sie zeigen uns, dass auch der vor der Bühne zu ebener Erde befindliche Platz noch insofern mit zum Spielplatz gehörte, als die Schauspieler ihn unter Umständen betreten mussten, um auf die Bühne zu gelangen. Die Bühne stellt den Vorplatz oder die Strasse vor dem Hause dar. Das ist deutlich auf X und XIII. Dass auch auf der Neapeler Vase XII das Propylaion vermutlich zu dem Gebäude gehört, das den Hintergrund abschliesst, ist schon vorher gesagt. Auf IX und XI ist die Hinterwand nur angedeutet.

Durch die Thür der Hinterwand können nur jene Schauspieler unmittelbar auf die Bühne heraustreten, die in dem dargestellten Hause wohnen; die anderen, die von aussen kommen, betreten den Platz vor der Bühne von der Seite her und steigen dann über die Treppe auf die Bühne hinauf. Der wesentliche Teil des Spieles geht auf der Bühne vor sich, doch können, wie die Chironvase lehrt, allerlei kleine Scherze auch schon anf der Bühnentreppe sich abspielen.

Die Bühnen, welche eine Treppe an der Vorderseite haben, setzen also einen vor ihnen liegenden freien Platz mit seitlichen Zugängen voraus. Bei den meisten von ihnen handelt es sich aber nicht um die Orchestra und Parodoi eines festen Theaters, wie die Bauart der Bühnen und Treppen zeigen kann. Nur bei XIII (Figur 80) könnte man zweifeln, ob die Säulen im Hintergrunde nicht schon dem Proskenion eines festen Theaters angehören. Denken wir uns eine solche Bühne mit einem nach griechischer Art gebauten Zuschauerraum verbunden, so gelangen wir zu einer dem späteren römischen Theater sehr ähnlichen Bauform. Wir haben daher auch mit der Möglichkeit zu rechnen, dass der Gedanke, die Orchestra in einen für die Zuschauer bestimmten Halbkreis und eine erhöhte Bühne zu zerlegen (vgl. Abschnitt VIII), in Unteritalien schon in hellenistischer Zeit verwirklicht worden ist.

Die Bühnen mit Vordertreppen sind, wie Stil und Fundort der betreffenden Vasen beweisen, in Apulien bekannt gewesen, also eben in der Landschaft, für die aus den S. 307 besprochenen Vasen Aufführungen Euripideischer Dramen erschlossen werden können. Während bei diesen Aufführungen, wenn sie in einem Theater mit ansteigendem Sitzraume stattfanden, die Orchestra dem Chore vorbehalten bleiben musste und eine Bühne nicht nötig war, mag in denselben Theatern bei Spielen, die eines Chors ermangelten, ein Teil der Orchestra als Sitzraum benutzt worden sein, woraus sich die Notwendigkeit ergab, die Schauspieler auf eine Bühne zu stellen.

Wo aber der ebene Tanzplatz von Zuschauern frei blieb, da konnten auch Phlyakenspiele gelegentlich ohne Bühne in der Orchestra aufgeführt werden, so dass also, wie wir schon vorhin sagten, auf den Phlyakenbildern der ersten Gruppe nicht ohne Weiteres eine Bühne hinzugedacht werden darf. Im übrigen sind die Spielerfordernisse, die diese Darstellungen erschliessen lassen, dieselben wie bei den Bildern der dritten Gruppe. Hier wie dort kehrt der gleiche Spielhintergrund wieder, eine Übereinstimmung, die sich freilich ebenso aus der typischen Zeichenart der Maler, wie aus der Gleichartigkeit ihrer Vorbilder erklären kann. So ist z. B. der Thorvorbau auf der Vase *d* (Arch. Jahrb. I, 293) dem auf der Vase XII überaus ähnlich, indem auch hier das Vordach von einer Säule und einem Kopfbalken, der in einen Vogelkopf ausläuft, gestützt wird.

Die Bühne der Phlyakenvasen ist also unmittelbar aus den Erfordernissen von nicht chorischen Aufführungen erwachsen, bei denen ein Teil der Zuschauer auf ebener Fläche reihenweise hintereinander angeordnet war, und ist in das griechische Theater Italiens aufgenommen worden, als ein Teil seiner Orchestra mit Sitzen versehen wurde. Sie ist nicht an einem bestimmten Ort oder zu einer bestimmten Zeit erfunden worden, da der Gedanke, auf ein Podium zu steigen, um sich einer grösseren Menschenmenge sichtbar zu machen, auch im Altertum niemandem fremd geblieben sein kann. Ob auch auf griechischem Boden für possenhafte Aufführungen an kleinen Orten, die kein ansteigendes Theater besassen, Spielbühnen üblich waren, wissen wir nicht, dürfen es aber als wahrscheinlich betrachten. Jedenfalls aber haben sie für die Geschichte des griechischen Theaters keine Bedeutung gewonnen. Dagegen ist, wie uns die Vasen lehren, auf unteritalischem Boden die Bühnenanlage im III. Jahrhundert vor Chr. sehr üblich gewesen, und es ist begreiflich, dass sie auf die Entwickelung des dortigen Theaterbaues bestimmenden Einfluss ausüben musste. Sie ist von dort zugleich mit den verschiedenen Arten des Dramas zu den Römern übergegangen, die seit der Mitte des IV. Jahrhunderts In immer engere Beziehungen zu Unteritalien, erst zu Campanien, dann zu Lucanien und Tarent, getreten waren. Darum sind diese unteritalischen Vasen auch für die Vorgeschichte des römischen Theaters von Belang, reichen sie doch zum Teil bis nahe an die Zeit des Plautus heran.

Wenn in Rom im Jahre 194 vor Chr. den Senatoren ein besonderer Teil des Zuschauerraumes *ante populi consessum* zugewiesen wurde (Liv. XXXIV, 54; Cicero de harusp. responsu 24), so war das vermutlich derselbe auf ebener Fläche gelegene Raum, den die Senatoren zur Zeit Vitruvs inne hatten; es muss dann also schon damals eine Bühne bei den scenischen Spielen in Rom üblich gewesen sein. Da sich bei Plautus nirgends ein Hinweis darauf findet, dass die

Figur 81. Marmorrelief im Museum zu Neapel.

Schauspieler, die von der Seite kommen, über eine Treppe steigen mussten, so wird man sich seine Bühne als eine Weiterentwickelung der Bühnen auf der zweiten Gruppe der Phlyakenvasen zu denken haben. Die Bilder aller oben besprochenen Schauspielervasen darf man aber wohl heranziehen, um eine Vorstellung von dem Spielhintergrund der plautinischen Komödien zu gewinnen. So können wir uns z. B. die mit Säulen geschmückten *vestibula*, die Plautus erwähnt (S. 267', nach Art der Thorbauten auf den Vasen *d* (S. 313) und XII (S. 323) denken.

Während so das Hauptinteresse dieser Vasenbilder in ihren Beziehungen zum italischen Theater liegt, finden wir engeren Zusammenhang mit dem griechischen Schauspiel auf einer Anzahl von Reliefs, an deren Spitze ein Marmorrelief im Museum von Neapel 6687 (Gerhard und Panofka, Neapels ant. Bildwerke n. 495) zu setzen ist, vgl. Fieoroni, Le maschere sceniche T. II, Museo Borbonieo IV, T. 14,

Wieseler T. XI, Baumeister, Denkmäler II, S. 827, n. 911, Schreiber, Culturhistor. Bilderatlas T. III (danach unsere Abbildung in Figur 81), Schreiber, Die hellenistischen Reliefbilder, T. 83.

Wir haben hier einen Auftritt aus einem Stück der jüngeren Komödie vor uns. Rechts kehrt, von einer Flötenspielerin geleitet, und von einem Sklaven gestützt, ein Jüngling trunken von einem Gelage heim. Links sehen wir seinen erzürnten Vater, wie er, im Begriffe auf den leichtsinnigen Sohn einzudringen, von einem anderen Manne (wohl seinem Nachbar) zurückgehalten wird, vgl. Kekulé, Das akademische Kunstmuseum zu Bonn n. 448.

Im Hintergrund ist links ein grosser Thorbau sichtbar, der sich um eine Stufe über dem Boden erhebt. Wie die bogenförmige Öffnung in der Mitte der Thür zu verstehen ist, vermag ich nicht anzugeben. Rechts ist ein Vorhang gespannt, hinter dem das mit kleinen Bogen verzierte Gebälk des anstossenden Teiles des Proskenion sichtbar wird. Dieser feste Bau war in unserem Stücke vermutlich deshalb durch einen Vorhang teilweise verdeckt, weil seine Formen für das Stück nicht passten; an die Angabe des Pollux IV, 125 / κλίσιον... παραπετάσματι δηλούμενον) wird man hier nicht erinnern dürfen. Der Schmuckbau ist im Einzelnen sorgfältig ausgeführt und reich verziert. Das Thor ist mit figürlichem Schmuck versehen, auch die Thürflügel sind ornamentirt, sodass man an einen Belag von Metallplatten denken möchte (Schreiber, Die Wiener Reliefs Grimani, 25). Die dargestellten Bauformen gestatten nicht, die Entstehungszeit des Reliefs genauer zu bestimmen; seiner Arbeit nach darf es aber der hellenistischen Zeit, vielleicht noch dem III. Jahrhundert vor Chr. zugewiesen werden.

Ein von Pirro Ligorio beschriebenes Relief einer Komödienscene (Dessau, Sitzungsberichte der Berliner Akademie 1883, S. 1104, n. 31) darf trotz mancher scheinbaren Verschiedenheiten mit dem Neapeler Stück identificiert werden, da diese Verschiedenheiten aus Missverständnissen und Flüchtigkeiten der Beschreibung sich erklären.

Von einem ähnlichen Komödienrelief, das allerdings erst jüngerer Zeit anzugehören scheint, wird ein Bruchstück im Museo Lapidario zu Verona aufbewahrt, vgl. Dütschke, Antike Bildwerke in Oberitalien IV, S. 203, n. 462 (Maffei, Museo Veronense, S. CXXVI, 6, Wieseler, T. A, 28, Schreiber, Die hellenist. Reliefbilder, T. 85). Erhalten ist nur noch teilweise die Gruppe eines von einem Sklaven gestützten, trunkenen Mannes. Die Handlung geht vor einem mit Guirlanden geschmückten Hause vor sich; an dem sichtbaren Thürflügel ist ein Löwenkopf angebracht, an dem der ringförmige Griff oder Klopfer hängt; daneben sieht man noch den unteren Teil einer Stele oder Statuenbasis.

Ein vollständigeres Bild des Komödienhauses, als das Veroneser Relief, bietet die Darstellung auf einer in mehreren Repliken erhaltenen dekorativen Terrakottaplatte der durch Campanas Sammlung bekannten Gattung. Diese Darstellung ist weiteren Kreisen geläufig durch eine von Wieseler, Annali d. Instit. 1859, T. O (nach Campana, Opere in plastica, T. 98) veröffentlichte Platte, vgl. Baumeister,

Denkmäler III, S. 1755, n. 1831, Schreiber, Culturhistor. Bilderatlas T. III, 4, danach unsere Abbildung in Figur 82.

Diese Platte, die im Louvre, wohin sie gekommen sein soll (Cataloghi Campana n. 27 und 141), scheinbar nicht mehr vorhanden ist, war aber, wie der Vergleich mit anderen Repliken derselben Darstellung zeigt, in einigen wesentlichen Teilen falsch ergänzt. H. v. Rohden, der für das vom Archäologischen Institut herausgegebene Terrakottenwerk die dekorativen Terrakottenplatten bearbeitet, hat mir im Einverständnis mit der Leitung des Unternehmens das ganze in seinen Händen befindliche Material mit freundlichster Zuvorkommenheit mitgeteilt und auch gestattet, das Bruchstück in Figur 83 nach der im Apparat des Terrakottenwerkes befindlichen Zeichnung wiederzugeben.

Figur 82. Reliefplatte der Sammlung Campana.

Eine im Kestnermuseum zu Hannover befindliche Platte giebt die Gesamtcomposition am vollständigsten wieder, ist aber leider sehr verstossen, so dass manche Einzelheiten unklar sind. Wir sehen dort die drei Schauspieler so gruppirt, wie auf der Campanaschen Platte (Figur 82.) Der Bau, der den Spielhintergrund bildet, hat in seiner aus Quadern gefügten Wand drei Thüren, deren mittlere etwas breiter ist als die seitlichen. Vor dieser festen Wand stehen sechs korinthische Säulen, die von viereckigen Sockeln getragen werden. In der Höhe der Säulenkapitelle ist eine Guirlande befestigt. Oberhalb des Architravs ist das Relief gebrochen, doch ist über der Mittelthür noch der Ansatz eines Giebels kenntlich. Diese Architektur ist vollständiger erhalten auf einem Bruchstück des Museo Kircheriano in Rom (Nr. 336 bei Helbig, Führer durch die Antikensammlungen II, S. 378), das zwar nicht aus der gleichen Form, wie die Kestnersche Platte stammt, aber in allen wesentlichen Zügen mit ihr übereinstimmt, s. Figur 83.

Von der unteren Hälfte ist hier allerdings nur das Drittel links, von der oberen Hälfte aber ist noch genug erhalten, um uns die Gestalt und Anordnung der Thüren und Säulen zu lehren. Wir sehen, dass die über den Thüren vorgekröpften Architravstücke von Giebeln bekrönt waren, und dass auf dem Gesimse der dazwischen liegenden Mauerstücke jedesmal eine Amphora stand. Der oberste Teil des Reliefs ist in seinen Verzierungen von der architektonischen Bestimmung der Platte abhängig und kann nicht mehr als Teil des auf dem Relief dargestellten Baues betrachtet werden.

Figur 83. Bruchstück einer Terrakottaplatte im Museo Kircheriano zu Rom.

Das Bruchstück einer dritten gleichartigen Platte (erhalten ist ein Stück des oberen Teiles der linken Hälfte) befindet sich im Britischen Museum; ein kleines Fragment eines vierten Exemplars hat v. Rohden im Magazin der Commissione comunale archeologica in Rom gesehen. Nach diesen Bruchstücken ist es leicht, die ergänzten (oder in der Zeichnung hinzugefügten) Teile auf der Platte der Sammlung Campana (Figur 82) festzustellen; es zeigt sich, dass der ganze obere und wohl auch der untere Abschluss der Platte irrtümlich nach dem Vorbild der friesartig verwendeten Terrakottatafeln ergänzt ist, während nach dem Ausweis der anderen Repliken die Reliefs dieses Typus vielmehr bestimmt waren, eingesetzt zu werden und freizustehen. Wie auf der Campanaschen Platte die Giebel weggeblieben sind, so ist auch der Verlauf des Architravs anders wiedergegeben, ferner ist die Mittelthür zu klein geraten und statt mit Löwenkopf und Ring mit Rosetten verziert. Die Seitenteile des Baues sind rechts und links irrtümlich als Quadermauern ohne Thüren gezeichnet, unter den Säulen sind die viereckigen Basen fortgelassen worden. Auch an der Zeichnung der Figuren ist einiges willkürlich, so namentlich (wie das Kestnersche Exemplar zeigt) der lange Bart der Figur rechts.

Was die Entstehungszeit dieser Reliefs betrifft, so werden die Formen, aus denen die erhaltenen Bruchstücke stammen, wohl nicht vor der ersten Kaiserzeit verfertigt sein. Aber wie eine Reihe anderer Platten dieser Gattung werden sie im Anschluss an ältere Vorbilder geschaffen worden sein. Der Gegenstand der Darstellung ist der jüngeren Komödie entlehnt, und man wird wohl eher ein griechisches Stück als eine lateinische Neubearbeitung für das Vorbild des Künstlers halten dürfen. Die drei Schauspieler sollen uns vermutlich den Schlussauftritt eines Lustspiels vor Augen stellen. Der Anstifter des Übels hat sich auf den Hausaltar geflüchtet: zwischen ihm und den beiden Männern rechts findet eine heftige Auseinandersetzung statt. Der Platz auf dem Hausaltar ist in der neueren Komödie ein Lieblingsaufenthalt ränkespinnender und Strafe fürchtender Sklaven, vgl. Menander, Fgm. 748 K.: καθεδοῦμαι δ' ἐνθαδὶ τὸν Λοξίαν αὐτὸν καταλαβών, Plaut. Aulul. 606: *nunc sine omni suspicione in ara hic adsidam sacra*, Ter. Heautontimor. V, 2, 22: *nemo accusat, Syre, te: nec tu aram tibi nec precatorem pararis*. Auch in Terrakotten, Marmorstatuetten und Statuen ist der auf dem Altare sitzende Sklave der Komödie häufig dargestellt. Den Voraussetzungen des Reliefs besonders ähnlich ist der Schlussauftritt der «Mostellaria», wo der Sklave Tranio sich an den Altar geflüchtet hat (1093: *ego interim aram hanc occupabo*, um der Strafe seines greisen Herrn Theuropides zu entgehen, und wo nun Callidamates, ein Freund von dessen leichtsinnigem Sohn, Straflosigkeit für den Sklaven erbittet.

Ein besonderes Interesse hat für uns der den Hintergrund bildende Bau, da er allem Anschein nach nicht ein veränderlicher provisorischer Schmuckbau, sondern ein Steinbau von typischer Geltung ist, der in den Grundzügen seiner Gliederung grosse Ähnlichkeit mit dem hellenistischen Proskenion zeigt. Seine Fassade ist mit vorgestellten Säulen oder Halbsäulen geschmückt, obwohl wir als Spielhintergrund des dargestellten Auftritts zweifelsohne gewöhnliche Bürgerhäuser zu denken haben. Wie die drei Thüren zeigen, soll der Bau trotz seiner einheitlichen Architektur offenbar als eine Gruppe von drei verschiedenen Häusern gedacht werden, womit das Proskenion von Delos (s. u.) auffällig übereinstimmt. An das hellenistische Proskenion werden wir ferner durch die grosse Niedrigkeit der Säulen und Thüren erinnert, die sich schwerlich nur aus der Willkür des Künstlers erklären lassen, da in anderen Reliefplatten dieser Gattung die Höhe der Säulenhallen doch wenigstens durch einen freien Raum über den Gestalten angegeben wird. Dass aber sowohl die Säulen als auch die Thüren unseres Bildes niedriger sind, als die wirklichen steinernen Proskenien der griechischen Theater, erklärt sich vermutlich aus dem Streben nach perspektivischer Darstellung. Sie sind im Verhältnis zu den Personen kleiner gemacht, weil sie als weiter zurückliegend bezeichnet werden sollten.

Dieses Komödienrelief hatte ein genaues Gegenstück in einer Terrakottaplatte der gleichen Gattung, von der zwei Repliken nachweisbar sind; leider ist von beiden nur je ein kleines Bruchstück der mittleren Partie erhalten. Das eine, im Casino Pio IV zu Rom, ist im Gegensinne abgebildet bei Serroux d'Agincourt, Recueil de fragments de sculpture antique, Paris 1814, T. 29, 5, das andere, im Museum von Gotha, deckt sich fast völlig mit dem römischen Stück. Die Mitte der Darstellung war hier von einer Figur eingenommen, die eine weibliche, wie es scheint tragische, Maske trägt. Von dem Bau, der den Hintergrund bildete, ist noch die mittlere Thüre sichtbar, rechts und links davon steht je eine jonische Säule. Über dem durchlaufenden Architrav sitzen kleine Giebel, die hier nicht über den Thüren, sondern über den schmalen Zwischengliedern der Wand ihre Stelle haben. Der Raum oberhalb der Mittelthüre wird durch einen hohen Fries eingenommen, von dem eine auf einem Seepferd sitzende Nereide erhalten ist. In den Seitenteilen des Baues dürfen wir, wie auf der anderen Reliefplatte, Thüren voraussetzen, doch mag es dahingestellt bleiben, ob das Gebäude auch hier als eine Gruppe von Bürgerhäusern oder vielmehr als Palast zu gelten hat.

Etwas älter als diese dekorativen Reliefplatten der Campanaschen Gattung sind die Schauspielerreliefs, die in Teramo zu Tage getreten sind und vielleicht einer campanischen Werkstatt des I. Jahrhunderts vor Chr. entstammen; sie sind zuerst von Dressel (Bull. d. Inst. 1884, 143) bekannt gemacht worden und werden von H. v. Rohden, dem ich die Kenntnis auch dieser Stücke verdanke, in dem oben genannten Werke ausführlich behandelt werden.

In vier vollständigen Repliken und einer Anzahl von Bruchstücken liegen uns zwei Reliefplatten vor, die offenbar aneinanderschlossen; auf jeder sehen wir je zwei von einander verschiedene Figuren, die rechts und links von einer geschlossenen Thüre stehen. Von diesen vier Personen trägt zwar nur eine — die, wie es scheint, einen Sklaven darstellt — eine Maske, doch haben wir gewiss auch die übrigen als Schauspieler zu betrachten. Die Figuren sind fast so hoch wie das Thürgesimse und überragen die Thürflügel. Über die Thüre läuft ein Fries von Rosetten und Stierschädeln hin, der von korinthischen Pfeilern getragen wird. Daraus lässt sich freilich eine genauere Vorstellung von der Beschaffenheit des Spielhintergrundes, den der Schöpfer dieses Reliefs nachbilden wollte, nicht gewinnen, doch liegt es wohl am nächsten, die Pilaster und Thüren als Andeutungen einer festen Architektur nach Art der in Abbildung 84 dargestellten zu denken.

Noch ist hier eines merkwürdigen Terrakottareliefs in der Sammlung Santangelo zu Neapel zu gedenken, weil mir wiederholt von archäologischen Freunden die Vermutung geäussert worden ist, dass in dem Stücke eine Theaterfassade nachgebildet sei. Die gegen 30^{cm} hohe, reich gemalte Platte, die etwa dem II.

oder I. vorchristlichen Jahrhundert angehören mag, zeigt die Fassade eines zweigeschossigen Gebäudes. Dem unteren Geschoss, in das drei Thüren führen, sind vier jonische Säulen vorgestellt, welche die ganze Fassade in drei Teile zerlegen, das obere Stockwerk ist durch vier niedrige korinthische Säulen gegliedert. Diese sind aber nicht genau über den unteren Säulen angeordnet, sondern mehr in der Mitte, so dass zwischen den äussersten Säulen rechts und links und der seitlichen Begränzung noch je ein länglich viereckiges rot umrahmtes Feld frei bleibt, wie sie, drei an Zahl, auch zwischen diesen Säulen sich finden. Darüber liegt in ganzer Breite der Giebel, der in der Mitte eine weibliche Büste zeigt, und an der Spitze sowie den Ecken mit runden Scheiben verziert ist. Rechts und links wird der Bau von schmalen, vorspringenden, mit Zinnen gekrönten Türmen abgeschlossen, deren Quadern durch schwarze Bemalung hervorgehoben sind. In die Türme führt je ein rundbogig überwölbtes, mit dunkelbraun gemalten Doppelflü-

Figur 84. Marmorsculptur in dem Thermen-Museum zu Rom.

geln verschlossenes Thor. Die Thüren des Mittelbaues, ebenfalls zweiflügelig, sind viereckig, oben schmaler als unten, in vier Felder geteilt und hellrot bemalt.

So gerne man zugeben mag, dass es Skenen gegeben haben kann, die in ihrer allgemeinen Gliederung dem Bau des Reliefs ähnlich waren, so genügen doch die drei Thüren der Mittelwand und die vorspringenden Seitenbauten nicht, um das Gebäude zu einer Skenenwand mit ihren beiden Paraskenien zu stempeln. Ich möchte glauben, dass in der dargestellten Architektur ein grosser Thorbau einer Stadtmauer zu erkennen sei, wofür es in den italischen Städten nicht an Analogien fehlen würde.

Eine gesicherte Nachbildung einer Skene dagegen besitzen wir in einer Marmorsculptur, die seit Kurzem in das Museum der Diokletiansthermen zu Rom (Inventar n. 247) gelangt ist und von L. Mariani in den Notizie degli Scavi 1896 S. 68 veröffentlicht worden ist. Die vorstehende Abbildung Figur 84 ist nach einer Photographie verfertigt, die uns L. Mariani freundlichst zur Verfügung gestellt hat.

Das Stück, welches nicht als Relief im eigentlichen Sinne bezeichnet werden kann, ist von kastenartiger Form. Der hinter der Vorderwand weit nach rückwärts ausladende Marmorblock soll den Hinterraum der Skene darstellen; der Raum vor der Skenenwand, der Spielplatz, ist durch die untere vortretende Leiste bezeichnet; inwieweit er als erhöhte Bühne zu denken sei, hat der Künstler nicht angegeben. Das nach hinten zu abfallende Dach ist mit Flach- und Hohlziegeln überdeckt und an der Unterseite mit Cassetten verziert. In der Mitte der Decke ist ein Adler in rundem Felde angebracht; ihre Vorderseite ist mit einer Guirlande geschmückt, die von Knaben gehalten wird. Die vorspringenden Seitenwände des Reliefkastens darf man als die seitlichen Abschlusswände des Spielplatzes betrachten; Thüren sind darin nicht angegeben.

Die *scaenae frons* ist aus Quadern aufgebaut und in der Mitte von einer grossen Nische durchbrochen, in der das Hauptthor sich befindet. Rechts und links davon sind der Fassade je 4 korinthische Säulen vorgestellt, die auf hohen Sockeln stehen, aber nur etwa die halbe Höhe des ganzen Baues haben. Sie tragen über ihrem Gebälk jederseits drei Giebel, einen dreieckigen (in der Mitte) und zwei halbrunde. Unterhalb des dreieckigen Giebels enthält die Rückwand je eine niedrige zweiflügelige Thür. In den anderen Zwischenräumen der Säulen sind viereckige Nischen oder Öffnungen angebracht, die vielleicht zur Aufnahme kleiner Pinakes bestimmt waren.

Die Säulenreihen zu beiden Seiten der Hauptthür entsprechen genau den Säulenfassaden auf den oben besprochenen Terrakottaplatten. Im Verhältnis zu der dahinter aufsteigenden *scaenae frons* erscheinen sie recht eigentlich als ein προσκήνιον und erinnern so an das hellenistische Theater, während die hohe Mittelnische an die grossen runden Nischen römischer Skenenfassaden gemahnt. So erscheint diese Skene als eine Art Übergangsglied zwischen griechischen und römischen Skenen. Leider ist der Fundort des Reliefs nicht bekannt und seine Entstehungszeit aus dem Charakter der Arbeit und der Beschaffenheit der Ornamente nicht mit Sicherheit bestimmbar. Man wird geneigt sein, es eher der ersten Kaiserzeit als der letzten hellenistischen Epoche zuzuweisen; ein genaueres Urteil wird vielleicht bei fortschreitender Kenntnis der hellenistischen Bauformen auf Grund der dargestellten Säulenarchitektur ermöglicht werden.

Andere römische Reliefs, die für die in diesem Buche behandelten Theaterformen belanglos sind, können wir hier übergehen. Auch das Reliefbruchstück im Louvre, auf dem wir einen komischen Schauspieler vor einem Vorhang stehen sehen, scheint sich auf spätere römische Theaterverhältnisse zu beziehen, vgl. Bouillon, Musée des antiques III, Basreliefs, T. 24, Piranesi, Monumens du Musée Napoléon IV, S. 30, Clarac, Musée de sculpture II, T. 113, 225

Erwähnung verdient aber ein von Roulez veröffentlichtes, medaillonartiges Thonrelief von Orange (Gazette archéol. III, S. 66, T. XII, Baumeister, Denkmäler III, S. 1756, n. 1832, danach Figur 85), das Fröhner im Philologus (Supplementband V, 24) richtig erklärt hat. Im Vordergrunde stehen Hercules und Mars einander gegenüber. Was sie mit einander verhandeln, lehren die jambischen Verse, die an den Rand geschrieben sind. *Adesse ultorem nati m*[*e*] *credas mei*, sagt Mars, (die Buchstaben TOR gehören zu einer anderen Beischrift und sind nach Fröhner vielleicht zu *ultor* zu ergänzen), *Virtus nusqua terreri potest*, erwidert Hercules. Im Hintergrunde sehen wir ein hohes, mit Nägeln beschlagenes Brettergerüst, auf dem Jupiter, Minerva und Victoria sitzen. Offenbar haben wir hier ein Theologeion vor uns, wobei es schwer ist zu entscheiden, wie viel von der primitiven Beschaffenheit seines Aufbaues auf Rechnung des Verfertigers des Reliefs, wie viel auf Rechnung der Wirklichkeit zu setzen ist.

Figur 85. Thonrelief aus Orange.

Andere Denkmälerklassen, wie die Urnen und Spiegel, die für das Theaterspiel in Mittelitalien nicht ohne Interesse sind, ebenso die Münzen und Theatermarken (*tesserae*), die gelegentlich römische Theater oder Bauteile von Theatern darstellen, dürfen hier, wo wir uns auf das griechische Theater zu beschränken haben, übergangen werden. Dagegen müssen wir noch rasche Umschau unter den pompejanischen Wandgemälden halten, da diese nach ihrer künstlerischen wie nach ihrer gegenständlichen Seite so sehr von griechischer Art bestimmt sind, dass wir in ihnen auch Einflüsse des griechischen Theaters zu finden erwarten dürfen.

Hinlänglich bekannt sind die pompejanischen Bilder von Auftritten der Komödie und Tragödie; doch kommen diese in ihrer Mehrzahl für uns ebensowenig in Betracht wie die Mosaikbilder von Schauspielern oder die Miniaturen der Terenzhandschriften, da auf ihnen der Schauplatz des Spieles nicht näher gekennzeichnet ist. Auch das bekannte Bild, das zu beiden Seiten des Spielplatzes, auf dem ein Komödienauftritt vor sich geht, je einen sitzenden Greis, einen «Rhabduchen» zeigt, Helbig 1468 (Mus. Borbon. IV, T. 18, Baumeister, Denkmäler II, S. 825, n. 910), wird man kaum für die Raumeinteilung der griechischen Skene verwerten dürfen, abgesehen davon, dass die Zeichnung des stark zerstörten Bildes vielleicht willkürlich ergänzt ist. Einfluss des Theaters darf man in dem landschaftlichen Hintergrund erblicken, auf dem die Masken eines Andromeda-Dramas (wohl des Euripideischen) in dem Bilde Arch. Zeit. XXXVI, T. 3 (S. 15, Robert) angeordnet sind. Und ein kleines Bildchen des Neapeler

Museums, 9031, das im Vordergrunde einen Mann mit komischer Maske, rückwärts ein Haus mit einer Art Balkon zeigt, mag uns eine Vorstellung von den bei Vitruv beschriebenen Häusern der *scaena comica* geben. Die Skene eines kleinen geschlossenen Theaters, auf dessen Bühne drei Stufen hinaufführen, — oben steht ein Declamator oder Dichter — auf dem Bilde Helbig 1453 (Mus. Naz. 9033), führt uns in die römische Kaiserzeit.

Die Einwirkung älterer Theateraufführungen meint man in einer Reihe von Bildern, die Tragödienstoffe darstellen, in der Art, wie der Hintergrund behandelt ist, zu verspüren. Ich nenne beispielsweise zwei Bilder von Orestes Aufenthalt bei den Tauriern, das allgemein bekannte, Helbig 1333 (Museo Borbonico XVI, T. 17, Mon. d. Inst. VIII, T. 22), und ein leider stark zerstörtes im Hause des Caecilius Jucundus, bei Presuhn, Pompeji (Die neuesten Ausgrabungen 1874 —1878), T. V, D'Amelio, Pompeii, Dipinti murali scelti (Text von Cerillo) T. XII. Ähnlich wie hier Iphigenie in dem um mehrere Stufen erhöhten Peristyle des Tempels und die Gefangenen vor dessen Stufen stehend dargestellt sind, mag der Auftritt auch im Theater des IV. Jahrhunderts vorgeführt worden sein. Peristyle, Paläste, Hofanlagen, die man ohne Weiteres auf den Spielplatz des Theaters versetzt denken könnte, kehren mehrfach auf Bildern mythologischen Inhalts wieder.

Aber auch in den landschaftlichen Bildern, in den Ansichten von Tempeln und anderen heiligen oder profanen Bauwerken wird man vielfach Nachahmungen der bemalten Schmuckwände des Theaters wiederzufinden geneigt sein. Mehr als eines dieser Bilder mutet uns ganz wie der Spielhintergrund an, vor dem die Gestalten des Dramas sich bewegen sollten, oder wie eines jener kleineren Tafelgemälde, mit denen wir uns die Periakten geschmückt denken müssen. Und wenn gelegentlich vor einer solchen Landschaft eine Säulenreihe angeordnet ist, so dass das Bild durch die Säulen in einzelne Felder zerschnitten wird, so wird man an die hellenistische Proskenienwand mit ihren Pinakes erinnert (Petersen, Röm. Mittheil. IX, 219).

Es ist bezeichnend, dass bei den Römern das Landschaftsbild *scaena* genannt wird; das ist ein Zeugnis dafür, dass die Landschaftsmalerei in der Theatermalerei sich entwickelt hat (vgl. S. 290), und gibt uns die Berechtigung, uns nach jenen pompejanischen Bildern eine allgemeine Vorstellung von der Art der landschaftlichen Schmuckwände des späthellenistischen Theaters zu machen.

Aber nicht nur in solchen Einzelbildern, sondern auch in der Gesamtanordnung der architektonischen Wandgemälde glaubt man einen engeren Zusammenhang mit dem Theater zu verspüren. Ein literarisches Zeugnis für diese Verknüpfung bietet die vielbehandelte Darlegung des Vitruv VII, 5, 2 über römische Wandmalerei: *postea ingressi sunt ut etiam aedificiorum figuras, columnarum et fastigiorum eminentes proiecturas imitarentur, patentibus autem locis uti exedris propter amplitudines parietum scaenarum frontes tragico more aut comico seu satyrico designarent, ambulationes vero propter spatia longitudinis varietatibus topiorum ornarent*, und die in Anknüpfung an die phantastische Architekturmalerei erzählte Geschichte von Apaturius (VII, 5, 5): *etenim etiam Trallibus cum Apaturius Alabandeus eleganti manu finxisset scaenam in minusculo theatro, quod ἐκκλησιαστήριον apud eos vocitatur, in eaque fecisset columnas signa Centauros sustinentes epistylia, tholorum rotunda tecta.... praeterea supra eam nihilominus episcaenium, in quo tholi pronai semifastigia omnisque tecti varius picturis fuerat ornatus, itaque cum aspectus eius scaenae propter asperitatem eblandiretur omnium visus..., tum Licymnius mathematicus prodiit et ait.... videamus item nunc, ne Apaturii scaena efficiat et nos Alabandeas aut Abderitas... qui enim vestrum domos supra tegularum tecta potest habere aut columnas seu fastigiorum explicationes?... itaque Apaturius contra respondere non est ausus, sed sustulit scaenam et ad rationem veritatis commutatam postea correctam adprobavit.*

Einerseits lehrt uns diese Nachricht, dass man grosse Wandflächen auch in Privathäusern nach dem Vorbilde der *scaenae tragicae comicae satyricae* ausmalte, andrerseits zeigt sie uns an dem Beispiel der *scaena* von Tralles, dass auch in der Theatermalerei eben solche «unwahrscheinliche», phantastische Architekturen dargestellt wurden, wie sie für eine grosse Gruppe pompejanischer Wandgemälde charakteristisch sind. Und wenn auch die Zeit des Apaturius nicht überliefert ist, und sich nur im Allgemeinen vermuten lässt, dass er nicht vor dem I. Jahrhundert vor Chr. gelebt hat, so gibt uns doch die von Vitruv erzählte Geschichte einen Beweis dafür, dass jene phantastische Architekturmalerei schon etliche Jahrzehnte vor Christi Geburt auf griechischem Boden in der Skenenmalerei zur Geltung gekommen war. Ob dieser Stil in der Theatermalerei selbst erwachsen oder von anderswoher in sie erst nachträglich eingedrungen ist, bleibt für unsere Zwecke gleichgültig. Dass in der Skenenausstattung jede neue Kunstrichtung ebenso Ausdruck gefunden hat, wie auf anderen Gebieten der Kunstübung, ist von vornherein selbstverständlich. Wie in hellenistischer Zeit das Incrustationsverfahren bei den Skenen Eingang fand (vgl. S. 293), wie daneben auch in der Theatermalerei naturalistische Bestrebungen sich geltend machten (vgl. die Erzählung von der Skene des Claudius Pulcher, Plin. 35, 7, 23, oben S. 290), so ist andrerseits in der Zeit des Apaturius die phantasievolle Architekturmalerei bei den Griechen gewiss nicht auf das Theater allein beschränkt gewesen.

Aber eben wegen dieser Parallelität der Theatermalerei mit der sonstigen selbständigen und dekorativen Malerei ist es unmöglich, die Art und den Grad der Abhängigkeit der pompejanischen Wandgemälde von der Theatermalerei genauer zu bestimmen. Saint Saëns hat in einer kleinen Schrift, Note sur les décors de théâtre dans l'antiquité romaine (Paris 1886), den Gedanken ausgesprochen, dass die phantastischen Architekturmalereien von Pompeji, die in der Wirklichkeit kein Gegenstück zu haben scheinen, Dekorationsbauten nachgeahmt seien, die vor den Steinfassaden der römischen Skenen aufgestellt wurden. In den überschlanken Säulen, den leichten Gebälken, den luftig emporsteigenden Stockwerken möchte er die Holzbauten wiedererkennen, die durch Zwischenstützen an der Skenenwand und an der Decke der Bühne befestigt gewesen seien und so gewissermassen die Vermittelung gebildet hätten zwischen den kleinen Gestalten der Schauspieler und der drückenden, schweren Steinarchitektur der Skenenfassade, eine Vermittelung, wie sie schon von Piranesi und anderen Architekten gefordert worden sei. Beweise für die Richtigkeit seiner Theorie sieht er in den kleinen Treppchen, die in den Bauten der pompejanischen Gemälde so häufig wiederkehren und nirgends anders als in den Skenen ihre Vorbilder gehabt haben könnten, ebenso wie in den Nischen und Thürvorbauten, aus denen Gestalten in theatralischer Haltung heraustreten. Wenn er aber in der Erzählung von Apaturius eine Stütze für diese Ansicht zu finden glaubt, so trifft das doch insofern nicht zu, als nach dem Zusammenhang, in dem Vitruv jene Erzählung giebt, auch in der *scaena* des Apaturius alle jene merkwürdigen Architekturen nicht aus Holz aufgebaut, sondern auf glatter Fläche gemalt waren.

Während also aus Mangel an genügendem Beweismaterial sich nur ganz im Allgemeinen Gleichartigkeit der Kunstweise für die gemalten Schmuckwände des Theaters und die Wandgemälde behaupten lässt, kann das Verhältnis der Wandmalereien zu den steinernen festen Skenenfassaden mit etwas grösserer Sicherheit bestimmt werden, da wir in römischen Theatern noch Steinfassaden kennen, in denen die Palastarchitektur *tragico more* nachgeahmt ist. Wir werden ähnliche Skenenfassaden auch in den Theatern der reichen hellenistischen Königsstädte voraussetzen dürfen, da seit dem IV. Jahrhundert Schauspielhäuser nicht mehr bloss zu skenischen Spielen, sondern immer häufiger auch bei anderen Gelegenheiten benutzt wurden und daher eines bleibenden Fassadenschmuckes bedurften. Dass dieser Schmuck gelegentlich sich nur auf Malerei beschränkte, lehrt die Geschichte des Apaturius und das Beispiel des kleinen Theaters von Pompeji, an dessen Skenenvorderwand bei der Auffindung noch Malereien kenntlich waren (Mazois, Ruines de Pompei IV, S. 57).

Prüfen wir daraufhin die Architekturen der pompejanischen Wandgemälde, so tritt uns eine äusserliche Beziehung zum Theater in allerhand kleinen Zuthaten, in den Masken, den Vorhängen, den kleinen Treppen entgegen. Auf solche Beziehungen zum Theater haben auch die älteren Erklärer gelegentlich hingewiesen, so hat man z. B. in dem reichgeschmückten Thorbauten des prunkhaften Wandbildes im Museo nazionale n. 9731 (Gargiulo, Museo Borbonico II, T. 83, Photogr. Brogi 6535) die Nachahmung einer *scaena tragica* erkennen wollen. Und Zahn versuchte, ein Gemälde der Casa del Labirinto (Die schönsten Ornamente und Gemälde aus Pompei, II, T. 70, vgl. Mau, Geschichte der decorativen Malerei in Pompei, S. 176) als Ansicht eines Theaters zu erklären: man sieht hier zwischen Säulenhallen einen Vorhang, der nur ungefähr ein Drittel in die Höhe gezogen ist, und dahinter (auf der Bühne des Theaters?) einen reichgeschmückten Rundtempel korinthischen Stils.

Von einem umfassenderen Gesichtspunkte aus hat E. Petersen (Röm. Mittheil. IX, 218) die Frage behandelt und betont, dass die Architekturen der pompejanischen Wände nicht nur in Einzelheiten der Ausschmückung, sondern auch in ihrer horizontalen und vertikalen Gliederung sich in auffälliger Weise mit Skenenfassaden berühren. Noch weiter gehende Abhängigkeit der Gemälde von den Skenen hat kürzlich O. Puchstein (Arch. Anzeiger 1896, S. 29) nachzuweisen versucht, indem er in der Dreiteilung der Wände und der Gestalt des Obergeschosses, in den säulengeschmückten Vorbauten der Thore, in den einspringenden Nischen und den Durchblicken auf weiter zurückliegende Bauteile lauter Eigentümlichkeiten, die von der Skene entlehnt sind, erkennen möchte. Wir wollen hier nicht die Frage aufwerfen, ob diese architektonischen Motive auf die Skene allein beschränkt waren und nur von ihr entlehnt sein konnten. Auch wenn die Abhängigkeit der Gemälde von den Skenen wirklich so gross ist, wie Puchstein annimmt, so darf man doch nicht etwa glauben, dass die Wandmaler bei ihren einzelnen Schöpfungen mit Bewusstsein an die Gliederung der Skene anknüpften. Vielmehr ist anzunehmen, dass zu irgend einer Zeit dieses Compositionsschema in die Wandmalerei übertragen und dort in selbständiger freier Weise weiter entwickelt und umgebildet wurde. In der That sehen wir auf der grossen Zahl der pompejanischen Architekturbilder auch jene Motive, die sich deutlich mit den Bauformen der Skene berühren, in voller Auflösung begriffen und phantastisch umgestaltet, sodass selbst die kleinen Treppchen, die Zwischenthüren, die Vorbauten, die Durchbrechungen der Wände häufig in ganz willkürlicher Weise angeordnet sind.

Dieser grossen Mehrzahl von Bildern stehen aber einzelne wenige gegenüber, in denen wirklich die Maler auf die Theaterbauten als auf ihr unmittelbares Vorbild zurückgegriffen zu haben scheinen. Dies gilt in erster Linie für eine von Puchstein gewürdigte Wand in der Casa dei gladiatori (Reg. VII, Ins. II, 23), Nicolini, Le case ed i monumenti di Pompei, fasc. 97, Nuovi scavi T. VI, Photogr. Mauri 823, Photogr. Sommer 11928 (vgl. Mau, Röm. Mittheil. III, 198). Hier ist deutlich die Bühne mit den runden und eckigen Nischen ihrer Vorderwand, in denen kleine Statuen aufgestellt sind, und der Boden des Podiums zu erkennen. Drei Thüren, denen kleine Treppen vorgelegt sind, führen durch die Skenenvorderwand in den gelegenen Innenraum; die mittlere liegt in einer gerundeten Nische, allen dreien sind säulengetragene Propylaia vorgebaut. Innerhalb dieser Vorbauten sehen wir hier, ebenso wie auf dem Bilde der Seitenwand desselben Hofes (Niccolini, fasc. 90, Nuovi scavi, T. III, Phot. Brogi 11265), Figuren von Athleten, die in Gestalt und Bewegung vermutlich nach berühmten Statuen oder Gemälden copirt sind, eine Art der Anordnung, die auf einer grossen Anzahl ähnlich gegliederter Wandgemälde wiederkehrt. Es wäre verfehlt, daraus auf eine bestimmte ‹Mode der Inscenirung› im Theater schliessen zu wollen; die Künstler hatten nicht die Absicht, Theaterpersonen darzustellen, sondern sie haben nach rein künstlerischen Gesichtspunkten beliebig gewählte Figuren zur Belebung der Architektur dorthin gestellt, wo sie in das Gesamtbild am besten sich einfügten.

Aus der Zahl anderer Bilder, die in diesen Zusammenhang gebracht werden könnten, mag nur noch die schöne, in Stuckarbeit verzierte Wand der Stabianer Thermen hervorgehoben werden, wo innerhalb der leichten Palastarchitektur Satyrn und Silene in den Thorbauten, kleine landschaftliche Bilder in den Zwischenwänden angeordnet sind, vgl. Nicolini I, Terme Stabiane T. VIII, D'Amelio, Pompei, Dipinti murali scelti (Text von E. Cerillo), T. XX, Photogr. Amodio 58. Stücke ähnlicher Wände, die wohl auch aus jenen Thermen stammen werden, befinden sich im Neapeler Museum, Compartimenti 73 und 74, n. 9595, 9596 und 9625 (Photographien im Handel). Auch hier möchte Puchstein eine unmittelbare Nachbildung der Theaterskene erkennen. Aber ich bezweifele, dass wir nach der Anweisung dieser Bilder als Hintergrund der Satyrdramen einen körperlich aufgebauten Palast annehmen dürfen, in dem nur einzelne landschaftliche Bildchen angebracht waren. Vielmehr möchte ich auch diese Bilder zu den vorhin besprochenen stellen, die gemalten Schmuckwänden nachgeahmt sind, und auch da noch die Frage offen lassen, ob der Wandmaler die verschiedenen, in seiner Bildschöpfung verbundenen Elemente wirklich schon in gleicher Weise in einer *scaena satyrica* vereinigt vorgefunden oder erst selbst in willkürlicher Weise verknüpft hat.

Bei dem vorläufigen Stande unserer Kenntnisse wird man also auch die Architekturen jener Wandgemälde, bei denen die Abhängigkeit von Skenenbauten deutlich ist, für den Wiederaufbau der Skenen nur in soweit verwerten dürfen, als die erhaltenen Steinbauten eine Nachprüfung gestatten. Bei allem, was darüber hinausgeht, haben wir immer mit der phantasievollen Freiheit und Willkür der Maler zu rechnen.

Aber so beschränkt danach der Gewinn erscheinen mag, der aus den pompejanischen Bildern für die Kenntnis des Skenenbaues fliesst, so wird uns durch sie doch mancher wertvolle Zug von der inneren Ausstattung des Spielplatzes im römischen Theater vermittelt. Das genauer zu verfolgen, liegt ausserhalb des Rahmens unseres Buches, in dem auf die pompejanischen Wandbilder nur wegen des Zusammenhanges der römischen und griechischen Theaterausstattung mit einem Worte hingewiesen werden musste.

(E. R.)

VII. ABSCHNITT.
DIE BÜHNENFRAGE.

Wir haben in den vorausgehenden Abschnitten unter verschiedenen Gesichtspunkten die Bühnenfrage berührt und dabei auf manche Thatsachen hingewiesen, die gegen das Vorhandensein einer griechischen Bühne und für ein gemeinsames Spielen der Schauspieler und des Chores in der Orchestra sprechen. Da aber die Meinung, dass im griechischen Theater auf einer Bühne gespielt worden sei, im Laufe der Jahre überaus feste Wurzeln gefasst und durch ihr Alter und das Gewicht ihrer Vertreter den Schein fast unbegrenzter Glaubwürdigkeit gewonnen hat, halten wir es für notwendig, noch einmal im Zusammenhang die Gründe zu prüfen, die für das Vorhandensein einer Bühne geltend gemacht werden, und sodann die Thatsachen zusammenzustellen, die gegen eine Bühne und für das gemeinsame Spiel in der Orchestra sprechen.

A. Widerlegung der Gründe für eine Bühne.

Der Ausgangspunkt und die Grundlage für die Annahme einer griechischen Bühne ist bekanntlich die im III. Abschnitt besprochene Stelle des Vitruv (V, 7, 1). Danach hätten in den Theatern der Griechen die tragischen und komischen Schauspieler auf dem Dache des 10—12 Fuss hohen Proskenion, die Thymeliker dagegen in der Orchestra gespielt. Diese Angabe des römischen Architekten, die sich zunächst auf das griechische Theater seiner Zeit, also auf das hellenistische Theater mit festem Proskenion bezieht, hat man früher allgemein und ohne jedes Bedenken auf das Spiel des V. Jahrhunderts übertragen. Dass dies aber nicht ohne Weiteres zulässig ist und jedenfalls erst eines Beweises bedarf wird jetzt vielfach zugegeben. Man ist sogar geneigt, dem Zeugnis des Vitruv gar keinen Wert mehr beizumessen für die Bestimmung von Form und Abmessungen des älteren Spielplatzes. Da wir aber der Ansicht sind, dass das hellenistische Theater Vitruvs sich allmählich und folgerichtig aus dem Bau des V. Jahrhunderts entwickelt hat, so wollen wir die Schlüsse, die man früher aus Vitruv für das Spiel der klassischen Zeit gezogen hat, nicht kurzweg ablehnen, sondern vielmehr die Beweislast für die Behauptung, dass Vitruvs Angabe für das V. und IV. Jahrhundert unmöglich zutreffen könne, ganz auf uns nehmen. Wir dürfen uns aber, da Vitruvs Lehre in ihrem vollen Umfange heute nur noch von sehr Wenigen aufrecht erhalten wird, über diesen Punkt kurz fassen.

Das griechische Proskenion Vitruvs ist zunächst zu schmal und zu hoch, um die Darstellung chorischer Dramen darauf möglich erscheinen zu lassen. Seine

Breite beträgt in den erhaltenen Bauten 2,50-3,00ᵐ, und dasselbe Mass ergiebt sich aus den Verhältnissen von Vitruvs Grundriss, bei dem die Tiefe des Proskenion nach der Grösse des Orchestradurchmessers bestimmt ist. Da für die Aufstellung der im V. und IV. Jahrhundert als Spielhintergrund erforderlichen Bauten und Wände mindestens 1ᵐ in Rechnung gestellt werden müsste, so bliebe für das Spiel nur ein Streifen von 1,50—2,00ᵐ übrig. Das reicht selbstverständlich nicht aus für die Schauspieler und ihr Gefolge von Statisten, geschweige denn für ein Zusammenspiel von Schauspielern und Chor.

Das Proskenion ist aber auch zu hoch, um die Meinung zu erlauben, dass der Chor in der Orchestra, die Schauspieler oben gespielt hätten. Im IV. Abschnitt haben wir auf die zahlreichen Auftritte hingewiesen, in denen Chor und Schauspieler offenbar auf demselben Boden stehen; in allen diesen Fällen müssten entweder die Choreuten über die etwa zwanzigstufige Treppe hinauf oder die Schauspieler herabgestiegen sein. Dass dadurch die Handlung in gröbster Weise aufgehalten, die Illusion in lächerlicher Art zerstört worden wäre, kann man nicht in Abrede stellen. Überdies hat es nachgewiesener Massen an der Aussenseite des Vitruvischen Proskenion keine ständige Verbindungstreppe gegeben, der ganze Aufbau schliesst auch die Meinung aus, dass eine provisorische Treppe angelegt worden sei. Wenn aber die Aufführung eines klassischen Dramas auf dem Vitruvischen Proskenion selbst bei dem Vorhandensein einer Treppe auf fast unüberwindliche Schwierigkeiten gestossen wäre, so ist sie ohne eine solche Treppe natürlich völlig unmöglich.

Da die Schwierigkeiten, welche aus der Höhe des Proskenion erwachsen, am meisten in die Augen springen, so hat man sich bemüht, sie durch die Annahme herabzumindern, dass der Chor nicht auf dem Orchestraboden selbst, sondern auf einem Gerüst, das etwa die halbe Höhe des Proskenion hatte, aufgetreten sei (Wieseler, Über die Thymele des griech. Theaters, Göttingen 1847, vgl. A. Müller, S. 129). Aber diese Hypothese schafft in Wirklichkeit nur noch neue Unzulänglichkeiten, während sie die aus der Schmalheit des Proskenion entstehenden Bedenken ungehoben lässt. Wenn man glaubte, sie durch Berufung auf äussere Zeugnisse stützen zu können, indem man den Ausdruck θυμέλη für den Namen dieses Chorgerüstes erklärte, so ist dies durchaus hinfällig. In der Geschichte des Wortes θυμέλη, wie sie S. 279 dargelegt wurde, ist für eine solche Bedeutung keine Stelle. Wenn Pollux θυμέλη als βῆμα oder βωμός erklärt, so meint er damit einen «Altar mit Standplatz» oder eine Trittstufe, und wenn Suidas die Orchestra beschreibt als τάπης ἐκ σανίδων ἔχων τὸ βάθρος, so hat er die römische Bühne vor Augen (S. 278).

Dagegen lässt sich durch einfache technische Erwägungen die Unmöglichkeit dieser Annahme erweisen. Es ist klar, dass die Art und Weise, wie der Boden in der Orchestra zugerichtet ist, den Zweck hat, ihn als Tanzboden geeignet zu machen, und selbstverständlich sind die Reigentänze des Chores, so gut wie die Volkstänze im heutigen Griechenland, auf geglättetem Erdboden, nicht aber auf dem Dielenboden eines hohlen Gerüstes ausgeführt worden, auf welchem das Gepolter der Schritte den Gesang übertönt haben würde. Um das Zusammenspiel der Schauspieler und Choreuten zu ermöglichen, wäre aber auch bei dem Vorhandensein eines Chorgerüstes eine Verbindungstreppe mit dem Dache des Proskenion notwendig gewesen, die aber, wie wir vorhin sahen, in der Architektur des Proskenion ebenso wenig vorgesehen ist, wie die Anlage eines Podiums, das die untere Hälfte der Proskenienwand verdecken würde.

Noch weniger vorteilhaft wäre aber ein solches Chorgerüst für die Zuschauer gewesen, da, abgesehen von dem unschönen Aussehen des grossen Bretergerüstes, der Ausblick auf das Proskenion gerade für die vornehmsten, in den untersten Reihen sitzenden Zuschauer dadurch stark beeinträchtigt worden wäre. Wenn aber die Höhe des Proskenion der einzige Grund für die Anlage einer Zwischenbühne war, warum hätte man nicht lieber das Proskenion entsprechend niedriger gemacht, den Chor aber auf dem Orchestraboden belassen und so auf bequemere Weise den gewünschten Höhenunterschied zwischen dem Standplatz des Chores und der Schauspieler gewonnen?

Diese Beweisgründe sind so einleuchtend, dass heute wohl kaum noch jemand an eine solche «Zwischenbühne» glaubt. Mit ihr schwindet aber auch der letzte Ausweg, um die Aufführung von Dramen mit Chören auf dem hohen Proskenion des Vitruv möglich zu machen.

Die Anhänger des Bühnenspiels haben neuerdings die Vitruv-Stelle für die ältere Zeit preisgegeben und dafür auf Grund anderer Erwägungen eine niedrige Bühne als Spielplatz der klassischen Dramen angenommen, über deren Höhe und Gestalt sie freilich sehr verschiedener Meinung sind.

Nachdem zuerst Haigh (The Attic theatre, S. 158) und E. Gardner (Journal of Hell. Stud. XI, 1890, S. 294 und Excav. at Megalopolis, S. 99) eine niedrige griechische Bühne angenommen hatten, sind später Weissmann in seiner Dissertation und in den Jahrbüchern für Philologie, 1895, S. 678) und Christ (ebenda 1894, S. 160 f.) für sie eingetreten, und neuerdings hat auch Bethe (Prolegomena, S. 204 f.) für die Zeit nach 426 eine niedrige Bühne nachzuweisen versucht.

Bevor wir die für diese Hypothese angeführten Beweise einzeln besprechen, müssen wir im Allgemeinen betonen, dass keine einzige ausdrückliche Nachricht der alten Literatur als Stütze für eine niedrige Bühne von irgend einer Form angeführt werden kann. Es giebt nur einen einzigen alten Schriftsteller, der eine bestimmte Angabe über die vermeintliche griechische Bühne und ihre Höhe überliefert, nämlich Vitruv. Wer dessen Angaben für eine Neuerung der jüngeren Zeit erklärt, der muss zu begründen suchen, weshalb jene niedrige Bühne zur Zeit Vitruvs 10—12 Fuss hoch gemacht wurde. Man hat nun in der That gesagt, dass vom IV. Jahrhundert ab eine Verbindung zwischen dem Standplatz der Schauspieler und dem des Chores nicht mehr erforderlich gewesen sei, weil der Chor seit dem Ende des V. Jahrhunderts allmählich zurückgetreten und schliesslich ganz in Fortfall gekommen sei. Aber einerseits ist diese Ansicht über den

Chor der jüngeren Tragödie und Komödie sehr anfechtbar (s. o. S. 258), und andrerseits würde das Verschwinden des Chores zwar eine Änderung in dem Standplatze der Schauspieler als möglich, aber durchaus nicht als wünschenswert oder gar notwendig erscheinen lassen. Es ist nicht zu verstehen, warum nach dem Fortfall des Chores der alte gute Standplatz der Schauspieler, der in und neben der Orchestra unmittelbar vor der Skene lag, verlassen und dafür eine ausserhalb der Orchestra liegende, hohe und schmale, im höchsten Grade unbequeme und unpraktische Bühne als Spielplatz gewählt werden musste. Indem man den Angaben Vitruvs jede Gültigkeit für die ältere Zeit abspricht und eine ganz anders gestaltete ältere Bühne annimmt, hat man seinen eigenen Untersuchungen das sicherste Fundament entzogen.

Als Beweise für das Vorhandensein der niedrigen Bühne dienen zuerst die S. 188 eingehend besprochenen Stellen der alten Dramen, in denen einzelne Schauspieler oder die Choreuten sagen, dass sie emporsteigen, oder sogar über den steilen Weg klagen, den sie zurückzulegen haben. Wir wollen hier nicht die Frage erörtern, ob die Illusion wirklich erfordert, dass die betreffenden Personen vor den Augen der Zuschauer eine Höhe erklimmen. Denn selbst wenn wir das zugeben und annehmen, dass in jenen Stücken eine teilweise Erhöhung des Spielplatzes oder des Hintergrundes (z. B. bei einer Höhle oder einem Burgthore) vorausgesetzt und zu Zwecken der Handlung benutzt wird, darf man dann daraus etwa folgern, dass die Erhöhung auch dort vorhanden war, wo sie in der Handlung des Dramas nicht nur ohne Bedeutung, sondern für das Spiel sogar hinderlich war? Oder ergiebt sich daraus nicht vielmehr, dass eine conventionelle Bühne für gewöhnlich nicht vorhanden gewesen sein kann?

Andere innere Widersprüche ergeben sich bei der von Weissmann und Christ vertretenen Annahme, dass nicht nur der Platz der Schauspieler dicht vor der Skene, sondern auch der Platz des Chors erhöht gewesen sei. Einen wie grossen Teil der Orchestra die Bühne in diesem Falle einnehmen soll, wird nicht genau angegeben. Umfasst sie nur einen kleinen Teil des Orchestrakreises, so ist der schöne runde Tanzplatz als solcher zerstört, und man besitzt dafür zwei, in verschiedener Höhe liegende, kleine Plätze, die beide als Tanzplätze nicht mehr zu gebrauchen sind, eine überflüssige und widersinnige Einrichtung. Nimmt sie aber fast die ganze Orchestra ein, so ist zwar der obere Platz gross genug, um als Tanzplatz für die Chöre jeder Art zu dienen, aber zu welchem Zweck ist dann der kleine untere Platz überhaupt vorhanden? Etwa damit dort eine Rampe angelegt und das Ersteigen derselben durch den Chor den Zuschauern gezeigt werden konnte? Ausserdem sprechen gegen einen solchen erhöhten Tanzplatz die oben gegen das «Thymele» genannte Gerüst vorgebrachten Beweise.

Nicht besser wird die Sache durch die kleine Änderung, mit der Bethe (Prolegomena, S. 204—229) jüngst eine Bühne für das letzte Viertel des V. Jahrhunderts empfohlen hat. Auch er denkt sich die Bühne gross genug, um in einzelnen Fällen den Chor aufzunehmen, behält aber daneben den unteren Orchestrakreis als gewöhnlichen Standplatz der Chöre bei. Obwohl beide Spielplätze nach seiner Meinung nur durch «wenige breite Stufen» getrennt sind, sollen die Choreuten beim Hinaufsteigen von dem einen zum anderen Platze über die Beschwerde des Anstieges klagen! Entweder die Bühne hatte eine beträchtliche Höhe, dann war ein freier bequemer Verkehr zwischen den Schauspielern und dem Chor, wie ihn noch die jüngsten der erhaltenen Dramen voraussetzen, nicht möglich. Oder die Bühne hatte nur «einige breit vorgelagerte Stufen», dann war ein Klagen über die Beschwerden des Anstieges einfach lächerlich. Hält man es wirklich für möglich, dass Euripides das Ersteigen einiger, den Spielplatz in zwei Teile zerlegender Stufen mit dem Besteigen der thebanischen Akropolis oder der Felshöhe von Delphi vergleichen konnte?

Ebensowenig wie aus jenen Stellen der Tragödien kann aus den aristophanischen Versen, in denen ἀναβαίνειν und καταβαίνειν mit Rücksicht auf die Bewegungen der Schauspieler gesagt wird, das Vorhandensein einer ständigen Bühne gefolgert werden, wie schon oben S. 189 dargethan worden ist. Auch darauf ist schon hingewiesen, dass die in den Dramen benutzten Maschinen weder einen Schnürboden noch eine Unterbühne erfordern, und dass daher aus diesen Maschinen nicht auf eine erhöhte Bühne geschlossen werden darf.

Noch weniger als aus der Beschaffenheit der Dramen lässt sich aber aus anderweitigen geschichtlichen Zeugnissen ein Beweisgrund für die Bühne entnehmen.

So hat man gewissermassen einen Vorläufer der Bühne in einigen Nachrichten zu finden geglaubt, die von den Anfängen der Tragödie handeln. Pollux (IV, 123) berichtet: ἐλεὸς δ' ἦν τράπεζα ἀρχαία, ἐφ' ἧς πρὸ Θέσπιδος εἷς τις ἀναβὰς τοῖς χορευταῖς ἀπεκρίνατο. Der Name ἐλεός, Wursttisch, ist gewiss einer Komödie entlehnt, in der ein βῆμα, ein aus Holz gezimmerter Tritt oder ein Opfertisch scherzhaft als ἐλεός bezeichnet war (vgl. Hiller, Rhein. Mus. XXXIX, 329. Wir ersehen aus Aristophanes (Eq. 169), dass man unter Umständen wirklich den Wursttisch als erhöhten Standplatz benutzen konnte. Ihrem Wesen nach deckt sich die Nachricht des Pollux mit einer von anderen Grammatikern über die θυμέλη gegebenen Notiz, z. B. Etym. m. 458, 30: τράπεζα ἦν, ἐφ' ἧς ἑστῶτες ἐν τοῖς ἀγροῖς ᾖδον, μήπω τάξιν λαβούσης τραγῳδίας.

Diese Berichte über Aufführungen aus der Zeit vor Thespis beruhen natürlich nicht auf gleichzeitiger Überlieferung, sondern sind durch Rückschlüsse gewonnen. Da man die Tragödie als eine Weiterentwicklung des Dithyrambos betrachtete, so liess man in den ältesten Tragödien den ἐξάρχων des Chors dort seinen Platz haben, wo ihn der Flötenspieler des Dithyrambenchors und der Einzelsänger der musischen Agone hatte, nämlich auf oder neben der Thymele. Die als θυμέλη bezeichnete τράπεζα können wir uns entweder als einen wirklichen Opfertisch denken oder als ein niedriges aus Holz hergestelltes Bema. Wie sehr ein solcher Tritt einem niedrigen Tische gleichen konnte, mag das in Figur 86 wiedergegebene Bild einer panathenäischen Vase des Bonner Museums zeigen (s. Bonner Studien f. R. Kekulé, S. 247). Die antiken, im täglichen Leben benutzten Tische waren immer sehr niedrig, und das Bema der Musiker überstieg nach dem Ausweise zahlreicher Vasenbilder kaum je die Höhe von einem Fuss. Die Grammatiker haben sich also von den ältesten Tragödienaufführungen (μήπω τάξιν λαβούσης τραγωδίας;) ein Bild nach dem Muster der musischen Agone gemacht und vermutlich mit Recht vorausgesetzt, dass der Einzelsänger oder Sprecher, wenn er sich an den Chor wandte, ein niedriges Bema bestieg. Für die Zeit der entwickelten Tragödie beweisen die betreffenden Zeugnisse also nichts und dürfen daher durchaus nicht für das Vorhandensein einer wirklichen überhöhten Bühne geltend gemacht werden.

Nicht beweiskräftiger als diese Grammatikernachrichten ist die S. 303 behandelte Stelle des Platon, in welcher der Standplatz des Agathon und seiner Schauspieler als ὀκρίβας bezeichnet wird. Selbst wenn der geschilderte Vorgang sich

Figur 86. Flötenspieler und Sänger auf einem Bema.

nicht im Odeion, sondern im Dionysos-Theater abgespielt hätte, würde er eher gegen, als für eine Bühne sprechen, denn ein solches provisorisches Gerüst konnte nur dann notwendig sein, wenn es eine ständige Bühne nicht gab; in solcher Weise haben auch schon die alten Erklärer die Stelle des Platon aufgefasst. Dass auch aus den Ausdrücken ἀπὸ σκηνῆς und ἐπὶ σκηνῆς die Existenz einer Bühne nicht erschlossen werden kann, ist S. 284 dargelegt worden. Es ergiebt sich aus dem dort Gesagten auch, dass die Worte des Pollux, ἡ μὲν σκηνὴ ὑποκριτῶν ἴδιον, ἡ δὲ ὀρχήστρα τοῦ χοροῦ, nicht etwa, wie man immer noch lesen kann, heissen können: «die Bühne ist den Schauspielern zu eigen, die Orchestra dem Chor»; denn σκηνή ist hier schon wegen des daneben genannten Logeion in seiner gewöhnlichen Bedeutung als Schauspielhaus aufzufassen. Das Spielhaus ist aber wirklich den Schauspielern zu eigen, weil sie darin wohnen, von dort heraustreten und in seiner unmittelbaren Nähe sich aufhalten. Im Gegensatz dazu darf die Orchestra als der übliche Ort des Chores bezeichnet werden, wobei es übrigens fraglich bleibt, ob Pollux bei diesen Worten an den dramatischen Chor dachte, oder nicht vielmehr an den lyrischen, so dass er σκηνή (ὑποκριταί) und ὀρχήστρα (χορός) einander so gegenüber stellte, wie sonst σκηνή (Dramatik) und θυμέλη (Musik im weitesten Sinne) einander entgegengesetzt werden.

Es bleiben noch die angeblichen Zeugnisse über eine Verbindungstreppe von Orchestra und Bühne zu besprechen. Dass Athenaeus Mechanicus, wenn er κλιμάκων γένη, παραπλήσια τοῖς τιθεμέναις ἐν τοῖς θεάτροις πρὸς τὰ προσκήνια τοῖς ὑποκριταῖς erwähnt (p. 29, Wescher), nicht von einer bequemen Bühnentreppe, sondern von Leitern spricht, die auf das Dach oder in das Obergeschoss des Proskenion führen, ist S. 293 dargethan worden. Nicht anders wird aber die Stelle des Pollux IV, 127 zu verstehen sein: εἰσελθόντες δὲ κατὰ τὴν ὀρχήστραν ἐπὶ τὴν σκηνὴν ἀναβαίνουσι διὰ κλιμάκων· τῆς δὲ κλίμακος οἱ βαθμοὶ κλιμακτῆρες καλοῦνται. Wie so häufig hat Pollux auch hier eine Nachricht, die sich auf einen bestimmten Einzelfall bezieht, in die Form eines allgemein gültigen Satzes gekleidet. Es ist richtig, dass sie, wenn die Umstände es erheischen, über Leiterstufen (κλιμακτῆρες) auf das Skenengebäude hinaufsteigen. Aber man darf aus der allgemeinen Formulirung nicht folgern, dass die Schauspieler jedesmal, so oft sie auftreten, auf die Skene hinaufsteigen müssen.

Fälle, in denen die Schauspieler über Leitern oder Treppen in den Oberstock gelangen müssen, sind in den erhaltenen Dramen zahlreich. Denn überall, wo die Götter in der Höhe oder menschliche Personen auf dem Dache des Hauses erscheinen, müssen sie eine hinter dem Proskenion angebrachte Treppe benutzt haben. Aber auch der Fall, dass an die Vorderseite des Proskenion eine Leiter gelehnt werden musste, mag nicht selten gewesen sein, vgl. Arist. Nub. 1486, Eurip. Bacch. 1212, Iph. Taur. 96; und dass auch in der jüngeren Komödie solche Leitern bei dem Besuche der Geliebten gelegentlich eine Rolle spielten, dürfen wir vielleicht aus den auf unteritalischen Vasenbildern dargestellten Auftritten der Phlyakenspiele schliessen (vgl. S. 314). Bei der unübersichtlichen Art, mit der die Theaternachrichten im Onomastikon des Pollux zusammengestellt sind, mag übrigens auch die Möglichkeit offengehalten werden, dass Pollux an die Treppe der römischen Bühne dachte und so das ihm geläufige römische Bühnenspiel mit einer ihm in älteren Quellen vorliegenden Angabe, wonach die Schauspieler durch die Orchestra einträten, in Übereinstimmung zu bringen versucht hat. Dass bei den einfacheren Bühnen, wie sie auf den Phlyakenvasen dargestellt sind, die Schauspieler beim Fehlen seitlicher Zugänge zuweilen von vorne auf Treppen die Bühne erstiegen, kann vielleicht Pollux bekannt gewesen sein (vgl. S. 325).

Eine Treppe (κλῖμαξ) wird auch in den Theaterinschriften von Delos (Bull. hell. XVIII, 163, vom Jahre 274) erwähnt, doch wissen wir nicht sicher, von welcher Art und wo sie angebracht war. Die Verbindung mit der ἐξώστρα legt die Vermutung nahe, dass es eine innere, zu einem Balkon führende Treppe war.

Schliesslich ist noch ein spätes literarisches Zeugnis zuweilen für das Vorhandensein einer Bühne in der vorrömischen Zeit geltend gemacht worden, näm-

lich die Worte des Horaz ad Pis. 278: *Aeschylus... modicis instravit pulpita lignis.*
Selbst wenn wir von der S. 32 angedeuteten Möglichkeit absehen, dass *pulpitum* hier nicht in der gewöhnlichen Bedeutung von Bühne oder Podium gebraucht sei, sondern als Übersetzung von σκηνή das Spielhaus bedeutet, so wird doch niemand, wenn er die anderen von Horaz erzählten ätiologischen Märchen berücksichtigt, diesen Versen einen geschichtlichen Wert beimessen. Wer so wie Horaz, und wie wir heute, eine Bühne als selbstverständlich für jedes Theaterspiel voraussetzt, der denkt natürlich, dass die stattliche Bühne der römischen Zeit allmählich herangewachsen sei aus bescheideneren Bühnen der älteren Zeit, und da man von Thespis erzählte, dass er von einem Karren herab seine Spiele aufgeführt habe, so musste wohl Aischylos der erste gewesen sein, der eine feste Stätte für das «Bühnenspiel» schuf.

Neben den literarischen pflegt man noch einige Gründe technischer Art anzuführen, um das Vorhandensein einer erhöhten Bühne für die Schauspieler notwendig oder wenigstens vorteilhaft erscheinen zu lassen.

Erstens behauptet man, dass die auf einer Bühne auftretenden Personen besser gesehen werden können, als die in der Orchestra sich aufhaltenden. Für das griechische Theater mit seinem ansteigenden Sitzraume ist dies aber nicht der Fall, wie wir weiter unten ausführlich beweisen werden.

Sodann pflegt man zu sagen, der Chor würde die Schauspieler verdeckt und so den Augen der Zuschauer entzogen haben. Auf wie schwachen Füssen diese Behauptung steht, sollte jeder wissen, der nur einmal in einem ansteigenden Sitzraume (z. B. in einem Circus) auf eine grössere Anzahl handelnder Personen hinabgeschaut hat. Um das in einem Bilde anschaulich zu machen, ist auf Tafel XII eine sehr lehrreiche Photographie wiedergegeben, die wir vor Kurzem im Theater von Eretria gemacht haben. Die mehr als 50 Personen, die sich in der Orchestra befinden, sind alle vorzüglich zu übersehen, jede einzelne Gruppe hebt sich deutlich von der anderen ab, und dabei werden die Personen nicht etwa, wie man vielfach glaubt, in starker Verkürzung von oben gesehen, sondern man merkt kaum, dass der Standpunkt, von dem die Aufnahme gemacht ist, etwa 10^m über der Orchestra liegt. Im antiken, nur sanft ansteigenden Theater sah man die in der Orchestra befindlichen Personen niemals in so starker Verkürzung, wie von sehr vielen Plätzen unserer Theater, vielmehr war der Winkel, unter dem solche Personen gesehen wurden, selbst für die höchsten Sitze immer noch kleiner als der Neigungswinkel des Sitzraumes. Ausserdem darf man nicht vergessen, dass die antiken Schauspieler sich durch ihre Kleidung, ihre Maske und in der Tragödie auch durch ihren Kothurn von den einfach und ziemlich gleichmässig gekleideten Choreuten deutlich abhoben. Was hätte dies alles für einen Zweck gehabt, wenn die Schauspieler schon räumlich von dem Chor getrennt gewesen wären? Befanden sie sich aber alle auf demselben Boden, so konnten auch kleine Unterschiede in der Grösse, wie sie durch Kothurn und Maske erreicht wurden, von grosser Wirkung sein (vgl. S. 179).

Als weiterer Grund für die Erhöhung des Spielplatzes ist neuerdings das ästhetische Bedürfnis nach einem unteren Abschlusse desselben genannt worden (Bethe, S. 220). Da der Spielplatz seitlich und oben abgeschlossen gewesen sei, habe « das ästhetische Bedürfnis » auch « einen unteren Abschluss gebieterisch gefordert ». Nun ist es zunächst nicht richtig, dass der Spielplatz oben abgeschlossen war; denn einen Schnürboden, also einen oberen Abschluss des Spielplatzes hat das griechische Theater niemals gehabt. Aber auch der seitliche Abschluss ist durchaus kein vollständiger gewesen, denn wenn auch der Platz zwischen den Paraskenien nicht immer ganz von den Schmuckbauten des Hintergrundes eingenommen wurde, und daher zum Teil mit als Spielplatz diente, so war doch der Hauptspielplatz der unmittelbar vor der Skene gelegene Teil der Orchestra, deren Kreislinie gerade deshalb fast in keinem Theater (die einzige Ausnahme bildet das Theater von Epidauros) vor der Skene sichtbar gewesen ist. Also hätte höchstens der hintere Teil des Spielplatzes durch die Paraskenien einen seitlichen Abschluss erhalten. Daran ändert sich nichts, wenn wir für die Anfangsscenen einiger Dramen des V. Jahrhunderts einen Vorhang annehmen, denn ein solcher sollte nicht den ganzen Spielplatz abschliessen, sondern war entweder nur zwischen den Säulen des eine Vorhalle bildenden Proskenion oder zwischen den vorspringenden Paraskenien ausgespannt (vgl. S. 253). Sobald er entfernt war, konnten die Schauspieler, ebenso wie es heute auf unseren Bühnen oft geschieht, weiter vortreten auf den eigentlichen Spielplatz.

Aber selbst wenn der seitliche Abschluss des Platzes ein vollständigerer wäre, als er in Wirklichkeit gewesen ist, so war dadurch noch keineswegs ein unterer Abschluss bedingt. Das ästhetische Gefühl musste es unseres Erachtens vielmehr streng verbieten, den grossen und einheitlichen Spielplatz durch Stufen in zwei Stücke von verschiedener Höhe zu zerlegen, in Teile, die äusserlich geschieden waren, obwohl sie innerlich ein Ganzes bildeten.

Dass endlich die aus den erhaltenen Denkmälern abgeleiteten Beweisgründe für eine erhöhte Bühne ebenso wenig stichhaltig sind, wie die aus allgemeinen Erwägungen geflossenen, geht aus unseren Darlegungen im I., II. und VI. Abschnitt hervor. Dass der Nachweis einer griechischen Bühne im Theater von Megalopolis sich auf irrtümliche Voraussetzungen stützt, ist S. 142 gezeigt worden, und dass die Bühnen auf unteritalischen Vasenbildern aus den besonderen Theaterverhältnissen Italiens zu erklären sind, und mit dem Theater Griechenlands und dem chorischen Drama nichts zu thun haben, ist S. 326 auseinandergesetzt.

Damit dürften die wichtigsten Beweise, die für das Vorhandensein einer griechischen Bühne angeführt zu werden pflegen, besprochen und widerlegt sein. Weder die Dramen des V. und IV. Jahrhunderts, noch die übrige alte Literatur, weder die erhaltenen Monumente, noch die Abbildungen antiker Theater, weder optische noch ästhetische Gründe haben zu ihren Gunsten ausgesagt. Wir sind daher zu dem Schlusse berechtigt, dass ihr Vorhandensein nicht erwiesen ist.

B. Gründe gegen die Bühne.

Wir brauchen uns mit diesem Ergebnisse nicht zu begnügen. Neben der Widerlegung der Gründe, welche man zu Gunsten einer griechischen Bühne anzuführen pflegt, können wir noch zahlreiche Beweise beibringen, die mittelbar oder unmittelbar gegen eine Bühne entscheiden.

Zeugen ersten Ranges gegen das Vorhandensein einer Bühne im griechischen Theater sind zunächst die alten Dramen selbst. Ihre Aussagen sind im IV. Abschnitt eingehend dargelegt und für die Bühnenfrage verwertet worden. Die Spielerfordernisse aller erhaltenen Dramen lehren auf's Deutlichste, dass keine Trennung zwischen dem Chor und den Schauspielern vorhanden war, dass vielmehr beide auf demselben Platze spielten, nämlich auf der alten Orchestra, die von der Skene, den beiden Parodoi und den Sitzen der Zuschauer umgeben war. Man braucht nur irgend eines der alten Dramen durchzulesen, und wird alsbald Stellen finden, welche laut gegen das Vorhandensein einer Bühne reden. Die Aussagen der als Zeugen aufgerufenen antiken Dramen sind in der That so klar und übereinstimmend, dass man sich nur darüber wundern muss, wie ihr Zeugnis so lange missverstanden werden konnte.

Ähnlich steht es um die übrige literarische Überlieferung. Ausdrückliche Angaben darüber, dass im griechischen Theater keine Bühne vorhanden war, besitzen wir allerdings nicht. Wie hätten auch die älteren griechischen Schriftsteller dazu kommen sollen, ausdrücklich zu sagen, dass es keine besondere Schauspielerbühne gäbe? Der Gedanke, dass Chor und Schauspieler durch die Höhe einer Bühne von einander getrennt sein könnten, ist ihnen überhaupt nicht gekommen. Erst die späteren Schriftsteller, denen römische Theater mit Bühnen bekannt waren, hätten auf die Veränderung hinweisen können; und thatsächlich lassen sich auch einige Nachrichten beibringen, welche direkt oder indirekt sagen, dass es früher keine Bühne gegeben habe. So lesen wir z. B. bei Timaeus s. v. ἐκρίβας: θυμέλη γὰρ οὐδίπω ἦν. Da θυμέλη hier die römische Bühne bezeichnet (vgl. oben S. 280), so ist hier ausdrücklich gesagt, dass es eine Zeit gab, in der noch keine Bühne vorhanden war. Mehrere späte Schriftsteller überliefern uns ferner die Angabe, dass das römische Logeion früher den Namen Orchestra geführt habe (vgl. S. 277). Bisher versuchte man dies durch eine in später Zeit erfolgte Verwirrung der Namen zu erklären (vgl. Christ, Jahrb. für class. Philol. 1894, S. 33), musste es aber als besonders auffallend anerkennen, dass Orchestra als der ältere, Logeion als der jüngere Name bezeichnet wurde. Nach unserer Auffassung von der Entwickelung des Theaters ist jene Angabe aber nicht nur richtig, sondern darf als Beleg dafür gelten, dass die Bühne ursprünglich thatsächlich ein Teil der Orchestra war.

Aus anderen Nachrichten ergiebt sich sodann, dass auch die späteren Schriftsteller an ein getrenntes Spiel der Schauspieler und des Chores in den alten

Dramen gar nicht gedacht haben. So bemerkt der Scholiast zu Aesch. Prom. 28: ταῦτα δέ φασιν διὰ μηχανῆς μεταθεωρούμεναι· ἅτοπον γὰρ κάτωθεν διαλέγεσθαι τῷ ἐφ' ὕψους. Der Scholiast zu Soph. Ai. 866 wusste noch nicht, wie es die heutigen Erklärer zu wissen meinen, dass nur Tekmessa den Leichnam finden könne, weil sie sich allein auf der Bühne befinde, sondern er denkt sich Chor und Schauspieler offenbar auf gleichem Boden, wenn er sagt: εἰ ἀπὸ χοροῦ πρώτωσιν ὥσπερ ἐκ διαφόρων τόπων κατ' ἄλλην καὶ ἄλλην εἴσοδον, ζητοῦντες τὸν Αἴαντα καὶ ἡ Τέκμησσα ἐξ ἄλλων, ἥτις καὶ πρώτη ἐπιτυγχάνει τῷ πτώματι. Auch bei den Worten des Philokleon (Arist. Vesp. 1342): ἀνάβανε δεῦρο, hat zwar der Scholiast auch gedacht, Philokleon stehe auf einer Erhöhung, aber wenn er sagt: ἐπί τινες μετεώρου ὁ γέρων ἑστὼς προσκαλεῖται τὴν ἑταίραν, so hat ihm offenbar die Vorstellung von einer Schauspielerbühne vollkommen fern gelegen. Und ebensowenig ist der Scholiast, der Soph. Oed. Col. 164 (πολλὰ κέλευθος ἐρατύει) erläuterte, auf den Gedanken der heutigen Gelehrten gekommen, dass mit der weiten Entfernung, die den Chor von den Schauspielern trennt, eine Bühne gemeint sei, wenn er sagt: πολλή ἐστιν ἡ ὁδὸς ἡ διαχωρίζουσά σε ἡμῶν· δεῖ γὰρ νοεῖν, ὡς ἔτι πόρρωθεν προσφωνοῦσιν αὐτόν, μὴ δυνάμενοι ἐπειδήναι τῷ τόπῳ, καὶ ταῦτα εἰπόντων κατὰ μικρὸν ὁ Οἰδίπους προέρχεται, καὶ ἵσταται ὥσπερ ἐν τῷ οὐδῷ τοῦ χωρίου.

Können wir hiernach auch keinen antiken Schriftsteller namhaft machen, der ausdrücklich berichtet, dass Schauspieler und Chor auf demselben Platz gespielt haben, so besitzen wir andrerseits auch keine einzige Nachricht, die gegen ein gemeinsames Spiel Zeugnis ablegt, denn dass auch Vitruv, obwohl er von einer griechischen Bühne spricht, keineswegs sagt, dass die Schauspieler oben, der Chor aber unten in der Orchestra gespielt habe, wurde schon oben (S. 169) gesagt und ist auch von anderer Seite betont worden (vgl. Bethe, S. 265). Von dem dramatischen Chor spricht Vitruv nicht, sondern von den Techniten der verschiedensten Art, wie sie in den griechischen Theatern aufzutreten pflegten. Alle Nachrichten der alten Schriftsteller lassen sich, wie die früheren Abschnitte gezeigt haben, mit dem gemeinsamen und auf dem gleichen Boden stattfindenden Spiele von Schauspielern und Choreuten ausnahmslos in Einklang bringen.

Ist es aber überhaupt wahrscheinlich, dass im griechischen Theater ein räumlich getrenntes Spiel der Schauspieler und des Chores, sei es vom Anfange oder vom Ende des V. Jahrhunderts an, stattgefunden habe, ohne dass in der griechischen Literatur irgend welche sicheren Angaben oder auch nur klare Andeutungen einer solchen wesentlichen Einrichtung zu finden sind? Ist es ferner nicht auffallend, dass die ältere griechische Literatur kein Wort für diese vermeintliche Bühne hat, und dass für den Platz, an dem der Schauspieler stand und von dem er sprach, die Bezeichnungen ἐπὶ σκηνῆς und ἀπὸ σκηνῆς (nicht aber etwa ἐπὶ λογείου oder ἀπὸ λογείου) üblich waren?

Glücklicherweise besitzen wir aber in den erhaltenen Baudenkmälern sichere und deutliche Belege für das Nichtvorhandensein einer Bühne.

Obgleich kein Theater aus der Zeit der grossen Dramatiker mehr erhalten ist, haben wir einerseits in dem athenischen Theater des Lykurg einen Bau, der aus der Zeit stammt, als noch die Dramen des V. Jahrhunderts in der alten Weise aufgeführt wurden (vgl. Abschnit IV, 3). Und andrerseits besitzen wir zahlreiche Bauwerke, welche die etwas jüngere Form des Theaters, den Bau mit festem Proskenion, darstellen und derjenigen Zeit angehören, auf die sich die Angaben Vitruvs über das griechische Theater zunächst beziehen.

Beide Arten von Theatern sind noch so gut erhalten, dass sie uns genügende Anhaltspunkte liefern sowohl zur Ergänzung ihrer wichtigsten Teile, als auch zur Bestimmung der Art und Weise, wie in ihnen gespielt worden ist. Der Bau des Lykurg soll uns lehren, dass im IV. Jahrhundert weder eine hohe, noch eine niedrige Bühne vorhanden war, sondern dass die ganze Anlage von Skene, Proskenion und Orchestra in allen wesentlichen Punkten mit dem jüngsten hellenistischen Theater übereinstimmte. Für dieses hellenistische Theater haben wir sodann zu beweisen, dass die Angabe des Vitruv über das Spiel auf dem Proskenion bei den Theatern Griechenlands nicht gelten kann.

Wie das athenische Theater des Lykurg gestaltet war, ist im I. Abschnitt ausführlich dargelegt und aus dem ergänzten Grundrisse auf Tafel IV. zu ersehen. Das Skenengebäude bestand aus einem grossen Saal mit turmartig vorspringenden Paraskenien, zwischen denen sich ein Platz von etwa 21^m Länge und 5^m Tiefe ausdehnte. Neben diesem Platze lag die kreisrunde Orchestra. Kann nun der zwischen Orchestra und Skene befindliche Platz eine Bühne getragen haben? Zahlreiche Thatsachen zwingen uns, mit einem unbedingten Nein zu antworten.

Zunächst ist keinerlei Fundament für die Vorderwand einer Bühne erhalten und auch niemals vorhanden gewesen. Wäre aber die Bühne eine ständige Einrichtung des Theaters gewesen, so dürfte in dem in vorzüglicher Weise fundamentirten Bau ihr steinerner Unterbau ebensowenig fehlen, wie dies jemals in einem römischen Bühnentheater der Fall ist.

Sodann liegt der Boden im Innern der Skene nur um einige Centimeter höher als der Erdboden der Orchestra. Man hätte also nicht nur aus der Orchestra auf die Bühne hinaufsteigen, sondern auch von der letzteren wieder in die Skene hinabsteigen müssen. Bei keinem steinernen Bühnentheater ist uns eine solche Einrichtung bekannt.

Ferner würde jede niedrige Bühne, welche Höhe sie auch haben mochte, nicht nur die Säulen der Skene und der Paraskenien in unschöner Weise unten abgeschnitten und dadurch künstlerisch entstellt haben, sondern würde namentlich auch die Thüren der Skenenwand, die wir nach Analogie aller anderen Theater annehmen müssen, so durchschnitten haben, dass sie entweder ganz unbenutzbar geworden wären, oder wenigstens ihre schönen Verhältnisse verloren hätten.

Schliesslich — und das sollte allein schon entscheidend sein — kennen wir den Bau, der in späterer Zeit als Ersatz für den ursprünglich zwischen den Paraskenien vorhandenen Holzbau in Stein errichtet wurde. Es ist ein 4^m hoher Säulenbau, der eine Vorhalle der Skene, eine steinerne Dekoration vor dem Schauspielhause bildete. Dass dieser, Proskenion genannte Bau auch in anderen Theatern ursprünglich aus Holz bestand und erst später in Stein gebaut wurde, haben wir an den Theatern von Sikyon (S. 119) und Megalopolis (S. 137) besonders schlagend nachweisen können. Solange das Proskenion in den verschiedenen Stücken von wechselnder Gestalt war, solange es bald einen Pronaos, bald die Vorhalle eines Wohnhauses, bald eine Burgmauer mit Thor und bald eine Grotte in einer Felslandschaft darstellte, war ein Platz von 5ᵐ Tiefe nicht zu gross. Erst als es gewöhnlich ein Wohnhaus vorzustellen hatte, und deshalb aus Stein errichtet werden konnte, war eine solche Tiefe überflüssig und ist thatsächlich nicht nur in Athen, sondern auch in anderen Theatern bedeutend eingeschränkt worden.

Unter Berücksichtigung der den Platz umgebenden Säulen der Skene und der Paraskenien war architektonisch nur ein Einbau von der Höhe eines vollen Stockwerkes möglich. Und da nun ein solcher Einbau später sicher vorhanden gewesen ist, so spricht das entschieden für die Annahme, dass der Einbau in der älteren Zeit die gleiche Höhe gehabt hat.

Ist aber dieser Einbau, der jetzt in allen ausgegrabenen griechischen Theatern in Gestalt eines mit Säulen oder Halbsäulen geschmückten Proskenion nachgewiesen ist, und den auch Vitruv für das griechische Theater vorschreibt, nicht doch eine Bühne? Sagt nicht Vitruv ausdrücklich, dass auf der Decke dieses Proskenion die Schauspieler aufgetreten sind?

Die Beantwortung dieser Frage führt uns zu dem zweiten Satze, den wir zu beweisen haben, nämlich zu unserer Behauptung, dass Vitruv sich irrt, wenn er in dem Proskenion des griechischen Theaters eine Bühne, also den gewöhnlichen Standplatz der Schauspieler sieht. Wir wollen zuerst nachweisen, dass das Proskenion keine Bühne sein kann, und müssen dann zu ermitteln suchen, wie der Irrtum Vitruvs entstanden ist.

Es ist eine einfache, aber gewöhnlich nicht genug beachtete Thatsache, dass eine Bühne für den Schauspieler oder ein erhöhter Standplatz für den Redner nur dann notwendig ist, wenn die Zuschauer auf einem ebenen Boden stehen oder sitzen. Ist der Zuschauerraum dagegen genügend ansteigend, so ist eine erhöhte Bühne nicht nur überflüssig, sondern in gewissen Fällen sogar störend. Auch ist die Meinung irrtümlich, dass eine Bühne um so besser sei, je höher sie gemacht werde. Einige schematische Zeichnungen (Figur 87—92) werden jeden von der Richtigkeit dieser Sätze überzeugen.

Zu ihrem besseren Verständnis schicke ich noch einige allgemeine Bemerkungen voraus. Alle sechs Zeichnungen sollen links die Sitze eines Zuschauerraumes, rechts einen Schauspieler darstellen, der entweder auf dem unteren Boden oder auf einer niedrigen Bühne oder aber auf einer hohen Bühne steht. In den drei ersten Figuren ist der Zuschauerraum horizontal, in den drei anderen ansteigend angenommen. Um die Zeichnungen möglichst einfach und übersichtlich zu machen, sind keine Zuschauer gezeichnet, sondern die oberste Kante der Stuhllehne als Augenpunkt des dort sitzenden Zuschauers genommen worden; dass das Auge in Wirklichkeit nicht genau dort liegt, ist für die geometrische Beweisführung gleichgültig. Die Entfernung des Schauspielers und der Bühne von der ersten Reihe der Zuschauer ist in den Theatern sehr verschieden und in Wirklichkeit fast immer grösser als in unseren Zeichnungen. Wenn ich gleichwohl die kleine Entfernung gewählt habe, so ist es geschehen, damit die Vorteile und Nachteile der einzelnen Anordnungen besser in die Augen fallen. Und es durfte geschehen, weil durch eine Vergrösserung der Entfernung zwischen den Zuschauern und der Bühne die Nachteile irgend einer Anordnung zwar vermindert, aber niemals ganz aufgehoben oder gar in Vorteile verwandelt werden können. Es ist daher nicht nur zulässig, sondern sogar ratsam, die Entfernung bei einem geometrischen Beweise möglichst klein anzunehmen.

Figur 87. Horizontaler Zuschauerraum ohne Bühne.

Figur 87 zeigt einen horizontalen Sitzraum und einen Schauspieler, der sich auf demselben Boden befindet wie die Zuschauer. Die Sehlinien, die von den Augen der fünf Zuschauer nach der Brust des Schauspielers gezogen werden, fallen, wie aus der Figur hervorgeht, in eine einzige Linie zusammen. Der Zuschauer A ist offenbar der einzige, der den ganzen Schauspieler überblicken kann; die hinter ihm Sitzenden sehen nach der Zeichnung höchstens den Kopf. In Wirklichkeit werden aber B bis E, wenn sie genau hinter A sitzen, gar nichts sehen, weil das Auge von B etwas tiefer liegt als der oberste Punkt des Kopfes von A; die Sehlinie würde über den Kopf des Schauspielers hinweg gehen. Doch dürfen wir diese kleinen Unterschiede unbeachtet lassen. B bis E sehen jedenfalls sehr wenig.

Figur 88. Horizontaler Zuschauerraum mit niedriger Bühne.

In Figur 88 finden wir den Schauspieler auf einer 4—5 Fuss hohen Bühne, die in der Augenhöhe der Zuschauer liegt. Die Sehlinien bilden jetzt Winkel mit einander. Alle Zuschauer sehen daher den Mann und zwar in voller Gestalt von den Füssen bis zum Kopf. Die Bühnenfläche wird von keinem Zuschauer überblickt, weil sie für alle zu einer Linie zusammenschrumpft. Wäre die Bühne etwas tiefer als die Augenhöhe der Zuschauer, so würde zwar letzterer Mangel wenigstens für A gehoben, aber der untere Teil des Mannes würde, soweit er unterhalb der horizontalen Augenlinie liegt, nur von A, nicht aber von den Zuschauern B bis E gesehen werden. Denken wir uns dagegen die Bühne höher, so werden zwar die Winkel der Sehlinien etwas grösser, aber auch jetzt wird die Bühnenfläche von Niemandem und der Schauspieler nicht in voller Gestalt gesehen. Letzteres würde nur dann der Fall sein, wenn er ganz dicht an der Vorderkante der Bühne stände. In Figur 89 ist eine solche höhere Bühne von 10—12 Fuss Höhe gezeichnet.

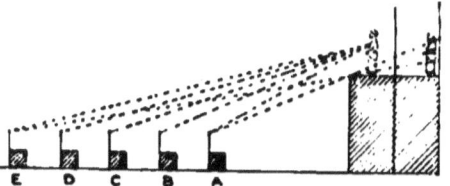

Figur 89. Horizontaler Zuschauerraum mit hoher Bühne.

Steht der Mann nur etwas vom vorderen Rande entfernt, so sind seine Füsse keinem der Zuschauer sichtbar. Ist die Bühne breit und steht er weit zurück, so verschwindet sogar fast seine ganze Figur unter der die Vorderkante der Bühne streifenden Sehlinie des Zuschauers A und ist also für diesen unsichtbar. Die anderen Zuschauer werden um so besser sehen, je weiter sie entfernt sitzen; die volle Gestalt des Schauspielers sieht aber Niemand von ihnen.

Aus diesen Beobachtungen ergiebt sich, dass bei einem horizontalen Sitzraum eine Bühnenhöhe von 4—5 Fuss, wenn sie um ein geringes unter der Augenhöhe liegt, die günstigsten Sehverhältnisse liefert. Thatsächlich haben deshalb

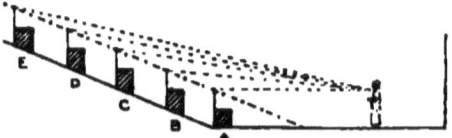

Figur 90. Ansteigender Zuschauerraum ohne Bühne.

auch fast alle antiken Bühnen, sowohl in den römischen Theatern als auf den Vasenbildern, ungefähr diese Höhe. Das Mass hatte sich unzweifelhaft schon in sehr alter Zeit bei Aufführungen jeder Art als das beste herausgestellt.

Dass bei einem ansteigenden Zuschauerraum die Sehverhältnisse ganz andere sind, zeigen die Figuren 90, 91 und 92, welche den drei vorhergehenden Figuren entsprechen. In Abbildung 90 steht der Schauspieler auf dem Boden der Orchestra, in Figur 91 auf einer niedrigen, in Figur 92 auf einer hohen Bühne. Im ersten

Falle sehen alle Zuschauer den Mann in seiner vollen Gestalt; auch der Spielplatz ist von allen zu übersehauen. Nur dann würden sie die Füsse oder den unteren Teil des Schauspielers nicht übersehen können, wenn dieser ganz dicht an den vorderen Zuschauer heranträte. In den meisten griechischen Theatern ist dieser Fall aber durch den Wassereanal oder den Umgang um die Orchestra ausgeschlossen. Steht der Schauspieler dagegen auf einer Bühne, so müssen wir unterscheiden zwischen denjenigen Zuschauern, welche unter, und denen, welche

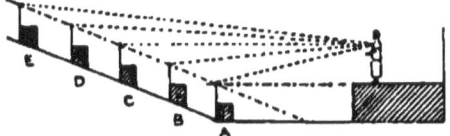

Figur 91. Ansteigender Zuschauerraum mit niedriger Bühne.

über der horizontalen Linie der Bühnenfläche sitzen. Die letzteren, also in Figur 91 die Personen C—E, werden den Schauspieler in voller Gestalt und ebenso gut sehen wie die Zuschauer A—E in Figur 90. Denn wenn wir uns die Bühnenfläche in Abbildung 91 bis an den Sitz C verlängert und die beiden Sitze A und B entfernt denken, so haben wir ein bühnenloses Theater wie in Figur 90 vor uns.

Die beiden Zuschauer A und B in Figur 91 werden beide die ganze Gestalt des Schauspielers sehen. Da aber für A die Bühnenfläche zu einer Linie zusammenschrumpft, ist er nicht im Stande die Tiefe der Bühne und die Entfernung des Schauspielers von der Vorderkante der Bühne zu erkennen. Er ver-

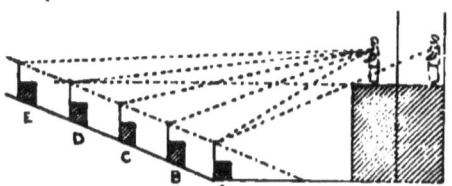

Figur 92. Ansteigender Zuschauerraum mit hoher Bühne.

mag also bei zwei Schauspielern nicht zu beurteilen, ob sie nebeneinander oder schräg hintereinander stehen. Ausserdem sieht er jetzt den Unterkörper des Schauspielers besser als den Oberkörper, während in Figur 90 das Umgekehrte —offenbar das Bessere— der Fall war. Durch die Erhebung des Schauspielers auf eine niedrige Bühne ist also keinerlei Vorteil erreicht; im Gegenteil, die in der untersten Reihe sitzenden Zuschauer sehen nicht ganz so gut wie in dem bühnenlosen Theater.

Diese Nachteile vermindern sich, wenn die Bühnenhöhe etwas geringer ist als die Augenhöhe des Zuschauers A, weil dann auch dieser den Boden der Bühne überschauen kann. Die Nachteile werden dagegen grösser, sobald die Bühne seine Augenhöhe übersteigt, d. h. sobald sie höher wird als 4—5 Fuss oder rund 1,00—1,50^m. In Figur 92 ist eine solche Bühne von 10—12 Fuss Höhe gezeichnet. Hier werden wieder diejenigen Personen, welche höher sitzen als die obere Bühnenfläche, den Schauspieler ebenso gut sehen wie in einem bühnenlosen Theater, dessen Orchestraboden in der Höhe der Bühne liegt. In unserer Zeichnung ist das nur für E und die höher Sitzenden der Fall. Die Zuschauer A, B und C aber, deren Augen tiefer liegen als die Bühnenfläche, werden den Schauspieler wieder nur ganz überblicken, wenn dieser dicht an die Vorderkante der Bühne herantritt. Steht er dagegen etwas weiter zurück, was bei einer solchen Bühnenhöhe wegen der Gefahr des Herunterfallens immer der Fall sein wird, so werden zwar zunächst nur seine Füsse von A, B und C nicht gesehen werden, der unsichtbare Teil wird aber zunehmen, je weiter der Schauspieler zurücktritt, bis zuletzt, wie unsere Figur zeigt, fast der ganze Mann unter der Sehlinie von A liegt und daher für diesen unsichtbar wird. Augenscheinlich wächst also der Nachteil mit der Höhe und Tiefe der Bühne. In den Theatern selbst sind, wie schon oben angedeutet wurde, die Sehverhältnisse allerdings etwas günstiger, weil der Abstand zwischen A und der Bühne grösser ist, aber auch im Theater wird kein Zuschauer der untersten Reihen den Schauspieler ganz sehen. Unzweifelhaft ist daher der letztere besser zu sehen, wenn er in der Orchestra, als wenn er auf einer 10—12 Fuss hohen Bühne steht.

Die Lehre, die wir aus den Figuren 90—92 zu ziehen haben, ist augenscheinlich die, dass alle Zuschauer eines ansteigenden Sitzraumes, wenn wir die grössere oder geringere Entfernung von dem Schauspieler unberücksichtigt lassen, den auf dem Orchestraboden stehenden Schauspieler gleich gut sehen können. Stellt man den Schauspieler auf eine Bühne von 4—5 Fuss Höhe, so ist damit für die oberen Zuschauer kein Vorteil, für die zu unterst Sitzenden ein kleiner Nachteil verbunden. Macht man die Bühne noch höher, so wächst dieser Nachteil mit der grösseren Höhe, weil alle unterhalb der Bühne Sitzenden von dem oben stehenden Schauspieler nur denjenigen Teil zu sehen vermögen, der oberhalb der von ihrem Auge durch die Vorderkante der Bühne gezogenen Linie liegt.

Es steht also mathematisch fest, dass in einem horizontalen Sitzraum der Schauspieler oder Redner am besten gesehen wird, wenn er auf einer Bühne sich befindet, die etwas unter der Augenhöhe der Zuschauer liegt, dass dagegen in einem ansteigenden Theater die geeignetste Stelle für den Schauspieler der Boden der Orchestra ist.

Man wende hiergegen nicht ein, dass unser Beweis nur für einen einzigen Schauspieler gelte und dass es bei mehreren, auf demselben Boden auftretenden Personen doch vorteilhafter sei, eine oder zwei von ihnen durch einen höheren Standplatz aus dem Haufen der anderen hervorzuheben. Gewiss konnte das zuweilen wünschenswert sein und wir zweifeln auch nicht, dass oft einer der Schauspieler auf die Stufe des Altars oder des Spielhauses oder auf einen besonderen Tritt gestiegen ist, aber das hat nichts zu thun mit der Frage, ob für alle Schauspieler eine gemeinsame Bühne vorhanden war oder nicht (vgl. S. 180). Durch eine solche Bühne wären nur die Schauspieler zusammen von den Choreuten getrennt worden, eine Trennung, gegen die alle Dramen aufs Entschiedenste Zeugnis ablegen. Die einzelnen Schauspieler hoben sich, wenn sie in der Orchestra standen, genügend von einander ab, weil ihr Standplatz von jedem Zuschauer von oben herab überblickt werden konnte. Dass dies aber bei einer hohen Bühne unmöglich war, lehren unsere geometrischen Figuren. Sollte ein in der Orchestra stehender Schauspieler noch besonders aus seiner Umgebung herausgehoben werden, so konnte das in sehr wirkungsvoller Weise durch Erhebung auf eine einzelne Stufe geschehen.

Dieser theoretische Beweis gegen die Bühne im griechischen Theater wird bestätigt durch die Geschichte der Bühnenanlagen. Als noch keine ansteigenden Theaterräume bestanden, und Schauspieler auf den Strassen und Märkten ihre Künste vorführten, mussten sie auf einer Erhöhung (einer Karre, einem Tisch oder einer Bühne) stehen, um gesehen zu werden. In Italien, wo die ansteigenden griechischen Theaterräume erst spät Eingang fanden, hat sich daher das Bühnenspiel entwickelt und war, wie die Abbildungen der Vasen beweisen, in hellenistischer Zeit allgemein verbreitet. In Griechenland dagegen hatte die Mitwirkung des Chores und das dadurch bedingte Bedürfnis nach einem grossen, gut übersehbaren Tanz- und Spielplatze notwendigerweise zur Anlage ansteigender Sitzräume, zuerst aus Holz und dann aus Stein, geführt. Hier wäre die Errichtung einer Bühne ein Fehler gewesen. Und thatsächlich ist auch in der vorrömischen Zeit in griechischen Theatern, soweit sie uns bis jetzt bekannt geworden sind, niemals eine Bühne gebaut worden.

Als nun in Italien die griechischen Theater nachgeahmt wurden, gab man die einheimische Bühne nicht auf, sondern schuf die Form des römischen Theaters, indem man den griechischen Spielplatz, die Orchestra, in zwei Teile von verschiedener Höhe zerlegte (vgl. Abschnitt VIII). Diese Lösung empfahl sich namentlich deshalb, weil dadurch eine Benutzung der einen, damals überflüssigen Hälfte der griechischen Orchestra, sei es als Sitzraum, sei es als Arena für Gladiatorenkämpfe und ähnliche Aufführungen, ermöglicht wurde. Selbstverständlich dachte auch damals Niemand daran, die Bühne höher zu machen als die Augenhöhe der untersten Sitzreihe. Theater dieser Art wurden dann in römischer Zeit auch in Griechenland und Kleinasien vielfach erbaut, aber daneben blieben die bühnenlosen Theater in grosser Zahl bestehen.

Wie in keinem griechischen oder römischen Theater eine Bühne erbaut wurde, deren Fussboden höher gelegen hätte als die Augenhöhe der untersten Zuschauer, so hat man auch weder im Mittelalter noch in der Neuzeit jemals

In einem Theater eine Bühne von der unpraktischen, ja widersinnigen Form errichtet, wie man sie den alten Griechen zuschreibt. Wenn irgendwo, wie z. B. in einigen Theatern Kleinasiens, einmal eine Bühne höher ist als 1,50^m, so sind auch immer die untersten Sitze entsprechend höher angeordnet.

Aber ein Einwand bleibt noch zu widerlegen. Steht nicht in unseren Kirchen und stand nicht auch auf den Rostra des römischen Forums der Redner häufig auf einem Podium, das oft noch höher ist als zehn Fuss? Gewiss. Aber hier handelt es sich nicht um einen Schauspieler, dessen ganze Gestalt gesehen werden soll, und nicht um das Zusammenspiel mehrerer Personen, sondern um einen Redner, dessen Oberkörper allein sichtbar zu sein braucht. Er darf ausserdem an die Vorderkante des Podiums herantreten, weil er durch eine Brüstungswand gegen das Hinabfallen geschützt ist. Bei einer Schauspielerbühne eine solche Schutzwand anzubringen, wird aber Niemand als Auskunftsmittel empfehlen wollen.

Vom optisch-geometrischen Standpunkte müssen wir daher die Angabe Vitruvs, dass die Schauspieler im griechischen Theater oben auf dem Proskenion gespielt hätten, mindestens für unbegreiflich und sehr bedenklich erklären. Dazu treten nun andere Erwägungen, welche nicht nur unsere Bedenken bestätigen, sondern uns schliesslich berechtigen, Vitruvs Aussagen geradezu für einen Irrtum zu erklären.

Zunächst entspricht der architektonische Aufbau des Proskenion durchaus nicht den Anforderungen, die man an die Vorderwand eines Podiums zu stellen berechtigt ist. Die Vorderwände der erhaltenen römischen Bühnen sind niemals mit Säulen geschmückt, sondern sind glatte Wände mit Treppen, Nischen und zuweilen auch Reliefs. In einigen Theatern Kleinasiens haben sie mitunter eine grössere Höhe und auch eine oder mehrere Thüren als Zugänge zu der davor befindlichen Arena, aber auch hier sind die Wände als vollkommen geschlossene Unterbauten gebildet. Die griechischen Proskenien ahmen dagegen eine Hallenarchitektur nach, ja sie sind, wenn die Pinakes aus den Intercolumnien herausgenommen waren, wirklich Säulenhallen gewesen. Im Theater von Delos fanden wir das Proskenion sogar um alle Seiten der Skene als Säulengang herumlaufend. Konnte man aber dem Podium, dessen Fussboden eine Strasse oder einen freien Platz darstellen sollte, eine Gestalt geben, durch welche die Illusion stärker beeinträchtigt worden wäre als durch eine solche Halle? Allerdings finden wir auf einzelnen unteritalischen Vasenbildern (vgl. oben S. 317 Figur 75. 76) eine Säulenreihe als Vorderwand der Bühne, aber es handelt sich dort nicht um eine Säulenhalle, sondern um ein aus hölzernen Pfosten gebildetes Podium, bei dem die Pfosten als kleine Säulchen ausgebildet sind. Überhaupt war es kein glücklicher Gedanke, die auf alle Fälle die Illusion störende Vorderwand der Bühne architektonisch reich auszustatten. Auch die Ausschmückung der Vorderwand mit einem Figurenfriese (wie z. B. in Athen) kann nicht als eine glückliche Lösung bezeichnet werden, weil es unschön ist, die Schauspieler über den Köpfen der Relieffiguren zu sehen.

Auf jeden Fall war das Spiel natürlicher und wirkungsvoller, wenn der Standplatz der Schauspieler der Boden der Orchestra war, wenn er nicht durch eine Wand von dem Erdboden getrennt war. Nur wenn die Handlung sich auf dem Erdboden selbst abspielte, war die Illusion eine vollkommene; man glaubte die Handlung des Stückes als Wirklichkeit vor sich zu sehen. In jedem Bühnentheater war die Illusion durch die Vorderwand der Bühne gestört oder sogar vernichtet, wenn eine Strasse oder ein Tempel oder eine Felslandschaft über dem Dache einer Säulenhalle gezeigt worden wäre. Dass eine Säulenhalle dagegen einen vorzüglichen Hintergrund für das in der Orchestra stattfindende Spiel abgab, braucht nicht bewiesen zu werden.

Sodann hat das Proskenion aber auch eine zu geringe Tiefe, um als Spielplatz für ein Stück geeignet zu sein, das eine etwas reichere skenische Ausstattung oder eine grössere Anzahl von Personen erforderte. Dass es z. B. für die Stücke der jüngeren Komödie, welche Plautus nachgeahmt hat, nicht ausreichen könnte, haben wir S. 275 bemerkt. Auch für solche Possen, wie sie nach dem Zeugnis der Vasenbilder in Unteritalien aufgeführt wurden (vgl. S. 312), hätte sich das Podium mehr als einmal als zu schmal erweisen müssen. Stücke wie die Mimen des Herondas hätte man wohl auf diesem schmalen Platze darstellen können, da es leicht sein mochte, auf dem Proskenion einen geschlossenen Raum herzustellen, aber diese Stücke sind schwerlich je in einem grossen Theater aufgeführt worden, und man hat gewiss bei der Anlage eines solchen Theaterbaues auf sie keine Rücksicht genommen. Es wird schwer, sich eine Vorstellung von den Stücken zu machen, welche die «tragici» und «comici» Vitruvs auf dem Proskeniondache darstellen konnten. Und man wird daher gerne zugeben, dass alle Stücke sich auf einer breiteren und niedrigeren Bühne oder auf dem Boden der Orchestra besser hätten aufführen lassen. Man bemüht sich vergebens, auch nur irgend einen Vorteil ausfindig zu machen, den das Spiel oben auf dem Proskenion den Darstellern oder den Zuschauern hätte bieten können.

Aber ist es denn überhaupt möglich, auf einem 2—3ᵐ breiten und 3—4ᵐ hohen Podium zu spielen? Wir glauben, selbst diese allgemeine Frage entschieden verneinen zu müssen. Zu keiner Zeit, weder im Altertum noch in der Gegenwart, hat man die Schauspieler auf eine solche Bühne zu stellen gewagt. Ein Schauspieler, der sich ganz seinem Spiel hingeben soll, darf nicht auf einer Bühne auftreten, die ihn stets an die Gefahr denken lässt, bei einem Fehltritt mehrere Meter tief hinunterzufallen. Er kann es um so weniger, wenn ihm durch die Maske der freie Umblick beschränkt ist. Man stelle sich doch nur einmal auf einen modernen Balkon, der noch nicht mit einem Geländer oder einer Brüstungsmauer versehen ist, und beurteile dann selbst, ob man dort mit einer Maske Theater spielen möchte! Es nützt auch nichts, zur Entgegnung auf die Götter erinnert wird, die auf ihrem hohen Theologeion auftreten, oder an diejenigen Schauspieler, die auf dem Dache ihres Hauses erscheinen; denn jene stehen dort oben ruhig, um ihren Götterspruch zu fällen, und diese werden sich, eben weil sie auf einem wirklichen Dache stehen, sehr hüten, dem Rande zu nahe zu kommen; die Zuschauer werden das bei ihnen wohl verstehen und sich auch nicht beklagen, dass sie solche Schauspieler nicht in ganzer Höhe sehen können.

Je mehr wir uns diese einfache Sachlage klar machen, um so schwerer verständlich wird es uns, wie man nicht nur lange Jahre hindurch glauben konnte, dass alle griechischen Tragödien und Komödien auf einer solchen Bühne aufgeführt worden seien, sondern auch jetzt noch behauptet, dass der Verzicht auf den alten Spielplatz und die Herstellung des unpraktischen und unschönen Podiums von 3—4ᵐ Höhe einen Fortschritt in dem Theaterbau bedeute!

Ganz hinfällig ist auch ein Einwand, der jüngst von Bethe erhoben worden ist (Prolegomena S. 260). Er meint, dass die Bühne in Wirklichkeit nicht so schmal gewesen sein könne, wie die Bauten lehren und Vitruv angebe, und vermutet, dass das Podium nach hinten tiefer gewesen sei, indem zu dem Dache des Proskenion noch ein Teil von dem Obergeschoss der Skene als Erweiterung des Spielplatzes hinzugekommen sei. Aber abgesehen davon, dass die erhaltenen Bauten (z. B. das Theater von Oropos, in dem sich diese Hinterwand noch reconstruiren lässt) einer solchen Annahme direkt widersprechen, brauchen wir nur an unseren obigen geometrischen Beweis zu erinnern (vgl S. 357), der aufs Klarste zeigt, dass jede Erbreiterung der Bühne die Sehverhältnisse nur noch ungünstiger gestaltet. Die in der untersten Reihe sitzenden Zuschauer würden von Auftritten, die sich weiter zurück auf einem offenen Platze oder in einer Vorhalle abgespielt hätten, sehr wenig gesehen haben. Früher suchte man den Zweiflern die Schmalheit des Spielplatzes mundgerecht zu machen einerseits durch den Hinweis auf ein allgemeines griechisches Schönheitsgesetz, welches im Drama eine Reliefwirkung fordere — man machte aus der Not eine Tugend —, und andrerseits durch die Betonung der Thatsache, dass die Schauspieler bei einer grösseren Tiefe nicht genügend gesehen werden könnten. Bethe dagegen giebt zu, dass «in der geringen Tiefe des Proskenions eine bedenkliche Schwierigkeit liegt» (Prolegomena S. 260), und nimmt für die hohe Bühne nun auch eine grosse Tiefe an!

Wir besitzen allerdings in dem Theater von Megalopolis (s. o. S. 138) ein etwa 3,50ᵐ hohes Proskenion von über 7ᵐ Tiefe, also von Verhältnissen, wie sie sonst nicht vorkommen. Aber auch die englischen Gelehrten, welche dieses Theater ausgegraben haben, erkennen an (Excav. at Megalopolis, S. 87), dass die auf einer solchen Bühne befindlichen Schauspieler nicht von allen Zuschauern gut gesehen werden könnten, und glauben deshalb eine Verschmälerung der Bühne durch eine vorgestellte Dekorationswand annehmen zu müssen. Für uns ist die grosse Breite aber gerade in Megalopolis leicht verständlich; sie erklärt sich aus dem Wunsche, die riesengrosse Orchestra, die doppelt so gross war als die athenische, für die klein gewordene «Grosse Stadt» möglichst einzuschränken.

Ferner spricht gegen die Verwendung des Proskenion als Bühne auch die grosse Entfernung, welche es in mehreren Theatern von dem Mittelpunkte der

Orchestra und von den Zuschauern hat. Im III. Abschnitt wurde darauf hingewiesen (S. 171), dass die griechischen Zuschauerräume augenscheinlich berechnet sind für ein Spiel, welches hauptsächlich in der vor der Skene befindlichen Hälfte des Orchestrakreises stattfand. Man darf danach die Forderung aufstellen, dass der Spielplatz der Schauspieler entweder in diesem Teile der Orchestra liegen oder ihm wenigtens benachbart sein müsse. In dem Theater von Athen liegt nun aber das feste Proskenion nicht in der Orchestra, auch nicht dicht neben ihr, sondern noch 3^m von seiner Peripherie entfernt. Im Piräus ist der entsprechende Abstand etwa 2,50^m gross. Wie ist das zu erklären? Unter der Voraussetzung, dass das Proskenion eine Bühne sei, wird man sich vergeblich nach einer annehmbaren Erklärung umsehen, während es bei unserer Ansicht, dass das Proskenion den Hintergrund des Spiels bildete, sehr wohl verständlich ist. Solange das Proskenion aus Holz oder Zeug in verschiedener Gestalt aufgeschlagen wurde, musste zwischen der Skene und der Orchestra reichlich Platz vorhanden sein für die mannigfachen Formen, welche der Vorbau anzunehmen hatte. Man spielte damals in dem anstossenden Teile der Orchestra und in dem zwischen der Orchestra und der Dekoration, also ἐπὶ σκηνῆς gelegenen Raume. Daran änderte sich nichts, als der letztere Raum nach Errichtung des steinernen Proskenion dauernd die Tiefe von 3^m erhielt. Der Spielplatz blieb an derselben Stelle, wo er seit Errichtung der ersten Skene gewesen war.

Sodann dürfen wir nicht unterlassen, in diesem Zusammenhange auch auf die Bedeutung des Wortes προσκήνιον (vgl. oben S. 290) hinzuweisen. Dass der 3—4^m hohe Säulenbau wirklich προσκήνιον hiess, ist durch Inschriften und Schriftstellernachrichten über jeden Zweifel erhaben. Da nun sprachlich festgestellt werden kann, dass προσκήνιον bei den Griechen den hallenartigen Vorbau der Skene oder die als Hintergrund des Spieles dienende Dekoration bedeutet, so dürfen wir auch in dem Namen προσκήνιον eine wertvolle Bestätigung für unsere Ansicht sehen, dass der säulengeschmückte Vorbau nicht die gewöhnliche Bühne des griechischen Theaters gewesen sein kann.

Einen sehr wichtigen und, wie uns scheint, ausschlaggebenden Beweis gegen die Benutzung des Proskenion als Bühne liefert uns die Entwickelungsgeschichte des Theaters, wie wir sie in den früheren Abschnitten schon gelegentlich angedeutet, im VIII. Abschnitte aber im Zusammenhang darlegen werden.

Vitruv und nach ihm alle, die über das antike Theater geschrieben haben, stellen das griechische und das römische Theatergebäude als zwei verschiedene Typen dar, die in wesentlichen Punkten von einander abweichen und sich unabhängig von einander entwickelt haben. Keiner von ihnen hat erkannt, dass das römische Theater sich mit allen seinen Besonderheiten aus dem griechischen Theater folgerichtig dadurch entwickelt hat, dass die alte kreisrunde Orchestra in zwei Teile, eine hochgelegene Bühne und eine tiefer liegende, halbkreisförmige Konistra zerlegt worden ist. Es konnte das auch nicht erkannt werden, solange man das griechische Proskenion und die römische Bühne für die einander entsprechenden Bauteile hielt. In Wirklichkeit entspricht die römische Bühne dem einen Teil der griechischen Orchestra, und die römische Säulenstellung vor der Skenenwand dem griechischen Proskenion. Wie nun im römischen Theater die Schauspieler nicht oben über den Säulen des Proskenion auftraten, wenn sie nicht als Götter auf dem Theologeion zu erscheinen hatten, so kann auch im griechischen Theater die Decke des Proskenion nicht der gewöhnliche Standplatz der Schauspieler gewesen sein; sie war vielmehr das Dach des den Hintergrund bildenden Hauses oder auch das Theologeion.

Erst wenn das nahe Verhältnis des römischen zum griechischen Theater erkannt ist, stellt sich die Geschichte des antiken Theaters von den ältesten Zeiten bis zur römischen Epoche als einheitliche und folgerichtige Entwickelung heraus, in der keinerlei willkürliche und unbegreifliche Sprünge vorkommen.

Wie die Orchestra in der ältesten Zeit der Spielplatz des Chors und der ersten Schauspieler war, so blieb sie es auch, als neben ihr die Skene als Hintergrund des Spiels errichtet wurde. Der Chor benutzte zu seinen Tänzen den ganzen Kreis der Orchestra, die Schauspieler dagegen namentlich den Teil dieses Platzes und seiner Umgebung, der unmittelbar vor der Skene lag. Daran änderte sich später nichts, weder als im IV. Jahrhundert die hölzerne Skene durch ein steinernes Gebäude mit beweglichem Proskenion ersetzt wurde, noch als in hellenistischer Zeit an Stelle des hölzernen Proskenion ein steinerner Säulenbau mit Pinakes trat, noch endlich als zur Zeit der Römer die eine Hälfte der runden Orchestra, die nach dem Fortfall des Chores überflüssig geworden war, zu andrer Verwendung umgebaut wurde. Die Schauspieler blieben zu allen Zeiten in derselben Entfernung von den Zuschauern, nämlich in der vor der Skene befindlichen Hälfte der Orchestra, und auch gewöhnlich in derselben Höhe, nämlich in der Bodenhöhe der alten Orchestra.

Diesem Bilde stelle man nun das andere gegenüber, wie es bisher fast allgemein von der Entwickelung des antiken Theaters entworfen wurde und man wird sofort seine grossen Mängel, ja seine Unzulässigkeit erkennen. Darnach standen die Schauspieler zuerst neben dem Chore inmitten des Orchestrakreises, und wurden vom Anfang oder Ende des V. Jahrhunderts ab auf eine neben dem Kreise errichtete, erhöhte Bühne verwiesen. Diese soll dann im Laufe der Jahrhunderte immer höher und schmaler geworden sein und sich sogar von der Orchestra entfernt haben (vgl. das Theater in Athen), bis sie zur Zeit Vitruvs 3,00—3,50m hoch und nur 2,50—3m breit war. Die Römer erst würden das Unpraktische dieser Einrichtung erkannt und deshalb die Schauspieler wieder auf eine niedrige und den Zuschauern näher liegende Bühne gesetzt haben. Damit kamen die Schauspieler endlich wieder ungefähr an dieselbe Stelle des Theaters, wo sie im V. Jahrhundert gewesen waren!

Das römische Bühnenspiel, das Spiel auf dem hohen Proskenion und das ältere Spiel auf einer niedrigen Bühne sind also nicht drei Stufen einer einheitlichen Entwickelung, und es ist daher verfehlt, wenn das römische Bühnenspiel als Beweis für Vitruvs Angabe, und Vitruvs Bühnenspiel als Stütze für die Annahme eines Bühnenspiels in älterer Zeit angeführt wird. Vielmehr weist gerade die Stelle, welche die Bühne im römischen Theater einnimmt, aufs Deutlichste darauf hin, dass das griechische Proskenion keine Bühne gewesen sein kann. So schliesst sich mit dem der Entwickelungsgeschichte des Theaters entnommenen Argumente der Ring der Beweise gegen die Auffassung des Proskenion als Bühne und berechtigt uns zu dem zwingenden Schlusse, dass das Proskenion des hellenistischen Theaters keine Bühne für die Schauspieler, sondern der Hintergrund für ihr in der Orchestra stattfindendes Spiel gewesen ist.

Vitruv muss sich also irren, wenn er angiebt, dass die tragischen und komischen Schauspieler auf dem Proskenion aufgetreten seien. Dürfen wir aber einen solchen Irrtum annehmen und wie kann er entstanden sein?

Man erklärt es vielfach von vornherein für unmöglich, dass sich Vitruv in einem so wichtigen Punkte geirrt haben könne. Warum aber ein römischer Baumeister bei der Erklärung eines griechischen Baues nicht auch einmal einen Irrtum begehen konnte, ist nicht einzusehen. Gewiss hatte Vitruv, als er sein Buch schrieb, die Pläne und Beschreibungen griechischer Theater vor sich, denn seine Angaben über die Gestalt, die Abmessungen und selbst die Namen der einzelnen Bauteile sind vollkommen richtig; aber in diesen Schriften brauchte nicht ausdrücklich gesagt zu sein, wo die Schauspieler zu stehen pflegten. Wenn unsere Darlegungen richtig sind, so konnte ein griechischer Architekt überhaupt nicht auf den Gedanken kommen, dass jemals irgend einer das Dach des Proskenion für den gewöhnlichen Standplatz der Schauspieler halten könne. Ganz anders aber lag die Sache für einen römischen Architekten; bei ihm konnte ein solcher Irrtum durch die Thatsache, dass in den römischen Theatern auf einer Bühne gespielt wurde, und die Bühne ihm als wesentlicher Teil des Theaters erscheinen musste, immerhin hervorgerufen werden.

In Italien und namentlich im alten Rom war man seit Alters daran gewöhnt, die Schauspieler auf einer Bühne auftreten zu sehen, weil die Zuschauer auf ebenem Boden zu sitzen oder zu stehen pflegten, und weil kein Chor vorhanden war. Wie eine solche Bühne ursprünglich gestaltet war, ist aus den im VI. Abschnitt besprochenen Vasenbildern mit Darstellungen italischer Possen bekannt, und wie sie später aussah, kann man in jedem römischen Theater sehen. Vitruv, der vielleicht nie einer skenischen Aufführung in einem griechischen Theater beigewohnt hatte, fand in den Plänen der griechischen Theater vor der Skene, also ungefähr an der Stelle, wo im römischen Theater der hintere Teil der Bühne lag, einen Vorbau, der zwar höher und schmaler war als das römische Logeion, aber immerhin die äussere Gestalt einer Bühne hatte. Vielleicht fand er sogar (vgl. oben S. 303) für den Vorbau den Namen λογεῖον, da er ihn ausdrücklich als die griechische Bezeichnung für das Pulpitum nennt. Wenn er nun annahm, dass auch auf diesem Vorbau, ebenso wie auf der römischen Bühne die Schauspieler aufgetreten seien, so lässt sich das wenigstens entschuldigen. Ausserdem pflegten in manchen Tragödien und Komödien in der That einige Schauspieler dort oben aufzutreten, entweder um als Deus ex machina die Entscheidung zu bringen, oder weil das Drama ein Spielen auf dem Dache verlangte. Aber davon spricht Vitruv offenbar nicht, vielmehr hält er das Pulpitum für den gewöhnlichen Standplatz aller Schauspieler.

Ob es in Italien wirklich einmal vorgekommen ist, dass in einem nach griechischer Weise gebauten Theater die Schauspieler in verkehrter Weise oben auf dem Proskenion anstatt vor ihm aufgetreten sind, wissen wir nicht, halten es aber für sehr unwahrscheinlich. Jedenfalls dünkt es uns eine billigere Annahme, dass Vitruv sich geirrt habe, als dass die Römer in der Verwendung des Proskenion einen solchen Missgriff begangen haben sollen. Den Irrtum des römischen Baumeisters werden wir dann der Verwechselung der beiden Podien und vielleicht dem doppelten Vorkommen des Namens Logeion (für das Theologeion des griechischen und für die Bühne des römischen Theaters) zuschreiben.

Auch auf eine andere Möglichkeit der Erklärung des Irrtums muss noch hingewiesen werden: Vitruv kann den Ausdruck seiner griechischen Quelle ἐπὶ σκηνῆς falsch verstanden haben. Die diesem Ausdruck entsprechende lateinische Wendung findet sich gerade an der in Betracht kommenden Stelle (s. S. 159, § 3) zweimal, nämlich bei der Besprechung des römischen wie auch des griechischen Theaters. Vitruv versteht unter «in scaena» beim römischen Theater «auf der Bühne», d. h. in dem Raume, der inmitten der Dekorationswände liegt (vgl. S. 289). Ebenso hat er offenbar auch im griechischen Theater den Ausdruck verstanden und auf die vor der Skenenwand befindliche schmale Bühne, die Decke des Proskenion, bezogen. Aber in seiner griechischen Quelle war der Ausdruck ἐπὶ σκηνῆς in anderem Sinne gebraucht. Wenn dort gesagt war, dass die tragischen und komischen Schauspieler ἐπὶ σκηνῆς standen, und er übersetzte das mit «in scaena», so musste er glauben, dass sie «auf der Bühne» spielten, während der griechische Ausdruck in Wirklichkeit sagte, dass sie «vor» oder «bei dem Spielhause» aufzutreten pflegten.

Es lassen sich noch andere Möglichkeiten ausdenken, wie die irrtümliche Angabe in den Text des Vitruv gekommen ist. Wir begnügen uns damit, auf diejenigen Lösungen hingewiesen zu haben, die uns bei der Arbeitsweise des gelehrten Architekten am nächsten zu liegen scheinen. Wie man aber auch über die Vitruvstelle denken mag, an den Thatsachen, dass das Proskenion des hellenistischen Theaters nicht aus einer älteren Bühne hervorgewachsen ist, dass es ferner nicht die Bestimmung gehabt hat, als dramatische Bühne zu dienen, und dass es endlich auch nicht als Vorläufer der römischen Bühne betrachtet werden kann, ändert das nichts. Dass wir diese drei Sätze als erwiesene Thatsachen ansehen dürfen, wird uns die genauere Betrachtung der Entwickelungsgeschichte des Theaters im nächsten Abschnitte lehren.

(W. D.)

VIII. ABSCHNITT.
DIE ENTWICKELUNGSGESCHICHTE DES GRIECHISCHEN THEATERS.

Nachdem wir in den früheren Abschnitten die verschiedenen Entwickelungsstufen des athenischen Theaters kennen gelernt und auch eine grössere Anzahl anderer Theater, welche einige seiner Bauepochen in wünschenswerter Weise aufklären, kurz besprochen haben, nachdem ferner die literarischen und sonstigen Zeugnisse über das griechische Theater eingehend behandelt sind, dürfen wir zum Schluss den Versuch unternehmen, ein allgemeines Bild der Entwickelungsgeschichte des griechischen Theaters zu entwerfen. Wir wollen dabei fünf verschiedene Perioden unterscheiden, die den wichtigsten Entwickelungsstufen des Theaters entsprechen.

1. Die älteste Periode.

Schon in sehr früher Zeit, soweit überhaupt unsere historischen Nachrichten zurückreichen, sind in Griechenland geordnete Chorgesänge und Tänze an den Festen der Götter und namentlich an denen des Dionysos aufgeführt worden. Solche Dichtungen, von Chören gesungen und meist im Tanzschritt vorgetragen, haben die Grundlage gebildet, aus denen das antike Drama hervorgegangen ist.

Während eine auserlesene und eingeübte Schaar in dem heiligen Bezirk des Dionysos oder auf einem geeigneten Platze in seiner Nähe sang und tanzte, nahmen die übrigen Mitglieder der Festgemeinde als andächtige Zuhörer und Zuschauer Teil. Für diese Feste musste demnach zunächst ein Platz vorhanden sein, auf dem eine Anzahl von Personen sich tanzend bewegen und Andere zuschauen konnten. Ein runder Tanzplatz, eine Orchestra, war mithin für die dithyrambisch-dramatischen Spiele der ältesten Zeit das erste Erfordernis. Solcher Orchestren fanden wir in Athen schon vor dem V. Jahrhundert zwei: die eine lag in dem Bezirke des Dionysos Eleuthereus, die andere an der Agora, nicht weit von dem Heiligtum des älteren Dionysos. Jene war vermutlich erst im VI. Jahrhundert angelegt, diese stammte dagegen aus viel älterer Zeit und hatte wahrscheinlich früher auch an anderen Festen als Platz für Agone gedient.

In älterer Zeit mag der Tanzplatz selbst auch für die Zuschauer genügenden Raum geboten haben, denn ursprünglich war es wohl die Festgemeinde selbst, welche die Tänze und Gesänge aufführte. Als aber die Zahl der Zuschauer wuchs, als das Fest glänzender und angesehener und die Chöre kunstvoller wurden, trat an die Veranstalter der Feste die Notwendigkeit heran, einen besonderen Zuschauerraum um den Tanzplatz herum herzustellen. Ein die Orchestra umgebendes Theatron war also das zweite Erfordernis für die dionysischen Aufführungen. Wann der erste derartige Bau in Athen oder anderswo errichtet wurde, ist uns nicht bekannt; auch können wir seine Gestalt und Einrichtung nicht im Einzelnen angeben. Nur einige allgemeine Grundzüge lassen sich bestimmen.

Da wir wissen, dass die athenischen Orchestren auf Terrassen am Areopag und an der Akropolis lagen, müssen wir annehmen, dass schon der älteste Zuschauerraum die Orchestra nicht auf allen Seiten umgab, sondern nur auf den zum Berge gerichteten Seiten angelegt war. Die Abhänge des Areopag und der Akropolis boten schon von Natur vielen Personen gute Plätze, von denen die Orchestren bequem zu übersehen waren. Wahrscheinlich ist sogar die Stelle für den im VI. Jahrhundert gegründeten Bezirk des Eleuthereus mit Rücksicht auf die Anlage eines guten Zuschauerraumes gewählt worden. Während ursprünglich wohl nur für die Priester und Behörden eine Reihe von Sitzen um den Tanzplatz herum hergerichtet worden war, hat sich in Folge der längeren Dauer der Aufführungen auch für die übrigen Zuschauer das Bedürfnis nach Sitzen herausgestellt. Alle diese Sitze konnten naturgemäss nicht anders als im Bogen um die runde Orchestra angeordnet werden. Nach der Seite des Bergabhanges liess sich das ohne Schwierigkeiten ausführen, nach der entgegengesetzten Seite war es aber nur unter Herstellung hoher Gerüste möglich. Zwischen diesen beiden Seiten genügten niedrige Gerüste oder geringe Erdanschüttungen, um Sitzbänke aus Holz aufzuschlagen. So kam es, dass man schon vor Errichtung der Skene nur an drei Seiten der Orchestra einen Zuschauerraum anlegte, die vierte Seite aber frei liess.

Zugänge zum Festplatze waren seit ältester Zeit zwei vorhanden, nämlich Rampen, die von beiden Seiten auf die terrassenförmige Orchestra hinaufführten. Sie lagen nach Herstellung des Zuschauerraumes zwischen diesem und dem freien Teile der Orchestra.

In der Mitte des Tanzplatzes befand sich in der Regel ein Altar des Dionysos, denn die Aufführungen waren ein Teil des Gottesdienstes. An diesem Altar wurde vor dem Beginn der Agone geopfert. Auf seinen Stufen haben wir uns seit ältester Zeit den Flötenspieler zu denken, welcher die Reigentänze mit seiner Musik begleitete.

Dieser Zustand blieb unverändert, als im VI. Jahrhundert durch Einführung der Wechselreden zwischen dem Chor und dem ersten Schauspieler aus den Reigentänzen und Chören sich die ersten Anfänge einer dramatischen Handlung entwickelten. Der Schauspieler trat in diesem Falle gewiss in die Mitte des Kreises und stellte sich, um von dem Chor geschieden zu sein und doch bequem mit ihm reden zu können, auf eine der Stufen oder auf den Tritt des Altars (vgl. S. 178).

Welche Gestalt dieser Altar hatte, suchten wir S. 34 ff. zu bestimmen. Gewöhnlich bestand er aus zwei Teilen, dem eigentlichen Altar oder Opfertisch, und dem niedrigen Standplatz des Priesters, auf dem auch das Opfertier geschlachtet wurde. Der untere Platz hiess bei grossen Altären Prothysis, bei anderen wahrscheinlich Thymele oder Bema. Zuweilen war das Bema auch von dem Altare getrennt. Wie nun der Priester beim Opfern auf dem Tritt des Altars stand, und wie der Redner in der Volksversammlung auf der obersten der drei Stufen des Felsaltars mitten in dem grossen Theatron der Pnyx auftrat, so hat auch der Vorsänger und der erste Schauspieler auf den Stufen des Altars oder auf dem besonderen Tritt inmitten des Chors und der Festversammlung gestanden. Ein niedriges Bema und nicht etwa ein hohes Podium war es also, auf dem der erste Schauspieler stand. Der geringe Höhenunterschied zwischen dem Boden der Orchestra und diesem Tritt reichte vollkommen aus, um den Sprecher herauszuheben aus dem Kreise der Choreuten und ihn allen Zuschauern besonders sichtbar zu machen. Den Unterschied zu vergrössern, wäre nicht nur überflüssig, sondern geradezu zweckwidrig gewesen.

Der Altar der Orchestra hatte nicht bei allen Aufführungen und Spielen dieselbe Bedeutung. Während er ursprünglich der örtliche und geistige Mittelpunkt der Festfeier war, verlor er diese grosse Bedeutung im Laufe der Zeiten. Schon bei den dramatischen Chören des VI. Jahrhunderts, die zum Teil den Charakter von Cultgesängen hatten, war er als Mittelpunkt der Aufführung nicht mehr unbedingt notwendig. Aber daraus folgt noch nicht, dass er bei diesen Aufführungen entfernt oder nicht aufgestellt wurde. Vielmehr lässt er sich auch in den folgenden Jahrhunderten noch nachweisen und selbst in den römischen Theatern scheint er nicht gefehlt zu haben.

Am Schlusse der ersten Entwickelungsperiode, nämlich am Ende des VI. Jahrhunderts, bietet uns hiernach das Theater folgendes allgemeine Bild: In der Mitte eines kreisrunden am Bergabhange gelegenen Tanzplatzes steht ein Altar des Gottes. Zwei rampenartige Wege führen zu dem Platze hinauf. Um ihn herum sind, soweit es das Terrain gestattet, Sitze aus Holz für die vorsitzenden Priester und Beamten aufgestellt. Hinter ihnen befinden sich die anderen Zuschauer, teils sitzend, teils stehend. Inmitten der Festgemeinde auf dem runden Tanzplatz führt der Chor seine Tänze und Gesänge auf, begleitet von der Musik des Flötenspielers, der an dem in der Mitte der Orchestra befindlichen Altare Aufstellung genommen hat. Auf dem Tritt desselben Altars steht vielfach auch der Sprecher oder Schauspieler, der die Pausen des Tanzes mit seinen Reden ausfüllt.

Wer jemals in der Gegenwart in einem griechischen Dorfe den festlichen Tänzen der Bauern zugeschaut hat, der hat ein Bild gesehen, das nicht sehr verschieden sein wird von dem Treiben im ältesten griechischen Theater. Auch jetzt finden diese nationalen Tänze namentlich an den religiösen Festen statt. Die besten Tänzer und Tänzerinnen des Dorfes werden nicht müde, ihre Reigentänze unter Gesang und einfacher Musikbegleitung auszuführen. Zwar erhebt sich kein Altar mehr auf dem Tanzplatze, aber die Musikanten stehen noch jetzt in seiner Mitte und bilden ein Centrum, um das sich die Tanzenden im Kreise bewegen. Die meisten Zuschauer stehen rings herum; für die Bevorzugten unter ihnen werden Stühle herbeigeschafft und in der ersten Reihe aufgestellt. Einzelne Zuschauer finden auch auf höher gelegenen Stellen, auf den Terrassen der Häuser, auf Felsen und selbst auf Bäumen einen geeigneten Sitzplatz.

2. Das Theater des V. Jahrhunderts.

In dem Jahrhundert, in welchem sich das Drama von geringen Anfängen zu einer Höhe entwickelte, die man als seine Blütezeit bezeichnen darf, hat auch das Theatergebäude naturgemäss eine grosse Entwickelung durchgemacht. Wie das Drama damals die Gestalt annahm, welche es durch das ganze Altertum im Wesentlichen behalten hat, so hat auch das Theatergebäude gerade in dieser Periode eine Form erhalten, die für alle späteren Zeiten die Grundlage geblieben ist.

Je reicher sich die Aufführungen im Laufe des V. Jahrhunderts gestalteten und je grösser die Zahl der Zuschauer wurde, um so mehr musste man auf die Herstellung eines guten und grossen Zuschauerraumes bedacht sein. An Stelle der einfachen Holzgerüste, die man um die Orchestra aufgeschlagen hatte, wurden deshalb aus Stein und Erde regelmässigere und bessere Zuschauerräume hergestellt. Die Sitze selbst blieben noch aus Holz. Soweit unsere Kenntnis der Theater reicht, scheint es im V. Jahrhundert in keiner griechischen Stadt ein Theater mit steinernen Sitzen gegeben zu haben.

Die Orchestra selbst blieb in ihrer Gestalt fast unverändert. Sie bildete auch im V. Jahrhundert einen vollen Kreis mit einem Altar in der Mitte. Die Einführung des zweiten Schauspielers gab keinen Anlass, den Spielplatz von Grund aus zu verändern. Denn erstens ist es für das Spiel und auch für die Zuschauer ziemlich einerlei, ob ein Schauspieler mit dem Chore spricht, oder ob zwei Schauspieler teils unter sich, teils mit dem Chore Wechselreden halten. In beiden Fällen muss sich der Sprechende zuweilen hierhin, zuweilen dorthin wenden, weil der Chor, vermutlich in zwei Halbchöre geteilt, zu beiden Seiten der Thymele stand. Sodann ist es aber ein verhängnisvoller Irrtum, der selbst auf unser heutiges Theaterwesen noch ungünstig einwirkt, wenn man meint, dass es schöner und besser sei, die sprechenden und handelnden Schauspieler nur von einer Seite zu sehen, als sie von allen Seiten beschauen zu können. Das Bühnenspiel, sowohl im Altertum wie in der Gegenwart, gleicht einem Gemälde; man sieht die Spielenden in einem Rahmen wie die Personen eines Bildes oder Reliefs. Das Spiel in der Orchestra, bei dem die handelnden Personen zwar auch vor einem Hintergrunde, aber doch auf einem grösseren Platze von drei Seiten gesehen werden, wird mehr den Eindruck einer wirklichen Handlung hervorrufen und somit die Illusion vermehren. Das Orchestraspiel ist vollkommener als das Bühnenspiel. Bei diesem werden zwei mit einander sprechende Schauspieler, um besser gehört zu werden, sich während ihrer Reden oft zum Publicum hin wenden, anstatt sich gegenseitig anzusehen. Beim Spiel in der Orchestra lag dagegen kein Grund vor, von der natürlichen Art des Gespräches abzuweichen. Dass auch das Zusammenspiel zwischen den beiden Schauspielern und dem Chore keine Veranlassung bot, die Art des Spiels von Grund aus zu ändern und die Schauspieler von dem Chore getrennt auf eine Bühne zu heben, ist oben S. 179 und 192 dargelegt worden.

Hat demnach die Einführung des zweiten Schauspielers keine Änderung des Spielplatzes hervorgerufen, so ist von einer anderen, wirklich eingreifenden und folgenschweren Neuerung zu berichten, welche von Aischylos in der ersten Hälfte des V. Jahrhunderts eingeführt wurde. Sie bestand in der Errichtung einer Skene, eines Spielzeltes, welches neben der Orchestra aufgeschlagen wurde, und hat, so unscheinbar sie auf den ersten Blick auch sein mag, einen sehr grossen Einfluss auf die Gestaltung des Spielplatzes und auf die Entwickelung des Theaterspiels überhaupt gehabt.

Auch nach Einführung des zweiten Schauspielers war die Handlung der Dramen eine beschränkte geblieben. Die Schauspieler konnten zwar unter sich und mit dem Chore sprechen, sie vermochten auch aus der Orchestra abzutreten und wieder zu erscheinen, aber die Handlung war gebunden und konnte sich nicht frei entwickeln. Der Ort der Handlung war gewöhnlich ein heiliger Bezirk vor der Stadt. Wenn die abtretenden Personen in die ferne und nicht sichtbare Stadt gehen mussten, so entstanden stets längere Pausen, ehe sie wieder erscheinen konnten, Pausen, die man durch Chorgesänge ausfüllen musste. Die wichtige Neuerung, welche Aischylos einführte, bestand nun darin, dass er durch einen provisorischen Bau, den er neben der Orchestra errichten liess, diese aus dem Platz im heiligen Bezirk in irgend einen anderen Ort verwandelte. Dieser nur für das eine Stück aus Holz und Zeug errichtete Bau hiess nach griechischem Sprachgebrauch «Skene», also Zelt oder Haus.

In den «Schutzflehenden» des Aischylos ist der Ort der Handlung noch ein heiliger Bezirk mit einem grossen Altare und in den «Sieben vor Theben» ein freier Platz mit Götterbildern, ohne dass irgend ein künstlicher Hintergrund als Abschluss des Spielplatzes vorhanden wäre. In anderen, jüngeren Dramen ist dagegen durch Errichtung einer Skene, die z. B. einen Königspalast oder ein Zelt darstellt, der alte Tanzplatz des heiligen Bezirks in einen Vorplatz vor dem Königspalaste oder vor dem Kriegszelte verwandelt (s. S. 195).

Diese Neuerung ist gewiss nicht plötzlich und mit einem Schlage erfunden und durchgeführt worden, sondern wir werden eine allmähliche Entwickelung anzunehmen haben. Zuerst wurde der Altar in der Mitte der Orchestra für das Spiel benutzt, dann wurde vielleicht ein grösserer Altarbau oder ein Grabmonument ausserhalb des Tanzplatzes an seiner vierten freien Seite errichtet; darauf ging man dazu über, diesen Altarbau durch ein wirkliches Zelt zu ersetzen und schliesslich wurde sogar ein grosses, mit Säulen geschmücktes Haus als Königspalast neben dem Kreise aufgebaut.

Das Material, aus dem die Skene hergestellt wurde, bestand in hölzernen Pfosten, deren Zwischenräume mit Brettern, Leinwand, Teppichen und Fellen geschlossen wurden. Über die Grösse der ältesten Skenen und ihre Beschaffenheit im Einzelnen sind wir nicht unterrichtet. Mit Sicherheit darf man aber aussprechen, dass die Skene ursprünglich keine einfache Dekorations- oder Schmuckwand war, sondern, wie das Wort σκηνή uns lehrt, ein wirkliches körperliches Haus.

Die Räume, in denen sich früher die auftretenden Personen umgekleidet hatten, sind vermutlich bald mit dem neuen Spielzelte verbunden worden. Sie hatten vorher nicht unmittelbar neben der Orchestra und auch nicht im Gesichtsfelde der Zuschauer gelegen, denn es wäre lächerlich gewesen, wenn z. B. in den «Schutzflehenden» des Aischylos der König Pelasgos mit Wagen und Gefolge aus einem den Zuschauern sichtbaren Zelte herausgekommen wäre und dabei behauptet hätte, er käme aus der entfernten Stadt Argos. Nachdem aber durch Errichtung der Skene ein Abschluss des Spielplatzes erreicht war, konnten die Personen durch einen Seiteneingang die Skene verlassen, ungesehen zur Parodos gelangen und dann vor den Augen der Zuschauer die Orchestra betreten.

Vielleicht in Verbindung hiermit erfolgte eine weitere Veränderung, die wir vermutungsweise um die Mitte des V. Jahrhunderts ansetzen können. Während ursprünglich die Skene nicht nur am Ende des Festes, sondern auch zuweilen nach jeder Aufführung fortgenommen oder verändert wurde, ging man bald dazu über, den Bau selbst stehen zu lassen und nur seine Vorderwand den aufzuführenden Stücken entsprechend zu verändern oder mit andern Worten, man errichtete vor der Skene ein Proskenion (s. S. 202). Dabei blieb die Skene vorläufig noch aus Holz und wurde vermutlich am Ende des Festes abgebrochen.

Zur Durchführung dieser Veränderung werden vermutlich mehrere Umstände gewirkt haben. Zunächst verlangten die Theatermaschinen, welche im V. Jahrhundert angewandt wurden, ein etwas festeres Haus, als es das ursprüngliche Spielzelt war. Sodann wird sich bei den Aufführungen sehr bald gezeigt haben, dass es für die Akustik des Theaters von sehr grossem Vorteil war, wenn die Orchestra auf ihrer ganzen freien Seite von einem Bau völlig abgeschlossen wurde. Und ein Gebäude, welches von der einen bis zur anderen Parodos reichte und daher etwa den Durchmesser der Orchestra zur Länge hatte, konnte nicht in so kurzer Zeit abgebrochen werden, während seine Vorderwand durch eine Dekoration viel leichter zu verändern war. Zum seitlichen Abschluss dieser beweglichen Schmuckwand waren feste Seitenbauten sehr erwünscht, da sonst auch die beiden Seitenwände der Skene eine Dekoration hätten erhalten müssen. So entstanden die Paraskenien, zwischen denen das Proskenion angebracht wurde.

Durch die Erfindung und Einführung der Skene war die Handlung der Dramen mit einem Schlage von den Fesseln befreit, welche ihre freie Entwickelung bis dahin gehemmt hatten. Der Ort der Handlung brauchte nicht mehr der Altarplatz des heiligen Bezirks zu sein, sondern jeder beliebige Ort durfte gewählt werden, wenn er nur durch die Skene charakterisirt werden konnte. Der abtretende Schauspieler brauchte nicht mehr lange auszubleiben, um scheinbar in die fern liegende Stadt zu gehen, sondern er trat in das Spielzelt hinein und konnte nach wenigen Augenblicken wieder von dort zurückkehren. Da ferner der eine Schauspieler aus der Skene, der andere von aussen durch die Parodos in die Orchestra eintrat, war eine Abwechselung möglich und es war durch die Verschiedenheit der Zugänge schon angedeutet, dass der eine aus der Stadt oder der Fremde, der andere aber aus dem Palast oder was sonst die Skene darstellen mochte, kam. Endlich war jetzt auch die Möglichkeit gegeben, Teile der Handlung, welche sich nicht vor den Augen der Zuschauer abspielen sollten, wie z. B. Ermordungen, in das Innere des Zeltes zu verlegen, und sie so doch den Zuschauern nahe zu rücken. Diese zahlreichen Vorteile, welche die neben der Orchestra errichtete Skene bot, haben ihre schnelle Einführung in fast allen Dramen und Theatern und ihre dauernde Erhaltung zur natürlichen Folge gehabt.

Über die Gestalt und Ausstattung der Skene im V. Jahrhundert sind wir teils durch die alten Dramen, teils durch die aus etwas jüngerer Zeit stammenden Bauwerke unterrichtet. Was sie lehren, ist in den früheren Abschnitten dargelegt. Anfangs war die Skene ein einfacher viereckiger Bau von einem einzigen Stockwerk. Als es die aufzuführenden Dramen verlangten, wurden weitere Häuser oder auch ein zweites Stockwerk hinzugefügt. Wie eine aus einem Hauptbau und zwei Nebengebäuden bestehende Skene mit dem davor liegenden runden Tanzplatze etwa aussehen mochte, zeigt Figur 93. Als Umgang zwischen Orchestra und Zuschauerraum ist die in dem Theater von Eretria vorhandene Form gewählt worden, bei welcher der Platz vor der Skene nicht wie in Epidauros durch einen Steinkreis zerschnitten wird. In der Mitte der Orchestra ist ein viereckiger Altar angenommen.

Als später die Skene fester gebaut und eine besondere Schmuckwand (Proskenion) davor aufgestellt wurde, befand sich diese in einem solchen Abstande von der Skene, dass die Schauspieler sich bequem zwischen beiden bewegen konnten. Dies war notwendig, damit die Thüröffnungen des Proskenion unabhängig von denen der Skene angelegt werden konnten. Auf dem Dach des Proskenion traten nun diejenigen Personen auf, welche früher auf dem Dache der einfachen Skene erschienen waren. Über ihm schwebend erschienen namentlich die Götter, welche mit der Flugmaschine oder zu Fuss aus dem oberen Stockwerk der Skene herauskamen.

Da der seitliche Abschluss des Proskenion, wenn dieses z. B. eine Stadtmauer mit einem Thore oder eine Felslandschaft darstellte, schwer herzustellen war, wurden an beiden Enden der Skene zwei vorspringende Flügelbauten errichtet, welche feste Stützpunkte für den Abschluss der Proskenien boten. Für das vierte Jahrhundert sind diese Seitenbauten oder Paraskenien in Athen und Eretria gesichert, dürfen mit grosser Wahrscheinlichkeit aber auch schon für die zweite Hälfte des fünften Jahrhunderts angenommen werden, wie die Dramen dieser Zeit lehren (vgl. S. 255).

Der Anschluss der viereckigen Skene an die runde Orchestra mochte zuerst einige Schwierigkeiten bieten, namentlich wenn die Orchestra, wie z. B. in Athen, eine Terrasse mit hoher Stützmauer war. Sie liessen sich aber leicht heben durch die Erweiterung des vor der Skene gelegenen Kreisabschnittes zu einem Viereck. Dabei konnte, wie im Theater von Epidauros, der ganze Kreis durch eine Steinschwelle hervorgehoben bleiben, oder der vor der Skene liegende Halbkreis kam in Fortfall, wie z. B. in Athen und Eretria (vgl. Figur 93).

Der Fussboden im Inneren des Spielzeltes lag in der Höhe des Orchestrabodens. Da aber der feste Erdboden an dieser Stelle, wenigstens in Athen, viel tiefer lag als die Orchestra, so musste entweder ein Untergeschoss einge-

Figur 93. Dreiteilige Skene mit Vorhalle.

richtet oder der Boden bis zur Höhe der Orchestra mit Erde aufgehöht werden. Vor der Erbauung des steinernen Skenengebäudes hat man wahrscheinlich die erstere, später sicher die zweite Lösung gewählt. Für die Skene in dem Prometheus des Aischylos, die einen grossen Felsblock darstellte, war dieser Höhenunterschied sehr vorteilhaft, weil der ganze Felsblock mitsamt dem Prometheus in die Tiefe (in das Untergeschoss) stürzen und so den Augen der Zuschauer entzogen werden konnte.

Solange nur ein Schauspieler vorhanden war, hatte er gewöhnlich auf der Thymele in Mitten der Orchestra gestanden. Als nach Einführung des zweiten

Schauspielers die dargestellte Handlung lebhafter wurde, wird öfter der Fall eingetreten sein, dass einer von ihnen nicht auf den Tritt stieg. Wenn er z. B als Bote eine Meldung zu machen hatte, blieb er auf dem Boden der Orchestra zwischen der Parodos und dem Altare stehen, um nach erfolgter Meldung sofort wieder abzutreten. Je lebhafter die dargestellte Handlung wurde, um so öfter werden die Schauspieler in der Orchestra geblieben und nicht mehr auf die Thymele getreten sein. Dies wurde zur Regel, als die Skene erfunden war, und die Schauspieler nunmehr oft in die Skene hineingingen und wieder aus ihr heraustraten. Damals gewöhnten sie sich daran, in der Nähe der Skenenthür zu bleiben und vor dem Hause (ἐπὶ σκηνῆς) zu spielen. So wurde der Raum zwischen der Skene, den beiden Parodoi und der Thymele der gewöhnliche Standplatz der Schauspieler und ist es auch immer geblieben.

Trotz Einführung eines und mehrerer Schauspieler und trotz Errichtung der Skene veränderte der Chor seine Stellung nicht. Für seine Tänze stand ihm noch der ganze Orchestrakreis zur Verfügung. Bei den Wechselreden mit den Schauspielern wird er geschlossen oder in zwei und mehrere Gruppen geteilt, an denjenigen Stellen der Orchestra gestanden haben, welche die Handlung des Dramas, an der er teilnahm, als die natürlichste erscheinen liess. Dass er dabei die Schauspieler für die Zuschauer nicht verdeckte, haben wir im VII. Abschnitt gezeigt. Hierzu trug wahrscheinlich noch die Gestalt der Skene insofern bei, als diese zuweilen eine mit Stufen versehene Vorhalle eines Tempels und Hauses, oder ein etwas höher gelegenes Thor darstellte, sodass der Schauspieler selbst für die in der untersten Reihe sitzenden Zuschauer über den Köpfen der Choreuten sichtbar war. In der aus dem IV. Jahrhundert stammenden Vorhalle des Thersilion in Megalopolis fanden wir eine solche ursprünglich zweistufige, später fünfstufige steinerne Skene, auf deren Stufen die Schauspieler zuweilen stehen konnten.

Ausdrücklich mag schliesslich betont werden, dass für die Epoche des V. Jahrhunderts auch nicht der geringste Anhaltspunkt zur Ergänzung einer ständigen erhöhten Bühne vor der Skene vorhanden ist.

Das Bild, welches uns das griechische Theater am Schlusse seiner zweiten Entwickelungsperiode (Ende des V. und Anfang des IV. Jahrhunderts) bietet, lässt sich hiernach in folgender Weise skizziren:

Eine kreisrunde Orchestra, ein einfacher, mit einem Erdfussboden versehener Tanzplatz, bildet die Mitte des Theaters. In ihrem Centrum steht gewöhnlich der Altar. Mehr als die Hälfte der Orchestra ist von einem grossen Zuschauerraum umgeben, der zwar hölzerne Sitze hat, aber durch Erdanschüttungen und grosse Stützmauern hergestellt ist. An der freien Seite der Orchestra liegt die Skene, ein aus Holz aufgeführtes Gebäude, welches den Ort der Handlung bezeichnet und als Hintergrund für das Spiel dient. Zuweilen hat es eine, zuweilen auch mehrere Thüren. Ist es ein festes Gebäude, so hat es vielfach rechts und links Vorsprünge (Paraskenien), zwischen denen eine bewegliche Schmuckwand (Proskenion) aufgeschlagen wird. Zwischen dem Zuschauerraum und der Skene befinden sich zwei seitliche Zugänge zur Orchestra, die Parodoi, durch welche die Zuschauer das Theater betreten. Durch dieselben Zugänge pflegen auch der Chor und diejenigen Schauspieler, welche aus der Stadt oder aus der Ferne kommen, die Orchestra zu betreten. Während des Spieles bleibt der Chor in der Orchestra. Die Schauspieler halten sich fast ausschliesslich in derjenigen Hälfte der Orchestra auf, welche als Rechteck unmittelbar vor der Skene liegt. Auf irgend ein Gerüst steigen sie nicht, sondern befinden sich, wenn sie nicht den Tritt des Altares oder etwaige Stufen der Skene betreten, zusammen mit den Choreuten auf dem Boden der Orchestra. Nur wenn die Handlung des Dramas es verlangt, erscheint in Ausnahmefällen ein Schauspieler oder auch mehrere auf dem Dache der Skene oder des Proskenion, entweder als Person, die sich auf dem Dache ihres Hauses befindet, oder als Gott auf dem Theologeion. Während in der ältesten Zeit Orchestra, Altar und Zuschauerraum die wichtigsten Teile des Theaters waren, dürfen wir in der zweiten Periode Orchestra, Skene und Zuschauerraum als solche bezeichnen.

3. Das Theater des IV. Jahrhunderts.

Auf der dritten Stufe seiner Entwickelung wird das griechische Theater aus einem einfachen Bau mit hölzernen Sitzen und hölzerner Skene zu einem grossartigen Gebäude mit steinernen Sitzen und einem stattlichen Spielhause. Seine allgemeine Einrichtung und die Art, wie in ihm gespielt wurde, änderte sich nur in unwesentlichen Punkten.

Der Zuschauerraum. Die im fünften Jahrhundert auftretenden Bestrebungen, den Zuschauerraum fester zu gestalten und die Zahl der Sitze zu vermehren, wurden im IV. Jahrhundert weiter und endeten in der Erbauung grossartiger Theaterräume mit Sitzreihen, deren Ruinen in vielen griechischen Städten erhalten sind und noch heute unsere Bewunderung hervorrufen. Mächtige Stützmauern mussten errichtet werden, um die hohen Erdmassen zusammen zu halten und Sitzreihen zu tragen, welche vielen Tausenden von Zuschauern Plätze bieten sollten. In welcher Stadt zuerst ein solcher, ganz aus Stein bestehender Zuschauerraum erbaut wurde, ist unbekannt. In Athen wurde er im IV. Jahrhundert errichtet und unter Lykurg vollendet. Andere Städte mögen darin Athen zuvorgekommen sein; doch ist bis jetzt noch kein älteres Steintheater mit Sicherheit nachgewiesen. Der grösste Sitzraum wurde in Megalopolis erbaut; er konnte 20000 Zuschauer aufnehmen.

Die Grundrisse der Zuschauerräume sind sehr verschieden, nähern sich aber alle der Gestalt eines halben Ringes. Eine gute Zusammenstellung der verschiedenen Sitzräume findet sich bei Wieseler (Theatergebäude, Tafel I, II und A) und Strack (Theatergebäude, Tafel IV—VIII). Mit Hülfe der neu ausgegrabenen Theater liessen sich diese Sammlungen etwas vervollständigen, ohne dass jedoch etwas Wesentliches dabei herauskäme.

Die Orchestra. Der Teil des Theaters, der sich im Laufe der griechischen und hellenistischen Periode am wenigsten verändert hat, ist die Orchestra. Sie blieb bis zur Zeit der Römer, was sie schon im VI. Jahrhundert gewesen war: ein kreisrunder Tanzplatz mit einem einfachen Fussboden aus Erde. Zugleich mit der Errichtung der steinernen Zuschauerräume wurde die Orchestra in allen Theatern mit einem steinernen Wassercanal umgeben, der zuweilen bis zu einem Meter tief und dann mit einzelnen Brückensteinen überdeckt war (z. B. in Athen und Piräus), zuweilen aber nur eine Tiefe von wenigen Centimetern hatte und dann zugleich als Umgang für die Zuschauer diente (z. B. in Epidauros und Eretria).

Dass in der Mitte der Orchestra auch in dieser Epoche noch ein Altar stand, dürfen wir vermuten, weil im Theater von Epidauros ein rundes Fundament und im athenischen Theater sogar noch aus römischer Zeit die Standspur eines runden Altars erhalten ist. Wenn in anderen Theatern keine Altarreste gefunden sind, so mag dies entweder dadurch erklärt werden, dass der Altar aus Holz bestand, oder dadurch, dass der ursprünglich vorhandene Altar später vielfach als überflüssig entfernt wurde. Auch die grosse Zerstörung, welche viele Theater erlitten haben, kann möglicher Weise die Schuld daran tragen.

Das Skenengebäude. Waren wir bei der Besprechung der Skene des V. Jahrhunderts in Ermangelung erhaltener Skenengebäude auf die literarische Überlieferung und auf Rückschlüsse aus den Gebäuden der jüngeren Perioden angewiesen, so befinden wir uns für das IV. Jahrhundert in der glücklichen Lage, unserer Untersuchung mehrere erhaltene Skenengebäude zu Grunde legen zu können. Es sind in erster Linie die steinernen Skenen der Theater von Athen, Epidauros, Megalopolis und Eretria, die hier in Betracht kommen, weil sie zum grossen Teile im IV. Jahrhundert entstanden sind. Allerdings bestanden die Skenen dieser Zeit nicht aus Stein, denn nur derjenige Teil, welcher schon früher als festerer Bau aufgeführt worden war, wurde in Stein erbaut. Die vor der Skene und zwischen den Paraskenien befindliche Schmuckwand musste auch im IV. Jahrhundert noch aus Holz und Zeug hergestellt werden, weil sie in den einzelnen Dramen verschiedene Gebäude darstellen sollte. Wie früher, so war auch im IV. Jahrhundert bald ein Königspalast, bald ein Wohnhaus, bald ein Tempel, bald eine Grotte, bald irgend eine andere Anlage als Hintergrund für das Spiel erforderlich. Diese verschiedenen Dekorationen mussten durch bewegliche Proskenien von ganz verschiedener Form gebildet werden.

In welchem Theater und zu welcher Zeit die erste steinerne Skene errichtet wurde, ist nicht bekannt. Vielleicht war das von Lykurg erbaute Spielhaus das älteste seiner Art. Es ist aber auch möglich, dass ausserhalb Athens, z. B. in Eretria, schon früher eine Skene aus Stein bestand, aber leider ist unsere Kenntnis der Baugeschichte der ausserhalb Athens vorhandenen Theater noch zu gering, um darüber mit Sicherheit entscheiden zu können.

Der Grundriss der steinernen Skenen hat sich naturgemäss nach demjenigen der älteren hölzernen Bauten gerichtet. Diese hatten sich an verschiedenen Orten unabhängig von einander entwickelt und zeigten nicht überall dieselbe Grundform.

In Folge dessen erhielten auch die steinernen Skenen abweichende Grundrisse. Bei dem einen Theater besteht sie aus einem grossen Saal (z. B. in Athen und Epidauros), bei einem anderen aus mehreren neben einander liegenden Zimmern (z. B. in Magnesia); bei dem einen ist sie von vorspringenden Paraskenien eingeschlossen (z. B. im älteren Bau von Eretria), bei einem anderen fehlen dieselben (z. B. in Assos). Die Höhe der steinernen Skenen wird, wenn wir nach der athenischen urteilen dürfen, nur ein Stockwerk betragen haben. War ein oberes Stockwerk oder sogar ein drittes in einem Drama notwendig, so musste es aus Holz ausgeführt werden. Die Herstellung dieses oberen Teiles aus Stein scheint erst zugleich mit der Errichtung eines steinernen Proskenion erfolgt zu sein.

Die beweglichen Proskenien, mochten sie nun aus Holzpfosten mit Pinakes oder aus grossen, nur gemalten Schmuckwänden bestehen, konnten erst dann durch eine feste Steinwand ersetzt werden, als die dargestellten Stücke sich meist vor einem oder mehreren Wohnhäusern abspielten, als eine Veränderung des Hintergrundes nur seltener notwendig war. Dieser Zeitpunkt trat erst ein, als man aufhörte, die älteren Dramen aufzuführen, also am Ende der hellenistischen oder in frührömischer Zeit.

Die festen Proskenien, wie wir sie in vielen griechischen Theaterruinen und auch in dem griechischen Theater Vitruvs finden, können uns in ihrer allgemeinen Form als Anhalt dienen, um die beweglichen Schmuckwände des IV. Jahrhunderts zu ergänzen, im Einzelnen jedoch nur, soweit ein Wohnhaus oder Palast dargestellt war. Alle anderen Dekorationen dieser älteren Zeit, z. B. ein Tempel oder ein Burgthor, werden zwar an derselben Stelle, aber in anderen Abmessungen und mit veränderten Kunstformen ausgeführt worden sein.

Das Theater wurde damals an mehreren Orten — für Athen sind wir darüber genauer unterrichtet — auch in nicht dekorirtem Zustande, also ohne Proskenion benutzt, und zwar in erster Linie zur Volksversammlung. Das steinerne Skenengebäude durfte daher eines dauernden architektonischen Schmuckes nicht ganz entbehren. Dass ein solcher in der That in Athen vorhanden war, dass Skene und Paraskenien mit Säulen ausgestattet waren, ist im ersten Abschnitte beschrieben. Paraskenien mit je einer sechssäuligen Vorderwand traten beiderseits bis nahe an den Zuschauerraum heran und zwischen ihnen lag die wahrscheinlich mit gleichen Säulen versehene Vorderwand des Skene. Letztere lag so weit von der Peripherie des Orchestrakreises entfernt, dass zwischen beiden nicht nur eine vorhangartige Decorationswand, sondern grössere Proskenien in Gestalt von Vorhallen oder Bauwerken aufgeschlagen werden konnten.

Die Vorderwand der Skene hatte wahrscheinlich meist drei Thüren, damit ein dreiteiliges Proskenion vor ihr aufgeführt werden konnte. Für Athen ist dies aus den Ruinen selbst nicht zu erschliessen. Da aber in anderen Theatern (z. B. in Eretria und Magnesia) der zwischen den Paraskenien liegende Teil der Skene aus drei Räumen besteht, und demnach sicher drei Thüren besass, und da ferner die spätere literarische Überlieferung stets von drei Thüren redet, dürfen wir die Dreizahl der Thüren als die vorherrschende Einrichtung des IV. Jahrhunderts betrachten. Ganz unabhängig davon war die Zahl der Thüren in dem davor befindlichen beweglichen Proskenion. Wenn eine Burg- oder Stadtmauer mit ihrem Thore dargestellt war, gab es vermutlich nur eine Thüröffnung; wenn eine Tempelvorhalle aufgebaut war, wird auch nur eine Thür sichtbar gewesen sein; bei anderen Dekorationen waren dagegen zwei, drei oder auch wohl noch mehr Thüren vorhanden. Dass im scheinbaren Gegensatz hierzu die späteren festen Proskenien meist nur eine Thür haben, hat wohl einen doppelten Grund; zunächst sollte vielfach nur ein einziges Wohnhaus dargestellt sein, bei dem eine einzige Thür ausreichte, sodann lag aber stets die Möglichkeit vor, durch Weglassung einiger zwischen den Säulen befindlicher Pinakes beliebig viele Thüren herzustellen.

In dem festen Skenengebäude in Athen waren die Zwischenräume der Säulen an der Vorderwand der Skene wahrscheinlich mit festen Wänden geschlossen, während sie an den Paraskenien in anderer Weise ausgefüllt oder vielleicht zum Teil wenigstens offen gelassen waren. In den Paraskenien haben wir uns vermutlich die Periakten zu denken, über deren Gestalt nur Vermutungen ausgesprochen werden können. Denn die Ruinen des IV. Jahrhunderts liefern keinerlei Spuren dieser Maschinen; erst in dem wohl aus jüngerer Zeit stammenden festen Proskenion von Epidauros sind Anzeichen vorhanden, die vielleicht auf die Existenz von Periakten hinweisen (s. S. 126).

Die Höhe der Skene in Athen betrug fast 4^m (mindestens $3{,}70^m$), entsprach also der Höhe eines gewöhnlichen privaten oder auch öffentlichen Gebäudes. Manche öffentliche Bauten und die meisten Tempel waren allerdings höher. Dass aber in älterer Zeit auch Bauwerke dieser Art vielfach das Mass von 4^m nicht überstiegen, haben uns die neueren Ausgrabungen zur Genüge gelehrt. Auf diese Thatsache werden wir weiter unten bei Besprechung des festen Proskenion zurückkommen. Hier ist nur hervorzuheben, dass das untere Stockwerk der athenischen Skene etwas höher ist als die jüngeren festen Proskenien der anderen Theater.

Das obere Stockwerk der Skene bestand in Athen im IV. Jahrhundert aus Holz (vgl. S. 61). Ob es in anderen Theatern aus Stein errichtet war, ist unbekannt. Auch über seine Gestalt sind wir nicht unterrichtet. Vermutlich hatte es in den einzelnen Dramen verschiedene Grösse und Gestalt, in einigen mochte es auch ganz fehlen. Jedenfalls war in diesem Episcaenium, wie es Vitruv VII, 5, 5 nennt, die Maschine angebracht, durch welche schwebende Personen gezeigt wurden. Für die Aufführungen, bei denen das untere Stockwerk eine Dekoration erhalten hatte, musste natürlich auch das obere entsprechend dekorirt werden. So war ausser dem unteren Proskenion auch eine obere Schmuckwand notwendig, wie sie durch Inschriften (vergl. oben S. 148, Bull. hell. 1894, 164) für das Theater in Delos erwiesen ist.

Ein näheres Eingehen auf die Art und Weise, wie im Theater des IV. Jahrhunderts gespielt wurde, dürfen wir bis zur Besprechung des Theaters der nächsten Periode verschieben, weil bei dem geringen Unterschiede der beiden Theater die Art des Spieles unmöglich verschieden gewesen sein kann. Ausserdem ist die Spielweise des IV. Jahrhunderts schon oben S. 272 im Anschlusse an die Besprechung der Dramen erörtert worden. Nur das Eine dürfen wir hier zu betonen nicht unterlassen, dass ein enger Zusammenhang besteht zwischen dem Theater des IV. und demjenigen des V. Jahrhunderts. Der einzige Unterschied zwischen beiden zeigt sich darin, dass die Skene bei dem jüngeren Theater aus Stein, bei dem älteren aus Holz bestand. An eine Umwälzung oder auch nur eine Veränderung des Spielplatzes und der Spielart zwischen dem V. und IV. Jahrhundert ist daher nicht zu denken, um so weniger, als auch das Drama von der Zeit des Euripides bis zu der des Lykurg keine wesentliche Änderung erfahren hat.

Da wir sahen, dass im Theater des V. Jahrhunderts die Schauspieler zugleich mit dem Chore in der Orchestra auftraten und die Skene mit ihrem Proskenion den Hintergrund ihres Spieles bildete, sind wir verpflichtet, dieselbe Art des Spiels auch für das IV. Jahrhundert anzunehmen. In dem lykurgischen Theater traten demnach Chor und Schauspieler in der einen vollen Kreis bildenden Orchestra auf. Der Hintergrund ihres Spieles war aus Holz zwischen den weit vorspringenden, säulengeschmückten Paraskenien erbaut und verdeckte die feste Vorderwand der Skene. Als Zugänge zu dem Spielplatze dienten wie in dem älteren Theater die beiden Parodoi, welche zwischen dem Zuschauerraume und den Paraskenien in der Höhe der Orchestra lagen.

4. Das hellenistische Theater.

Das Theater des IV. Jahrhunderts mit seiner kreisrunden Orchestra, seinem steinernen Skenengebäude und seinem beweglichen Proskenion hat in allen Städten der griechischen Welt eine lange Zeit hindurch bestanden, ohne wesentliche Änderungen zu erfahren. Je mehr aber das Drama in dieser Zeit zum Familiendrama wurde, das sich gewöhnlich vor dem Wohnhause abspielte, um so geringer brauchten die Veränderungen zu sein, die für die verschiedenen Stücke an dem Proskenion vorzunehmen waren. Dieselbe Dekoration, welche ein gewöhnliches Haus darstellte, konnte für viele Stücke unverändert bleiben. Dadurch wurde der Gedanke nahe gelegt, das Proskenion aus besserem Material als festen Bau zu errichten.

Wann und in welchem Theater das erste Proskenion aus Stein errichtet wurde, ist noch unbekannt. Man hat vermutet, dass das Theater in Epidauros das älteste derartige Proskenion besitze, das noch aus dem IV. Jahrhundert stamme. Aber einerseits ist nicht sicher, ob das Theater des Polyklet überhaupt schon vor 300 vor Chr. erbaut ist, und andrerseits darf es als wahrscheinlich bezeichnet werden, dass das steinerne Proskenion einem noch jüngeren Umbau des Theaters angehört (s. S. 132). Trotzdem ist es nicht unmöglich, dass in Epidauros im III. oder II. Jahrhundert zum ersten Male eine steinerne Schmuckwand vor der Skene errichtet worden ist. Alle anderen Proskenien aus Stein, deren Erbauungszeit einigermassen bekannt ist, gehören dem II. und I. Jahrhundert an.

Die Gestalt der steinernen Proskenien ist bei der Beschreibung des athenischen und einiger anderer Theater in allen ihren Einzelheiten geschildert worden. Die vor der Skene errichtete Wand bestand aus steinernen Säulen oder Halbsäulen, deren Zwischenräume mit Pinakes (hölzernen Tafelgemälden) geschlossen werden konnten. Gewöhnlich findet sich nur eine Thür in der Mitte der Wand, doch weisen einige Spuren (besonders in Delos) darauf hin, dass daneben, wenn die Handlung des Dramas es erforderte, noch zwei weitere Thüren durch Entfernung zweier Pinakes hergestellt werden konnten (s. u.). Der Abstand der Säulenwand von der Vordermauer der Skene ist so gross, dass zwischen beiden reichlich Platz zum Hinausnehmen der Pinakes vorhanden war und sich auch die Schauspieler dort frei bewegen konnten.

Die Paraskenien, welche früher zum seitlichen Abschluss der hölzernen Proskenien gedient hatten, und zu diesem Zwecke fast unentbehrlich waren, durften in Fortfall kommen, als die Proskenien aus einer steinernen Säulenhalle bestanden. Wenn dies trotzdem nicht überall der Fall war, wenn die Paraskenien in manchen Theatern (z. B. in Athen, Piräus und Epidauros) auch später noch vorhanden waren, so wird das geschehen sein, weil man sich an die seitlich vorspringenden Flügelbauten so sehr gewöhnt hatte, dass ihr Fehlen sich als ein fühlbarer Mangel geltend gemacht haben würde. Sie mochten ausserdem in mehreren Theatern zur Aufnahme von Periakten gedient haben, wie oben S. 126 dargelegt wurde, und konnten zu demselben Zweck beim steinernen Proskenion beibehalten werden. Schliesslich waren sie auch in alter Weise als Abschluss von beweglichen Schmuckwänden zu benutzen, wenn ausnahmsweise noch einmal ein anderer Hintergrund vor der Säulenhalle hergestellt werden sollte.

Weshalb hatte man eine Säulenhalle als Schmuckwand gewählt und was sollte sie darstellen?

Wir nahmen vorher als selbstverständlich an, dass das steinerne Proskenion ein Wohnhaus darstellen solle, ohne uns die Frage vorzulegen, ob das Wohnhaus jener Zeit auch wirklich die Gestalt einer solchen Säulenhalle hatte (vgl. S. 273). Im Inneren der hellenistischen Häuser gab es allerdings stets Höfe, die mit Säulenhallen umgeben waren, die sog. Peristyle, und auch im Äusseren waren bisweilen Vorhallen mit Säulen vorhanden. Aber sicherlich waren die meisten Häuser aussen nicht mit Säulen ausgestattet. Wenn trotzdem die Schmuckwand des Theaters immer mit Säulen oder Halbsäulen versehen ist, so lassen sich dafür mehrere Gründe anführen:

Zunächst bestanden die älteren hölzernen Skenen und Proskenien aus einzelnen Holzpfosten, deren Zwischenräume mit bemalter Leinewand oder mit Teppichen oder in anderer Weise ausgefüllt waren. Dafür sind die Theater von Megalopolis und Sikyon gute Beispiele (s. S. 137 und 119). Hatte man sich aber einmal Jahrhunderte hindurch an eine solche Teilung der Wand durch Pfosten oder Säulen gewöhnt, so behielt man sie naturgemäss auch bei, als die Wand in Stein ausgeführt wurde.

Sodann besass das athenische Theater des IV. Jahrhunderts im undekorirten Zustande wahrscheinlich eine Säulenstellung an der Vorderwand der Skene und sicher an den Paraskenien. Bei den im Theater stattfindenden Volksversammlungen sahen die Athener also das Skenenhaus mit Säulen geschmückt. Wurde ein Drama aufgeführt und zwischen den Paraskenien irgend ein Proskenion aufgeschlagen, so waren die Säulen der Skene zwar oft verdeckt, die der Paraskenien aber blieben wohl stets sichtbar. Wenn nun später das Proskenion in Stein ausgeführt werden sollte, was lag da näher, als es ebenso wie die Paraskenien und die Skene als Säulenstellung auszubilden? Dass auch in Megalopolis eine grosse Säulenhalle den gewöhnlichen Hintergrund bildete, mag hier nicht unerwähnt bleiben.

Ferner bot eine Stützenstellung den grossen Vorteil, dass durch einen Wechsel der die Intercolumnien ausfüllenden, bemalten Pinakes verschiedenartige Schmuckwände hergestellt werden konnten, ohne dass die ganze Wand mit einer Dekoration verdeckt wurde. Durch Gemälde mit Figuren oder Gartenanlagen oder Gebäude konnte man dem Hintergrunde einen sehr verschiedenen Charakter geben. Zwischen den Säulen der Paraskenien hatte man schon im IV. Jahrhundert und vielleicht in noch früherer Zeit solche bemalte Pinakes gehabt. Dadurch war es nahe gelegt, diese Art der Dekoration auch beim Proskenion anzuwenden.

Ausserdem ist beachtenswert, dass auf dem in Figur 82 (S. 329) abgebildeten Terrakotta-Relief eine ganz ähnliche Säulendekoration, wie sie die hellenistischen Proskenien zeigen, an dem ein Wohnhaus darstellenden Hintergrunde vorhanden ist. Schliesslich darf auch nicht vergessen werden, dass die Skenen und Proskenien zwar ursprünglich denjenigen Bauwerken, welche sie darstellen sollten, wirklich ähnlich waren, aber allmählich zu einer typischen Schmuckwand wurden, welche den einfachen Wohnhäusern nur noch wenig glich und vielfach mit einem Luxus ausgeführt war, der bei den Fassaden der gewöhnlichen Wohnhäuser nicht üblich war.

Die einfache Säulenwand der hellenistischen festen Proskenien dürfen wir aber noch als Darstellung eines oder mehrerer Häuser auffassen, deren Formen und Masse sie ungefähr wiedergab. Wie bei dem vorher erwähnten Terrakotta-Relief bisher Niemand daran gezweifelt hat, dass die hinter dem Schauspieler befindliche Wand mit ihren Halbsäulen ein Haus vorstellen solle, so werden die Theaterbesucher auch im Altertum in der Säulenwand des Proskenion ohne Weiteres ein Wohnhaus gesehen haben.

Ist aber die Höhe des Proskenion von durchschnittlich 3,00—3,50™ nicht zu niedrig für ein griechisches Wohnhaus? Gewiss hat es in der hellenistischen Zeit viele höhere Wohnhäuser gegeben, aber die Abmessungen des Proskenion sind in früherer Zeit bestimmt worden, als die Häuser durchschnittlich nicht höher waren. Sodann kommt noch ein anderer Umstand für den Höhenunterschied in Betracht. Die skenische Nachahmung eines Bauwerkes, z. B. eines Tempels, einer Säulenhalle oder eines Burgthores, hat man niemals in den vollen Abmessungen der Wirklichkeit ausgeführt, sondern schon aus Sparsamkeitsrücksichten soweit verkleinert, als es möglich war. Auch in den heutigen Theatern wird eine Kirche oder eine Burg, namentlich wenn ihr Äusseres dargestellt werden soll, stets in sehr verkleinertem Masstabe ausgeführt. So hat man auch im Altertum dem Tempel, welcher den Hintergrund des Spieles bilden sollte, niemals die Höhe des Parthenon oder auch nur des Erechtheion gegeben, sondern vermutlich ein Höhenmass von etwa 5^m gewählt, wie es bei den kleinen Tempeln üblich war. Dem entsprechend durfte ein Wohnhaus höchstens 3—4^m hoch gemacht werden.

Besonders lehrreich sind in dieser Beziehung endlich die Darstellungen von Theatergebäuden auf Vasen und anderen Bildwerken (vgl. Abschnitt VI). Die dargestellten Häuser sind gewöhnlich nur wenig höher als die Personen und die Thüren auffallend niedrig. Vergleichen wir damit die wirklichen Abmessungen der bisher bekannten griechischen Proskenien, so stellt sich heraus, dass sogar in dem kleinen Theater von Oropos mit seinem niedrigen Proskenion die Thürhöhe noch 2^m beträgt, in allen anderen Theatern aber grösser ist. Selbst in die niedrigste Thür von 2^m Höhe kann ein mit Kothurn und Maske versehener Schauspieler noch bequem hineingehen.

Gegenüber dem beweglichen Proskenion des IV. Jahrhunderts bezeichnet die feste Schmuckwand der hellenistischen Zeit eine Vereinfachung, eine Einschränkung der skenischen Ausstattung, denn wo es der Inhalt der Dramen nur eben zuliess, blieb die Wand fast unverändert. Nur in den Fällen, wo ausnahmsweise ein Tempel oder eine Höhle oder ein Stadtthor den Schauplatz der Handlung bildete, musste das ganze Proskenion oder wenigstens ein Teil mit einer beweglichen Dekoration verdeckt werden (vgl. S. 274).

Besteht somit über die Gestalt und die Abmessungen der Skene und des Proskenion des hellenistischen Theaters kaum eine Verschiedenheit der Ansichten, und kann auch darüber, dass diese Säulenwand ein Wohnhaus darstellen konnte, kaum ein Zweifel aufkommen, so ist dagegen die Art und Weise, wie im Altertum in einem solchen Theater gespielt wurde, strittig.

Wer die Entwickelung des Theaters von der ältesten Zeit bis zu der hellenistischen Epoche aufmerksam verfolgt und sich dabei überzeugt hat, dass gewaltsame Änderungen in der ununterbrochenen Weiterentwickelung von Drama und Theater nicht vorkommen, dass vielmehr das hellenistische Theater von demjenigen des IV. und V. Jahrhunderts nur in unwesentlichen Einzelheiten abweicht, für den kann es nicht zweifelhaft sein, dass auch im hellenistischen Theater Schauspieler und Chor noch an derselben Stelle spielten, wo sie früher gestanden und sich bewegt haben, nämlich in und neben der kreisrunden Orchestra und vor dem den Hintergrund bildenden Proskenion.

Allerdings ist in hellenistischer Zeit wahrscheinlich eine Änderung in dem

Aufbau des Dramas eingetreten. Denn während im IV. und wahrscheinlich auch im III. Jahrhundert noch öfter Dramen mit Chören aufgeführt wurden, scheinen die letzteren im II. Jahrhundert meist abgekommen zu sein (vgl. S. 262). Genau sind wir über den Zeitpunkt nicht unterrichtet. Der Fortfall des Chores hätte eine Veränderung des Theaters zur Folge haben können, weil die Orchestra nun bei dramatischen Aufführungen nicht mehr einen vollen Kreis zu bilden brauchte. Davon ist aber in dieser Epoche noch nichts zu sehen. Vielmehr bleibt die Orchestra in Griechenland in der ganzen hellenistischen Zeit als voller Kreis unverändert bestehen. Der Fortfall des Chores hat also zunächst gar keine Veränderung des Theaters hervorgerufen.

Trotzdem sollen nach der herrschenden Ansicht die Schauspieler in dem hellenistischen Theater nicht in der Orchestra, sondern regelmässig oben auf dem Dache des Proskenion gespielt haben! Diese mit der Entwickelungsgeschichte des Theaters ganz unvereinbare Lehre gründet sich fast ausschliesslich auf die Angabe Vitruvs über das Spiel im griechischen Theater (V, 7, 2). Dass an dieser Stelle aber ein auf verschiedene Weise erklärbarer Irrtum vorliegt, ist im VII. Abschnitt nachzuweisen versucht worden. Wir dürfen vielmehr trotz der Angabe Vitruvs über die Art des Spiels daran festhalten, dass die Schauspieler in dem hellenistischen Theater stets vor dem Proskenion in der Orchestra auftraten. Bei ihrem Erscheinen benutzten sie entweder die Thür des Proskenion oder, wenn sie aus der Ferne kamen, eine der beiden Parodoi und traten auch meist auf demselben Wege wieder ab. Nur in Einzelfällen erschienen sie auf dem Dache des Proskenion, wenn sie im oberen Stockwerk oder auf dem Dache ihres Hauses auftreten mussten. Auf demselben Dache oder über ihm schwebend (vgl. die Vorrichtung im Theater von Oropos, S. 108) erschienen auch die Götter als ‹dei ex machina›.

Einen wesentlichen Unterschied zwischen dem altgriechischen und dem hellenistischen Theater giebt es also weder in Bezug auf die Grundrissform, noch hinsichtlich der Art des Auftretens der Schauspieler. Die alte Einrichtung des runden Tanzplatzes mit dem neben ihm liegenden Spielhause war beibehalten; nur waren an Stelle der vergänglichen Holzbauten feste Steingebäude getreten.

Wie ein solches Theater aussehen mochte, sucht das in Figur 94 (S. 384) mitgeteilte perspektivische Bild zu veranschaulichen. Man sieht die durch eine einfache Linie angedeutete kreisrunde Orchestra und in ihrer Mitte einen viereckigen Altar. Das Skenengebäude ist nach dem Vorbilde des delischen Theaters gezeichnet; Paraskenien fehlen und das Proskenion geht als Säulenhalle rings um die Skene herum (vgl. den Grundriss Figur 59 auf S. 145). Von der letzteren sieht man auf dem Bilde nur den Oberstock. Durch einfache Thorbauten ist das Proskenion mit dem Zuschauerraum verbunden.

Die Zahl der Halbsäulen des Proskenion und die Anordnung seiner verschiedenartig gestalteten Intercolumnien haben wir ebenfalls nach dem Theater von Delos bestimmt. Man erkennt drei dunkel gezeichnete Thüren und neben der mittleren Thüre beiderseits je zwei, neben jeder Nebenthür beiderseits je einen weissen Pinax. Dadurch sind drei verschiedene Häuser angedeutet, ein grosses mittleres von fünf Axweiten und zwei Nebenhäuser von je drei Axen. Eine Trennung dieser Häuser ist dadurch bewirkt, dass zu beiden Seiten des Haupthauses je ein anders gestaltetes Intercolumnium angeordnet ist, das in unserem Bilde durch wagerechte Fugen als feste Wand gekennzeichnet ist. Wir hatten bei Beschreibung des delischen Theaters (s. S. 146) angenommen, dass in diesen beiden Intercolumnien, die nach den erhaltenen Standspuren (schmalen Rillen) einen anderen Verschluss wie die übrigen gehabt haben müssen, vielleicht Ne-

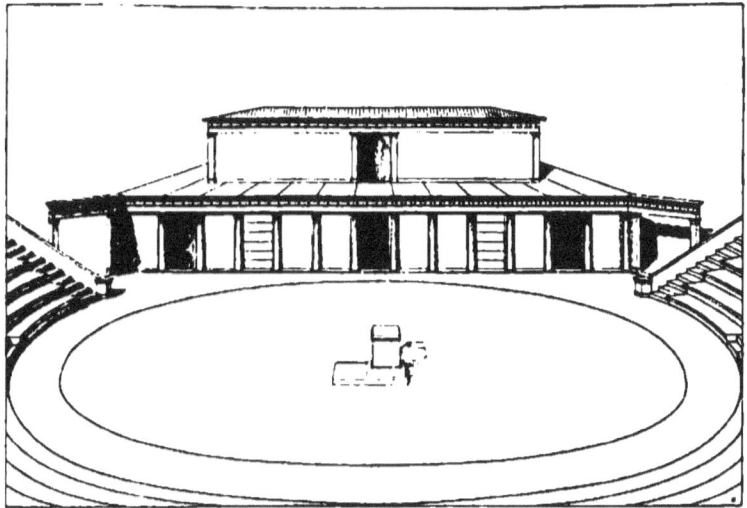

Figur 94. Skene mit festem Proskenion.

benthüren angebracht gewesen wären und hatten demnach in Figur 59 dort offene Intercolumnien gezeichnet. Eine nochmalige Untersuchung der Ruinen hat uns aber überzeugt, dass diese Annahme unhaltbar ist, und dass vielmehr feste dauernde Wände hier gewesen sein müssen. In den schmalen Zwischenräumen zwischen den Ecksäulen des Proskenion und den Pfeilern der Seitenthore (Parodoi) kehren nämlich jene schmalen Rinnen wieder. Und da nun an diesen Stellen unmöglich Thüren, sondern sicher festere Wände waren, so werden auch jene beiden Intercolumnien dauernd mit einer anderen Art von Wänden geschlossen gewesen sein. War so das Proskenion durch die zwei festen Pinakes in drei

Teile geteilt, einen Mittelbau von fünf, und zwei Seitenbauten von je drei Axweiten, so durfte man erwarten, dass in der Mitte der Nebenbauten ebenso je eine Thür gewesen sei, wie in dem Mittelbau. Und thatsächlich sind in Delos Spuren erhalten, welche auf das Vorhandensein einer besonderen Thürschwelle gerade in diesem Intercolumnium hinweisen.

Die hierdurch festgestellte Dreiteilung des Proskenion ist in unserem Bilde nur unvollkommen angedeutet. Sie würde schon mehr in die Augen fallen, wenn statt der weissen Intercolumnien bemalte Pinakes gezeichnet wären; noch besser würde sie aber sichtbar sein, wenn auch das Gebälk zwischen den Häusern durch einen Teppich oder kleinen Vorhang verdeckt wäre, wie es z. B. auf dem Marmorrelief aus Neapel (S. 327 Figur 81) geschehen ist.

Obwohl die Dreiteilung an anderen Theatern noch nicht bemerkt ist, sind wir doch durch eine bisher nicht genügend beachtete Thatsache zu der Annahme berechtigt, dass sie sich nicht auf Delos beschränkte. Diese Thatsache ist die Übereinstimmung der Säulenzahl an den Proskenien vieler Theater. Die Dreiteilung, wie sie in Delos vorhanden ist, verlangt 13 Intercolumnien und gerade diese Zahl finden wir z. B. im Piräus (S. 98), in Eretria (S. 112), in Epidauros (S. 122) und in Assos (S. 149). Wenn in Athen (S. 80) zwei Intercolumnien mehr vorhanden sind, so erklärt sich das leicht durch die Anordnung je eines weiteren festen Pinax an den beiden Enden des Proskenion.

In unserer Skizze (Figur 94) ist der Augenpunkt für die Perspektive absichtlich in grosser Höhe des Zuschauerraumes angenommen, damit man das Dach des Proskenion als Podium sehen kann. Die in den oberen Reihen sitzenden Zuschauer sahen also das Skenengebäude etwa so, wie es in unserem Bilde erscheint; die Zuschauer der unteren Reihen konnten dagegen weder den Boden des Podiums, noch den unteren Teil der auf das Podium führenden Thür sehen. Dass die letztere in ihren Abmessungen durch die erhaltenen Baureste des delischen Theaters nicht gesichert ist, mag ausdrücklich gesagt werden. Nach dem Vorbilde des Theaters von Oropos (S. 108) glaubten wir die Thüröffnung aber nicht weglassen zu dürfen.

5. Das römische Theater.

Nach der landläufigen Ansicht besteht ein grosser Unterschied zwischen dem griechischen und dem römischen Theater. In diesem hat der Grundriss des Zuschauerraumes die Gestalt eines Halbkreises, in jenem ist er über den Halbkreis hinaus erweitert; in diesem ist die Bühne niedrig und breit, in jenem soll sie hoch und schmal sein; hier hat sie die bedeutende Länge von zwei Durchmessern des Grundkreises, dort ist das Proskenion, die vermeintliche Bühne, nur etwa einen Durchmesser lang; hier führen bequeme Treppen von der Orchestra auf die Bühne, dort ist keine direkte Verbindung zwischen dem Proskenion und der Orchestra vorhanden; hier ist endlich die untere Parodos überwölbt und im Winkel unter den Sitzen hindurch geführt, dort ist sie offen und verläuft in gerader Linie. Für diese vielen und grossen Verschiedenheiten, deren Zahl sich noch vermehren lässt, weiss man keine triftigen Gründe anzugeben. Man ist zwar überzeugt, dass die Römer nicht nur das Theaterspiel, sondern auch das Theatergebäude von den Griechen übernommen haben, aber warum sie den Zuschauerraum und die Bühne so vollständig umgestaltet haben, vermag man nicht anzugeben. Man stellt immer noch, wie schon Vitruv, zwei Theatertypen auf, die ganz verschieden und fast unabhängig von einander sein sollen, und bemerkt nicht, dass das römische Theater mit allen seinen Verschiedenheiten mit Notwendigkeit aus dem griechischen entstehen musste, als nach dem Fortfall des Chores die Orchestra in zwei Teile zerlegt wurde.

Es war nicht möglich, den engen Zusammenhang der beiden Theater zu erkennen, solange man sich von dem griechischen Theater ein ganz falsches Bild machte, solange man der Ansicht war, dass die römische Bühne sich aus dem griechischen Proskenion entwickelt habe. Erst wenn man sich überzeugt hat, dass das griechische Proskenion in der Säulenwand des römischen Theaters erhalten, und dass die römische Bühne ein Teil der griechischen Orchestra ist, stellen sich die Abweichungen der beiden Theater als naturgemässe Weiterbildungen des griechischen Theaters heraus. In der Erkenntnis dieses Zusammenhanges liegt zugleich, wie wir im VII. Abschnitt andeuteten, der beste und schon allein entscheidende Beweis für die Unrichtigkeit der alten Theaterlehre.

Die Gestalt des römischen Theaters haben wir im ersten Abschnitte bei der Besprechung des römischen Umbaues des Dionysos-Theaters teilweise kennen gelernt. In reinerer Form sehen wir sie am Herodes-Theater in Athen und an der grossen Zahl erhaltener römischer Theater in Italien, Kleinasien und den anderen römischen Provinzen. Auch Vitruv (V, 6, 3) giebt eine genaue Beschreibung seines Grundrisses und seines Aufbaues. Damit wir bei der folgenden Besprechung den Grundriss eines römischen Theaters vor Augen haben, ist nebenstehend in Figur 95 der Grundriss des Theaters von Aspendos abgebildet. Einen anderen römischen Grundriss findet man noch weiter unten in der rechten Hälfte von Figur 99, der nach den Theatern von Athen (Herodes) und Pompeji gezeichnet ist. Ein dritter Grundriss ist der S. 87 in Figur 32 abgebildete Plan des athenischen Dionysos-Theaters nach seinem Umbau unter Kaiser Nero. Der Plan von Aspendos, welcher rechts die untere, links die obere Einrichtung der Seitenbauten des Theaters zeigt, ist besonders lehrreich, weil das Proskenion sich klar von der Skene und ihrer Vorderwand abhebt und für ein griechisches Proskenion gehalten werden könnte. Dass der Orchestrakreis in diesem Theater, wenn er ausgezeichnet wird, gerade vor dem Proskenion vorbei geht, ist aus dem Grundriss zu erkennen. Die Bühne hat in Aspendos eine verhältnismässig geringe Tiefe.

Trotz grösserer Verschiedenheit im Einzelnen stimmen fast alle römischen Theater in den wesentlichen Punkten überein, vor Allem haben sie alle eine geräumige Bühne, welche etwa das Doppelte des Orchestradurchmessers zur Länge und rund ein Drittel desselben Durchmessers zur Breite hat. Ihre Höhe

beträgt stets 1,00—1,50ᵐ. Dass auf ihr nicht nur die Schauspieler, sondern auch andere Künstler auftraten, berichtet Vitruv und unterliegt keinem Zweifel.
Wie ist diese Bühne entstanden?

Nach der gewöhnlichen Meinung hat sie sich aus dem hohen und schmalen griechischen Proskenion dadurch entwickelt, dass dieses niedriger, breiter und länger gemacht und den Zuschauern etwas näher gerückt wurde. Diese Ableitung ist aber vollkommen unrichtig; sie bildet den wundesten Punkt der alten Lehre. Das römische Logeion entstand vielmehr, wie an dem Theater in Athen und einigen anderen Bauten schon gezeigt wurde, nicht durch Erniedrigung

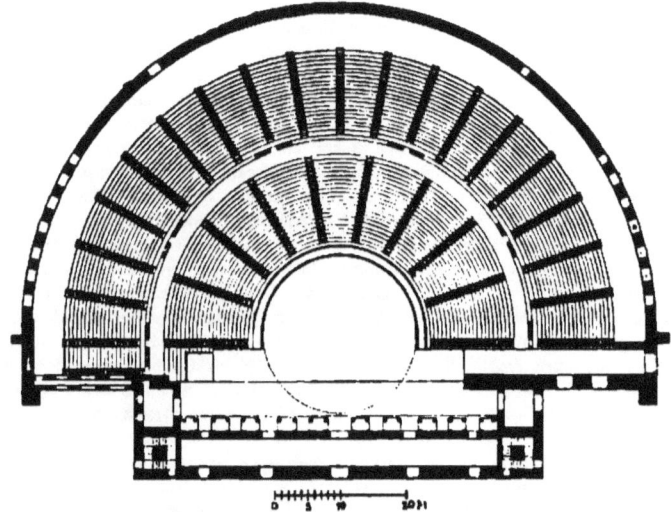

Figur 95. Grundriss des Theaters von Aspendos.

eines hohen Logeion, sondern es ist noch der eine Teil der alten griechischen Orchestra, deren anderer Teil tiefer gelegt wurde. Der Schauspieler, welcher sich auf dem römischen Logeion befindet, steht daher noch in derselben Entfernung von den Zuschauern, in derselben Höhe und vor derselben Säulenwand wie früher, als er im griechischen Theater in der kreisrunden Orchestra vor dem Proskenion spielte. Diese Thatsache ergiebt sich aus einem Vergleich der Theaterruinen und wird auch von der literarischen Überlieferung ausdrücklich bestätigt.

Je mehr in der hellenistischen Zeit der Chor zurücktrat, um so weniger wurde der ganze Tanzplatz der Orchestra bei den dramatischen Aufführungen benutzt.

Für die Schauspieler genügte der unmittelbar vor der Skene und dem Proskenion liegende Teil des Kreises, welcher nach Erbauung der Skene, wie wir sahen, zu einem Viereck erweitert worden war. Auch der Chor der Tragödie, der nicht mehr tanzte, sondern nur sang, zog sich auf den Platz vor dem Proskenion zurück. So war der zwischen der Thymele und dem Zuschauerraume gelegene Teil des Kreises für die dramatischen Aufführungen vollständig überflüssig geworden und konnte in anderer Weise verwendet werden. Dies ist in doppelter Weise geschehen. In mehreren Theatern Kleinasiens und in Athen wurde er zu einer Arena oder Konistra für Gladiatorenspiele und andere Kämpfe umgebaut und erhielt als solcher eine ringsumlaufende hohe Schranke, so dass die Zuschauer nicht durch die Kämpfenden gefährdet waren. In anderen Theatern, und zwar namentlich in denen Italiens, wurde er, wie auch Vitruv V, 6, 2 angiebt, zur Aufstellung von Sitzen für Senatoren und andere bevorzugte Personen benutzt.

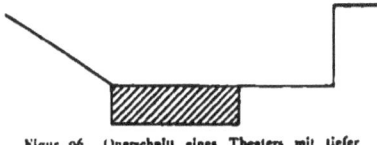

Figur 96. Querschnitt eines Theaters mit tiefer gelegter Konistra.

Die Umänderungen, welche zu dem ersteren Zweck erforderlich waren, liessen sich in dreifacher Weise ausführen: 1. Entweder konnte der ganze vom Zuschauerraum selbst eingefasste Teil der Orchestra so vertieft werden, dass er rings von einer etwa 1 1/2 m hohen Futtermauer umgeben war (s. Figur 96); dies scheint z. B. in dem Theater von Aspendos (vergl. J. Durm, Baukunst der Griechen S. 327) der Fall gewesen zu sein. Die unterste Sitzreihe und die andere vor der Skene liegende Hälfte der Orchestra veränderten dabei ihre Höhe und ihre Gestalt nicht. Auch die Proskenionsäulen und die Skene brauchten in keiner Weise umgestaltet zu werden. Dagegen musste der Boden der Arena sowohl mit der untersten Sitzreihe, als auch mit dem vor der Skene gebliebenen Teile der Orchestra durch Treppen verbunden werden. Für die Zuschauer wurden ferner besondere Zugangswege von der alten Parodos in die Arena hinuntergeführt und zwar dadurch, dass man an den Flügeln des Zuschauerraumes Stücke abschnitt und dort überwölbte Gänge anlegte. 2. Oder die unteren vier bis fünf Sitzreihen wurden abgeschnitten und dadurch ausser einer Vergrösserung der Orchestra derselbe Höhenunterschied zwischen dem Boden der letzteren und der neuen untersten Sitzreihe erreicht (s. Figur 97). Der Standplatz der Schauspieler, wie wir den einen Teil der Orchestra nennen wollen, konnte nun entweder unverändert als Teil der runden Orchestra bleiben, wie es z. B. im Theater von Aezani (vgl

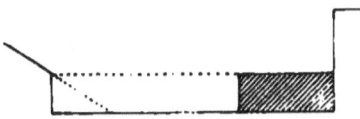

Figur 97. Querschnitt eines Theaters mit erhöhter Bühne und Fortfall der unteren Sitze.

J. Durm, Baukunst der Griechen S. 315) der Fall gewesen zu sein scheint, oder er konnte bis zur Höhe der nunmehr zur untersten Sitzreihe gewordenen Stufe gehoben werden; dies ist in dem Theater von Pergamon geschehen (vgl. oben S. 153). Im letzteren Falle mussten für den erhöhten Spielplatz neue obere seitliche Zugänge und ein neues höher gelegenes Proskenion geschaffen werden. 3. Oder der zur Konistra umzuschaffende Teil der Orchestra wurde mit einer etwa 1,00—1,50ᵐ hohen Schranke umgeben, wie sie im Theater von Athen vorkommt (s. Figur 98). Der andere Teil der Orchestra, der Spielplatz der Schauspieler, wurde zugleich bis zur Oberkante der Schranke gehoben.

Die drei in den Figuren 96—98 abgebildeten Querschnitte sollen diese drei verschiedenen Wege, auf welchen man bei der Teilung der Orchestra eine vertiefte Konistra und ein erhöhtes Logeion erzielen konnte veranschaulichen. Trotz ihrer Verschiedenheit war das Ziel dasselbe. Man erhielt eine von einer hohen Schranke eingefasste Arena, in welcher die Gladiatorenkämpfe und andere Vorstellungen ohne Gefahr für die Zuschauer abgehalten werden konnten, und eine Bühne für dramatische und andre Aufführungen, die 1,00—1,50ᵐ über der Konistra lag.

Figur 98. Querschnitt eines Theaters mit erhöhter Bühne und Schranke für die Konistra.

Obwohl in mehreren Theatern der Spielplatz der Schauspieler wirklich gehoben wurde, braucht man theoretisch nicht von einer Veränderung seiner Höhenlage zu sprechen, weil die unterste Sitzreihe auch entsprechend verlegt wurde. Der Spielplatz lag also noch immer in der Höhe der untersten Sitzreihe und am Fusse der Proskenionsäulen; er war für die Zuschauer unverändert geblieben. Im Dionysos-Theater in Athen war durch den Umbau des Spielplatzes thatsächlich höher gelegt als die untersten Sitze, weil die bis zur Oberkante der Schranke reichenden unteren Sitzreihen nicht wie in Pergamon und Assos fortgeschnitten wurden.

Für die Teilung der alten Orchestra in eine höhere Bühne und eine tiefere Konistra waren in Italien andere Gründe als in Kleinasien massgebend. Wie wir bei Besprechung des hellenistischen Theaters schon darlegten, pflegten in Italien seit Alters die Schauspieler auf einer erhöhten Bühne aufzutreten (vgl. Abschnitt VI). Als dort nun griechische Theater erbaut wurden, wird man die Vorteile des griechischen mit denen des italischen Theaters zu vereinigen gesucht haben. Dies geschah am einfachsten dadurch, dass der eine Teil der Orchestra, welcher überflüssig geworden war, tiefer gelegt, und so dem anderen, dessen Höhenlage unverändert blieb, die Gestalt einer erhöhten Bühne gegeben wurde. Zugleich wurde dadurch noch der grosse Vorteil erreicht, dass in dem tiefer gelegenen Teile Sitze für die Senatoren und andere hohe Beamte und Priester angebracht werden konnten. Dies wäre ohne Tieferlegung nicht möglich gewesen, weil bei der Anordnung mehrerer Sitzreihen in der Höhe des Spielplatzes der in der vorderen Reihe Sitzende allen hinter ihm befindlichen Zuschauern den Blick auf die Schauspieler genommen hätte. Wurden die Sitzreihen dagegen entweder alle auf dem vertieften Boden oder ansteigend zwischen ihm und der früheren untersten Sitzreihe angeordnet, so konnten die Zuschauer von diesen neuen Sitzen die scheinbar auf einer erhöhten Bühne, in Wirklichkeit aber in der alten Orchestrahälfte befindlichen Schauspieler gleichmässig gut sehen. Zwei Beispiele für diese Anordnung bieten die beiden Theater von Pompeji (vgl. Overbeck-Mau, Pompeji, S. 157 und 172). Die unterste der gewöhnlichen Sitzreihen liegt dort mit dem Boden der Bühne ungefähr in einer Höhe, die vermutlich die Höhe der alten Orchestra ist; in der Konistra sind Sitzreihen angebracht, welche sich deutlich von den oberen scheiden und augenscheinlich für bevorzugte Zuschauer bestimmt waren. Ob diese Einrichtung von Anfang an vorhanden war, oder ob sie erst durch thatsächliche Tieferlegung des einen Teiles der alten Orchestra entstanden ist, kann hier, als für unsere Untersuchung weniger wichtig, unentschieden bleiben.

Nachdem man die alte Orchestra in zwei Teile von verschiedener Höhenlage zerlegt hatte, erhielten diese besondere Namen. Der höher liegende Teil, welcher unverändert am Fusse der Proskenion-Säulen lag und nach wie vor den Schauspielern als Spielplatz diente, wurde Logeion, Pulpitum und Bema genannt, der tiefer liegende Teil, welcher im Verhältnis zu dem Spielplatz und der untersten Sitzreihe seine Höhenlage verändert hatte, Konistra, Hemikyklion und Sigma. Aber trotz der neuen Namen ist jede der beide Hälften zuweilen noch als Orchestra bezeichnet worden (vgl. oben S. 277).

In Griechenland selbst sind nur wenige Theater in der neuen Weise, die wir kurz die römische nennen dürfen, umgebaut worden. Neben dem Dionysos-Theater von Athen ist nur das noch nicht ganz ausgegrabene Theater von Argos zu nennen. In Kleinasien dagegen, in Sicilien und in Italien scheinen fast alle griechischen Theater eine vertiefte Konistra oder ein erhöhtes Logeion bekommen zu haben. Bei der Errichtung ganz neuer Theater wurde scheinbar überall, auch in Griechenland selbst, nur die neue römische Bauweise angewendet. Eine kleine Veränderung nahm man dabei noch vor, indem man die Sitzreihen als gewöhnliche Bänke bis zum Fussboden der Konistra hinabführte. Diese Theater waren daher weder nach kleinasiatischer Art zu Gladiatorenspielen zu benutzen, noch hatten sie die in Pompeji unter der Logeionhöhe angebrachten, besonders gestalteten Sitzreihen. Dafür konnten aber auf dem horizontalen Boden der Konistra noch Sessel für bevorzugte Personen aufgestellt werden, und nach den Worten Vitruvs (V, 6, 2) scheint dies auch wirklich geschehen zu sein, falls sich seine Angabe nicht auf ansteigende Sitzreihen wie in Pompeji bezieht.

Die Zerlegung der alten Orchestra in eine erhöhte Bühne und eine vertiefte Konistra hatte einige andere Änderungen des Theaters zur Folge, durch welche das römische Theater seine charakteristische Gestalt erhielt. Sie bestanden vor Allem in der Anlage eines neuen Zuganges zur vertieften Orchestrahälfte, und in der hierdurch herbeigeführten Verkleinerung des Zuschauerraumes, der von jetzt ab in seinem unteren Teile nur noch einen Halbkreis umfasste.

Wenn die Zuschauer nach der Zerlegung der Orchestra das Theater noch auf dem alten Wege betreten hätten, so wären sie durch die alte Parodos, welche jetzt zur Seitenthür der Bühne geworden war, zuerst auf die Bühne gelangt und hätten dann auf Treppen zur unteren Konistra hinunter und weiter auf anderen Treppen wieder zu den Sitzreihen hinaufsteigen müssen. Um diesen Weg zu vereinfachen, legte man unter den Flügeln des Zuschauerraumes überwölbte Zugänge an, auf denen die Zuschauer, ohne die Bühne zu betreten, in die Konistra und so zu ihren Sitzen gelangen konnten. Hierdurch kam der den Halbkreis übersteigende Teil des Zuschauerraumes in Fortfall und es blieb nur noch ein voller Halbkreis übrig. Der winkelförmige Grundriss des neuen Zuganges, seine Überwölbung, sein meist sehr grosses Gefälle, das gewöhnlich durch eine Treppe ausgeglichen ist, und endlich auch der Umstand, dass oben über ihm die Sitzreihen zuweilen nach alter Weise über den Halbkreis hinaus weitergeführt sind, dürfen als sichere Beweise dafür angeführt werden, dass diese Zugänge nichts mit den alten Parodoi zu thun haben, sondern eine Neuerung des römischen Theaters sind.

Im Hintergrunde der Bühne hätten nun das Proskenion, die Skene und die Paraskenien in alter Weise bestehen bleiben können, denn die Zerlegung der Orchestra machte keine Veränderung des Hintergrundes oder der Seitenbauten der Skene notwendig. Und in der That finden wir beim römischen Skenengebäude ebenso wie beim griechischen einen Schauspielersaal, dessen Vorderwand (scaenae frons) nach dem Zuschauerraum hin mit Säulen und Gebälken ausgestattet ist. Die Säulen sind gewöhnlich keine angesetzten Halbsäulen, sondern stehen frei vor der Wand, in solchem Abstande von ihr, dass man zwischen beiden hindurch gehen kann. In einigen Theatern (z. B. im Herodes-Theater von Athen) war die Säulenstellung auch, ebenso wie in den hellenistischen Theatern Griechenlands, nur ein einziges Stockwerk hoch und trug ein durchgehendes Podium, das genau dem Dache des steinernen griechischen Proskenion entspricht.

Diese Säulenstellung des römischen Theaters ist nichts anderes als das griechische Proskenion. Nur kleine, leicht zu erklärende Abweichungen sind zwischen ihnen zu beobachten. Erstens ist die Anzahl der Stockwerke und die Höhe der Säulen durchgehends vergrössert; zweitens sind statt der bemalten Pinakes freistehende Statuen zwischen den Säulen angebracht; drittens ist das römische Proskenion länger als sein Vorgänger.

Die erste Veränderung, die Vermehrung von Zahl und Höhe der Säulen, lässt sich auf einen doppelten Grund zurückführen. Einmal hatte schon die altgriechische tragische Skene oder ihr Proskenion oft mehrere Stockwerke gehabt. In den reichen Städten Kleinasiens und Ägyptens werden auch die jüngeren steinernen Proskenien nicht so einfach und niedrig gewesen sein, wie die uns bekannten Anlagen des eigentlichen, damals ärmeren Griechenlands; vielmehr werden hier Schmuckwände von mehreren Säulenreihen übereinander und in prunkvoller Ausstattung ausgeführt worden sein. Solche luxuriöse Proskenien, die mit Statuen, Gemälden, Metall- und Glasverkleidungen ausgestattet waren, sind schon im Anfange des I. Jahrhunderts vor Chr. in den grossen provisorischen Theatern Roms nachgeahmt worden und werden dann auch bald in den steinernen Bauten daselbst Aufnahme gefunden haben. Sodann hat auch die Bedachung der Theater die dauernde Vermehrung der Säulenreihen der Proskenien zur Folge gehabt. Um nämlich ein hölzernes Dach oder auch nur ein solches aus Segeltuch über dem Theater anlegen zu können, musste das Skenengebäude bis zur Höhe des oberen Randes des Zuschauerraumes hinaufgeführt werden. Man erhielt so eine hohe Vorderwand der Skene, die naturgemäss mit mehreren Säulenreihen über einander verkleidet wurde. Bei der grossen Höhe der Wand lag es auch nahe, die Säulen selbst grösser zu machen oder wenigstens auf besondere Postamente zu setzen; beides ist thatsächlich erfolgt.

Die zweite Veränderung, die Ersetzung der bemalten Pinakes durch freistehende Statuen, war ein naturgemässer Schritt der Theaterentwickelung. Die bemalten Holztafeln waren noch ein Überbleibsel der alten beweglichen Schmuckwände und hätten schon bei der Ersetzung der hölzernen Stützen durch Steinsäulen in Fortfall kommen können. In dem Theater von Epidauros sind thatsächlich die beiden bemalten Pinakes an den Paraskenien später durch zwei Statuen ersetzt worden (vgl. oben S. 127). Nachdem der Raum zwischen Proskenion und Skene durch Fortfall der Pinakes seinen äusseren Abschluss verloren hatte, war er für die Schauspieler nicht mehr zu benutzen. Er konnte deshalb verkleinert werden und ist thatsächlich auch immer mehr eingeschränkt worden. Dass er nicht sofort ganz aufgehoben wurde, dass die Säulen, wie es z. B. im Herodes-Theater der Fall ist, noch immer in einem grossen Abstande von der Skenenwand aufgestellt wurden, darf als neues Zeugnis für die zähe Festhalten der Baukunst an alten Formen und Verhältnissen angeführt werden.

Die Überdachung des ganzen Theaters hatte noch eine andere Neuerung, jene dritte Veränderung zur Folge. Das Skenengebäude musste nicht nur bis zur Höhe des Zuschauerraumes hinaufgeführt, sondern auch mit diesem zu einem einzigen Gebäude verbunden werden. Diese Verbindung fehlte in älterer Zeit vollständig, war aber in mehreren griechischen Theatern (z. B. in Epidauros, Delos und Pergamon) durch Thorbauten in den Parodoi schon einigermassen hergestellt. Besonders wichtig ist in dieser Beziehung das Theater von Delos, weil dort nicht wie in Epidauros die Thorgebäude mit eigener Architektur als selbständige Zwischenglieder zwischen Skene und Theatron eingeschoben waren, sondern die Säulen-Architektur der Skene oder des Proskenion auf beiden Seiten bis an die Stützmauer des Zuschauerraumes durchgeführt war (vgl. den Durchschnitt des hellenistischen Theaters auf Tafel VIII. und das perspektivische Bild in Figur 94).

Die durch diese Thorbauten der Parodoi angebahnte Verbindung ist in den römischen Theatern weiter ausgebildet worden, indem Skene und Seitenthore mehrere Stockwerke hoch gebaut und mit den Stützmauern des Sitzraumes verbunden wurden. Da nun die Seitenthore meist nicht an den Enden des Proskenion liegen, sondern die Paraskenien und auch die Rampen zum Dache des Proskenion noch zwischen sich einschliessen, und da sie ferner nur in dem Teile der Parodoi liegen können, wo die schrägen Stützmauern schon eine gewisse Höhe erreicht haben, so ist ihr Abstand stets grösser als der Durchmesser der Orchestra und erreicht oft die doppelte Länge. So ist es gekommen, dass die römische Bühne und das römische Proskenion zuweilen doppelt so lang ist als das griechische Proskenion; die Bühne umfasst dann nicht nur den Raum vor dem griechischen Proskenion, sondern auch diejenigen Teile der Parodoi, welche innerhalb der Seitenthore liegen (vergl. Abbildung 99). Es ist daher nicht ganz richtig, wenn die Seitenbauten der römischen Bühne stets für die griechischen Paraskenien gehalten werden, denn sie entsprechen den Seitenthoren, den Parodoi des griechischen Theaters. Die alten Paraskenien sind entweder fortgefallen, wie sie schon in manchem griechischen Theater fehlten, oder dürfen in den äussersten Seitenthüren der Skenenwand wiedererkannt werden. Da das griechische Proskenion höchstens drei Thüren hat, welche den mittelsten drei Thüren der römischen Skenenwand entsprechen, so liegt die Vermutung nahe, dass die beiden äussersten Thüren der fünfthürigen römischen Skenenwand die früheren griechischen Paraskenien sind.

Das römische Theater, wie es von Vitruv beschrieben wird und in vielen Beispielen erhalten ist, entwickelte sich also n i c h t in der Weise aus dem griechischen Theater, dass das hohe und schmale Proskenion als unpraktisch erkannt, in eine niedrige und breitere Bühne verwandelt und näher an die Zuschauer herangerückt wurde, dass ferner der Zuschauerraum ohne Grund verkleinert und die Bühne verlängert wurde, sondern alle seine Besonderheiten ergaben sich ausschliesslich aus der Teilung der alten kreisrunden Orchestra und aus der Überdachung des ganzen Theaters. Der alte Spielplatz der griechischen Schauspieler, nämlich der zwischen Proskenion, Parodos-Thoren und Thymele liegende Raum, blieb in seinem Grundriss, seiner Höhenlage, seinen Abmessungen und seinem Abstande von den Zuschauern unverändert; sogar der alte Name Orchestra haftete zuweilen noch an ihm. Die Skene und ihre Schmuckwand lagen noch an ihrer alten Stelle unmittelbar neben dem Spielplatze und waren nur in Folge ihrer organischen Verbindung mit dem Zuschauerraum in ihrer architektonischen Ausstattung etwas verändert worden. Die vertiefte Konistra hatte neben der alten Parodos einen neuen Zugang notwendig gemacht, der als gewölbter Gang unter den Stufen angelegt war; durch ihn wurde von dem Zuschauerraum ein Stück abgeschnitten, sodass dieser in seinem unteren Teile nur noch einen Halbkreis bildete. In seinem oberen Teile blieben dagegen die über den Halbkreis hinaus liegenden Sitze zuweilen bestehen und wurden dann gewöhnlich parallel zur Skene abgeschnitten. Die alten Parodoi verblieben an derselben Stelle und in derselben Höhe; sie führten noch wie ehemals auf den Spielplatz.

394 VIII. Abschnitt. Die Entwickelungsgeschichte des griechischen Theaters.

wurden aber von den Zuschauern nicht mehr benutzt, weil diese durch die neuen gewölbten Zugänge das Theater zu betreten pflegten.

Diese Entwickelung des römischen Theaters aus dem griechischen sucht der nebenstehende Grundriss Fig. 99) zu veranschaulichen. In der linken Hälfte ist der griechisch-hellenistische Theatertypus nach den Theatern von Athen und Epidauros gezeichnet, während rechts der daraus abgeleitete römische Theaterplan (Herodes-Theater in Athen und Theater in Pompeji) dargestellt ist. Links

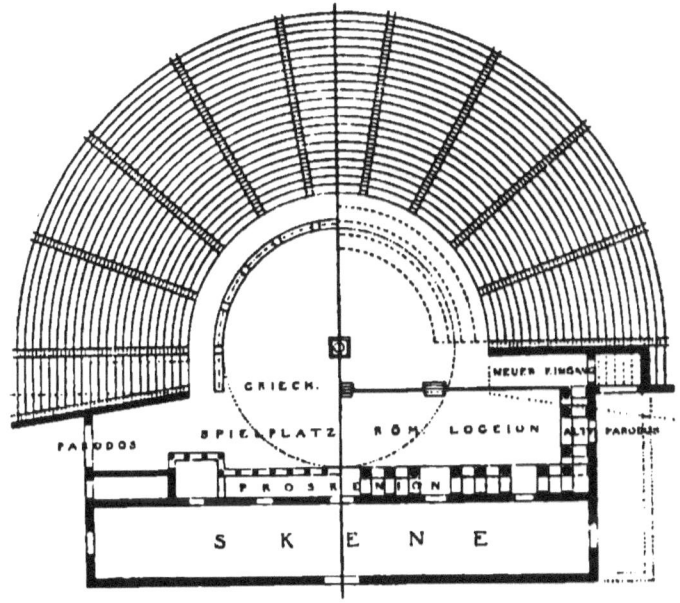

Figur 99. Entwickelung des römischen Theaters aus dem griechischen.

sind ausserdem die wichtigsten Linien des römischen Baues und rechts die des griechischen Planes zur Erleichterung der Vergleichung durch punktirte Linien angedeutet. Die Teilung der alten Orchestra in zwei Teile, die Anlage des neuen Zuganges und die genaue Übereinstimmung der Skene, des Proskenions und der alten Parodoi in beiden Theatern sind aus dem Plane leicht zu erkennen.

Zur Veranschaulichung dieses wichtigsten Schrittes in der Entwickelung des Theaters, nämlich des Überganges vom griechischen zum römischen Theater, dienen auch die auf Tafel VIII gezeichneten Querschnitte. Zu oberst ist der

Durchschnitt durch ein griechisches Theater (I) abgebildet, das den Bauten von Athen, Epidauros und Delos entspricht. Wir haben sowohl hier wie bei den anderen Durchschnitten kein bestimmtes Theater, sondern mehrere zugleich genommen, um den allgemeinen Typus besser und reiner wiedergeben zu können. Die einzelnen Theater enthalten oft einige durch die Bodenverhältnisse oder andere örtliche Umstände veranlasste Eigentümlichkeiten, welche bei einer Vergleichung mit einem anderen Theatertypus nur störend wirken. Rechts sieht man den Zuschauerraum, der nicht bis zur ganzen Höhe gezeichnet ist, weil das für unseren Zweck nicht nötig war. Die Anzahl der radial gerichteten Treppen ist beliebig angenommen, aber der besseren Vergleichung halber auch bei den anderen Durchschnitten beibehalten. Dass die Orchestra einen ganzen Kreis bildet, ist durch einen punktirten Halbkreis angedeutet. Weiter nach links sieht man die Skene, die zweistöckig angenommen ist, mit einer vorgebauten einstöckigen Schmuckwand, dem Proskenion. Das Dach des Proskenion wurde nach Vitruv und Pollux Logeion genannt und auch als Theologeion benutzt. Zwischen Proskenion und Zuschauerraum zeigt sich im Hintergrunde die Parodos, eingefasst von Stützen, die mit denen des Proskenion übereinstimmen (nach dem Vorbilde des Theaters von Delos).

Der zweite Querschnitt (II) stellt ein römisches Theater des kleinasiatischen Typus dar, das nach den Ruinen der Theater von Aspendos, Aezani, Pergamon und Assos gezeichnet ist. Es unterscheidet sich von dem griechischen Theater (I) durch diejenigen Einrichtungen, welche die Vertiefung der einen Hälfte der Orchestra und die Überdachung des Theaters im Gefolge gehabt haben. Man sieht die vertiefte Konistra, die kleinen Treppen, welche einerseits zu den Sitzen der Zuschauer und andererseits zu dem neuen Logeion führen, ferner den überwölbten Zugang, welcher unter Abschneidung eines Teiles der Sitzreihen auf dem Konistraboden angelegt ist und endlich die zur Unterstützung des Daches höher hinaufgeführten Mauern der Skene und der Parodos, welche in mehreren Theatern mit einer zweiten oder dritten Säulenreihe ausgestattet sind. In unserer Zeichnung sind die oberen Säulen weggelassen, im Durchschnitt III aber gezeichnet, um die allmählich erfolgte reichere Ausstattung der Proskenien zur Darstellung zu bringen. Wie wenig sich das kleinasiatisch-römische Theater vom griechischen unterscheidet, zeigt folgende Überlegung: Wenn man in einem Theater von dem Typus II die vertiefte Konistra wieder mit Erde anfüllt und zwar bis zu der Höhe des durch eine besonders hervortretende Linie bezeichneten alten Orchestrabodens, so erhält man das griechische Theater des Typus I, sobald der überwölbte Zugang als überflüssig gestrichen und sein Platz wieder durch Sitzreihen eingenommen wird.

In dem III. Querschnitt ist ein römisches Theater des italischen Typus dargestellt, wie es z. B. in Pompeji erbaut ist und später bei allen Neubauten in Griechenland zur Ausführung gelangte. Von dem Theater II unterscheidet es sich nur dadurch, dass von der früheren untersten Sitzreihe, welche in der Höhe des alten Orchestrabodens lag, weitere Stufen bis zum unteren Boden der Konistra angelegt sind, sei es als besondere Sitzbänke für bevorzugte Personen, wie es in Pompeji der Fall ist, sei es als gewöhnliche Sitzreihen, wie im Herodes-Theater von Athen. Die Skene mit dem Proskenion, die alten Parodoi, der Spielplatz der Schauspieler und der Zuschauerraum sind noch an denselben Stellen und in demselben Verhältnis zu einander wie im griechischen Theater; nur reicher und höher sind sie geworden, namentlich das Proskenion und die Seitenthore. Um einen Vergleich mit den anderen Theatern zu erleichtern, ist auch hier durch einen punktirten Halbkreis die Lage und Grösse der alten Orchestra angegeben. Der volle Orchestrakreis würde auch hier wieder vorhanden sein und überhaupt würde das griechische Theater wieder entstehen, wenn die vertiefte Konistra bis zur Logeionhöhe, also in unserem Plane bis zu der besonders hervorgehobenen Linie, angefüllt würde.

Die drei Durchschnitte veranschaulichen uns aber nicht nur die Entwickelung des römischen aus dem griechischen Theater, sondern zeigen zugleich auf das Klarste, dass die Schauspieler im hellenistischen Theater unmöglich irgend wo anders gestanden und gespielt haben können, als auf dem Boden der alten Orchestra, unmittelbar vor den Säulen des Proskenion. Wir fanden sie dort im griechischen Theater und sehen sie jetzt auch im römischen an derselben Stelle. Wer dagegen die Schauspieler im griechischen Bau stets oben auf das Dach des Proskenion setzt, der müsste sie notwendiger Weise auch im römischen Theater oben über den Säulen des Proskenion auftreten lassen!

Zum Schlusse haben wir uns noch die Frage vorzulegen, ob sich die Zeit bestimmen lässt, in welcher der Übergang vom griechischen zum römischen Theater stattgefunden hat. Leider kennen wir den genauen Zeitpunkt dieser Veränderung nicht. Wir können nur vermuten, dass entweder die Theater der grossen hellenistischen Städte, namentlich Alexandriens, oder die prächtigen Theater, welche im ersten vorchristlichen Jahrhundert in Rom erbaut wurden, es gewesen sind, bei denen zuerst die Zerlegung der Orchestra in Logeion und Konistra vorgenommen worden ist. Vielleicht wird eine genaue Untersuchung der erhaltenen Theater in Italien und Sicilien hierüber Aufschluss geben. In Griechenland selbst scheint die Zerlegung der alten Orchestra in Bühne und Konistra zum ersten Male zur Zeit Neros erfolgt zu sein, als im Dionysos-Theater in Athen, vermutlich für das Auftreten des Kaisers selbst, eine erhöhte Bühne nach römischem Muster errichtet wurde.

(W. D.)

TAFEL V.

THEN

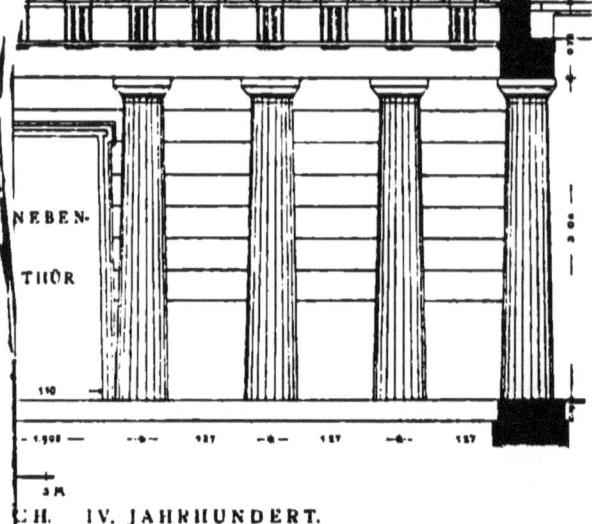

IV. JAHRHUNDERT.

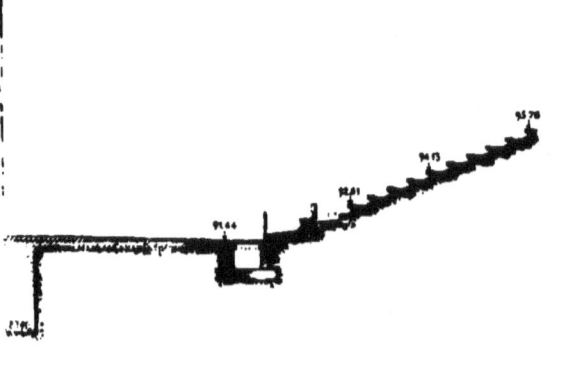

UND ORCHESTRA.

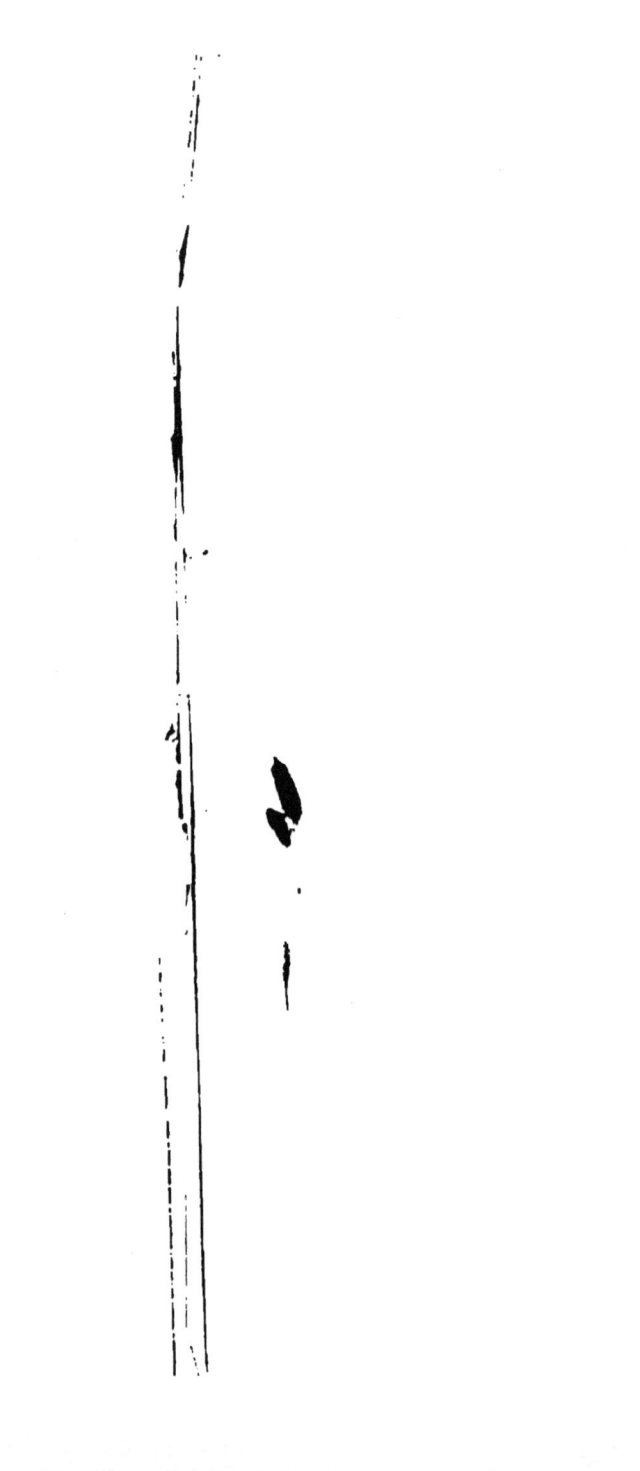

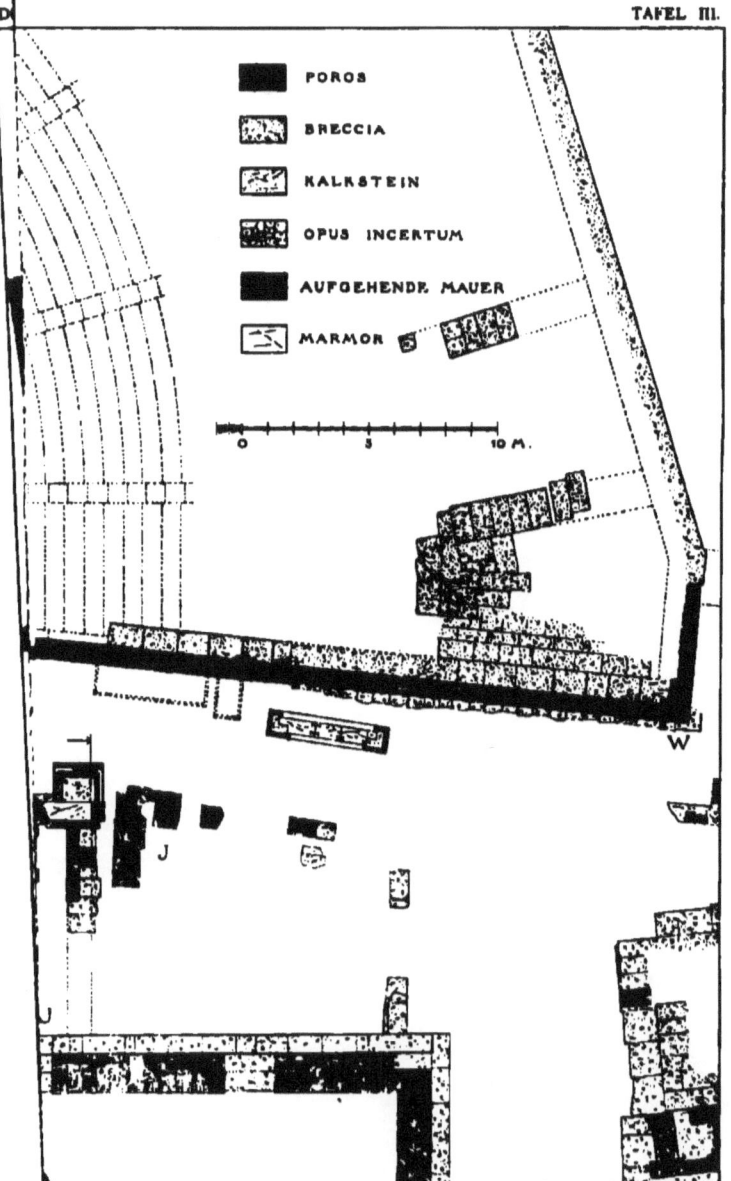

TAFEL III.

DÖRPFELD - REISCH   DAS GRIECHISCHE THEATER.

DIONYSOS-THEATER IN

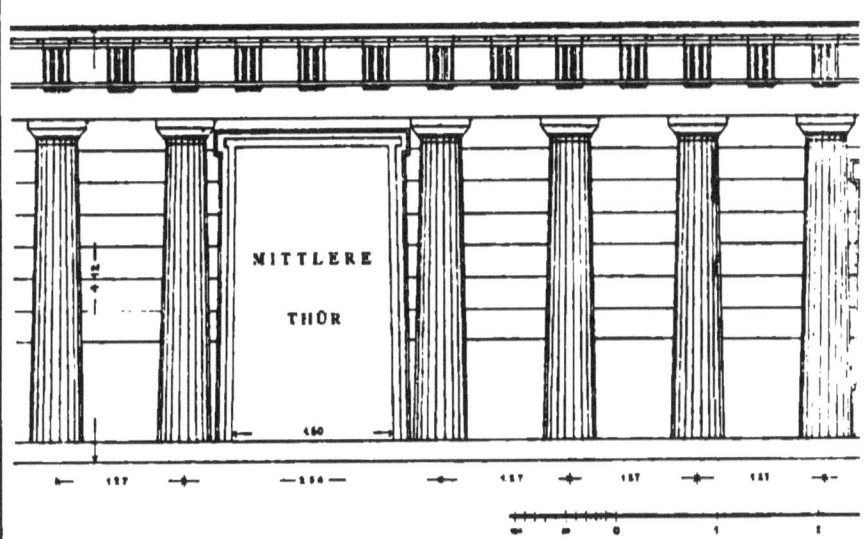

AUFRISS DER SKENE.   ERGÄNZUNGSVERS

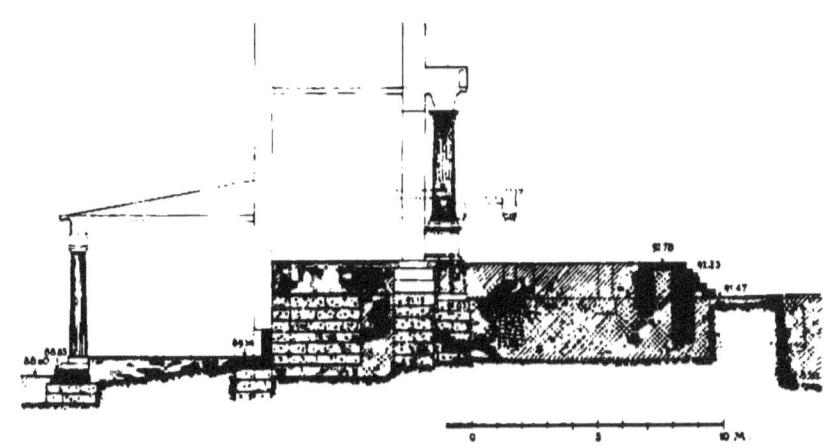

DURCHSCHNITT DURCH SKENENGEBÄU

W. WILBERG GEZ.

ㄱ

▖
H

DÖRPFELD-REISCH. DAS GRIECH. THEATER. TAFEL IX.

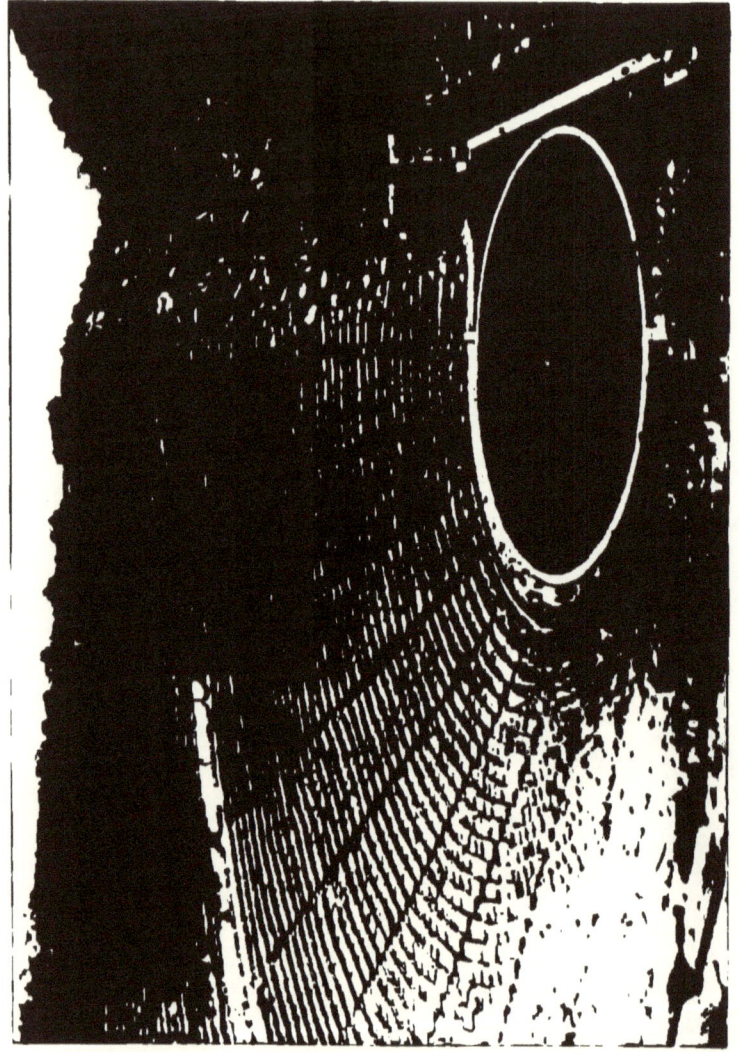

DAS GRIECHISCHE THEATER IN EPIDAUROS.
BLICK AUF DIE ORCHESTRA VON DER OBERSTEN STUFE.

DÖRPFELD-REISCH. DAS GRIECH. THATER. TAFEL X.

DAS DIONYSOS-THEATER IN ATHEN.
ORCHESTRA UND UNTERER TEIL DES ZUSCHAUERRAUMES.

DAS THEATER IN ERETRIA.
BLICK AUF DIE SKENE UND DIE MIT MENSCHEN GEFÜLLTE ORCHESTRA

www.ingramcontent.com/pod-product-compliance
Lightning Source LLC
Chambersburg PA
CBHW050911300426
44111CB00010B/1482